SCRIPTORVM CLASSICORVM

BIBLIOTHECA OXONIENSIS

OXONII

E TYPOGRAPHEO CLARENDONIANO

THUCYDIDIS

HISTORIAE

RECOGNOVIT
BREVIQUE ADNOTATIONE CRITICA INSTRUXIT

HENRICUS STUART JONES

APPARATUM CRITICUM CORREXIT ET AUXIT
JOHANNES ENOCH POWELL

TOMUS PRIOR

OXONII

E TYPOGRAPHEO CLARENDONIANO

OXONII

Excudebat Vivianus Ridler

Architypographus academicus

FIRST PUBLISHED 1900
REPRINTED 1902, 1905, 1909, 1915, 1919, 1928, 1929, 1934
REPRINTED WITH EMENDED AND AUGMENTED APPARATUS CRITICUS 1942
REPRINTED 1948, 1951, 1955, 1958, 1963, 1966

PRAEFATIO HENRICI STUART JONES IN EDITIONEM PRIMAM

CUM editoris partes bifariam distribui viri docti ita consentiant, ut aliam recensendi, emendandi aliam esse rationem statuant, prius de subsidiis, quae in Thucydidis historiis recognoscendis habui, dicendum est, quam emendandi rationes exponam.

Duo igitur viros necesse est imprimis honoris causa nominem, I. BEKKERUM, qui ex turba codicum sex libros vetustate et praestantia insignes. selegit, et C. HUDIUM, qui et hos et codicem Britannicum summa diligentia denuo excussit. Ex huius igitur copiis varias codicum lectiones desumpsi, eo proposito ut neglectis singulorum librariorum erroribus antiquam scripturae varietatem, quoad potui, exhiberem; codicem autem Britannicum (M) excepto primo libro totum ipse contuli, Laurentiani autem (C) libros iii, iv, v, utrumque codicem in nonnullis praeterea locis inspexi. Quamobrem si quid in his libris laudandis ab Hudii apparatu critico visus sim discrepare, fidem meam interponi collegeris.

Inter hos septem libros quaenam intercedat ratio imprimis quaerendum. Constat igitur duas codicum familias discerni posse, quarum alteri Laurentianus (C) et Monacensis (G), alteri Vaticanus (B), Italus sive Cisalpinus (A), Palatinus (E), Augustanus (F), Britannicus (M) adsignantur. Hos sinceriorem textum exhibere credidit Bekkerus, illos propius ad antiqua exemplaria accedere statuit Hudius. Cuius opinioni, cum et Laurentianus vetustissimus sit omnium ac praestantissimus et in Thucydide laudando saepius ex hac parte stet Dionysius Halicarnassensis, ni fallor, adstipulandum est, quamquam compluribus locis nimium tribuit Laurentiano vir doctissimus. Sed quaeri debet utrum inter duas illas familias ea intercedat ratio, ut ex libro quodam archetypo per rivulos diversos diductae sint, an ad recensiones quasdam a grammaticis antiquitus factas referenda sit scripturae discrepantia. Qua in re illud mihi maximi momenti videtur, in libris primo et secundo longe plures exstare locos, ubi inter se pugnant codicum familiae, quam in ceteris; nam in utroque horum amplius ducentis locis, ceterorum in singulis quinquaginta ferme locis scripturae varietas invenitur. Praeterea notandum est in libris primo et secundo saepius inter lectiones diversas vix certe posse diiudicari, plerumque articulum vel copulam ($\tau\epsilon$) in alterutra tantum familia deesse, in rebus denique orthographicis cum aliis, tum praesertim in vocalibus elidendis ($\delta\acute{\epsilon}$—δ', etc.), codicum necessitudines videri. Illud igitur mihi deprehendisse videor, in libris i et ii recensiones diversas sequi Laurentianum et Vaticanum cum asseclis suis, in libris posterioribus ita a communi fonte defluxisse, ut plerumque alterutra familia manifesta librariorum culpa depravata sit. Non tamen affirmare ausim recensiones illas admodum

(ii)

antiquas fuisse, nedum ad ipsius Thucydidis aetatem propius accedere.

Multa deinde communia habent ABEF; cum tamen lectio codicum CGM fere semper praestet, patet ex libro archetypo codicum ABEFM exemplar quoddam esse factum, incuria librarii nonnunquam depravatum, unde postea originem traxisse codices ABEF. Neque alia est condicio eorum, in quibus conspirant vel ABF vel soli AB ; quamquam in uno alterove loco veram lectionem in his libris inveniri haud infitias ibo.

Recensendi igitur ratio ea est adhibenda, ut sicubi CG ab ABEFM discrepent, accuratius perpendendae sint lectiones diversae, ita tamen ut in dubiis codicis Laurentiani auctoritas maior habeatur, sin autem cum CG vel E vel M faciat, non sine gravissimis indiciis deserantur. Illud quoque mentione dignum, nonnullis in locis lectionem unice veram in libris GM exstare, quorum, utpote a diversis fontibus originem repetentium, consensus haud temere est spernendus. Codex denique Palatinus est ubi ceteris accuratius exaratus sit, praesertim in nominibus propriis.

Sed inde a libri sexti capite nonagesimo secundo vexatior fit quaestio. Nam in hac parte operis Thucydidei codex Vaticanus textum prorsus a ceteris libris manuscriptis discrepantem exhibet, nec dubium est quin librarius codicem quendam diversae recensionis exscripserit. Fuit qui exemplar illud τῆς κατὰ ιγ ἐκδόσεως fuisse coniecerit, cuius et meminit Marcellinus et indicia in Scholiastae notulis exstant. Qua coniectura in medio relicta, statuendum est permultis in locis veras lectiones servasse Vaticanum, neque eas tantum,

quae librarii vel grammatici sagacitati tribuendae sint ;
interdum enim—ut cetera neglegam—verba in ceteris
codicibus propter homoeoteleuton quod vocant omissa
in Vaticano traduntur, velut in libri septimi capite
sexagesimo septimo τὰ δὲ πολλὰ πρὸς τὰς ἐπιχειρήσεις ἡ
μεγίστη ἐλπίς ; quorum nemo est qui dubitet Thucy-
didem esse auctorem. Nec tamen infitiandum est
aliquando ea addi, quae ad coniecturam grammatici
cuiusdam iure sint referenda. Sed nec ceteri libri
prorsus ab hoc vitio immunes, neque idcirco credendum
codicem Vaticanum 'diasceuastae' acumini plurima
debere. Immo cum recensio, quam secutus est libra-
rius, alteri auctoritate vix cedat, lectiones codicis illius
exacta semper trutina pensare debemus.

Haec fere habui quae de libris manuscriptis dicerem ;
de ceteris subsidiis brevius disserendum. Nam testi-
monia scriptorum antiquorum, et praecipue Dionysii
Halicarnassensis, ut in codicum varietate aliquantum
ponderis habent, ita raro contra codicum auctoritatem
valent ; scholia neque admodum vetusta nec prae-
stantia insignia paucis tantum locis ad verba scriptoris
emendanda aliquid conferunt ; interpretatio denique
Latina, quam a. 1452 Nicolai V pontificis iussu fecit
LAURENTIUS VALLA, nullo modo codicis instar haberi
debet, nec nisi quibusdam in locis, ubi suo Marte
codicum mendas feliciter sustulisse videtur, vir doctus
laudandus est.

De recensione dixi : emendandi rationes paucis
absolvam. Cum enim id mihi in hac editione curanda
proponendum censerem, ut ea quae antiquitus tradita
erant potius quam ea quae Thucydides scribere
potuit assequerer, tum mihi persuasum habui, codices

PRAEFATIO

Thucydideos nec mendis gravioribus omnino liberos neque admodum esse depravatos. Ad mendas autem tollendas nihil magis prodesse visum est quam examinatio eorum locorum, in quibus vel codicum familiae vel Vaticanus ceterique libri ita discrepent, ut altera lectio sine dubio depravata sit ; unde colligitur cum librariorum errores ad certa quaedam genera referri, tum perraro a scriptura tradita longius esse discedendum. Quod autem quidam affirmant, codices Thucydideos maxima emblematum copia esse foedatos, id nullo modo factum arbitror, nec multa eorum, quae in contextu leguntur, uncis seclusi, nisi forte ex scholiastae interpretatione apparet eum ista non legisse. Neque aliter rem se habere, ni fallor, documento est papyrus ille nobilissimus e ruderibus Oxyrhynchi nuper in lucem prolatus, cuius testimonio evincitur singula verba, velut ὅτι, οἱ, τις, facile et excidere et intrudi posse, longiora emblemata nihil esse cur in contextu latere credamus. Quod tamen fragmentum accuratius perpendenti fides haud magna codicibus tribuenda videbitur in iis, quae ad sententiam aut non multum aut nihil omnino faciunt, sicut pro εἰ βούλοιντο in papyro εἰ βούλονται legitur ; nam credibile est in exemplaribus, quae antiquitus circumferebantur, multa illius generis, ut cuique concinnius esse videbatur, varie esse exarata. Nos si codices recognoscendo ad recensionem a grammatico quodam et diligenti et scienti factam pervenerimus, satis habebimus.

Restat ut pauca de orthographia dicam. In qua postquam non sine fructu operam navaverunt Stahlius, Meisterhansius, alii viri docti, quos nominatim recensere piget, Thucydidis editori via optime munita est.

PRAEFATIO

Dialecto Attica vetustiore usum esse Thucydidem testis est Marcellinus, qui et αἰεί illum scripsisse et ξύν et πράσσειν tradit; quamobrem ad normam titulorum Atticorum quinti a.C. saeculi exigendum esse sermonem Thucydideum minime est dubium. Quorum cum haud ea copia exstet, ut de omnibus rebus certiores fiamus, grammaticorum veterum, praesertim Herodiani, testimonia adhibenda sunt ; quae tamen ab omni suspicione libera esse vix quisquam affirmaverit. Quibus in rebus praeterea haud una fuit τῆς ἀρχαίας Ἀτθίδος consuetudo, velut in vocalibus diphthongisque inter se permutatis, analogia quadam ita usi sumus, ut, cum αἰεί scripsisse Thucydidem constet, participium perfecti feminini generis in -υῖα terminasse eum statueremus ; quamquam fatendum est in codice Laurentiano ubique -ῦα scriptum inveniri. Illud denique moneo, ex subscriptionibus codicum Laurentiani et Britannici testimoniisque scriptorum antiquorum Hudium demonstrasse, opus Thucydideum apud veteres Θουκυδίδου ἱστορίας appellatum esse ; quem titulum ubique reponendum curavi.

H. S. J.

A.S. M.DCCC.XCVIII.

PRAEFATIO HENRICI STUART JONES IN TOMI POSTERIORIS EDITIONEM SECUNDAM

SECUNDO textus Hudiani volumine inspecto apparatum criticum nonnullis locis correxi. Si quando autem dubitatio accideret, codices iterum adeundos curavi. Ex quo fit ut paucas adhuc scripturas ab illa editione discrepantes inveneris.

Oxonii
mense Aprili MDCCCCII.

PRAEFATIO JOHANNIS ENOCH POWELL

EAM cum mihi recensendi normam imposuissent bibliopolae ut textum Jonesii[1] paene intactum relinquerem, apparatum quoad sine paginarum turbatione fieri posset supplerem et corrigerem, typothetarum erroribus correctis perpaucisque praeterea in ipso contextu lectionibus mutatis, totam operam in apparatu emendando collocavi. Et tria quidem praecipue novavi.

1. Papyrorum membranarumque Aegyptiacarum fere triginta, quarum habes in Conspectu Siglorum elenchum, lectiones collegi apparatuique inserui. Nomina his singulis eiusmodi primus feci ut quotquot posthac nobis miserit Aegyptus, omnibus praesto sit designatio. Nam litterae Π additur pro tempore quo quaeque publici iuris est facta numerus arabicus.

2. Mutilum esse egregium illum codicem G Monacensem centum iam annos maerent critici, cum tamen magnus exstet codicum recentiorum numerus quos si contulissent eidem critici a G nondum manco variis modis fluxisse facile perspexissent. Eorum adhuc quindecim fere vel a me vel ab aliis collati sunt, scilicet:

saec. XIV. Laurentianus LXIX 30
saec. XV. Hauniensis 490 (P)
,, Londiniensis Arundelianus 545 (L)
,, ,, Egertonianus 2625 (b)
,, Monacensis gr. 126 (R)
,, Mosquensis Synodalis 510 (Q)
,, Neapolitanus III B 9 (o)
,, Oxoniensis Collegii Corporis Christi 80 (C)
,, ,, Canonicianus Bodleianus 48 (48)
,, Taurinensis B III 20 (t)
,, Tolosanus 802 mutilus (n)

[1] Jonesius anno postquam haec typis mandavi mortuus est.

PRAEFATIO

Inter eos libros quaenam intercedat ratio, hoc loco
dicere supersedeo, alias propediem diligentius ex-
pediam.[1] In hac editione id tantum curavi ut signo
[G] abolito, quo loci in G deperditi olim indicabantur,
ubicumque lectio eius e recentioribus illis eruenda
esset, signum ⟨G⟩ apponerem.

3. Lectionibus in textum e coniectura virorum doc-
torum hodie receptis, quas ego in codicibus non antea
collatis inveni, signum 'recc.' apposui ; non quia eo
minus coniecturas esse credam, sed quod operae saepe
pretium est, quando quaeque lectio primum exsti-
terit, cognovisse. Itaque ipsas illas virorum doctorum
coniecturas accuratius quam vulgo fit suas cuique
tribuendas curavi. Scholiastarum praeterea auctori-
tatem quadragies fere per errorem invocatam (v. sis
Classical Quarterly, 1936, pp. 90, 148) explosi.

Ceterum moneo ne quis ex eo quod lectio aliqua in
hoc textu reperiatur eam etiam mihi probari statim
colligat. Meus enim est aliquatenus apparatus, textus
Jonesii. Scilicet editores familias codicum alium aliam
inconsulte venerari, lectiones in textu falsas, in appa-
ratu veras sescentis locis stare, nec nihil bonae originis
etiam nunc in libris recentioribus latere, iamdudum novi.
Sed haec et alia in propria editione tibi, lector, ex-
ponere in animo habeo.   **J. E. P.**

Scribebam Cantabrigiae
Kal. Ian. A.S. MD. CCCC. XXXVIII

---

[1] Cf. nunc sis *Classical Quarterly*, 1938, p. 103.

ΜΑΡΚΕΛΛΙΝΟΥ

ἐκ τῶν εἰς Θουκυδίδην σχολίων

περὶ τοῦ βίου αὐτοῦ Θουκυδίδου καὶ τῆς τοῦ λόγου ἰδέας

Τῶν Δημοσθένους μύστας γεγενημένους θείων λόγων τε καὶ ἀγώνων, Ι
συμβουλευτικῶν τε καὶ δικανικῶν νοημάτων μεστοὺς γενομένους καὶ
ἱκανῶς ἐμφορηθέντας, ὥρα λοιπὸν καὶ τῶν Θουκυδίδου τελετῶν ἐντὸς
καταστῆναι· πολὺς γὰρ ⟨ὁ⟩ ἀνὴρ τέχναις καὶ κάλλει λόγων καὶ ἀκριβείᾳ
5 πραγμάτων καὶ στρατηγικαῖς συμβουλαῖς καὶ πανηγυρικαῖς ὑποθέσεσιν.
ἀναγκαῖον δὲ πρῶτον εἰπεῖν τοῦ ἀνδρὸς καὶ τὸ γένος καὶ τὸν βίον· πρὸ
γὰρ τῶν λόγων ταῦτα ἐξεταστέον τοῖς φρονοῦσι καλῶς.

Θουκυδίδης τοίνυν ὁ συγγραφεὺς Ὀλόρου μὲν προῆλθε πατρός, τὴν 2
ἐπωνυμίαν ἔχοντος ἀπὸ Ὀλόρου τοῦ Θρᾳκῶν βασιλέως, καὶ μητρὸς
10 Ἡγησιπύλης, ἀπόγονος δὲ τῶν εὐδοκιμωτάτων στρατηγῶν, λέγω δὴ τῶν
περὶ Μιλτιάδην καὶ Κίμωνα. ᾠκείωτο γὰρ ἐκ παλαιοῦ τῷ γένει πρὸς
Μιλτιάδην τὸν στρατηγόν, τῷ δὲ Μιλτιάδῃ πρὸς Αἰακὸν τὸν Διός. οὕτως
αὐχεῖ τὸ γένος ὁ συγγραφεὺς ἄνωθεν. καὶ τούτοις Δίδυμος μαρτυρεῖ, 3
Φερεκύδην ἐν τῇ πρώτῃ τῶν ἱστοριῶν φάσκων οὕτως λέγειν· 'Φιλαῖος
15 δὲ ὁ Αἴαντος οἰκεῖ ἐν Ἀθήναις. ἐκ τούτου δὲ γίγνεται Δάικλος, τοῦ δὲ
Ἐπίλυκος, τοῦ δὲ Ἀκέστωρ, τοῦ δὲ Ἀγήνωρ, τοῦ δὲ †Ὄλιος, τοῦ δὲ†

Codd. = Codex Palatinus Thucydidis (E), qui solus inter codices
veteres Marcellini et Anonymi vitas exhibet (omissis Marcellini
§ 32 ἐκτὸς ... §49 ἀνα]μνησθῇ), et Codex Gu(elferbytanus) Gud. Gr. 35
saec. XIII in usum Westermanni ab L. Kaysero collatus
   4 ὁ add. Casaubon   5 στρατηγικαῖς Grauert : στρατηγίαις καὶ
codd   6 τὸν om. E   14 Φιλαῖος Stephanus (in marg. ed. alterius) :
φιλαίας codd.   16 Ἐπίλυκος Göller : Ἐπίδυκος codd.

ΜΑΡΚΕΛΛΙΝΟΥ

Λύκης, τοῦ δὲ Ἰοφῶν, τοῦ δὲ Λάιος, τοῦ δὲ Ἀγαμήστωρ, τοῦ δὲ Τίσαν-
δρος, [ἐφ' οὗ ἄρχοντος ἐν Ἀθήναις] τοῦ δὲ Μιλτιάδης, τοῦ δὲ Ἱππο-
κλείδης, ἐφ' οὗ ἄρχοντος Παναθήναια ἐτέθη, τοῦ δὲ Μιλτιάδης, ὃς ᾤκισε
4 Χερρόνησον.' μαρτυρεῖ τούτοις καὶ Ἑλλάνικος ἐν τῇ ἐπιγραφομένη
Ἀσωπίδι. ἀλλ' οὐκ ἂν εἴποι τις, τί αὐτῷ πρὸς Θουκυδίδην; ἔστι γὰρ 5
οὕτως τούτου συγγενής. Θρᾷκες καὶ Δόλογκοι ἐπολέμουν πρὸς Ἀψιν-
5 θίους ὄντας γείτονας. ταλαιπωρούμενοι δὲ τῷ πολέμῳ καὶ τί κακὸν οὐ
πάσχοντες ἐκ τοῦ μεῖον ἔχειν ἀεὶ τῶν πολεμίων καταφεύγουσιν ἐπὶ τὰ τοῦ
θεοῦ χρηστήρια, εἰδότες ὅτι μόνος θεὸς ἐξ ἀμηχάνων εὑρίσκει πόρους·
θεοῦ γὰρ ἰσχὺς κατ' Αἰσχύλον ὑπερτέρα, πολλάκις δ' ἐν κακοῖσι τὸν 10
ἀμήχανον κἀκ χαλεπᾶς ⟨δύας⟩ ὑπέρ τε ὀμμάτων κρημναμενᾶν νεφελᾶν
6 ὀρθοῖ. κοὐκ ἐψεύσθησαν τῶν ἐλπίδων· ἐχρήσθησαν γὰρ κράτιστον
ἕξειν ἡγεμόνα τοῦτον ὃς ἂν αὐτοὺς ἁλωμένους ἐπὶ ξενίαν καλέσῃ. τότε
καὶ Κροῖσος εἶχε Λυδίαν καὶ τὰς Ἀθήνας ἡ Πεισιστρατιδῶν τυραννίς.
ἐπανιόντες οὖν ἀπὸ τοῦ χρηστηρίου περιέτυχον τῷ Μιλτιάδῃ πρὸ 15
τῶν ὅρων καθεζομένῳ τῆς Ἀττικῆς, ἀχθομένῳ μὲν τῇ τυραννίδι,
ζητοῦντι δὲ δικαίαν τῆς Ἀττικῆς ἔξοδον· ταῦτα γὰρ ᾠκονόμησεν ὁ
7 χρησμὸς αὐτοῖς. ὁρῶν οὖν αὐτοὺς πλανητῶν ἔχοντας στολήν, συνεὶς τί
δύναται πλάνη, καλεῖ τοὺς ἄνδρας ἐπὶ ξενίαν, ὑπηρετῶν τῷ χρησμῷ
λανθάνων. οἱ δ' ἥσθησαν τὸν ἡγεμόνα τὸν ἀπὸ τῶν ξενίων εἰληφότες, 20
καὶ πάντα αὐτῷ διηγησάμενοι στρατηγὸν ἐχειροτόνησαν αὐτῶν. οἱ μὲν
οὖν τὸν θεόν φασιν ἐρωτήσαντα ἐξελθεῖν, οἱ δὲ οὐκ ἄνευ γνώμης τοῦ
τυράννου τὴν ἔξοδον πεποιηκέναι, ἀλλὰ τῷ κρατοῦντι τὴν πρόκλησιν τῶν
Θρᾳκῶν διηγησάμενον ἀπελθεῖν· ὃς καὶ προσδοὺς δύναμιν ἀπέπεμψεν,
8 ἡσθεὶς ὅτι μέγα δυνάμενος ἀνὴρ ἔξεισι τῶν Ἀθηνῶν. οὗτος οὖν ἡγού- 25
μενος ἐπλήρωσε τὰ μεμαντευμένα, καὶ μετὰ τὴν νίκην γίγνεται καὶ
9 Χερρονήσου οἰκιστής. ἀποθανόντος δὲ τοῦ παιδὸς αὐτοῦ διαδέχεται
10 τὴν ἐν Χερρονήσῳ ἀρχὴν Στησαγόρας ὁ . . . ἀδελφὸς ὁμομήτριος. ἀπο-
θανόντος δὲ καὶ τούτου διαδέχεται τὴν ἀρχὴν Μιλτιάδης, ὁμώνυμος μὲν
τῷ πρώτῳ οἰκιστῇ, ἀδελφὸς δὲ Στησαγόρου ὁμομήτριος καὶ ὁμοπάτριος. 30
11 οὗτος οὖν, ὄντων αὐτῷ παίδων ἐξ Ἀττικῆς γυναικός, ὅμως ἐπιθυμῶν
δυναστείας λαμβάνει Θρᾳκῶν βασιλέως Ὀλόρου θυγατέρα Ἡγησιπύλην

1 Ἰοφῶν Gervinus : Τόφων codd.   2 ἐφ' οὗ . . . Ἀθήναις secl.
Rutgers   post Μιλτιάδης add. τοῦ δὲ Τίσανδρος Vömel   3 post
ἐτέθη add. καὶ Κύψελος Vömel   ᾤκισε Casaubon : ᾤκησε codd.
11 κἀκ Westermann : καὶ codd.   δύας add. Stephanus   16 ὅρων]
θυρῶν Rutgers   Ἀττικῆς] αὐτοῦ οἰκίας Rutgers   21 αὐτῶν Bekker :
αὐτῶν codd.   23 πρόκλησιν Hude : πρόσκλησιν codd.   27 τοῦ
παιδὸς] ἄπαιδος Casaubon

ΒΙΟΣ ΘΟΥΚΥΔΙΔΟΥ

πρὸς γάμον· ἐξ οὗ καὶ αὐτῆς γίγνεται παιδίον. κατελθόντων δὲ εἰς τὴν 12
Ἑλλάδα Περσῶν συσκευασάμενος τὰ αὑτοῦ εἰς τὰς Ἀθήνας πέμπει καὶ
τὰ πολλὰ τοῦ γένους ἀποστέλλει. ἡ δὲ ναῦς ἁλίσκεται, ἐν ᾗ καὶ οἱ
παῖδες αὐτοῦ, ἀλλ' οὐχ οἱ ἐκ τῆς γυναικὸς τῆς Θρᾳκικῆς· ἀφίενται δ' ὑπὸ
5 βασιλέως, εἴ γε μὴ Ἡρόδοτος ψεύδεται. Μιλτιάδης δ' εἰς τὴν Ἀττικὴν
ἐκ Θρᾴκης διαφυγὼν σῴζεται. οὐκ ἀπέδρα δὲ καὶ τὴν τῶν ⟨ἐχθρῶν⟩ 13
συκοφαντίαν· ἐγ, λήματα γὰρ αὐτῷ ⟨ἐπέφερον⟩ διεξιόντες τὴν τυραννίδα.
ἀποφεύγει δὲ ⟨καὶ τούτους καὶ⟩ στρατηγὸς τοῦ πρὸς τοὺς βαρβάρους
πολέμου γίγνεται. ἀπὸ τούτου οὖν ⟨Δίδυμος⟩ κατάγεσθαί φησι τὸ 14
10 Θουκυδίδου γένος. καὶ μέγιστον τεκμήριον νομίζουσι τὴν πολλὴν περι-
ουσίαν καὶ τὰ ἐπὶ Θρᾴκης κτήματα καὶ ⟨ἐν Σκαπτῇ⟩ σύλῃ μέταλλα
χρυσᾶ. δοκεῖ οὖν τισιν ⟨υἱδοῦς⟩ εἶναι τοῦ Μιλτιάδου ἢ θυγατριδοῦς.
παρέσχε δ' ἡμῖν τὴν ἄλλως αὐτὸς ζήτησιν, μηδεμίαν μνήμην περὶ τοῦ 15
γένους πεποιημένος. μὴ ἀγνοῶμεν δὲ τοῦτο ὅτι Ὄλορος, ⟨οὐκ Ὄρολος⟩ ὁ 16
15 πατὴρ αὐτῷ ἐστί, τῆς μὲν πρώτης συλλαβῆς τὸ ρ̄ ἐχούσης, τῆς δὲ δευτέρας
τὸ λ̄· αὕτη γὰρ ἡ γραφή, ὡς καὶ Διδύμῳ δοκεῖ, ἡμάρτηται. ὅτι γὰρ
Ὄλορός ἐστιν, ἡ στήλη δηλοῖ ἡ ἐπὶ τοῦ τάφου αὐτοῦ κειμένη, ἔνθα
κεχάρακται ' Θουκυδίδης Ὀλόρου Ἁλιμούσιος.' πρὸς γὰρ ταῖς Μελιτίσι 17
πύλαις καλουμέναις ἐστὶν ἐν Κοίλῃ τὰ καλούμενα Κιμώνια μνήματα,
20 ἔνθα δείκνυται Ἡροδότου καὶ Θουκυδίδου τάφος. εὑρίσκεται δῆλον ὅτι
τοῦ Μιλτιάδου γένους ὤν· ξένος γὰρ οὐδεὶς ἐκεῖ θάπτεται. καὶ Πολέμων
δὲ ἐν τῷ περὶ ἀκροπόλεως τούτοις μαρτυρεῖ· ἔνθα καὶ ⟨Τιμό⟩θεον υ⟨ἱὸν⟩
αὐτῷ γεγενῆσθαι προσιστορεῖ. ὁ δὲ Ἕρμιππος καὶ ἀπὸ τῶν Πεισιστρα- 18
τιδῶν αὐτὸν λέγει τῶν τυράννων ἕλκειν τὸ γένος, διὸ καὶ διαφθονεῖν
25 αὐτόν φησιν ἔν τῇ συγγραφῇ τοῖς περὶ Ἁρμόδιον καὶ Ἀριστογείτονα,
λέγοντας ὡς οὐκ ἐγένοντο τυραννοφόνοι· οὐ γὰρ ἐφόνευσαν τὸν τύραννον,
ἀλλὰ τὸν ἀδελφὸν τοῦ τυράννου Ἵππαρχον. ἠγάγετο δὲ γυναῖκα ἀπὸ 19
Σκαπτησύλης τῆς Θρᾴκης πλουσίαν σφόδρα καὶ μέταλλα κεκτημένην ἐν
τῇ Θρᾴκῃ. τοῦτον δὲ τὸν πλοῦτον λαμβάνων οὐκ εἰς τρυφὴν ἀνήλισκεν, 20
30 ἀλλὰ πρὸ τοῦ Πελοποννησιακοῦ πολέμου τὸν πόλεμον αἰσθηθεὶς κινεῖσθαι
μέλλοντα, προελόμενος συγγράψαι αὐτὸν παρεῖχε πολλὰ τοῖς Ἀθηναίων
στρατιώταις καὶ τοῖς Λακεδαιμονίοις καὶ πολλοῖς ἄλλοις, ἵνα ἀπαγ-

---

6, 7, 8 quae in codd. desunt spatiis relictis suppl. ex Suida Casaubon
8 στρατηγὸς Casaubon : κατηγορτος Ε : κατήγορος Gu. 9 Δίδυ-
μος suppl. Ritter 11 ἐν Σκαπτῃ suppl. Poppo 12 υἱδοῦς suppl.
Pierson 14 οὐκ Ὄρολος add. Grauert 17, 18 Ὄρολος (Ὄρ.)
et Ὀρόλου codd. : corr. Grauert 18 Μελιτίσι Casaubon : Μελιρίσι
codd. 21 ὤν Poppo : ὄντος codd. 22 suppl. ex Suida
Casaubon

γέλλοιεν αὐτῷ βουλομένῳ συγγράφειν τὰ γιγνόμενα κατὰ καιρὸν καὶ
21 λεγόμενα ἐν αὐτῷ τῷ πολέμῳ. ζητητέον δὲ διὰ τί καὶ Λακεδαιμονίοις
παρεῖχε καὶ ἄλλοις, ἐξὸν Ἀθηναίοις διδόναι μόνοις καὶ παρ' ἐκείνων
μανθάνειν. καὶ λέγομεν ὅτι οὐκ ἀσκόπως καὶ τοῖς ἄλλοις παρεῖχεν·
σκοπὸς γὰρ ἦν αὐτῷ τὴν ἀλήθειαν τῶν πραγμάτων συγγράψαι, εἰκὸς δὲ 5
ἦν Ἀθηναίους πρὸς τὸ χρήσιμον ἑαυτῶν ἀπαγγέλλοντας ψεύδεσθαι, καὶ
λέγειν πολλάκις ὡς ἡμεῖς ἐνικήσαμεν, οὐ νικήσαντας. διὸ πᾶσι παρεῖχεν,
ἐκ τῆς τῶν πολλῶν συμφωνίας θηρώμενος τὴν τῆς ἀληθείας κατάληψιν·
τὸ γὰρ ἀσαφὲς ἐξελέγχεται τῇ τῶν πλειόνων συναδούσῃ συμφωνίᾳ.

22   Ἤκουσε δὲ διδασκάλων Ἀναξαγόρου μὲν ἐν φιλοσόφοις, ὅθεν, φησὶν 10
ὁ Ἄντυλλος, καὶ ἄθεος ἠρέμα ἐνομίσθη, τῆς ἐκεῖθεν θεωρίας ἐμφορηθείς,
Ἀντιφῶντος δὲ ῥήτορος, δεινοῦ τὴν ῥητορικὴν ἀνδρός, οὗ καὶ μέμνηται
ἐν τῇ ὀγδόῃ ὡς αἰτίου τῆς καταλύσεως τῆς δημοκρατίας καὶ τῆς τῶν
τετρακοσίων καταστάσεως. ὅτι δὲ μετὰ τὸν θάνατον τιμωρούμενοι τὸν
Ἀντιφῶντα οἱ Ἀθηναῖοι ἔρριψαν ἔξω τῆς πόλεως τὸ σῶμα, σεσιώπηκεν 15
ὡς διδασκάλῳ χαριζόμενος· [λέγεται γὰρ ὡς ἔρριψαν αὐτοῦ τὸ σῶμα οἱ
23 Ἀθηναῖοι ὡς αἰτίου τῆς μεταβολῆς τῆς δημοκρατίας.] οὐκ ἐπολιτεύσατο
δ' ὁ συγγραφεὺς γενόμενος ἐν ἡλικίᾳ οὐδὲ προσῆλθε τῷ βήματι, ἐστρα-
τήγησε δ' ἀρχέκακον ἀρχὴν παραλαβών· ἀπὸ γὰρ ταύτης φυγαδεύεται.
πεμφθεὶς γὰρ ἐπ' Ἀμφίπολιν Βρασίδου φθάσαντος καὶ προλαβόντος 20
αὐτὴν ἔσχεν αἰτίαν, καίτοι μὴ πάντα καταστὰς ἀνόνητος Ἀθηναίοις· τῆς
μὲν γὰρ ἁμαρτάνει, Ἠιόνα δὲ τὴν ἐπὶ Στρυμόνι λαμβάνει. ἀλλὰ καὶ
οὕτως τὸ πρῶτον ἀτύχημα εἰς ἁμάρτημα μεταλαβόντες φυγαδεύουσιν
24 αὐτόν. γενόμενος δ' ἐν Αἰγίνῃ μετὰ τὴν φυγὴν ὡς ἂν πλουτῶν ἐδάνεισε
25 τὰ πλεῖστα τῶν χρημάτων. ἀλλὰ κἀκεῖθεν μετῆλθε καὶ διατρίβων ἐν 25
Σκαπτῇ ὕλῃ ὑπὸ πλατάνῳ ἔγραφεν· μὴ γὰρ δὴ πειθώμεθα Τιμαίῳ
26 λέγοντι ὡς φυγὼν ᾤκησεν ἐν Ἰταλίᾳ. ἔγραφε δ' οὐδ' οὕτως μνησικακῶν
τοῖς Ἀθηναίοις, ἀλλὰ φιλαλήθης ὢν καὶ τὰ ἤθη μέτριος, εἴ γε οὔτε
Κλέων παρ' αὐτῷ οὔτε Βρασίδας ὁ τῆς συμφορᾶς αἴτιος ἀπέλαυσε
27 λοιδορίας, ὡς ἂν τοῦ συγγραφέως ὀργιζομένου. καίτοι οἱ πολλοὶ τοῖς 30
ἰδίοις πάθεσι συνέθεσαν τὰς ἱστορίας, ἥκιστα μελήσαν αὐτοῖς τῆς
ἀληθείας. Ἡρόδοτος μὲν γὰρ ὑπεροφθεὶς ὑπὸ Κορινθίων ἀποδρᾶναί
φησιν αὐτοὺς τὴν ἐν Σαλαμῖνι ναυμαχίαν, Τίμαιος δ' ὁ Ταυρομενίτης
Τιμολέοντα ὑπερεπήνεσε τοῦ μετρίου, καθότι Ἀνδρόμαχον τὸν αὐτοῦ
πατέρα οὐ κατέλυσε τῆς μοναρχίας· Φίλιστος δὲ τῷ νέῳ Διονυσίῳ τοῖς 35

---

1 γενόμενα E   10 ἤκουσε . . . φιλοσόφοις post ἐμφορηθείς legun-
tur in codd.: transponenda esse docuit Casaubon   16, 17 seclusa
del. Ruhnken

ΒΙΟΣ ΘΟΥΚΥΔΙΔΟΥ

λόγοις πολεμεῖ, Ξενοφῶν δὲ Μένωνι λοιδορεῖται τῷ Πλάτωνος ἑταίρῳ διὰ
τὸν πρὸς Πλάτωνα ζῆλον. ὁ δὲ μέτριος καὶ ἐπιεικὴς τῆς ἀληθείας ἥττων.

Μὴ ἀγνοῶμεν δὲ ὅτι ἐγένοντο Θουκυδίδαι πολλοί, οὗτός τε ὁ Ὀλόρου 28
παῖς, καὶ δεύτερος δημαγωγός, Μελησίου, ὃς καὶ Περικλεῖ διεπολιτεύ-
5 σατο· τρίτος δὲ γένει Φαρσάλιος, οὗ μέμνηται Πολέμων ἐν τοῖς περὶ
ἀκροπόλεως, φάσκων αὐτὸν εἶναι πατρὸς Μένωνος· τέταρτος ἄλλος
Θουκυδίδης ποιητής, τὸν δῆμον Ἀχερδούσιος, οὗ μέμνηται Ἀνδροτίων
ἐν τῇ Ἀτθίδι, λέγων εἶναι υἱὸν Ἀρίστωνος· συνεχρόνισε δ᾽, ὥς φησι 29
Πραξιφάνης ἐν τῷ περὶ ἱστορίας, Πλάτωνι τῷ κωμικῷ, Ἀγάθωνι
10 τραγικῷ, Νικηράτῳ ἐποποιῷ καὶ Χοιρίλῳ καὶ Μελανιππίδῃ. καὶ ἐπεὶ 30
μὲν ἔζη Ἀρχέλαος, ἄδοξος ἦν ὡς ἐπὶ πλεῖστον, ὡς ⟨ὁ⟩ αὐτὸς Πραξιφάνης
δηλοῖ, ὕστερον δὲ δαιμονίως ἐθαυμάσθη.

Οἱ μὲν οὖν αὐτὸν ἐκεῖ λέγουσιν ἀποθανεῖν ἔνθα καὶ διέτριβε φυγὰς 31
ὤν, καὶ φέρουσι μαρτύριον τοῦ μὴ κεῖσθαι τὸ σῶμα ἐπὶ τῆς Ἀττικῆς·
15 ἴκριον γὰρ ἐπὶ τοῦ τάφου κεῖσθαι, τοῦ κενοταφίου δὲ τοῦτο γνώρισμα
εἶναι ἐπιχώριον καὶ νόμιμον Ἀττικὸν τῶν ἐπὶ τοιαύτῃ δυστυχίᾳ τετελευτη-
κότων καὶ μὴ ἐν Ἀθήναις ταφέντων. Δίδυμος δ᾽ ἐν Ἀθήναις ἀπὸ τῆς 32
φυγῆς ἐλθόντα βιαίῳ θανάτῳ ⟨φησὶν ἀποθανεῖν⟩· τοῦτο δέ φησι Ζώπυρον
ἱστορεῖν. τοὺς γὰρ Ἀθηναίους κάθοδον δεδωκέναι τοῖς φυγάσι πλὴν
20 τῶν Πεισιστρατιδῶν μετὰ τὴν ἧτταν τὴν ἐν Σικελίᾳ· ἥκοντα οὖν αὐτὸν
ἀποθανεῖν βίᾳ, καὶ τεθῆναι ἐν τοῖς Κιμωνίοις μνήμασιν. καὶ κατα-
γιγνώσκειν εὐήθειαν ἔφη τῶν νομιζόντων αὐτὸν ἐκτὸς μὲν τετελευτηκέναι,
ἐπὶ γῆς δὲ τῆς Ἀττικῆς τεθάφθαι· ἢ γὰρ οὐκ ἂν ἐτέθη ἐν τοῖς πατρῴοις
μνήμασιν, ἢ κρύβδην τεθεὶς οὐκ ἂν ἔτυχεν οὔτε στήλης οὔτε ἐπιγράμ-
25 ματος, ἢ τῷ τάφῳ προσκειμένη μηνύει τοῦ συγγραφέως τοὔνομα. ἀλλὰ
δῆλον ὅτι κάθοδος ἐδόθη τοῖς φεύγουσιν, ὡς καὶ Φιλόχορος λέγει καὶ
Δημήτριος ἐν τοῖς ἄρχουσιν. ἐγὼ δὲ Ζώπυρον ληρεῖν νομίζω λέγοντα 33
τοῦτον ἐν Θρᾴκῃ τετελευτηκέναι, κἂν ἀληθεύειν νομίζῃ Κράτιππος αὐτόν.
τὸ δ᾽ ἐν Ἰταλίᾳ Τίμαιον αὐτὸν καὶ ἄλλους λέγειν κεῖσθαι μὴ καὶ σφόδρα
30 καταγέλαστον ᾖ. λέγεται δ᾽ αὐτὸν τὸ εἶδος γεγονέναι σύννουν μὲν τὸ 34
πρόσωπον, τὴν δὲ κεφαλὴν καὶ τὰς τρίχας εἰς ὀξὺ πεφυκυίας, τήν
τε λοιπὴν ἕξιν προσπεφυκέναι τῇ συγγραφῇ. παύσασθαι δὲ τὸν
βίον ὑπὲρ τὰ πεντήκοντα ἔτη, μὴ πληρώσαντα τῆς συγγραφῆς τὴν
προθεσμίαν.

35   Ζηλωτὴς δὲ γέγονεν ὁ Θουκυδίδης εἰς μὲν τὴν οἰκονομίαν Ὁμήρου, 35

---

1 συμπολεμεῖ Grauert   4 Μελησίου Westermann : Μιλησίου
codd.   7 τῶν δήμων Ε   10 Χοιρίλῳ Casaubon : χοιριδίῳ codd.
11 ὁ add. Poppo   18 φησὶν ἀποθανεῖν recc. : om. codd.   24 ἢ
κρύβδην Casaubon : συλλήβδην Gu.

Πινδάρου δὲ εἰς τὸ μεγαλοφυὲς καὶ ὑψηλὸν τοῦ χαρακτῆρος, ἀσαφῶς δὲ
λέγων ἀνὴρ ἐπίτηδες, ἵνα μὴ πᾶσιν εἴη βατὸς μηδὲ εὐτελὴς φαίνηται
παντὶ τῷ βουλομένῳ νοούμενος εὐχερῶς, ἀλλὰ τοῖς λίαν σοφοῖς δοκιμα-
ζόμενος παρὰ τούτοις θαυμάζηται· ὁ γὰρ τοῖς ἀρίστοις ἐπαινούμενος καὶ
κεκριμένην δόξαν λαβὼν ἀνάγραπτον εἰς τὸν ἔπειτα χρόνον κέκτηται τὴν 5
36 τιμήν, οὐ κινδυνεύουσαν ἐξαλειφθῆναι τοῖς ἐπικρίνουσιν. ἐζήλωσε δὲ
ἐπ᾽ ὀλίγον, ὥς φησιν Ἄντυλλος, καὶ τὰς Γοργίου τοῦ Λεοντίνου παρι-
σώσεις καὶ τὰς ἀντιθέσεις τῶν ὀνομάτων, εὐδοκιμούσας κατ᾽ ἐκεῖνο
καιροῦ παρὰ τοῖς Ἕλλησι, καὶ μέντοι καὶ Προδίκου τοῦ Κείου τὴν ἐπὶ
37 τοῖς ὀνόμασιν ἀκριβολογίαν. μάλιστα δὲ πάντων, ὅπερ εἴπομεν, 10
ἐζήλωσεν Ὅμηρον καὶ τῆς περὶ τὰ ὀνόματα ἐκλογῆς καὶ τῆς περὶ τὴν
σύνθεσιν ἀκριβείας, τῆς τε ἰσχύος τῆς κατὰ τὴν ἑρμηνείαν καὶ τοῦ
38 κάλλους καὶ τοῦ τάχους. τῶν δὲ πρὸ αὐτοῦ συγγραφέων τε καὶ ἱστο-
ρικῶν ὥσπερ ἀψύχους εἰσαγαγόντων τὰς συγγραφὰς καὶ ψιλῇ μόνῃ
χρησαμένων διὰ παντὸς διηγήσει, προσώποις δὲ οὐ περιθέντων λόγους 15
τινὰς οὐδὲ ποιησάντων δημηγορίας, ἀλλ᾽ Ἡροδότου μὲν ἐπιχειρήσαντος,
οὐ μὴν ἐξισχύσαντος (δι᾽ ὀλίγων γὰρ ἐποίησε λόγων ὡς προσωποποιίας
μᾶλλον ἤπερ δημηγορίας), μόνος ὁ συγγραφεὺς ἐξεῦρέ τε δημηγορίας
καὶ τελείως ἐποίησε μετὰ κεφαλαίων καὶ διαιρέσεως, ὥστε καὶ στάσει
39 ὑποπίπτειν τὰς δημηγορίας· ὅπερ ἐστὶ λόγων τελείων εἰκών. τριῶν δὲ 20
ὄντων χαρακτήρων φραστικῶν, ὑψηλοῦ ἰσχνοῦ μέσου, παρεὶς τοὺς
ἄλλους ἐζήλωσε τὸν ὑψηλὸν ὡς ὄντα τῇ φύσει πρόσφορον τῇ οἰκείᾳ
καὶ τῷ μεγέθει πρέποντα τοῦ τοσούτου πολέμου· ὧν γὰρ αἱ πράξεις
40 μεγάλαι, καὶ τὸν περὶ αὐτῶν ἔπρεπε λόγον ἐοικέναι ταῖς πράξεσιν. ἵνα
δὲ μηδὲ τοὺς ἄλλους ἀγνοῇς χαρακτῆρας, ἴσθι ὅτι μέσῳ μὲν Ἡρόδοτος 25
41 ἐχρήσατο, ὃς οὔτε ὑψηλός ἐστιν οὔτε ἰσχνός, ἰσχνῷ δὲ ὁ Ξενοφῶν. διά
γ᾽ οὖν τὸ ὑψηλὸν ὁ Θουκυδίδης καὶ ποιηταῖς πολλάκις ἐχρήσατο λέξεσι
καὶ μεταφοραῖς τισίν. περὶ δὲ πάσης τῆς συγγραφῆς ἐτόλμησάν τινες
ἀποφήνασθαι ὅτι αὐτὸ τὸ εἶδος τῆς συγγραφῆς οὐκ ἔστι ῥητορικῆς ἀλλὰ
ποιητικῆς. καὶ ὅτι μὲν οὐκ ἔστι ποιητικῆς, δῆλον ἐξ ὧν οὐχ ὑποπίπτει 30
μέτρῳ τινί. εἰ δέ τις ἡμῖν ἀντείποι ὅτι οὐ πάντως ὁ πεζὸς λόγος
ῥητορικῆς ἐστίν, ὥσπερ οὐδὲ τὰ Πλάτωνος συγγράμματα οὐδὲ τὰ
ἰατρικά, λέγομεν ὅτι ἀλλ᾽ ἡ συγγραφὴ κεφαλαίοις διαιρεῖται καὶ ἐπὶ
42 εἶδος ἀνάγεται ῥητορικῆς, κοινῶς μὲν πᾶσα συγγραφὴ ἐπὶ τὸ συμβουλευ-
τικόν (ἄλλοι δὲ καὶ ὑπὸ τὸ πανηγυρικὸν ἀνάγουσι, φάσκοντες ὅτι ἐγκω- 35

14 ἀψύχους ὥσπερ Gu., transp. Krüger   εἰσαγαγόντων Poppo:
εἰσαγόντων Gu.   31 ἀντείποι recc. : ἀντείπῃ Gu.   35 τὸ vulgo
additum

ΒΙΟΣ ΘΟΥΚΥΔΙΔΟΥ

μιάζει τοὺς ἀρίστους ἐν τοῖς πολέμοις γενομένους), ἐξαιρέτως δὲ ἡ
Θουκυδίδου [ἐν] τοῖς τρισὶν εἴδεσιν ὑποπίπτει, τῷ μὲν συμβουλευτικῷ
διὰ τῶν ὅλων δημηγοριῶν πλὴν τῆς Πλαταιέων καὶ Θηβαίων ἐν τῇ τρίτῃ,
τῷ δὲ πανηγυρικῷ διὰ τοῦ ἐπιταφίου, τῷ δὲ δικανικῷ διὰ τῆς δημηγορίας
5 Πλαταιέων καὶ Θηβαίων, ἃς ἀνωτέρω τῶν ἄλλων ὑπεξειλόμεθα. ὅπου
γὰρ δικασταὶ κρίνουσι Λακεδαιμονίων οἱ παραγενόμενοι καὶ κρίνεται πρὸς
τὴν ἐρώτησιν ὁ Πλαταιεὺς καὶ ἀπολογεῖται περὶ ὧν ἐρωτᾶται διὰ πλειόνων
τοὺς λόγους ποιούμενος, καὶ ἀντιλέγει τούτοις ὁ Θηβαῖος εἰς ὀργὴν τὸν
Λακεδαιμόνιον προκαλούμενος, ἡ τοῦ λόγου τάξις καὶ μέθοδος καὶ τὸ
10 σχῆμα δικανικὸν καθαρῶς ἀποφαίνει τὸ εἶδος.

Λέγουσι δέ τινες νοθεύεσθαι τὴν ὀγδόην ἱστορίαν· οὐ γὰρ εἶναι Θου- 43
κυδίδου, ἀλλ᾽ οἱ μέν φασι τῆς θυγατρὸς αὐτοῦ εἶναι, οἱ δὲ Ξενοφῶντος.
πρὸς οὓς λέγομεν ὅτι τῆς μὲν θυγατρὸς ὡς οὐκ ἔστι δῆλον· οὐ γὰρ
γυναικείας ἦν φύσεως τοιαύτην ἀρετήν τε καὶ τέχνην μιμήσασθαι·
15 ἔπειτα, εἰ τοιαύτη τις ἦν, οὐκ ἂν ἐσπούδασε λαθεῖν, οὐδ᾽ ἂν τὴν ὀγδόην
ἔγραψε μόνον, ἀλλὰ καὶ ἄλλα πολλὰ κατέλιπεν ἄν, τὴν οἰκείαν ἐκφαί-
νουσα φύσιν. ὅτι δὲ οὐδὲ Ξενοφῶντός ἐστιν, ὁ χαρακτὴρ μόνον οὐχὶ
βοᾷ· πολὺ γὰρ τὸ μέσον ἰσχυοῦ χαρακτῆρος καὶ ὑψηλοῦ. οὐ μὴν οὐδὲ
Θεοπόμπου, καθά τινες ἠξίωσαν. τισὶ δέ, καὶ μᾶλλον τοῖς χαριεστέροις, 44
20 Θουκυδίδου μὲν εἶναι δοκεῖ, ἄλλως δ᾽ ἀκαλλώπιστος, δι᾽ ἐκτύπων
γεγραμμένη, καὶ πολλῶν πλήρης ἐν κεφαλαίῳ πραγμάτων καλλωπισθῆναι
καὶ λαβεῖν ἔκτασιν δυναμένων. ἔνθεν καὶ λέγομεν ὡς ἀσθενέστερον
πέφρασται ὀλίγον, καθότι ἀρρωστῶν αὐτὴν φαίνεται συντεθεικώς.
ἀσθενοῦντος δὲ σώματος βραχύ τι καὶ ὁ λογισμὸς ἀτονώτερος εἶναι
25 φιλεῖ· μικροῦ γὰρ συμπάσχουσιν ἀλλήλοις ὅ τε λογισμὸς καὶ τὸ
σῶμα.

Ἀπέθανε δὲ μετὰ τὸν πόλεμον τὸν Πελοποννησιακὸν ἐν τῇ Θρᾴκῃ, 45
συγγράφων τὰ πράγματα τοῦ εἰκοστοῦ καὶ πρώτου ἐνιαυτοῦ· εἴκοσι
γὰρ καὶ ἑπτὰ κατέσχεν ὁ πόλεμος. τὰ δὲ τῶν ἄλλων ἐξ ἐτῶν πράγματα
30 ἀναπληροῖ ὅ τε Θεόπομπος καὶ ὁ Ξενοφῶν, οἷς συνάπτει τὴν Ἑλληνικὴν
ἱστορίαν.

Ἰστέον δὲ ὅτι στρατηγήσας ἐν Ἀμφιπόλει ὁ Θουκυδίδης καὶ δόξας 46
ἐκεῖ βραδέως ἀφικέσθαι καὶ προλαβόντος αὐτὸν τοῦ Βρασίδου ἐφυγα-
δεύθη ὑπ᾽ Ἀθηναίων, διαβάλλοντος αὐτὸν τοῦ Κλέωνος· διὸ καὶ ἀπ-
35 εχθάνεται τῷ Κλέωνι καὶ ὡς μεμηνότα αὐτὸν εἰσάγει πανταχοῦ καὶ κοῦφον.
καὶ ἀπελθών, ὥς φασιν, ἐν τῇ Θρᾴκῃ τὸ κάλλος ἐκεῖ τῆς συγγραφῆς
συνέθηκεν. ἀφ᾽ οὗ μὲν γὰρ ὁ πόλεμος ἤρξατο, ἐσημειοῦτο τὰ λεγόμενα 47

2 ἐν secl. Poppo   37 ἀφ᾽ recc. : ἐφ᾽ Gu.

πάντα καὶ τὰ πραττόμενα, οὐ μὴν κάλλους ἐφρόντισε τὴν ἀρχήν, ἀλλὰ
τοῦ μόνον σῶσαι τῇ σημειώσει τὰ πράγματα· ὕστερον δὲ μετὰ τὴν
ἐξορίαν ἐν Σκαπτῇ ὕλῃ τῆς Θρᾴκης χωρίῳ διαιτώμενος συνέταξε μετὰ
48 κάλλους ἃ ἐξ ἀρχῆς μόνον ἐσημειοῦτο διὰ τὴν μνήμην. ἔστι δὲ τοῖς
μύθοις ἐναντίος διὰ τὸ χαίρειν ταῖς ἀληθείαις. οὐ γὰρ ἐπετήδευσε τοῖς 5
ἄλλοις ταὐτὸν συγγραφεῦσιν οὐδὲ ἱστορικοῖς, οἳ μύθους ἐγκατέμιξαν
ταῖς ἑαυτῶν ἱστορίαις, τοῦ τερπνοῦ πλέον τῆς ἀληθείας ἀντιποιούμενοι.
ἀλλ' ἐκεῖνοι μὲν οὕτως, τῷ συγγραφεῖ δ' οὐκ ἐμέλησε πρὸς τέρψιν τῶν
ἀκουόντων, ἀλλὰ πρὸς ἀκρίβειαν τῶν μανθανόντων γράφειν. καὶ γὰρ
ὠνόμασεν ἀγώνισμα τὴν ἑαυτοῦ συγγραφήν. πολλὰ γὰρ τῶν πρὸς 10
ἡδονὴν ἀπέφυγε, τὰς παρενθήκας ἃς εἰώθασι ποιεῖν οἱ πλείονες ἀπο-
49 κλίνας, ὅπου γε καὶ παρ' Ἡροδότῳ καὶ ὁ δελφίς ἐστιν ὁ φιλήκοος καὶ
Ἀρίων ὁ κυβερνώμενος μουσικῇ, καὶ ὅλως ἡ δευτέρα τῶν ἱστοριῶν τὴν
ὑπόθεσιν ψεύδεται. ὁ δὲ συγγραφεὺς οὗτος ἂν ἀναμνησθῇ τινὸς περιτ-
τοῦ, διὰ μὲν τὴν ἀνάγκην λέγει, διηγεῖται δὲ μόνον εἰς γνῶσιν τῶν 15
ἀκουόντων ἀφικνούμενος· ὅ τε γὰρ περὶ Τηρέως αὐτῷ λόγος πέφρασται
μόνον περὶ παθῶν τῶν γυναικῶν, ἥ τε Κυκλώπων ἱστορία τῶν τόπων
ἐμνημονεύθη χάριν, καὶ ὁ Ἀλκμαίων ὅτε σωφρονεῖν μνημονεύεται,
†ἔνθα τὰ τῆς σωφροσύνης αὐτοῦ νήσους ποιεῖ,† τὰ δ' ἄλλα οὐκ
50 ἀκριβοῖ. περὶ μὲν οὖν τοὺς μύθους τοιοῦτος, δεινὸς δὲ ἠθογραφῆσαι, 20
καὶ ἐν μὲν τοῖς μέρεσι σαφής, ὑπὸ δὲ τὴν σύνταξιν ἐνίοτε διὰ τὸ
ἐπιτείνον τῆς ἑρμηνείας ἄδηλος εἶναι δοκῶν. ἔχει δὲ χαρακτῆρα ὑπέρ-
σεμνον καὶ μέγαν. τὸ δὲ τῆς συνθέσεως τραχύτητος [ὂν] μεστὸν καὶ
ἐμβριθὲς καὶ ὑπερβατικόν, ἐνίοτε δὲ ἀσαφές. αἱ δὲ βραχύτητες θαυ-
51 μασταί, καὶ τῶν λέξεων οἱ νόες πλείονες. τὸ δὲ γνωμολογικὸν αὐτοῦ 25
πάνυ ἐπαινετόν. ἐν δὲ ταῖς ἀφηγήσεσι σφόδρα δυνατός, ναυμαχίας
ἡμῖν καὶ πολιορκίας νόσους τε καὶ στάσεις διηγούμενος. πολυειδὴς δ'
ἐν τοῖς σχήμασι, τὰ πολλὰ καὶ τῶν Γοργίου τοῦ Λεοντίνου μιμούμενος,
ταχὺς ἐν ταῖς σημασίαις, πικρὸς ἐν ταῖς αὐστηρότησιν, ἠθῶν μιμητὴς
καὶ ἄριστος διαγραφεύς· ὄψει γοῦν παρ' αὐτῷ φρόνημα Περικλέους καὶ 30
Κλέωνος οὐκ οἶδ' ὅτι ἂν εἴποι τις, Ἀλκιβιάδου νεότητα, Θεμιστοκλέους
†πάντα, Νικίου χρηστότητα δεισιδαιμονίαν εὐτυχίαν μέχρι Σικελίας,
52 καὶ ἄλλα μυρία, ἃ κατὰ μέρος ἐπιδεῖν πειρασόμεθα. ὡς ἐπὶ πλεῖστον
δὲ χρῆται τῇ ἀρχαίᾳ ἀτθίδι [τῇ παλαιᾷ], ἢ τὸ ξ ἀντὶ τοῦ σ παρείληφεν,

1 ἀλλὰ Westermann: ἢ Gu.   3 ἐξορίαν recc.: ἱστορίαν Gu.
9 post γὰρ add. κτῆμα ἐς ἀεὶ μᾶλλον et post ὠνόμασεν add. ἢ Aem.
Portus docente Casaubon   19 ἔνθα τὰ] ἐνταῦθα Poppo   νήσους
ποιεῖ] μνῆσιν ποιεῖται Hude   21 ὑπὸ] περὶ Bekker   23 ὂν secl.
Krüger   34 τῇ παλαιᾷ om. recc.

ὅταν ξυνέγραψε καὶ ξυμμαχία λέγῃ, καὶ τὴν δίφθογγον τὴν ᾱῑ ἀντὶ τοῦ
ᾱ γράφῃ, αἰεὶ λέγων. καὶ ὅλως εὑρετής ἐστι καινῶν ὀνομάτων. τὰ μὲν
γάρ ἐστιν ἀρχαιότερα τῶν καθ' αὑτὸν χρόνων, τὸ αὐτοβοεὶ καὶ τὸ
πολεμησείοντες καὶ παγχάλεπον καὶ ἁμαρτάδα καὶ ὕλης φακέλους· τὰ
5 δὲ ποιηταῖς μέλει, οἷον τὸ †ἐπιλύγξαι καὶ τὸ ἐπηλύται καὶ τὸ ἀνακῶς
καὶ τὰ τοιαῦτα· τὰ δ' ἴδια, οἷον ἀποσίμωσις καὶ κωλύμη καὶ ἀποτείχισις,
καὶ ὅσα ἄλλα παρ' ἄλλοις μὲν οὐ λέλεκται, παρὰ τούτῳ δὲ κεῖται.
μέλει δὲ αὐτῷ καὶ ὄγκου τῶν ὀνομάτων καὶ δεινότητος τῶν ἐνθυμημάτων 53
καί, ὥσπερ φθάσαντες εἴπομεν, βραχύτητος συντάξεως· τὰ γὰρ πολλὰ
10 τῶν πραγμάτων καὶ λέξει δείκνυται. τέθεικε δὲ πολλάκις καὶ πάθη
καὶ πράγματα ἀντ' ἀνδρῶν, ὡς τὸ ἀντίπαλον δέος. ἔχει δέ τι καὶ τοῦ
πανηγυρικοῦ, ἐν οἷς ἐπιταφίους λέγει, καὶ ποικίλας εἰρωνείας εἰσφέρων
καὶ ἐρωτήσεις ποιούμενος καὶ φιλοσόφοις εἴδεσι δημηγορῶν· ἐν οἷς γὰρ
ἀμοιβαῖός ἐστι, φιλοσοφεῖ. τὴν μέντοι ἰδέαν αὐτοῦ τῶν λέξεων καὶ
15 τῶν συνθέσεων αἰτιῶνται οἱ πλείονες, ὧν ἐστι Διονύσιος ὁ Ἁλικαρ-
νασσεύς· μέμφεται γὰρ αὐτῷ ὡς πεζῇ καὶ πολιτικῇ λέξει χρῆσθαι μὴ
δυναμένῳ, οὐκ εἰδὼς ὅτι δυνάμεώς ἐστι ταῦτα πάντα περιττῆς καὶ ἕξεως
πλεονεξίας.

Φαίνεται δὲ ἐπὶ τῶν Ἡροδότου χρόνων γενόμενος, εἴ γε ὁ μὲν 54
20 Ἡρόδοτος μέμνηται τῆς Θηβαίων εἰσβολῆς εἰς τὴν Πλάταιαν, περὶ ἧς
ἱστορεῖ Θουκυδίδης ἐν τῇ δευτέρᾳ. λέγεται δέ τι καὶ τοιοῦτο, ὅτι ποτὲ
τοῦ Ἡροδότου τὰς ἰδίας ἱστορίας ἐπιδεικνυμένου παρὼν τῇ ἀκροάσει
Θουκυδίδης καὶ ἀκούσας ἐδάκρυσεν· ἔπειτά φασι τὸν Ἡρόδοτον τοῦτο
θεασάμενον εἰπεῖν αὐτοῦ πρὸς τὸν πατέρα τὸν Ὄλορον ' ὦ Ὄλορε, ὀργᾷ
25 ἡ φύσις τοῦ υἱοῦ σου πρὸς μαθήματα.' ἐτελεύτησε δὲ ἐν τῇ Θρᾴκῃ 55
καὶ οἱ μὲν λέγουσιν ὅτι ἐκεῖ ἐτάφη, ἄλλοι δὲ λέγουσιν ὅτι ἐν ταῖς
Ἀθήναις ἠνέχθη αὐτοῦ τὰ ὀστᾶ κρύφα παρὰ τῶν συγγενῶν καὶ οὕτως
ἐτάφη· οὐ γὰρ ἐξῆν φανερῶς θάπτειν ἐν Ἀθήναις τὸν ἐπὶ προδοσίᾳ
φεύγοντα. ἔστι δὲ αὐτοῦ τάφος πλησίον τῶν πυλῶν, ἐν χωρίῳ τῆς
30 Ἀττικῆς ὃ Κοίλη καλεῖται, καθά φησιν Ἄντυλλος, ἀξιόπιστος ἀνὴρ
μαρτυρῆσαι καὶ ἱστορίαν γνῶναι καὶ διδάξαι δεινός. καὶ στήλη δέ,
φησίν, ἕστηκεν ἐν τῇ Κοίλῃ, ' Θουκυδίδης ⟨Ὀλόρου⟩ Ἁλιμούσιος ' ἔχουσα
ἐπίγραμμα. τινὲς δὲ προσέθηκαν καὶ τὸ ' ἐνθάδε κεῖται·' ἀλλὰ λέγομεν
ὅτι νοούμενόν ἐστι τοῖτο καὶ προσυπακουόμενον· οὐδὲ γὰρ ἔκειτο ἐν τῷ
35 ἐπιγράμματι.

Ἔστι δὲ τὴν ἰδέαν καὶ τὸν χαρακτῆρα μεγαλοπρεπής, ὡς μηδὲ ἐν 56

5 ἐπιλύγξαι] ἐπηλυγάζεσθαι Stephanus   32 Ὀλόρου add.
Casaubon

τοῖς οἴκτοις ἀφίστασθαι τοῦ μεγαλοπρεποῦς, ἐμβριθὴς τὴν φράσιν,
ἀσαφὴς τὴν διάνοιαν διὰ τὸ ὑπερβατοῖς χαίρειν, ὀλίγοις ὀνόμασι πολλὰ
πράγματα δηλῶν, καὶ ποικιλώτατος μὲν ἐν τοῖς τῆς λέξεως σχήμασι,
κατὰ δὲ τὴν διάνοιαν τοὐναντίον ἀσχημάτιστος· οὔτε γὰρ εἰρωνείαις
οὔτε ἐπιτιμήσεσιν οὔτε ταῖς ἐκ πλαγίου ῥήσεσιν οὔτε ἄλλαις τισὶ 5
πανουργίαις πρὸς τὸν ἀκροατὴν κέχρηται, τοῦ Δημοσθένους μάλιστα ἐν
57 τούτοις ἐπιδεικνυμένου τὴν δεινότητα. οἶμαι δὲ οὐκ ἀγνοίᾳ σχηματισμοῦ
τοῦ κατὰ διάνοιαν παρεῖναι τὸν Θουκυδίδην τὸ τοιοῦτον, ἀλλὰ τοῖς
ὑποκειμένοις προσώποις πρέποντας καὶ ἁρμόζοντας συντιθέντα τοὺς
λόγους· οὐ γὰρ ἔπρεπε Περικλεῖ καὶ Ἀρχιδάμῳ καὶ Νικίᾳ καὶ Βρασίδᾳ, 10
ἀνθρώποις μεγαλόφροσι καὶ γενναίοις καὶ ἡρωικὴν ἔχουσι δόξαν, λόγους
εἰρωνείας καὶ πανουργίας περιτιθέναι, ὡς μὴ παρρησίαν ἔχουσι φανερῶς
ἐλέγχειν καὶ ἄντικρυς μέμφεσθαι καὶ ὅτι οὖν βούλονται λέγειν. διὰ
τοῦτο τὸ ἄπλαστον καὶ ἀνηθοποίητον ἐπετήδευσε, σώζων κἂν τούτοις
τὸ προσῆκον καὶ τῇ τέχνῃ δοκοῦν· τεχνίτου γὰρ ἀνδρὸς φυλάξαι τοῖς 15
προσώποις τὴν ἐπιβάλλουσαν δόξαν καὶ τοῖς πράγμασι τὸν ἀκόλουθον
κόσμον.

58 Ἰστέον δὲ ὅτι τὴν πραγματείαν αὐτοῦ οἱ μὲν κατέτεμον εἰς δέκα τρεῖς
ἱστορίας, ἄλλοι δὲ ἄλλως. ὅμως δὲ ἡ πλείστη καὶ ἡ κοινὴ κεκράτηκε,
τὸ μέχρι τῶν ὀκτὼ διῃρῆσθαι τὴν πραγματείαν, ὡς καὶ ἐπέκρινεν ὁ 20
Ἀσκληπιάδης.

21 Ἀσκληπιάδης Poppo : Ἀσκληπιός codd.

ΘΟΥΚΥΔΙΔΟΥ ΒΙΟΣ

Θουκυδίδης Ἀθηναῖος Ὀλόρου ἦν παῖς, Θρᾴκιον δὲ αὐτῷ τὸ γένος· I
καὶ γὰρ ὁ πατὴρ αὐτῷ Ὄλορος ἐκ Θρᾴκης εἶχε τοὔνομα. γέγονε δὲ τῶν
Μιλτιάδου συγγενής· αὐτίκα γοῦν ἔνθα Μιλτιάδης περὶ Κοίλην τέθαπται,
ἐνταῦθα καὶ Θουκυδίδης τέθαπται. ὁ δὲ Μιλτιάδης ἔγημε τοῦ Θρᾳκῶν
5 βασιλέως θυγατέρα Ἡγησιπύλην. γέγονε δὲ Ἀντιφῶντος τοῦ Ῥαμ- 2
νουσίου μαθητής, δεινοῦ λέγειν καὶ ὑπόπτου γενομένου τοῖς δικαστηρίοις.
καὶ διὰ ταῦτα λέγοντος μὲν οὐκ ἠνείχοντο αὐτοῦ, γράφειν δὲ ἐπεχείρησε
τοὺς λόγους, καὶ ἐξέδωκε τοῖς δεομένοις. ἐμαρτύρησε δὲ αὐτῷ καὶ
Θουκυδίδης ὁ μαθητὴς ὅτι ἂν ᾧ σύμβουλος γένοιτο, ἄριστα ἐκεῖνος
10 ἀπήλλαττεν εἰς τὰς δίκας. ἀλλ' ὁ μὲν ἔδοξε πονηρὸς [Ἀντιφῶν] εἶναι,
καὶ περὶ τέλη τοῦ Πελοποννησιακοῦ πολέμου κριθεὶς προδοσίας, ὡς
Λακεδαιμονίοις μὲν τὰ ἄριστα κατὰ πρεσβείαν παραινέσας, Ἀθηναίοις δὲ
ἀλυσιτελέστατα, ἑάλω. καὶ σὺν αὐτῷ διεφθάρησαν Ἀρχεπτόλεμος καὶ
Ὀνομακλῆς, ὧν καὶ κατεσκάφησαν καὶ αἱ οἰκίαι, καὶ τὸ γένος τὸ μὲν
15 διεφθάρη, τὸ δὲ ἄτιμον ἐγένετο. στρατηγικὸς δὲ ἀνὴρ ὁ Θουκυδίδης 3
γενόμενος καὶ τὰ περὶ Θάσον πιστευθεὶς μέταλλα πλούσιος μὲν ἦν καὶ
μέγα ἐδύνατο, ἐν δὲ τῷ Πελοποννησιακῷ πολέμῳ αἰτίαν ἔσχε προδοσίας
ἐκ βραδυτῆτός τε καὶ ὀλιγωρίας. ἔτυχε μὲν γὰρ Βρασίδας τὰς ἐπὶ
Θρᾴκης καταλαβὼν πόλεις Ἀθηναίων, ἀφιστὰς μὲν Ἀθηναίων, Λακε-
20 δαιμονίοις δὲ προστιθείς· κἀνταῦθα δέον ταχέως ἀναπλεῦσαι καὶ
σῶσαι μὲν τὴν Ἠιόνα ἐγγὺς κειμένην, περιποιῆσαι δὲ τὴν Ἀμφίπολιν,
μέγα κτῆμα τοῖς Ἀθηναίοις, τὴν μὲν Ἠιόνα ἐδυνήθη φθάσας σῶσαι, τὴν
δὲ Ἀμφίπολιν ἀπώλεσεν. καίτοι Κλέων βοηθῶν ταῖς ἐπὶ Θρᾴκης
πόλεσι κατέπλευσε μὲν εἰς Ἀμφίπολιν, ἀλλ' ὅμως μάχης γενομένης
25 Βρασίδας μὲν ὁ Λακεδαιμόνιος ἐνίκησεν αὐτόν, Κλέων δὲ ἀπέθανεν ὑπὸ
Μυρκινίου πελταστοῦ βληθείς. οὐ μὴν ἀλλὰ καὶ ὁ Βρασίδας τῆς νίκης

10 Ἀντιφῶν secl. Krüger

αἰσθόμενος ἀπέθανε, καὶ Ἀμφίπολις Ἀθηναίων ἀπέστη, Λακεδαιμονίων
δὲ ἐγένετο· ἔνθα καὶ τὰ Ἁγνώνεια οἰκοδομήματα καθελόντες οἱ Ἀμφι-
πολῖται Βρασίδεια ἐκάλεσαν, μισήσαντες μὲν τὴν Ἀττικὴν ἀποικίαν,
λακωνίσαντες δὲ κἂν τούτῳ καὶ τὴν τιμὴν μεταθέντες εἰς Λακεδαίμονα.

4   Γενόμενος δὲ φυγὰς ὁ Θουκυδίδης ἐσχόλαζε τῇ συγγραφῇ τοῦ Πελο- 5
ποννησιακοῦ πολέμου, καὶ διὰ τοῦτο δοκεῖ πολλὰ χαρίζεσθαι μὲν
Λακεδαιμονίοις, κατηγορεῖν δὲ Ἀθηναίων τὴν τυραννίδα καὶ πλεονεξίαν·
οὐ γὰρ καιρὸς αὐτῷ κατειπεῖν Ἀθηναίων ἐγένετο, Κορινθίων κατηγο-
ρούντων ἢ Λακεδαιμονίων μεμφομένων ἢ Μιτυληναίων αἰτιωμένων,
πολὺς ἐν τοῖς ἐγκλήμασι τοῖς Ἀττικοῖς ἐρρύη, καὶ τὰς μὲν νίκας τὰς 10
Λακωνικὰς ἐξῆρε τῷ λόγῳ, τὰς δὲ ξυμφορὰς ηὔξησε τὰς Ἀττικάς, ὅπου
5 καὶ τὰς ἐν Σικελίᾳ. πέπαυται δὲ τὸ τῆς συγγραφῆς ἐν τῇ ναυμαχίᾳ τῇ
περὶ Κυνὸς σῆμα, τουτέστι περὶ τὸν Ἑλλήσποντον, ἔνθα δοκοῦσι καὶ
νενικηκέναι Ἀθηναῖοι. τὰ δὲ μετὰ ταῦτα ἑτέροις γράφειν κατέλιπε,
Ξενοφῶντι καὶ Θεοπόμπῳ· εἰσὶ δὲ καὶ αἱ ἐφεξῆς μάχαι· οὔτε γὰρ τὴν 15
δευτέραν ναυμαχίαν τὴν περὶ Κυνὸς σῆμα, ἣν Θεόπομπος εἶπεν, οὔτε
τὴν περὶ Κύζικον, ἣν ἐνίκα Θρασύβουλος καὶ Θηραμένης καὶ Ἀλκιβιάδης,
οὔτε τὴν ἐν Ἀργινούσαις ναυμαχίαν, ἔνθα νικῶσιν Ἀθηναῖοι Λακεδαι-
μονίους, οὔτε τὸ κεφάλαιον τῶν κακῶν τῶν Ἀττικῶν, τὴν ἐν Αἰγὸς
ποταμοῖς ναυμαχίαν, ὅπου καὶ τὰς ναῦς ἀπώλεσαν Ἀθηναῖοι καὶ τὰς 20
ἑξῆς ἐλπίδας· καὶ γὰρ τὸ τεῖχος αὐτῶν καθῃρέθη καὶ ἡ τῶν τριάκοντα
τυραννὶς κατέστη καὶ πολλαῖς συμφοραῖς περιέπεσεν ἡ πόλις, ἃς
ἠκρίβωσε Θεόπομπος.

6   Ἦν δὲ τῶν πάνυ κατὰ γένος Ἀθήνησι δοξαζομένων ὁ Θουκυδίδης.
δεινὸς δὲ δόξας εἶναι ἐν τῷ λέγειν πρὸ τῆς συγγραφῆς προέστη τῶν 25
πραγμάτων. πρώτην δὲ τῆς ἐν τῷ λέγειν δεινότητος τήνδε ἐποιήσατο
τὴν ἐπίδειξιν· Πυριλάμπης γάρ τις τῶν πολιτῶν ἄνδρα φίλον καὶ
ἐρώμενον ἴδιον διά τινα ζηλοτυπήσας ἐφόνευσε, ταύτης δὲ τῆς δίκης ἐν
Ἀρείῳ πάγῳ κρινομένης πολλὰ τῆς ἰδίας σοφίας ἐπεδείξατο, ἀπολογίαν
ποιούμενος ὑπὲρ τοῦ Πυριλάμπους, καὶ Περικλέους κατηγοροῦντος 30
ἐνίκα. ὅθεν καὶ στρατηγὸν αὐτὸν ἑλομένων Ἀθηναίων ἄρχων προέστη
7 τοῦ δήμου. μεγαλόφρων δὲ ἐν τοῖς πράγμασι γενόμενος, ἅτε φιλοχρη-
μάτων, οὐκ εἴατο πλείονα χρόνον προστατεῖν τοῦ δήμου. πρῶτον μὲν
γὰρ ὑπὸ τοῦ Ξενοκρίτου, ὡς Σύβαριν ἀποδημήσας, ὡς ἐπανῆλθεν εἰς
Ἀθήνας, συγχύσεως δικαστηρίου φεύγων ἑάλω· ὕστερον δὲ ἐξοστρα- 35
κίζεται ἔτη δέκα. φεύγων δὲ ἐν Αἰγίνῃ διέτριβε, κἀκεῖ λέγεται τὰς

14 κατέλειπεν Ε   29 κρινομένης recc. : κινουμένης codd.   33 εἴατο
Bekker : εἴατον vel εἴα τὸν codd.

ΘΟΥΚΥΔΙΔΟΥ ΒΙΟΣ

ἱστορίας αὐτὸν συντάξασθαι. τότε δὲ τὴν φιλαργυρίαν αὐτοῦ μάλιστα φανερὰν γενέσθαι· ἅπαντας γὰρ Αἰγινήτας κατατοκίζων ἀναστάτους ἐποίησεν.

Μετὰ ⟨δὲ⟩ τὴν ἱστορίαν φασὶ συντετάχθαι τῷ συγγραφεῖ τὸ προοίμιον, 8
5 ἐπεὶ τῶν ἐν τῷ πολέμῳ μέμνηται γεγονότων, ὥσπερ τῆς Δήλου καθάρσεως, ἣν περὶ τὸ ἕβδομον ἔτος ἐπὶ Εὐθύνου ἄρχοντος γεγενῆσθαί φασιν. μέμνηται δὲ ἐν αὐτῷ καὶ τῆς τοῦ πολέμου τελευτῆς λέγων 'ἐς τὴν τελευτὴν τοῦδε τοῦ πολέμου.' ἀλλὰ καὶ ἐν ἀρχῇ φησὶ 'κίνησις γὰρ αὕτη δὴ μεγίστη τοῖς Ἕλλησιν ἐγένετο καὶ μέρει τινὶ τῶν βαρβάρων,
10 ὡς δὲ εἰπεῖν καὶ ἐπὶ πλεῖστον ἀνθρώπων.' πληρώσας δε τὴν ὀγδόην 9 ἱστορίαν ἀπέθανε νόσῳ· σφάλλονται γὰρ οἱ λέγοντες μὴ Θουκυδίδου εἶναι τὴν ὀγδόην, ἀλλ' ἑτέρου συγγραφέως. τελευτήσας δ' ἐν Ἀθήνησιν 1ς ἐτάφη πλησίον τῶν Μελιτίδων πυλῶν, ἐν χωρίῳ τῆς Ἀττικῆς ὃ προσαγορεύεται Κοίλη, εἴτε αὐτὸς ἐπανελθὼν Ἀθήναζε ἐκ τῆς φυγῆς τοῦ
15 ὁρισθέντος χρόνου πληρωθέντος, καὶ τελευτήσας ἐν τῇ ἰδίᾳ πατρίδι, εἴτε μετακομισθέντων αὐτοῦ τῶν ὀστέων ἀπὸ Θράκης, ἐκεῖ καταστρέψαντος τὸν βίον· λέγεται γὰρ ἐπ' ἀμφότερα. καὶ στήλη τις ἀνέστηκεν ἐν τῇ Κοίλῃ τοῦτο ἔχουσα τὸ ἐπίγραμμα 'Θουκυδίδης Ὀλόρου Ἁλιμούσιος ἐνθάδε κεῖται.'

4 δὲ add. recc.   13 Μελιτίδων recc. : Μιλτιάδων codd.

CONSPECTUS SIGLORUM

I. Codices medii aevi:

 A = Parisinus suppl. gr. 255   saeculi xi–xii
 B = Vaticanus 126   xi
 C = Laurentianus LXIX 2   x
 E = Palatinus (Heidelbergensis) 252   xi
 F = Monacensis 430   xi
 G = Monacensis 228   xiii
 (G) = verba in codice G exesa sed auxilio recentiorum
     restituta ; v. praef. pp. vii sq.
 M = Britannicus (Londinensis) add. 11727   xi

II. Papyri et membranae Aegyptiacae:

$\overline{\Pi}^1$ = PWess. (Hudii W) *	continens libri 8, c. 91 sq. saeculi p.C.	v
Π^2 = POxy. 16 + 696 (Hudii O)	4, cc. 28–41	i
Π^3 = ,, 17	2, cc. 7 sq.	ii–iii
Π^4 = ,, 225	2, cc. 90 sq.	i
Π^5 = ,, 451	2, cc. 73 sq.	iii
Π^6 = ,, 452	4, c. 87	ii–iii
Π^7 = ,, 453	6, c. 32.	i–ii
Π^8 = ,, 853	scholia in l. 2, cc. 1–45	ii
Π^9 = ,, 878	libri 2, cc. 22–5	i
Π^{10} = ,, 879	3, cc. 58 sq.	iii
Π^{11} = ,, 880	5, cc. 32–4, 39–40, 96–8, 103–5, 111	ii
Π^{12} = PGenav. 2 † + PRyl. 548	2, cc. 2–5, 13, 15	iii
Π^{13} = POxy. 1180	5, cc. 60–3	iii
Π^{14} = PGiss. 12 ‡	2, cc. 59 sq.	iv–v
Π^{15} = POxy. 1245	1, cc. 139–41	iv
Π^{16} = ,, 1246	7, c. 38	ii
Π^{17} = ,, 1247	8, cc. 8–11	ii
Π^{18} = ,, 1376	7, cc. 54–68, 72 sq., 78–82	ii–iii
Π^{19} = ,, 1620	1, cc. 11–14	ii–iii
Π^{20} = ,, 1621	2, cc. 11, 35	iv
Π^{21} = ,, 1622	2, cc. 65, 67	ii
Π^{22} = ,, 1623	3, cc. 7–9	v–vi

---

* C. Wessely, *Stud. Vind.* vii. (1885) 116 sqq.
 † J. Nicole, *Textes gr. inédits de Genève*, (1909) 13 sqq.
 ‡ F. Fischer, *Thucyd. reliquiae in pap. et membr. Aeg. servatae*, (1913)
27 sqq.

Π^{23} = PRainer. 29247 * continens scholia in l. 1, cc. 1–9   saeculi iii
Π^{24} = POxy. 2100   libri 4, cc. 15 sq.; l. 5, cc. 4, 18,
                                         42 sq., 72 sq.; l. 8, cc.
                                         6, 23–5, 52–4, 96, 103   ii
Π^{25} = PBerol. 13236 †   2, cc. 65, 67 sq., 79–82   iv
Π^{26} = PCair. 47993 **   1, c. 3   i
Π^{27} = PSI. 1195   1, cc. 71–3   ii
Π^{28} = PLund. 2 ‡   1, cc. 49–50   ii
Π^{29} = PHarr. 41   1, cc. 52–4   ii–iii
Π^{30} = PMich. 141   7, c. 57   ii
Π^{31} = PAnt. ined. §   8, cc. 80–2   iii

III. Aliae notae :

    $A^1 B^1$ etc. = scriptura a prima manu correcta

      a b etc. = scriptura a manu recentiore substituta vel adscripta

   [A] [B] etc. = scriptura in codice olim exarata hodie deperdita

       $\gamma\rho.$ = scriptura signo $\gamma\rho(\acute{\alpha}\phi\epsilon\tau\alpha\iota)$ addito adscripta

     codd. = consensus codicum ABCEFGM

     recc. = unus vel plures e codicibus recentioribus

     m. 1 = manu prima

  * H. Gerstinger, *Acta Acad. Vind. phil.-hist.* lxvii. (1925) 2.
  † A. H. Salonius, *Soc. Scient. Fenn. Comm. Hum. Litt.* ii. (1927) 2.
** W. G. Waddell, *Études de papyrologie*, i. (1932) 15.
  ‡ A. Wifstrand, *Bulletin de la société royale des lettres de Lund*, ii. 934-51.
  § Fragmento nondum publici iuris facto ut uterer, benigne mihi permisit
Societas Aegypto Explorandae.

ΘΟΥΚΥΔΙΔΟΥ

ΙΣΤΟΡΙΩΝ   Α

Θουκυδίδης 'Αθηναῖος ξυνέγραψε τὸν πόλεμον τῶν Πελο- 1
ποννησίων καὶ 'Αθηναίων, ὡς ἐπολέμησαν πρὸς ἀλλήλους,
ἀρξάμενος εὐθὺς καθισταμένου καὶ ἐλπίσας μέγαν τε ἔσεσθαι
καὶ ἀξιολογώτατον τῶν προγεγενημένων, τεκμαιρόμενος ὅτι
5 ἀκμάζοντές τε ἦσαν ἐς αὐτὸν ἀμφότεροι παρασκευῇ τῇ πάσῃ
καὶ τὸ ἄλλο Ἑλληνικὸν ὁρῶν ξυνιστάμενον πρὸς ἑκατέρους,
τὸ μὲν εὐθύς, τὸ δὲ καὶ διανοούμενον.   κίνησις γὰρ αὕτη 2
μεγίστη δὴ τοῖς Ἕλλησιν ἐγένετο καὶ μέρει τινὶ τῶν βαρ-
βάρων, ὡς δὲ εἰπεῖν καὶ ἐπὶ πλεῖστον ἀνθρώπων.   τὰ γὰρ 3
10 πρὸ αὐτῶν καὶ τὰ ἔτι παλαίτερα σαφῶς μὲν εὑρεῖν διὰ
χρόνου πλῆθος ἀδύνατα ἦν, ἐκ δὲ τεκμηρίων ὧν ἐπὶ μακρό-
τατον σκοποῦντί μοι πιστεῦσαι ξυμβαίνει οὐ μεγάλα νομίζω
γενέσθαι οὔτε κατὰ τοὺς πολέμους οὔτε ἐς τὰ ἄλλα.   φαί- 2
νεται γὰρ ἡ νῦν Ἑλλὰς καλουμένη οὐ πάλαι βεβαίως
15 οἰκουμένη, ἀλλὰ μεταναστάσεις τε οὖσαι τὰ πρότερα καὶ
ῥᾳδίως ἕκαστοι τὴν ἑαυτῶν ἀπολείποντες βιαζόμενοι ὑπό
τινων αἰεὶ πλειόνων.   τῆς γὰρ ἐμπορίας οὐκ οὔσης, οὐδ' 2
ἐπιμειγνύντες ἀδεῶς ἀλλήλοις οὔτε κατὰ γῆν οὔτε διὰ θα-
λάσσης, νεμόμενοί τε τὰ αὑτῶν ἕκαστοι ὅσον ἀποζῆν καὶ

c. I. 1—c. 15. 1 κατεστρέφοντο suppl. c foll. ii–vii
c. I. 1—c. 3. 2 τοῦτο suppl. m fol. i
5 ἦσαν F g Schol. Plat. *Rep.* 449 A Suid. Phot. : ἦσαν cett.   8 δὴ
μεγίστη F Dion. Hal.   11 ἀδύνατον F¹ G Dion. Hal.   19 ἑαυτῶν Schol.

περιουσίαν χρημάτων οὐκ ἔχοντες οὐδὲ γῆν φυτεύοντες,
ἄδηλον ὂν ὁπότε τις ἐπελθὼν καὶ ἀτειχίστων ἅμα ὄντων
ἄλλος ἀφαιρήσεται, τῆς τε καθ' ἡμέραν ἀναγκαίου τροφῆς
πανταχοῦ ἂν ἡγούμενοι ἐπικρατεῖν, οὐ χαλεπῶς ἀπανίσταντο,
καὶ δι' αὐτὸ οὔτε μεγέθει πόλεων ἴσχυον οὔτε τῇ ἄλλῃ 5
παρασκευῇ. μάλιστα δὲ τῆς γῆς ἡ ἀρίστη αἰεὶ τὰς μετα-
βολὰς τῶν οἰκητόρων εἶχεν, ἥ τε νῦν Θεσσαλία καλουμένη
καὶ Βοιωτία Πελοποννήσου τε τὰ πολλὰ πλὴν Ἀρκαδίας,
4 τῆς τε ἄλλης ὅσα ἦν κράτιστα. διὰ γὰρ ἀρετὴν γῆς αἵ τε
δυνάμεις τισὶ μείζους ἐγγιγνόμεναι στάσεις ἐνεποίουν ἐξ ὧν 10
ἐφθείροντο, καὶ ἅμα ὑπὸ ἀλλοφύλων μᾶλλον ἐπεβουλεύοντο.
5 τὴν γοῦν Ἀττικὴν ἐκ τοῦ ἐπὶ πλεῖστον διὰ τὸ λεπτόγεων
6 ἀστασίαστον οὖσαν ἄνθρωποι ᾤκουν οἱ αὐτοὶ αἰεί. καὶ
παράδειγμα τόδε τοῦ λόγου οὐκ ἐλάχιστόν ἐστι διὰ τὰς
μετοικίας ἐς τὰ ἄλλα μὴ ὁμοίως αὐξηθῆναι· ἐκ γὰρ τῆς 15
ἄλλης Ἑλλάδος οἱ πολέμῳ ἢ στάσει ἐκπίπτοντες παρ'
Ἀθηναίους οἱ δυνατώτατοι ὡς βέβαιον ὂν ἀνεχώρουν, καὶ
πολῖται γιγνόμενοι εὐθὺς ἀπὸ παλαιοῦ μείζω ἔτι ἐποίησαν
πλήθει ἀνθρώπων τὴν πόλιν, ὥστε καὶ ἐς Ἰωνίαν ὕστερον
ὡς οὐχ ἱκανῆς οὔσης τῆς Ἀττικῆς ἀποικίας ἐξέπεμψαν. 20
3   Δηλοῖ δέ μοι καὶ τόδε τῶν παλαιῶν ἀσθένειαν οὐχ ἥκιστα·
πρὸ γὰρ τῶν Τρωικῶν οὐδὲν φαίνεται πρότερον κοινῇ ἐργα-
2 σαμένη ἡ Ἑλλάς· δοκεῖ δέ μοι, οὐδὲ τοὔνομα τοῦτο ξύμπασά
πω εἶχεν, ἀλλὰ τὰ μὲν πρὸ Ἕλληνος τοῦ Δευκαλίωνος καὶ
πάνυ οὐδὲ εἶναι ἡ ἐπίκλησις αὕτη, κατὰ ἔθνη δὲ ἄλλα τε 25
καὶ τὸ Πελασγικὸν ἐπὶ πλεῖστον ἀφ' ἑαυτῶν τὴν ἐπωνυμίαν
παρέχεσθαι, Ἕλληνος δὲ καὶ τῶν παίδων αὐτοῦ ἐν τῇ Φθιώ-
τιδι ἰσχυσάντων, καὶ ἐπαγομένων αὐτοὺς ἐπ' ὠφελίᾳ ἐς τὰς
ἄλλας πόλεις, καθ' ἑκάστους μὲν ἤδη τῇ ὁμιλίᾳ μᾶλλον
καλεῖσθαι Ἕλληνας, οὐ μέντοι πολλοῦ γε χρόνου [ἐδύνατο] 30
3 καὶ ἅπασιν ἐκνικῆσαι. τεκμηριοῖ δὲ μάλιστα Ὅμηρος· πολλῷ

---

15 μετοικίας ἐς] μετοικήσεις Ullrich   27 Φθιώτιδι E f: Φθιωτία
cett.   30 ἐδύνατο om. M

γὰρ ὕστερον ἔτι καὶ τῶν Τρωικῶν γενόμενος οὐδαμοῦ τοὺς
ξύμπαντας ὠνόμασεν, οὐδ' ἄλλους ἢ τοὺς μετ' Ἀχιλλέως ἐκ
τῆς Φθιώτιδος, οἵπερ καὶ πρῶτοι Ἕλληνες ἦσαν, Δαναοὺς
δὲ ἐν τοῖς ἔπεσι καὶ Ἀργείους καὶ Ἀχαιοὺς ἀνακαλεῖ. οὐ μὴν
5 οὐδὲ βαρβάρους εἴρηκε διὰ τὸ μηδὲ Ἕλληνάς πω, ὡς ἐμοὶ
δοκεῖ, ἀντίπαλον ἐς ἓν ὄνομα ἀποκεκρίσθαι. οἱ δ' οὖν ὡς 4
ἕκαστοι Ἕλληνες κατὰ πόλεις τε ὅσοι ἀλλήλων ξυνίεσαν
καὶ ξύμπαντες ὕστερον κληθέντες οὐδὲν πρὸ τῶν Τρωικῶν
δι' ἀσθένειαν καὶ ἀμειξίαν ἀλλήλων ἀθρόοι ἔπραξαν. ἀλλὰ
10 καὶ ταύτην τὴν στρατείαν θαλάσσῃ ἤδη πλείω χρώμενοι
ξυνεξῆλθον.

Μίνως γὰρ παλαίτατος ὧν ἀκοῇ ἴσμεν ναυτικὸν ἐκτήσατο 4
καὶ τῆς νῦν Ἑλληνικῆς θαλάσσης ἐπὶ πλεῖστον ἐκράτησε
καὶ τῶν Κυκλάδων νήσων ἦρξέ τε καὶ οἰκιστὴς πρῶτος τῶν
15 πλείστων ἐγένετο, Κᾶρας ἐξελάσας καὶ τοὺς ἑαυτοῦ παῖδας
ἡγεμόνας ἐγκαταστήσας· τό τε λῃστικόν, ὡς εἰκός, καθῄρει
ἐκ τῆς θαλάσσης ἐφ' ὅσον ἐδύνατο, τοῦ τὰς προσόδους μᾶλλον
ἰέναι αὐτῷ. οἱ γὰρ Ἕλληνες τὸ πάλαι καὶ τῶν βαρβάρων 5
οἵ τε ἐν τῇ ἠπείρῳ παραθαλάσσιοι καὶ ὅσοι νήσους εἶχον,
20 ἐπειδὴ ἤρξαντο μᾶλλον περαιοῦσθαι ναυσὶν ἐπ' ἀλλήλους,
ἐτράποντο πρὸς λῃστείαν, ἡγουμένων ἀνδρῶν οὐ τῶν ἀδυνα-
τωτάτων, κέρδους τοῦ σφετέρου αὐτῶν ἕνεκα καὶ τοῖς ἀσθενέσι
τροφῆς, καὶ προσπίπτοντες πόλεσιν ἀτειχίστοις καὶ κατὰ
κώμας οἰκουμέναις ἥρπαζον, καὶ τὸν πλεῖστον τοῦ βίου ἐν-
25 τεῦθεν ἐποιοῦντο, οὐκ ἔχοντός πω αἰσχύνην τούτου τοῦ ἔργου,
φέροντος δέ τι καὶ δόξης μᾶλλον· δηλοῦσι δὲ τῶν τε ἠπειρω- 2
τῶν τινὲς ἔτι καὶ νῦν, οἷς κόσμος καλῶς τοῦτο δρᾶν, καὶ οἱ
παλαιοὶ τῶν ποιητῶν τὰς πύστεις τῶν καταπλεόντων παντα-
χοῦ ὁμοίως ἐρωτῶντες εἰ λῃσταί εἰσιν, ὡς οὔτε ὧν πυνθά-
30 νονται ἀπαξιούντων τὸ ἔργον, οἷς τε ἐπιμελὲς εἴη εἰδέναι
οὐκ ὀνειδιζόντων. ἐλῄζοντο δὲ καὶ κατ' ἤπειρον ἀλλήλους. 3

1 ὕστερος γρ. Schol.   6 ἀντίπαλον ... 8 κλ]ηθέντ[ες Π²⁶   11 ξυνε-
ξῆλθον Cobet: ξυνῆλθον codd.: exierunt Valla   16 καταστήσας G
(corr. G¹) M   λῃστρικὸν G M   καθῄρει] ἐκάθηρε Schol. Aristid. 87,
9 D   18 τὸ] οἱ Π²³   22 ante τοῦ add. τε Π²³   24 τὸν] τὸ A ? G

καὶ μέχρι τοῦδε πολλὰ τῆς Ἑλλάδος τῷ παλαιῷ τρόπῳ
νέμεται περί τε Λοκροὺς τοὺς Ὀζόλας καὶ Αἰτωλοὺς καὶ
Ἀκαρνᾶνας καὶ τὴν ταύτῃ ἤπειρον. τό τε σιδηροφορεῖσθαι
τούτοις τοῖς ἠπειρώταις ἀπὸ τῆς παλαιᾶς λῃστείας ἐμμεμέ-
6 νηκεν· πᾶσα γὰρ ἡ Ἑλλὰς ἐσιδηροφόρει διὰ τὰς ἀφάρκτους 5
τε οἰκήσεις καὶ οὐκ ἀσφαλεῖς παρ' ἀλλήλους ἐφόδους, καὶ
ξυνήθη τὴν δίαιταν μεθ' ὅπλων ἐποιήσαντο ὥσπερ οἱ βάρ-
2 βαροι. σημεῖον δ' ἐστὶ ταῦτα τῆς Ἑλλάδος ἔτι οὕτω
νεμόμενα τῶν ποτὲ καὶ ἐς πάντας ὁμοίων διαιτημάτων.
3 Ἐν τοῖς πρῶτοι δὲ Ἀθηναῖοι τόν τε σίδηρον κατέθεντο 10
καὶ ἀνειμένῃ τῇ διαίτῃ ἐς τὸ τρυφερώτερον μετέστησαν. καὶ
οἱ πρεσβύτεροι αὐτοῖς τῶν εὐδαιμόνων διὰ τὸ ἁβροδίαιτον οὐ
πολὺς χρόνος ἐπειδὴ χιτῶνάς τε λινοῦς ἐπαύσαντο φοροῦντες
καὶ χρυσῶν τεττίγων ἐνέρσει κρωβύλον ἀναδούμενοι τῶν ἐν
τῇ κεφαλῇ τριχῶν· ἀφ' οὗ καὶ Ἰώνων τοὺς πρεσβυτέρους 15
4 κατὰ τὸ ξυγγενὲς ἐπὶ πολὺ αὕτη ἡ σκευὴ κατέσχεν. μετρίᾳ
δ' αὖ ἐσθῆτι καὶ ἐς τὸν νῦν τρόπον πρῶτοι Λακεδαιμόνιοι
ἐχρήσαντο καὶ ἐς τὰ ἄλλα πρὸς τοὺς πολλοὺς οἱ τὰ μείζω
5 κεκτημένοι ἰσοδίαιτοι μάλιστα κατέστησαν. ἐγυμνώθησάν
τε πρῶτοι, καὶ ἐς τὸ φανερὸν ἀποδύντες, λίπα μετὰ τοῦ 20
γυμνάζεσθαι ἠλείψαντο· τὸ δὲ πάλαι καὶ ἐν τῷ Ὀλυμπικῷ
ἀγῶνι διαζώματα ἔχοντες περὶ τὰ αἰδοῖα οἱ ἀθληταὶ ἠγωνί-
ζοντο, καὶ οὐ πολλὰ ἔτη ἐπειδὴ πέπαυται. ἔτι δὲ καὶ ἐν
τοῖς βαρβάροις ἔστιν οἷς νῦν, καὶ μάλιστα τοῖς Ἀσιανοῖς,
πυγμῆς καὶ πάλης ἆθλα τίθεται, καὶ διεζωμένοι τοῦτο δρῶσιν. 25
6 πολλὰ δ' ἂν καὶ ἄλλα τις ἀποδείξειε τὸ παλαιὸν Ἑλληνικὸν
ὁμοιότροπα τῷ νῦν βαρβαρικῷ διαιτώμενον.
7 Τῶν δὲ πόλεων ὅσαι μὲν νεώτατα ᾠκίσθησαν καὶ ἤδη πλωι-
μωτέρων ὄντων, περιουσίας μᾶλλον ἔχουσαι χρημάτων ἐπ'
αὐτοῖς τοῖς αἰγιαλοῖς τείχεσιν ἐκτίζοντο καὶ τοὺς ἰσθμοὺς 30
ἀπελάμβανον ἐμπορίας τε ἕνεκα καὶ τῆς πρὸς τοὺς προσοίκους

14 ἐν ἔρσει (vel ἕρσει) E G Schol.   16 κατασκευὴ A B F   23 πέ-
παυνται recc.   25 διεζωμένοι Phot. Suid.: διεζωσμένοι codd.   30 ἐκ-
τίζοντο καὶ τείχεσι Herwerden
① ταῦτα ἢ νεμόμενα τῆς Ἑλλάδος σημεῖον δ' ἐστὶ τῶν ... διαιτημάτων.

ἔκαστοι ἰσχύος· αἱ δὲ παλαιαὶ διὰ τὴν λῃστείαν ἐπὶ πολὺ
ἀντίσχουσαν ἀπὸ θαλάσσης μᾶλλον ᾠκίσθησαν, αἵ τε ἐν
ταῖς νήσοις καὶ ἐν ταῖς ἠπείροις (ἔφερον γὰρ ἀλλήλους τε
καὶ τῶν ἄλλων ὅσοι ὄντες οὐ θαλάσσιοι κάτω ᾤκουν), καὶ
5 μέχρι τοῦδε ἔτι ἀνῳκισμένοι εἰσίν. καὶ οὐχ ἧσσον λῃσταὶ 8
ἦσαν οἱ νησιῶται, Κᾶρές τε ὄντες καὶ Φοίνικες· οὗτοι γὰρ
δὴ τὰς πλείστας τῶν νήσων ᾤκησαν. μαρτύριον δέ· Δήλου
γὰρ καθαιρομένης ὑπὸ Ἀθηναίων ἐν τῷδε τῷ πολέμῳ καὶ
τῶν θηκῶν ἀναιρεθεισῶν ὅσαι ἦσαν τῶν τεθνεώτων ἐν τῇ
10 νήσῳ, ὑπὲρ ἥμισυ Κᾶρες ἐφάνησαν, γνωσθέντες τῇ τε σκευῇ
τῶν ὅπλων ξυντεθαμμένῃ καὶ τῷ τρόπῳ ᾧ νῦν ἔτι θάπτουσιν.
καταστάντος δὲ τοῦ Μίνω ναυτικοῦ, πλωιμώτερα ἐγένετο 2
παρ᾽ ἀλλήλους (οἱ γὰρ ἐκ τῶν νήσων κακοῦργοι ἀνέστησαν
ὑπ᾽ αὐτοῦ, ὅτεπερ καὶ τὰς πολλὰς αὐτῶν κατῴκιζε), καὶ 3
15 οἱ παρὰ θάλασσαν ἄνθρωποι μᾶλλον ἤδη τὴν κτῆσιν τῶν
χρημάτων ποιούμενοι βεβαιότερον ᾤκουν, καί τινες καὶ τείχη
περιεβάλλοντο, ὡς πλουσιώτεροι ἑαυτῶν γιγνόμενοι· ἐφιέ-
μενοι γὰρ τῶν κερδῶν, οἵ τε ἥσσους ὑπέμενον τὴν τῶν
κρεισσόνων δουλείαν, οἵ τε δυνατώτεροι περιουσίας ἔχοντες
20 προσεποιοῦντο ὑπηκόους τὰς ἐλάσσους πόλεις. καὶ ἐν 4
τούτῳ τῷ τρόπῳ μᾶλλον ἤδη ὄντες ὕστερον χρόνῳ ἐπὶ
Τροίαν ἐστράτευσαν.

Ἀγαμέμνων τέ μοι δοκεῖ τῶν τότε δυνάμει προύχων καὶ 9
οὐ τοσοῦτον τοῖς Τυνδάρεω ὅρκοις κατειλημμένους τοὺς
25 Ἑλένης μνηστῆρας ἄγων τὸν στόλον ἀγεῖραι. λέγουσι δὲ 2
καὶ οἱ τὰ σαφέστατα Πελοποννησίων μνήμῃ παρὰ τῶν
πρότερον δεδεγμένοι, Πέλοπά τε πρῶτον πλήθει χρημάτων,
ἃ ἦλθεν ἐκ τῆς Ἀσίας ἔχων ἐς ἀνθρώπους ἀπόρους, δύναμιν
περιποιησάμενον τὴν ἐπωνυμίαν τῆς χώρας ἔπηλυν ὄντα ὅμως
30 σχεῖν, καὶ ὕστερον τοῖς ἐκγόνοις ἔτι μείζω ξυνενεχθῆναι,

2 ἀντίσχουσαν Poppo : ἀντισχοῦσαν E G : ἀντισχοῦσαι cett.   7 ᾤκι-
σαν B   17 ὡς . . . γιγνόμενοι add. G in marg., om. M
29 ἔπηλυν Stahl : ἐπηλύτην codd.   30 post ἐκγόνοις add. οἷον
Ἀτρεῖ Ἀγαμέμνονι A B E F

Εὐρυσθέως μὲν ἐν τῇ Ἀττικῇ ὑπὸ Ἡρακλειδῶν ἀποθανόντος,
Ἀτρέως δὲ μητρὸς ἀδελφοῦ ὄντος αὐτῷ, καὶ ἐπιτρέψαντος
Εὐρυσθέως, ὅτ᾽ ἐστράτευε, Μυκήνας τε καὶ τὴν ἀρχὴν κατὰ
τὸ οἰκεῖον Ἀτρεῖ (τυγχάνειν δὲ αὐτὸν φεύγοντα τὸν πατέρα
διὰ τὸν Χρυσίππου θάνατον), καὶ ὡς οὐκέτι ἀνεχώρησεν 5
Εὐρυσθεύς, βουλομένων καὶ τῶν Μυκηναίων φόβῳ τῶν
Ἡρακλειδῶν καὶ ἅμα δυνατὸν δοκοῦντα εἶναι καὶ τὸ πλῆ-
θος τεθεραπευκότα τῶν Μυκηναίων τε καὶ ὅσων Εὐρυσθεὺς
ἦρχε τὴν βασιλείαν Ἀτρέα παραλαβεῖν, καὶ τῶν Περσειδῶν
3 τοὺς Πελοπίδας μείζους καταστῆναι. ἅ μοι δοκεῖ Ἀγαμέμ- 10
νων παραλαβὼν καὶ ναυτικῷ [τε] ἅμα ἐπὶ πλέον τῶν ἄλλων
ἰσχύσας, τὴν στρατείαν, οὐ χάριτι τὸ πλέον ἢ φόβῳ, ξυν-
4 αγαγὼν ποιήσασθαι. φαίνεται γὰρ ναυσί τε πλείσταις αὐτὸς
ἀφικόμενος καὶ Ἀρκάσι προσπαρασχών, ὡς Ὅμηρος τοῦτο
δεδήλωκεν, εἴ τῳ ἱκανὸς τεκμηριῶσαι. καὶ ἐν τοῦ σκήπτρου 15
ἅμα τῇ παραδόσει εἴρηκεν αὐτὸν "πολλῇσι νήσοισι καὶ Ἄργεϊ
παντὶ ἀνάσσειν". οὐκ ἂν οὖν νήσων ἔξω τῶν περιοικίδων
(αὗται δὲ οὐκ ἂν πολλαὶ εἶεν) ἠπειρώτης ὢν ἐκράτει, εἰ μή τι
καὶ ναυτικὸν εἶχεν. εἰκάζειν δὲ χρὴ καὶ ταύτῃ τῇ στρατείᾳ
οἷα ἦν τὰ πρὸ αὐτῆς. 20

10   Καὶ ὅτι μὲν Μυκῆναι μικρὸν ἦν, ἢ εἴ τι τῶν τότε πόλισμα
νῦν μὴ ἀξιόχρεων δοκεῖ εἶναι, οὐκ ἀκριβεῖ ἄν τις σημείῳ
χρώμενος, ἀπιστοίη μὴ γενέσθαι τὸν στόλον τοσοῦτον ὅσον
2 οἵ τε ποιηταὶ εἰρήκασι καὶ ὁ λόγος κατέχει. Λακεδαιμονίων
γὰρ εἰ ἡ πόλις ἐρημωθείη, λειφθείη δὲ τά τε ἱερὰ καὶ τῆς 25
κατασκευῆς τὰ ἐδάφη, πολλὴν ἂν οἶμαι ἀπιστίαν τῆς δυνά-
μεως προελθόντος πολλοῦ χρόνου τοῖς ἔπειτα πρὸς τὸ κλέος
αὐτῶν εἶναι (καίτοι Πελοποννήσου τῶν πέντε τὰς δύο μοίρας
νέμονται, τῆς τε ξυμπάσης ἡγοῦνται καὶ τῶν ἔξω ξυμμάχων
πολλῶν· ὅμως δὲ οὔτε ξυνοικισθείσης πόλεως οὔτε ἱεροῖς 30
καὶ κατασκευαῖς πολυτελέσι χρησαμένης, κατὰ κώμας δὲ τῷ

---

11 τε om. recc.: δὲ Stahl   12 στρατείαν Aem. Portus: στρατιὰν
codd.   19 στρατείᾳ Aem. Portus: στρατιᾷ codd.   30 post ξυνοι-
κισθείσης add. τῆς Stephanus

παλαιῷ τῆς Ἑλλάδος τρόπῳ οἰκισθείσης, φαίνοιτ᾽ ἂν ὑπο-
δεεστέρα), Ἀθηναίων δὲ τὸ αὐτὸ τοῦτο παθόντων διπλασίαν
ἂν τὴν δύναμιν εἰκάζεσθαι ἀπὸ τῆς φανερᾶς ὄψεως τῆς
πόλεως ἢ ἔστιν. οὔκουν ἀπιστεῖν εἰκός, οὐδὲ τὰς ὄψεις 3
5 τῶν πόλεων μᾶλλον σκοπεῖν ἢ τὰς δυνάμεις, νομίζειν δὲ
τὴν στρατείαν ἐκείνην μεγίστην μὲν γενέσθαι τῶν πρὸ
αὑτῆς, λειπομένην δὲ τῶν νῦν, τῇ Ὁμήρου αὖ ποιήσει εἴ
τι χρὴ κἀνταῦθα πιστεύειν, ἣν εἰκὸς ἐπὶ τὸ μεῖζον μὲν
ποιητὴν ὄντα κοσμῆσαι, ὅμως δὲ φαίνεται καὶ οὕτως ἐνδεε-
10 στέρα. πεποίηκε γὰρ χιλίων καὶ διακοσίων νεῶν τὰς μὲν 4
Βοιωτῶν εἴκοσι καὶ ἑκατὸν ἀνδρῶν, τὰς δὲ Φιλοκτήτου
πεντήκοντα, δηλῶν, ὡς ἐμοὶ δοκεῖ, τὰς μεγίστας καὶ ἐλα-
χίστας· ἄλλων γοῦν μεγέθους πέρι ἐν νεῶν καταλόγῳ οὐκ
ἐμνήσθη. αὐτερέται δὲ ὅτι ἦσαν καὶ μάχιμοι πάντες, ἐν
15 ταῖς Φιλοκτήτου ναυσὶ δεδήλωκεν· τοξότας γὰρ πάντας
πεποίηκε τοὺς προσκώπους. περίνεως δὲ οὐκ εἰκὸς πολλοὺς
ξυμπλεῖν ἔξω τῶν βασιλέων καὶ τῶν μάλιστα ἐν τέλει,
ἄλλως τε καὶ μέλλοντας πέλαγος περαιώσεσθαι μετὰ σκευῶν
πολεμικῶν, οὐδ᾽ αὖ τὰ πλοῖα κατάφαρκτα ἔχοντας, ἀλλὰ τῷ
20 παλαιῷ τρόπῳ λῃστικώτερον παρεσκευασμένα. πρὸς τὰς 5
μεγίστας δ᾽ οὖν καὶ ἐλαχίστας ναῦς τὸ μέσον σκοποῦντι
οὐ πολλοὶ φαίνονται ἐλθόντες, ὡς ἀπὸ πάσης τῆς Ἑλλάδος
κοινῇ πεμπόμενοι.

Αἴτιον δ᾽ ἦν οὐχ ἡ ὀλιγανθρωπία τοσοῦτον ὅσον ἡ ἀχρη- 11
25 ματία. τῆς γὰρ τροφῆς ἀπορίᾳ τόν τε στρατὸν ἐλάσσω
ἤγαγον καὶ ὅσον ἤλπιζον αὐτόθεν πολεμοῦντα βιοτεύσειν,
ἐπειδὴ δὲ ἀφικόμενοι μάχῃ ἐκράτησαν (δῆλον δέ· τὸ γὰρ
ἔρυμα τῷ στρατοπέδῳ οὐκ ἂν ἐτειχίσαντο), φαίνονται δ᾽
οὐδ᾽ ἐνταῦθα πάσῃ τῇ δυνάμει χρησάμενοι, ἀλλὰ πρὸς
30 γεωργίαν τῆς Χερσονήσου τραπόμενοι καὶ λῃστείαν τῆς
τροφῆς ἀπορίᾳ. ᾗ καὶ μᾶλλον οἱ Τρῶες αὐτῶν διεσπαρ-

6 στρατείαν c f g : στρατιὰν codd.   21 δ᾽ οὖν Bekker : οὖν M : γοῦν
cett.   22 ξυνελθόντες G

μένων τὰ δέκα ἔτη ἀντεῖχον βίᾳ, τοῖς αἰεὶ ὑπολειπομένοις
2 ἀντίπαλοι ὄντες. περιουσίαν δὲ εἰ ἦλθον ἔχοντες τροφῆς
καὶ ὄντες ἀθρόοι ἄνευ λῃστείας καὶ γεωργίας ξυνεχῶς τὸν
πόλεμον διέφερον, ῥᾳδίως ἂν μάχῃ κρατοῦντες εἶλον, οἵ
γε καὶ οὐχ ἀθρόοι, ἀλλὰ μέρει τῷ αἰεὶ παρόντι ἀντεῖχον, 5
πολιορκίᾳ δ᾽ ἂν προσκαθεζόμενοι ἐν ἐλάσσονί τε χρόνῳ καὶ
ἀπονώτερον τὴν Τροίαν εἶλον. ἀλλὰ δι᾽ ἀχρηματίαν τά τε
πρὸ τούτων ἀσθενῆ ἦν καὶ αὐτά γε δὴ ταῦτα, ὀνομαστότατα
τῶν πρὶν γενόμενα, δηλοῦται τοῖς ἔργοις ὑποδεέστερα ὄντα
τῆς φήμης καὶ τοῦ νῦν περὶ αὐτῶν διὰ τοὺς ποιητὰς λόγου 10
12 κατεσχηκότος· ἐπεὶ καὶ μετὰ τὰ Τρωικὰ ἡ Ἑλλὰς ἔτι μετ-
ανίστατό τε καὶ κατῳκίζετο, ὥστε μὴ ἡσυχάσασαν αὐξηθῆναι.
2 ἥ τε γὰρ ἀναχώρησις τῶν Ἑλλήνων ἐξ Ἰλίου χρονία γενο-
μένη, πολλὰ ἐνεόχμωσε, καὶ στάσεις ἐν ταῖς πόλεσιν ὡς
ἐπὶ πολὺ ἐγίγνοντο, ἀφ᾽ ὧν ἐκπίπτοντες τὰς πόλεις ἔκτιζον. 15
3 Βοιωτοί τε γὰρ οἱ νῦν ἑξηκοστῷ ἔτει μετὰ Ἰλίου ἅλωσιν ἐξ
Ἄρνης ἀναστάντες ὑπὸ Θεσσαλῶν τὴν νῦν μὲν Βοιωτίαν,
πρότερον δὲ Καδμηίδα γῆν καλουμένην ᾤκισαν (ἦν δὲ αὐτῶν
καὶ ἀποδασμὸς πρότερον ἐν τῇ γῇ ταύτῃ, ἀφ᾽ ὧν καὶ ἐς
Ἴλιον ἐστράτευσαν), Δωριῆς τε ὀγδοηκοστῷ ἔτει ξὺν Ἡρα- 20
4 κλείδαις Πελοπόννησον ἔσχον. μόλις τε ἐν πολλῷ χρόνῳ
ἡσυχάσασα ἡ Ἑλλὰς βεβαίως καὶ οὐκέτι ἀνισταμένη ἀποι-
κίας ἐξέπεμψε, καὶ Ἴωνας μὲν Ἀθηναῖοι καὶ νησιωτῶν τοὺς
πολλοὺς ᾤκισαν, Ἰταλίας δὲ καὶ Σικελίας τὸ πλεῖστον Πελο-
ποννήσιοι τῆς τε ἄλλης Ἑλλάδος ἔστιν ἃ χωρία. πάντα δὲ 25
ταῦτα ὕστερον τῶν Τρωικῶν ἐκτίσθη.

13   Δυνατωτέρας δὲ γιγνομένης τῆς Ἑλλάδος καὶ τῶν χρη-
μάτων τὴν κτῆσιν ἔτι μᾶλλον ἢ πρότερον ποιουμένης τὰ
πολλὰ τυραννίδες ἐν ταῖς πόλεσι καθίσταντο, τῶν προσόδων
μειζόνων γιγνομένων (πρότερον δὲ ἦσαν ἐπὶ ῥητοῖς γέρασι 30

---

4 εἶλον secl. Krüger   6 δ᾽ secl. Krüger   7 ἀ]πο[ν]ώτερον incipit Π¹⁹
τὴν om. Π¹⁹   8 -νῃ ἦν ... c. 20. 2 ὅτι Ἱπ- suppl. f   11 ἤδη ante ἡ
del. Π¹⁹   12 ἡσυχάσασα c f ⟨G⟩   15 ἐπὶ τὸ πολὺ c E f Π¹⁹   18 ᾤκι-
σαν c : ᾤκησαν cett. [Π¹⁹]   19 πρότερον trans. post ταῦτα c f [Π¹⁹]
21 μόγις c f G   23 ἐξέπεμπε c f G [Π¹⁹]   27 γενομένης G M [Π¹⁹]

πατρικαὶ βασιλεῖαι), ναυτικά τε ἐξηρτύετο ἡ Ἑλλάς, καὶ
τῆς θαλάσσης μᾶλλον ἀντείχοντο.   πρῶτοι δὲ Κορίνθιοι 2
λέγονται ἐγγύτατα τοῦ νῦν τρόπου μεταχειρίσαι τὰ περὶ
τὰς ναῦς, καὶ τριήρεις ἐν Κορίνθῳ πρῶτον τῆς Ἑλλάδος
5 ναυπηγηθῆναι.   φαίνεται δὲ καὶ Σαμίοις Ἀμεινοκλῆς Κορίν- 3
θιος ναυπηγὸς ναῦς ποιήσας τέσσαρας· ἔτη δ' ἐστὶ μάλιστα
τριακόσια ἐς τὴν τελευτὴν τοῦδε τοῦ πολέμου ὅτε Ἀμεινοκλῆς
Σαμίοις ἦλθεν.   ναυμαχία τε παλαιτάτη ὧν ἴσμεν γίγνεται 4
Κορινθίων πρὸς Κερκυραίους· ἔτη δὲ μάλιστα καὶ ταύτῃ
10 ἑξήκοντα καὶ διακόσιά ἐστι μέχρι τοῦ αὐτοῦ χρόνου.   οἰ- 5
κοῦντες γὰρ τὴν πόλιν οἱ Κορίνθιοι ἐπὶ τοῦ Ἰσθμοῦ αἰεὶ δή
ποτε ἐμπόριον εἶχον, τῶν Ἑλλήνων τὸ πάλαι κατὰ γῆν τὰ
πλείω ἢ κατὰ θάλασσαν, τῶν τε ἐντὸς Πελοποννήσου καὶ
τῶν ἔξω, διὰ τῆς ἐκείνων παρ' ἀλλήλους ἐπιμισγόντων,
15 χρήμασί τε δυνατοὶ ἦσαν, ὡς καὶ τοῖς παλαιοῖς ποιηταῖς
δεδήλωται· ἀφνειὸν γὰρ ἐπωνόμασαν τὸ χωρίον.   ἐπειδή
τε οἱ Ἕλληνες μᾶλλον ἔπλῳζον, τὰς ναῦς κτησάμενοι τὸ
λῃστικὸν καθῇρουν, καὶ ἐμπόριον παρέχοντες ἀμφότερα δυνα-
τὴν ἔσχον χρημάτων προσόδῳ τὴν πόλιν.   καὶ Ἴωσιν ὕστερον 6
20 πολὺ γίγνεται ναυτικὸν ἐπὶ Κύρου Περσῶν πρώτου βασιλεύ-
οντος καὶ Καμβύσου τοῦ υἱέος αὐτοῦ, τῆς τε καθ' ἑαυτοὺς
θαλάσσης Κύρῳ πολεμοῦντες ἐκράτησάν τινα χρόνον.   καὶ
Πολυκράτης Σάμου τυραννῶν ἐπὶ Καμβύσου ναυτικῷ ἰσχύων,
ἄλλας τε τῶν νήσων ὑπηκόους ἐποιήσατο καὶ Ῥήνειαν ἑλὼν
25 ἀνέθηκε τῷ Ἀπόλλωνι τῷ Δηλίῳ.   Φωκαῆς τε Μασσαλίαν
οἰκίζοντες Καρχηδονίους ἐνίκων ναυμαχοῦντες· δυνατώτατα 14
γὰρ ταῦτα τῶν ναυτικῶν ἦν.   φαίνεται δὲ καὶ ταῦτα πολλαῖς
γενεαῖς ὕστερα γενόμενα τῶν Τρωικῶν τριήρεσι μὲν ὀλίγαις
χρώμενα, πεντηκοντόροις δ' ἔτι καὶ πλοίοις μακροῖς ἐξηρτυ-
30 μένα ὥσπερ ἐκεῖνα.   ὀλίγον τε πρὸ τῶν Μηδικῶν καὶ τοῦ 2

4 τὰς om. v. l. Π¹⁹   πρῶτον ἐν Κορίνθῳ Bc Ef Π¹⁹   5 ἐνναυπηγηθῆναι
c f suprascr. G¹   6 ποιῆσαι v. l. Π¹⁹   ἔτη δ'] καὶ ταῦτα ἔ[τη] v. l. Π¹⁹
8 παλα[ι]οτάτη v. l. Π¹⁹   ὧν . . . ἴσμεν Π¹⁹   Κορινθίω[ν γί]γν[ε]τ[αι Π¹⁹
9 καὶ ταύτῃ c f: om. codd. Π¹⁹, add. G¹   10 δ[ιακό]σι[α ἑ]ξή[κ]οντα
Π¹⁹   28 Τ[ρωικῶν desinit Π¹⁹   ὀλίγα ⟨G⟩

Δαρείου θανάτου, ὃς μετὰ Καμβύσην Περσῶν ἐβασίλευσε,
τριήρεις περί τε Σικελίαν τοῖς τυράννοις ἐς πλῆθος ἐγένοντο
καὶ Κερκυραίοις· ταῦτα γὰρ τελευταῖα πρὸ τῆς Ξέρξου στρα-
3 τείας ναυτικὰ ἀξιόλογα ἐν τῇ Ἑλλάδι κατέστη. Αἰγινῆται
γὰρ καὶ Ἀθηναῖοι, καὶ εἴ τινες ἄλλοι, βραχέα ἐκέκτηντο, καὶ 5
τούτων τὰ πολλὰ πεντηκοντόρους· ὀψέ τε ἀφ' οὗ Ἀθηναίους
Θεμιστοκλῆς ἔπεισεν Αἰγινήταις πολεμοῦντας, καὶ ἅμα τοῦ
βαρβάρου προσδοκίμου ὄντος, τὰς ναῦς ποιήσασθαι αἷσπερ
καὶ ἐναυμάχησαν· καὶ αὗται οὔπω εἶχον διὰ πάσης κατα-
στρώματα.   10

15   Τὰ μὲν οὖν ναυτικὰ τῶν Ἑλλήνων τοιαῦτα ἦν, τά τε
παλαιὰ καὶ τὰ ὕστερον γενόμενα. ἰσχὺν δὲ περιεποιήσαντο
ὅμως οὐκ ἐλαχίστην οἱ προσσχόντες αὐτοῖς χρημάτων τε
προσόδῳ καὶ ἄλλων ἀρχῇ· ἐπιπλέοντες γὰρ τὰς νήσους
κατεστρέφοντο, καὶ μάλιστα ὅσοι μὴ διαρκῆ εἶχον χώραν. 15
2 κατὰ γῆν δὲ πόλεμος, ὅθεν τις καὶ δύναμις παρεγένετο,
οὐδεὶς ξυνέστη· πάντες δὲ ἦσαν, ὅσοι καὶ ἐγένοντο, πρὸς
ὁμόρους τοὺς σφετέρους ἑκάστοις, καὶ ἐκδήμους στρατείας
πολὺ ἀπὸ τῆς ἑαυτῶν ἐπ' ἄλλων καταστροφῇ οὐκ ἐξῇσαν
οἱ Ἕλληνες. οὐ γὰρ ξυνειστήκεσαν πρὸς τὰς μεγίστας 20
πόλεις ὑπήκοοι, οὐδ' αὖ αὐτοὶ ἀπὸ τῆς ἴσης κοινὰς στρατείας
ἐποιοῦντο, κατ' ἀλλήλους δὲ μᾶλλον ὡς ἕκαστοι οἱ ἀστυγεί-
3 τονες ἐπολέμουν. μάλιστα δὲ ἐς τὸν πάλαι ποτὲ γενόμενον
πόλεμον Χαλκιδέων καὶ Ἐρετριῶν καὶ τὸ ἄλλο Ἑλληνικὸν ἐς
16 ξυμμαχίαν ἑκατέρων διέστη. ἐπεγένετο δὲ ἄλλοις τε ἄλλοθι 25
κωλύματα μὴ αὐξηθῆναι, καὶ Ἴωσι προχωρησάντων ἐπὶ μέγα
τῶν πραγμάτων Κῦρος καὶ ἡ Περσικὴ βασιλεία Κροῖσον
καθελοῦσα καὶ ὅσα ἐντὸς Ἅλυος ποταμοῦ πρὸς θάλασσαν
ἐπεστράτευσε καὶ τὰς ἐν τῇ ἠπείρῳ πόλεις ἐδούλωσε,
Δαρεῖός τε ὕστερον τῷ Φοινίκων ναυτικῷ κρατῶν καὶ τὰς 30
17 νήσους. τύραννοί τε, ὅσοι ἦσαν ἐν ταῖς Ἑλληνικαῖς πόλεσι,

5 εἴ τινες] οἵτινες cf   12 γενόμενα cfg: γιγνόμενα codd.
13 προσσχόντες A: προσέχοντες E: προσχόντες cett.   21 αὖ om.
A B E G M   27 βασιλεία] ἐξουσία f   30 τε] δὲ A B G M
31 τε] δὲ A B E G M

τὸ ἐφ' ἑαυτῶν μόνον προορώμενοι ἔς τε τὸ σῶμα καὶ ἐς τὸ
τὸν ἴδιον οἶκον αὔξειν δι' ἀσφαλείας ὅσον ἐδύναντο μάλιστα
τὰς πόλεις ᾤκουν, ἐπράχθη δὲ οὐδὲν ἀπ' αὐτῶν ἔργον ἀξιό-
λογον, εἰ μὴ εἴ τι πρὸς περιοίκους τοὺς αὐτῶν ἑκάστοις· οἱ
5 γὰρ ἐν Σικελίᾳ ἐπὶ πλεῖστον ἐχώρησαν δυνάμεως. οὕτω
πανταχόθεν ἡ Ἑλλὰς ἐπὶ πολὺν χρόνον κατείχετο μήτε κοινῇ
φανερὸν μηδὲν κατεργάζεσθαι, κατὰ πόλεις τε ἀτολμοτέρα
εἶναι.

Ἐπειδὴ δὲ οἵ τε Ἀθηναίων τύραννοι καὶ οἱ ἐκ τῆς ἄλλης 18
10 Ἑλλάδος ἐπὶ πολὺ καὶ πρὶν τυραννευθείσης οἱ πλεῖστοι καὶ
τελευταῖοι πλὴν τῶν ἐν Σικελίᾳ ὑπὸ Λακεδαιμονίων κατελύ-
θησαν (ἡ γὰρ Λακεδαίμων μετὰ τὴν κτίσιν τῶν νῦν ἐνοικούντων
αὐτὴν Δωριῶν ἐπὶ πλεῖστον ὧν ἴσμεν χρόνον στασιάσασα
ὅμως ἐκ παλαιτάτου καὶ ηὐνομήθη καὶ αἰεὶ ἀτυράννευτος ἦν·
15 ἔτη γάρ ἐστι μάλιστα τετρακόσια καὶ ὀλίγῳ πλείω ἐς τὴν
τελευτὴν τοῦδε τοῦ πολέμου ἀφ' οὗ Λακεδαιμόνιοι τῇ αὐτῇ
πολιτείᾳ χρῶνται, καὶ δι' αὐτὸ δυνάμενοι καὶ τὰ ἐν ταῖς
ἄλλαις πόλεσι καθίστασαν), μετὰ δὲ τὴν τῶν τυράννων
κατάλυσιν ἐκ τῆς Ἑλλάδος οὐ πολλοῖς ἔτεσιν ὕστερον καὶ
20 ἡ ἐν Μαραθῶνι μάχη Μήδων πρὸς Ἀθηναίους ἐγένετο.
δεκάτῳ δὲ ἔτει μετ' αὐτὴν αὖθις ὁ βάρβαρος τῷ μεγάλῳ 2
στόλῳ ἐπὶ τὴν Ἑλλάδα δουλωσόμενος ἦλθεν. καὶ μεγάλου
κινδύνου ἐπικρεμασθέντος οἵ τε Λακεδαιμόνιοι τῶν ξυμπολε-
μησάντων Ἑλλήνων ἡγήσαντο δυνάμει προύχοντες, καὶ οἱ
25 Ἀθηναῖοι ἐπιόντων τῶν Μήδων διανοηθέντες ἐκλιπεῖν τὴν
πόλιν καὶ ἀνασκευασάμενοι ἐς τὰς ναῦς ἐσβάντες ναυτικοὶ
ἐγένοντο. κοινῇ τε ἀπωσάμενοι τὸν βάρβαρον, ὕστερον οὐ
πολλῷ διεκρίθησαν πρός τε Ἀθηναίους καὶ Λακεδαιμονίους
οἵ τε ἀποστάντες βασιλέως Ἕλληνες καὶ οἱ ξυμπολεμήσαν-
30 τες. δυνάμει γὰρ ταῦτα μέγιστα διεφάνη· ἴσχυον γὰρ οἱ
μὲν κατὰ γῆν, οἱ δὲ ναυσίν. καὶ ὀλίγον μὲν χρόνον ξυν- 3

3 δὲ] τε ABEGM   ἀπ' αὐτῶν οὐδὲν ABEGM   4 εἴ om. AB
EGM   12 κτήσιν ABcfGM   16 ἀφ' οὗ] ἃ ⟨G⟩M Hermogenes :
ἃ ἀφ' οὗ AB   26 ἐμβάντες ABEGM   30 δὴ ἐφάνη Stephanus

ἔμεινεν ἡ ὁμαιχμία, ἔπειτα διενεχθέντες οἱ Λακεδαιμόνιοι καὶ
Ἀθηναῖοι ἐπολέμησαν μετὰ τῶν ξυμμάχων πρὸς ἀλλήλους·
καὶ τῶν ἄλλων Ἑλλήνων εἴ τινές που διασταῖεν, πρὸς τού-
τους ἤδη ἐχώρουν. ὥστε ἀπὸ τῶν Μηδικῶν ἐς τόνδε αἰεὶ
τὸν πόλεμον τὰ μὲν σπενδόμενοι, τὰ δὲ πολεμοῦντες ἢ 5
ἀλλήλοις ἢ τοῖς ἑαυτῶν ξυμμάχοις ἀφισταμένοις, εὖ παρε-
σκευάσαντο τὰ πολέμια καὶ ἐμπειρότεροι ἐγένοντο μετὰ
19 κινδύνων τὰς μελέτας ποιούμενοι. καὶ οἱ μὲν Λακεδαιμόνιοι
οὐχ ὑποτελεῖς ἔχοντες φόρου τοὺς ξυμμάχους ἡγοῦντο, κατ'
ὀλιγαρχίαν δὲ σφίσιν αὐτοῖς μόνον ἐπιτηδείως ὅπως πολι- 10
τεύσουσι θεραπεύοντες, Ἀθηναῖοι δὲ ναῦς τε τῶν πόλεων
τῷ χρόνῳ παραλαβόντες πλὴν Χίων καὶ Λεσβίων, καὶ
χρήματα τοῖς πᾶσι τάξαντες φέρειν. καὶ ἐγένετο αὐτοῖς
ἐς τόνδε τὸν πόλεμον ἡ ἰδία παρασκευὴ μείζων ἢ ὡς τὰ
κράτιστά ποτε μετὰ ἀκραιφνοῦς τῆς ξυμμαχίας ἤνθησαν.   15
20 Τὰ μὲν οὖν παλαιὰ τοιαῦτα ηὗρον, χαλεπὰ ὄντα παντὶ
ἑξῆς τεκμηρίῳ πιστεῦσαι. οἱ γὰρ ἄνθρωποι τὰς ἀκοὰς τῶν
προγεγενημένων, καὶ ἢν ἐπιχώρια σφίσιν ᾖ, ὁμοίως ἀβασα-
2 νίστως παρ' ἀλλήλων δέχονται. Ἀθηναίων γοῦν τὸ πλῆθος
Ἵππαρχον οἴονται ὑφ' Ἁρμοδίου καὶ Ἀριστογείτονος τύραννον 20
ὄντα ἀποθανεῖν, καὶ οὐκ ἴσασιν ὅτι Ἱππίας μὲν πρεσβύτατος
ὢν ἦρχε τῶν Πεισιστράτου υἱέων, Ἵππαρχος δὲ καὶ Θεσσαλὸς
ἀδελφοὶ ἦσαν αὐτοῦ, ὑποτοπήσαντες δέ τι ἐκείνῃ τῇ ἡμέρᾳ
καὶ παραχρῆμα Ἁρμόδιος καὶ Ἀριστογείτων ἐκ τῶν ξυνει-
δότων σφίσιν Ἱππίᾳ μεμηνῦσθαι τοῦ μὲν ἀπέσχοντο ὡς 25
προειδότος, βουλόμενοι δὲ πρὶν ξυλληφθῆναι δράσαντές τι
καὶ κινδυνεῦσαι, τῷ Ἱππάρχῳ περιτυχόντες περὶ τὸ Λεωκό-
ρειον καλούμενον τὴν Παναθηναϊκὴν πομπὴν διακοσμοῦντι
3 ἀπέκτειναν. πολλὰ δὲ καὶ ἄλλα ἔτι καὶ νῦν ὄντα καὶ οὐ
χρόνῳ ἀμνηστούμενα, καὶ οἱ ἄλλοι Ἕλληνες οὐκ ὀρθῶς 30
οἴονται, ὥσπερ τούς τε Λακεδαιμονίων βασιλέας μὴ μιᾷ

1 post ἔπειτα add. δὲ A B E G M   post καὶ add. οἱ A E M Suid.
10 πολιτεύσωσι A B E G M   27 περὶ] παρὰ Arist. Ἀθ. Πολ. 18. 3
(nisi ad vi. 57. 3 spectat)

ψήφῳ προστίθεσθαι ἑκάτερον, ἀλλὰ δυοῖν, καὶ τὸν Πιτα-
νάτην λόχον αὐτοῖς εἶναι, ὃς οὐδ' ἐγένετο πώποτε.   οὕτως
ἀταλαίπωρος τοῖς πολλοῖς ἡ ζήτησις τῆς ἀληθείας, καὶ ἐπὶ
τὰ ἑτοῖμα μᾶλλον τρέπονται.   ἐκ δὲ τῶν εἰρημένων τεκμη- **21**
5 ρίων, ὅμως τοιαῦτα ἄν τις νομίζων μάλιστα ἃ διῆλθον οὐχ
ἁμαρτάνοι, καὶ οὔτε ὡς ποιηταὶ ὑμνήκασι περὶ αὐτῶν ἐπὶ τὸ
μεῖζον κοσμοῦντες μᾶλλον πιστεύων, οὔτε ὡς λογογράφοι
ξυνέθεσαν ἐπὶ τὸ προσαγωγότερον τῇ ἀκροάσει ἢ ἀληθέ-
στερον, ὄντα ἀνεξέλεγκτα, καὶ τὰ πολλὰ ὑπὸ χρόνου αὐτῶν
10 ἀπίστως ἐπὶ τὸ μυθῶδες ἐκνενικηκότα, ηὑρῆσθαι δὲ ἡγησά-
μενος ἐκ τῶν ἐπιφανεστάτων σημείων, ὡς παλαιὰ εἶναι,
ἀποχρώντως.   καὶ ὁ πόλεμος οὗτος, καίπερ τῶν ἀνθρώπων **2**
ἐν ᾧ μὲν ἂν πολεμῶσι τὸν παρόντα αἰεὶ μέγιστον κρινόντων,
παυσαμένων δὲ τὰ ἀρχαῖα μᾶλλον θαυμαζόντων, ἀπ' αὐτῶν
15 τῶν ἔργων σκοποῦσι δηλώσει ὅμως μείζων γεγενημένος
αὐτῶν.

Καὶ ὅσα μὲν λόγῳ εἶπον ἕκαστοι ἢ μέλλοντες πολεμή- **22**
σειν ἢ ἐν αὐτῷ ἤδη ὄντες, χαλεπὸν τὴν ἀκρίβειαν αὐτὴν
τῶν λεχθέντων διαμνημονεῦσαι ἦν ἐμοί τε ὧν αὐτὸς ἤκουσα
20 καὶ τοῖς ἄλλοθέν ποθεν ἐμοὶ ἀπαγγέλλουσιν· ὡς δ' ἂν
ἐδόκουν ἐμοὶ ἕκαστοι περὶ τῶν αἰεὶ παρόντων τὰ δέοντα
μάλιστ' εἰπεῖν, ἐχομένῳ ὅτι ἐγγύτατα τῆς ξυμπάσης γνώμης
τῶν ἀληθῶς λεχθέντων, οὕτως εἴρηται.   τὰ δ' ἔργα τῶν **2**
πραχθέντων ἐν τῷ πολέμῳ οὐκ ἐκ τοῦ παρατυχόντος πυνθα-
25 νόμενος ἠξίωσα γράφειν, οὐδ' ὡς ἐμοὶ ἐδόκει, ἀλλ' οἷς τε
αὐτὸς παρῆν καὶ παρὰ τῶν ἄλλων ὅσον δυνατὸν ἀκριβείᾳ
περὶ ἑκάστου ἐπεξελθών.   ἐπιπόνως δὲ ηὑρίσκετο, διότι οἱ **3**
παρόντες τοῖς ἔργοις ἑκάστοις οὐ ταὐτὰ περὶ τῶν αὐτῶν
ἔλεγον, ἀλλ' ὡς ἑκατέρων τις εὐνοίας ἢ μνήμης ἔχοι.   καὶ **4**
30 ἐς μὲν ἀκρόασιν ἴσως τὸ μὴ μυθῶδες αὐτῶν ἀτερπέστερον
φανεῖται· ὅσοι δὲ βουλήσονται τῶν τε γενομένων τὸ σαφὲς

2 εἶναι] οἶμαι (G)   21 μοι C G Dion. Hal.   25 ἐδόκει C G Dion.
Hal. (P) : δοκεῖ cett. Dion. Hal. (M)   29 ἑκατέρων C G M Dion. Hal. :
ἑκατέρῳ cett.

σκοπεῖν καὶ τῶν μελλόντων ποτὲ αὖθις, κατὰ τὸ ἀνθρώπινον
τοιούτων καὶ παραπλησίων ἔσεσθαι, ὠφέλιμα κρίνειν αὐτὰ
ἀρκούντως ἕξει. κτῆμά τε ἐς αἰεὶ μᾶλλον ἢ ἀγώνισμα ἐς τὸ
παραχρῆμα ἀκούειν ξύγκειται.

23   Τῶν δὲ πρότερον ἔργων μέγιστον ἐπράχθη τὸ Μηδικόν, 5
καὶ τοῦτο ὅμως δυοῖν ναυμαχίαιν καὶ πεζομαχίαιν ταχεῖαν
τὴν κρίσιν ἔσχεν. τούτου δὲ τοῦ πολέμου μῆκός τε μέγα
προύβη, παθήματά τε ξυνηνέχθη γενέσθαι ἐν αὐτῷ τῇ Ἑλλάδι
2 οἷα οὐχ ἕτερα ἐν ἴσῳ χρόνῳ. οὔτε γὰρ πόλεις τοσαίδε λη-
φθεῖσαι ἠρημώθησαν, αἱ μὲν ὑπὸ βαρβάρων, αἱ δ᾽ ὑπὸ σφῶν 10
αὐτῶν ἀντιπολεμούντων (εἰσὶ δ᾽ αἳ καὶ οἰκήτορας μετέβαλον
ἁλισκόμεναι), οὔτε φυγαὶ τοσαίδε ἀνθρώπων καὶ φόνος, ὁ
3 μὲν κατ᾽ αὐτὸν τὸν πόλεμον, ὁ δὲ διὰ τὸ στασιάζειν. τά τε
πρότερον ἀκοῇ μὲν λεγόμενα, ἔργῳ δὲ σπανιώτερον βεβαιού-
μενα, οὐκ ἄπιστα κατέστη, σεισμῶν τε πέρι, οἳ ἐπὶ πλεῖστον 15
ἅμα μέρος γῆς καὶ ἰσχυρότατοι οἱ αὐτοὶ ἐπέσχον, ἡλίου τε
ἐκλείψεις, αἳ πυκνότεραι παρὰ τὰ ἐκ τοῦ πρὶν χρόνου μνη-
μονευόμενα ξυνέβησαν, αὐχμοί τε ἔστι παρ᾽ οἷς μεγάλοι καὶ
ἀπ᾽ αὐτῶν καὶ λιμοὶ καὶ ἡ οὐχ ἥκιστα βλάψασα καὶ μέρος
τι φθείρασα ἡ λοιμώδης νόσος· ταῦτα γὰρ πάντα μετὰ τοῦδε 20
4 τοῦ πολέμου ἅμα ξυνεπέθετο. ἤρξαντο δὲ αὐτοῦ Ἀθηναῖοι
καὶ Πελοποννήσιοι λύσαντες τὰς τριακοντούτεις σπονδὰς αἳ
5 αὐτοῖς ἐγένοντο μετὰ Εὐβοίας ἅλωσιν. διότι δ᾽ ἔλυσαν,
τὰς αἰτίας προύγραψα πρῶτον καὶ τὰς διαφοράς, τοῦ μή
τινα ζητῆσαί ποτε ἐξ ὅτου τοσοῦτος πόλεμος τοῖς Ἕλλησι 25
6 κατέστη. τὴν μὲν γὰρ ἀληθεστάτην πρόφασιν, ἀφανεστάτην
δὲ λόγῳ, τοὺς Ἀθηναίους ἡγοῦμαι μεγάλους γιγνομένους,
καὶ φόβον παρέχοντας τοῖς Λακεδαιμονίοις ἀναγκάσαι ἐς τὸ
πολεμεῖν· αἱ δ᾽ ἐς τὸ φανερὸν λεγόμεναι αἰτίαι αἵδ᾽ ἦσαν
ἑκατέρων, ἀφ᾽ ὧν λύσαντες τὰς σπονδὰς ἐς τὸν πόλεμον 30
κατέστησαν.

1 ἀνθρώπειον A B E F M Dion. Hal. (uno loco)   19 ἤ om. A B E F
24 ἔγραψα C G   25 τινας C G m Dion. Hal. (altero loco)

Ἐπίδαμνός ἐστι πόλις ἐν δεξιᾷ ἐσπλέοντι ἐς τὸν Ἰόνιον **24**
κόλπον· προσοικοῦσι δ' αὐτὴν Ταυλάντιοι βάρβαροι, Ἰλλυ-
ρικὸν ἔθνος.   ταύτην ἀπῴκισαν μὲν Κερκυραῖοι, οἰκιστὴς δ' **2**
ἐγένετο Φαλίος Ἐρατοκλείδου Κορίνθιος γένος τῶν ἀφ'
5 Ἡρακλέους, κατὰ δὴ τὸν παλαιὸν νόμον ἐκ τῆς μητροπόλεως
κατακληθείς.   ξυνῴκισαν δὲ καὶ Κορινθίων τινὲς καὶ τοῦ
ἄλλου Δωρικοῦ γένους.   προελθόντος δὲ τοῦ χρόνου ἐγένετο **3**
ἡ τῶν Ἐπιδαμνίων δύναμις μεγάλη καὶ πολυάνθρωπος·
στασιάσαντες δὲ ἐν ἀλλήλοις ἔτη πολλά, ὡς λέγεται, ἀπὸ **4**
10 πολέμου τινὸς τῶν προσοίκων βαρβάρων ἐφθάρησαν καὶ τῆς
δυνάμεως τῆς πολλῆς ἐστερήθησαν.   τὰ δὲ τελευταῖα πρὸ **5**
τοῦδε τοῦ πολέμου ὁ δῆμος αὐτῶν ἐξεδίωξε τοὺς δυνατούς,
οἱ δὲ ἐπελθόντες μετὰ τῶν βαρβάρων ἐλῄζοντο τοὺς ἐν τῇ
πόλει κατά τε γῆν καὶ κατὰ θάλασσαν.   οἱ δὲ ἐν τῇ πόλει **6**
15 ὄντες Ἐπιδάμνιοι ἐπειδὴ ἐπιέζοντο, πέμπουσιν ἐς τὴν Κέρ-
κυραν πρέσβεις ὡς μητρόπολιν οὖσαν, δεόμενοι μὴ σφᾶς
περιορᾶν φθειρομένους, ἀλλὰ τούς τε φεύγοντας ξυναλλάξαι
σφίσι καὶ τὸν τῶν βαρβάρων πόλεμον καταλῦσαι.   ταῦτα **7**
δὲ ἱκέται καθεζόμενοι ἐς τὸ Ἥραιον ἐδέοντο.   οἱ δὲ Κερκυ-
20 ραῖοι τὴν ἱκετείαν οὐκ ἐδέξαντο, ἀλλ' ἀπράκτους ἀπέπεμψαν.

Γνόντες δὲ οἱ Ἐπιδάμνιοι οὐδεμίαν σφίσιν ἀπὸ Κερκύρας **25**
τιμωρίαν οὖσαν ἐν ἀπόρῳ εἴχοντο θέσθαι τὸ παρόν, καὶ
πέμψαντες ἐς Δελφοὺς τὸν θεὸν ἐπήροντο εἰ παραδοῖεν
Κορινθίοις τὴν πόλιν ὡς οἰκισταῖς καὶ τιμωρίαν τινὰ πει-
25 ρῷντ' ἀπ' αὐτῶν ποιεῖσθαι.   ὁ δ' αὐτοῖς ἀνεῖλε παραδοῦναι
καὶ ἡγεμόνας ποιεῖσθαι.   ἐλθόντες δὲ οἱ Ἐπιδάμνιοι ἐς τὴν **2**
Κόρινθον κατὰ τὸ μαντεῖον παρέδοσαν τὴν ἀποικίαν, τόν τε
οἰκιστὴν ἀποδεικνύντες σφῶν ἐκ Κορίνθου ὄντα καὶ τὸ χρη-
στήριον δηλοῦντες, ἐδέοντό τε μὴ σφᾶς περιορᾶν φθειρομένους,
30 ἀλλ' ἐπαμῦναι.   Κορίνθιοι δὲ κατά τε τὸ δίκαιον ὑπεδέξαντο **3**

---

1 ἐς add. Demetrius: om. codd.   8 δύναμις C G : δύναμις πόλις
Ε Μ : πόλις A B F γρ. c   13 ἐπελθόντες Haase: ἀπελθόντες codd.
23 ἐπηρώτων C (G)   25 αὐτοῖς] αὐτὴν C γρ. G   29 διαφθειρο-
μένους A B E F

τὴν τιμωρίαν, νομίζοντες οὐχ ἧσσον ἑαυτῶν εἶναι τὴν ἀποι-
κίαν ἢ Κερκυραίων, ἅμα δὲ καὶ μίσει τῶν Κερκυραίων, ὅτι
4 αὐτῶν παρημέλουν, ὄντες ἄποικοι· οὔτε γὰρ ἐν πανηγύρεσι
ταῖς κοιναῖς διδόντες γέρα τὰ νομιζόμενα οὔτε Κορινθίῳ
ἀνδρὶ προκαταρχόμενοι τῶν ἱερῶν ὥσπερ αἱ ἄλλαι ἀποικίαι, 5
περιφρονοῦντες δὲ αὐτοὺς καὶ χρημάτων δυνάμει ὄντες κατ᾽
ἐκεῖνον τὸν χρόνον ὁμοῖα τοῖς Ἑλλήνων πλουσιωτάτοις καὶ
τῇ ἐς πόλεμον παρασκευῇ δυνατώτεροι, ναυτικῷ δὲ καὶ πολὺ
προύχειν ἔστιν ὅτε ἐπαιρόμενοι καὶ κατὰ τὴν Φαιάκων προ-
ενοίκησιν τῆς Κερκύρας κλέος ἐχόντων τὰ περὶ τὰς ναῦς (ᾗ 10
καὶ μᾶλλον ἐξηρτύοντο τὸ ναυτικὸν καὶ ἦσαν οὐκ ἀδύνατοι·
τριήρεις γὰρ εἴκοσι καὶ ἑκατὸν ὑπῆρχον αὐτοῖς ὅτε ἤρχοντο
26 πολεμεῖν), πάντων οὖν τούτων ἐγκλήματα ἔχοντες οἱ Κορίνθιοι
ἔπεμπον ἐς τὴν Ἐπίδαμνον ἄσμενοι τὴν ὠφελίαν, οἰκήτορά
τε τὸν βουλόμενον ἰέναι κελεύοντες καὶ Ἀμπρακιωτῶν καὶ 15
2 Λευκαδίων καὶ ἑαυτῶν φρουρούς. ἐπορεύθησαν δὲ πεζῇ ἐς
Ἀπολλωνίαν, Κορινθίων οὖσαν ἀποικίαν, δέει τῶν Κερκυραίων
μὴ κωλύωνται ὑπ᾽ αὐτῶν κατὰ θάλασσαν περαιούμενοι.

3   Κερκυραῖοι δὲ ἐπειδὴ ᾔσθοντο τούς τε οἰκήτορας καὶ φρου-
ροὺς ἥκοντας ἐς τὴν Ἐπίδαμνον τήν τε ἀποικίαν Κορινθίοις 20
δεδομένην, ἐχαλέπαινον· καὶ πλεύσαντες εὐθὺς πέντε καὶ
εἴκοσι ναυσὶ καὶ ὕστερον ἑτέρῳ στόλῳ τούς τε φεύγοντας
ἐκέλευον κατ᾽ ἐπήρειαν δέχεσθαι αὐτούς (ἦλθον γὰρ ἐς τὴν
Κέρκυραν οἱ τῶν Ἐπιδαμνίων φυγάδες, τάφους τε ἀποδεικ-
νύντες καὶ ξυγγένειαν, ἣν προϊσχόμενοι ἐδέοντο σφᾶς κατ- 25
άγειν) τούς τε φρουροὺς οὓς Κορίνθιοι ἔπεμψαν καὶ τοὺς
4 οἰκήτορας ἀποπέμπειν. οἱ δὲ Ἐπιδάμνιοι οὐδὲν αὐτῶν ὑπ-
ήκουσαν, ἀλλὰ στρατεύουσιν ἐπ᾽ αὐτοὺς οἱ Κερκυραῖοι
τεσσαράκοντα ναυσὶ μετὰ τῶν φυγάδων ὡς κατάξοντες,
5 καὶ τοὺς Ἰλλυριοὺς προσλαβόντες. προσκαθεζόμενοι δὲ 30
τὴν πόλιν προεῖπον Ἐπιδαμνίων τε τὸν βουλόμενον καὶ

---

3 γὰρ secl. Reiske   7 ὁμοῖα A B (ι om. A, adscr. B)   9 post
τὴν add. τῶν A B E F M   11 τὰ ναυτικὰ E G M   24 ἐπιδεικνύντες B
25 post ἐδέοντο add. τε A B E F M   31 τῇ πόλει (G) M

τοὺς ξένους ἀπαθεῖς ἀπιέναι· εἰ δὲ μή, ὡς πολεμίοις χρή-
σεσθαι. ὡς δ' οὐκ ἐπείθοντο, οἱ μὲν Κερκυραῖοι (ἔστι δ'
ἰσθμὸς τὸ χωρίον) ἐπολιόρκουν τὴν πόλιν, Κορίνθιοι δ', ὡς 27
αὐτοῖς ἐκ τῆς Ἐπιδάμνου ἦλθον ἄγγελοι ὅτι πολιορκοῦνται,
5 παρεσκευάζοντο στρατείαν, καὶ ἅμα ἀποικίαν ἐς τὴν Ἐπί-
δαμνον ἐκήρυσσον ἐπὶ τῇ ἴσῃ καὶ ὁμοίᾳ τὸν βουλόμενον
ἰέναι· εἰ δέ τις τὸ παραυτίκα μὲν μὴ ἐθέλει ξυμπλεῖν, μετ-
έχειν δὲ βούλεται τῆς ἀποικίας, πεντήκοντα δραχμὰς κατα-
θέντα Κορινθίας μένειν. ἦσαν δὲ καὶ οἱ πλέοντες πολλοὶ
10 καὶ οἱ τἀργύριον καταβάλλοντες. ἐδεήθησαν δὲ καὶ τῶν 2
Μεγαρέων ναυσὶ σφᾶς ξυμπροπέμψαι, εἰ ἄρα κωλύοιντο ὑπὸ
Κερκυραίων πλεῖν· οἱ δὲ παρεσκευάζοντο αὐτοῖς ὀκτὼ ναυσὶ
ξυμπλεῖν, καὶ Παλῆς Κεφαλλήνων τέσσαρσιν. καὶ Ἐπι-
δαυρίων ἐδεήθησαν, οἳ παρέσχον πέντε, Ἑρμιονῆς δὲ μίαν
15 καὶ Τροιζήνιοι δύο, Λευκάδιοι δὲ δέκα καὶ Ἀμπρακιῶται
ὀκτώ. Θηβαίους δὲ χρήματα ᾔτησαν καὶ Φλειασίους, Ἠλείους
δὲ ναῦς τε κενὰς καὶ χρήματα. αὐτῶν δὲ Κορινθίων νῆες
παρεσκευάζοντο τριάκοντα καὶ τρισχίλιοι ὁπλῖται.

Ἐπειδὴ δὲ ἐπύθοντο οἱ Κερκυραῖοι τὴν παρασκευήν, 28
20 ἐλθόντες ἐς Κόρινθον μετὰ Λακεδαιμονίων καὶ Σικυωνίων
πρέσβεων, οὓς παρέλαβον, ἐκέλευον Κορινθίους τοὺς ἐν
Ἐπιδάμνῳ φρουρούς τε καὶ οἰκήτορας ἀπάγειν, ὡς οὐ μετὸν
αὐτοῖς Ἐπιδάμνου. εἰ δέ τι ἀντιποιοῦνται, δίκας ἤθελον 2
δοῦναι ἐν Πελοποννήσῳ παρὰ πόλεσιν αἷς ἂν ἀμφότεροι
25 ξυμβῶσιν· ὁποτέρων δ' ἂν δικασθῇ εἶναι τὴν ἀποικίαν,
τούτους κρατεῖν. ἤθελον δὲ καὶ τῷ ἐν Δελφοῖς μαντείῳ
ἐπιτρέψαι. πόλεμον δὲ οὐκ εἴων ποιεῖν· εἰ δὲ μή, καὶ 3
αὐτοὶ ἀναγκασθήσεσθαι ἔφασαν, ἐκείνων βιαζομένων, φί-
λους ποιεῖσθαι οὓς οὐ βούλονται ἑτέρους τῶν νῦν ὄντων
30 μᾶλλον, ὠφελίας ἕνεκα. οἱ δὲ Κορίνθιοι ἀπεκρίναντο αὐτοῖς, 4
ἢν τάς τε ναῦς καὶ τοὺς βαρβάρους ἀπὸ Ἐπιδάμνου ἀπαγά-

1 χρήσεσθαι C : χρήσασθαι cett.   5 στρατιάν A B E   7 ἐθέλει C :
ἐθέλοι cett. Phot.   11 ξυμπροπέμψειν A B E F M   17 prius δὲ]
τε C G   19 ἐπεὶ C G   31 ἀπάγωσι A B E F M γρ. G

γωσι, βουλεύσεσθαι· πρότερον δ' οὐ καλῶς ἔχειν τοὺς μὲν
5 πολιορκεῖσθαι, αὐτοὺς δὲ δικάζεσθαι.   Κερκυραῖοι δὲ ἀντ-
έλεγον, ἢν καὶ ἐκεῖνοι τοὺς ἐν Ἐπιδάμνῳ ἀπαγάγωσι, ποιήσειν
ταῦτα· ἑτοῖμοι δὲ εἶναι καὶ ὥστε ἀμφοτέρους μένειν κατὰ
χώραν, σπονδὰς δὲ ποιήσασθαι ἕως ἂν ἡ δίκη γένηται. 5
29 Κορίνθιοι δὲ οὐδὲν τούτων ὑπήκουον, ἀλλ' ἐπειδὴ πλήρεις
αὐτοῖς ἦσαν αἱ νῆες καὶ οἱ ξύμμαχοι παρῆσαν, προπέμψαντες
κήρυκα πρότερον πόλεμον προεροῦντα Κερκυραίοις, ἄραντες
ἑβδομήκοντα ναυσὶ καὶ πέντε δισχιλίοις τε ὁπλίταις ἔπλεον
ἐπὶ τὴν Ἐπίδαμνον Κερκυραίοις ἐναντία πολεμήσοντες· 10
2 ἐστρατήγει δὲ τῶν μὲν νεῶν Ἀριστεὺς ὁ Πελλίχου καὶ
Καλλικράτης ὁ Καλλίου καὶ Τιμάνωρ ὁ Τιμάνθους, τοῦ δὲ
πεζοῦ Ἀρχέτιμός τε ὁ Εὐρυτίμου καὶ Ἰσαρχίδας ὁ Ἰσάρχου.
3 ἐπειδὴ δ' ἐγένοντο ἐν Ἀκτίῳ τῆς Ἀνακτορίας γῆς, οὗ τὸ
ἱερὸν τοῦ Ἀπόλλωνός ἐστιν, ἐπὶ τῷ στόματι τοῦ Ἀμπρακικοῦ 15
κόλπου, οἱ Κερκυραῖοι κήρυκά τε προύπεμψαν αὐτοῖς ἐν ἀκα-
τίῳ ἀπεροῦντα μὴ πλεῖν ἐπὶ σφᾶς καὶ τὰς ναῦς ἅμα ἐπλήρουν,
ζεύξαντές τε τὰς παλαιὰς ὥστε πλωίμους εἶναι καὶ τὰς ἄλλας
4 ἐπισκευάσαντες.   ὡς δὲ ὁ κῆρύξ τε ἀπήγγειλεν οὐδὲν εἰρη-
ναῖον παρὰ τῶν Κορινθίων καὶ αἱ νῆες αὐτοῖς ἐπεπλήρωντο 20
οὖσαι ὀγδοήκοντα (τεσσαράκοντα γὰρ Ἐπίδαμνον ἐπολιόρ-
5 κουν), ἀνταναγαγόμενοι καὶ παραταξάμενοι ἐναυμάχησαν· καὶ
ἐνίκησαν οἱ Κερκυραῖοι παρὰ πολὺ καὶ ναῦς πέντε καὶ δέκα
διέφθειραν τῶν Κορινθίων.   τῇ δὲ αὐτῇ ἡμέρᾳ αὐτοῖς ξυνέβη
καὶ τοὺς τὴν Ἐπίδαμνον πολιορκοῦντας παραστήσασθαι ὁμο- 25
λογίᾳ ὥστε τοὺς μὲν ἐπήλυδας ἀποδόσθαι, Κορινθίους δὲ
30 δήσαντας ἔχειν ἕως ἂν ἄλλο τι δόξῃ.   μετὰ δὲ τὴν ναυμα-
χίαν οἱ Κερκυραῖοι τροπαῖον στήσαντες ἐπὶ τῇ Λευκίμμῃ
τῆς Κερκυραίας ἀκρωτηρίῳ, τοὺς μὲν ἄλλους οὓς ἔλαβον
αἰχμαλώτους ἀπέκτειναν, Κορινθίους δὲ δήσαντες εἶχον. 30

---

1 βουλεύσασθαι C G   2 ἑαυτοὺς C   3 ἀπάγωσι C G   5 δὲ
secl. Poppo   14 ἐπεὶ C G (corr. G¹)   22 ἀνταναγαγόμενοι Classen :
ἀνταναγόμενοι codd.   23 post ναῦς add. τε C G   28 Λευκίμμη
C G (et sic semper)   29 Κερκύρας A B E F M

ὕστερον δέ, ἐπειδὴ οἱ Κορίνθιοι καὶ οἱ ξύμμαχοι ἡσσημένοι 2
ταῖς ναυσὶν ἀνεχώρησαν ἐπ' οἴκου, τῆς θαλάσσης ἁπάσης
ἐκράτουν τῆς κατ' ἐκεῖνα τὰ χωρία οἱ Κερκυραῖοι, καὶ πλεύ-
σαντες ἐς Λευκάδα τὴν Κορινθίων ἀποικίαν τῆς γῆς ἔτεμον
5 καὶ Κυλλήνην τὸ Ἠλείων ἐπίνειον ἐνέπρησαν, ὅτι ναῦς καὶ
χρήματα παρέσχον Κορινθίοις. τοῦ τε χρόνου τὸν πλεῖστον 3
μετὰ τὴν ναυμαχίαν ἐπεκράτουν τῆς θαλάσσης καὶ τοὺς τῶν
Κορινθίων ξυμμάχους ἐπιπλέοντες ἔφθειρον, μέχρι οὗ Κορίν-
θιοι περιιόντι τῷ θέρει πέμψαντες ναῦς καὶ στρατιάν, ἐπεὶ
10 σφῶν οἱ ξύμμαχοι ἐπόνουν, ἐστρατοπεδεύοντο ἐπὶ Ἀκτίῳ
καὶ περὶ τὸ Χειμέριον τῆς Θεσπρωτίδος φυλακῆς ἕνεκα τῆς
τε Λευκάδος καὶ τῶν ἄλλων πόλεων ὅσαι σφίσι φίλιαι ἦσαν.
ἀντεστρατοπεδεύοντο δὲ καὶ οἱ Κερκυραῖοι ἐπὶ τῇ Λευκίμμῃ 4
ναυσί τε καὶ πεζῷ. ἐπέπλεον δὲ οὐδέτεροι ἀλλήλοις, ἀλλὰ
15 τὸ θέρος τοῦτο ἀντικαθεζόμενοι χειμῶνος ἤδη ἀνεχώρησαν
ἐπ' οἴκου ἑκάτεροι.

Τὸν δ' ἐνιαυτὸν πάντα τὸν μετὰ τὴν ναυμαχίαν καὶ τὸν 31
ὕστερον οἱ Κορίνθιοι ὀργῇ φέροντες τὸν πρὸς Κερκυραίους
πόλεμον ἐναυπηγοῦντο καὶ παρεσκευάζοντο τὰ κράτιστα νεῶν
20 στόλον, ἔκ τε αὐτῆς Πελοποννήσου ἀγείροντες καὶ τῆς ἄλλης
Ἑλλάδος ἐρέτας, μισθῷ πείθοντες. πυνθανόμενοι δὲ οἱ Κερ- 2
κυραῖοι τὴν παρασκευὴν αὐτῶν ἐφοβοῦντο, καί (ἦσαν γὰρ
οὐδενὸς Ἑλλήνων ἔνσπονδοι οὐδὲ ἐσεγράψαντο ἑαυτοὺς οὔτε
ἐς τὰς Ἀθηναίων σπονδὰς οὔτε ἐς τὰς Λακεδαιμονίων) ἔδοξεν
25 αὐτοῖς ἐλθοῦσιν ὡς τοὺς Ἀθηναίους ξυμμάχους γενέσθαι καὶ
ὠφελίαν τινὰ πειρᾶσθαι ἀπ' αὐτῶν εὑρίσκεσθαι. οἱ δὲ 3
Κορίνθιοι πυθόμενοι ταῦτα ἦλθον καὶ αὐτοὶ ἐς τὰς Ἀθήνας
πρεσβευσόμενοι, ὅπως μὴ σφίσι πρὸς τῷ Κερκυραίων ναυ-
τικῷ καὶ τὸ αὐτῶν προσγενόμενον ἐμπόδιον γένηται θέσθαι
30 τὸν πόλεμον ᾗ βούλονται. καταστάσης δὲ ἐκκλησίας ἐς 4
ἀντιλογίαν ἦλθον, καὶ οἱ μὲν Κερκυραῖοι ἔλεξαν τοιάδε.

6 τὸν] τὸ B C M [G]   7 ἐπεκράτουν C ⟨G⟩ : ἐκράτουν cett.   8 ἔ-
φθειραν C ⟨G⟩ 9 περιιόντι recc. : περιόντι codd.   14 δὲ] τε A B E F M
suprascr. G   29 καὶ τὸ αὐτῶν c (in litura) G : τὸ Ἀττικὸν cett. γρ. G

32 ' Δίκαιον, ὦ Ἀθηναῖοι, τοὺς μήτε εὐεργεσίας μεγάλης μήτε
ξυμμαχίας προυφειλομένης ἥκοντας παρὰ τοὺς πέλας ἐπι-
κουρίας, ὥσπερ καὶ ἡμεῖς νῦν, δεησομένους ἀναδιδάξαι πρῶ-
τον, μάλιστα μὲν ὡς καὶ ξύμφορα δέονται, εἰ δὲ μή, ὅτι γε
οὐκ ἐπιζήμια, ἔπειτα δὲ ὡς καὶ τὴν χάριν βέβαιον ἕξουσιν· 5
εἰ δὲ τούτων μηδὲν σαφὲς καταστήσουσι, μὴ ὀργίζεσθαι ἢν
2 ἀτυχῶσιν. Κερκυραῖοι δὲ μετὰ τῆς ξυμμαχίας τῆς αἰτήσεως
καὶ ταῦτα πιστεύοντες ἐχυρὰ ὑμῖν παρέξεσθαι, ἀπέστειλαν
3 ἡμᾶς. τετύχηκε δὲ τὸ αὐτὸ ἐπιτήδευμα πρός τε ὑμᾶς ἐς τὴν
χρείαν ἡμῖν ἄλογον καὶ ἐς τὰ ἡμέτερα αὐτῶν ἐν τῷ παρόντι 10
4 ἀξύμφορον. ξύμμαχοί τε γὰρ οὐδενός πω ἐν τῷ πρὸ τοῦ
χρόνῳ ἑκούσιοι γενόμενοι, νῦν ἄλλων τοῦτο δεησόμενοι ἥκο-
μεν, καὶ ἅμα ἐς τὸν παρόντα πόλεμον Κορινθίων ἐρῆμοι δι'
αὐτὸ καθέσταμεν. καὶ περιέστηκεν ἡ δοκοῦσα ἡμῶν πρότερον
σωφροσύνη, τὸ μὴ ἐν ἀλλοτρίᾳ ξυμμαχίᾳ τῇ τοῦ πέλας 15
γνώμῃ ξυγκινδυνεύειν, νῦν ἀβουλία καὶ ἀσθένεια φαινομένη.
5 τὴν μὲν οὖν γενομένην ναυμαχίαν αὐτοὶ κατὰ μόνας ἀπεω-
σάμεθα Κορινθίους· ἐπειδὴ δὲ μείζονι παρασκευῇ ἀπὸ Πελο-
ποννήσου καὶ τῆς ἄλλης Ἑλλάδος ἐφ' ἡμᾶς ὥρμηνται καὶ
ἡμεῖς ἀδύνατοι ὁρῶμεν ὄντες τῇ οἰκείᾳ μόνον δυνάμει περι- 20
γενέσθαι, καὶ ἅμα μέγας ὁ κίνδυνος εἰ ἐσόμεθα ὑπ' αὐτοῖς,
ἀνάγκη καὶ ὑμῶν καὶ ἄλλου παντὸς ἐπικουρίας δεῖσθαι, καὶ
ξυγγνώμη εἰ μὴ μετὰ κακίας, δόξης δὲ μᾶλλον ἁμαρτίᾳ τῇ
πρότερον ἀπραγμοσύνῃ ἐναντία τολμῶμεν.

33 ' Γενήσεται δὲ ὑμῖν πειθομένοις καλὴ ἡ ξυντυχία κατὰ 25
πολλὰ τῆς ἡμετέρας χρείας, πρῶτον μὲν ὅτι ἀδικουμένοις
καὶ οὐχ ἑτέρους βλάπτουσι τὴν ἐπικουρίαν ποιήσεσθε,
ἔπειτα περὶ τῶν μεγίστων κινδυνεύοντας δεξάμενοι ὡς ἂν
μάλιστα μετ' αἰειμνήστου μαρτυρίου τὴν χάριν καταθήσεσθε·
2 ναυτικόν τε κεκτήμεθα πλὴν τοῦ παρ' ὑμῖν πλεῖστον. καὶ 30
σκέψασθε· τίς εὐπραξία σπανιωτέρα ἢ τίς τοῖς πολεμίοις

λυπηροτέρα, εἰ ἦν ὑμεῖς ἂν πρὸ πολλῶν χρημάτων καὶ
χάριτος ἐτιμήσασθε δύναμιν ὑμῖν προσγενέσθαι, αὕτη πάρ-
εστιν αὐτεπάγγελτος ἄνευ κινδύνων καὶ δαπάνης διδοῦσα
ἑαυτήν, καὶ προσέτι φέρουσα ἐς μὲν τοὺς πολλοὺς ἀρετήν,
5 οἷς δὲ ἐπαμυνεῖτε χάριν, ὑμῖν δ' αὐτοῖς ἰσχύν· ἃ ἐν τῷ
παντὶ χρόνῳ ὀλίγοις δὴ ἅμα πάντα ξυνέβη, καὶ ὀλίγοι ξυμ-
μαχίας δεόμενοι, οἷς ἐπικαλοῦνται ἀσφάλειαν καὶ κόσμον,
οὐχ ἧσσον διδόντες ἢ ληψόμενοι παραγίγνονται. τὸν δὲ 3
πόλεμον, δι' ὅνπερ χρήσιμοι ἂν εἶμεν, εἴ τις ὑμῶν μὴ οἴεται
10 ἔσεσθαι, γνώμης ἁμαρτάνει, καὶ οὐκ αἰσθάνεται τοὺς Λακε-
δαιμονίους φόβῳ τῷ ὑμετέρῳ πολεμησείοντας, καὶ τοὺς
Κορινθίους δυναμένους παρ' αὐτοῖς καὶ ὑμῖν ἐχθροὺς ὄντας
καὶ προκαταλαμβάνοντας ἡμᾶς νῦν ἐς τὴν ὑμετέραν ἐπι-
χείρησιν, ἵνα μὴ τῷ κοινῷ ἔχθει κατ' αὐτοὺς μετ' ἀλλήλων
15 στῶμεν, μηδὲ δυοῖν φθάσαι ἁμάρτωσιν, ἢ κακῶσαι ἡμᾶς ἢ
σφᾶς αὐτοὺς βεβαιώσασθαι. ἡμέτερον δέ γ' αὖ ἔργον προ- 4
τερῆσαι, τῶν μὲν διδόντων, ὑμῶν δὲ δεξαμένων τὴν ξυμμαχίαν,
καὶ προεπιβουλεύειν αὐτοῖς μᾶλλον ἢ ἀντεπιβουλεύειν.

'Ἢν δὲ λέγωσιν ὡς οὐ δίκαιον τοὺς σφετέρους ἀποίκους 34
20 ὑμᾶς δέχεσθαι, μαθόντων ὡς πᾶσα ἀποικία εὖ μὲν πάσχουσα
τιμᾷ τὴν μητρόπολιν, ἀδικουμένη δὲ ἀλλοτριοῦται· οὐ γὰρ
ἐπὶ τῷ δοῦλοι, ἀλλ' ἐπὶ τῷ ὁμοῖοι τοῖς λειπομένοις εἶναι
ἐκπέμπονται. ὡς δὲ ἠδίκουν, σαφές ἐστιν· προκληθέντες 2
γὰρ περὶ Ἐπιδάμνου ἐς κρίσιν πολέμῳ μᾶλλον ἢ τῷ ἴσῳ
25 ἐβουλήθησαν τὰ ἐγκλήματα μετελθεῖν. καὶ ὑμῖν ἔστω τι 3
τεκμήριον ἃ πρὸς ἡμᾶς τοὺς ξυγγενεῖς δρῶσιν, ὥστε
ἀπάτῃ τε μὴ παράγεσθαι ὑπ' αὐτῶν, δεομένοις τε ἐκ τοῦ
εὐθέος μὴ ὑπουργεῖν· ὁ γὰρ ἐλαχίστας τὰς μεταμελείας ἐκ
τοῦ χαρίζεσθαι τοῖς ἐναντίοις λαμβάνων ἀσφαλέστατος ἂν
30 διατελοίη. λύσετε δὲ οὐδὲ τὰς Λακεδαιμονίων σπονδὰς 35
δεχόμενοι ἡμᾶς μηδετέρων ὄντας ξυμμάχους· εἴρηται γὰρ 2
ἐν αὐταῖς, τῶν Ἑλληνίδων πόλεων ἥτις μηδαμοῦ ξυμμαχεῖ,

9 διόπερ ABEF   14 αὐτῶν F   16 γ' om. ABEF

3 ἐξεῖναι παρ' ὁποτέρους ἂν ἀρέσκηται ἐλθεῖν. καὶ δεινὸν εἰ
τοῖσδε μὲν ἀπό τε τῶν ἐνσπόνδων ἔσται πληροῦν τὰς ναῦς
καὶ προσέτι καὶ ἐκ τῆς ἄλλης Ἑλλάδος καὶ οὐχ ἥκιστα ἀπὸ
τῶν ὑμετέρων ὑπηκόων, ἡμᾶς δὲ ἀπὸ τῆς προκειμένης τε
ξυμμαχίας εἴρξουσι καὶ ἀπὸ τῆς ἄλλοθέν ποθεν ὠφελίας, 5
εἶτα ἐν ἀδικήματι θήσονται πεισθέντων ὑμῶν ἃ δεόμεθα.

4 πολὺ δὲ ἐν πλέονι αἰτίᾳ ἡμεῖς μὴ πείσαντες ὑμᾶς ἕξομεν·
ἡμᾶς μὲν γὰρ κινδυνεύοντας καὶ οὐκ ἐχθροὺς ὄντας ἀπώσεσθε,
τῶνδε δὲ οὐχ ὅπως κωλυταὶ ἐχθρῶν ὄντων καὶ ἐπιόντων
γενήσεσθε, ἀλλὰ καὶ ἀπὸ τῆς ὑμετέρας ἀρχῆς δύναμιν προσ- 10
λαβεῖν περιόψεσθε· ἣν οὐ δίκαιον, ἀλλ' ἢ κἀκείνων κωλύειν
τοὺς ἐκ τῆς ὑμετέρας μισθοφόρους ἢ καὶ ἡμῖν πέμπειν καθ'
ὅτι ἂν πεισθῆτε ὠφελίαν, μάλιστα δὲ ἀπὸ τοῦ προφανοῦς

5 δεξαμένους βοηθεῖν. πολλὰ δέ, ὥσπερ ἐν ἀρχῇ ὑπείπομεν,
τὰ ξυμφέροντα ἀποδείκνυμεν, καὶ μέγιστον ὅτι οἵ τε αὐτοὶ 15
πολέμιοι ἡμῖν ἦσαν, ὅπερ σαφεστάτη πίστις, καὶ οὗτοι οὐκ
ἀσθενεῖς, ἀλλ' ἱκανοὶ τοὺς μεταστάντας βλάψαι· καὶ ναυ-
τικῆς καὶ οὐκ ἠπειρώτιδος τῆς ξυμμαχίας διδομένης οὐχ
ὁμοία ἡ ἀλλοτρίωσις, ἀλλὰ μάλιστα μέν, εἰ δύνασθε, μηδένα
ἄλλον ἐᾶν κεκτῆσθαι ναῦς, εἰ δὲ μή, ὅστις ἐχυρώτατος, 20
τοῦτον φίλον ἔχειν.

36 'Καὶ ὅτῳ τάδε ξυμφέροντα μὲν δοκεῖ λέγεσθαι, φοβεῖται
δὲ μὴ δι' αὐτὰ πειθόμενος τὰς σπονδὰς λύσῃ, γνώτω τὸ μὲν
δεδιὸς αὐτοῦ ἰσχὺν ἔχον τοὺς ἐναντίους μᾶλλον φοβῆσον, τὸ
δὲ θαρσοῦν μὴ δεξαμένου ἀσθενὲς ὂν πρὸς ἰσχύοντας τοὺς 25
ἐχθροὺς ἀδεέστερον ἐσόμενον, καὶ ἅμα οὐ περὶ τῆς Κερκύρας
νῦν τὸ πλέον ἢ καὶ τῶν Ἀθηνῶν βουλευόμενος, καὶ οὐ τὰ
κράτιστα αὐταῖς προνοῶν, ὅταν ἐς τὸν μέλλοντα καὶ ὅσον οὐ
παρόντα πόλεμον τὸ αὐτίκα περισκοπῶν ἐνδοιάζῃ χωρίον
προσλαβεῖν ὃ μετὰ μεγίστων καιρῶν οἰκειοῦταί τε καὶ πολε- 30

2 μοῦται. τῆς τε γὰρ Ἰταλίας καὶ Σικελίας καλῶς παράπλου

6 εἶτα] εἴ τε Krüger   7 δὲ] δὴ Krüger   12 τὰς ... μι-
σθοφορίας G   16 ἦσαν secl. Herwerden   19 post μὲν add. δεῖ
Sitzler

κεῖται, ὥστε μήτε ἐκεῖθεν ναυτικὸν ἐᾶσαι Πελοποννησίοις
ἐπελθεῖν τό τε ἐνθένδε πρὸς τἀκεῖ παραπέμψαι, καὶ ἐς τἆλλα
ξυμφορώτατόν ἐστιν.   βραχυτάτῳ δ᾽ ἂν κεφαλαίῳ, τοῖς τε 3
ξύμπασι καὶ καθ᾽ ἕκαστον, τῷδ᾽ ἂν μὴ προέσθαι ἡμᾶς
5 μάθοιτε· τρία μὲν ὄντα λόγου ἄξια τοῖς Ἕλλησι ναυτικά, τὸ
παρ᾽ ὑμῖν καὶ τὸ ἡμέτερον καὶ τὸ Κορινθίων· τούτων δὲ εἰ
περιόψεσθε τὰ δύο ἐς ταὐτὸν ἐλθεῖν καὶ Κορίνθιοι ἡμᾶς
προκαταλήψονται, Κερκυραίοις τε καὶ Πελοποννησίοις ἅμα
ναυμαχήσετε, δεξάμενοι δὲ ἡμᾶς ἕξετε πρὸς αὐτοὺς πλείοσι
10 ναυσὶ ταῖς ἡμετέραις ἀγωνίζεσθαι.᾽ τοιαῦτα μὲν οἱ Κερκυ- 4
ραῖοι εἶπον· οἱ δὲ Κορίνθιοι μετ᾽ αὐτοὺς τοιάδε.

‘ Ἀναγκαῖον Κερκυραίων τῶνδε οὐ μόνον περὶ τοῦ δέξασθαι 37
σφᾶς τὸν λόγον ποιησαμένων, ἀλλ᾽ ὡς καὶ ἡμεῖς τε ἀδικοῦ-
μεν καὶ αὐτοὶ οὐκ εἰκότως πολεμοῦνται, μνησθέντας πρῶτον
15 καὶ ἡμᾶς περὶ ἀμφοτέρων οὕτω καὶ ἐπὶ τὸν ἄλλον λόγον
ἰέναι, ἵνα τὴν ἀφ᾽ ἡμῶν τε ἀξίωσιν ἀσφαλέστερον προειδῆτε
καὶ τὴν τῶνδε χρείαν μὴ ἀλογίστως ἀπώσησθε.

‘Φασὶ δὲ ξυμμαχίαν διὰ τὸ σῶφρον οὐδενός πω δέξασθαι· 2
τὸ δ᾽ ἐπὶ κακουργίᾳ καὶ οὐκ ἀρετῇ ἐπετήδευσαν, ξύμμαχόν
20 τε οὐδένα βουλόμενοι πρὸς τἀδικήματα οὐδὲ μάρτυρα ἔχειν
οὔτε παρακαλοῦντες αἰσχύνεσθαι.   καὶ ἡ πόλις αὐτῶν ἅμα 3
αὐτάρκη θέσιν κειμένη παρέχει αὐτοὺς δικαστὰς ὧν βλά-
πτουσί τινα μᾶλλον ἢ κατὰ ξυνθήκας γίγνεσθαι, διὰ τὸ
ἥκιστα ἐπὶ τοὺς πέλας ἐκπλέοντας μάλιστα τοὺς ἄλλους
25 ἀνάγκῃ καταίροντας δέχεσθαι.   καὶ τοῦτο τὸ εὐπρεπὲς 4
ἄσπονδον οὐχ ἵνα μὴ ξυναδικῶσιν ἑτέροις προβέβληνται,
ἀλλ᾽ ὅπως κατὰ μόνας ἀδικῶσι καὶ ὅπως ἐν ᾧ μὲν ἂν κρα-
τῶσι βιάζωνται, οὗ δ᾽ ἂν λάθωσι πλέον ἔχωσιν, ἢν δέ πού
τι προσλάβωσιν ἀναισχυντῶσιν· καίτοι εἰ ἦσαν ἄνδρες, 5

2 ἐνθένδε] ἐντεῦθεν C G   6 alterum τὸ] τῶν A B E F   7 τὸ
αὐτὸ C G   10 ὑμετέραις C G (corr. G¹)   18 δὲ] δὴ recc.
25 κἂν τούτῳ A B E F M   26 ξυναδικήσωσιν A B E F M   27 κρα-
τηθῶσι C⟨G⟩   28 βιάζονται B E F M   ἔχουσιν B E F M   29 προ-
λάβωσιν C   ἀναισχυντοῦσι(ν) B C E F M

ὥσπερ φασίν, ἀγαθοί, ὅσῳ ἀληπτότεροι ἦσαν τοῖς πέλας,
τόσῳ δὲ φανερωτέραν ἐξῆν αὐτοῖς τὴν ἀρετὴν διδοῦσι καὶ
38 δεχομένοις τὰ δίκαια δεικνύναι. ἀλλ' οὔτε πρὸς τοὺς
ἄλλους οὔτε ἐς ἡμᾶς τοιοίδε εἰσίν, ἄποικοι δ' ὄντες ἀφε-
στᾶσί τε διὰ παντὸς καὶ νῦν πολεμοῦσι, λέγοντες ὡς οὐκ 5
2 ἐπὶ τῷ κακῶς πάσχειν ἐκπεμφθεῖεν. ἡμεῖς δὲ οὐδ' αὐτοί
φαμεν ἐπὶ τῷ ὑπὸ τούτων ὑβρίζεσθαι κατοικίσαι, ἀλλ' ἐπὶ
3 τῷ ἡγεμόνες τε εἶναι καὶ τὰ εἰκότα θαυμάζεσθαι. αἱ γοῦν
ἄλλαι ἀποικίαι τιμῶσιν ἡμᾶς, καὶ μάλιστα ὑπὸ ἀποίκων
4 στεργόμεθα· καὶ δῆλον ὅτι, εἰ τοῖς πλέοσιν ἀρέσκοντές 10
ἐσμεν, τοῖσδ' ἂν μόνοις οὐκ ὀρθῶς ἀπαρέσκοιμεν, οὐδ'
ἐπιστρατεύομεν ἐκπρεπῶς μὴ καὶ διαφερόντως τι ἀδικού-
5 μενοι. καλὸν δ' ἦν, εἰ καὶ ἡμαρτάνομεν, τοῖσδε μὲν εἶξαι
τῇ ἡμετέρᾳ ὀργῇ, ἡμῖν δὲ αἰσχρὸν βιάσασθαι τὴν τούτων
μετριότητα· ὕβρει δὲ καὶ ἐξουσίᾳ πλούτου πολλὰ ἐς ἡμᾶς 15
ἄλλα τε ἡμαρτήκασι καὶ Ἐπίδαμνον ἡμετέραν οὖσαν, κακου-
μένην μὲν οὐ προσεποιοῦντο, ἐλθόντων δὲ ἡμῶν ἐπὶ τιμωρίᾳ
ἑλόντες βίᾳ ἔχουσιν.

39 Καὶ φασὶ δὴ δίκῃ πρότερον ἐθελῆσαι κρίνεσθαι, ἥν γε
οὐ τὸν προύχοντα καὶ ἐκ τοῦ ἀσφαλοῦς προκαλούμενον 20
λέγειν τι δοκεῖν δεῖ, ἀλλὰ τὸν ἐς ἴσον τά τε ἔργα ὁμοίως
2 καὶ τοὺς λόγους πρὶν διαγωνίζεσθαι καθιστάντα. οὗτοι δὲ
οὐ πρὶν πολιορκεῖν τὸ χωρίον, ἀλλ' ἐπειδὴ ἡγήσαντο ἡμᾶς
οὐ περιόψεσθαι, τότε καὶ τὸ εὐπρεπὲς τῆς δίκης παρ-
έσχοντο. καὶ δεῦρο ἥκουσιν οὐ τἀκεῖ μόνον αὐτοὶ ἁμαρ- 25
τόντες, ἀλλὰ καὶ ὑμᾶς νῦν ἀξιοῦντες οὐ ξυμμαχεῖν, ἀλλὰ
3 ξυναδικεῖν καὶ διαφόρους ὄντας ἡμῖν δέχεσθαι σφᾶς· οὓς
χρῆν, ὅτε ἀσφαλέστατοι ἦσαν, τότε προσιέναι, καὶ μὴ ἐν ᾧ
ἡμεῖς μὲν ἠδικήμεθα, οὗτοι δὲ κινδυνεύουσι, μηδ' ἐν ᾧ ὑμεῖς
τῆς τε δυνάμεως αὐτῶν τότε οὐ μεταλαβόντες τῆς ὠφελίας 30
νῦν μεταδώσετε καὶ τῶν ἁμαρτημάτων ἀπογενόμενοι, τῆς

2 τόσῳ δὲ Hertlein : τοσῷδε codd.   31 ἄπο (ο ex ω c) γενόμενοι
C E (G)

ἀφ' ἡμῶν αἰτίας τὸ ἴσον ἕξετε, πάλαι δὲ κοινώσαντας τὴν
δύναμιν κοινὰ καὶ τὰ ἀποβαίνοντα ἔχειν.

‘Ὡς μὲν οὖν αὐτοί τε μετὰ προσηκόντων ἐγκλημάτων 40
ἐρχόμεθα καὶ οἵδε βίαιοι καὶ πλεονέκται εἰσί, δεδήλωται·
5 ὡς δὲ οὐκ ἂν δικαίως αὐτοὺς δέχοισθε μαθεῖν χρή. εἰ γὰρ 2
εἴρηται ἐν ταῖς σπονδαῖς ἐξεῖναι παρ' ὁποτέρους τις βού-
λεται τῶν ἀγράφων πόλεων ἐλθεῖν, οὐ τοῖς ἐπὶ βλάβῃ ἑτέ-
ρων ἰοῦσιν ἡ ξυνθήκη ἐστίν, ἀλλ' ὅστις μὴ ἄλλου ἑαυτὸν
ἀποστερῶν, ἀσφαλείας δεῖται καὶ ὅστις μὴ τοῖς δεξαμένοις,
10 εἰ σωφρονοῦσι, πόλεμον ἀντ' εἰρήνης ποιήσει· ὃ νῦν ὑμεῖς
μὴ πειθόμενοι ἡμῖν πάθοιτε ἄν. οὐ γὰρ τοῖσδε μόνον ἐπί- 3
κουροι ἂν γένοισθε, ἀλλὰ καὶ ἡμῖν ἀντὶ ἐνσπόνδων πολέμιοι·
ἀνάγκη γάρ, εἰ ἴτε μετ' αὐτῶν, καὶ ἀμύνεσθαι μὴ ἄνευ ὑμῶν
τούτους. καίτοι δίκαιοί γ' ἐστὲ μάλιστα μὲν ἐκποδὼν στῆναι 4
15 ἀμφοτέροις, εἰ δὲ μή, τοὐναντίον ἐπὶ τούτους μεθ' ἡμῶν ἰέναι
(Κορινθίοις μέν γε ἔνσπονδοί ἐστε, Κερκυραίοις δὲ οὐδὲ δι'
ἀνοκωχῆς πώποτ' ἐγένεσθε), καὶ τὸν νόμον μὴ καθιστάναι
ὥστε τοὺς ἑτέρων ἀφισταμένους δέχεσθαι. οὐδὲ γὰρ ἡμεῖς 5
Σαμίων ἀποστάντων, ψῆφον προσεθέμεθα ἐναντίαν ὑμῖν, τῶν
20 ἄλλων Πελοποννησίων δίχα ἐψηφισμένων εἰ χρὴ αὐτοῖς ἀμύ-
νειν, φανερῶς δὲ ἀντείπομεν τοὺς προσήκοντας ξυμμάχους
αὐτόν τινα κολάζειν. εἰ γὰρ τοὺς κακόν τι δρῶντας δεχό- 6
μενοι τιμωρήσετε, φανεῖται καὶ ἃ τῶν ὑμετέρων οὐκ ἐλάσσω
ἡμῖν πρόσεισι, καὶ τὸν νόμον ἐφ' ὑμῖν αὐτοῖς μᾶλλον ἢ ἐφ'
25 ἡμῖν θήσετε.

‘Δικαιώματα μὲν οὖν τάδε πρὸς ὑμᾶς ἔχομεν ἱκανὰ κατὰ 41
τοὺς Ἑλλήνων νόμους, παραίνεσιν δὲ καὶ ἀξίωσιν χάριτος
τοιάνδε, ἣν οὐκ ἐχθροὶ ὄντες ὥστε βλάπτειν οὐδ' αὖ φίλοι
ὥστ' ἐπιχρῆσθαι, ἀντιδοθῆναι ἡμῖν ἐν τῷ παρόντι φαμὲν

1 κοινωνήσαντας ABEF (corr. F¹)   2 post ἔχειν add.
ἐγκλημάτων C, ἐγκλημάτων δὲ μόνον ἀμετόχους οὕτως τῶν μετὰ τὰς
πράξεις τούτων μὴ κοινωνεῖν c G   3 ἐγκλημάτων] om. C: τοῦ
δικαίου κεφαλαίων πρὸς ὑμᾶς vel similia c G m   6, 7 τῶν ἀγράφων
πόλεων βούλεται ABEFM   8 ἄλλων c G   αὐτὸν B : αὐτὸν AEM
11 πάθοιτε c F¹ g : πάθητε cett.   14 γ' om. C G

2 χρῆναι. νεῶν γὰρ μακρῶν σπανίσαντές ποτε πρὸς τὸν
Αἰγινητῶν ὑπὲρ τὰ Μηδικὰ πόλεμον, παρὰ Κορινθίων εἴκοσι
ναῦς ἐλάβετε· καὶ ἡ εὐεργεσία αὕτη τε καὶ ἡ ἐς Σαμίους,
τὸ δι᾽ ἡμᾶς Πελοποννησίους αὐτοῖς μὴ βοηθῆσαι, παρέσχεν
ὑμῖν Αἰγινητῶν μὲν ἐπικράτησιν, Σαμίων δὲ κόλασιν, καὶ ἐν 5
καιροῖς τοιούτοις ἐγένετο οἷς μάλιστα ἄνθρωποι ἐπ᾽ ἐχθροὺς
τοὺς σφετέρους ἰόντες τῶν ἁπάντων ἀπερίοπτοί εἰσι παρὰ
3 τὸ νικᾶν· φίλον τε γὰρ ἡγοῦνται τὸν ὑπουργοῦντα, ἢν καὶ
πρότερον ἐχθρὸς ᾖ, πολέμιόν τε τὸν ἀντιστάντα, ἢν καὶ τύχῃ
φίλος ὤν, ἐπεὶ καὶ τὰ οἰκεῖα χεῖρον τίθενται φιλονικίας ἕνεκα 10
τῆς αὐτίκα.

42   Ὧν ἐνθυμηθέντες καὶ νεώτερός τις παρὰ πρεσβυτέρου
αὐτὰ μαθὼν ἀξιούτω τοῖς ὁμοίοις ἡμᾶς ἀμύνεσθαι, καὶ μὴ
νομίσῃ δίκαια μὲν τάδε λέγεσθαι, ξύμφορα δέ, εἰ πολεμήσει,
2 ἄλλα εἶναι. τό τε γὰρ ξυμφέρον ἐν ᾧ ἄν τις ἐλάχιστα 15
ἁμαρτάνῃ μάλιστα ἕπεται, καὶ τὸ μέλλον τοῦ πολέμου ᾧ
φοβοῦντες ὑμᾶς Κερκυραῖοι κελεύουσιν ἀδικεῖν ἐν ἀφανεῖ
ἔτι κεῖται, καὶ οὐκ ἄξιον ἐπαρθέντας αὐτῷ φανερὰν ἔχθραν
ἤδη καὶ οὐ μέλλουσαν πρὸς Κορινθίους κτήσασθαι, τῆς δὲ
ὑπαρχούσης πρότερον διὰ Μεγαρέας ὑποψίας σῶφρον ὑφ- 20
3 ελεῖν μᾶλλον (ἡ γὰρ τελευταία χάρις καιρὸν ἔχουσα, κἂν
4 ἐλάσσων ᾖ, δύναται μεῖζον ἔγκλημα λῦσαι), μηδ᾽ ὅτι ναυτικοῦ
ξυμμαχίαν μεγάλην διδόασι, τούτῳ ἐφέλκεσθαι· τὸ γὰρ μὴ
ἀδικεῖν τοὺς ὁμοίους ἐχυρωτέρα δύναμις ἢ τῷ αὐτίκα φανερῷ
43 ἐπαρθέντας διὰ κινδύνων τὸ πλέον ἔχειν. ἡμεῖς δὲ περι- 25
πεπτωκότες οἷς ἐν τῇ Λακεδαίμονι αὐτοὶ προείπομεν, τοὺς
σφετέρους ξυμμάχους αὐτόν τινα κολάζειν, νῦν παρ᾽ ὑμῶν
τὸ αὐτὸ ἀξιοῦμεν κομίζεσθαι, καὶ μὴ τῇ ἡμετέρᾳ ψήφῳ
2 ὠφεληθέντας τῇ ὑμετέρᾳ ἡμᾶς βλάψαι. τὸ δὲ ἴσον ἀντ-
απόδοτε, γνόντες τοῦτον ἐκεῖνον εἶναι τὸν καιρὸν ἐν ᾧ ὅ τε 30
3 ὑπουργῶν φίλος μάλιστα καὶ ὁ ἀντιστὰς ἐχθρός. καὶ Κερ-

7 ἁπάντων C(G): πάντων cett.   13 ἀμύνεσθαι] ἀμείβεσθαι γρ.
Schol.   23 ἐφέλκεσθε A F M

κυραίους τούσδε μήτε ξυμμάχους δέχεσθε βίᾳ ἡμῶν μήτε
ἀμύνετε αὐτοῖς ἀδικοῦσιν. καὶ τάδε ποιοῦντες τὰ προσ- 4
ήκοντά τε δράσετε καὶ τὰ ἄριστα βουλεύσεσθε ὑμῖν αὐτοῖς.'

Τοιαῦτα δὲ καὶ οἱ Κορίνθιοι εἶπον. Ἀθηναῖοι δὲ ἀκού- 44
5 σαντες ἀμφοτέρων, γενομένης καὶ δὶς ἐκκλησίας, τῇ μὲν
προτέρᾳ οὐχ ἧσσον τῶν Κορινθίων ἀπεδέξαντο τοὺς λόγους,
ἐν δὲ τῇ ὑστεραίᾳ μετέγνωσαν Κερκυραίοις ξυμμαχίαν μὲν
μὴ ποιήσασθαι ὥστε τοὺς αὐτοὺς ἐχθροὺς καὶ φίλους νομί-
ζειν (εἰ γὰρ ἐπὶ Κόρινθον ἐκέλευον σφίσιν οἱ Κερκυραῖοι
10 ξυμπλεῖν, ἐλύοντ᾽ ἂν αὐτοῖς αἱ πρὸς Πελοποννησίους σπον-
δαί), ἐπιμαχίαν δ᾽ ἐποιήσαντο τῇ ἀλλήλων βοηθεῖν, ἐάν τις 2
ἐπὶ Κέρκυραν ἴῃ ἢ Ἀθήνας ἢ τοὺς τούτων ξυμμάχους. ἐδόκει
γὰρ ὁ πρὸς Πελοποννησίους πόλεμος καὶ ὣς ἔσεσθαι αὐτοῖς,
καὶ τὴν Κέρκυραν ἐβούλοντο μὴ προέσθαι τοῖς Κορινθίοις
15 ναυτικὸν ἔχουσαν τοσοῦτον, ξυγκρούειν δὲ ὅτι μάλιστα αὐτοὺς
ἀλλήλοις, ἵνα ἀσθενεστέροις οὖσιν, ἤν τι δέῃ, Κορινθίοις τε
καὶ τοῖς ἄλλοις ναυτικὸν ἔχουσιν ἐς πόλεμον καθιστῶνται.
ἅμα δὲ τῆς τε Ἰταλίας καὶ Σικελίας καλῶς ἐφαίνετο αὐτοῖς 3
ἡ νῆσος ἐν παράπλῳ κεῖσθαι.

20 Τοιαύτη μὲν γνώμῃ οἱ Ἀθηναῖοι τοὺς Κερκυραίους προσ- 45
εδέξαντο, καὶ τῶν Κορινθίων ἀπελθόντων οὐ πολὺ ὕστερον
δέκα ναῦς αὐτοῖς ἀπέστειλαν βοηθούς· ἐστρατήγει δὲ αὐτῶν 2
Λακεδαιμόνιός τε ὁ Κίμωνος καὶ Διότιμος ὁ Στρομβίχου καὶ
Πρωτέας ὁ Ἐπικλέους. προεῖπον δὲ αὐτοῖς μὴ ναυμαχεῖν 3
25 Κορινθίοις, ἢν μὴ ἐπὶ Κέρκυραν πλέωσι καὶ μέλλωσιν ἀπο-
βαίνειν ἢ ἐς τῶν ἐκείνων τι χωρίων· οὕτω δὲ κωλύειν κατὰ
δύναμιν. προεῖπον δὲ ταῦτα τοῦ μὴ λύειν ἕνεκα τὰς σπον-
δάς. αἱ μὲν δὴ νῆες ἀφικνοῦνται ἐς τὴν Κέρκυραν, οἱ δὲ 46
Κορίνθιοι, ἐπειδὴ αὐτοῖς παρεσκεύαστο, ἔπλεον ἐπὶ τὴν
30 Κέρκυραν ναυσὶ πεντήκοντα καὶ ἑκατόν. ἦσαν δὲ Ἠλείων
μὲν δέκα, Μεγαρέων δὲ δώδεκα καὶ Λευκαδίων δέκα, Ἀμ-

1 post Κερκυραίους add. τε C G: δὲ F: γε Hude   δέχησθε c G
2 ἀμύνητε c G   14 τοῖς om. A B E F M   17 post ἄλλοις add.
τοῖς Bekker

πρακιωτῶν δὲ ἑπτὰ καὶ εἴκοσι καὶ Ἀνακτορίων μία, αὐτῶν
2 δὲ Κορινθίων ἐνενήκοντα· στρατηγοὶ δὲ τούτων ἦσαν μὲν
καὶ κατὰ πόλεις ἑκάστων, Κορινθίων δὲ Ξενοκλείδης ὁ Εὐθυ-
3 κλέους πέμπτος αὐτός. ἐπειδὴ δὲ προσέμειξαν τῇ κατὰ
Κέρκυραν ἠπείρῳ ἀπὸ Λευκάδος πλέοντες, ὁρμίζονται ἐς 5
4 Χειμέριον τῆς Θεσπρωτίδος γῆς. ἔστι δὲ λιμήν, καὶ πόλις
ὑπὲρ αὐτοῦ κεῖται ἀπὸ θαλάσσης ἐν τῇ Ἐλαιάτιδι τῆς Θεσ-
πρωτίδος Ἐφύρη. ἐξίησι δὲ παρ' αὐτὴν Ἀχερουσία λίμνη
ἐς θάλασσαν· διὰ δὲ τῆς Θεσπρωτίδος Ἀχέρων ποταμὸς
ῥέων ἐσβάλλει ἐς αὐτήν, ἀφ' οὗ καὶ τὴν ἐπωνυμίαν ἔχει. 10
ῥεῖ δὲ καὶ Θύαμις ποταμός, ὁρίζων τὴν Θεσπρωτίδα καὶ
5 Κεστρίνην, ὧν ἐντὸς ἡ ἄκρα ἀνέχει τὸ Χειμέριον. οἱ μὲν
οὖν Κορίνθιοι τῆς ἠπείρου ἐνταῦθα ὁρμίζονταί τε καὶ στρατό-
47 πεδον ἐποιήσαντο. οἱ δὲ Κερκυραῖοι ὡς ᾔσθοντο αὐτοὺς
προσπλέοντας, πληρώσαντες δέκα καὶ ἑκατὸν ναῦς, ὧν ἦρχε 15
Μικιάδης καὶ Αἰσιμίδης καὶ Εὐρύβατος, ἐστρατοπεδεύσαντο
ἐν μιᾷ τῶν νήσων αἳ καλοῦνται Σύβοτα· καὶ αἱ Ἀττικαὶ
2 δέκα παρῆσαν. ἐπὶ δὲ τῇ Λευκίμμῃ αὐτοῖς τῷ ἀκρωτηρίῳ
ὁ πεζὸς ἦν καὶ Ζακυνθίων χίλιοι ὁπλῖται βεβοηθηκότες.
3 ἦσαν δὲ καὶ τοῖς Κορινθίοις ἐν τῇ ἠπείρῳ πολλοὶ τῶν βαρ- 20
βάρων παραβεβοηθηκότες· οἱ γὰρ ταύτῃ ἠπειρῶται αἰεί ποτε
αὐτοῖς φίλοι εἰσίν.

48   Ἐπειδὴ δὲ παρεσκεύαστο τοῖς Κορινθίοις, λαβόντες τριῶν
ἡμερῶν σιτία ἀνήγοντο, ὡς ἐπὶ ναυμαχίαν ἀπὸ τοῦ Χειμερίου
2 νυκτός, καὶ ἅμα ἕῳ πλέοντες καθορῶσι τὰς τῶν Κερκυραίων 25
3 ναῦς μετεώρους τε καὶ ἐπὶ σφᾶς πλεούσας. ὡς δὲ κατεῖδον
ἀλλήλους, ἀντιπαρετάσσοντο, ἐπὶ μὲν τὸ δεξιὸν κέρας Κερ-
κυραίων αἱ Ἀττικαὶ νῆες, τὸ δὲ ἄλλο αὐτοὶ ἐπεῖχον τρία
τέλη ποιήσαντες τῶν νεῶν, ὧν ἦρχε ⟨τῶν⟩ τριῶν στρατηγῶν
4 ἑκάστου εἷς. οὕτω μὲν Κερκυραῖοι ἐτάξαντο, Κορινθίοις 30
δὲ τὸ μὲν δεξιὸν κέρας αἱ Μεγαρίδες νῆες εἶχον καὶ αἱ

6 γῆς secl. Herwerden   8 ἔξεισι ABEFM   22 φίλοι
αὐτοῖς C (G)   24 ναυμαχίᾳ C (G)   25 ἔφ] ἔσω (G)   29 τῶν add.
Poppo

’Αμπρακιώτιδες, κατὰ δὲ τὸ μέσον οἱ ἄλλοι ξύμμαχοι ὡς
ἕκαστοι· εὐώνυμον δὲ κέρας αὐτοὶ οἱ Κορίνθιοι ταῖς ἄριστα
τῶν νεῶν πλεούσαις κατὰ τοὺς ’Αθηναίους καὶ τὸ δεξιὸν
τῶν Κερκυραίων εἶχον.   ξυμμείξαντες δέ, ἐπειδὴ τὰ σημεῖα 49
5 ἑκατέροις ᾔρθη, ἐναυμάχουν, πολλοὺς μὲν ὁπλίτας ἔχοντες
ἀμφότεροι ἐπὶ τῶν καταστρωμάτων, πολλοὺς δὲ τοξότας τε
καὶ ἀκοντιστάς, τῷ παλαιῷ τρόπῳ ἀπειρότερον ἔτι παρε-
σκευασμένοι. ἦν τε ἡ ναυμαχία καρτερά, τῇ μὲν τέχνῃ 2
οὐχ ὁμοίως, πεζομαχίᾳ δὲ τὸ πλέον προσφερὴς οὖσα. ἐπειδὴ 3
10 γὰρ προσβάλοιεν ἀλλήλοις, οὐ ῥᾳδίως ἀπελύοντο ὑπό τε
τοῦ πλήθους καὶ ὄχλου τῶν νεῶν, καὶ μᾶλλόν τι πιστεύοντες
τοῖς ἐπὶ τοῦ καταστρώματος ὁπλίταις ἐς τὴν νίκην, οἳ κατα-
στάντες ἐμάχοντο, ἡσυχαζουσῶν τῶν νεῶν· διέκπλοι δ’ οὐκ
ἦσαν, ἀλλὰ θυμῷ καὶ ῥώμῃ τὸ πλέον ἐναυμάχουν ἢ ἐπιστήμῃ.
15 πανταχῇ μὲν οὖν πολὺς θόρυβος καὶ ταραχώδης ἦν ἡ ναυ- 4
μαχία, ἐν ᾗ αἱ ’Αττικαὶ νῆες παραγιγνόμεναι τοῖς Κερκυραίοις,
εἴ πῃ πιέζοιντο, φόβον μὲν παρεῖχον τοῖς ἐναντίοις, μάχης
δὲ οὐκ ἦρχον δεδιότες οἱ στρατηγοὶ τὴν πρόρρησιν τῶν
’Αθηναίων.   μάλιστα δὲ τὸ δεξιὸν κέρας τῶν Κορινθίων 5
20 ἐπόνει· οἱ γὰρ Κερκυραῖοι εἴκοσι ναυσὶν αὐτοὺς τρεψάμενοι
καὶ καταδιώξαντες σποράδας ἐς τὴν ἤπειρον καὶ μέχρι τοῦ
στρατοπέδου πλεύσαντες αὐτῶν καὶ ἐπεκβάντες ἐνέπρησάν
τε τὰς σκηνὰς ἐρήμους καὶ τὰ χρήματα διήρπασαν.   ταύτῃ 6
μὲν οὖν οἱ Κορίνθιοι καὶ οἱ ξύμμαχοι ἡσσῶντό [τε] καὶ οἱ
25 Κερκυραῖοι ἐπεκράτουν· ᾗ δὲ αὐτοὶ ἦσαν οἱ Κορίνθιοι, ἐπὶ
τῷ εὐωνύμῳ, πολὺ ἐνίκων, τοῖς Κερκυραίοις τῶν εἴκοσι νεῶν
ἀπὸ ἐλάσσονος πλήθους ἐκ τῆς διώξεως οὐ παρουσῶν.   οἱ δὲ 7
’Αθηναῖοι ὁρῶντες τοὺς Κερκυραίους πιεζομένους μᾶλλον ἤδη
ἀπροφασίστως ἐπεκούρουν, τὸ μὲν πρῶτον ἀπεχόμενοι ὥστε
30 μὴ ἐμβάλλειν τινί· ἐπειδὴ δὲ ἡ τροπὴ ἐγίγνετο λαμπρῶς

10 προσβάλοιεν recc.: προσβάλλοιεν codd.   11 τοῦ om. ABEFM
15 οὖν om. CEG   21 alt. καὶ om. ABEFM   24 οὖν om. CG
(add. G¹) incipit Π²⁸   τε secl. Krüger   28 πιεζουμένους Π²⁸
30 ἐπειδὴ C⟨G⟩: ἐπεὶ cett. [Π²⁸]   ἐγίγνετο C⟨G⟩: ἐγένετο cett. [Π²⁸]

καὶ ἐνέκειντο οἱ Κορίνθιοι, τότε δὴ ἔργου πᾶς εἴχετο ἤδη
καὶ διεκέκριτο οὐδὲν ἔτι, ἀλλὰ ξυνέπεσεν ἐς τοῦτο ἀνάγκης
ὥστε ἐπιχειρῆσαι ἀλλήλοις τοὺς Κορινθίους καὶ Ἀθηναίους.

50   Τῆς δὲ τροπῆς γενομένης οἱ Κορίνθιοι τὰ σκάφη μὲν οὐχ
εἷλκον ἀναδούμενοι τῶν νεῶν ἃς καταδύσειαν, πρὸς δὲ τοὺς 5
ἀνθρώπους ἐτράποντο φονεύειν διεκπλέοντες μᾶλλον ἢ ζω-
γρεῖν, τούς τε αὑτῶν φίλους, οὐκ ᾐσθημένοι ὅτι ἥσσηντο οἱ
2 ἐπὶ τῷ δεξιῷ κέρᾳ, ἀγνοοῦντες ἔκτεινον.   πολλῶν γὰρ νεῶν
οὐσῶν ἀμφοτέρων καὶ ἐπὶ πολὺ τῆς θαλάσσης ἐπεχουσῶν,
ἐπειδὴ ξυνέμειξαν ἀλλήλοις, οὐ ῥᾳδίως τὴν διάγνωσιν 10
ἐποιοῦντο ὁποῖοι ἐκράτουν ἢ ἐκρατοῦντο· ναυμαχία γὰρ
αὕτη Ἕλλησι πρὸς Ἕλληνας νεῶν πλήθει μεγίστη δὴ τῶν
3 πρὸ αὑτῆς γεγένηται.   ἐπειδὴ δὲ κατεδίωξαν τοὺς Κερκυ-
ραίους οἱ Κορίνθιοι ἐς τὴν γῆν, πρὸς τὰ ναυάγια καὶ τοὺς
νεκροὺς τοὺς σφετέρους ἐτράποντο, καὶ τῶν πλείστων ἐκρά- 15
τησαν ὥστε προσκομίσαι πρὸς τὰ Σύβοτα, οἷ αὐτοῖς ὁ κατὰ
γῆν στρατὸς τῶν βαρβάρων προσεβεβοηθήκει· ἔστι δὲ τὰ
Σύβοτα τῆς Θεσπρωτίδος λιμὴν ἐρῆμος.   τοῦτο δὲ ποιή-
4 σαντες αὖθις ἀθροισθέντες ἐπέπλεον τοῖς Κερκυραίοις.   οἱ
δὲ ταῖς πλωίμοις καὶ ὅσαι ἦσαν λοιπαὶ μετὰ τῶν Ἀττικῶν 20
νεῶν καὶ αὐτοὶ ἀντεπέπλεον, δείσαντες μὴ ἐς τὴν γῆν σφῶν
5 πειρῶσιν ἀποβαίνειν.   ἤδη δὲ ἦν ὀψὲ καὶ ἐπεπαιάνιστο
αὐτοῖς ὡς ἐς ἐπίπλουν, καὶ οἱ Κορίνθιοι ἐξαπίνης πρύμναν
ἐκρούοντο κατιδόντες εἴκοσι ναῦς Ἀθηναίων προσπλεούσας,
ἃς ὕστερον τῶν δέκα βοηθοὺς ἐξέπεμψαν οἱ Ἀθηναῖοι, 25
δείσαντες, ὅπερ ἐγένετο, μὴ νικηθῶσιν οἱ Κερκυραῖοι καὶ αἱ
51 σφέτεραι δέκα νῆες ὀλίγαι ἀμύνειν ὦσιν.   ταύτας οὖν προϊ-
δόντες οἱ Κορίνθιοι καὶ ὑποτοπήσαντες ἀπ᾽ Ἀθηνῶν εἶναι
2 οὐχ ὅσας ἑώρων ἀλλὰ πλείους ὑπανεχώρουν.   τοῖς δὲ
Κερκυραίοις ἐπέπλεον γὰρ μᾶλλον ἐκ τοῦ ἀφανοῦς οὐχ 30
ἑωρῶντο, καὶ ἐθαύμαζον τοὺς Κορινθίους πρύμναν κρουομέ-

1 ἐπέκειντο M [Π²⁸]   5 πρὸς] ἐς? Π²⁸   7 αἰσθόμενοι A B E F M
10 ῥᾳ δίως desinit Π²⁸   13 αὑτῆς G: ἑαυτῆς cett.   16 οὗ C G
21 ἀντεπέπλεον C: ἀντέπλεον cett.   22 ἐπεπαιάνιστο c f: ἐπεπαιώ-
νιστο codd.

νους, πρίν τινες ἰδόντες εἶπον ὅτι νῆες ἐκεῖναι ἐπιπλέουσιν.
τότε δὲ καὶ αὐτοὶ ἀνεχώρουν· ξυνεσκόταζε γὰρ ἤδη, καὶ οἱ
Κορίνθιοι ἀποτραπόμενοι τὴν διάλυσιν ἐποιήσαντο.   οὕτω 3
μὲν ἡ ἀπαλλαγὴ ἐγένετο ἀλλήλων, καὶ ἡ ναυμαχία ἐτελεύτα
5 ἐς νύκτα.   τοῖς δὲ Κερκυραίοις στρατοπεδευομένοις ἐπὶ τῇ 4
Λευκίμμῃ αἱ εἴκοσι νῆες αἱ ἐκ τῶν Ἀθηνῶν αὗται, ὧν
ἦρχε Γλαύκων τε ὁ Λεάγρου καὶ †Ἀνδοκίδης ὁ Λεωγόρου†,
διὰ τῶν νεκρῶν καὶ ναυαγίων προσκομισθεῖσαι κατέπλεον
ἐς τὸ στρατόπεδον οὐ πολλῷ ὕστερον ἢ ὤφθησαν.   οἱ δὲ 5
10 Κερκυραῖοι (ἦν γὰρ νύξ) ἐφοβήθησαν μὴ πολέμιαι ὦσιν,
ἔπειτα δὲ ἔγνωσαν· καὶ ὡρμίσαντο.

Τῇ δὲ ὑστεραίᾳ ἀναγαγόμεναι αἵ τε Ἀττικαὶ τριάκοντα 52
νῆες καὶ τῶν Κερκυραίων ὅσαι πλώιμοι ἦσαν ἐπέπλευσαν
ἐπὶ τὸν ἐν τοῖς Συβότοις λιμένα, ἐν ᾧ οἱ Κορίνθιοι ὥρμουν,
15 βουλόμενοι εἰδέναι εἰ ναυμαχήσουσιν.   οἱ δὲ τὰς μὲν ναῦς 2
ἄραντες ἀπὸ τῆς γῆς καὶ παραταξάμενοι μετεώρους ἡσύχαζον,
ναυμαχίας οὐ διανοούμενοι ἄρχειν ἑκόντες, ὁρῶντες προσγε-
γενημένας τε ναῦς ἐκ τῶν Ἀθηνῶν ἀκραιφνεῖς καὶ σφίσι
πολλὰ τὰ ἄπορα ξυμβεβηκότα, αἰχμαλώτων τε περὶ φυλακῆς
20 οὓς ἐν ταῖς ναυσὶν εἶχον, καὶ ἐπισκευὴν οὐκ οὖσαν τῶν
νεῶν ἐν χωρίῳ ἐρήμῳ· τοῦ δὲ οἴκαδε πλοῦ μᾶλλον διε- 3
σκόπουν ὅπη κομισθήσονται, δεδιότες μὴ οἱ Ἀθηναῖοι νομί-
σαντες λελύσθαι τὰς σπονδάς, διότι ἐς χεῖρας ἦλθον, οὐκ
ἐῶσι σφᾶς ἀποπλεῖν.   ἔδοξεν οὖν αὐτοῖς ἄνδρας ἐς κελήτιον 53
25 ἐσβιβάσαντας ἄνευ κηρυκείου προσπέμψαι τοῖς Ἀθηναίοις
καὶ πεῖραν ποιήσασθαι.   πέμψαντές τε ἔλεγον τοιάδε.
'ἀδικεῖτε, ὦ ἄνδρες Ἀθηναῖοι, πολέμου ἄρχοντες καὶ σπονδὰς 2
λύοντες· ἡμῖν γὰρ πολεμίους τοὺς ἡμετέρους τιμωρουμένοις
ἐμποδὼν ἵστασθε ὅπλα ἀνταιρόμενοι.   εἰ δ' ὑμῖν γνώμη

    2 δὴ C (G)   post prius καὶ add. οἱ A B E F M   3 ἀποτρεπόμενοι
A B F   5 Κερκυραίοις δὲ A B E F M   6 αἱ ἐκ] ἀπὸ A B E F M
7 Ἀνδοκίδης] in titulo (IG I². 295) Δρακοντίδης nominatur   12 ἀνα-
γόμεναι A B E F M   18 ἐκ incipit Π²⁹   19 τε om. Π²⁹   25 ἐμ-
βιβάσαντας A B (-ες) C G Lex. Vind., Greg. Cor. [Π²⁹]   προπέμψαι
C M Greg. Cor. [Π²⁹]

ἐστὶ κωλύειν τε ἡμᾶς ἐπὶ Κέρκυραν ἢ ἄλλοσε εἴ ποι βουλό-
μεθα πλεῖν καὶ τὰς σπονδὰς λύετε, ἡμᾶς τούσδε πρώτους
3 λαβόντες χρήσασθε ὡς πολεμίοις.' οἱ μὲν δὴ τοιαῦτα
εἶπον· τῶν δὲ Κερκυραίων τὸ μὲν στρατόπεδον ὅσον ἐπήκου-
σεν ἀνεβόησεν εὐθὺς λαβεῖν τε αὐτοὺς καὶ ἀποκτεῖναι, οἱ 5
4 δὲ Ἀθηναῖοι τοιάδε ἀπεκρίναντο. 'οὔτε ἄρχομεν πολέμου,
ὦ ἄνδρες Πελοποννήσιοι, οὔτε τὰς σπονδὰς λύομεν, Κερκυ-
ραίοις δὲ τοῖσδε ξυμμάχοις οὖσι βοηθοὶ ἤλθομεν. εἰ μὲν
οὖν ἄλλοσέ ποι βούλεσθε πλεῖν, οὐ κωλύομεν· εἰ δὲ ἐπὶ
Κέρκυραν πλευσεῖσθε ἢ ἐς τῶν ἐκείνων τι χωρίων, οὐ 10
περιοψόμεθα κατὰ τὸ δυνατόν.'

54 Τοιαῦτα τῶν Ἀθηναίων ἀποκριναμένων, οἱ μὲν Κορίνθιοι
τόν τε πλοῦν τὸν ἐπ' οἴκου παρεσκευάζοντο καὶ τροπαῖον
ἔστησαν ἐν τοῖς ἐν τῇ ἠπείρῳ Συβότοις· οἱ δὲ Κερκυραῖοι τά
τε ναυάγια καὶ νεκροὺς ἀνείλοντο τὰ κατὰ σφᾶς ἐξενεχθέντα 15
ὑπό τε τοῦ ῥοῦ καὶ ἀνέμου, ὃς γενόμενος τῆς νυκτὸς διεσκέ-
δασεν αὐτὰ πανταχῇ, καὶ τροπαῖον ἀντέστησαν ἐν τοῖς ἐν τῇ
2 νήσῳ Συβότοις, ὡς νενικηκότες. γνώμῃ δὲ τοιᾷδε ἑκάτεροι
τὴν νίκην προσεποιήσαντο· Κορίνθιοι μὲν κρατήσαντες τῇ
ναυμαχίᾳ μέχρι νυκτός, ὥστε καὶ ναυάγια πλεῖστα καὶ νεκροὺς 20
προσκομίσασθαι, καὶ ἄνδρας ἔχοντες αἰχμαλώτους οὐκ ἐλάσ-
σους χιλίων ναῦς τε καταδύσαντες περὶ ἑβδομήκοντα ἔστησαν
τροπαῖον· Κερκυραῖοι δὲ τριάκοντα ναῦς μάλιστα διαφθεί-
ραντες, καὶ ἐπειδὴ Ἀθηναῖοι ἦλθον, ἀνελόμενοι τὰ κατὰ
σφᾶς αὐτοὺς ναυάγια καὶ νεκρούς, καὶ ὅτι αὐτοῖς τῇ τε 25
προτεραίᾳ πρύμναν κρουόμενοι ὑπεχώρησαν οἱ Κορίνθιοι
ἰδόντες τὰς Ἀττικὰς ναῦς, καὶ ἐπειδὴ ἦλθον οἱ Ἀθηναῖοι,
οὐκ ἀντεπέπλεον ἐκ τῶν Συβότων, διὰ ταῦτα τροπαῖον ἔστη-
55 σαν. οὕτω μὲν ἑκάτεροι νικᾶν ἠξίουν· οἱ δὲ Κορίνθιοι
ἀποπλέοντες ἐπ' οἴκου Ἀνακτόριον, ὅ ἐστιν ἐπὶ τῷ στόματι 30

1 πῃ C G Lex. Vind. [Π²⁹]   2 λαβόντες πρῶτον A B E F M
3 πολέμιοι Π²⁹   5 τε om. Π²⁹   10 πλεύ]σεσ[θε Π²⁹   12 Κ[ορίν-
θιοι desinit Π²⁹   15 post καὶ add. τοὺς Schol.   ἐξενεχθέντων C γρ.
Schol.   16 τε om. A B F   18 ἑκάτεροι τοιᾷδε A B E F M   28 οὐκ
ἀντέπλεον E G: οὐ κατέπλεον A B F M

τοῦ Ἀμπρακικοῦ κόλπου, εἷλον ἀπάτῃ (ἦν δὲ κοινὸν Κερκυ-
ραίων καὶ ἐκείνων) καὶ καταστήσαντες ἐν αὐτῷ Κορινθίους
οἰκήτορας ἀνεχώρησαν ἐπ᾽ οἴκου, καὶ τῶν Κερκυραίων ὀκτα-
κοσίους μὲν οἳ ἦσαν δοῦλοι ἀπέδοντο, πεντήκοντα δὲ καὶ
5 διακοσίους δήσαντες ἐφύλασσον καὶ ἐν θεραπείᾳ εἶχον
πολλῇ, ὅπως αὐτοῖς τὴν Κέρκυραν ἀναχωρήσαντες προσ-
ποιήσειαν· ἐτύγχανον δὲ καὶ δυνάμει αὐτῶν οἱ πλείους
πρῶτοι ὄντες τῆς πόλεως. ἡ μὲν οὖν Κέρκυρα οὕτω περιγίγ- 2
νεται τῷ πολέμῳ τῶν Κορινθίων, καὶ αἱ νῆες τῶν Ἀθηναίων
10 ἀνεχώρησαν ἐξ αὐτῆς· αἰτία δὲ αὕτη πρώτη ἐγένετο τοῦ
πολέμου τοῖς Κορινθίοις ἐς τοὺς Ἀθηναίους, ὅτι σφίσιν ἐν
σπονδαῖς μετὰ Κερκυραίων ἐναυμάχουν.

Μετὰ ταῦτα δ᾽ εὐθὺς καὶ τάδε ξυνέβη γενέσθαι τοῖς 56
Ἀθηναίοις καὶ Πελοποννησίοις διάφορα ἐς τὸ πολεμεῖν.
15 τῶν γὰρ Κορινθίων πρασσόντων ὅπως τιμωρήσονται αὐτούς, 2
ὑποτοπήσαντες τὴν ἔχθραν αὐτῶν οἱ Ἀθηναῖοι Ποτειδεάτας,
οἳ οἰκοῦσιν ἐπὶ τῷ ἰσθμῷ τῆς Παλλήνης, Κορινθίων ἀποί-
κους, ἑαυτῶν δὲ ξυμμάχους φόρου ὑποτελεῖς, ἐκέλευον τὸ
ἐς Παλλήνην τεῖχος καθελεῖν καὶ ὁμήρους δοῦναι, τούς τε
20 ἐπιδημιουργοὺς ἐκπέμπειν καὶ τὸ λοιπὸν μὴ δέχεσθαι οὓς
κατὰ ἔτος ἕκαστον Κορίνθιοι ἔπεμπον, δείσαντες μὴ ἀπο-
στῶσιν ὑπό τε Περδίκκου πειθόμενοι καὶ Κορινθίων, τούς τε
ἄλλους τοὺς ἐπὶ Θρᾴκης ξυναποστήσωσι ξυμμάχους. ταῦτα 57
δὲ περὶ τοὺς Ποτειδεάτας οἱ Ἀθηναῖοι προπαρεσκευάζοντο
25 εὐθὺς μετὰ τὴν ἐν Κερκύρᾳ ναυμαχίαν· οἵ τε γὰρ Κορίνθιοι 2
φανερῶς ἤδη διάφοροι ἦσαν, Περδίκκας τε ὁ Ἀλεξάνδρου
Μακεδόνων βασιλεὺς ἐπεπολέμωτο ξύμμαχος πρότερον καὶ
φίλος ὤν. ἐπολεμώθη δὲ ὅτι Φιλίππῳ τῷ ἑαυτοῦ ἀδελφῷ 3
καὶ Δέρδᾳ κοινῇ πρὸς αὐτὸν ἐναντιουμένοις οἱ Ἀθηναῖοι
30 ξυμμαχίαν ἐποιήσαντο. δεδιώς τε ἔπρασσεν ἔς τε τὴν 4

---

13 τοῖς om. Α Β Ε F M   15 τιμωρήσωνται Α E F G M   17 post
Παλλήνης add. ὄντας ⟨G⟩   23 τοὺς om. Α Β Ε F M   ξυναποστήσουσι
Α Β Ε F M   24 περὶ] πρὸς G : παρὰ M   26 ἤδη om. C G (add. G¹)

Λακεδαίμονα πέμπων ὅπως πόλεμος γένηται αὐτοῖς πρὸς
Πελοποννησίους, καὶ τοὺς Κορινθίους προσεποιεῖτο τῆς
5 Ποτειδαίας ἕνεκα ἀποστάσεως· προσέφερε δὲ λόγους καὶ
τοῖς ἐπὶ Θρᾴκης Χαλκιδεῦσι καὶ Βοττιαίοις ξυναποστῆναι,
νομίζων, εἰ ξύμμαχα ταῦτα ἔχοι ὅμορα ὄντα τὰ χωρία, ῥᾷον 5
6 ἂν τὸν πόλεμον μετ' αὐτῶν ποιεῖσθαι. ὧν οἱ Ἀθηναῖοι
αἰσθόμενοι καὶ βουλόμενοι προκαταλαμβάνειν τῶν πόλεων
τὰς ἀποστάσεις (ἔτυχον γὰρ τριάκοντα ναῦς ἀποστέλλοντες
καὶ χιλίους ὁπλίτας ἐπὶ τὴν γῆν αὐτοῦ, Ἀρχεστράτου τοῦ
Λυκομήδους μετ' ἄλλων † δέκα † στρατηγοῦντος) ἐπιστέλ- 10
λουσι τοῖς ἄρχουσι τῶν νεῶν Ποτειδεατῶν τε ὁμήρους λαβεῖν
καὶ τὸ τεῖχος καθελεῖν, τῶν τε πλησίον πόλεων φυλακὴν
ἔχειν ὅπως μὴ ἀποστήσονται.

58   Ποτειδεᾶται δὲ πέμψαντες μὲν καὶ παρ' Ἀθηναίους πρέ-
σβεις, εἴ πως πείσειαν μὴ σφῶν πέρι νεωτερίζειν μηδέν, ἐλ- 15
θόντες δὲ καὶ ἐς τὴν Λακεδαίμονα μετὰ Κορινθίων, [ἔπρασσον]
ὅπως ἑτοιμάσαιντο τιμωρίαν, ἢν δέῃ, ἐπειδὴ ἔκ τε Ἀθηνῶν
ἐκ πολλοῦ πράσσοντες οὐδὲν ηὕροντο ἐπιτήδειον, ἀλλ' αἱ
νῆες αἱ ἐπὶ Μακεδονίαν καὶ ἐπὶ σφᾶς ὁμοίως ἔπλεον, καὶ
τὰ τέλη τῶν Λακεδαιμονίων ὑπέσχετο αὐτοῖς, ἢν ἐπὶ Ποτεί- 20
δαιαν ἴωσιν Ἀθηναῖοι, ἐς τὴν Ἀττικὴν ἐσβαλεῖν, τότε δὴ
κατὰ τὸν καιρὸν τοῦτον ἀφίστανται μετὰ Χαλκιδέων καὶ
2 Βοττιαίων κοινῇ ξυνομόσαντες. καὶ Περδίκκας πείθει Χαλ-
κιδέας τὰς ἐπὶ θαλάσσῃ πόλεις ἐκλιπόντας καὶ καταβαλόντας
ἀνοικίσασθαι ἐς Ὄλυνθον μίαν τε πόλιν ταύτην ἰσχυρὰν 25
ποιήσασθαι· τοῖς τ' ἐκλιποῦσι τούτοις τῆς ἑαυτοῦ γῆς τῆς
Μυγδονίας περὶ τὴν Βόλβην λίμνην ἔδωκε νέμεσθαι, ἕως
ἂν ὁ πρὸς Ἀθηναίους πόλεμος ᾖ. καὶ οἱ μὲν ἀνῳκίζοντό
τε καθαιροῦντες τὰς πόλεις καὶ ἐς πόλεμον παρεσκευάζοντο·
59 αἱ δὲ τριάκοντα νῆες τῶν Ἀθηναίων ἀφικνοῦνται ἐς τὰ ἐπὶ 30
Θρᾴκης, καὶ καταλαμβάνουσι τήν τε Ποτείδαιαν καὶ τἆλλα

---

5 τὰ om. ABEFM   10 δέκα] τεσσάρων Krüger   13 ἀποστήσονται
C : ἀποστήσωνται cett.   16 ἔπρασσον secl. Poppo   17 Ἀθηνῶν C :
Ἀθηναίων cett.   20 ὑπέσχοντο C ? (corr. c) G   31 τε om. ABEFM

ἀφεστηκότα. νομίσαντες δὲ οἱ στρατηγοὶ ἀδύνατα εἶναι 2
πρός τε Περδίκκαν πολεμεῖν τῇ παρούσῃ δυνάμει καὶ τὰ
ξυναφεστῶτα χωρία, τρέπονται ἐπὶ τὴν Μακεδονίαν, ἐφ' ὅπερ
καὶ τὸ πρῶτον ἐξεπέμποντο, καὶ καταστάντες ἐπολέμουν μετὰ
5 Φιλίππου καὶ τῶν Δέρδου ἀδελφῶν ἄνωθεν στρατιᾷ ἐσ-
βεβληκότων. καὶ ἐν τούτῳ οἱ Κορίνθιοι, τῆς Ποτειδαίας 60
ἀφεστηκυίας καὶ τῶν Ἀττικῶν νεῶν περὶ Μακεδονίαν οὐσῶν,
δεδιότες περὶ τῷ χωρίῳ καὶ οἰκεῖον τὸν κίνδυνον ἡγούμενοι
πέμπουσιν ἑαυτῶν τε ἐθελοντὰς καὶ τῶν ἄλλων Πελοπον-
10 νησίων μισθῷ πείσαντες ἑξακοσίους καὶ χιλίους τοὺς πάντας
ὁπλίτας καὶ ψιλοὺς τετρακοσίους. ἐστρατήγει δὲ αὐτῶν 2
Ἀριστεὺς ὁ Ἀδειμάντου, κατὰ φιλίαν τε αὐτοῦ οὐχ ἥκιστα
οἱ πλεῖστοι ἐκ Κορίνθου στρατιῶται ἐθελονταὶ ξυνέσποντο·
ἦν γὰρ τοῖς Ποτειδεάταις αἰεί ποτε ἐπιτήδειος. καὶ ἀφ- 3
15 ικνοῦνται τεσσαρακοστῇ ἡμέρᾳ ὕστερον ἐπὶ Θρᾴκης ἢ Ποτεί-
δαια ἀπέστη.

Ἦλθε δὲ καὶ τοῖς Ἀθηναίοις εὐθὺς ἡ ἀγγελία τῶν πόλεων 61
ὅτι ἀφεστᾶσι, καὶ πέμπουσιν, ὡς ᾔσθοντο καὶ τοὺς μετ'
Ἀριστέως ἐπιπαριόντας, δισχιλίους ἑαυτῶν ὁπλίτας καὶ
20 τεσσαράκοντα ναῦς πρὸς τὰ ἀφεστῶτα, καὶ Καλλίαν τὸν
Καλλιάδου πέμπτον αὐτὸν στρατηγόν, οἳ ἀφικόμενοι ἐς 2
Μακεδονίαν πρῶτον καταλαμβάνουσι τοὺς προτέρους χιλίους
Θέρμην ἄρτι ᾑρηκότας καὶ Πύδναν πολιορκοῦντας. προσ- 3
καθεζόμενοι δὲ καὶ αὐτοὶ τὴν Πύδναν ἐπολιόρκησαν μέν,
25 ἔπειτα δὲ ξύμβασιν ποιησάμενοι καὶ ξυμμαχίαν ἀναγκαίαν
πρὸς τὸν Περδίκκαν, ὡς αὐτοὺς κατήπειγεν ἡ Ποτείδαια καὶ
ὁ Ἀριστεὺς παρεληλυθώς, ἀπανίστανται ἐκ τῆς Μακεδονίας,
καὶ ἀφικόμενοι ἐς Βέροιαν κἀκεῖθεν ἐπὶ Στρέψαν καὶ πειρά- 4
σαντες πρῶτον τοῦ χωρίου καὶ οὐχ ἑλόντες, ἐπορεύοντο κατὰ
30 γῆν πρὸς τὴν Ποτείδαιαν, τρισχιλίοις μὲν ὁπλίταις ἑαυτῶν,
χωρὶς δὲ τῶν ξυμμάχων πολλοῖς, ἱππεῦσι δὲ ἑξακοσίοις

4 πρῶτον] πρότερον A B E F M Suid.   15 ἢ f: ῇ cett.: ἢ ῇ Herwerden
19 ἐπιπαριόντας Ullrich : ἐπιπαρόντας codd.   28 ἐπὶ Στρέψαν Pluy-
gers : ἐπιστρέψαντες codd.

Μακεδόνων τοῖς μετὰ Φιλίππου καὶ Παυσανίου· ἅμα δὲ
5 νῆες παρέπλεον ἑβδομήκοντα. κατ᾽ ὀλίγον δὲ προϊόντες
τριταῖοι ἀφίκοντο ἐς Γίγωνον καὶ ἐστρατοπεδεύσαντο.

62 Ποτειδεᾶται δὲ καὶ οἱ μετὰ Ἀριστέως Πελοποννήσιοι
προσδεχόμενοι τοὺς Ἀθηναίους ἐστρατοπεδεύοντο πρὸς 5
Ὀλύνθου ἐν τῷ ἰσθμῷ, καὶ ἀγορὰν ἔξω τῆς πόλεως ἐπε-
2 ποίηντο. στρατηγὸν μὲν οὖν τοῦ πεζοῦ παντὸς οἱ ξύμ-
μαχοι ᾕρηντο Ἀριστέα, τῆς δὲ ἵππου Περδίκκαν· ἀπέστη
γὰρ εὐθὺς πάλιν τῶν Ἀθηναίων καὶ ξυνεμάχει τοῖς Ποτει-
3 δεάταις, Ἰόλαον ἀνθ᾽ αὑτοῦ καταστήσας ἄρχοντα. ἦν δὲ 10
ἡ γνώμη τοῦ Ἀριστέως τὸ μὲν μεθ᾽ ἑαυτοῦ στρατόπεδον
ἔχοντι ἐν τῷ ἰσθμῷ ἐπιτηρεῖν τοὺς Ἀθηναίους, ἢν ἐπίωσι,
Χαλκιδέας δὲ καὶ τοὺς ἔξω ἰσθμοῦ ξυμμάχους καὶ τὴν παρὰ
Περδίκκου διακοσίαν ἵππον ἐν Ὀλύνθῳ μένειν, καὶ ὅταν
Ἀθηναῖοι ἐπὶ σφᾶς χωρῶσι, κατὰ νώτου βοηθοῦντας ἐν 15
4 μέσῳ ποιεῖν αὑτῶν τοὺς πολεμίους. Καλλίας δ᾽ αὖ ὁ τῶν
Ἀθηναίων στρατηγὸς καὶ οἱ ξυνάρχοντες τοὺς μὲν Μακε-
δόνας ἱππέας καὶ τῶν ξυμμάχων ὀλίγους ἐπὶ Ὀλύνθου ἀπο-
πέμπουσιν, ὅπως εἴργωσι τοὺς ἐκεῖθεν ἐπιβοηθεῖν, αὐτοὶ δὲ
ἀναστήσαντες τὸ στρατόπεδον ἐχώρουν ἐπὶ τὴν Ποτείδαιαν. 20
5 καὶ ἐπειδὴ πρὸς τῷ ἰσθμῷ ἐγένοντο καὶ εἶδον τοὺς ἐναντίους
παρασκευαζομένους ὡς ἐς μάχην, ἀντικαθίσταντο καὶ αὐτοί,
6 καὶ οὐ πολὺ ὕστερον ξυνέμισγον. καὶ αὐτὸ μὲν τὸ τοῦ
Ἀριστέως κέρας καὶ ὅσοι περὶ ἐκεῖνον ἦσαν Κορινθίων τε
καὶ τῶν ἄλλων λογάδες ἔτρεψαν τὸ καθ᾽ ἑαυτοὺς καὶ ἐπεξῆλ- 25
θον διώκοντες ἐπὶ πολύ· τὸ δὲ ἄλλο στρατόπεδον Ποτει-
δεατῶν καὶ Πελοποννησίων ἡσσᾶτο ὑπὸ τῶν Ἀθηναίων καὶ
ἐς τὸ τεῖχος κατέφυγεν.

63 Ἐπαναχωρῶν δὲ ὁ Ἀριστεὺς ἀπὸ τῆς διώξεως, ὡς ὁρᾷ
τὸ ἄλλο στράτευμα ἡσσημένον, ἠπόρησε μὲν ὁποτέρωσε 30
διακινδυνεύσῃ χωρήσας, ἢ ἐπὶ τῆς Ὀλύνθου ἢ ἐς τὴν Ποτεί-

5 πρὸ G   6 Ὀλύνθῳ ABEF   7 οὖν c G : om. cett.   12 ἔχοντα
EG   16 αὐτῶν g : αὑτῶν codd.   26 post στρατόπεδον add. τῶν τε
ABEF, τῶν M   27 post καὶ add. τῶν ABEFM   29 ἑώρα c G

δαιαν· ἔδοξε δ᾽ οὖν ξυναγαγόντι τοὺς μεθ᾽ αὑτοῦ ὡς ἐς
ἐλάχιστον χωρίον δρόμῳ βιάσασθαι ἐς τὴν Ποτείδαιαν, καὶ
παρῆλθε παρὰ τὴν χηλὴν διὰ τῆς θαλάσσης βαλλόμενός τε
καὶ χαλεπῶς, ὀλίγους μέν τινας ἀποβαλών, τοὺς δὲ πλείους
5 σώσας. οἱ δ᾽ ἀπὸ τῆς Ὀλύνθου τοῖς Ποτειδεάταις βοηθοὶ 2
(ἀπέχει δὲ ἑξήκοντα μάλιστα σταδίους καὶ ἔστι καταφανές),
ὡς ἡ μάχη ἐγίγνετο καὶ τὰ σημεῖα ἤρθη, βραχὺ μέν τι
προῆλθον ὡς βοηθήσοντες, καὶ οἱ Μακεδόνες ἱππῆς ἀντι-
παρετάξαντο ὡς κωλύσοντες· ἐπειδὴ δὲ διὰ τάχους ἡ νίκη
10 τῶν Ἀθηναίων ἐγίγνετο καὶ τὰ σημεῖα κατεσπάσθη, πάλιν
ἐπανεχώρουν ἐς τὸ τεῖχος καὶ οἱ Μακεδόνες παρὰ τοὺς
Ἀθηναίους· ἱππῆς δ᾽ οὐδετέροις παρεγένοντο. μετὰ δὲ τὴν 3
μάχην τροπαῖον ἔστησαν οἱ Ἀθηναῖοι καὶ τοὺς νεκροὺς ὑπο-
σπόνδους ἀπέδοσαν τοῖς Ποτειδεάταις· ἀπέθανον δὲ Ποτει-
15 δεατῶν μὲν καὶ τῶν ξυμμάχων ὀλίγῳ ἐλάσσους τριακοσίων,
Ἀθηναίων δὲ αὐτῶν πεντήκοντα καὶ ἑκατὸν καὶ Καλλίας ὁ
στρατηγός. τὸ δὲ ἐκ τοῦ ἰσθμοῦ [τεῖχος] εὐθὺς οἱ Ἀθηναῖοι 64
ἀποτειχίσαντες ἐφρούρουν· τὸ δ᾽ ἐς τὴν Παλλήνην ἀτεί-
χιστον ἦν· οὐ γὰρ ἱκανοὶ ἐνόμιζον εἶναι ἔν τε τῷ ἰσθμῷ
20 φρουρεῖν καὶ ἐς τὴν Παλλήνην διαβάντες τειχίζειν, δεδιότες
μὴ σφίσιν οἱ Ποτειδεᾶται καὶ οἱ ξύμμαχοι γενομένοις δίχα
ἐπίθωνται. καὶ πυνθανόμενοι οἱ ἐν τῇ πόλει Ἀθηναῖοι 2
τὴν Παλλήνην ἀτείχιστον οὖσαν, χρόνῳ ὕστερον πέμπουσιν
ἑξακοσίους καὶ χιλίους ὁπλίτας ἑαυτῶν καὶ Φορμίωνα τὸν
25 Ἀσωπίου στρατηγόν· ὃς ἀφικόμενος ἐς τὴν Παλλήνην καὶ
ἐξ Ἀφύτιος ὁρμώμενος προσήγαγε τῇ Ποτειδαίᾳ τὸν στρατὸν
κατὰ βραχὺ προϊὼν καὶ κείρων ἅμα τὴν γῆν, ὡς δὲ οὐδεὶς
ἐπεξῄει ἐς μάχην, ἀπετείχισε τὸ ἐκ τῆς Παλλήνης [τεῖχος].
καὶ οὕτως ἤδη κατὰ κράτος ἡ Ποτείδαια ἀμφοτέρωθεν ἐπολι- 3
30 ορκεῖτο καὶ ἐκ θαλάσσης ναυσὶν ἅμα ἐφορμούσαις. Ἀρι- 65
στεὺς δὲ ἀποτειχισθείσης αὐτῆς καὶ ἐλπίδα οὐδεμίαν ἔχων

---

1 δ᾽ οὖν Poppo : γοῦν codd.   ἑαυτοῦ A B E F ⟨G⟩ M   εἰς (sic)
a f⟨G⟩ M : om. cett.   6 ἀπεῖχε A B E F M   17 τεῖχος secl. Classen
21 γενομένοις G : γιγνομένοις cett.   28 τεῖχος secl. Herwerden

σωτηρίας, ἢν μή τι ἀπὸ Πελοποννήσου ἢ ἄλλο παρὰ λόγον
γίγνηται, ξυνεβούλευε μὲν πλὴν πεντακοσίων, ἄνεμον τηρή-
σασι τοῖς ἄλλοις ἐκπλεῦσαι, ὅπως ἐπὶ πλέον ὁ σῖτος ἀντίσχῃ,
καὶ αὐτὸς ἤθελε τῶν μενόντων εἶναι· ὡς δ' οὐκ ἔπειθε, βου-
λόμενος τὰ ἐπὶ τούτοις παρασκευάζειν καὶ ὅπως τὰ ἔξωθεν 5
ἕξει ὡς ἄριστα, ἔκπλουν ποιεῖται λαθὼν τὴν φυλακὴν τῶν
2 Ἀθηναίων. καὶ παραμένων ἐν Χαλκιδεῦσι τά τε ἄλλα
ξυνεπολέμει καὶ Σερμυλιῶν λοχήσας πρὸς τῇ πόλει πολλοὺς
διέφθειρεν, ἔς τε τὴν Πελοπόννησον ἔπρασσεν ὅπῃ ὠφελία
τις γενήσεται. μετὰ δὲ τῆς Ποτειδαίας τὴν ἀποτείχισιν 10
Φορμίων μὲν ἔχων τοὺς ἑξακοσίους καὶ χιλίους τὴν Χαλ-
κιδικὴν καὶ Βοττικὴν ἐδῄου καὶ ἔστιν ἃ καὶ πολίσματα
εἷλεν.

66 Τοῖς δ' Ἀθηναίοις καὶ Πελοποννησίοις αἰτίαι μὲν αὗται
προυγεγένηντο ἐς ἀλλήλους, τοῖς μὲν Κορινθίοις ὅτι τὴν 15
Ποτείδαιαν ἑαυτῶν οὖσαν ἀποικίαν καὶ ἄνδρας Κορινθίων
τε καὶ Πελοποννησίων ἐν αὐτῇ ὄντας ἐπολιόρκουν, τοῖς δὲ
Ἀθηναίοις ἐς τοὺς Πελοποννησίους ὅτι ἑαυτῶν τε πόλιν
ξυμμαχίδα καὶ φόρου ὑποτελῆ ἀπέστησαν, καὶ ἐλθόντες
σφίσιν ἀπὸ τοῦ προφανοῦς ἐμάχοντο μετὰ Ποτειδεατῶν. 20
οὐ μέντοι ὅ γε πόλεμός πω ξυνερρώγει, ἀλλ' ἔτι ἀνοκωχὴ
67 ἦν· ἰδίᾳ γὰρ ταῦτα οἱ Κορίνθιοι ἔπραξαν. πολιορκουμένης
δὲ τῆς Ποτειδαίας οὐχ ἡσύχαζον, ἀνδρῶν τε σφίσιν ἐνόντων
καὶ ἅμα περὶ τῷ χωρίῳ δεδιότες· παρεκάλουν τε εὐθὺς ἐς
τὴν Λακεδαίμονα τοὺς ξυμμάχους καὶ κατεβόων ἐλθόντες 25
τῶν Ἀθηναίων ὅτι σπονδάς τε λελυκότες εἶεν καὶ ἀδικοῖεν
2 τὴν Πελοπόννησον. Αἰγινῆταί τε φανερῶς μὲν οὐ, πρε-
σβευόμενοι, δεδιότες τοὺς Ἀθηναίους, κρύφα δὲ οὐχ ἥκιστα
μετ' αὐτῶν ἐνῆγον τὸν πόλεμον, λέγοντες οὐκ εἶναι αὐτόνομοι
3 κατὰ τὰς σπονδάς. οἱ δὲ Λακεδαιμόνιοι προσπαρακαλέ- 30
σαντες τῶν ξυμμάχων τε καὶ εἴ τίς τι ἄλλο ἔφη ἠδικῆσθαι

1 παρὰ λόγον Krüger : παράλογον codd.   8 ἐπολέμει C G
Ἑρμυλίων A B   31 τε om A B E F M   ἄλλος Reiske

ὑπὸ ᾿Αθηναίων, ξύλλογον σφῶν αὐτῶν ποιήσαντες τὸν εἰω-
θότα λέγειν ἐκέλευον. καὶ ἄλλοι τε παριόντες ἐγκλήματα 4
ἐποιοῦντο ὡς ἕκαστοι καὶ Μεγαρῆς, δηλοῦντες μὲν καὶ ἕτερα
οὐκ ὀλίγα διάφορα, μάλιστα δὲ λιμένων τε εἴργεσθαι τῶν
5 ἐν τῇ ᾿Αθηναίων ἀρχῇ καὶ τῆς ᾿Αττικῆς ἀγορᾶς παρὰ τὰς
σπονδάς. παρελθόντες δὲ τελευταῖοι Κορίνθιοι καὶ τοὺς 5
ἄλλους ἐάσαντες πρῶτον παροξῦναι τοὺς Λακεδαιμονίους
ἐπεῖπον τοιάδε.

᾿Τὸ πιστὸν ὑμᾶς, ὦ Λακεδαιμόνιοι, τῆς καθ᾿ ὑμᾶς αὐτοὺς 68
10 πολιτείας καὶ ὁμιλίας ἀπιστοτέρους ἐς τοὺς ἄλλους ἤν τι
λέγωμεν καθίστησιν· καὶ ἀπ᾿ αὐτοῦ σωφροσύνην μὲν ἔχετε,
ἀμαθίᾳ δὲ πλέονι πρὸς τὰ ἔξω πράγματα χρῆσθε. πολλάκις 2
γὰρ προαγορευόντων ἡμῶν ἃ ἐμέλλομεν ὑπὸ ᾿Αθηναίων
βλάπτεσθαι, οὐ περὶ ὧν ἐδιδάσκομεν ἑκάστοτε τὴν μάθησιν
15 ἐποιεῖσθε, ἀλλὰ τῶν λεγόντων μᾶλλον ὑπενοεῖτε ὡς ἕνεκα
τῶν αὐτοῖς ἰδίᾳ διαφόρων λέγουσιν· καὶ δι᾿ αὐτὸ οὐ πρὶν
πάσχειν, ἀλλ᾿ ἐπειδὴ ἐν τῷ ἔργῳ ἐσμέν, τοὺς ξυμμάχους
τούσδε παρεκαλέσατε, ἐν οἷς προσήκει ἡμᾶς οὐχ ἥκιστα
εἰπεῖν, ὅσῳ καὶ μέγιστα ἐγκλήματα ἔχομεν ὑπὸ μὲν ᾿Αθη-
20 ναίων ὑβριζόμενοι, ὑπὸ δὲ ὑμῶν ἀμελούμενοι.

᾿Καὶ εἰ μὲν ἀφανεῖς που ὄντες ἠδίκουν τὴν ῾Ελλάδα, 3
διδασκαλίας ἂν ὡς οὐκ εἰδόσι προσέδει· νῦν δὲ τί δεῖ
μακρηγορεῖν, ὧν τοὺς μὲν δεδουλωμένους ὁρᾶτε, τοῖς δὲ
ἐπιβουλεύοντας αὐτούς, καὶ οὐχ ἥκιστα τοῖς ἡμετέροις ξυμ-
25 μάχοις, καὶ ἐκ πολλοῦ προπαρεσκευασμένους, εἴ ποτε ἄρα
πολεμήσονται; οὐ γὰρ ἂν Κέρκυράν τε ὑπολαβόντες βίᾳ 4
ἡμῶν εἶχον, καὶ Ποτείδαιαν ἐπολιόρκουν, ὧν τὸ μὲν ἐπι-
καιρότατον χωρίον πρὸς τὰ ἐπὶ Θρᾴκης ἀποχρῆσθαι, ἡ δὲ
ναυτικὸν ἂν μέγιστον παρέσχε Πελοποννησίοις. καὶ τῶνδε 69
30 ὑμεῖς αἴτιοι, τό τε πρῶτον ἐάσαντες αὐτοὺς τὴν πόλιν μετὰ
τὰ Μηδικὰ κρατῦναι καὶ ὕστερον τὰ μακρὰ στῆσαι τείχη,

2 ἄλλα τε C G : ἄλλοτε A B F   25 ἄρα f (G) M : om. cett.
28 ἐπιχρῆσθαι M   29 post παρέσχε add. τοῖς B C G

ἐς τόδε τε αἰεὶ ἀποστεροῦντες οὐ μόνον τοὺς ὑπ' ἐκείνων
δεδουλωμένους ἐλευθερίας, ἀλλὰ καὶ τοὺς ὑμετέρους ἤδη
ξυμμάχους· οὐ γὰρ ὁ δουλωσάμενος, ἀλλ' ὁ δυνάμενος μὲν
παῦσαι περιορῶν δὲ ἀληθέστερον αὐτὸ δρᾷ, εἴπερ καὶ τὴν
ἀξίωσιν τῆς ἀρετῆς ὡς ἐλευθερῶν τὴν Ἑλλάδα φέρεται. 5
2 μόλις δὲ νῦν γε ξυνήλθομεν καὶ οὐδὲ νῦν ἐπὶ φανεροῖς.
χρῆν γὰρ οὐκ εἰ ἀδικούμεθα ἔτι σκοπεῖν, ἀλλὰ καθ' ὅτι
ἀμυνούμεθα· οἱ γὰρ δρῶντες βεβουλευμένοι πρὸς οὐ διεγνω-
3 κότας ἤδη καὶ οὐ μέλλοντες ἐπέρχονται. καὶ ἐπιστάμεθα
οἵᾳ ὁδῷ οἱ Ἀθηναῖοι καὶ ὅτι κατ' ὀλίγον χωροῦσιν ἐπὶ τοὺς 10
πέλας. καὶ λανθάνειν μὲν οἰόμενοι διὰ τὸ ἀναίσθητον ὑμῶν
ἧσσον θαρσοῦσι, γνόντες δὲ εἰδότας περιορᾶν ἰσχυρῶς ἐγκεί-
4 σονται. ἡσυχάζετε γάρ, μόνοι Ἑλλήνων, ὦ Λακεδαιμόνιοι,
οὐ τῇ δυνάμει τινά, ἀλλὰ τῇ μελλήσει ἀμυνόμενοι, καὶ μόνοι,
οὐκ ἀρχομένην, τὴν αὔξησιν τῶν ἐχθρῶν, διπλασιουμένην δὲ 15
5 καταλύοντες. καίτοι ἐλέγεσθε ἀσφαλεῖς εἶναι, ὧν ἄρα ὁ
λόγος τοῦ ἔργου ἐκράτει. τόν τε γὰρ Μῆδον αὐτοὶ ἴσμεν
ἐκ περάτων γῆς πρότερον ἐπὶ τὴν Πελοπόννησον ἐλθόντα ἢ
τὰ παρ' ὑμῶν ἀξίως προαπαντῆσαι, καὶ νῦν τοὺς Ἀθηναίους
οὐχ ἑκάς, ὥσπερ ἐκεῖνον, ἀλλ' ἐγγὺς ὄντας περιορᾶτε, καὶ 20
ἀντὶ τοῦ ἐπελθεῖν αὐτοὶ, ἀμύνεσθαι βούλεσθε μᾶλλον ἐπι-
όντας, καὶ ἐς τύχας, πρὸς πολλῷ δυνατωτέρους ἀγωνιζόμενοι,
καταστῆναι, ἐπιστάμενοι καὶ τὸν βάρβαρον αὐτὸν περὶ αὑτῷ
τὰ πλείω σφαλέντα, καὶ πρὸς αὐτοὺς τοὺς Ἀθηναίους πολλὰ
ἡμᾶς ἤδη τοῖς ἁμαρτήμασιν αὐτῶν μᾶλλον ἢ τῇ ἀφ' ὑμῶν 25
τιμωρίᾳ περιγεγενημένους, ἐπεὶ αἵ γε ὑμέτεραι ἐλπίδες ἤδη
τινάς που καὶ ἀπαρασκεύους διὰ τὸ πιστεῦσαι ἔφθειραν.
6 καὶ μηδεὶς ὑμῶν ἐπ' ἔχθρᾳ τὸ πλέον ἢ αἰτίᾳ νομίσῃ τάδε
λέγεσθαι· αἰτία μὲν γὰρ φίλων ἀνδρῶν ἐστιν ἁμαρτανόντων,
κατηγορία δὲ ἐχθρῶν ἀδικησάντων. 30
70 'Καὶ ἅμα, εἴπερ τινὲς καὶ ἄλλοι, ἄξιοι νομίζομεν εἶναι

   2 ἡμετέρους C G   5 φέρεται] φαίνεται A B E F γρ. M   6 γε
Stephanus : τε codd.   15 αὔξησιν] δύναμιν C G   26 γε] τε
A B E F (G) M   31 νομίζομεν ἄξιοι C G

τοῖς πέλας ψόγον ἐπενεγκεῖν, ἄλλως τε καὶ μεγάλων τῶν
διαφερόντων καθεστώτων, περὶ ὧν οὐκ αἰσθάνεσθαι ἡμῖν γε
δοκεῖτε, οὐδ᾽ ἐκλογίσασθαι πώποτε πρὸς οἵους ὑμῖν ᾽Αθη-
ναίους ὄντας καὶ ὅσον ὑμῶν καὶ ὡς πᾶν διαφέροντας ὁ
5 ἀγὼν ἔσται. οἱ μέν γε νεωτεροποιοὶ καὶ ἐπινοῆσαι ὀξεῖς 2
καὶ ἐπιτελέσαι ἔργῳ ἃ ἂν γνῶσιν· ὑμεῖς δὲ τὰ ὑπάρχοντά
τε σῴζειν καὶ ἐπιγνῶναι μηδὲν, καὶ ἔργῳ οὐδὲ τἀναγκαῖα
ἐξικέσθαι. αὖθις δὲ οἱ μὲν καὶ παρὰ δύναμιν τολμηταὶ καὶ 3
παρὰ γνώμην κινδυνευταὶ καὶ ἐν τοῖς δεινοῖς εὐέλπιδες· τὸ
10 δὲ ὑμέτερον τῆς τε δυνάμεως ἐνδεᾶ πρᾶξαι, τῆς τε γνώμης
μηδὲ τοῖς βεβαίοις πιστεῦσαι, τῶν τε δεινῶν μηδέποτε οἴεσθαι
ἀπολυθήσεσθαι. καὶ μὴν καὶ ἄοκνοι πρὸς ὑμᾶς μελλητὰς 4
καὶ ἀποδημηταὶ πρὸς ἐνδημοτάτους· οἴονται γὰρ οἱ μὲν τῇ
ἀπουσίᾳ ἄν τι κτᾶσθαι, ὑμεῖς δὲ τῷ ἐπελθεῖν καὶ τὰ ἕτοιμα
15 ἂν βλάψαι. κρατοῦντές τε τῶν ἐχθρῶν ἐπὶ πλεῖστον ἐξέρ- 5
χονται, καὶ νικώμενοι ἐπ᾽ ἐλάχιστον ἀναπίπτουσιν. ἔτι δὲ 6
τοῖς μὲν σώμασιν ἀλλοτριωτάτοις ὑπὲρ τῆς πόλεως χρῶνται,
τῇ δὲ γνώμῃ οἰκειοτάτῃ ἐς τὸ πράσσειν τι ὑπὲρ αὐτῆς. καὶ 7
ἃ μὲν ἂν ἐπινοήσαντες μὴ ἐπεξέλθωσιν, οἰκείων στέρεσθαι
20 ἡγοῦνται, ἃ δ᾽ ἂν ἐπελθόντες κτήσωνται, ὀλίγα πρὸς τὰ
μέλλοντα τυχεῖν πράξαντες. ἢν δ᾽ ἄρα του καὶ πείρᾳ σφα-
λῶσιν, ἀντελπίσαντες ἄλλα ἐπλήρωσαν τὴν χρείαν· μόνοι
γὰρ ἔχουσί τε ὁμοίως καὶ ἐλπίζουσιν ἃ ἂν ἐπινοήσωσι διὰ
τὸ ταχεῖαν τὴν ἐπιχείρησιν ποιεῖσθαι ὧν ἂν γνῶσιν. καὶ 8
25 ταῦτα μετὰ πόνων πάντα καὶ κινδύνων δι᾽ ὅλου τοῦ αἰῶνος
μοχθοῦσι, καὶ ἀπολαύουσιν ἐλάχιστα τῶν ὑπαρχόντων διὰ
τὸ αἰεὶ κτᾶσθαι καὶ μήτε ἑορτὴν ἄλλο τι ἡγεῖσθαι ἢ τὸ τὰ
δέοντα πρᾶξαι ξυμφοράν τε οὐχ ἧσσον ἡσυχίαν ἀπράγμονα
ἢ ἀσχολίαν ἐπίπονον· ὥστε εἴ τις αὐτοὺς ξυνελὼν φαίη 9
30 πεφυκέναι ἐπὶ τῷ μήτε αὐτοὺς ἔχειν ἡσυχίαν μήτε τοὺς
ἄλλους ἀνθρώπους ἐᾶν, ὀρθῶς ἂν εἴποι.

6 & Anon. ad Hermogenem : ὃ codd.   9 ἐν] ἐπὶ A B F   14 ἐξελ-
θεῖν Ullrich   18 γνώμῃ δὲ A B E F M   19 ἐξέλθωσιν A B F
οἰκεῖα A B E F

71 'Ταύτης μέντοι τοιαύτης ἀντικαθεστηκυίας πόλεως, ὦ Λακε-
δαιμόνιοι, διαμέλλετε καὶ οἴεσθε τὴν ἡσυχίαν οὐ τούτοις τῶν
ἀνθρώπων ἐπὶ πλεῖστον ἀρκεῖν οἳ ἂν τῇ μὲν παρασκευῇ δίκαια
πράσσωσι, τῇ δὲ γνώμῃ, ἢν ἀδικῶνται, δῆλοι ὦσι μὴ ἐπι-
τρέψοντες, ἀλλ' ἐπὶ τῷ μὴ λυπεῖν τε τοὺς ἄλλους καὶ αὐτοὶ 5
2 ἀμυνόμενοι μὴ βλάπτεσθαι τὸ ἴσον νέμετε. μόλις δ' ἂν
πόλει ὁμοίᾳ παροικοῦντες ἐτυγχάνετε τούτου· νῦν δ', ὅπερ
καὶ ἄρτι ἐδηλώσαμεν, ἀρχαιότροπα ὑμῶν τὰ ἐπιτηδεύματα
3 πρὸς αὐτούς ἐστιν. ἀνάγκη δὲ ὥσπερ τέχνης αἰεὶ τὰ ἐπι-
γιγνόμενα κρατεῖν· καὶ ἡσυχαζούσῃ μὲν πόλει τὰ ἀκίνητα 10
νόμιμα ἄριστα, πρὸς πολλὰ δὲ ἀναγκαζομένοις ἰέναι πολλῆς
καὶ τῆς ἐπιτεχνήσεως δεῖ. δι' ὅπερ καὶ τὰ τῶν Ἀθηναίων
4 ἀπὸ τῆς πολυπειρίας ἐπὶ πλέον ὑμῶν κεκαίνωται. μέχρι
μὲν οὖν τοῦδε ὡρίσθω ὑμῶν ἡ βραδυτής· νῦν δὲ τοῖς τε
ἄλλοις καὶ Ποτειδεάταις, ὥσπερ ὑπεδέξασθε, βοηθήσατε 15
κατὰ τάχος ἐσβαλόντες ἐς τὴν Ἀττικήν, ἵνα μὴ ἄνδρας τε
φίλους καὶ ξυγγενεῖς τοῖς ἐχθίστοις προῆσθε καὶ ἡμᾶς τοὺς
5 ἄλλους ἀθυμίᾳ πρὸς ἑτέραν τινὰ ξυμμαχίαν τρέψητε. δρῶμεν
δ' ἂν ἄδικον οὐδὲν οὔτε πρὸς θεῶν τῶν ὁρκίων οὔτε πρὸς
ἀνθρώπων τῶν αἰσθανομένων· λύουσι γὰρ σπονδὰς οὐχ οἱ 20
δι' ἐρημίαν ἄλλοις προσιόντες, ἀλλ' οἱ μὴ βοηθοῦντες οἷς ἂν
6 ξυνομόσωσιν. βουλομένων δὲ ὑμῶν προθύμων εἶναι μενοῦμεν·
οὔτε γὰρ ὅσια ἂν ποιοῖμεν μεταβαλλόμενοι οὔτε ξυνηθεστέ-
7 ρους ἂν ἄλλους εὕροιμεν. πρὸς τάδε βουλεύεσθε εὖ καὶ τὴν
Πελοπόννησον πειρᾶσθε μὴ ἐλάσσω ἐξηγεῖσθαι ἢ οἱ πατέρες 25
ὑμῖν παρέδοσαν.'

72 Τοιαῦτα μὲν οἱ Κορίνθιοι εἶπον. τῶν δὲ Ἀθηναίων
ἔτυχε γὰρ πρεσβεία πρότερον ἐν τῇ Λακεδαίμονι περὶ ἄλ-
λων παροῦσα, καὶ ὡς ᾔσθοντο τῶν λόγων, ἔδοξεν αὐτοῖς
παριτητέα ἐς τοὺς Λακεδαιμονίους εἶναι, τῶν μὲν ἐγκλη- 30
μάτων πέρι μηδὲν ἀπολογησομένους ὧν αἱ πόλεις ἐνεκάλουν,

δηλῶσαι δὲ περὶ τοῦ παντὸς ὡς οὐ ταχέως αὐτοῖς βουλευτέον
εἴη, ἀλλ' ἐν πλέονι σκεπτέον. καὶ ἅμα τὴν σφετέραν πόλιν
ἐβούλοντο σημῆναι ὅση εἴη δύναμιν, καὶ ὑπόμνησιν ποιή-
σασθαι τοῖς τε πρεσβυτέροις ὧν ᾔδεσαν καὶ τοῖς νεωτέροις
5 ἐξήγησιν ὧν ἄπειροι ἦσαν, νομίζοντες μᾶλλον ἂν αὐτοὺς ἐκ
τῶν λόγων πρὸς τὸ ἡσυχάζειν τραπέσθαι ἢ πρὸς τὸ πολε-
μεῖν. προσελθόντες οὖν τοῖς Λακεδαιμονίοις ἔφασαν βού- 2
λεσθαι καὶ αὐτοὶ ἐς τὸ πλῆθος αὐτῶν εἰπεῖν, εἴ τι μὴ
ἀποκωλύοι. οἱ δὲ ἐκέλευόν τε παριέναι, καὶ παρελθόντες
10 οἱ Ἀθηναῖοι ἔλεγον τοιάδε.

"Ἡ μὲν πρέσβευσις ἡμῶν οὐκ ἐς ἀντιλογίαν τοῖς ὑμετέ- 73
ροις ξυμμάχοις ἐγένετο, ἀλλὰ περὶ ὧν ἡ πόλις ἔπεμψεν·
αἰσθανόμενοι δὲ καταβοὴν οὐκ ὀλίγην οὖσαν ἡμῶν παρήλ-
θομεν οὐ τοῖς ἐγκλήμασι τῶν πόλεων ἀντεροῦντες (οὐ γὰρ
15 παρὰ δικασταῖς ὑμῖν οὔτε ἡμῶν οὔτε τούτων οἱ λόγοι ἂν
γίγνοιντο), ἀλλ' ὅπως μὴ ῥᾳδίως περὶ μεγάλων πραγμάτων
τοῖς ξυμμάχοις πειθόμενοι χεῖρον βουλεύσησθε, καὶ ἅμα
βουλόμενοι περὶ τοῦ παντὸς λόγου τοῦ ἐς ἡμᾶς καθεστῶτος
δηλῶσαι ὡς οὔτε ἀπεικότως ἔχομεν ἃ κεκτήμεθα, ἥ τε πόλις
20 ἡμῶν ἀξία λόγου ἐστίν.

'Καὶ τὰ μὲν πάνυ παλαιὰ τί δεῖ λέγειν, ὧν ἀκοαὶ μᾶλλον 2
λόγων μάρτυρες ἢ ὄψις τῶν ἀκουσομένων; τὰ δὲ Μηδικὰ
καὶ ὅσα αὐτοὶ ξύνιστε, εἰ καὶ δι' ὄχλου μᾶλλον ἔσται αἰεὶ
προβαλλομένοις, ἀνάγκη λέγειν· καὶ γὰρ ὅτε ἐδρῶμεν, ἐπ'
25 ὠφελίᾳ ἐκινδυνεύετο, ἧς τοῦ μὲν ἔργου μέρος μετέσχετε, τοῦ
δὲ λόγου μὴ παντός, εἴ τι ὠφελεῖ, στερισκώμεθα. ῥηθή- 3
σεται δὲ οὐ παραιτήσεως μᾶλλον ἕνεκα ἢ μαρτυρίου καὶ
δηλώσεως πρὸς οἵαν ὑμῖν πόλιν μὴ εὖ βουλευομένοις ὁ ἀγὼν
καταστήσεται. φαμὲν γὰρ Μαραθῶνί τε μόνοι προκινδυνεῦ- 4
30 σαι τῷ βαρβάρῳ καὶ ὅτε τὸ ὕστερον ἦλθεν, οὐχ ἱκανοὶ ὄντες
κατὰ γῆν ἀμύνεσθαι, ἐσβάντες ἐς τὰς ναῦς πανδημεὶ ἐν

---

3 ποιήσασθαι C g Π²⁷ : ποιήσεσθαι cett. (-σθε M)   6 τρέψε[σθαι] Π²⁷
m. 1   8 ἐς τὸ] ἔς τε Π²⁷   εἴ τι μὴ] εἰ μή τι Π²⁷   9 ἀποκωλύει F :
ἀποκωλύῃ A B E M [Π²⁷]   ἐπιέναι A B E F M Π²⁷ γρ. G   13 αἰσθό-
μενοι A B E F M [Π²⁷]   14 πόλεων] πολλῶν Π²⁷   25 μετέσχετε
desinit Π²⁷

Σαλαμῖνι ξυνναυμαχῆσαι, ὅπερ ἔσχε μὴ κατὰ πόλεις αὐτὸν
ἐπιπλέοντα τὴν Πελοπόννησον πορθεῖν, ἀδυνάτων ἂν ὄντων
5 πρὸς ναῦς πολλὰς ἀλλήλοις ἐπιβοηθεῖν. τεκμήριον δὲ
μέγιστον αὐτὸς ἐποίησεν· νικηθεὶς γὰρ ταῖς ναυσὶν ὡς οὐκέτι
αὐτῷ ὁμοίας οὔσης τῆς δυνάμεως κατὰ τάχος τῷ πλέονι τοῦ 5
74 στρατοῦ ἀνεχώρησεν. τοιούτου μέντοι τούτου ξυμβάντος,
καὶ σαφῶς δηλωθέντος ὅτι ἐν ταῖς ναυσὶ τῶν Ἑλλήνων τὰ
πράγματα ἐγένετο, τρία τὰ ὠφελιμώτατα ἐς αὐτὸ παρεσχό-
μεθα, ἀριθμόν τε νεῶν πλεῖστον καὶ ἄνδρα στρατηγὸν
ξυνετώτατον καὶ προθυμίαν ἀοκνοτάτην· ναῦς μέν γε ἐς τὰς 10
τετρακοσίας ὀλίγῳ ἐλάσσους τῶν δύο μοιρῶν, Θεμιστοκλέα
δὲ ἄρχοντα, ὃς αἰτιώτατος ἐν τῷ στενῷ ναυμαχῆσαι ἐγένετο,
ὅπερ σαφέστατα ἔσωσε τὰ πράγματα, καὶ αὐτὸν διὰ τοῦτο
ὑμεῖς ἐτιμήσατε μάλιστα δὴ ἄνδρα ξένον τῶν ὡς ὑμᾶς
2 ἐλθόντων· προθυμίαν δὲ καὶ πολὺ τολμηροτάτην ἐδείξαμεν, 15
οἵ γε, ἐπειδὴ ἡμῖν κατὰ γῆν οὐδεὶς ἐβοήθει, τῶν ἄλλων ἤδη
μέχρι ἡμῶν δουλευόντων ἠξιώσαμεν ἐκλιπόντες τὴν πόλιν
καὶ τὰ οἰκεῖα διαφθείραντες μηδ' ὡς τὸ τῶν περιλοίπων
ξυμμάχων κοινὸν προλιπεῖν μηδὲ σκεδασθέντες ἀχρεῖοι αὐ-
τοῖς γενέσθαι, ἀλλ' ἐσβάντες ἐς τὰς ναῦς κινδυνεῦσαι καὶ 20
3 μὴ ὀργισθῆναι ὅτι ἡμῖν οὐ προυτιμωρήσατε. ὥστε φαμὲν
οὐχ ἧσσον αὐτοὶ ὠφελῆσαι ὑμᾶς ἢ τυχεῖν τούτου. ὑμεῖς
μὲν γὰρ ἀπό τε οἰκουμένων τῶν πόλεων καὶ ἐπὶ τῷ τὸ λοιπὸν
νέμεσθαι, ἐπειδὴ ἐδείσατε ὑπὲρ ὑμῶν καὶ οὐχ ἡμῶν τὸ πλέον,
ἐβοηθήσατε (ὅτε γοῦν ἦμεν ἔτι σῶοι, οὐ παρεγένεσθε)· ἡμεῖς 25
δὲ ἀπό τε τῆς οὐκ οὔσης ἔτι ὁρμώμενοι καὶ ὑπὲρ τῆς ἐν
βραχείᾳ ἐλπίδι οὔσης κινδυνεύοντες ξυνεσώσαμεν ὑμᾶς τε
4 τὸ μέρος καὶ ἡμᾶς αὐτούς. εἰ δὲ προσεχωρήσαμεν πρότερον
τῷ Μήδῳ δείσαντες, ὥσπερ καὶ ἄλλοι, περὶ τῇ χώρᾳ, ἢ μὴ
ἐτολμήσαμεν ὕστερον ἐσβῆναι ἐς τὰς ναῦς ὡς διεφθαρμένοι, 30
οὐδὲν ἂν ἔδει ἔτι ὑμᾶς μὴ ἔχοντας ναῦς ἱκανὰς ναυμαχεῖν,

6 ξυμβάντος τούτου A B E F M   11 τριακοσίας (G)   τῶν G : om.
cett.   13 αὐτοὶ A B E F M   14 ὑμεῖς om. A B E F M   δὴ
μάλιστα ἐτιμήσατε A B E F M   25 σῷ in Lexicis nonnullis scribitur
31 ἔτι ἔδει A B E F M

ἀλλὰ καθ' ἡσυχίαν ἂν αὐτῷ προυχώρησε τὰ πράγματα ᾗ
ἐβούλετο.

'Ἆρ' ἄξιοί ἐσμεν, ὦ Λακεδαιμόνιοι, καὶ προθυμίας ἕνεκα 75
τῆς τότε καὶ γνώμης ξυνέσεως ἀρχῆς γε ἧς ἔχομεν τοῖς
5 Ἕλλησι μὴ οὕτως ἄγαν ἐπιφθόνως διακεῖσθαι; καὶ γὰρ 2
αὐτὴν τήνδε ἐλάβομεν οὐ βιασάμενοι, ἀλλ' ὑμῶν μὲν οὐκ
ἐθελησάντων παραμεῖναι πρὸς τὰ ὑπόλοιπα τοῦ βαρβάρου,
ἡμῖν δὲ προσελθόντων τῶν ξυμμάχων καὶ αὐτῶν δεηθέντων
ἡγεμόνας καταστῆναι· ἐξ αὐτοῦ δὲ τοῦ ἔργου κατηναγκάσθη- 3
10 μεν τὸ πρῶτον προαγαγεῖν αὐτὴν ἐς τόδε, μάλιστα μὲν ὑπὸ
δέους, ἔπειτα καὶ τιμῆς, ὕστερον καὶ ὠφελίας. καὶ οὐκ 4
ἀσφαλὲς ἔτι ἐδόκει εἶναι τοῖς πολλοῖς ἀπηχθημένους, καί
τινων καὶ ἤδη ἀποστάντων κατεστραμμένων, ὑμῶν τε ἡμῖν
οὐκέτι ὁμοίως φίλων, ἀλλ' ὑπόπτων καὶ διαφόρων ὄντων,
15 ἀνέντας κινδυνεύειν· καὶ γὰρ ἂν αἱ ἀποστάσεις πρὸς ὑμᾶς
ἐγίγνοντο. πᾶσι δὲ ἀνεπίφθονον τὰ ξυμφέροντα τῶν μεγίσ- 5
των πέρι κινδύνων εὖ τίθεσθαι. ὑμεῖς γοῦν, ὦ Λακεδαιμόνιοι, 76
τὰς ἐν τῇ Πελοποννήσῳ πόλεις ἐπὶ τὸ ὑμῖν ὠφέλιμον
καταστησάμενοι ἐξηγεῖσθε· καὶ εἰ τότε ὑπομείναντες διὰ
20 παντὸς ἀπήχθεσθε ἐν τῇ ἡγεμονίᾳ, ὥσπερ ἡμεῖς, εὖ ἴσμεν μὴ
ἂν ἧσσον ὑμᾶς λυπηροὺς γενομένους τοῖς ξυμμάχοις καὶ
ἀναγκασθέντας ἂν ἢ ἄρχειν ἐγκρατῶς ἢ αὐτοὺς κινδυνεύειν.
οὕτως οὐδ' ἡμεῖς θαυμαστὸν οὐδὲν πεποιήκαμεν οὐδ' ἀπὸ τοῦ 2
ἀνθρωπείου τρόπου, εἰ ἀρχήν τε διδομένην ἐδεξάμεθα καὶ
25 ταύτην μὴ ἀνεῖμεν ὑπὸ ⟨τριῶν⟩ τῶν μεγίστων νικηθέντες,
τιμῆς καὶ δέους καὶ ὠφελίας, οὐδ' αὖ πρῶτοι τοῦ τοιούτου
ὑπάρξαντες, ἀλλ' αἰεὶ καθεστῶτος τὸν ἥσσω ὑπὸ τοῦ δυνατω-
τέρου κατείργεσθαι, ἄξιοί τε ἅμα νομίζοντες εἶναι καὶ ὑμῖν
δοκοῦντες μέχρι οὗ τὰ ξυμφέροντα λογιζόμενοι τῷ δικαίῳ
30 λόγῳ νῦν χρῆσθε, ὃν οὐδείς πω παρατυχὸν ἰσχύι τι κτήσασθαι

1 προσεχώρησε B   4 γε recc. : τε codd.   11 post ἔπειτα add.
δὲ A B E F M   18 ὑμῶν C ⟨G⟩   20 ἀπήχθεσθε C ⟨G⟩: ἀπήχθησθε
cett.   25 τριῶν add. Herwerden

3 προθεὶς τοῦ μὴ πλέον ἔχειν ἀπετράπετο. ἐπαινεῖσθαί τε
ἄξιοι οἵτινες χρησάμενοι τῇ ἀνθρωπείᾳ φύσει ὥστε ἑτέρων
ἄρχειν δικαιότεροι ἢ κατὰ τὴν ὑπάρχουσαν δύναμιν γένωνται.
4 ἄλλους γ᾽ ἂν οὖν οἰόμεθα τὰ ἡμέτερα λαβόντας δεῖξαι ἂν
μάλιστα εἴ τι μετριάζομεν· ἡμῖν δὲ καὶ ἐκ τοῦ ἐπιεικοῦς 5
ἀδοξία τὸ πλέον ἢ ἔπαινος οὐκ εἰκότως περιέστη.

77 ᾽Καὶ ἐλασσούμενοι γὰρ ἐν ταῖς ξυμβολαίαις πρὸς τοὺς
ξυμμάχους δίκαις καὶ παρ᾽ ἡμῖν αὐτοῖς ἐν τοῖς ὁμοίοις νόμοις
2 ποιήσαντες τὰς κρίσεις φιλοδικεῖν δοκοῦμεν. καὶ οὐδεὶς
σκοπεῖ αὐτῶν τοῖς καὶ ἄλλοθί που ἀρχὴν ἔχουσι καὶ ἧσσον 10
ἡμῶν πρὸς τοὺς ὑπηκόους μετρίοις οὖσι διότι τοῦτο οὐκ
ὀνειδίζεται· βιάζεσθαι γὰρ οἷς ἂν ἐξῇ, δικάζεσθαι οὐδὲν
3 προσδέονται. οἱ δὲ εἰθισμένοι πρὸς ἡμᾶς ἀπὸ τοῦ ἴσου
ὁμιλεῖν, ἤν τι παρὰ τὸ μὴ οἴεσθαι χρῆναι ἢ γνώμῃ ἢ δυνάμει
τῇ διὰ τὴν ἀρχὴν καὶ ὁπωσοῦν ἐλασσωθῶσιν, οὐ τοῦ πλέονος 15
μὴ στερισκόμενοι χάριν ἔχουσιν, ἀλλὰ τοῦ ἐνδεοῦς χαλεπώ-
τερον φέρουσιν ἢ εἰ ἀπὸ πρώτης ἀποθέμενοι τὸν νόμον
φανερῶς ἐπλεονεκτοῦμεν. ἐκείνως δὲ οὐδ᾽ ἂν αὐτοὶ ἀντέλεγον
4 ὡς οὐ χρεὼν τὸν ἥσσω τῷ κρατοῦντι ὑποχωρεῖν. ἀδικού-
μενοί τε, ὡς ἔοικεν, οἱ ἄνθρωποι μᾶλλον ὀργίζονται ἢ βιαζό- 20
μενοι· τὸ μὲν γὰρ ἀπὸ τοῦ ἴσου δοκεῖ πλεονεκτεῖσθαι, τὸ δ᾽
5 ἀπὸ τοῦ κρείσσονος καταναγκάζεσθαι. ὑπὸ γοῦν τοῦ Μήδου
δεινότερα τούτων πάσχοντες ἠνείχοντο, ἡ δὲ ἡμετέρα ἀρχὴ
χαλεπὴ δοκεῖ εἶναι, εἰκότως· τὸ παρὸν γὰρ αἰεὶ βαρὺ τοῖς
6 ὑπηκόοις. ὑμεῖς γ᾽ ἂν οὖν εἰ καθελόντες ἡμᾶς ἄρξαιτε, τάχα 25
ἂν τὴν εὔνοιαν ἣν διὰ τὸ ἡμέτερον δέος εἰλήφατε μεταβά-
λοιτε, εἴπερ οἷα καὶ τότε πρὸς τὸν Μῆδον δι᾽ ὀλίγου ἡγησά-
μενοι ὑπεδείξατε, ὁμοῖα καὶ νῦν γνώσεσθε. ἄμεικτα γὰρ τά
τε καθ᾽ ὑμᾶς αὐτοὺς νόμιμα τοῖς ἄλλοις ἔχετε καὶ προσέτι
εἷς ἕκαστος ἐξιὼν οὔτε τούτοις χρῆται οὔθ᾽ οἷς ἡ ἄλλη 30
Ἑλλὰς νομίζει.

3 γένωνται C G γρ. A B F: γεγένηνται cett. γρ. G   7 ξυμβολιμαίαις
Hesych.   10 post που add. τὴν M   ἔχουσιν ἀρχὴν C G   20 οἱ
om. (G)   25 ἄρξετε C G

'Βουλεύεσθε οὖν βραδέως ὡς οὐ περὶ βραχέων, καὶ μὴ **78**
ἀλλοτρίαις γνώμαις καὶ ἐγκλήμασι πεισθέντες οἰκεῖον πόνον
πρόσθησθε.   τοῦ δὲ πολέμου τὸν παράλογον, ὅσος ἐστί, πρὶν
ἐν αὐτῷ γενέσθαι προδιάγνωτε· μηκυνόμενος γὰρ φιλεῖ ἐς **2**
5 τύχας τὰ πολλὰ περιίστασθαι, ὧν ἴσον τε ἀπέχομεν καὶ
ὁποτέρως ἔσται ἐν ἀδήλῳ κινδυνεύεται.   ἰόντες τε οἱ ἄνθρω- **3**
ποι ἐς τοὺς πολέμους τῶν ἔργων πρότερον ἔχονται, ἃ χρῆν
ὕστερον δρᾶν, κακοπαθοῦντες δὲ ἤδη τῶν λόγων ἅπτονται.
ἡμεῖς δὲ ἐν οὐδεμιᾷ πω τοιαύτῃ ἁμαρτίᾳ ὄντες οὔτ' αὐτοὶ οὔθ' **4**
10 ὑμᾶς ὁρῶντες λέγομεν ὑμῖν, ἕως ἔτι αὐθαίρετος ἀμφοτέροις
ἡ εὐβουλία, σπονδὰς μὴ λύειν μηδὲ παραβαίνειν τοὺς ὅρκους,
τὰ δὲ διάφορα δίκῃ λύεσθαι κατὰ τὴν ξυνθήκην.   εἰ δὲ μή,
θεοὺς τοὺς ὁρκίους μάρτυρας ποιούμενοι πειρασόμεθα ἀμύ-
νεσθαι πολέμου ἄρχοντας ταύτῃ ᾗ ἂν ὑφηγῆσθε.'

15   Τοιαῦτα δὲ οἱ Ἀθηναῖοι εἶπον.   ἐπειδὴ δὲ τῶν τε ξυμ- **79**
μάχων ἤκουσαν οἱ Λακεδαιμόνιοι τὰ ἐγκλήματα τὰ ἐς τοὺς
Ἀθηναίους καὶ τῶν Ἀθηναίων ἃ ἔλεξαν, μεταστησάμενοι
πάντας ἐβουλεύοντο κατὰ σφᾶς αὐτοὺς περὶ τῶν παρόντων.
καὶ τῶν μὲν πλεόνων ἐπὶ τὸ αὐτὸ αἱ γνῶμαι ἔφερον, ἀδικεῖν **2**
20 τε τοὺς Ἀθηναίους ἤδη καὶ πολεμητέα εἶναι ἐν τάχει·
παρελθὼν δὲ Ἀρχίδαμος ὁ βασιλεὺς αὐτῶν, ἀνὴρ καὶ ξυνετὸς
δοκῶν εἶναι καὶ σώφρων, ἔλεξε τοιάδε.

'Καὶ αὐτὸς πολλῶν ἤδη πολέμων ἔμπειρός εἰμι, ὦ Λακε- **80**
δαιμόνιοι, καὶ ὑμῶν τοὺς ἐν τῇ αὐτῇ ἡλικίᾳ ὁρῶ, ὥστε μήτε
25 ἀπειρίᾳ ἐπιθυμῆσαί τινα τοῦ ἔργου, ὅπερ ἂν οἱ πολλοὶ
πάθοιεν, μήτε ἀγαθὸν καὶ ἀσφαλὲς νομίσαντα.   εὕροιτε δ' **2**
ἂν τόνδε περὶ οὗ νῦν βουλεύεσθε οὐκ ἂν ἐλάχιστον γενό-
μενον, εἰ σωφρόνως τις αὐτὸν ἐκλογίζοιτο.   πρὸς μὲν γὰρ **3**
Πελοποννησίους καὶ τοὺς ἀστυγείτονας παρόμοιος ἡμῶν ἡ
30 ἀλκή, καὶ διὰ ταχέων οἷόν τε ἐφ' ἕκαστα ἐλθεῖν· πρὸς δὲ
ἄνδρας οἳ γῆν τε ἑκὰς ἔχουσι καὶ προσέτι θαλάσσης ἐμπειρό-

7 ὃ Classen   12 εἰ δὲ μή] om. C: ἢ c G   15 prius δὲ] μὲν
c G M   27 post τόνδε add. τὸν πόλεμον C G   28 post γὰρ add.
τοὺς Α B E F G M

τατοί εἰσι καὶ τοῖς ἄλλοις ἅπασιν ἄριστα ἐξήρτυνται, πλούτῳ
τε ἰδίῳ καὶ δημοσίῳ καὶ ναυσὶ καὶ ἵπποις καὶ ὅπλοις καὶ
ὄχλῳ ὅσος οὐκ ἐν ἄλλῳ ἑνί γε χωρίῳ Ἑλληνικῷ ἐστίν, ἔτι
δὲ καὶ ξυμμάχους πολλοὺς φόρου ὑποτελεῖς ἔχουσι, πῶς χρὴ
πρὸς τούτους ῥᾳδίως πόλεμον ἄρασθαι καὶ τίνι πιστεύσαν- 5
4 τας ἀπαρασκεύους ἐπειχθῆναι; πότερον ταῖς ναυσίν; ἀλλ᾽
ἥσσους ἐσμέν· εἰ δὲ μελετήσομεν καὶ ἀντιπαρασκευασόμεθα,
χρόνος ἐνέσται. ἀλλὰ τοῖς χρήμασιν; ἀλλὰ πολλῷ πλέον
ἔτι τούτου ἐλλείπομεν καὶ οὔτε ἐν κοινῷ ἔχομεν οὔτε ἑτοίμως
81 ἐκ τῶν ἰδίων φέρομεν. τάχ᾽ ἄν τις θαρσοίη ὅτι τοῖς ὅπλοις 10
αὐτῶν καὶ τῷ πλήθει ὑπερφέρομεν, ὥστε τὴν γῆν δῃοῦν
2 ἐπιφοιτῶντες. τοῖς δὲ ἄλλη γῆ ἐστι πολλὴ ἧς ἄρχουσι,
3 καὶ ἐκ θαλάσσης ὧν δέονται ἐπάξονται. εἰ δ᾽ αὖ τοὺς ξυμ-
μάχους ἀφιστάναι πειρασόμεθα, δεήσει καὶ τούτοις ναυσὶ
4 βοηθεῖν τὸ πλέον οὖσι νησιώταις. τίς οὖν ἔσται ἡμῶν ὁ 15
πόλεμος; εἰ μὴ γὰρ ἢ ναυσὶ κρατήσομεν ἢ τὰς προσόδους
ἀφαιρήσομεν ἀφ᾽ ὧν τὸ ναυτικὸν τρέφουσι, βλαψόμεθα τὰ
5 πλείω. κἀν τούτῳ οὐδὲ καταλύεσθαι ἔτι καλόν, ἄλλως τε
6 καὶ εἰ δόξομεν ἄρξαι μᾶλλον τῆς διαφορᾶς. μὴ γὰρ δὴ
ἐκείνῃ γε τῇ ἐλπίδι ἐπαιρώμεθα ὡς ταχὺ παυσθήσεται ὁ 20
πόλεμος, ἢν τὴν γῆν αὐτῶν τέμωμεν. δέδοικα δὲ μᾶλλον μὴ
καὶ τοῖς παισὶν αὐτὸν ὑπολίπωμεν· οὕτως εἰκὸς Ἀθηναίους
φρονήματι μήτε τῇ γῇ δουλεῦσαι μήτε ὥσπερ ἀπείρους
καταπλαγῆναι τῷ πολέμῳ.

82 ‘Οὐ μὴν οὐδὲ ἀναισθήτως αὐτοὺς κελεύω τούς τε ξυμμά- 25
χους ἡμῶν ἐᾶν βλάπτειν καὶ ἐπιβουλεύοντας μὴ καταφωρᾶν,
ἀλλὰ ὅπλα μὲν μήπω κινεῖν, πέμπειν δὲ καὶ αἰτιᾶσθαι μήτε
πόλεμον ἄγαν δηλοῦντας μήθ᾽ ὡς ἐπιτρέψομεν, κἀν τούτῳ
καὶ τὰ ἡμέτερ᾽ αὐτῶν ἐξαρτύεσθαι ξυμμάχων τε προσαγωγῇ
καὶ Ἑλλήνων καὶ βαρβάρων, εἴ ποθέν τινα ἢ ναυτικοῦ ἢ 30
χρημάτων δύναμιν προσληψόμεθα (ἀνεπίφθονον δέ, ὅσοι
ὥσπερ καὶ ἡμεῖς ὑπ᾽ Ἀθηναίων ἐπιβουλευόμεθα, μὴ Ἕλληνας

8 ἔτι πλέον A B E F M   21 τέμωμεν Cobet : τάμωμεν codd.

· μόνον, ἀλλὰ καὶ βαρβάρους προσλαβόντας διασωθῆναι), καὶ
τὰ αὐτῶν ἅμα ἐκποριζώμεθα.   καὶ ἦν μὲν ἐσακούωσί τι 2
πρεσβευομένων ἡμῶν, ταῦτα ἄριστα· ἦν δὲ μή, διελθόντων
ἐτῶν δύο καὶ τριῶν ἄμεινον ἤδη, ἦν δοκῇ, πεφραγμένοι ἴμεν
5 ἐπ᾽ αὐτούς.   καὶ ἴσως ὁρῶντες ἡμῶν ἤδη τήν τε παρασκευὴν 3
καὶ τοὺς λόγους αὐτῇ ὁμοῖα ὑποσημαίνοντας μᾶλλον ἂν
εἴκοιεν, καὶ γῆν ἔτι ἄτμητον ἔχοντες καὶ περὶ παρόντων
ἀγαθῶν καὶ οὔπω ἐφθαρμένων βουλευόμενοι.   μὴ γὰρ ἄλλο 4
τι νομίσητε τὴν γῆν αὐτῶν ἢ ὅμηρον ἔχειν καὶ οὐχ ἧσσον
10 ὅσῳ ἄμεινον ἐξείργασται· ἧς φείδεσθαι χρὴ ὡς ἐπὶ πλεῖ-
στον, καὶ μὴ ἐς ἀπόνοιαν καταστήσαντας αὐτοὺς ἀλη-
πτοτέρους ἔχειν.   εἰ γὰρ ἀπαράσκευοι τοῖς τῶν ξυμμάχων 5
ἐγκλήμασιν ἐπειχθέντες τεμοῦμεν αὐτήν, ὁρᾶτε ὅπως μὴ
αἴσχιον καὶ ἀπορώτερον τῇ Πελοποννήσῳ πράξομεν. | ἐγ- 6
15 κλήματα μὲν γὰρ καὶ πόλεων καὶ ἰδιωτῶν οἷόν τε κατα-
λῦσαι· πόλεμον δὲ ξύμπαντας ἀραμένους ἕνεκα τῶν ἰδίων, ὃν
οὐχ ὑπάρχει εἰδέναι καθ᾽ ὅτι χωρήσει, οὐ ῥᾴδιον εὐπρεπῶς
θέσθαι.

'Καὶ ἀνανδρίᾳ μηδενὶ πολλοὺς μιᾷ πόλει μὴ ταχὺ ἐπελ- 83
20 θεῖν δοκείτω εἶναι.   εἰσὶ γὰρ καὶ ἐκείνοις οὐκ ἐλάσσους 2
χρήματα φέροντες ξύμμαχοι, καὶ ἔστιν ὁ πόλεμος οὐχ ὅπλων
τὸ πλέον ἀλλὰ δαπάνης, δι᾽ ἣν τὰ ὅπλα ὠφελεῖ, ἄλλως τε
καὶ ἠπειρώταις πρὸς θαλασσίους.   ποριζώμεθα οὖν πρῶτον 3
αὐτήν, καὶ μὴ τοῖς τῶν ξυμμάχων λόγοις πρότερον ἐπαιρώ-
25 μεθα, οἵπερ δὲ καὶ τῶν ἀποβαινόντων τὸ πλέον ἐπ᾽ ἀμφότερα
τῆς αἰτίας ἕξομεν, οὗτοι καὶ καθ᾽ ἡσυχίαν τι αὐτῶν προΐδω-
μεν.   καὶ τὸ βραδὺ καὶ μέλλον, ὃ μέμφονται μάλιστα ἡμῶν, 84
μὴ αἰσχύνεσθε.   σπεύδοντές τε γὰρ σχολαίτερον ἂν παύ-
σαισθε διὰ τὸ ἀπαράσκευοι ἐγχειρεῖν, καὶ ἅμα ἐλευθέραν
30 καὶ εὐδοξοτάτην πόλιν διὰ παντὸς νεμόμεθα.   καὶ δύναται 2

2 αὐτῶν F ? : αὐτῶν cett.   ἐσακούσωσί A E : ἐπακούσωσί G   4 post
ἐτῶν add. καὶ A B E M   14 πράξομεν C E suprascr. M An. Bekk. :
πράξωμεν cett.   28 παύσαισθε c G M : παύσησθε cett.

μάλιστα σωφροσύνη ἔμφρων τοῦτ᾽ εἶναι· μόνοι γὰρ δι᾽
αὐτὸ εὐπραγίαις τε οὐκ ἐξυβρίζομεν καὶ ξυμφοραῖς ἧσσον
ἑτέρων εἴκομεν· τῶν τε ξὺν ἐπαίνῳ ἐξοτρυνόντων ἡμᾶς ἐπὶ
τὰ δεινὰ παρὰ τὸ δοκοῦν ἡμῖν οὐκ ἐπαιρόμεθα ἡδονῇ, καὶ ἤν
τις ἄρα ξὺν κατηγορίᾳ παροξύνῃ, οὐδὲν δὴ μᾶλλον ἀχθε- 5
3 σθέντες ἀνεπείσθημεν. πολεμικοί τε καὶ εὔβουλοι διὰ τὸ
εὔκοσμον γιγνόμεθα, τὸ μὲν ὅτι αἰδὼς σωφροσύνης πλεῖστον
μετέχει, αἰσχύνης δὲ εὐψυχία, εὔβουλοι δὲ ἀμαθέστερον τῶν
νόμων τῆς ὑπεροψίας παιδευόμενοι καὶ ξὺν χαλεπότητι σω-
φρονέστερον ἢ ὥστε αὐτῶν ἀνηκουστεῖν, καὶ μὴ τὰ ἀχρεῖα 10
ξυνετοὶ ἄγαν ὄντες τὰς τῶν πολεμίων παρασκευὰς λόγῳ
καλῶς μεμφόμενοι ἀνομοίως ἔργῳ ἐπεξιέναι, νομίζειν δὲ
τάς τε διανοίας τῶν πέλας παραπλησίους εἶναι καὶ τὰς
4 προσπιπτούσας τύχας οὐ λόγῳ διαιρετάς. αἰεὶ δὲ ὡς πρὸς
εὖ βουλευομένους τοὺς ἐναντίους ἔργῳ παρασκευαζόμεθα· 15
καὶ οὐκ ἐξ ἐκείνων ὡς ἁμαρτησομένων ἔχειν δεῖ τὰς ἐλ-
πίδας, ἀλλ᾽ ὡς ἡμῶν αὐτῶν ἀσφαλῶς προνοουμένων. πολύ
τε διαφέρειν οὐ δεῖ νομίζειν ἄνθρωπον ἀνθρώπου, κράτιστον
δὲ εἶναι ὅστις ἐν τοῖς ἀναγκαιοτάτοις παιδεύεται.

85   Ταύτας οὖν ἃς οἱ πατέρες τε ἡμῖν παρέδοσαν μελέτας 20
καὶ αὐτοὶ διὰ παντὸς ὠφελούμενοι ἔχομεν μὴ παρῶμεν,
μηδὲ ἐπειχθέντες ἐν βραχεῖ μορίῳ ἡμέρας περὶ πολλῶν
σωμάτων καὶ χρημάτων καὶ πόλεων καὶ δόξης βουλεύσω-
μεν, ἀλλὰ καθ᾽ ἡσυχίαν. ἔξεστι δ᾽ ἡμῖν μᾶλλον ἑτέρων
2 διὰ ἰσχύν. καὶ πρὸς τοὺς Ἀθηναίους πέμπετε μὲν περὶ 25
τῆς Ποτειδαίας, πέμπετε δὲ περὶ ὧν οἱ ξύμμαχοί φασιν
ἀδικεῖσθαι, ἄλλως τε καὶ ἑτοίμων ὄντων αὐτῶν δίκας δοῦναι·
ἐπὶ δὲ τὸν διδόντα οὐ πρότερον νόμιμον ὡς ἐπ᾽ ἀδικοῦντα
ἰέναι. παρασκευάζεσθε δὲ τὸν πόλεμον ἅμα. ταῦτα γὰρ
καὶ κράτιστα βουλεύσεσθε καὶ τοῖς ἐναντίοις φοβερώτατα.᾽ 30
3 καὶ ὁ μὲν Ἀρχίδαμος τοιαῦτα εἶπεν· παρελθὼν δὲ Σθενε-

---

3 ἐποτρυνόντων G M   5 δὴ c G: δὲ C: om. cett.   8 ἀμα-
θέστεροι C G   15 παρασκευαζώμεθα A B E F M   26 τῆς om. ⟨G⟩
30 prius καὶ om. A B E F M

λαΐδας τελευταῖος, εἷς τῶν ἐφόρων τότε ὤν, ἔλεξεν [τοῖς
Λακεδαιμονίοις] ὧδε.

'Τοὺς μὲν λόγους τοὺς πολλοὺς τῶν 'Αθηναίων οὐ γι- 86
γνώσκω· ἐπαινέσαντες γὰρ πολλὰ ἑαυτοὺς οὐδαμοῦ ἀντεῖπον
5 ὡς οὐκ ἀδικοῦσι τοὺς ἡμετέρους ξυμμάχους καὶ τὴν Πελο-
πόννησον· καίτοι εἰ πρὸς τοὺς Μήδους ἐγένοντο ἀγαθοὶ τότε,
πρὸς δ' ἡμᾶς κακοὶ νῦν, διπλασίας ζημίας ἄξιοί εἰσιν, ὅτι
ἀντ' ἀγαθῶν κακοὶ γεγένηνται. ἡμεῖς δὲ ὁμοῖοι καὶ τότε 2
καὶ νῦν ἐσμέν, καὶ τοὺς ξυμμάχους, ἢν σωφρονῶμεν, οὐ
10 περιοψόμεθα ἀδικουμένους οὐδὲ μελλήσομεν τιμωρεῖν· οἱ δ'
οὐκέτι μέλλουσι κακῶς πάσχειν. ἄλλοις μὲν γὰρ χρήματά 3
ἐστι πολλὰ καὶ νῆες καὶ ἵπποι, ἡμῖν δὲ ξύμμαχοι ἀγαθοί,
οὓς οὐ παραδοτέα τοῖς 'Αθηναίοις ἐστίν, οὐδὲ δίκαις καὶ
λόγοις διακριτέα μὴ λόγῳ καὶ αὐτοὺς βλαπτομένους, ἀλλὰ
15 τιμωρητέα ἐν τάχει καὶ παντὶ σθένει. καὶ ὡς ἡμᾶς πρέπει 4
βουλεύεσθαι ἀδικουμένους μηδεὶς διδασκέτω, ἀλλὰ τοὺς μέλ-
λοντας ἀδικεῖν μᾶλλον πρέπει πολὺν χρόνον βουλεύεσθαι.
ψηφίζεσθε οὖν, ὦ Λακεδαιμόνιοι, ἀξίως τῆς Σπάρτης τὸν 5
πόλεμον, καὶ μήτε τοὺς 'Αθηναίους ἐᾶτε μείζους γίγνεσθαι
20 μήτε τοὺς ξυμμάχους καταπροδιδῶμεν, ἀλλὰ ξὺν τοῖς θεοῖς
ἐπίωμεν ἐπὶ τοὺς ἀδικοῦντας.'

Τοιαῦτα λέξας ἐπεψήφιζεν αὐτὸς ἔφορος ὢν ἐς τὴν ἐκ- 87
κλησίαν τῶν Λακεδαιμονίων. ὁ δέ (κρίνουσι γὰρ βοῇ καὶ 2
οὐ ψήφῳ) οὐκ ἔφη διαγιγνώσκειν τὴν βοὴν ὁποτέρα μείζων,
25 ἀλλὰ βουλόμενος αὐτοὺς φανερῶς ἀποδεικνυμένους τὴν γνώ-
μην ἐς τὸ πολεμεῖν μᾶλλον ὁρμῆσαι ἔλεξεν 'ὅτῳ μὲν ὑμῶν,
ὦ Λακεδαιμόνιοι, δοκοῦσι λελύσθαι αἱ σπονδαὶ καὶ οἱ 'Αθη-
ναῖοι ἀδικεῖν, ἀναστήτω ἐς ἐκεῖνο τὸ χωρίον,' δείξας τι
χωρίον αὐτοῖς, 'ὅτῳ δὲ μὴ δοκοῦσιν, ἐς τὰ ἐπὶ θάτερα.'
30 ἀναστάντες δὲ διέστησαν, καὶ πολλῷ πλείους ἐγένοντο οἷς 3
ἐδόκουν αἱ σπονδαὶ λελύσθαι. προσκαλέσαντές τε τοὺς 4

---

1 post ἔλεξεν add. ἐν ΑΒΕΦΜ   τοῖς Λακεδαιμονίοις secl. Krüger
12 πολλὰ om. C G   21 ἐπὶ] πρὸς ΑΒΕΦΜ   22 post τοιαῦτα
add. δὲ ΑΒΕΦΜ   24 ποτέρα C G

ξυμμάχους εἶπον ὅτι σφίσι μὲν δοκοῖεν ἀδικεῖν οἱ Ἀθηναῖοι,
βούλεσθαι δὲ καὶ τοὺς πάντας ξυμμάχους παρακαλέσαντες
ψῆφον ἐπαγαγεῖν, ὅπως κοινῇ βουλευσάμενοι τὸν πόλεμον
5 ποιῶνται, ἢν δοκῇ.   καὶ οἱ μὲν ἀπεχώρησαν ἐπ᾽ οἴκου δια-
πραξάμενοι ταῦτα, καὶ οἱ Ἀθηναίων πρέσβεις ὕστερον ἐφ᾽ 5
6 ἅπερ ἦλθον χρηματίσαντες· ἡ δὲ διαγνώμη αὕτη τῆς ἐκκλη-
σίας, τοῦ τὰς σπονδὰς λελύσθαι, ἐγένετο ἐν τῷ τετάρτῳ
καὶ δεκάτῳ ἔτει τῶν τριακοντουτίδων σπονδῶν προκεχω-
88 ρηκυιῶν, αἳ ἐγένοντο μετὰ τὰ Εὐβοϊκά. ἐψηφίσαντο δὲ
οἱ Λακεδαιμόνιοι τὰς σπονδὰς λελύσθαι καὶ πολεμητέα 10
εἶναι οὐ τοσοῦτον τῶν ξυμμάχων πεισθέντες τοῖς λόγοις
ὅσον φοβούμενοι τοὺς Ἀθηναίους μὴ ἐπὶ μεῖζον δυνη-
θῶσιν, ὁρῶντες αὐτοῖς τὰ πολλὰ τῆς Ἑλλάδος ὑποχείρια
ἤδη ὄντα.

89   Οἱ γὰρ Ἀθηναῖοι τρόπῳ τοιῷδε ἦλθον ἐπὶ τὰ πράγματα 15
2 ἐν οἷς ηὐξήθησαν.   ἐπειδὴ Μῆδοι ἀνεχώρησαν ἐκ τῆς Εὐ-
ρώπης νικηθέντες καὶ ναυσὶ καὶ πεζῷ ὑπὸ Ἑλλήνων καὶ οἱ
καταφυγόντες αὐτῶν ταῖς ναυσὶν ἐς Μυκάλην διεφθάρησαν,
Λεωτυχίδης μὲν ὁ βασιλεὺς τῶν Λακεδαιμονίων, ὅσπερ ἡγεῖτο
τῶν ἐν Μυκάλῃ Ἑλλήνων, ἀπεχώρησεν ἐπ᾽ οἴκου ἔχων τοὺς 20
ἀπὸ Πελοποννήσου ξυμμάχους, οἱ δὲ Ἀθηναῖοι καὶ οἱ ἀπὸ
Ἰωνίας καὶ Ἑλλησπόντου ξύμμαχοι ἤδη ἀφεστηκότες ἀπὸ
βασιλέως ὑπομείναντες Σηστὸν ἐπολιόρκουν Μήδων ἐχόντων,
καὶ ἐπιχειμάσαντες εἷλον αὐτὴν ἐκλιπόντων τῶν βαρβάρων,
καὶ μετὰ τοῦτο ἀπέπλευσαν ἐξ Ἑλλησπόντου ὡς ἕκαστοι 25
3 κατὰ πόλεις.   Ἀθηναίων δὲ τὸ κοινόν, ἐπειδὴ αὐτοῖς οἱ
βάρβαροι ἐκ τῆς χώρας ἀπῆλθον, διεκομίζοντο εὐθὺς ὅθεν
ὑπεξέθεντο παῖδας καὶ γυναῖκας καὶ τὴν περιοῦσαν κατα-
σκευήν, καὶ τὴν πόλιν ἀνοικοδομεῖν παρεσκευάζοντο καὶ τὰ
τείχη· τοῦ τε γὰρ περιβόλου βραχέα εἱστήκει καὶ οἰκίαι αἱ 30
μὲν πολλαὶ ἐπεπτώκεσαν, ὀλίγαι δὲ περιῆσαν, ἐν αἷς αὐτοὶ
ἐσκήνωσαν οἱ δυνατοὶ τῶν Περσῶν.

7 τῷ om. C   32 ἐσκήνωσαν C: ἐσκήνουν G M: ἐσκήνησαν A B E F

Λακεδαιμόνιοι δὲ αἰσθόμενοι τὸ μέλλον ἦλθον πρεσβείᾳ, 90
τὰ μὲν καὶ αὐτοὶ ἥδιον ἂν ὁρῶντες μήτ᾽ ἐκείνους μήτ᾽ ἄλλον
μηδένα τεῖχος ἔχοντα, τὸ δὲ πλέον τῶν ξυμμάχων ἐξοτρυ-
νόντων καὶ φοβουμένων τοῦ τε ναυτικοῦ αὐτῶν τὸ πλῆθος,
5 ὃ πρὶν οὐχ ὑπῆρχε, καὶ τὴν ἐς τὸν Μηδικὸν πόλεμον τόλμαν
γενομένην. ἠξίουν τε αὐτοὺς μὴ τειχίζειν, ἀλλὰ καὶ τῶν 2
ἔξω Πελοποννήσου μᾶλλον ὅσοις εἱστήκει ξυγκαθελεῖν μετὰ
σφῶν τοὺς περιβόλους, τὸ μὲν βουλόμενον καὶ ὕποπτον τῆς
γνώμης οὐ δηλοῦντες ἐς τοὺς Ἀθηναίους, ὡς δὲ τοῦ βαρβά-
10 ρου, εἰ αὖθις ἐπέλθοι, οὐκ ἂν ἔχοντος ἀπὸ ἐχυροῦ ποθέν,
ὥσπερ νῦν ἐκ τῶν Θηβῶν, ὁρμᾶσθαι· τήν τε Πελοπόννησον
πᾶσιν ἔφασαν ἀναχώρησίν τε καὶ ἀφορμὴν ἱκανὴν εἶναι. οἱ 3
δ᾽ Ἀθηναῖοι Θεμιστοκλέους γνώμῃ τοὺς μὲν Λακεδαιμονίους
ταῦτ᾽ εἰπόντας ἀποκρινάμενοι ὅτι πέμψουσιν ὡς αὐτοὺς
15 πρέσβεις περὶ ὧν λέγουσιν εὐθὺς ἀπήλλαξαν· ἑαυτὸν δ᾽
ἐκέλευεν ἀποστέλλειν ὡς τάχιστα ὁ Θεμιστοκλῆς ἐς τὴν
Λακεδαίμονα, ἄλλους δὲ πρὸς ἑαυτῷ ἑλομένους πρέσβεις μὴ
εὐθὺς ἐκπέμπειν, ἀλλ᾽ ἐπισχεῖν μέχρι τοσούτου ἕως ἂν τὸ
τεῖχος ἱκανὸν ἄρωσιν ὥστε ἀπομάχεσθαι ἐκ τοῦ ἀναγκαιο-
20 τάτου ὕψους· τειχίζειν δὲ πάντας πανδημεὶ τοὺς ἐν τῇ πόλει
[καὶ αὐτοὺς καὶ γυναῖκας καὶ παῖδας], φειδομένους μήτε ἰδίου
μήτε δημοσίου οἰκοδομήματος ὅθεν τις ὠφελία ἔσται ἐς τὸ
ἔργον, ἀλλὰ καθαιροῦντας πάντα. καὶ ὁ μὲν ταῦτα διδάξας 4
καὶ ὑπειπὼν τἆλλα ὅτι αὐτὸς τἀκεῖ πράξοι ᾤχετο. καὶ ἐς 5
25 τὴν Λακεδαίμονα ἐλθὼν οὐ προσῄει πρὸς τὰς ἀρχάς, ἀλλὰ
διῆγε καὶ προυφασίζετο. καὶ ὁπότε τις αὐτὸν ἔροιτο τῶν
ἐν τέλει ὄντων ὅτι οὐκ ἐπέρχεται ἐπὶ τὸ κοινόν, ἔφη τοὺς
ξυμπρέσβεις ἀναμένειν, ἀσχολίας δέ τινος οὔσης αὐτοὺς ὑπο-
λειφθῆναι, προσδέχεσθαι μέντοι ἐν τάχει ἥξειν καὶ θαυμάζειν
30 ὡς οὔπω πάρεισιν. οἱ δὲ ἀκούοντες τῷ μὲν Θεμιστοκλεῖ 91

1 πρεσβείαν A C : ἐς πρεσβείαν c G   7 εἱστήκει C : ξυν(συν-)ειστήκει
cett.   12 post ἔφασαν habent ἱκανὴν εἶναι A B E F : εἶναι ἱκανὴν M
19 ἄρωσιν Bekker : αἴρωσιν codd.   21 καὶ αὐτοὺς καὶ γυναῖκας καὶ
παῖδας non legit Schol.

ἐπείθοντο διὰ φιλίαν αὐτοῦ, τῶν δὲ ἄλλων ἀφικνουμένων
καὶ σαφῶς κατηγορούντων ὅτι τειχίζεταί τε καὶ ἤδη ὕψος
2 λαμβάνει, οὐκ εἶχον ὅπως χρὴ ἀπιστῆσαι. γνοὺς δὲ ἐκεῖνος
κελεύει αὐτοὺς μὴ λόγοις μᾶλλον παράγεσθαι ἢ πέμψαι
σφῶν αὐτῶν ἄνδρας οἵτινες χρηστοὶ καὶ πιστῶς ἀναγγε- 5
3 λοῦσι σκεψάμενοι. ἀποστέλλουσιν οὖν, καὶ περὶ αὐτῶν ὁ
Θεμιστοκλῆς τοῖς Ἀθηναίοις κρύφα πέμπει κελεύων ὡς
ἥκιστα ἐπιφανῶς κατασχεῖν καὶ μὴ ἀφεῖναι πρὶν ἂν αὐτοὶ
πάλιν κομισθῶσιν (ἤδη γὰρ καὶ ἧκον αὐτῷ οἱ ξυμπρέσβεις,
Ἀβρώνιχός τε ὁ Λυσικλέους καὶ Ἀριστείδης ὁ Λυσιμάχου, 10
ἀγγέλλοντες ἔχειν ἱκανῶς τὸ τεῖχος) ἐφοβεῖτο γὰρ μὴ οἱ
Λακεδαιμόνιοι σφᾶς, ὁπότε σαφῶς ἀκούσειαν, οὐκέτι ἀφῶσιν.
4 οἵ τε οὖν Ἀθηναῖοι τοὺς πρέσβεις, ὥσπερ ἐπεστάλη, κατεῖχον,
καὶ ὁ Θεμιστοκλῆς ἐπελθὼν τοῖς Λακεδαιμονίοις ἐνταῦθα δὴ
φανερῶς εἶπεν ὅτι ἡ μὲν πόλις σφῶν τετείχισται ἤδη ὥστε 15
ἱκανὴ εἶναι σῴζειν τοὺς ἐνοικοῦντας, εἰ δέ τι βούλονται
Λακεδαιμόνιοι ἢ οἱ ξύμμαχοι πρεσβεύεσθαι παρὰ σφᾶς, ὡς
πρὸς διαγιγνώσκοντας τὸ λοιπὸν ἰέναι τά τε σφίσιν αὐτοῖς
5 ξύμφορα καὶ τὰ κοινά. τήν τε γὰρ πόλιν ὅτε ἐδόκει ἐκλι-
πεῖν ἄμεινον εἶναι καὶ ἐς τὰς ναῦς ἐσβῆναι, ἄνευ ἐκείνων 20
ἔφασαν γνόντες τολμῆσαι, καὶ ὅσα αὖ μετ' ἐκείνων βουλεύ-
6 εσθαι, οὐδενὸς ὕστεροι γνώμῃ φανῆναι. δοκεῖν οὖν σφίσι
καὶ νῦν ἄμεινον εἶναι τὴν ἑαυτῶν πόλιν τεῖχος ἔχειν, καὶ
ἰδίᾳ τοῖς πολίταις καὶ ἐς τοὺς πάντας ξυμμάχους ὠφελιμώ-
7 τερον ἔσεσθαι· οὐ γὰρ οἷόν τ' εἶναι μὴ ἀπὸ ἀντιπάλου 25
παρασκευῆς ὁμοῖόν τι ἢ ἴσον ἐς τὸ κοινὸν βουλεύεσθαι.
ἢ πάντας οὖν ἀτειχίστους ἔφη χρῆναι ξυμμαχεῖν ἢ καὶ
92 τάδε νομίζειν ὀρθῶς ἔχειν. οἱ δὲ Λακεδαιμόνιοι ἀκούσαντες
ὀργὴν μὲν φανερὰν οὐκ ἐποιοῦντο τοῖς Ἀθηναίοις (οὐδὲ γὰρ
ἐπὶ κωλύμῃ, ἀλλὰ γνώμης παραινέσει δῆθεν τῷ κοινῷ ἐπρε- 30
σβεύσαντο, ἅμα δὲ καὶ προσφιλεῖς ὄντες ἐν τῷ τότε διὰ

2 ὕψος] πέρας G¹   5 ἀπαγγελοῦσι A B E F M Suid.   14 ὁ om.
A B E F M   15 σφῶν] αὐτῶν C G   16 post ἐνοικοῦντας add. ἐν
αὐτῇ C G   18 προδιαγιγν(γιν-)ώσκοντας B G M   22 ὕστεροι f g:
ὕστερον codd.

τὴν ἐς τὸν Μῆδον προθυμίαν τὰ μάλιστ' αὐτοῖς ἐτύγχανον),
τῆς μέντοι βουλήσεως ἁμαρτάνοντες ἀδήλως ἤχθοντο. οἵ τε
πρέσβεις ἑκατέρων ἀπῆλθον ἐπ' οἴκου ἀνεπικλήτως.

Τούτῳ τῷ τρόπῳ οἱ Ἀθηναῖοι τὴν πόλιν ἐτείχισαν ἐν 93
5 ὀλίγῳ χρόνῳ.   καὶ δήλη ἡ οἰκοδομία ἔτι καὶ νῦν ἐστιν ὅτι 2
κατὰ σπουδὴν ἐγένετο· οἱ γὰρ θεμέλιοι παντοίων λίθων
ὑπόκεινται καὶ οὐ ξυνειργασμένων ἔστιν ᾗ, ἀλλ' ὡς ἕκαστόν
ποτε προσέφερον, πολλαί τε στῆλαι ἀπὸ σημάτων καὶ λίθοι
εἰργασμένοι ἐγκατελέγησαν.   μείζων γὰρ ὁ περίβολος παν-
10 ταχῇ ἐξήχθη τῆς πόλεως, καὶ διὰ τοῦτο πάντα ὁμοίως
κινοῦντες ἠπείγοντο.   ἔπεισε δὲ καὶ τοῦ Πειραιῶς τὰ λοιπὰ 3
ὁ Θεμιστοκλῆς οἰκοδομεῖν (ὑπῆρκτο δ' αὐτοῦ πρότερον ἐπὶ
τῆς ἐκείνου ἀρχῆς ἧς κατ' ἐνιαυτὸν Ἀθηναίοις ἦρξε) νομίζων
τό τε χωρίον καλὸν εἶναι, λιμένας ἔχον τρεῖς αὐτοφυεῖς,
15 καὶ αὐτοὺς ναυτικοὺς γεγενημένους μέγα προφέρειν ἐς τὸ
κτήσασθαι δύναμιν (τῆς γὰρ δὴ θαλάσσης πρῶτος ἐτόλμησεν 4
εἰπεῖν ὡς ἀνθεκτέα ἐστί), καὶ τὴν ἀρχὴν εὐθὺς ξυγκατε-
σκεύαζεν.   καὶ ᾠκοδόμησαν τῇ ἐκείνου γνώμῃ τὸ πάχος τοῦ 5
τείχους ὅπερ νῦν ἔτι δῆλόν ἐστι περὶ τὸν Πειραιᾶ· δύο γὰρ
20 ἅμαξαι ἐναντίαι ἀλλήλαις τοὺς λίθους ἐπῆγον.   ἐντὸς δὲ
οὔτε χάλιξ οὔτε πηλὸς ἦν, ἀλλὰ ξυνῳκοδομημένοι μεγάλοι
λίθοι καὶ ἐντομῇ ἐγγώνιοι, σιδήρῳ πρὸς ἀλλήλους τὰ ἔξωθεν
καὶ μολύβδῳ δεδεμένοι.   τὸ δὲ ὕψος ἥμισυ μάλιστα ἐτε-
λέσθη οὗ διενοεῖτο.   ἐβούλετο γὰρ τῷ μεγέθει καὶ τῷ πάχει 6
25 ἀφιστάναι τὰς τῶν πολεμίων ἐπιβουλάς, ἀνθρώπων τε ἐνό-
μιζεν ὀλίγων καὶ τῶν ἀχρειοτάτων ἀρκέσειν τὴν φυλακήν,
τοὺς δ' ἄλλους ἐς τὰς ναῦς ἐσβήσεσθαι.   ταῖς γὰρ ναυσὶ 7
μάλιστα προσέκειτο, ἰδών, ὡς ἐμοὶ δοκεῖ, τῆς βασιλέως
στρατιᾶς τὴν κατὰ θάλασσαν ἔφοδον εὐπορωτέραν τῆς κατὰ
30 γῆν οὖσαν· τόν τε Πειραιᾶ ὠφελιμώτερον ἐνόμιζε τῆς ἄνω
πόλεως, καὶ πολλάκις τοῖς Ἀθηναίοις παρῄνει, ἢν ἄρα ποτὲ

κατὰ γῆν βιασθῶσι, καταβάντας ἐς αὐτὸν ταῖς ναυσὶ πρὸς
8 ἅπαντας ἀνθίστασθαι. Ἀθηναῖοι μὲν οὖν οὕτως ἐτειχί-
σθησαν καὶ τἆλλα κατεσκευάζοντο εὐθὺς μετὰ τὴν Μήδων
ἀναχώρησιν.

94   Παυσανίας δὲ ὁ Κλεομβρότου ἐκ Λακεδαίμονος στρατηγὸς 5
τῶν Ἑλλήνων ἐξεπέμφθη μετὰ εἴκοσι νεῶν ἀπὸ Πελοπον-
νήσου· ξυνέπλεον δὲ καὶ Ἀθηναῖοι τριάκοντα ναυσὶ καὶ τῶν
2 ἄλλων ξυμμάχων πλῆθος. καὶ ἐστράτευσαν ἐς Κύπρον καὶ
αὐτῆς τὰ πολλὰ κατεστρέψαντο, καὶ ὕστερον ἐς Βυζάντιον
Μήδων ἐχόντων, καὶ ἐξεπολιόρκησαν ἐν τῇδε τῇ ἡγεμονίᾳ. 10
95 ἤδη δὲ βιαίου ὄντος αὐτοῦ οἵ τε ἄλλοι Ἕλληνες ἤχθοντο
καὶ οὐχ ἥκιστα οἱ Ἴωνες καὶ ὅσοι ἀπὸ βασιλέως νεωστὶ
ἠλευθέρωντο· φοιτῶντές τε πρὸς τοὺς Ἀθηναίους ἠξίουν
αὐτοὺς ἡγεμόνας σφῶν γίγνεσθαι κατὰ τὸ ξυγγενὲς καὶ
2 Παυσανίᾳ μὴ ἐπιτρέπειν, ἤν που βιάζηται. οἱ δὲ Ἀθηναῖοι 15
ἐδέξαντό τε τοὺς λόγους καὶ προσεῖχον τὴν γνώμην ὡς οὐ
περιοψόμενοι τἆλλά τε καταστησόμενοι ᾗ φαίνοιτο ἄριστα
3 αὐτοῖς. ἐν τούτῳ δὲ οἱ Λακεδαιμόνιοι μετεπέμποντο Παυ-
σανίαν ἀνακρινοῦντες ὧν πέρι ἐπυνθάνοντο· καὶ γὰρ ἀδικία
πολλὴ κατηγορεῖτο αὐτοῦ ὑπὸ τῶν Ἑλλήνων τῶν ἀφικνου- 20
μένων, καὶ τυραννίδος μᾶλλον ἐφαίνετο μίμησις ἢ στρατηγία.
4 ξυνέβη τε αὐτῷ καλεῖσθαί τε ἅμα καὶ τοὺς ξυμμάχους τῷ
ἐκείνου ἔχθει παρ᾽ Ἀθηναίους μετατάξασθαι πλὴν τῶν ἀπὸ
5 Πελοποννήσου στρατιωτῶν. ἐλθὼν δὲ ἐς Λακεδαίμονα τῶν
μὲν ἰδίᾳ πρός τινα ἀδικημάτων ηὐθύνθη, τὰ δὲ μέγιστα 25
ἀπολύεται μὴ ἀδικεῖν· κατηγορεῖτο δὲ αὐτοῦ οὐχ ἥκιστα
6 μηδισμὸς καὶ ἐδόκει σαφέστατον εἶναι. καὶ ἐκεῖνον μὲν
οὐκέτι ἐκπέμπουσιν ἄρχοντα, Δόρκιν δὲ καὶ ἄλλους τινὰς
μετ᾽ αὐτοῦ στρατιὰν ἔχοντας οὐ πολλήν· οἷς οὐκέτι ἐφίεσαν
7 οἱ ξύμμαχοι τὴν ἡγεμονίαν. οἱ δὲ αἰσθόμενοι ἀπῆλθον, καὶ 30

10 verba ἐν τῇδε τῇ ἡγεμονίᾳ cum sequentibus coniungit Stephanus,
qui δὲ seclusit   δὲ post τῇδε transp. Hude (tentavit Poppo)
14 γενέσθαι A B E F M   17 καταστησόμενοι (G): καταστησάμενοι
cett.   25 τινας recc.

ἄλλους οὐκέτι ὕστερον ἐξέπεμψαν οἱ Λακεδαιμόνιοι, φοβού-
μενοι μὴ σφίσιν οἱ ἐξιόντες χείρους γίγνωνται, ὅπερ καὶ ἐν
τῷ Παυσανίᾳ ἐνεῖδον, ἀπαλλαξείοντες δὲ καὶ τοῦ Μηδικοῦ
πολέμου καὶ τοὺς Ἀθηναίους νομίζοντες ἱκανοὺς ἐξηγεῖσθαι
5 καὶ σφίσιν ἐν τῷ τότε παρόντι ἐπιτηδείους.

Παραλαβόντες δὲ οἱ Ἀθηναῖοι τὴν ἡγεμονίαν τούτῳ τῷ 96
τρόπῳ ἑκόντων τῶν ξυμμάχων διὰ τὸ Παυσανίου μῖσος,
ἔταξαν ἅς τε ἔδει παρέχειν τῶν πόλεων χρήματα πρὸς τὸν
βάρβαρον καὶ ἃς ναῦς· πρόσχημα γὰρ ἦν ἀμύνεσθαι ὧν
10 ἔπαθον δῃοῦντας τὴν βασιλέως χώραν. καὶ Ἑλληνοταμίαι 2
τότε πρῶτον Ἀθηναίοις κατέστη ἀρχή, οἳ ἐδέχοντο τὸν
φόρον· οὕτω γὰρ ὠνομάσθη τῶν χρημάτων ἡ φορά. ἦν
δ᾽ ὁ πρῶτος φόρος ταχθεὶς τετρακόσια τάλαντα καὶ ἑξή-
κοντα. ταμιεῖόν τε Δῆλος ἦν αὐτοῖς, καὶ αἱ ξύνοδοι ἐς τὸ
15 ἱερὸν ἐγίγνοντο. ἡγούμενοι δὲ αὐτονόμων τὸ πρῶτον τῶν 97
ξυμμάχων καὶ ἀπὸ κοινῶν ξυνόδων βουλευόντων τοσάδε
ἐπῆλθον πολέμῳ τε καὶ διαχειρίσει πραγμάτων μεταξὺ
τοῦδε τοῦ πολέμου καὶ τοῦ Μηδικοῦ, ἃ ἐγένετο πρός τε
τὸν βάρβαρον αὐτοῖς καὶ πρὸς τοὺς σφετέρους ξυμμάχους
20 νεωτερίζοντας καὶ Πελοποννησίων τοὺς αἰεὶ προστυγχά-
νοντας ἐν ἑκάστῳ. ἔγραψα δὲ αὐτὰ καὶ τὴν ἐκβολὴν τοῦ 2
λόγου ἐποιησάμην διὰ τόδε, ὅτι τοῖς πρὸ ἐμοῦ ἅπασιν
ἐκλιπὲς τοῦτο ἦν τὸ χωρίον καὶ ἢ τὰ πρὸ τῶν Μηδικῶν
Ἑλληνικὰ ξυνετίθεσαν ἢ αὐτὰ τὰ Μηδικά· τούτων δὲ ὅσπερ
25 καὶ ἥψατο ἐν τῇ Ἀττικῇ ξυγγραφῇ Ἑλλάνικος, βραχέως
τε καὶ τοῖς χρόνοις οὐκ ἀκριβῶς ἐπεμνήσθη. ἅμα δὲ καὶ
τῆς ἀρχῆς ἀπόδειξιν ἔχει τῆς τῶν Ἀθηναίων ἐν οἵῳ τρόπῳ
κατέστη.

Πρῶτον μὲν Ἠιόνα τὴν ἐπὶ Στρυμόνι Μήδων ἐχόντων 98
30 πολιορκίᾳ εἷλον καὶ ἠνδραπόδισαν, Κίμωνος τοῦ Μιλτιάδου
στρατηγοῦντος. ἔπειτα Σκῦρον τὴν ἐν τῷ Αἰγαίῳ νῆσον, 2
ἣν ᾤκουν Δόλοπες, ἠνδραπόδισαν καὶ ᾤκισαν αὐτοί. πρὸς 3

9 ἀμύνασθαι A B E F M   14 αἱ om. C G M

δὲ Καρυστίους αὐτοῖς ἄνευ τῶν ἄλλων Εὐβοέων πόλεμος
4 ἐγένετο, καὶ χρόνῳ ξυνέβησαν καθ᾽ ὁμολογίαν. Ναξίοις δὲ
ἀποστᾶσι μετὰ ταῦτα ἐπολέμησαν καὶ πολιορκίᾳ παρεστή-
σαντο, πρώτη τε αὕτη πόλις ξυμμαχὶς παρὰ τὸ καθεστηκὸς
ἐδουλώθη, ἔπειτα δὲ καὶ τῶν ἄλλων ὡς ἑκάστη ξυνέβη. 5
99 αἰτίαι δὲ ἄλλαι τε ἦσαν τῶν ἀποστάσεων καὶ μέγισται αἱ
τῶν φόρων καὶ νεῶν ἔκδειαι καὶ λιποστράτιον εἴ τῳ ἐγένετο·
οἱ γὰρ Ἀθηναῖοι ἀκριβῶς ἔπρασσον καὶ λυπηροὶ ἦσαν οὐκ
εἰωθόσιν οὐδὲ βουλομένοις ταλαιπωρεῖν προσάγοντες τὰς
2 ἀνάγκας. ἦσαν δέ πως καὶ ἄλλως οἱ Ἀθηναῖοι οὐκέτι 10
ὁμοίως ἐν ἡδονῇ ἄρχοντες, καὶ οὔτε ξυνεστράτευον ἀπὸ τοῦ
ἴσου ῥᾴδιόν τε προσάγεσθαι ἦν αὐτοῖς τοὺς ἀφισταμένους.
3 ὧν αὐτοὶ αἴτιοι ἐγένοντο οἱ ξύμμαχοι· διὰ γὰρ τὴν ἀπόκνη-
σιν ταύτην τῶν στρατειῶν οἱ πλείους αὐτῶν, ἵνα μὴ ἀπ᾽
οἴκου ὦσι, χρήματα ἐτάξαντο ἀντὶ τῶν νεῶν τὸ ἱκνούμενον 15
ἀνάλωμα φέρειν, καὶ τοῖς μὲν Ἀθηναίοις ηὔξετο τὸ ναυ-
τικὸν ἀπὸ τῆς δαπάνης ἣν ἐκεῖνοι ξυμφέροιεν, αὐτοὶ δέ,
ὁπότε ἀποσταῖεν, ἀπαράσκευοι καὶ ἄπειροι ἐς τὸν πόλεμον
καθίσταντο.

100   Ἐγένετο δὲ μετὰ ταῦτα καὶ ἡ ἐπ᾽ Εὐρυμέδοντι ποταμῷ 20
ἐν Παμφυλίᾳ πεζομαχία καὶ ναυμαχία Ἀθηναίων καὶ τῶν
ξυμμάχων πρὸς Μήδους, καὶ ἐνίκων τῇ αὐτῇ ἡμέρᾳ ἀμφό-
τερα Ἀθηναῖοι Κίμωνος τοῦ Μιλτιάδου στρατηγοῦντος, καὶ
εἷλον τριήρεις Φοινίκων καὶ διέφθειραν τὰς πάσας ἐς δια-
2 κοσίας. χρόνῳ δὲ ὕστερον ξυνέβη Θασίους αὐτῶν ἀποστῆναι, 25
διενεχθέντας περὶ τῶν ἐν τῇ ἀντιπέρας Θρᾴκῃ ἐμπορίων καὶ
τοῦ μετάλλου ἃ ἐνέμοντο. καὶ ναυσὶ μὲν ἐπὶ Θάσον πλεύ-
σαντες οἱ Ἀθηναῖοι ναυμαχίᾳ ἐκράτησαν καὶ ἐς τὴν γῆν
3 ἀπέβησαν, ἐπὶ δὲ Στρυμόνα πέμψαντες μυρίους οἰκήτορας
αὐτῶν καὶ τῶν ξυμμάχων ὑπὸ τοὺς αὐτοὺς χρόνους ὡς 30
οἰκιοῦντες τὰς τότε καλουμένας Ἐννέα ὁδούς, νῦν δὲ Ἀμφί-

5 ξυνέβη secl. Krüger   9 προσαγαγόντες ABEF   21 ἐν
Παμφυλίᾳ om. M, secl. Stahl   25 τε ABEFM suprascr. G

πολιν, τῶν μὲν Ἐννέα ὁδῶν αὐτοὶ ἐκράτησαν, ἃς εἶχον
Ἠδωνοί, προελθόντες δὲ τῆς Θρᾴκης ἐς μεσόγειαν διε-
φθάρησαν ἐν Δραβησκῷ τῇ Ἠδωνικῇ ὑπὸ τῶν Θρᾳκῶν
ξυμπάντων, οἷς πολέμιον ἦν τὸ χωρίον [αἱ Ἐννέα ὁδοὶ]
5 κτιζόμενον. Θάσιοι δὲ νικηθέντες μάχῃ καὶ πολιορκού- 101
μενοι Λακεδαιμονίους ἐπεκαλοῦντο καὶ ἐπαμύνειν ἐκέλευον
ἐσβαλόντας ἐς τὴν Ἀττικήν. οἱ δὲ ὑπέσχοντο μὲν κρύφα 2
τῶν Ἀθηναίων καὶ ἔμελλον, διεκωλύθησαν δὲ ὑπὸ τοῦ γενο-
μένου σεισμοῦ, ἐν ᾧ καὶ οἱ Εἵλωτες αὐτοῖς καὶ τῶν περιοίκων
10 Θουριᾶταί τε καὶ Αἰθαιῆς ἐς Ἰθώμην ἀπέστησαν. πλεῖστοι
δὲ τῶν Εἱλώτων ἐγένοντο οἱ τῶν παλαιῶν Μεσσηνίων τότε
δουλωθέντων ἀπόγονοι· ᾗ καὶ Μεσσήνιοι ἐκλήθησαν οἱ
πάντες. πρὸς μὲν οὖν τοὺς ἐν Ἰθώμῃ πόλεμος καθειστήκει 3
Λακεδαιμονίοις, Θάσιοι δὲ τρίτῳ ἔτει πολιορκούμενοι ὡμο-
15 λόγησαν Ἀθηναίοις τεῖχός τε καθελόντες καὶ ναῦς παρα-
δόντες, χρήματά τε ὅσα ἔδει ἀποδοῦναι αὐτίκα ταξάμενοι καὶ
τὸ λοιπὸν φέρειν, τήν τε ἤπειρον καὶ τὸ μέταλλον ἀφέντες.

Λακεδαιμόνιοι δέ, ὡς αὐτοῖς πρὸς τοὺς ἐν Ἰθώμῃ ἐμηκύ- 102
νετο ὁ πόλεμος, ἄλλους τε ἐπεκαλέσαντο ξυμμάχους καὶ
20 Ἀθηναίους· οἱ δ' ἦλθον Κίμωνος στρατηγοῦντος πλήθει οὐκ
ὀλίγῳ. μάλιστα δ' αὐτοὺς ἐπεκαλέσαντο ὅτι τειχομαχεῖν 2
ἐδόκουν δυνατοὶ εἶναι, τοῖς δὲ πολιορκίας μακρᾶς καθε-
στηκυίας τούτου ἐνδεᾶ ἐφαίνετο· βίᾳ γὰρ ἂν εἷλον τὸ χωρίον.
καὶ διαφορὰ ἐκ ταύτης τῆς στρατείας πρῶτον Λακεδαιμονίοις 3
25 καὶ Ἀθηναίοις φανερὰ ἐγένετο. οἱ γὰρ Λακεδαιμόνιοι,
ἐπειδὴ τὸ χωρίον βίᾳ οὐχ ἡλίσκετο, δείσαντες τῶν Ἀθηναίων
τὸ τολμηρὸν καὶ τὴν νεωτεροποιίαν, καὶ ἀλλοφύλους ἅμα
ἡγησάμενοι, μή τι, ἢν παραμείνωσιν, ὑπὸ τῶν ἐν Ἰθώμῃ
πεισθέντες νεωτερίσωσι, μόνους τῶν ξυμμάχων ἀπέπεμψαν,
30 τὴν μὲν ὑποψίαν οὐ δηλοῦντες, εἰπόντες δὲ ὅτι οὐδὲν προσ-

---

4 ξυμπάντων] omnes Valla : ξύμπαντες Poppo   αἱ Ἐννέα ὁδοὶ secl.
Cobet   5 μάχαις ABEFM   6 ἐπαμῦναι ABEFM γρ. G
10 Αἰθαιεῖς Steph. Byz. : Αἰθεεῖς vel Αἰθνεεῖς codd.   13 οὖν C : om.
cett. (add. G¹)   22 τοῖς] τῆς recc.   29 νεωτεροποιήσωσι CG

4 δέονται αὐτῶν ἔτι. οἱ δ' Ἀθηναῖοι ἔγνωσαν οὐκ ἐπὶ τῷ
βελτίονι λόγῳ ἀποπεμπόμενοι, ἀλλά τινος ὑπόπτου γενο-
μένου, καὶ δεινὸν ποιησάμενοι καὶ οὐκ ἀξιώσαντες ὑπὸ
Λακεδαιμονίων τοῦτο παθεῖν, εὐθὺς ἐπειδὴ ἀνεχώρησαν,
ἀφέντες τὴν γενομένην ἐπὶ τῷ Μήδῳ ξυμμαχίαν πρὸς 5
αὐτοὺς Ἀργείοις τοῖς ἐκείνων πολεμίοις ξύμμαχοι ἐγένοντο,
καὶ πρὸς Θεσσαλοὺς ἅμα ἀμφοτέροις οἱ αὐτοὶ ὅρκοι καὶ
ξυμμαχία κατέστη.

103   Οἱ δ' ἐν Ἰθώμῃ δεκάτῳ ἔτει, ὡς οὐκέτι ἐδύναντο ἀντέχειν,
ξυνέβησαν πρὸς τοὺς Λακεδαιμονίους ἐφ' ᾧ ἐξίασιν ἐκ 10
Πελοποννήσου ὑπόσπονδοι καὶ μηδέποτε ἐπιβήσονται αὐτῆς·
2 ἦν δέ τις ἁλίσκηται, τοῦ λαβόντος εἶναι δοῦλον. ἦν δέ τι
καὶ χρηστήριον τοῖς Λακεδαιμονίοις Πυθικὸν πρὸ τοῦ, τὸν
3 ἱκέτην τοῦ Διὸς τοῦ Ἰθωμήτα ἀφιέναι. ἐξῆλθον δὲ αὐτοὶ
καὶ παῖδες καὶ γυναῖκες, καὶ αὐτοὺς οἱ Ἀθηναῖοι δεξάμενοι 15
κατ' ἔχθος ἤδη τὸ Λακεδαιμονίων ἐς Ναύπακτον κατῴκισαν,
ἣν ἔτυχον ᾑρηκότες νεωστὶ Λοκρῶν τῶν Ὀζολῶν ἐχόντων.
4 προσεχώρησαν δὲ καὶ Μεγαρῆς Ἀθηναίοις ἐς ξυμμαχίαν
Λακεδαιμονίων ἀποστάντες, ὅτι αὐτοὺς Κορίνθιοι περὶ γῆς
ὅρων πολέμῳ κατεῖχον· καὶ ἔσχον Ἀθηναῖοι Μέγαρα καὶ 20
Πηγάς, καὶ τὰ μακρὰ τείχη ᾠκοδόμησαν Μεγαρεῦσι τὰ ἀπὸ
τῆς πόλεως ἐς Νίσαιαν καὶ ἐφρούρουν αὐτοί. καὶ Κοριν-
θίοις μὲν οὐχ ἥκιστα ἀπὸ τοῦδε τὸ σφοδρὸν μῖσος ἤρξατο
πρῶτον ἐς Ἀθηναίους γενέσθαι.

104   Ἰνάρως δὲ ὁ Ψαμμητίχου, Λίβυς, βασιλεὺς Λιβύων τῶν 25
πρὸς Αἰγύπτῳ, ὁρμώμενος ἐκ Μαρείας τῆς ὑπὲρ Φάρου
πόλεως ἀπέστησεν Αἰγύπτου τὰ πλείω ἀπὸ βασιλέως Ἀρτα-
ξέρξου, καὶ αὐτὸς ἄρχων γενόμενος Ἀθηναίους ἐπηγάγετο.
2 οἱ δέ (ἔτυχον γὰρ ἐς Κύπρον στρατευόμενοι ναυσὶ διακοσίαις
αὐτῶν τε καὶ τῶν ξυμμάχων) ἦλθον ἀπολιπόντες τὴν Κύπρον, 30
καὶ ἀναπλεύσαντες ἀπὸ θαλάσσης ἐς τὸν Νεῖλον τοῦ τε

9 δεκάτῳ] τετάρτῳ Krüger   10 post ᾧ add. τε ABEFM
15 οἱ C : om. cett.

ποταμοῦ κρατοῦντες καὶ τῆς Μέμφιδος τῶν δύο μερῶν πρὸς
τὸ τρίτον μέρος ὃ καλεῖται Λευκὸν τεῖχος ἐπολέμουν·
ἐνῆσαν δὲ αὐτόθι Περσῶν καὶ Μήδων οἱ καταφυγόντες καὶ
Αἰγυπτίων οἱ μὴ ξυναποστάντες.

5 Ἀθηναίοις δὲ ναυσὶν ἀποβᾶσιν ἐς Ἁλιᾶς πρὸς Κορινθίους 105
καὶ Ἐπιδαυρίους μάχη ἐγένετο, καὶ ἐνίκων Κορίνθιοι. καὶ
ὕστερον Ἀθηναῖοι ἐναυμάχησαν ἐπὶ Κεκρυφαλείᾳ Πελοπον-
νησίων ναυσί, καὶ ἐνίκων Ἀθηναῖοι. πολέμου δὲ κατα- 2
στάντος πρὸς Αἰγινήτας Ἀθηναίοις μετὰ ταῦτα ναυμαχία
10 γίγνεται ἐπ᾽ Αἰγίνῃ μεγάλη Ἀθηναίων καὶ Αἰγινητῶν, καὶ
οἱ ξύμμαχοι ἑκατέροις παρῆσαν, καὶ ἐνίκων Ἀθηναῖοι καὶ
ναῦς ἑβδομήκοντα λαβόντες αὐτῶν ἐς τὴν γῆν ἀπέβησαν
καὶ ἐπολιόρκουν, Λεωκράτους τοῦ Στροίβου στρατηγοῦντος.
ἔπειτα Πελοποννήσιοι ἀμύνειν βουλόμενοι Αἰγινήταις ἐς μὲν 3
15 τὴν Αἴγιναν τριακοσίους ὁπλίτας πρότερον Κορινθίων καὶ
Ἐπιδαυρίων ἐπικούρους διεβίβασαν, τὰ δὲ ἄκρα τῆς Γερανείας
κατέλαβον καὶ ἐς τὴν Μεγαρίδα κατέβησαν Κορίνθιοι μετὰ
τῶν ξυμμάχων, νομίζοντες ἀδυνάτους ἔσεσθαι Ἀθηναίους
βοηθεῖν τοῖς Μεγαρεῦσιν ἔν τε Αἰγίνῃ ἀπούσης στρατιᾶς
20 πολλῆς καὶ ἐν Αἰγύπτῳ· ἢν δὲ καὶ βοηθῶσιν, ἀπ᾽ Αἰγίνης
ἀναστήσεσθαι αὐτούς. οἱ δὲ Ἀθηναῖοι τὸ μὲν πρὸς Αἰγίνῃ 4
στράτευμα οὐκ ἐκίνησαν, τῶν δ᾽ ἐκ τῆς πόλεως ὑπολοίπων
οἵ τε πρεσβύτατοι καὶ οἱ νεώτατοι ἀφικνοῦνται ἐς τὰ Μέγαρα
Μυρωνίδου στρατηγοῦντος. καὶ μάχης γενομένης ἰσορρόπου 5
25 πρὸς Κορινθίους διεκρίθησαν ἀπ᾽ ἀλλήλων, καὶ ἐνόμισαν
αὐτοὶ ἑκάτεροι οὐκ ἔλασσον ἔχειν ἐν τῷ ἔργῳ. καὶ οἱ μὲν 6
Ἀθηναῖοι (ἐκράτησαν γὰρ ὅμως μᾶλλον) ἀπελθόντων τῶν
Κορινθίων τροπαῖον ἔστησαν· οἱ δὲ Κορίνθιοι κακιζόμενοι
ὑπὸ τῶν ἐν τῇ πόλει πρεσβυτέρων καὶ παρασκευασάμενοι,
30 ἡμέραις ὕστερον δώδεκα μάλιστα ἐλθόντες ἀνθίστασαν
τροπαῖον καὶ αὐτοὶ ὡς νικήσαντες. καὶ οἱ Ἀθηναῖοι ἐκβοη-
θήσαντες ἐκ τῶν Μεγάρων τούς τε τὸ τροπαῖον ἱστάντας

30 ἡμέραις f: ἡμέρας codd.   31 ἐκβοήσαντες C G Schol.

106 διαφθείρουσι καὶ τοῖς ἄλλοις ξυμβαλόντες ἐκράτησαν. οἱ
δὲ νικώμενοι ὑπεχώρουν, καί τι αὐτῶν μέρος οὐκ ὀλίγον
προσβιασθὲν καὶ διαμαρτὸν τῆς ὁδοῦ ἐσέπεσεν ἔς του χωρίον
ἰδιώτου, ᾧ ἔτυχεν ὄρυγμα μέγα περιεῖργον καὶ οὐκ ἦν ἔξοδος.
2 οἱ δὲ Ἀθηναῖοι γνόντες κατὰ πρόσωπόν τε εἶργον τοῖς 5
ὁπλίταις καὶ περιστήσαντες κύκλῳ τοὺς ψιλοὺς κατέλευσαν
πάντας τοὺς ἐσελθόντας, καὶ πάθος μέγα τοῦτο Κορινθίοις
ἐγένετο. τὸ δὲ πλῆθος ἀπεχώρησεν αὐτοῖς τῆς στρατιᾶς
ἐπ᾽ οἴκου.

107 Ἤρξαντο δὲ κατὰ τοὺς χρόνους τούτους καὶ τὰ μακρὰ 10
τείχη Ἀθηναῖοι ἐς θάλασσαν οἰκοδομεῖν, τό τε Φαληρόνδε
2 καὶ τὸ ἐς Πειραιᾶ. καὶ Φωκέων στρατευσάντων ἐς Δωριᾶς
τὴν Λακεδαιμονίων μητρόπολιν, Βοιὸν καὶ Κυτίνιον καὶ
Ἐρινεόν, καὶ ἑλόντων ἐν τῶν πολισμάτων τούτων, οἱ Λακεδαι-
μόνιοι Νικομήδους τοῦ Κλεομβρότου ὑπὲρ Πλειστοάνακτος 15
τοῦ Παυσανίου βασιλέως νέου ὄντος ἔτι ἡγουμένου ἐβοή-
θησαν τοῖς Δωριεῦσιν ἑαυτῶν τε πεντακοσίοις καὶ χιλίοις
ὁπλίταις καὶ τῶν ξυμμάχων μυρίοις, καὶ τοὺς Φωκέας
ὁμολογίᾳ ἀναγκάσαντες ἀποδοῦναι τὴν πόλιν ἀπεχώρουν
3 πάλιν. καὶ κατὰ θάλασσαν μὲν αὐτούς, διὰ τοῦ Κρισαίου 20
κόλπου εἰ βούλοιντο περαιοῦσθαι, Ἀθηναῖοι ναυσὶ περι-
πλεύσαντες ἔμελλον κωλύσειν· διὰ δὲ τῆς Γερανείας οὐκ
ἀσφαλὲς αὐτοῖς ἐφαίνετο Ἀθηναίων ἐχόντων Μέγαρα καὶ
Πηγὰς πορεύεσθαι. δύσοδός τε γὰρ ἡ Γερανεία καὶ ἐφρου-
ρεῖτο αἰεὶ ὑπὸ Ἀθηναίων, καὶ τότε ᾐσθάνοντο αὐτοὺς 25
4 μέλλοντας καὶ ταύτῃ κωλύσειν. ἔδοξε δ᾽ αὐτοῖς ἐν Βοιωτοῖς
περιμεῖναι σκέψασθαι ὅτῳ τρόπῳ ἀσφαλέστατα διαπορεύ-
σονται. τὸ δέ τι καὶ ἄνδρες τῶν Ἀθηναίων ἐπῆγον αὐτοὺς
κρύφα, ἐλπίσαντες δῆμόν τε καταπαύσειν καὶ τὰ μακρὰ
5 τείχη οἰκοδομούμενα. ἐβοήθησαν δὲ ἐπ᾽ αὐτοὺς οἱ Ἀθηναῖοι 30
πανδημεὶ καὶ Ἀργείων χίλιοι καὶ τῶν ἄλλων ξυμμάχων ὡς

---

11 ἐς θάλασσαν Ἀθηναῖοι A B E F M   22 κωλύειν A B E F M
23 ἐφαίνετο αὐτοῖς A B E F M   24 πορεύεσθαι, ut videtur, non
legit Schol., secl. Hude   28 ἐπῆγον αὐτοὺς τῶν Ἀθηναίων C

ἔκαστοι· ξύμπαντες δὲ ἐγένοντο τετρακισχίλιοι καὶ μύριοι.
νομίσαντες δὲ ἀπορεῖν ὅπῃ διέλθωσιν ἐπεστράτευσαν αὐτοῖς, 6
καί τι καὶ τοῦ δήμου καταλύσεως ὑποψίᾳ. ἦλθον δὲ καὶ 7
Θεσσαλῶν ἱππῆς τοῖς Ἀθηναίοις κατὰ τὸ ξυμμαχικόν, οἳ
5 μετέστησαν ἐν τῷ ἔργῳ παρὰ τοὺς Λακεδαιμονίους. γενο- 108
μένης δὲ μάχης ἐν Τανάγρᾳ τῆς Βοιωτίας ἐνίκων Λακεδαι-
μόνιοι καὶ οἱ ξύμμαχοι, καὶ φόνος ἐγένετο ἀμφοτέρων πολύς.
καὶ Λακεδαιμόνιοι μὲν ἐς τὴν Μεγαρίδα ἐλθόντες καὶ 2
δενδροτομήσαντες πάλιν ἀπῆλθον ἐπ᾽ οἴκου διὰ Γερανείας
10 καὶ Ἰσθμοῦ· Ἀθηναῖοι δὲ δευτέρᾳ καὶ ἑξηκοστῇ ἡμέρᾳ μετὰ
τὴν μάχην ἐστράτευσαν ἐς Βοιωτοὺς Μυρωνίδου στρατη-
γοῦντος, καὶ μάχῃ ἐν Οἰνοφύτοις τοὺς Βοιωτοὺς νικήσαντες 3
τῆς τε χώρας ἐκράτησαν τῆς Βοιωτίας καὶ Φωκίδος καὶ
Ταναγραίων τὸ τεῖχος περιεῖλον καὶ Λοκρῶν τῶν Ὀπουν-
15 τίων ἑκατὸν ἄνδρας ὁμήρους τοὺς πλουσιωτάτους ἔλαβον,
τά τε τείχη ἑαυτῶν τὰ μακρὰ ἀπετέλεσαν. ὡμολόγησαν 4
δὲ καὶ οἱ Αἰγινῆται μετὰ ταῦτα τοῖς Ἀθηναίοις, τείχη τε
περιελόντες καὶ ναῦς παραδόντες φόρον τε ταξάμενοι ἐς τὸν
ἔπειτα χρόνον. καὶ Πελοπόννησον περιέπλευσαν Ἀθηναῖοι 5
20 Τολμίδου τοῦ Τολμαίου στρατηγοῦντος, καὶ τὸ νεώριον τῶν
Λακεδαιμονίων ἐνέπρησαν καὶ Χαλκίδα Κορινθίων πόλιν
εἷλον καὶ Σικυωνίους ἐν ἀποβάσει τῆς γῆς μάχῃ ἐκράτησαν.
Οἱ δ᾽ ἐν τῇ Αἰγύπτῳ Ἀθηναῖοι καὶ οἱ ξύμμαχοι ἐπέμενον, 109
καὶ αὐτοῖς πολλαὶ ἰδέαι πολέμων κατέστησαν. τὸ μὲν γὰρ 2
25 πρῶτον ἐκράτουν τῆς Αἰγύπτου οἱ Ἀθηναῖοι, καὶ βασιλεὺς
πέμπει ἐς Λακεδαίμονα Μεγάβαζον ἄνδρα Πέρσην χρήματα
ἔχοντα, ὅπως ἐς τὴν Ἀττικὴν ἐσβαλεῖν πεισθέντων τῶν
Πελοποννησίων ἀπ᾽ Αἰγύπτου ἀπαγάγοι Ἀθηναίους. ὡς δὲ 3
αὐτῷ οὐ προυχώρει καὶ τὰ χρήματα ἄλλως ἀνηλοῦτο, ὁ μὲν
30 Μεγάβαζος καὶ τὰ λοιπὰ τῶν χρημάτων πάλιν ἐς τὴν Ἀσίαν

6 post δὲ add. τῆς C 12 τοὺς om. C G 16 post τείχη add.
τὰ A B E F ἐπετέλεσαν A B E F M 17 οἱ om. A B E F M
20 τῶν] τὸ A B E F M 21 πόλιν om. C 23 ἔτι ἔμενον C : ἔτι
ἐπέμενον G 25 οἱ C : om. cett. 27 τῶν om. C

ἀνεκομίσθη, Μεγάβυζον δὲ τὸν Ζωπύρου πέμπει ἄνδρα Πέρ-
4 σην μετὰ στρατιᾶς πολλῆς· ὃς ἀφικόμενος κατὰ γῆν τούς
τε Αἰγυπτίους καὶ τοὺς ξυμμάχους μάχῃ ἐκράτησε καὶ ἐκ
τῆς Μέμφιδος ἐξήλασε τοὺς Ἕλληνας καὶ τέλος ἐς Προσ-
ωπίτιδα τὴν νῆσον κατέκλῃσε καὶ ἐπολιόρκει ἐν αὐτῇ 5
ἐνιαυτὸν καὶ ἓξ μῆνας, μέχρι οὗ ξηράνας τὴν διώρυχα καὶ
παρατρέψας ἄλλῃ τὸ ὕδωρ τάς τε ναῦς ἐπὶ τοῦ ξηροῦ ἐποίησε
καὶ τῆς νήσου τὰ πολλὰ ἤπειρον, καὶ διαβὰς εἷλε τὴν νῆσον
110 πεζῇ. οὕτω μὲν τὰ τῶν Ἑλλήνων πράγματα ἐφθάρη ἓξ
ἔτη πολεμήσαντα· καὶ ὀλίγοι ἀπὸ πολλῶν πορευόμενοι διὰ 10
τῆς Λιβύης ἐς Κυρήνην ἐσώθησαν, οἱ δὲ πλεῖστοι ἀπώλοντο.
2 Αἴγυπτος δὲ πάλιν ὑπὸ βασιλέα ἐγένετο πλὴν Ἀμυρταίου
τοῦ ἐν τοῖς ἕλεσι βασιλέως· τοῦτον δὲ διὰ μέγεθός τε τοῦ
ἕλους οὐκ ἐδύναντο ἑλεῖν, καὶ ἅμα μαχιμώτατοί εἰσι τῶν
3 Αἰγυπτίων οἱ ἕλειοι. Ἰνάρως δὲ ὁ Λιβύων βασιλεύς, ὃς 15
τὰ πάντα ἔπραξε περὶ τῆς Αἰγύπτου, προδοσίᾳ ληφθεὶς
4 ἀνεσταυρώθη. ἐκ δὲ τῶν Ἀθηνῶν καὶ τῆς ἄλλης ξυμμαχί-
δος πεντήκοντα τριήρεις διάδοχοι πλέουσαι ἐς Αἴγυπτον
ἔσχον κατὰ τὸ Μενδήσιον κέρας, οὐκ εἰδότες τῶν γεγονότων
οὐδέν· καὶ αὐτοῖς ἔκ τε γῆς ἐπιπεσόντες πεζοὶ καὶ ἐκ 20
θαλάσσης Φοινίκων ναυτικὸν διέφθειραν τὰς πολλὰς τῶν
νεῶν, αἱ δ' ἐλάσσους διέφυγον πάλιν. τὰ μὲν κατὰ τὴν
μεγάλην στρατείαν Ἀθηναίων καὶ τῶν ξυμμάχων ἐς Αἴγυπ-
τον οὕτως ἐτελεύτησεν.

III Ἐκ δὲ Θεσσαλίας Ὀρέστης ὁ Ἐχεκρατίδου υἱὸς τοῦ 25
Θεσσαλῶν βασιλέως φεύγων ἔπεισεν Ἀθηναίους ἑαυτὸν
κατάγειν· καὶ παραλαβόντες Βοιωτοὺς καὶ Φωκέας ὄντας
ξυμμάχους οἱ Ἀθηναῖοι ἐστράτευσαν τῆς Θεσσαλίας ἐπὶ
Φάρσαλον. καὶ τῆς μὲν γῆς ἐκράτουν ὅσα μὴ προϊόντες
πολὺ ἐκ τῶν ὅπλων (οἱ γὰρ ἱππῆς τῶν Θεσσαλῶν εἶργον), 30
τὴν δὲ πόλιν οὐχ εἷλον, οὐδ' ἄλλο προυχώρει αὐτοῖς οὐδὲν

1 ἐκομίσθη A B E F M   3 τε om. A B E F M   8 ἠπείρου C
suprascr. G   17 Ἀθηνῶν Schol. Townl. Π 280 : Ἀθηναίων codd.
19 γεγενημένων A B E F M   28 οἱ om. A B E F M

ὧν ἕνεκα ἐστράτευσαν, ἀλλ' ἀπεχώρησαν πάλιν Ὀρέστην
ἔχοντες ἄπρακτοι. μετὰ δὲ ταῦτα οὐ πολλῷ ὕστερον χίλιοι 2
Ἀθηναίων ἐπὶ τὰς ναῦς τὰς ἐν Πηγαῖς ἐπιβάντες (εἶχον δ'
αὐτοὶ τὰς Πηγάς) παρέπλευσαν ἐς Σικυῶνα Περικλέους τοῦ
5 Ξανθίππου στρατηγοῦντος, καὶ ἀποβάντες Σικυωνίων τοὺς
προσμείξαντας μάχῃ ἐκράτησαν. καὶ εὐθὺς παραλαβόντες 3
Ἀχαιοὺς καὶ διαπλεύσαντες πέραν τῆς Ἀκαρνανίας ἐς Οἰνιά-
δας ἐστράτευσαν καὶ ἐπολιόρκουν, οὐ μέντοι εἷλόν γε, ἀλλ'
ἀπεχώρησαν ἐπ' οἴκου.

10   Ὕστερον δὲ διαλιπόντων ἐτῶν τριῶν σπονδαὶ γίγνονται 112
Πελοποννησίοις καὶ Ἀθηναίοις πεντέτεις. καὶ Ἑλληνικοῦ 2
μὲν πολέμου ἔσχον οἱ Ἀθηναῖοι, ἐς δὲ Κύπρον ἐστρατεύοντο
ναυσὶ διακοσίαις αὐτῶν τε καὶ τῶν ξυμμάχων Κίμωνος
στρατηγοῦντος. καὶ ἑξήκοντα μὲν νῆες ἐς Αἴγυπτον ἀπ' 3
15 αὐτῶν ἔπλευσαν, Ἀμυρταίου μεταπέμποντος τοῦ ἐν τοῖς
ἔλεσι βασιλέως, αἱ δὲ ἄλλαι Κίτιον ἐπολιόρκουν. Κίμωνος 4
δὲ ἀποθανόντος καὶ λιμοῦ γενομένου ἀπεχώρησαν ἀπὸ Κιτίου,
καὶ πλεύσαντες ὑπὲρ Σαλαμῖνος τῆς ἐν Κύπρῳ Φοίνιξι καὶ
Κυπρίοις καὶ Κίλιξιν ἐναυμάχησαν καὶ ἐπεζομάχησαν ἅμα,
20 καὶ νικήσαντες ἀμφότερα ἀπεχώρησαν ἐπ' οἴκου καὶ αἱ ἐξ
Αἰγύπτου νῆες πάλιν [αἱ] ἐλθοῦσαι μετ' αὐτῶν. Λακεδαι- 5
μόνιοι δὲ μετὰ ταῦτα τὸν ἱερὸν καλούμενον πόλεμον ἐστρά-
τευσαν, καὶ κρατήσαντες τοῦ ἐν Δελφοῖς ἱεροῦ παρέδοσαν
Δελφοῖς· καὶ αὖθις ὕστερον Ἀθηναῖοι ἀποχωρησάντων αὐτῶν
25 στρατεύσαντες καὶ κρατήσαντες παρέδοσαν Φωκεῦσιν.

Καὶ χρόνου ἐγγενομένου μετὰ ταῦτα Ἀθηναῖοι, Βοιωτῶν 113
τῶν φευγόντων ἐχόντων Ὀρχομενὸν καὶ Χαιρώνειαν καὶ ἄλλ'
ἄττα χωρία τῆς Βοιωτίας, ἐστράτευσαν ἑαυτῶν μὲν χιλίοις
ὁπλίταις, τῶν δὲ ξυμμάχων ὡς ἑκάστοις ἐπὶ τὰ χωρία ταῦτα
30 πολέμια ὄντα, Τολμίδου τοῦ Τολμαίου στρατηγοῦντος. καὶ
Χαιρώνειαν ἑλόντες καὶ ἀνδραποδίσαντες ἀπεχώρουν φυλακὴν

---

18 καὶ Κυπρίοις om. A B E F M   21 αἱ om. recc.   31 καὶ
ἀνδραποδίσαντες om. A B E F M

2 καταστήσαντες. πορευομένοις δ' αὐτοῖς ἐν Κορωνείᾳ ἐπι-
τίθενται οἵ τε ἐκ τῆς Ὀρχομενοῦ φυγάδες Βοιωτῶν καὶ
Λοκροὶ μετ' αὐτῶν καὶ Εὐβοέων φυγάδες καὶ ὅσοι τῆς
αὐτῆς γνώμης ἦσαν, καὶ μάχῃ κρατήσαντες τοὺς μὲν δι-
3 έφθειραν τῶν Ἀθηναίων, τοὺς δὲ ζῶντας ἔλαβον. καὶ τὴν 5
Βοιωτίαν ἐξέλιπον Ἀθηναῖοι πᾶσαν, σπονδὰς ποιησάμενοι
4 ἐφ' ᾧ τοὺς ἄνδρας κομιοῦνται. καὶ οἱ φεύγοντες Βοιωτῶν
κατελθόντες καὶ οἱ ἄλλοι πάντες αὐτόνομοι πάλιν ἐγένοντο.

114 Μετὰ δὲ ταῦτα οὐ πολλῷ ὕστερον Εὔβοια ἀπέστη ἀπὸ
Ἀθηναίων, καὶ ἐς αὐτὴν διαβεβηκότος ἤδη Περικλέους στρα- 10
τιᾷ Ἀθηναίων ἠγγέλθη αὐτῷ ὅτι Μέγαρα ἀφέστηκε καὶ
Πελοποννήσιοι μέλλουσιν ἐσβαλεῖν ἐς τὴν Ἀττικὴν καὶ οἱ
φρουροὶ Ἀθηναίων διεφθαρμένοι εἰσὶν ὑπὸ Μεγαρέων, πλὴν
ὅσοι ἐς Νίσαιαν ἀπέφυγον· ἐπαγαγόμενοι δὲ Κορινθίους καὶ
Σικυωνίους καὶ Ἐπιδαυρίους ἀπέστησαν οἱ Μεγαρῆς. ὁ δὲ 15
Περικλῆς πάλιν κατὰ τάχος ἐκόμιζε τὴν στρατιὰν ἐκ τῆς
2 Εὐβοίας. καὶ μετὰ τοῦτο οἱ Πελοποννήσιοι τῆς Ἀττικῆς
ἐς Ἐλευσῖνα καὶ Θριῶζε ἐσβαλόντες ἐδῄωσαν Πλειστο-
άνακτος τοῦ Παυσανίου βασιλέως Λακεδαιμονίων ἡγουμένου,
3 καὶ τὸ πλέον οὐκέτι προελθόντες ἀπεχώρησαν ἐπ' οἴκου. καὶ 20
Ἀθηναῖοι πάλιν ἐς Εὔβοιαν διαβάντες Περικλέους στρατη-
γοῦντος κατεστρέψαντο πᾶσαν, καὶ τὴν μὲν ἄλλην ὁμολογίᾳ
κατεστήσαντο, Ἑστιαιᾶς δὲ ἐξοικίσαντες αὐτοὶ τὴν γῆν ἔσχον.

115 ἀναχωρήσαντες δὲ ἀπ' Εὐβοίας οὐ πολλῷ ὕστερον σπονδὰς
ἐποιήσαντο πρὸς Λακεδαιμονίους καὶ τοὺς ξυμμάχους τρια- 25
κοντούτεις, ἀποδόντες Νίσαιαν καὶ Πηγὰς καὶ Τροιζῆνα καὶ
Ἀχαΐαν· ταῦτα γὰρ εἶχον Ἀθηναῖοι Πελοποννησίων.

2 Ἕκτῳ δὲ ἔτει Σαμίοις καὶ Μιλησίοις πόλεμος ἐγένετο
περὶ Πριήνης, καὶ οἱ Μιλήσιοι ἐλασσούμενοι τῷ πολέμῳ
παρ' Ἀθηναίους ἐλθόντες κατεβόων τῶν Σαμίων. ξυν- 30
επελάβοντο δὲ καὶ ἐξ αὐτῆς τῆς Σάμου ἄνδρες ἰδιῶται

1 ἐγκαταστήσαντες Herwerden   12 ἐσβάλλειν C G   14 ἐπ-
αγόμενοι C G   30 ξυνεπελαμβάνοντο A B E F M γρ. G

νεωτερίσαι βουλόμενοι τὴν πολιτείαν. πλεύσαντες οὖν 3
Ἀθηναῖοι ἐς Σάμον ναυσὶ τεσσαράκοντα δημοκρατίαν κατ-
έστησαν, καὶ ὁμήρους ἔλαβον τῶν Σαμίων πεντήκοντα μὲν
παῖδας, ἴσους δὲ ἄνδρας, καὶ κατέθεντο ἐς Λῆμνον, καὶ
5 φρουρὰν ἐγκαταλιπόντες ἀνεχώρησαν. τῶν δὲ Σαμίων ἦσαν 4
γάρ τινες οἳ οὐχ ὑπέμειναν, ἀλλ᾽ ἔφυγον ἐς τὴν ἤπειρον,
ξυνθέμενοι τῶν ἐν τῇ πόλει τοῖς δυνατωτάτοις καὶ Πισ-
σούθνῃ τῷ Ὑστάσπου ξυμμαχίαν, ὃς εἶχε Σάρδεις τότε,
ἐπικούρους τε ξυλλέξαντες ἐς ἑπτακοσίους διέβησαν ὑπὸ
10 νύκτα ἐς τὴν Σάμον, καὶ πρῶτον μὲν τῷ δήμῳ ἐπανέστησαν 5
καὶ ἐκράτησαν τῶν πλείστων, ἔπειτα τοὺς ὁμήρους ἐκκλέ-
ψαντες ἐκ Λήμνου τοὺς αὐτῶν ἀπέστησαν, καὶ τοὺς φρουροὺς
τοὺς Ἀθηναίων καὶ τοὺς ἄρχοντας οἳ ἦσαν παρὰ σφίσιν
ἐξέδοσαν Πισσούθνῃ, ἐπί τε Μίλητον εὐθὺς παρεσκευάζοντο
15 στρατεύειν. ξυναπέστησαν δ᾽ αὐτοῖς καὶ Βυζάντιοι.

Ἀθηναῖοι δὲ ὡς ᾔσθοντο, πλεύσαντες ναυσὶν ἑξήκοντα ἐπὶ 116
Σάμου ταῖς μὲν ἑκκαίδεκα τῶν νεῶν οὐκ ἐχρήσαντο (ἔτυχον γὰρ
αἱ μὲν ἐπὶ Καρίας ἐς προσκοπὴν τῶν Φοινισσῶν νεῶν οἰχό-
μεναι, αἱ δὲ ἐπὶ Χίου καὶ Λέσβου περιαγγέλλουσαι βοηθεῖν),
20 τεσσαράκοντα δὲ ναυσὶ καὶ τέσσαρσι Περικλέους δεκάτου
αὐτοῦ στρατηγοῦντος ἐναυμάχησαν πρὸς Τραγίᾳ τῇ νήσῳ
Σαμίων ναυσὶν ἑβδομήκοντα, ὧν ἦσαν αἱ εἴκοσι στρατιώ-
τιδες (ἔτυχον δὲ αἱ πᾶσαι ἀπὸ Μιλήτου πλέουσαι), καὶ
ἐνίκων Ἀθηναῖοι. ὕστερον δὲ αὐτοῖς ἐβοήθησαν ἐκ τῶν 2
25 Ἀθηνῶν νῆες τεσσαράκοντα καὶ Χίων καὶ Λεσβίων πέντε
καὶ εἴκοσι, καὶ ἀποβάντες καὶ κρατοῦντες τῷ πεζῷ ἐπο-
λιόρκουν τρισὶ τείχεσι τὴν πόλιν καὶ ἐκ θαλάσσης ἅμα.
Περικλῆς δὲ λαβὼν ἑξήκοντα ναῦς ἀπὸ τῶν ἐφορμουσῶν 3
ᾤχετο κατὰ τάχος ἐπὶ Καύνου καὶ Καρίας, ἐσαγγελθέντων
30 ὅτι Φοίνισσαι νῆες ἐπ᾽ αὐτοὺς πλέουσιν· ᾤχετο γὰρ καὶ
ἐκ τῆς Σάμου πέντε ναυσὶ Στησαγόρας καὶ ἄλλοι ἐπὶ τὰς

6 ὑπέμενον A B E F M   11 κλέψαντες A B E F M   14 post
παρεσκευάζοντο add. μετ᾽ αὐτοὺς C, μετ᾽ αὐτοῦ G   26 post ἀπο-
βάντες add. ἐς τὴν γῆν C G (del. G¹)

117 Φοινίσσας. ἐν τούτῳ δὲ οἱ Σάμιοι ἐξαπιναίως ἔκπλουν
ποιησάμενοι ἀφάρκτῳ τῷ στρατοπέδῳ ἐπιπεσόντες τάς τε
προφυλακίδας ναῦς διέφθειραν καὶ ναυμαχοῦντες τὰς ἀντ-
αναγομένας ἐνίκησαν, καὶ τῆς θαλάσσης τῆς καθ᾽ ἑαυτοὺς
ἐκράτησαν ἡμέρας περὶ τέσσαρας καὶ δέκα, καὶ ἐσεκομίσαντο 5
2 καὶ ἐξεκομίσαντο ἃ ἐβούλοντο. ἐλθόντος δὲ Περικλέους
πάλιν ταῖς ναυσὶ κατεκλῄσθησαν. καὶ ἐκ τῶν Ἀθηνῶν
ὕστερον προσεβοήθησαν τεσσαράκοντα μὲν αἱ μετὰ Θουκυ-
δίδου καὶ Ἅγνωνος καὶ Φορμίωνος νῆες, εἴκοσι δὲ αἱ μετὰ
Τληπολέμου καὶ Ἀντικλέους, ἐκ δὲ Χίου καὶ Λέσβου τριά- 10
3 κοντα. καὶ ναυμαχίαν μέν τινα βραχεῖαν ἐποιήσαντο οἱ
Σάμιοι, ἀδύνατοι δὲ ὄντες ἀντίσχειν ἐξεπολιορκήθησαν
ἐνάτῳ μηνὶ καὶ προσεχώρησαν ὁμολογίᾳ, τεῖχός τε καθε-
λόντες καὶ ὁμήρους δόντες καὶ ναῦς παραδόντες καὶ χρήματα
τὰ ἀναλωθέντα ταξάμενοι κατὰ χρόνους ἀποδοῦναι. ξυν- 15
έβησαν δὲ καὶ Βυζάντιοι ὥσπερ καὶ πρότερον ὑπήκοοι εἶναι.

118 Μετὰ ταῦτα δὲ ἤδη γίγνεται οὐ πολλοῖς ἔτεσιν ὕστερον
τὰ προειρημένα, τά τε Κερκυραϊκὰ καὶ τὰ Ποτειδεατικὰ καὶ
2 ὅσα πρόφασις τοῦδε τοῦ πολέμου κατέστη. ταῦτα δὲ ξύμ-
παντα ὅσα ἔπραξαν οἱ Ἕλληνες πρός τε ἀλλήλους καὶ τὸν 20
βάρβαρον ἐγένετο ἐν ἔτεσι πεντήκοντα μάλιστα μεταξὺ
τῆς τε Ξέρξου ἀναχωρήσεως καὶ τῆς ἀρχῆς τοῦδε τοῦ
πολέμου· ἐν οἷς οἱ Ἀθηναῖοι τήν τε ἀρχὴν ἐγκρατεστέραν
κατεστήσαντο καὶ αὐτοὶ ἐπὶ μέγα ἐχώρησαν δυνάμεως, οἱ
δὲ Λακεδαιμόνιοι αἰσθόμενοι οὔτε ἐκώλυον εἰ μὴ ἐπὶ βραχύ, 25
ἡσύχαζόν τε τὸ πλέον τοῦ χρόνου, ὄντες μὲν καὶ πρὸ τοῦ
μὴ ταχεῖς ἰέναι ἐς τοὺς πολέμους, ἢν μὴ ἀναγκάζωνται, τὸ
δέ τι καὶ πολέμοις οἰκείοις ἐξειργόμενοι, πρὶν δὴ ἡ δύναμις
τῶν Ἀθηναίων σαφῶς ᾔρετο καὶ τῆς ξυμμαχίας αὐτῶν

9 αἱ om. A C G   12 ἀντίσχειν Krüger : ἀντισχεῖν codd.   15 κατὰ
χρόνους ταξάμενοι A B E F M   22 τε om. A B E F M   23 οἱ om.
A B E F M   27 ἢν μὴ ἀναγκάζωνται C Dion. Hal. : εἰ μὴ ἀναγκά-
ζωνται G : εἰ μὴ ἀναγκάζοιντο cett.   τὸ δέ τι] τότε δέ τι Dion. Hal. :
τότε δ᾽ ἔτι Reiske

ἥπτοντο. τότε δὲ οὐκέτι ἀνασχετὸν ἐποιοῦντο, ἀλλ' ἐπι-
χειρητέα ἐδόκει εἶναι πάσῃ προθυμίᾳ καὶ καθαιρετέα ἡ
ἰσχύς, ἣν δύνωνται, ἀραμένοις τόνδε τὸν πόλεμον. αὐτοῖς 3
μὲν οὖν τοῖς Λακεδαιμονίοις διέγνωστο λελύσθαι τε τὰς
5 σπονδὰς καὶ τοὺς Ἀθηναίους ἀδικεῖν, πέμψαντες δὲ ἐς
Δελφοὺς ἐπηρώτων τὸν θεὸν εἰ πολεμοῦσιν ἄμεινον ἔσται·
ὁ δὲ ἀνεῖλεν αὐτοῖς, ὡς λέγεται, κατὰ κράτος πολεμοῦσι
νίκην ἔσεσθαι, καὶ αὐτὸς ἔφη ξυλλήψεσθαι καὶ παρακαλού-
μενος καὶ ἄκλητος. αὖθις δὲ τοὺς ξυμμάχους παρακαλέ- 119
10 σαντες ψῆφον ἐβούλοντο ἐπαγαγεῖν εἰ χρὴ πολεμεῖν. καὶ
ἐλθόντων τῶν πρέσβεων ἀπὸ τῆς ξυμμαχίας καὶ ξυνόδου
γενομένης οἵ τε ἄλλοι εἶπον ἃ ἐβούλοντο, κατηγοροῦντες οἱ
πλείους τῶν Ἀθηναίων καὶ τὸν πόλεμον ἀξιοῦντες γίγνεσθαι,
καὶ οἱ Κορίνθιοι δεηθέντες μὲν καὶ κατὰ πόλεις πρότερον
15 ἑκάστων ἰδίᾳ ὥστε ψηφίσασθαι τὸν πόλεμον, δεδιότες περὶ
τῇ Ποτειδαίᾳ μὴ προδιαφθαρῇ, παρόντες δὲ καὶ τότε καὶ
τελευταῖοι ἐπελθόντες ἔλεγον τοιάδε.

‘Τοὺς μὲν Λακεδαιμονίους, ὦ ἄνδρες ξύμμαχοι, οὐκ ἂν 120
ἔτι αἰτιασαίμεθα ὡς οὐ καὶ αὐτοὶ ἐψηφισμένοι τὸν πόλεμόν
20 εἰσι καὶ ἡμᾶς ἐς τοῦτο νῦν ξυνήγαγον. χρὴ γὰρ τοὺς
ἡγεμόνας τὰ ἴδια ἐξ ἴσου νέμοντας τὰ κοινὰ προσκοπεῖν,
ὥσπερ καὶ ἐν ἄλλοις ἐκ πάντων προτιμῶνται. ἡμῶν δὲ 2
ὅσοι μὲν Ἀθηναίοις ἤδη ἐνηλλάγησαν οὐχὶ διδαχῆς δέονται
ὥστε φυλάξασθαι αὐτούς· τοὺς δὲ τὴν μεσόγειαν μᾶλλον
25 καὶ μὴ ἐν πόρῳ κατῳκημένους εἰδέναι χρὴ ὅτι, τοῖς κάτω
ἢν μὴ ἀμύνωσι, χαλεπωτέραν ἕξουσι τὴν κατακομιδὴν τῶν
ὡραίων καὶ πάλιν ἀντίληψιν ὧν ἡ θάλασσα τῇ ἠπείρῳ
δίδωσι, καὶ τῶν νῦν λεγομένων μὴ κακοὺς κριτὰς ὡς μὴ
προσηκόντων εἶναι, προσδέχεσθαι δέ ποτε, εἰ τὰ κάτω
30 πρόοιντο, κἂν μέχρι σφῶν τὸ δεινὸν προελθεῖν, καὶ περὶ
αὑτῶν οὐχ ἧσσον νῦν βουλεύεσθαι. δι' ὅπερ καὶ μὴ ὀκνεῖν 3

δεῖ αὐτοὺς τὸν πόλεμον ἀντ᾽ εἰρήνης μεταλαμβάνειν. ἀνδρῶν γὰρ σωφρόνων μέν ἐστιν, εἰ μὴ ἀδικοῖντο, ἡσυχάζειν, ἀγαθῶν δὲ ἀδικουμένους ἐκ μὲν εἰρήνης πολεμεῖν, εὖ δὲ παρασχὸν ἐκ πολέμου πάλιν ξυμβῆναι, καὶ μήτε τῇ κατὰ πόλεμον εὐτυχίᾳ ἐπαίρεσθαι μήτε τῷ ἡσύχῳ τῆς εἰρήνης ἡδόμενον

4 ἀδικεῖσθαι. ὅ τε γὰρ διὰ τὴν ἡδονὴν ὀκνῶν τάχιστ᾽ ἂν ἀφαιρεθείη τῆς ῥᾳστώνης τὸ τερπνὸν δι᾽ ὅπερ ὀκνεῖ, εἰ ἡσυχάζοι, ὅ τε ἐν πολέμῳ εὐτυχίᾳ πλεονάζων οὐκ ἐντε-

5 θύμηται θράσει ἀπίστῳ ἐπαιρόμενος. πολλὰ γὰρ κακῶς γνωσθέντα ἀβουλοτέρων τῶν ἐναντίων τυχόντα κατωρθώθη, καὶ ἔτι πλείω καλῶς δοκοῦντα βουλευθῆναι ἐς τοὐναντίον αἰσχρῶς περιέστη· ἐνθυμεῖται γὰρ οὐδεὶς ὁμοῖα τῇ πίστει καὶ ἔργῳ ἐπεξέρχεται, ἀλλὰ μετ᾽ ἀσφαλείας μὲν δοξάζομεν, μετὰ δέους δὲ ἐν τῷ ἔργῳ ἐλλείπομεν.

121 ''Ἡμεῖς δὲ νῦν καὶ ἀδικούμενοι τὸν πόλεμον ἐγείρομεν καὶ ἱκανὰ ἔχοντες ἐγκλήματα, καὶ ὅταν ἀμυνώμεθα Ἀθη-

2 ναίους, καταθησόμεθα αὐτὸν ἐν καιρῷ. κατὰ πολλὰ δὲ ἡμᾶς εἰκὸς ἐπικρατῆσαι, πρῶτον μὲν πλήθει προύχοντας καὶ ἐμ-πειρίᾳ πολεμικῇ, ἔπειτα ὁμοίως πάντας ἐς τὰ παραγγελλόμενα

3 ἰόντας, ναυτικόν τε, ᾧ ἰσχύουσιν, ἀπὸ τῆς ὑπαρχούσης τε ἑκάστοις οὐσίας ἐξαρτυσόμεθα καὶ ἀπὸ τῶν ἐν Δελφοῖς καὶ Ὀλυμπίᾳ χρημάτων· δάνεισμα γὰρ ποιησάμενοι ὑπολαβεῖν οἷοί τ᾽ ἐσμὲν μισθῷ μείζονι τοὺς ξένους αὐτῶν ναυβάτας. ὠνητὴ γὰρ ἡ Ἀθηναίων δύναμις μᾶλλον ἢ οἰκεία· ἡ δὲ ἡμετέρα ἧσσον ἂν τοῦτο πάθοι, τοῖς σώμασι τὸ πλέον

4 ἰσχύουσα ἢ τοῖς χρήμασιν. μιᾷ τε νίκῃ ναυμαχίας κατὰ τὸ εἰκὸς ἁλίσκονται· εἰ δ᾽ ἀντίσχοιεν, μελετήσομεν καὶ ἡμεῖς ἐν πλέονι χρόνῳ τὰ ναυτικά, καὶ ὅταν τὴν ἐπιστήμην ἐς τὸ ἴσον καταστήσωμεν, τῇ γε εὐψυχίᾳ δήπου περιεσό-μεθα. ὃ γὰρ ἡμεῖς ἔχομεν φύσει ἀγαθόν, ἐκείνοις οὐκ ἂν

γένοιτο διδαχῇ· ὃ δ' ἐκεῖνοι ἐπιστήμῃ προύχουσι, καθαιρετὸν
ἡμῖν ἐστι μελέτῃ. χρήματα δὲ ὥστε ἔχειν ἐς αὐτά, οἴσομεν· 5
ἢ δεινὸν ἂν εἴη εἰ οἱ μὲν ἐκείνων ξύμμαχοι ἐπὶ δουλείᾳ τῇ
αὑτῶν φέροντες οὐκ ἀπεροῦσιν, ἡμεῖς δ' ἐπὶ τῷ τιμωρού-
5 μενοι τοὺς ἐχθροὺς καὶ αὐτοὶ ἅμα σῴζεσθαι οὐκ ἄρα
δαπανήσομεν καὶ ἐπὶ τῷ μὴ ὑπ' ἐκείνων αὐτὰ ἀφαιρεθέντες
αὐτοῖς τούτοις κακῶς πάσχειν. ὑπάρχουσι δὲ καὶ ἄλλαι 122
ὁδοὶ τοῦ πολέμου ἡμῖν, ξυμμάχων τε ἀπόστασις, μάλιστα
παραίρεσις οὖσα τῶν προσόδων αἷς ἰσχύουσι, καὶ ἐπιτει-
10 χισμὸς τῇ χώρᾳ, ἄλλα τε ὅσα οὐκ ἄν τις νῦν προΐδοι.
ἥκιστα γὰρ πόλεμος ἐπὶ ῥητοῖς χωρεῖ, αὐτὸς δὲ ἀφ' αὑτοῦ
τὰ πολλὰ τεχνᾶται πρὸς τὸ παρατυγχάνον· ἐν ᾧ ὁ μὲν
εὐοργήτως αὐτῷ προσομιλήσας βεβαιότερος, ὁ δ' ὀργισθεὶς
περὶ αὐτὸν οὐκ ἐλάσσω πταίει.

15   'Ἐνθυμώμεθα δὲ καὶ ὅτι εἰ μὲν ἡμῶν ἦσαν ἑκάστοις 2
πρὸς ἀντιπάλους περὶ γῆς ὅρων αἱ διαφοραί, οἰστὸν ἂν ἦν·
νῦν δὲ πρὸς ξύμπαντάς τε ἡμᾶς Ἀθηναῖοι ἱκανοὶ καὶ κατὰ
πόλιν ἔτι δυνατώτεροι, ὥστε εἰ μὴ καὶ ἁθρόοι καὶ κατὰ ἔθνη
καὶ ἕκαστον ἄστυ μιᾷ γνώμῃ ἀμυνούμεθα αὐτούς, δίχα γε
20 ὄντας ἡμᾶς ἀπόνως χειρώσονται. καὶ τὴν ἧσσαν, εἰ καὶ
δεινόν τῳ ἀκοῦσαι, ἴστω οὐκ ἄλλο τι φέρουσαν ἢ ἄντικρυς
δουλείαν· ὃ καὶ λόγῳ ἐνδοιασθῆναι αἰσχρὸν τῇ Πελοπον- 3
νήσῳ καὶ πόλεις τοσάσδε ὑπὸ μιᾶς κακοπαθεῖν. ἐν ᾧ ἢ
δικαίως δοκοῖμεν ἂν πάσχειν ἢ διὰ δειλίαν ἀνέχεσθαι καὶ
25 τῶν πατέρων χείρους φαίνεσθαι, οἳ τὴν Ἑλλάδα ἠλευθέρω-
σαν, ἡμεῖς δὲ οὐδ' ἡμῖν αὐτοῖς βεβαιοῦμεν αὐτό, τύραννον
δὲ ἐῶμεν ἐγκαθεστάναι πόλιν, τοὺς δ' ἐν μιᾷ μονάρχους
ἀξιοῦμεν καταλύειν. καὶ οὐκ ἴσμεν ὅπως τάδε τριῶν τῶν 4
μεγίστων ξυμφορῶν ἀπήλλακται, ἀξυνεσίας ἢ μαλακίας ἢ
30 ἀμελείας. οὐ γὰρ δὴ πεφευγότες αὐτὰ ἐπὶ τὴν πλείστους
δὴ βλάψασαν καταφρόνησιν κεχωρήκατε, ἢ ἐκ τοῦ πολλοὺς

---

1 καθαιρετὸν C : καθαιρετέον cett. (corr. G¹)   15 καὶ om. C G   ἦσαν
ἡμῶν A B E F M   16 αἱ om. A B E F M   29 post ξυμφορῶν add.
οὐκ ⟨G⟩   30 ταῦτα A B E F M

123 σφάλλειν τὸ ἐναντίον ὄνομα ἀφροσύνη μετωνόμασται. τὰ
μὲν οὖν προγεγενημένα τί δεῖ μακρότερον ἢ ἐς ὅσον τοῖς
νῦν ξυμφέρει αἰτιᾶσθαι· περὶ δὲ τῶν ἔπειτα μελλόντων
τοῖς παροῦσι βοηθοῦντας χρὴ ἐπιταλαιπωρεῖν (πάτριον γὰρ
ὑμῖν ἐκ τῶν πόνων τὰς ἀρετὰς κτᾶσθαι), καὶ μὴ μεταβάλλειν 5
τὸ ἔθος, εἰ ἄρα πλούτῳ τε νῦν καὶ ἐξουσίᾳ ὀλίγον προφέρετε
(οὐ γὰρ δίκαιον ἃ τῇ ἀπορίᾳ ἐκτήθη τῇ περιουσίᾳ ἀπολέσθαι),
ἀλλὰ θαρσοῦντας ἰέναι κατὰ πολλὰ ἐς τὸν πόλεμον, τοῦ τε
θεοῦ χρήσαντος καὶ αὐτοῦ ὑποσχομένου ξυλλήψεσθαι καὶ
τῆς ἄλλης Ἑλλάδος ἁπάσης ξυναγωνιουμένης, τὰ μὲν φόβῳ, 10
2 τὰ δὲ ὠφελίᾳ. σπονδάς τε οὐ λύσετε πρότεροι, ἅς γε καὶ
ὁ θεὸς κελεύων πολεμεῖν νομίζει παραβεβάσθαι, ἠδικημέναις
δὲ μᾶλλον βοηθήσετε· λύουσι γὰρ οὐχ οἱ ἀμυνόμενοι, ἀλλ᾽
οἱ πρότεροι ἐπιόντες.

124   ῞Ωστε πανταχόθεν καλῶς ὑπάρχον ὑμῖν πολεμεῖν καὶ 15
ἡμῶν κοινῇ τάδε παραινούντων, εἴπερ βεβαιότατον τὸ ταὐτὰ
ξυμφέροντα καὶ πόλεσι καὶ ἰδιώταις εἶναι, μὴ μέλλετε Ποτει-
δεάταις τε ποιεῖσθαι τιμωρίαν οὖσι Δωριεῦσι καὶ ὑπὸ Ἰώνων
πολιορκουμένοις, οὗ πρότερον ἦν τοὐναντίον, καὶ τῶν ἄλλων
μετελθεῖν τὴν ἐλευθερίαν, ὡς οὐκέτι ἐνδέχεται περιμένοντας 20
τοὺς μὲν ἤδη βλάπτεσθαι, τοὺς δ᾽, εἰ γνωσθησόμεθα ξυνελ-
θόντες μέν, ἀμύνεσθαι δὲ οὐ τολμῶντες, μὴ πολὺ ὕστερον τὸ
2 αὐτὸ πάσχειν· ἀλλὰ νομίσαντες ἐς ἀνάγκην ἀφῖχθαι, ὦ
ἄνδρες ξύμμαχοι, καὶ ἅμα τάδε ἄριστα λέγεσθαι, ψηφί-
σασθε τὸν πόλεμον μὴ φοβηθέντες τὸ αὐτίκα δεινόν, τῆς 25
δ᾽ ἀπ᾽ αὐτοῦ διὰ πλείονος εἰρήνης ἐπιθυμήσαντες· ἐκ πο-
λέμου μὲν γὰρ εἰρήνη μᾶλλον βεβαιοῦται, ἀφ᾽ ἡσυχίας δὲ μὴ
3 πολεμῆσαι οὐχ ὁμοίως ἀκίνδυνον. καὶ τὴν καθεστηκυῖαν
ἐν τῇ Ἑλλάδι πόλιν τύραννον ἡγησάμενοι ἐπὶ πᾶσιν ὁμοίως
καθεστάναι, ὥστε τῶν μὲν ἤδη ἄρχειν, τῶν δὲ διανοεῖσθαι, 30

5 ἡμῖν C ⟨G⟩   8 θαρσοῦντας f G M: θαρσοῦντες cett.   10 πάσης
A B E F M   16 τάδε κοινῇ A B E F M   22 οὐ τολμῶντες]
ἀτολμῶντες C E G: ἀτολμοῦντες suprascr. F γρ. G   23 ἐπ᾽
C G

παραστησώμεθα ἐπελθόντες, καὶ αὐτοί τε ἀκινδύνως τὸ
λοιπὸν οἰκῶμεν καὶ τοὺς νῦν δεδουλωμένους Ἕλληνας ἐλευ-
θερώσωμεν.' τοιαῦτα μὲν οἱ Κορίνθιοι εἶπον.

Οἱ δὲ Λακεδαιμόνιοι ἐπειδὴ ἀφ' ἁπάντων ἤκουσαν γνώ- 125
5 μην, ψῆφον ἐπήγαγον τοῖς ξυμμάχοις ἅπασιν ὅσοι παρῆσαν
ἑξῆς, καὶ μείζονι καὶ ἐλάσσονι πόλει· καὶ τὸ πλῆθος
ἐψηφίσαντο πολεμεῖν. δεδογμένον δὲ αὐτοῖς εὐθὺς μὲν 2
ἀδύνατα ἦν ἐπιχειρεῖν ἀπαρασκεύοις οὖσιν, ἐκπορίζεσθαι δὲ
ἐδόκει ἑκάστοις ἃ πρόσφορα ἦν καὶ μὴ εἶναι μέλλησιν.
10 ὅμως δὲ καθισταμένοις ὧν ἔδει ἐνιαυτὸς μὲν οὐ διετρίβη,
ἔλασσον δέ, πρὶν ἐσβαλεῖν ἐς τὴν Ἀττικὴν καὶ τὸν πόλεμον
ἄρασθαι φανερῶς. ἐν τούτῳ δὲ ἐπρεσβεύοντο τῷ χρόνῳ 126
πρὸς τοὺς Ἀθηναίους ἐγκλήματα ποιούμενοι, ὅπως σφίσιν ὅτι
μεγίστη πρόφασις εἴη τοῦ πολεμεῖν, ἢν μή τι ἐσακούσωσιν.
15 Καὶ πρῶτον μὲν πρέσβεις πέμψαντες οἱ Λακεδαιμόνιοι 2
ἐκέλευον τοὺς Ἀθηναίους τὸ ἄγος ἐλαύνειν τῆς θεοῦ· τὸ
δὲ ἄγος ἦν τοιόνδε. Κύλων ἦν Ἀθηναῖος ἀνὴρ Ὀλυμ- 3
πιονίκης τῶν πάλαι εὐγενής τε καὶ δυνατός, ἐγεγαμήκει δὲ
θυγατέρα Θεαγένους Μεγαρέως ἀνδρός, ὃς κατ' ἐκεῖνον τὸν
20 χρόνον ἐτυράννει Μεγάρων. χρωμένῳ δὲ τῷ Κύλωνι ἐν 4
Δελφοῖς ἀνεῖλεν ὁ θεὸς ἐν τοῦ Διὸς τῇ μεγίστῃ ἑορτῇ
καταλαβεῖν τὴν Ἀθηναίων ἀκρόπολιν. ὁ δὲ παρά τε τοῦ 5
Θεαγένους δύναμιν λαβὼν καὶ τοὺς φίλους ἀναπείσας,
ἐπειδὴ ἐπῆλθεν Ὀλύμπια τὰ ἐν Πελοποννήσῳ, κατέλαβε
25 τὴν ἀκρόπολιν ὡς ἐπὶ τυραννίδι, νομίσας ἑορτήν τε τοῦ
Διὸς μεγίστην εἶναι καὶ ἑαυτῷ τι προσήκειν Ὀλύμπια
νενικηκότι. εἰ δὲ ἐν τῇ Ἀττικῇ ἢ ἄλλοθί που ἡ μεγίστη 6
ἑορτὴ εἴρητο, οὔτε ἐκεῖνος ἔτι κατενόησε τό τε μαντεῖον οὐκ
ἐδήλου (ἔστι γὰρ καὶ Ἀθηναίοις Διάσια ἃ καλεῖται Διὸς
30 ἑορτὴ Μειλιχίου μεγίστη ἔξω τῆς πόλεως, ἐν ᾗ πανδημεὶ

1 παραστησόμεθα BCG   τε om. ABEFM   3 μὲν om.
ABEFM   9 ἑκάστους Nattmann   14 ἐσακούσωσι F (vel f)
GM   17 Ὀλυμπιονίκης ἀνὴρ Ἀθηναῖος ABEFM   21 post
ἐν add. τῇ ABEFM   24 ἐπῆλθον ABFM

θύουσι πολλὰ οὐχ ἱερεῖα, ἀλλ' ⟨ἁγνὰ⟩ θύματα ἐπιχώρια),
7 δοκῶν δὲ ὀρθῶς γιγνώσκειν ἐπεχείρησε τῷ ἔργῳ. οἱ δὲ
Ἀθηναῖοι αἰσθόμενοι ἐβοήθησάν τε πανδημεὶ ἐκ τῶν ἀγρῶν
8 ἐπ' αὐτοὺς καὶ προσκαθεζόμενοι ἐπολιόρκουν. χρόνου δὲ
ἐγγιγνομένου οἱ Ἀθηναῖοι τρυχόμενοι τῇ προσεδρίᾳ ἀπῆλθον 5
οἱ πολλοί, ἐπιτρέψαντες τοῖς ἐννέα ἄρχουσι τήν τε φυλακὴν
καὶ τὸ πᾶν αὐτοκράτορσι διαθεῖναι ᾗ ἂν ἄριστα διαγιγνώ-
σκωσιν· τότε δὲ τὰ πολλὰ τῶν πολιτικῶν οἱ ἐννέα ἄρχοντες
9 ἔπρασσον. οἱ δὲ μετὰ τοῦ Κύλωνος πολιορκούμενοι φλαύρως
10 εἶχον σίτου τε καὶ ὕδατος ἀπορίᾳ. ὁ μὲν οὖν Κύλων καὶ 10
ὁ ἀδελφὸς αὐτοῦ ἐκδιδράσκουσιν· οἱ δ' ἄλλοι ὡς ἐπιέζοντο
καί τινες καὶ ἀπέθνησκον ὑπὸ τοῦ λιμοῦ, καθίζουσιν ἐπὶ
11 τὸν βωμὸν ἱκέται τὸν ἐν τῇ ἀκροπόλει. ἀναστήσαντες δὲ
αὐτοὺς οἱ τῶν Ἀθηναίων ἐπιτετραμμένοι τὴν φυλακήν, ὡς
ἑώρων ἀποθνῄσκοντας ἐν τῷ ἱερῷ, ἐφ' ᾧ μηδὲν κακὸν ποιή- 15
σουσιν, ἀπαγαγόντες ἀπέκτειναν· καθεζομένους δέ τινας
καὶ ἐπὶ τῶν σεμνῶν θεῶν τοῖς βωμοῖς ἐν τῇ παρόδῳ ἀπεχρή-
σαντο. καὶ ἀπὸ τούτου ἐναγεῖς καὶ ἀλιτήριοι τῆς θεοῦ
12 ἐκεῖνοί τε ἐκαλοῦντο καὶ τὸ γένος τὸ ἀπ' ἐκείνων. ἤλασαν
μὲν οὖν καὶ οἱ Ἀθηναῖοι τοὺς ἐναγεῖς τούτους, ἤλασε δὲ 20
καὶ Κλεομένης ὁ Λακεδαιμόνιος ὕστερον μετὰ Ἀθηναίων
στασιαζόντων, τούς τε ζῶντας ἐλαύνοντες καὶ τῶν τεθνεώτων
τὰ ὀστᾶ ἀνελόντες ἐξέβαλον· κατῆλθον μέντοι ὕστερον,
127 καὶ τὸ γένος αὐτῶν ἔστιν ἔτι ἐν τῇ πόλει. τοῦτο δὴ τὸ
ἄγος οἱ Λακεδαιμόνιοι ἐκέλευον ἐλαύνειν δῆθεν τοῖς θεοῖς 25
πρῶτον τιμωροῦντες, εἰδότες δὲ Περικλέα τὸν Ξανθίππου
προσεχόμενον αὐτῷ κατὰ τὴν μητέρα καὶ νομίζοντες ἐκπε-
σόντος αὐτοῦ ῥᾷον ⟨ἂν⟩ σφίσι προχωρεῖν τὰ ἀπὸ τῶν
2 Ἀθηναίων. οὐ μέντοι τοσοῦτον ἤλπιζον παθεῖν ἂν αὐτὸν

1 πολλὰ C. F. Hermann : πολλοὶ codd.   ἁγνὰ ex Polluce add.
Hemsterhuis   2 τῷ ἔργῳ . . . ii. 13. 7 τείχους suppl. m foll.
xxv–xxxiii   5 ἐπιγιγνομένου ABEF γρ. G   6 τε om.
ABEF   11 αὐτοῦ om. CG   17 post θεῶν add. ἐν ABEF
ἀπεχρήσαντο C: διεχρήσαντο cett.: ἀνεχρήσαντο Lexx.   24 ἔτι
ἔστιν C (G)   28 ἂν recc.: om. codd.

τοῦτο ὅσον διαβολὴν οἴσειν αὐτῷ πρὸς τὴν πόλιν ὡς καὶ
διὰ τὴν ἐκείνου ξυμφορὰν τὸ μέρος ἔσται ὁ πόλεμος. ὢν 3
γὰρ δυνατώτατος τῶν καθ᾽ ἑαυτὸν καὶ ἄγων τὴν πολιτείαν
ἠναντιοῦτο πάντα τοῖς Λακεδαιμονίοις, καὶ οὐκ εἴα ὑπείκειν,
5 ἀλλ᾽ ἐς τὸν πόλεμον ὥρμα τοὺς Ἀθηναίους.

Ἀντεκέλευον δὲ καὶ οἱ Ἀθηναῖοι τοὺς Λακεδαιμονίους 128
τὸ ἀπὸ Ταινάρου ἄγος ἐλαύνειν· οἱ γὰρ Λακεδαιμόνιοι
ἀναστήσαντές ποτε ἐκ τοῦ ἱεροῦ τοῦ Ποσειδῶνος [ἀπὸ
Ταινάρου] τῶν Εἱλώτων ἱκέτας ἀπαγαγόντες διέφθειραν, δι᾽ ὃ
10 δὴ καὶ σφίσιν αὐτοῖς νομίζουσι τὸν μέγαν σεισμὸν γενέσθαι
ἐν Σπάρτῃ. ἐκέλευον δὲ καὶ τὸ τῆς Χαλκιοίκου ἄγος 2
ἐλαύνειν αὐτούς· ἐγένετο δὲ τοιόνδε. ἐπειδὴ Παυσανίας ὁ 3
Λακεδαιμόνιος τὸ πρῶτον μεταπεμφθεὶς ὑπὸ Σπαρτιατῶν
ἀπὸ τῆς ἀρχῆς τῆς ἐν Ἑλλησπόντῳ καὶ κριθεὶς ὑπ᾽ αὐτῶν
15 ἀπελύθη μὴ ἀδικεῖν, δημοσίᾳ μὲν οὐκέτι ἐξεπέμφθη, ἰδίᾳ δὲ
αὐτὸς τριήρη λαβὼν Ἑρμιονίδα ἄνευ Λακεδαιμονίων ἀφ-
ικνεῖται ἐς Ἑλλήσποντον, τῷ μὲν λόγῳ ἐπὶ τὸν Ἑλληνικὸν
πόλεμον, τῷ δὲ ἔργῳ τὰ πρὸς βασιλέα πράγματα πράσσειν,
ὥσπερ καὶ τὸ πρῶτον ἐπεχείρησεν, ἐφιέμενος τῆς Ἑλλη-
20 νικῆς ἀρχῆς. εὐεργεσίαν δὲ ἀπὸ τοῦδε πρῶτον ἐς βασιλέα 4
κατέθετο καὶ τοῦ παντὸς πράγματος ἀρχὴν ἐποιήσατο·
Βυζάντιον γὰρ ἑλὼν τῇ προτέρᾳ παρουσίᾳ μετὰ τὴν ἐκ 5
Κύπρου ἀναχώρησιν (εἶχον δὲ Μῆδοι αὐτὸ καὶ βασιλέως
προσήκοντές τινες καὶ ξυγγενεῖς οἳ ἑάλωσαν ἐν αὐτῷ) τότε
25 τούτους οὓς ἔλαβεν ἀποπέμπει βασιλεῖ κρύφα τῶν ἄλλων
ξυμμάχων, τῷ δὲ λόγῳ ἀπέδρασαν αὐτόν. ἔπρασσε δὲ 6
ταῦτα μετὰ Γογγύλου τοῦ Ἐρετριῶς, ᾧπερ ἐπέτρεψε τό τε
Βυζάντιον καὶ τοὺς αἰχμαλώτους. ἔπεμψε δὲ καὶ ἐπιστολὴν
τὸν Γόγγυλον φέροντα αὐτῷ· ἐνεγέγραπτο δὲ τάδε ἐν αὐτῇ,
30 ὡς ὕστερον ἀνηυρέθη· ᾽Παυσανίας ὁ ἡγεμὼν τῆς Σπάρτης 7
τούσδε τέ σοι χαρίζεσθαι βουλόμενος ἀποπέμπει δορὶ ἑλών,

8 ἀπὸ Ταινάρου secl. Herwerden   17 Ἑλληνικὸν] Μηδικὸν Geb-
hardt   18 post ἔργῳ add. βουλόμενος C G   19 ἐνεχείρησεν
ABEF   27 ᾧπερ] ᾧ ABEF

καὶ γνώμην ποιοῦμαι, εἰ καὶ σοὶ δοκεῖ, θυγατέρα τε τὴν
σὴν γῆμαι καί σοι Σπάρτην τε καὶ τὴν ἄλλην Ἑλλάδα
ὑποχείριον ποιῆσαι. δυνατὸς δὲ δοκῶ εἶναι ταῦτα πρᾶξαι
μετὰ σοῦ βουλευόμενος. εἰ οὖν τί σε τούτων ἀρέσκει,
πέμπε ἄνδρα πιστὸν ἐπὶ θάλασσαν δι᾽ οὗ τὸ λοιπὸν τοὺς 5
129 λόγους ποιησόμεθα.᾽ τοσαῦτα μὲν ἡ γραφὴ ἐδήλου, Ξέρξης
δὲ ἥσθη τε τῇ ἐπιστολῇ καὶ ἀποστέλλει Ἀρτάβαζον τὸν
Φαρνάκου ἐπὶ θάλασσαν καὶ κελεύει αὐτὸν τήν τε Δασκυλῖτιν
σατραπείαν παραλαβεῖν Μεγαβάτην ἀπαλλάξαντα, ὃς πρό-
τερον ἦρχε, καὶ παρὰ Παυσανίαν ἐς Βυζάντιον ἐπιστολὴν 10
ἀντεπετίθει αὐτῷ ὡς τάχιστα διαπέμψαι καὶ τὴν σφραγῖδα
ἀποδεῖξαι, καὶ ἤν τι αὐτῷ Παυσανίας παραγγέλλῃ περὶ τῶν
2 ἑαυτοῦ πραγμάτων, πράσσειν ὡς ἄριστα καὶ πιστότατα. ὁ
δὲ ἀφικόμενος τά τε ἄλλα ἐποίησεν ὥσπερ εἴρητο καὶ τὴν
3 ἐπιστολὴν διέπεμψεν· ἀντενεγέγραπτο δὲ τάδε· ᾽ὧδε λέγει 15
βασιλεὺς Ξέρξης Παυσανίᾳ. καὶ τῶν ἀνδρῶν οὕς μοι πέραν
θαλάσσης ἐκ Βυζαντίου ἔσωσας κείσεταί σοι εὐεργεσία ἐν
τῷ ἡμετέρῳ οἴκῳ ἐς αἰεὶ ἀνάγραπτος, καὶ τοῖς λόγοις τοῖς
ἀπὸ σοῦ ἀρέσκομαι. καί σε μήτε νὺξ μήθ᾽ ἡμέρα ἐπισχέτω
ὥστε ἀνεῖναι πράσσειν τι ὧν ἐμοὶ ὑπισχνῇ, μηδὲ χρυσοῦ 20
καὶ ἀργύρου δαπάνῃ κεκωλύσθω μηδὲ στρατιᾶς πλήθει, εἴ
ποι δεῖ παραγίγνεσθαι, ἀλλὰ μετ᾽ Ἀρταβάζου ἀνδρὸς
ἀγαθοῦ, ὅν σοι ἔπεμψα, πρᾶσσε θαρσῶν καὶ τὰ ἐμὰ καὶ τὰ
130 σὰ ὅπῃ κάλλιστα καὶ ἄριστα ἕξει ἀμφοτέροις.᾽ ταῦτα
λαβὼν ὁ Παυσανίας τὰ γράμματα, ὢν καὶ πρότερον ἐν 25
μεγάλῳ ἀξιώματι ὑπὸ τῶν Ἑλλήνων διὰ τὴν Πλαταιᾶσιν ἡγε-
μονίαν, πολλῷ τότε μᾶλλον ἦρτο καὶ οὐκέτι ἐδύνατο ἐν τῷ
καθεστῶτι τρόπῳ βιοτεύειν, ἀλλὰ σκευάς τε Μηδικὰς ἐνδυό-
μενος ἐκ τοῦ Βυζαντίου ἐξῄει καὶ διὰ τῆς Θρᾴκης πορευό-
μενον αὐτὸν Μῆδοι καὶ Αἰγύπτιοι ἐδορυφόρουν, τράπεζάν τε 30
Περσικὴν παρετίθετο καὶ κατέχειν τὴν διάνοιαν οὐκ ἐδύνατο,

1 τὴν om. C G   2 τε om. C G   15 ἀντενεγέγραπτο Herwerden :
ἀντεπεγέγραπτο C G : ἀντεγέγραπτο cett.   17 κεῖται A B   25 πρό-
τερον] πρῶτον C G   28 καθεστηκότι A B E F

ἀλλ' ἔργοις βραχέσι προυδήλου ἃ τῇ γνώμῃ μειζόνως ἐς
ἔπειτα ἔμελλε πράξειν. δυσπρόσοδόν τε αὐτὸν παρεῖχε 2
καὶ τῇ ὀργῇ οὕτω χαλεπῇ ἐχρῆτο ἐς πάντας ὁμοίως ὥστε
μηδένα δύνασθαι προσιέναι· δι' ὅπερ καὶ πρὸς τοὺς Ἀθηναίους
5 οὐχ ἥκιστα ἡ ξυμμαχία μετέστη.

Οἱ δὲ Λακεδαιμόνιοι αἰσθόμενοι τό τε πρῶτον δι' αὐτὰ 131
ταῦτα ἀνεκάλεσαν αὐτόν, καὶ ἐπειδὴ τῇ Ἑρμιονίδι νηὶ τὸ
δεύτερον ἐκπλεύσας οὐ κελευσάντων αὐτῶν τοιαῦτα ἐφαίνετο
ποιῶν, καὶ ἐκ τοῦ Βυζαντίου βίᾳ ὑπ' Ἀθηναίων ἐκπολιορκη-
10 θεὶς ἐς μὲν τὴν Σπάρτην οὐκ ἐπανεχώρει, ἐς δὲ Κολωνὰς
τὰς Τρῳάδας ἱδρυθεὶς πράσσων τε ἐσηγγέλλετο αὐτοῖς ἐς
τοὺς βαρβάρους καὶ οὐκ ἐπ' ἀγαθῷ τὴν μονὴν ποιούμενος,
οὕτω δὴ οὐκέτι ἐπέσχον, ἀλλὰ πέμψαντες κήρυκα οἱ ἔφοροι
καὶ σκυτάλην εἶπον τοῦ κήρυκος μὴ λείπεσθαι, εἰ δὲ μή,
15 πόλεμον αὐτῷ Σπαρτιάτας προαγορεύειν. ὁ δὲ βουλόμενος 2
ὡς ἥκιστα ὕποπτος εἶναι καὶ πιστεύων χρήμασι διαλύσειν
τὴν διαβολὴν ἀνεχώρει τὸ δεύτερον ἐς Σπάρτην. καὶ ἐς
μὲν τὴν εἰρκτὴν ἐσπίπτει τὸ πρῶτον ὑπὸ τῶν ἐφόρων (ἔξεστι
δὲ τοῖς ἐφόροις τὸν βασιλέα δρᾶσαι τοῦτο), ἔπειτα δια-
20 πραξάμενος ὕστερον ἐξῆλθε καὶ καθίστησιν ἑαυτὸν ἐς κρίσιν
τοῖς βουλομένοις περὶ αὐτῶν ἐλέγχειν. καὶ φανερὸν μὲν 132
εἶχον οὐδὲν οἱ Σπαρτιᾶται σημεῖον, οὔτε οἱ ἐχθροὶ οὔτε ἡ
πᾶσα πόλις, ὅτῳ ἂν πιστεύσαντες βεβαίως ἐτιμωροῦντο
ἄνδρα γένους τε τοῦ βασιλείου ὄντα καὶ ἐν τῷ παρόντι τιμὴν
25 ἔχοντα (Πλείσταρχον γὰρ τὸν Λεωνίδου ὄντα βασιλέα καὶ
νέον ἔτι ἀνεψιὸς ὢν ἐπετρόπευεν), ὑποψίας δὲ πολλὰς παρεῖχε 2
τῇ τε παρανομίᾳ καὶ ζηλώσει τῶν βαρβάρων μὴ ἴσος βού-
λεσθαι εἶναι τοῖς παροῦσι, τά τε ἄλλα αὐτοῦ ἀνεσκόπουν,
εἴ τί που ἐξεδεδιήτητο τῶν καθεστώτων νομίμων, καὶ ὅτι
30 ἐπὶ τὸν τρίποδά ποτε τὸν ἐν Δελφοῖς, ὃν ἀνέθεσαν οἱ
Ἕλληνες ἀπὸ τῶν Μήδων ἀκροθίνιον, ἠξίωσεν ἐπιγράψασθαι
αὐτὸς ἰδίᾳ τὸ ἐλεγεῖον τόδε·

11 ἐς] πρὸς A B E F   21 αὐτῶν C ⟨G⟩: αὐτὸν cett.

Ἑλλήνων ἀρχηγὸς ἐπεὶ στρατὸν ὤλεσε Μήδων,
Παυσανίας Φοίβῳ μνῆμ᾽ ἀνέθηκε τόδε.

3 τὸ μὲν οὖν ἐλεγεῖον οἱ Λακεδαιμόνιοι ἐξεκόλαψαν εὐθὺς τότε
ἀπὸ τοῦ τρίποδος τοῦτο καὶ ἐπέγραψαν ὀνομαστὶ τὰς πόλεις
ὅσαι ξυγκαθελοῦσαι τὸν βάρβαρον ἔστησαν τὸ ἀνάθημα· 5
τοῦ μέντοι Παυσανίου ἀδίκημα καὶ τότ᾽ ἐδόκει εἶναι, καὶ
ἐπεί γε δὴ ἐν τούτῳ καθειστήκει, πολλῷ μᾶλλον παρόμοιον
4 πραχθῆναι ἐφαίνετο τῇ παρούσῃ διανοίᾳ. ἐπυνθάνοντο δὲ
καὶ ἐς τοὺς Εἵλωτας πράσσειν τι αὐτόν, καὶ ἦν δὲ οὕτως·
ἐλευθέρωσίν τε γὰρ ὑπισχνεῖτο αὐτοῖς καὶ πολιτείαν, ἢν 10
5 ξυνεπαναστῶσι καὶ τὸ πᾶν ξυγκατεργάσωνται. ἀλλ᾽ οὐδ᾽
ὡς οὐδὲ τῶν Εἱλώτων μηνυταῖς τισὶ πιστεύσαντες ἠξίωσαν
νεώτερόν τι ποιεῖν ἐς αὐτόν, χρώμενοι τῷ τρόπῳ ᾧπερ
εἰώθασιν ἐς σφᾶς αὐτούς, μὴ ταχεῖς εἶναι περὶ ἀνδρὸς
Σπαρτιάτου ἄνευ ἀναμφισβητήτων τεκμηρίων βουλεῦσαί τι 15
ἀνήκεστον, πρίν γε δὴ αὐτοῖς, ὡς λέγεται, ὁ μέλλων τὰς
τελευταίας βασιλεῖ ἐπιστολὰς πρὸς Ἀρτάβαζον κομιεῖν, ἀνὴρ
Ἀργίλιος, παιδικά ποτε ὢν αὐτοῦ καὶ πιστότατος ἐκείνῳ,
μηνυτὴς γίγνεται, δείσας κατὰ ἐνθύμησίν τινα ὅτι οὐδείς πω
τῶν πρὸ ἑαυτοῦ ἀγγέλων πάλιν ἀφίκετο, καὶ παρασημηνά- 20
μενος σφραγῖδα, ἵνα, ἢν ψευσθῇ τῆς δόξης ἢ καὶ ἐκεῖνός τι
μεταγράψαι αἰτήσῃ, μὴ ἐπιγνῷ, λύει τὰς ἐπιστολάς, ἐν αἷς
ὑπονοήσας τι τοιοῦτον προσεπεστάλθαι καὶ αὐτὸν ηὗρεν
133 ἐγγεγραμμένον κτείνειν. τότε δὴ οἱ ἔφοροι δείξαντος αὐτοῦ
τὰ γράμματα μᾶλλον μὲν ἐπίστευσαν, αὐτήκοοι δὲ βουλη- 25
θέντες ἔτι γενέσθαι αὐτοῦ Παυσανίου τι λέγοντος, ἀπὸ
παρασκευῆς τοῦ ἀνθρώπου ἐπὶ Ταίναρον ἱκέτου οἰχομένου
καὶ σκηνησαμένου διπλῆν διαφράγματι καλύβην, ἐς ἣν τῶν
[τε] ἐφόρων ἐντός τινας ἔκρυψε, καὶ Παυσανίου ὡς αὐτὸν
ἐλθόντος καὶ ἐρωτῶντος τὴν πρόφασιν τῆς ἱκετείας ᾔσθοντο 30

6 τότ᾽ Struve : τοῦτ᾽ codd.   7 ἐπεί γε δὴ C : ἐπειδὴ cett.
20 παρασημηνάμενος Pollux : παραποιησάμενος codd.   23 αὐτὸν
recc. : αὐτὸν codd.   24 δὲ AEF   29 τε secl. Poppo

πάντα σαφῶς, αἰτιωμένου τοῦ ἀνθρώπου τά τε περὶ αὐτοῦ
γραφέντα καὶ τἆλλ᾽ ἀποφαίνοντος καθ᾽ ἕκαστον, ὡς οὐδὲν
πώποτε αὐτὸν ἐν ταῖς πρὸς βασιλέα διακονίαις παραβάλοιτο,
προτιμηθείη δ᾽ ἐν ἴσῳ τοῖς πολλοῖς τῶν διακόνων ἀποθανεῖν,
5 κἀκείνου αὐτά τε ταῦτα ξυνομολογοῦντος καὶ περὶ τοῦ
παρόντος οὐκ ἐῶντος ὀργίζεσθαι, ἀλλὰ πίστιν ἐκ τοῦ ἱεροῦ
διδόντος τῆς ἀναστάσεως καὶ ἀξιοῦντος ὡς τάχιστα πορεύεσθαι
καὶ μὴ τὰ πρασσόμενα διακωλύειν.   ἀκούσαντες δὲ ἀκριβῶς 134
τότε μὲν ἀπῆλθον οἱ ἔφοροι, βεβαίως δὲ ἤδη εἰδότες ἐν τῇ
10 πόλει τὴν ξύλληψιν ἐποιοῦντο.   λέγεται δ᾽ αὐτὸν μέλλοντα
ξυλληφθήσεσθαι ἐν τῇ ὁδῷ, ἑνὸς μὲν τῶν ἐφόρων τὸ πρόσ-
ωπον προσιόντος ὡς εἶδε, γνῶναι ἐφ᾽ ᾧ ἐχώρει, ἄλλου δὲ
νεύματι ἀφανεῖ χρησαμένου καὶ δηλώσαντος εὐνοίᾳ πρὸς τὸ
ἱερὸν τῆς Χαλκιοίκου χωρῆσαι δρόμῳ καὶ προκαταφυγεῖν·
15 ἦν δ᾽ ἐγγὺς τὸ τέμενος.   καὶ ἐς οἴκημα οὐ μέγα ὃ ἦν τοῦ
ἱεροῦ ἐσελθών, ἵνα μὴ ὑπαίθριος ταλαιπωροίη, ἡσύχαζεν.
οἱ δὲ τὸ παραυτίκα μὲν ὑστέρησαν τῇ διώξει, μετὰ δὲ τοῦτο 2
τοῦ τε οἰκήματος τὸν ὄροφον ἀφεῖλον καὶ τὰς θύρας ἔνδον
ὄντα τηρήσαντες αὐτὸν καὶ ἀπολαβόντες ἔσω ἀπῳκοδόμησαν,
20 προσκαθεζόμενοί τε ἐξεπολιόρκησαν λιμῷ.   καὶ μέλλοντος 3
αὐτοῦ ἀποψύχειν ὥσπερ εἶχεν ἐν τῷ οἰκήματι, αἰσθόμενοι
ἐξάγουσιν ἐκ τοῦ ἱεροῦ ἔτι ἔμπνουν ὄντα, καὶ ἐξαχθεὶς
ἀπέθανε παραχρῆμα.   καὶ αὐτὸν ἐμέλλησαν μὲν ἐς τὸν 4
Καιάδαν [οὗπερ τοὺς κακούργους] ἐσβάλλειν· ἔπειτα ἔδοξε
25 πλησίον που κατορύξαι.   ὁ δὲ θεὸς ὁ ἐν Δελφοῖς τόν τε
τάφον ὕστερον ἔχρησε τοῖς Λακεδαιμονίοις μετενεγκεῖν
οὗπερ ἀπέθανε (καὶ νῦν κεῖται ἐν τῷ προτεμενίσματι, ὃ
γραφῇ στῆλαι δηλοῦσι) καὶ ὡς ἄγος αὐτοῖς ὂν τὸ πεπραγ-
μένον δύο σώματα ἀνθ᾽ ἑνὸς τῇ Χαλκιοίκῳ ἀποδοῦναι.   οἱ
30 δὲ ποιησάμενοι χαλκοῦς ἀνδριάντας δύο ὡς ἀντὶ Παυσανίου

5 τε om. A B E F   8 τὰ om. C G   21 post αἰσθόμενοι add. τε
A B E F   24 [οὗπερ τοὺς κακούργους], ut videtur, non legit Schol. :
seclusit Jones   εἰώθασιν (C) vel εἰώθεσαν (-εισαν) vel ante vel post
ἐσβάλλειν add. C F G suprascr. A B : ἐμβάλλειν A B F : ἐμβαλεῖν E

135 ἀνέθεσαν. οἱ δὲ Ἀθηναῖοι, ὡς καὶ τοῦ θεοῦ ἄγος κρίναντος, ἀντεπέταξαν τοῖς Λακεδαιμονίοις ἐλαύνειν αὐτό.

2 Τοῦ δὲ μηδισμοῦ τοῦ Παυσανίου οἱ Λακεδαιμόνιοι πρέσβεις πέμψαντες παρὰ τοὺς Ἀθηναίους ξυνεπῃτιῶντο καὶ τὸν Θεμιστοκλέα, ὡς ηὕρισκον ἐκ τῶν περὶ Παυσανίαν ἐλέγχων, 5
3 ἠξίουν τε τοῖς αὐτοῖς κολάζεσθαι αὐτόν. οἱ δὲ πεισθέντες (ἔτυχε γὰρ ὠστρακισμένος καὶ ἔχων δίαιταν μὲν ἐν Ἄργει, ἐπιφοιτῶν δὲ καὶ ἐς τὴν ἄλλην Πελοπόννησον) πέμπουσι μετὰ τῶν Λακεδαιμονίων ἑτοίμων ὄντων ξυνδιώκειν ἄνδρας
136 οἷς εἴρητο ἄγειν ὅπου ἂν περιτύχωσιν. ὁ δὲ Θεμιστοκλῆς 10 προαισθόμενος φεύγει ἐκ Πελοποννήσου ἐς Κέρκυραν, ὢν αὐτῶν εὐεργέτης. δεδιέναι δὲ φασκόντων Κερκυραίων ἔχειν αὐτὸν ὥστε Λακεδαιμονίοις καὶ Ἀθηναίοις ἀπεχθέσθαι, δια-
2 κομίζεται ὑπ᾽ αὐτῶν ἐς τὴν ἤπειρον τὴν καταντικρύ. καὶ διωκόμενος ὑπὸ τῶν προστεταγμένων κατὰ πύστιν ᾗ χωροίη, 15 ἀναγκάζεται κατά τι ἄπορον παρὰ Ἄδμητον τὸν Μολοσσῶν
3 βασιλέα ὄντα αὐτῷ οὐ φίλον καταλῦσαι. καὶ ὁ μὲν οὐκ ἔτυχεν ἐπιδημῶν, ὁ δὲ τῆς γυναικὸς ἱκέτης γενόμενος διδά-σκεται ὑπ᾽ αὐτῆς τὸν παῖδα σφῶν λαβὼν καθέζεσθαι ἐπὶ
4 τὴν ἑστίαν. καὶ ἐλθόντος οὐ πολὺ ὕστερον τοῦ Ἀδμήτου 20 δηλοῖ τε ὅς ἐστι καὶ οὐκ ἀξιοῖ, εἴ τι ἄρα αὐτὸς ἀντεῖπεν αὐτῷ Ἀθηναίων δεομένῳ, φεύγοντα τιμωρεῖσθαι· καὶ γὰρ ἂν ὑπ᾽ ἐκείνου πολλῷ ἀσθενεστέρου ἐν τῷ παρόντι κακῶς πάσχειν, γενναῖον δὲ εἶναι τοὺς ὁμοίους ἀπὸ τοῦ ἴσου τιμω-ρεῖσθαι. καὶ ἅμα αὐτὸς μὲν ἐκείνῳ χρείας τινὸς καὶ οὐκ 25 ἐς τὸ σῶμα σῴζεσθαι ἐναντιωθῆναι, ἐκεῖνον δ᾽ ἄν, εἰ ἐκδοίη αὐτόν (εἰπὼν ὑφ᾽ ὧν καὶ ἐφ᾽ ᾧ διώκεται), σωτηρίας ἂν τῆς
137 ψυχῆς ἀποστερῆσαι. ὁ δὲ ἀκούσας ἀνίστησί τε αὐτὸν μετὰ τοῦ ἑαυτοῦ υἱέος, ὥσπερ καὶ ἔχων αὐτὸν ἐκαθέζετο, καὶ

---

3 οἱ om. A B E F   5 περὶ Παυσανίαν⌉ Παυσανίου C   13 ἀπε-
χθέσθαι fort. legit Schol. : ἀπέχθεσθαι codd.   19 καθέζεσθαι recc. :
καθίζεσθαι codd.   23 ἀσθενέστερος recc. : se . . . multo imbecilliorem
ab illo laedi Valla   25 post καὶ add Θεμιστοκλῆς A B F : ὁ Θεμιστο-
κλῆς E

μέγιστον ἦν ἱκέτευμα τοῦτο, καὶ ὕστερον οὐ πολλῷ τοῖς τε
Λακεδαιμονίοις καὶ ᾿Αθηναίοις ἐλθοῦσι καὶ πολλὰ εἰπoῦσιν
οὐκ ἐκδίδωσιν, ἀλλ᾽ ἀποστέλλει βουλόμενον ὡς βασιλέα
πορευθῆναι ἐπὶ τὴν ἑτέραν θάλασσαν πεζῇ ἐς Πύδναν τὴν
5 ᾿Αλεξάνδρου. ἐν ᾗ ὁλκάδος τυχὼν ἀναγομένης ἐπ᾽ ᾿Ιωνίας 2
καὶ ἐπιβὰς καταφέρεται χειμῶνι ἐς τὸ ᾿Αθηναίων στρατό-
πεδον, ὃ ἐπολιόρκει Νάξον. καί (ἦν γὰρ ἀγνὼς τοῖς ἐν τῇ
νηί) δείσας φράζει τῷ ναυκλήρῳ ὅστις ἐστὶ καὶ δι᾽ ἃ φεύγει,
καὶ εἰ μὴ σώσει αὐτόν, ἔφη ἐρεῖν ὅτι χρήμασι πεισθεὶς
10 αὐτὸν ἄγει· τὴν δὲ ἀσφάλειαν εἶναι μηδένα ἐκβῆναι ἐκ
τῆς νεὼς μέχρι πλοῦς γένηται· πειθομένῳ δ᾽ αὐτῷ χάριν
ἀπομνήσεσθαι ἀξίαν. ὁ δὲ ναύκληρος ποιεῖ τε ταῦτα καὶ
ἀποσαλεύσας ἡμέραν καὶ νύκτα ὑπὲρ τοῦ στρατοπέδου ὕστε-
ρον ἀφικνεῖται ἐς ῎Εφεσον. καὶ ὁ Θεμιστοκλῆς ἐκεῖνόν 3
15 τε ἐθεράπευσε χρημάτων δόσει (ἦλθε γὰρ αὐτῷ ὕστερον
ἔκ τε ᾿Αθηνῶν παρὰ τῶν φίλων καὶ ἐξ ῎Αργους ἃ ὑπεξ-
έκειτο) καὶ μετὰ τῶν κάτω Περσῶν τινὸς πορευθεὶς ἄνω
ἐσπέμπει γράμματα πρὸς βασιλέα ᾿Αρταξέρξην τὸν Ξέρξου
νεωστὶ βασιλεύοντα. ἐδήλου δὲ ἡ γραφὴ ὅτι ᾽ Θεμιστοκλῆς 4
20 ἥκω παρὰ σέ, ὃς κακὰ μὲν πλεῖστα ῾Ελλήνων εἴργασμαι
τὸν ὑμέτερον οἶκον, ὅσον χρόνον τὸν σὸν πατέρα ἐπιόντα
ἐμοὶ ἀνάγκη ἠμυνόμην, πολὺ δ᾽ ἔτι πλείω ἀγαθά, ἐπειδὴ ἐν
τῷ ἀσφαλεῖ μὲν ἐμοί, ἐκείνῳ δὲ ἐν ἐπικινδύνῳ πάλιν ἡ ἀπο-
κομιδὴ ἐγίγνετο. καί μοι εὐεργεσία ὀφείλεται (γράψας τήν
25 τε ἐκ Σαλαμῖνος προάγγελσιν τῆς ἀναχωρήσεως καὶ τὴν
τῶν γεφυρῶν, ἣν ψευδῶς προσεποιήσατο, τότε δι᾽ αὐτὸν οὐ
διάλυσιν), καὶ νῦν ἔχων σε μεγάλα ἀγαθὰ δρᾶσαι πάρειμι
διωκόμενος ὑπὸ τῶν ῾Ελλήνων διὰ τὴν σὴν φιλίαν. βούλο-
μαι δ᾽ ἐνιαυτὸν ἐπισχὼν αὐτός σοι περὶ ὧν ἥκω δηλῶσαι.᾽
30 βασιλεὺς δέ, ὡς λέγεται, ἐθαύμασέ τε αὐτοῦ τὴν διάνοιαν 138

1 τε C : om. cett.   12 ἀπομνησθήσεσθαι L. Dindorf   post ἀπο-
μνήσεσθαι add. καὶ C, κατ᾽ Hude   18 πρὸς] εἰς A B E F   25 τε
om. A B E F

καὶ ἐκέλευε ποιεῖν οὕτως. ὁ δ᾽ ἐν τῷ χρόνῳ ὃν ἐπέσχε τῆς
τε Περσίδος γλώσσης ὅσα ἐδύνατο κατενόησε καὶ τῶν
2 ἐπιτηδευμάτων τῆς χώρας· ἀφικόμενος δὲ μετὰ τὸν ἐνιαυτὸν
γίγνεται παρ᾽ αὐτῷ μέγας καὶ ὅσος οὐδείς πω Ἑλλήνων διά
τε τὴν προϋπάρχουσαν ἀξίωσιν καὶ τοῦ Ἑλληνικοῦ ἐλπίδα, 5
ἣν ὑπετίθει αὐτῷ δουλώσειν, μάλιστα δὲ ἀπὸ τοῦ πεῖραν
διδοὺς ξυνετὸς φαίνεσθαι.

3   Ἦν γὰρ ὁ Θεμιστοκλῆς βεβαιότατα δὴ φύσεως ἰσχὺν
δηλώσας καὶ διαφερόντως τι ἐς αὐτὸ μᾶλλον ἑτέρου ἄξιος
θαυμάσαι· οἰκείᾳ γὰρ ξυνέσει καὶ οὔτε προμαθὼν ἐς αὐτὴν 10
οὐδὲν οὔτ᾽ ἐπιμαθών, τῶν τε παραχρῆμα δι᾽ ἐλαχίστης βουλῆς
κράτιστος γνώμων καὶ τῶν μελλόντων ἐπὶ πλεῖστον τοῦ
γενησομένου ἄριστος εἰκαστής· καὶ ἃ μὲν μετὰ χεῖρας ἔχοι,
καὶ ἐξηγήσασθαι οἷός τε, ὧν δ᾽ ἄπειρος εἴη, κρῖναι ἱκανῶς
οὐκ ἀπήλλακτο· τό τε ἄμεινον ἢ χεῖρον ἐν τῷ ἀφανεῖ ἔτι 15
προεώρα μάλιστα. καὶ τὸ ξύμπαν εἰπεῖν φύσεως μὲν
δυνάμει, μελέτης δὲ βραχύτητι κράτιστος δὴ οὗτος αὐτοσχε-
4 διάζειν τὰ δέοντα ἐγένετο. νοσήσας δὲ τελευτᾷ τὸν βίον·
λέγουσι δέ τινες καὶ ἑκούσιον φαρμάκῳ ἀποθανεῖν αὐτόν,
ἀδύνατον νομίσαντα εἶναι ἐπιτελέσαι βασιλεῖ ἃ ὑπέσχετο. 20
5 μνημεῖον μὲν οὖν αὐτοῦ ἐν Μαγνησίᾳ ἐστὶ τῇ Ἀσιανῇ ἐν τῇ
ἀγορᾷ· ταύτης γὰρ ἦρχε τῆς χώρας, δόντος βασιλέως αὐτῷ
Μαγνησίαν μὲν ἄρτον, ἣ προσέφερε πεντήκοντα τάλαντα
τοῦ ἐνιαυτοῦ, Λάμψακον δὲ οἶνον (ἐδόκει γὰρ πολυοινότατον
6 τῶν τότε εἶναι), Μυοῦντα δὲ ὄψον. τὰ δὲ ὀστᾶ φασὶ 25
κομισθῆναι αὐτοῦ οἱ προσήκοντες οἴκαδε κελεύσαντος ἐκείνου
καὶ τεθῆναι κρύφα Ἀθηναίων ἐν τῇ Ἀττικῇ· οὐ γὰρ ἐξῆν
θάπτειν ὡς ἐπὶ προδοσίᾳ φεύγοντος. τὰ μὲν κατὰ Παυσα-
νίαν τὸν Λακεδαιμόνιον καὶ Θεμιστοκλέα τὸν Ἀθηναῖον,
λαμπροτάτους γενομένους τῶν καθ᾽ ἑαυτοὺς Ἑλλήνων, οὕτως 30
ἐτελεύτησεν.

139   Λακεδαιμόνιοι δὲ ἐπὶ μὲν τῆς πρώτης πρεσβείας τοιαῦτα

2 τε C⟨G⟩: om. cett.   5 τε om. C

ἐπέταξάν τε καὶ ἀντεκελεύσθησαν περὶ τῶν ἐναγῶν τῆς
ἐλάσεως· ὕστερον δὲ φοιτῶντες παρ' Ἀθηναίους Ποτειδαίας
τε ἀπανίστασθαι ἐκέλευον καὶ Αἴγιναν αὐτόνομον ἀφιέναι,
καὶ μάλιστά γε πάντων καὶ ἐνδηλότατα προύλεγον τὸ περὶ
5 Μεγαρέων ψήφισμα καθελοῦσι μὴ ἂν γίγνεσθαι πόλεμον,
ἐν ᾧ εἴρητο αὐτοὺς μὴ χρῆσθαι τοῖς λιμέσι τοῖς ἐν τῇ Ἀθη-
ναίων ἀρχῇ μηδὲ τῇ Ἀττικῇ ἀγορᾷ.   οἱ δὲ Ἀθηναῖοι οὔτε 2
τἆλλα ὑπήκουον οὔτε τὸ ψήφισμα καθῄρουν, ἐπικαλοῦντες
ἐπεργασίαν Μεγαρεῦσι τῆς γῆς τῆς ἱερᾶς καὶ τῆς ἀορίστου
10 καὶ ἀνδραπόδων ὑποδοχὴν τῶν ἀφισταμένων.   τέλος δὲ 3
ἀφικομένων τῶν τελευταίων πρέσβεων ἐκ Λακεδαίμονος,
Ῥαμφίου τε καὶ Μελησίππου καὶ Ἀγησάνδρου, καὶ λεγόν-
των ἄλλο μὲν οὐδὲν ὧν πρότερον εἰώθεσαν, αὐτὰ δὲ τάδε
ὅτι ' Λακεδαιμόνιοι βούλονται τὴν εἰρήνην εἶναι, εἴη δ' ἂν
15 εἰ τοὺς Ἕλληνας αὐτονόμους ἀφεῖτε,' ποιήσαντες ἐκκλησίαν
οἱ Ἀθηναῖοι γνώμας σφίσιν αὐτοῖς προυτίθεσαν, καὶ ἐδόκει
ἅπαξ περὶ ἁπάντων βουλευσαμένους ἀποκρίνασθαι.   καὶ 4
παριόντες ἄλλοι τε πολλοὶ ἔλεγον ἐπ' ἀμφότερα γιγνόμενοι
ταῖς γνώμαις καὶ ὡς χρὴ πολεμεῖν καὶ ὡς μὴ ἐμπόδιον εἶναι
20 τὸ ψήφισμα εἰρήνης, ἀλλὰ καθελεῖν, καὶ παρελθὼν Περικλῆς
ὁ Ξανθίππου, ἀνὴρ κατ' ἐκεῖνον τὸν χρόνον πρῶτος Ἀθη-
ναίων, λέγειν τε καὶ πράσσειν δυνατώτατος, παρῄνει τοιάδε.

' Τῆς μὲν γνώμης, ὦ Ἀθηναῖοι, αἰεὶ τῆς αὐτῆς ἔχομαι, 140
μὴ εἴκειν Πελοποννησίοις, καίπερ εἰδὼς τοὺς ἀνθρώπους οὐ
25 τῇ αὐτῇ ὀργῇ ἀναπειθομένους τε πολεμεῖν καὶ ἐν τῷ ἔργῳ
πράσσοντας, πρὸς δὲ τὰς ξυμφορὰς καὶ τὰς γνώμας τρεπο-
μένους.   ὁρῶ δὲ καὶ νῦν ὁμοῖα καὶ παραπλήσια ξυμβουλευτέα
μοι ὄντα, καὶ τοὺς ἀναπειθομένους ὑμῶν δικαιῶ τοῖς κοινῇ
δόξασιν, ἢν ἄρα τι καὶ σφαλλώμεθα, βοηθεῖν, ἢ μηδὲ κατορ-
30 θοῦντας τῆς ξυνέσεως μεταποιεῖσθαι.   ἐνδέχεται γὰρ τὰς
ξυμφορὰς τῶν πραγμάτων οὐχ ἧσσον ἀμαθῶς χωρῆσαι ἢ
καὶ τὰς διανοίας τοῦ ἀνθρώπου· δι' ὅπερ καὶ τὴν τύχην, ὅσα
ἂν παρὰ λόγον ξυμβῇ, εἰώθαμεν αἰτιᾶσθαι.

2 ' Λακεδαιμόνιοι δὲ πρότερόν τε δῆλοι ἦσαν ἐπιβουλεύοντες
ἡμῖν καὶ νῦν οὐχ ἥκιστα. εἰρημένον γὰρ δίκας μὲν τῶν
διαφορῶν ἀλλήλοις διδόναι καὶ δέχεσθαι, ἔχειν δὲ ἑκατέρους
ἃ ἔχομεν, οὔτε αὐτοὶ δίκας πω ᾔτησαν οὔτε ἡμῶν διδόντων
δέχονται, βούλονται δὲ πολέμῳ μᾶλλον ἢ λόγοις τὰ ἐγκλή- 5
ματα διαλύεσθαι, καὶ ἐπιτάσσοντες ἤδη καὶ οὐκέτι αἰτιώμενοι
3 πάρεισιν. Ποτειδαίας τε γὰρ ἀπανίστασθαι κελεύουσι καὶ
Αἴγιναν αὐτόνομον ἀφιέναι καὶ τὸ Μεγαρέων ψήφισμα
καθαιρεῖν· οἱ δὲ τελευταῖοι οἵδε ἥκοντες καὶ τοὺς Ἕλληνας
4 προαγορεύουσιν αὐτονόμους ἀφιέναι. ὑμῶν δὲ μηδεὶς νομίσῃ 10
περὶ βραχέος ἂν πολεμεῖν, εἰ τὸ Μεγαρέων ψήφισμα μὴ
καθέλοιμεν, ὅπερ μάλιστα προὔχονται, εἰ καθαιρεθείη, μὴ
ἂν γίγνεσθαι τὸν πόλεμον, μηδὲ ἐν ὑμῖν αὐτοῖς αἰτίαν
5 ὑπολίπησθε ὡς διὰ μικρὸν ἐπολεμήσατε. τὸ γὰρ βραχύ
τι τοῦτο πᾶσαν ὑμῶν ἔχει τὴν βεβαίωσιν καὶ πεῖραν τῆς 15
γνώμης. οἷς εἰ ξυγχωρήσετε, καὶ ἄλλο τι μεῖζον εὐθὺς
ἐπιταχθήσεσθε ὡς φόβῳ καὶ τοῦτο ὑπακούσαντες· ἀπι-
σχυρισάμενοι δὲ σαφὲς ἂν καταστήσαιτε αὐτοῖς ἀπὸ τοῦ
141 ἴσου ὑμῖν μᾶλλον προσφέρεσθαι. αὐτόθεν δὴ διανοήθητε
ἢ ὑπακούειν πρίν τι βλαβῆναι, ἢ εἰ πολεμήσομεν, ὥσπερ 20
ἔμοιγε ἄμεινον δοκεῖ εἶναι, καὶ ἐπὶ μεγάλῃ καὶ ἐπὶ βραχείᾳ
ὁμοίως προφάσει μὴ εἴξοντες μηδὲ ξὺν φόβῳ ἕξοντες ἃ
κεκτήμεθα· τὴν γὰρ αὐτὴν δύναται δούλωσιν ἥ τε μεγίστη
καὶ ἐλαχίστη δικαίωσις ἀπὸ τῶν ὁμοίων πρὸ δίκης τοῖς πέλας
ἐπιτασσομένη. 25
2 ' Τὰ δὲ τοῦ πολέμου καὶ τῶν ἑκατέροις ὑπαρχόντων ὡς
οὐκ ἀσθενέστερα ἕξομεν γνῶτε καθ' ἕκαστον ἀκούοντες.
3 αὐτουργοί τε γάρ εἰσι Πελοποννήσιοι καὶ οὔτε ἰδίᾳ οὔτ' ἐν
κοινῷ χρήματά ἐστιν αὐτοῖς, ἔπειτα χρονίων πολέμων καὶ
διαποντίων ἄπειροι διὰ τὸ βραχέως αὐτοὶ ἐπ' ἀλλήλους ὑπὸ 30
4 πενίας ἐπιφέρειν. καὶ οἱ τοιοῦτοι οὔτε ναῦς πληροῦντες

3 καὶ δέχεσθαι om. Π¹⁵   5 τὰ ἐγκλήματα ἢ λόγοις Π¹⁵   15 τι om.
Π¹⁵   18 καταστήσετε A E F: καταστήσηται C (corr. c) ⟨G⟩ [Π¹⁵]
20 ὥσπερ] ὡς A B E F   24 post καὶ add. ἡ C G Π¹⁵   29 αὐτοῖς
om. C Π¹⁵   π[ολέμων desinit Π¹⁵   31 πληροῦν Herwerden

οὔτε πεζὰς στρατιὰς πολλάκις ἐκπέμπειν δύνανται, ἀπὸ τῶν
ἰδίων τε ἅμα ἀπόντες καὶ ἀπὸ τῶν αὐτῶν δαπανῶντες καὶ
προσέτι καὶ θαλάσσης εἰργόμενοι· αἱ δὲ περιουσίαι τοὺς 5
πολέμους μᾶλλον ἢ αἱ βίαιοι ἐσφοραὶ ἀνέχουσιν. σώμασί
5 τε ἑτοιμότεροι οἱ αὐτουργοὶ τῶν ἀνθρώπων ἢ χρήμασι πολε-
μεῖν, τὸ μὲν πιστὸν ἔχοντες ἐκ τῶν κινδύνων κἂν περιγενέσθαι,
τὸ δὲ οὐ βέβαιον μὴ οὐ προαναλώσειν, ἄλλως τε κἂν παρὰ
δόξαν, ὅπερ εἰκός, ὁ πόλεμος αὐτοῖς μηκύνηται. μάχῃ μὲν 6
γὰρ μιᾷ πρὸς ἅπαντας Ἕλληνας δυνατοὶ Πελοποννήσιοι καὶ
10 οἱ ξύμμαχοι ἀντισχεῖν, πολεμεῖν δὲ μὴ πρὸς ὁμοίαν ἀντι-
παρασκευὴν ἀδύνατοι, ὅταν μήτε βουλευτηρίῳ ἑνὶ χρώμενοι
παραχρῆμά τι ὀξέως ἐπιτελῶσι πάντες τε ἰσόψηφοι ὄντες
καὶ οὐχ ὁμόφυλοι τὸ ἐφ' ἑαυτὸν ἕκαστος σπεύδῃ· ἐξ ὧν
φιλεῖ μηδὲν ἐπιτελὲς γίγνεσθαι. καὶ γὰρ οἱ μὲν ὡς μάλιστα 7
15 τιμωρήσασθαί τινα βούλονται, οἱ δὲ ὡς ἥκιστα τὰ οἰκεῖα
φθεῖραι. χρόνιοί τε ξυνιόντες ἐν βραχεῖ μὲν μορίῳ σκο-
ποῦσί τι τῶν κοινῶν, τῷ δὲ πλέονι τὰ οἰκεῖα πράσσουσι,
καὶ ἕκαστος οὐ παρὰ τὴν ἑαυτοῦ ἀμέλειαν οἴεται βλάψειν,
μέλειν δέ τινι καὶ ἄλλῳ ὑπὲρ ἑαυτοῦ τι προϊδεῖν, ὥστε τῷ
20 αὐτῷ ὑπὸ ἁπάντων ἰδίᾳ δοξάσματι λανθάνειν τὸ κοινὸν ἀθρόον
φθειρόμενον.

‘Μέγιστον δέ, τῇ τῶν χρημάτων σπάνει κωλύσονται, ὅταν 142
σχολῇ αὐτὰ ποριζόμενοι διαμέλλωσιν· τοῦ δὲ πολέμου οἱ
καιροὶ οὐ μενετοί. καὶ μὴν οὐδ' ἡ ἐπιτείχισις οὐδὲ τὸ 2
25 ναυτικὸν αὐτῶν ἄξιον φοβηθῆναι. τὴν μὲν γὰρ χαλεπὸν 3
καὶ ἐν εἰρήνῃ πόλιν ἀντίπαλον κατασκευάσασθαι, ἦ που δὴ
ἐν πολεμίᾳ τε καὶ οὐχ ἧσσον ἐκείνοις ἡμῶν ἀντεπιτετει-
χισμένων· φρούριον δ' εἰ ποιήσονται, τῆς μὲν γῆς βλάπτοιεν 4
ἄν τι μέρος καταδρομαῖς καὶ αὐτομολίαις, οὐ μέντοι ἱκανόν
30 γε ἔσται ἐπιτειχίζειν τε κωλύειν ἡμᾶς πλεύσαντας ἐς τὴν
ἐκείνων καί, ᾗπερ ἰσχύομεν, ταῖς ναυσὶν ἀμύνεσθαι· πλέον 5

2 αὐτῶν Stephanus : αὑτῶν codd.   10 ἀντίσχειν Krüger   26 παρα-
σκευάσασθαι A B E F   30 ἐς τὴν] ἐν τῇ C

γὰρ ἡμεῖς ἔχομεν τοῦ κατὰ γῆν ἐκ τοῦ ναυτικοῦ ἐμπειρίας
6 ἢ ἐκεῖνοι ἐκ τοῦ κατ' ἤπειρον ἐς τὰ ναυτικά. τὸ δὲ τῆς
θαλάσσης ἐπιστήμονας γενέσθαι οὐ ῥᾳδίως αὐτοῖς προσ-
7 γενήσεται. οὐδὲ γὰρ ὑμεῖς μελετῶντες αὐτὸ εὐθὺς ἀπὸ τῶν
Μηδικῶν ἐξείργασθέ πω· πῶς δὴ ἄνδρες γεωργοὶ καὶ οὐ 5
θαλάσσιοι, καὶ προσέτι οὐδὲ μελετῆσαι ἐασόμενοι διὰ τὸ
ὑφ' ἡμῶν πολλαῖς ναυσὶν αἰεὶ ἐφορμεῖσθαι, ἄξιον ἄν τι
8 δρῷεν; πρὸς μὲν γὰρ ὀλίγας ἐφορμούσας κἂν διακινδυνεύ-
σειαν πλήθει τὴν ἀμαθίαν θρασύνοντες, πολλαῖς δὲ εἰργό-
μενοι ἡσυχάσουσι καὶ ἐν τῷ μὴ μελετῶντι ἀξυνετώτεροι 10
9 ἔσονται καὶ δι' αὐτὸ καὶ ὀκνηρότεροι. τὸ δὲ ναυτικὸν τέχνης
ἐστίν, ὥσπερ καὶ ἄλλο τι, καὶ οὐκ ἐνδέχεται, ὅταν τύχῃ, ἐκ
παρέργου μελετᾶσθαι, ἀλλὰ μᾶλλον μηδὲν ἐκείνῳ πάρεργον
ἄλλο γίγνεσθαι.

143 'Εἴ τε καὶ κινήσαντες τῶν 'Ολυμπίασιν ἢ Δελφοῖς χρη- 15
μάτων μισθῷ μείζονι πειρῷντο ἡμῶν ὑπολαβεῖν τοὺς ξένους
τῶν ναυτῶν, μὴ ὄντων μὲν ἡμῶν ἀντιπάλων ἐσβάντων αὐτῶν
τε καὶ τῶν μετοίκων δεινὸν ἂν ἦν· νῦν δὲ τόδε τε ὑπάρχει,
καί, ὅπερ κράτιστον, κυβερνήτας ἔχομεν πολίτας καὶ τὴν
ἄλλην ὑπηρεσίαν πλείους καὶ ἀμείνους ἢ ἅπασα ἡ ἄλλη 20
2 Ἑλλάς. καὶ ἐπὶ τῷ κινδύνῳ οὐδεὶς ἂν δέξαιτο τῶν ξένων
τήν τε αὑτοῦ φεύγειν καὶ μετὰ τῆς ἥσσονος ἅμα ἐλπίδος
ὀλίγων ἡμερῶν ἕνεκα μεγάλου μισθοῦ δόσεως ἐκείνοις ξυν-
αγωνίζεσθαι.

3 'Καὶ τὰ μὲν Πελοποννησίων ἔμοιγε τοιαῦτα καὶ παρα- 25
πλήσια δοκεῖ εἶναι, τὰ δὲ ἡμέτερα τούτων τε ὧνπερ ἐκείνοις
ἐμεμψάμην ἀπηλλάχθαι καὶ ἄλλα οὐκ ἀπὸ τοῦ ἴσου μεγάλα
4 ἔχειν. ἤν τε ἐπὶ τὴν χώραν ἡμῶν πεζῇ ἴωσιν, ἡμεῖς ἐπὶ
τὴν ἐκείνων πλευσούμεθα, καὶ οὐκέτι ἐκ τοῦ ὁμοίου ἔσται
Πελοποννήσου τε μέρος τι τμηθῆναι καὶ τὴν 'Αττικὴν ἅπα- 30
σαν· οἱ μὲν γὰρ οὐχ ἕξουσιν ἄλλην ἀντιλαβεῖν ἀμαχεί,

1 post γὰρ add. ὅμως C　　5 πω om. ABEF　　8 post
ὀλίγας add. ναῦς CG (del. G¹)　　20 πᾶσα ABEF　　30 τε om.
ABEF

ἡμῖν δ' ἐστὶ γῆ πολλὴ καὶ ἐν νήσοις καὶ κατ' ἤπειρον· μέγα 5
γὰρ τὸ τῆς θαλάσσης κράτος. σκέψασθε δέ· εἰ γὰρ ἦμεν
νησιῶται, τίνες ἂν ἀληπτότεροι ἦσαν; καὶ νῦν χρὴ ὅτι
ἐγγύτατα τούτου διανοηθέντας τὴν μὲν γῆν καὶ οἰκίας
5 ἀφεῖναι, τῆς δὲ θαλάσσης καὶ πόλεως φυλακὴν ἔχειν, καὶ
Πελοποννησίοις ὑπὲρ αὐτῶν ὀργισθέντας πολλῷ πλέοσι μὴ
διαμάχεσθαι (κρατήσαντές τε γὰρ αὖθις οὐκ ἐλάσσοσι μα-
χούμεθα καὶ ἢν σφαλῶμεν, τὰ τῶν ξυμμάχων, ὅθεν ἰσχύομεν,
προσαπόλλυται· οὐ γὰρ ἡσυχάσουσι μὴ ἱκανῶν ἡμῶν ὄντων
10 ἐπ' αὐτοὺς στρατεύειν), τήν τε ὀλόφυρσιν μὴ οἰκιῶν καὶ γῆς
ποιεῖσθαι, ἀλλὰ τῶν σωμάτων· οὐ γὰρ τάδε τοὺς ἄνδρας,
ἀλλ' οἱ ἄνδρες ταῦτα κτῶνται. καὶ εἰ ᾤμην πείσειν ὑμᾶς,
αὐτοὺς ἂν ἐξελθόντας ἐκέλευον αὐτὰ δῃῶσαι καὶ δεῖξαι Πελο-
ποννησίοις ὅτι τούτων γε ἕνεκα οὐχ ὑπακούσεσθε.

15 'Πολλὰ δὲ καὶ ἄλλα ἔχω ἐς ἐλπίδα τοῦ περιέσεσθαι, 144
ἢν ἐθέλητε ἀρχήν τε μὴ ἐπικτᾶσθαι ἅμα πολεμοῦντες καὶ
κινδύνους αὐθαιρέτους μὴ προστίθεσθαι· μᾶλλον γὰρ πεφό-
βημαι τὰς οἰκείας ἡμῶν ἁμαρτίας ἢ τὰς τῶν ἐναντίων
διανοίας. ἀλλ' ἐκεῖνα μὲν καὶ ἐν ἄλλῳ λόγῳ ἅμα τοῖς 2
20 ἔργοις δηλωθήσεται· νῦν δὲ τούτοις ἀποκρινάμενοι ἀπο-
πέμψωμεν, Μεγαρέας μὲν ὅτι ἐάσομεν ἀγορᾷ καὶ λιμέσι
χρῆσθαι, ἢν καὶ Λακεδαιμόνιοι ξενηλασίας μὴ ποιῶσι μήτε
ἡμῶν μήτε τῶν ἡμετέρων ξυμμάχων (οὔτε γὰρ ἐκεῖνο κωλύει
ἐν ταῖς σπονδαῖς οὔτε τόδε), τὰς δὲ πόλεις ὅτι αὐτονόμους
25 ἀφήσομεν, εἰ καὶ αὐτονόμους ἔχοντες ἐσπεισάμεθα, καὶ ὅταν
κἀκεῖνοι ταῖς ἑαυτῶν ἀποδῶσι πόλεσι μὴ σφίσι [τοῖς Λακε-
δαιμονίοις] ἐπιτηδείως αὐτονομεῖσθαι, ἀλλ' αὐτοῖς ἑκάστοις
ὡς βούλονται· δίκας τε ὅτι ἐθέλομεν δοῦναι κατὰ τὰς ξυν-
θήκας, πολέμου δὲ οὐκ ἄρξομεν, ἀρχομένους δὲ ἀμυνούμεθα.
30 ταῦτα γὰρ δίκαια καὶ πρέποντα ἅμα τῇδε τῇ πόλει ἀποκρί-
νασθαι. εἰδέναι δὲ χρὴ ὅτι ἀνάγκη πολεμεῖν, ἢν δὲ ἑκούσιοι 3

---

6 Πελοποννησίοις (sic) C : Πελοποννησίους cett.   24 ἐν om. Dion.
Hal.   τε A B E F   26 αὐτῶν vel αὑτῶν A B E F   τοῖς Λακεδαιμονίοις
secl. Schol.   28 τε Hude : δὲ codd.

μᾶλλον δεχώμεθα, ἧσσον ἐγκεισομένους τοὺς ἐναντίους ἕξο-
μεν, ἔκ τε τῶν μεγίστων κινδύνων ὅτι καὶ πόλει καὶ ἰδιώτῃ
4 μέγισται τιμαὶ περιγίγνονται. οἱ γοῦν πατέρες ἡμῶν ὑπο-
στάντες Μήδους καὶ οὐκ ἀπὸ τοσῶνδε ὁρμώμενοι, ἀλλὰ καὶ
τὰ ὑπάρχοντα ἐκλιπόντες, γνώμῃ τε πλέονι ἢ τύχῃ καὶ τόλμῃ 5
μείζονι ἢ δυνάμει τόν τε βάρβαρον ἀπεώσαντο καὶ ἐς τάδε
προήγαγον αὐτά. ὧν οὐ χρὴ λείπεσθαι, ἀλλὰ τούς τε
ἐχθροὺς παντὶ τρόπῳ ἀμύνεσθαι καὶ τοῖς ἐπιγιγνομένοις
πειρᾶσθαι αὐτὰ μὴ ἐλάσσω παραδοῦναι.'

145 Ὁ μὲν Περικλῆς τοιαῦτα εἶπεν, οἱ δὲ Ἀθηναῖοι νομί- 10
σαντες ἄριστα σφίσι παραινεῖν αὐτὸν ἐψηφίσαντο ἃ ἐκέλευε,
καὶ τοῖς Λακεδαιμονίοις ἀπεκρίναντο τῇ ἐκείνου γνώμῃ, καθ᾽
ἕκαστά τε ὡς ἔφρασε καὶ τὸ ξύμπαν, οὐδὲν κελευόμενοι
ποιήσειν, δίκῃ δὲ κατὰ τὰς ξυνθήκας ἕτοιμοι εἶναι διαλύεσθαι
περὶ τῶν ἐγκλημάτων ἐπὶ ἴσῃ καὶ ὁμοίᾳ. καὶ οἱ μὲν ἀπε- 15
146 χώρησαν ἐπ᾽ οἴκου καὶ οὐκέτι ὕστερον ἐπρεσβεύοντο· αἰτίαι
δὲ αὗται καὶ διαφοραὶ ἐγένοντο ἀμφοτέροις πρὸ τοῦ πολέμου,
ἀρξάμεναι εὐθὺς ἀπὸ τῶν ἐν Ἐπιδάμνῳ καὶ Κερκύρᾳ· ἐπε-
μείγνυντο δὲ ὅμως ἐν αὐταῖς καὶ παρ᾽ ἀλλήλους ἐφοίτων
ἀκηρύκτως μέν, ἀνυπόπτως δὲ οὔ· σπονδῶν γὰρ ξύγχυσις 20
τὰ γιγνόμενα ἦν καὶ πρόφασις τοῦ πολεμεῖν.

12 post τοῖς add. τε A B E F

Ἄρχεται δὲ ὁ πόλεμος ἐνθένδε ἤδη Ἀθηναίων καὶ Πελο- 1
ποννησίων καὶ τῶν ἑκατέροις ξυμμάχων, ἐν ᾧ οὔτε ἐπεμεί-
γνυντο ἔτι ἀκηρυκτεὶ παρ' ἀλλήλους καταστάντες τε ξυνεχῶς
ἐπολέμουν· γέγραπται δὲ ἑξῆς ὡς ἕκαστα ἐγίγνετο κατὰ
5 θέρος καὶ χειμῶνα.

Τέσσαρα μὲν γὰρ καὶ δέκα ἔτη ἐνέμειναν αἱ τριακον- 2
τούτεις σπονδαὶ αἳ ἐγένοντο μετ' Εὐβοίας ἅλωσιν· τῷ δὲ
πέμπτῳ καὶ δεκάτῳ ἔτει, ἐπὶ Χρυσίδος ἐν Ἄργει τότε πεν-
τήκοντα δυοῖν δέοντα ἔτη ἱερωμένης καὶ Αἰνησίου ἐφόρου
10 ἐν Σπάρτῃ καὶ Πυθοδώρου ἔτι δύο μῆνας ἄρχοντος Ἀθη-
ναίοις, μετὰ τὴν ἐν Ποτειδαίᾳ μάχην μηνὶ ἕκτῳ καὶ ἅμα
ἦρι ἀρχομένῳ Θηβαίων ἄνδρες ὀλίγῳ πλείους τριακοσίων
(ἡγοῦντο δὲ αὐτῶν βοιωταρχοῦντες Πυθάγγελός τε ὁ Φυλείδου
καὶ Διέμπορος ὁ Ὀνητορίδου) ἐσῆλθον περὶ πρῶτον ὕπνον
15 ξὺν ὅπλοις ἐς Πλάταιαν τῆς Βοιωτίας οὖσαν Ἀθηναίων
ξυμμαχίδα.   ἐπηγάγοντο δὲ καὶ ἀνέῳξαν τὰς πύλας Πλα- 2
ταιῶν ἄνδρες, Ναυκλείδης τε καὶ οἱ μετ' αὐτοῦ, βουλόμενοι
ἰδίας ἕνεκα δυνάμεως ἄνδρας τε τῶν πολιτῶν τοὺς σφίσιν
ὑπεναντίους διαφθεῖραι καὶ τὴν πόλιν Θηβαίοις προσποιῆσαι.
20 ἔπραξαν δὲ ταῦτα δι' Εὐρυμάχου τοῦ Λεοντιάδου, ἀνδρὸς 3
Θηβαίων δυνατωτάτου.   προϊδόντες γὰρ οἱ Θηβαῖοι ὅτι
ἔσοιτο ὁ πόλεμος ἐβούλοντο τὴν Πλάταιαν αἰεὶ σφίσι
διάφορον οὖσαν ἔτι ἐν εἰρήνῃ τε καὶ τοῦ πολέμου μήπω

4 γέγραπται δὲ] καὶ γέγραπται C ⟨G⟩   5 θέρη καὶ χειμῶνας γρ. Π[8]
6 τέσσαρα γὰρ καὶ δέκα μὲν C (γὰρ in litura c) ⟨G⟩   10 δύο] τέσσαρας
Krüger   11 post καὶ add. δεκάτῳ καὶ Lipsius, δεκάτῳ Hude   14
ὕ]πν[ον . . . 21 προϊδόν]τ[ες Π[12]

φανεροῦ καθεστῶτος προκαταλαβεῖν. ᾗ καὶ ῥᾷον ἔλαθον
4 ἐσελθόντες, φυλακῆς οὐ προκαθεστηκυίας. θέμενοι δὲ ἐς
τὴν ἀγορὰν τὰ ὅπλα τοῖς μὲν ἐπαγαγομένοις οὐκ ἐπείθοντο
ὥστε εὐθὺς ἔργου ἔχεσθαι καὶ ἰέναι ἐπὶ τὰς οἰκίας τῶν
ἐχθρῶν, γνώμην δ᾽ ἐποιοῦντο κηρύγμασί τε χρήσασθαι 5
ἐπιτηδείοις καὶ ἐς ξύμβασιν μᾶλλον καὶ φιλίαν τὴν πόλιν
ἀγαγεῖν (καὶ ἀνεῖπεν ὁ κῆρυξ, εἴ τις βούλεται κατὰ τὰ
πάτρια τῶν πάντων Βοιωτῶν ξυμμαχεῖν, τίθεσθαι παρ᾽ αὐτοὺς
τὰ ὅπλα), νομίζοντες σφίσι ῥᾳδίως τούτῳ τῷ τρόπῳ προσ-
3 χωρήσειν τὴν πόλιν. οἱ δὲ Πλαταιῆς ὡς ᾔσθοντο ἔνδον 10
τε ὄντας τοὺς Θηβαίους καὶ ἐξαπιναίως κατειλημμένην τὴν
πόλιν, καταδείσαντες καὶ νομίσαντες πολλῷ πλείους ἐσελη-
λυθέναι (οὐ γὰρ ἑώρων ἐν τῇ νυκτί) πρὸς ξύμβασιν ἐχώρησαν
καὶ τοὺς λόγους δεξάμενοι ἡσύχαζον, ἄλλως τε καὶ ἐπειδὴ
2 ἐς οὐδένα οὐδὲν ἐνεωτέριζον. πράσσοντες δέ πως ταῦτα 15
κατενόησαν οὐ πολλοὺς τοὺς Θηβαίους ὄντας καὶ ἐνόμισαν
ἐπιθέμενοι ῥᾳδίως κρατήσειν· τῷ γὰρ πλήθει τῶν Πλαταιῶν
3 οὐ βουλομένῳ ἦν τῶν Ἀθηναίων ἀφίστασθαι. ἐδόκει οὖν
ἐπιχειρητέα εἶναι, καὶ ξυνελέγοντο διορύσσοντες τοὺς κοινοὺς
τοίχους παρ᾽ ἀλλήλους, ὅπως μὴ διὰ τῶν ὁδῶν φανεροὶ ὦσιν 20
ἰόντες, ἁμάξας τε ἄνευ τῶν ὑποζυγίων ἐς τὰς ὁδοὺς καθίστα-
σαν, ἵνα ἀντὶ τείχους ᾖ, καὶ τἆλλα ἐξήρτυον ᾗ ἕκαστον
4 ἐφαίνετο πρὸς τὰ παρόντα ξύμφορον ἔσεσθαι. ἐπεὶ δὲ ὡς
ἐκ τῶν δυνατῶν ἕτοιμα ἦν, φυλάξαντες ἔτι νύκτα καὶ αὐτὸ
τὸ περίορθρον ἐχώρουν ἐκ τῶν οἰκιῶν ἐπ᾽ αὐτούς, ὅπως μὴ 25
κατὰ φῶς θαρσαλεωτέροις οὖσι προσφέροιντο καὶ σφίσιν ἐκ
τοῦ ἴσου γίγνωνται, ἀλλ᾽ ἐν νυκτὶ φοβερώτεροι ὄντες ἥσσους
ὦσι τῆς σφετέρας ἐμπειρίας τῆς κατὰ τὴν πόλιν. προσ-
4 έβαλόν τε εὐθὺς καὶ ἐς χεῖρας ᾖσαν κατὰ τάχος. οἱ δ᾽ ὡς
ἔγνωσαν ἐξηπατημένοι, ξυνεστρέφοντό τε ἐν σφίσιν αὐτοῖς 30

---

3 ἐπαγαγομένοις C f : ἐπαγομένοις cett.   4 ἐπὶ] ἐς A B E F   5
χρῆσθαι Π⁸   14 τοὺς om. C G   17 κρατήσειν Aeneas Tacticus :
κρατῆσαι codd.   21 κ]αθίστα[σαν incipit Π¹²   23 ὡς om. ⟨G⟩   26
προσφέρωνται A B E F [Π¹²]   27 ἐ]ν desinit Π¹²   28 προσέβαλόν
A E : προσέβαλλόν cett.   30 ἐξηπατημένοι C ⟨G⟩ : ἠπατημένοι cett.

καὶ τὰς προσβολὰς ᾗ προσπίπτοιεν ἀπεωθοῦντο. καὶ δὶς 2
μὲν ἢ τρὶς ἀπεκρούσαντο, ἔπειτα πολλῷ θορύβῳ αὐτῶν τε
προσβαλόντων καὶ τῶν γυναικῶν καὶ τῶν οἰκετῶν ἅμα ἀπὸ
τῶν οἰκιῶν κραυγῇ τε καὶ ὀλολυγῇ χρωμένων λίθοις τε καὶ
5 κεράμῳ βαλλόντων, καὶ ὑετοῦ ἅμα διὰ νυκτὸς πολλοῦ ἐπι-
γενομένου, ἐφοβήθησαν καὶ τραπόμενοι ἔφευγον διὰ τῆς
πόλεως, ἄπειροι μὲν ὄντες οἱ πλείους ἐν σκότῳ καὶ πηλῷ
τῶν διόδων ᾗ χρὴ σωθῆναι (καὶ γὰρ τελευτῶντος τοῦ μηνὸς
τὰ γιγνόμενα ἦν), ἐμπείρους δὲ ἔχοντες τοὺς διώκοντας τοῦ
10 μὴ ἐκφεύγειν, ὥστε διεφθείροντο οἱ πολλοί. τῶν δὲ 3
Πλαταιῶν τις τὰς πύλας ᾗ ἐσῆλθον καὶ αἵπερ ἦσαν μόναι
ἀνεῳγμέναι ἔκλῃσε στυρακίῳ ἀκοντίου ἀντὶ βαλάνου χρησά-
μενος ἐς τὸν μοχλόν, ὥστε μηδὲ ταύτῃ ἔξοδον ἔτι εἶναι.
διωκόμενοι δὲ κατὰ τὴν πόλιν οἱ μέν τινες αὐτῶν ἐπὶ τὸ 4
15 τεῖχος ἀναβάντες ἔρριψαν ἐς τὸ ἔξω σφᾶς αὐτοὺς καὶ
διεφθάρησαν οἱ πλείους, οἱ δὲ κατὰ πύλας ἐρήμους γυναικὸς
δούσης πέλεκυν λαθόντες καὶ διακόψαντες τὸν μοχλὸν
ἐξῆλθον οὐ πολλοί (αἴσθησις γὰρ ταχεῖα ἐπεγένετο), ἄλλοι
δὲ ἄλλῃ τῆς πόλεως σποράδες ἀπώλλυντο. τὸ δὲ πλεῖστον 5
20 καὶ ὅσον μάλιστα ἦν ξυνεστραμμένον ἐσπίπτουσιν ἐς οἴκημα
μέγα, ὃ ἦν τοῦ τείχους καὶ αἱ θύραι ἀνεῳγμέναι ἔτυχον
αὐτοῦ, οἰόμενοι πύλας τὰς θύρας τοῦ οἰκήματος εἶναι καὶ
ἄντικρυς δίοδον ἐς τὸ ἔξω. ὁρῶντες δὲ αὐτοὺς οἱ Πλαταιῆς 6
ἀπειλημμένους ἐβουλεύοντο εἴτε κατακαύσωσιν ὥσπερ ἔχου-
25 σιν, ἐμπρήσαντες τὸ οἴκημα, εἴτε τι ἄλλο χρήσωνται. τέλος 7
δὲ οὗτοί τε καὶ ὅσοι ἄλλοι τῶν Θηβαίων περιῆσαν κατὰ
τὴν πόλιν πλανώμενοι, ξυνέβησαν τοῖς Πλαταιεῦσι παρα-
δοῦναι σφᾶς τε αὐτοὺς καὶ τὰ ὅπλα χρήσασθαι ὅτι ἂν
βούλωνται. οἱ μὲν δὴ ἐν τῇ Πλαταίᾳ οὕτως ἐπεπράγεσαν· 8

6 ἔφυγον ABEF   10 ἐκφυγεῖν Π⁸ recc.   οἱ om. A   δὲ] τε
ABEF   11 ἀνεῳγμέναι μόναι ABEF   12 στύρακι Π⁸ An. Par.
13 ἔξοδον εἶναι ἔτι A: ἔτι ἔξοδον εἶναι BEF   14 δὲ] τε ABEF
16 ο]ἱ δὲ incipit Π¹²   19 σποράδην ABEF suprascr. G¹ [Π¹²]   20
ὅσον] ὅπερ v. l. Π¹²   21 post αἱ add. πλησίον ABEF   22 οἰόμε]νοι
desinit Π¹²   23 οἱ Πλαταιῆς αὐτοὺς AEF   24 κατακαύσουσι F¹ :
καύσωσιν CE   25 χρήσονται F¹G   28 τε om. ABEF

5 οἱ δ' ἄλλοι Θηβαῖοι, οὓς ἔδει ἔτι τῆς νυκτὸς παραγενέσθαι
πανστρατιᾷ, εἴ τι ἄρα μὴ προχωροίη τοῖς ἐσεληλυθόσι, τῆς
ἀγγελίας ἅμα καθ' ὁδὸν αὐτοῖς ῥηθείσης περὶ τῶν γεγενη-
2 μένων ἐπεβοήθουν. ἀπέχει δὲ ἡ Πλάταια τῶν Θηβῶν
σταδίους ἑβδομήκοντα, καὶ τὸ ὕδωρ τὸ γενόμενον τῆς νυκτὸς 5
ἐποίησε βραδύτερον αὐτοὺς ἐλθεῖν· ὁ γὰρ Ἀσωπὸς ποταμὸς
3 ἐρρύη μέγας καὶ οὐ ῥᾳδίως διαβατὸς ἦν. πορευόμενοί τε
ἐν ὑετῷ καὶ τὸν ποταμὸν μόλις διαβάντες ὕστερον παρ-
εγένοντο, ἤδη τῶν ἀνδρῶν τῶν μὲν διεφθαρμένων, τῶν δὲ
4 ζώντων ἐχομένων. ὡς δ' ᾔσθοντο οἱ Θηβαῖοι τὸ γεγενη- 10
μένον, ἐπεβούλευον τοῖς ἔξω τῆς πόλεως τῶν Πλαταιῶν·
ἦσαν γὰρ καὶ ἄνθρωποι κατὰ τοὺς ἀγροὺς καὶ κατασκευή,
οἷα ἀπροσδοκήτου κακοῦ ἐν εἰρήνῃ γενομένου· ἐβούλοντο
γὰρ σφίσιν, εἴ τινα λάβοιεν, ὑπάρχειν ἀντὶ τῶν ἔνδον, ἢν
ἄρα τύχωσί τινες ἐζωγρημένοι. καὶ οἱ μὲν ταῦτα διενοοῦντο, 15
5 οἱ δὲ Πλαταιῆς ἔτι διαβουλευομένων αὐτῶν ὑποτοπήσαντες
τοιοῦτόν τι ἔσεσθαι καὶ δείσαντες περὶ τοῖς ἔξω κήρυκα
ἐξέπεμψαν παρὰ τοὺς Θηβαίους, λέγοντες ὅτι οὔτε τὰ πεποιη-
μένα ὅσια δράσειαν ἐν σπονδαῖς σφῶν πειράσαντες κατα-
λαβεῖν τὴν πόλιν, τά τε ἔξω ἔλεγον αὐτοῖς μὴ ἀδικεῖν· εἰ 20
δὲ μή, καὶ αὐτοὶ ἔφασαν αὐτῶν τοὺς ἄνδρας ἀποκτενεῖν οὓς
ἔχουσι ζῶντας· ἀναχωρησάντων δὲ πάλιν ἐκ τῆς γῆς
6 ἀποδώσειν αὐτοῖς τοὺς ἄνδρας. Θηβαῖοι μὲν ταῦτα λέγουσι
καὶ ἐπομόσαι φασὶν αὐτούς· Πλαταιῆς δ' οὐχ ὁμολογοῦσι
τοὺς ἄνδρας εὐθὺς ὑποσχέσθαι ἀποδώσειν, ἀλλὰ λόγων 25
πρῶτον γενομένων ἤν τι ξυμβαίνωσι, καὶ ἐπομόσαι οὔ φασιν.
7 ἐκ δ' οὖν τῆς γῆς ἀνεχώρησαν οἱ Θηβαῖοι οὐδὲν ἀδικήσαντες·
οἱ δὲ Πλαταιῆς ἐπειδὴ τὰ ἐκ τῆς χώρας κατὰ τάχος ἐσεκο-
μίσαντο, ἀπέκτειναν τοὺς ἄνδρας εὐθύς. ἦσαν δὲ ὀγδοήκοντα
καὶ ἑκατὸν οἱ ληφθέντες, καὶ Εὐρύμαχος εἷς αὐτῶν ἦν, πρὸς 30
6 ὃν ἔπραξαν οἱ προδιδόντες. τοῦτο δὲ ποιήσαντες ἔς τε τὰς

---

2 προσχωροίη A B E F   4 ἐβοήθουν C G   7 διαβατὸς]s . . . 14
τι[να Π¹²   12 κατ' ἀγροὺς ? Π¹²   13 post ἀπροσδοκήτου add. τοῦ
Bredow   19 ὁσίως A B E F   πειραθέντες A B E F   30 εἷς om. C G

Ἀθήνας ἄγγελον ἔπεμπον καὶ τοὺς νεκροὺς ὑποσπόνδους
ἀπέδοσαν τοῖς Θηβαίοις, τά τε ἐν τῇ πόλει καθίσταντο πρὸς
τὰ παρόντα ᾗ ἐδόκει αὐτοῖς. τοῖς δ᾽ Ἀθηναίοις ἠγγέλθη 2
εὐθὺς τὰ περὶ τῶν Πλαταιῶν γεγενημένα, καὶ Βοιωτῶν τε
5 παραχρῆμα ξυνέλαβον ὅσοι ἦσαν ἐν τῇ Ἀττικῇ καὶ ἐς τὴν
Πλάταιαν ἔπεμψαν κήρυκα, κελεύοντες εἰπεῖν μηδὲν νεώτερον
ποιεῖν περὶ τῶν ἀνδρῶν οὓς ἔχουσι Θηβαίων, πρὶν ἄν τι καὶ
αὐτοὶ βουλεύσωσι περὶ αὐτῶν· οὐ γὰρ ἠγγέλθη αὐτοῖς ὅτι 3
τεθνηκότες εἶεν. ἅμα γὰρ τῇ ἐσόδῳ γιγνομένῃ τῶν Θηβαίων
10 ὁ πρῶτος ἄγγελος ἐξῄει, ὁ δὲ δεύτερος ἄρτι νενικημένων τε
καὶ ξυνειλημμένων· καὶ τῶν ὕστερον οὐδὲν ᾔδεσαν. οὕτω
δὴ οὐκ εἰδότες οἱ Ἀθηναῖοι ἐπέστελλον· ὁ δὲ κῆρυξ ἀφικό-
μενος ηὗρε τοὺς ἄνδρας διεφθαρμένους. καὶ μετὰ ταῦτα οἱ 4
Ἀθηναῖοι στρατεύσαντες ἐς Πλάταιαν σῖτόν τε ἐσήγαγον
15 καὶ φρουροὺς ἐγκατέλιπον, τῶν τε ἀνθρώπων τοὺς ἀχρειοτά-
τους ξὺν γυναιξὶ καὶ παισὶν ἐξεκόμισαν.

Γεγενημένου δὲ τοῦ ἐν Πλαταιαῖς ἔργου καὶ λελυμένων 7
λαμπρῶς τῶν σπονδῶν οἱ Ἀθηναῖοι παρεσκευάζοντο ὡς
πολεμήσοντες, παρεσκευάζοντο δὲ καὶ Λακεδαιμόνιοι καὶ
20 οἱ ξύμμαχοι, πρεσβείας τε μέλλοντες πέμπειν παρὰ βασιλέα
καὶ ἄλλοσε πρὸς τοὺς βαρβάρους, εἴ ποθέν τινα ὠφελίαν
ἤλπιζον ἑκάτεροι προσλήψεσθαι, πόλεις τε ξυμμαχίδας
ποιούμενοι ὅσαι ἦσαν ἐκτὸς τῆς ἑαυτῶν δυνάμεως. καὶ 2
Λακεδαιμονίοις μὲν πρὸς ταῖς αὐτοῦ ὑπαρχούσαις ἐξ Ἰταλίας
25 καὶ Σικελίας τοῖς τἀκείνων ἑλομένοις ναῦς ἐπετάχθη ποιεῖσθαι
κατὰ μέγεθος τῶν πόλεων, ὡς ἐς τὸν πάντα ἀριθμὸν πεντα-
κοσίων νεῶν ἐσομένων, καὶ ἀργύριον ῥητὸν ἑτοιμάζειν, τά
τε ἄλλα ἡσυχάζοντας καὶ Ἀθηναίους δεχομένους μιᾷ νηὶ
ἕως ἂν ταῦτα παρασκευασθῇ. Ἀθηναῖοι δὲ τήν τε ὑπάρ- 3
30 χουσαν ξυμμαχίαν ἐξήταζον καὶ ἐς τὰ περὶ Πελοπόννησον

6 post κελεύοντες add. αὑτοῖς C G   19 post καὶ add. οἱ A B E F
20 post ξύμμαχοι add. αὐτῶν A B E F   21 πρὸς] ἐς A B E F   25
ἐπετάχθη recc. : ἐπετάχθησαν codd.: ἐπετάχθη σ᾽ (διακοσίας) Herbst
29 τ]ε incipit Π³

μᾶλλον χωρία ἐπρεσβεύοντο, Κέρκυραν καὶ Κεφαλληνίαν
καὶ Ἀκαρνᾶνας καὶ Ζάκυνθον, ὁρῶντες, εἰ σφίσι φίλια ταῦτ᾽
εἴη βεβαίως, πέριξ τὴν Πελοπόννησον καταπολεμήσοντες.

8 ὀλίγον τε ἐπενόουν οὐδὲν ἀμφότεροι, ἀλλ᾽ ἔρρωντο ἐς τὸν
πόλεμον οὐκ ἀπεικότως· ἀρχόμενοι γὰρ πάντες ὀξύτερον 5
ἀντιλαμβάνονται, τότε δὲ καὶ νεότης πολλὴ μὲν οὖσα ἐν τῇ
Πελοποννήσῳ, πολλὴ δ᾽ ἐν ταῖς Ἀθήναις οὐκ ἀκουσίως ὑπὸ
ἀπειρίας ἥπτετο τοῦ πολέμου, ἥ τε ἄλλη Ἑλλὰς ἅπασα
2 μετέωρος ἦν ξυνιουσῶν τῶν πρώτων πόλεων. καὶ πολλὰ
μὲν λόγια ἐλέγετο, πολλὰ δὲ χρησμολόγοι ᾖδον ἔν τε τοῖς 10
3 μέλλουσι πολεμήσειν καὶ ἐν ταῖς ἄλλαις πόλεσιν. ἔτι δὲ
Δῆλος ἐκινήθη ὀλίγον πρὸ τούτων, πρότερον οὔπω σεισθεῖσα
ἀφ᾽ οὗ Ἕλληνες μέμνηνται· ἐλέγετο δὲ καὶ ἐδόκει ἐπὶ τοῖς
μέλλουσι γενήσεσθαι σημῆναι. εἴ τέ τι ἄλλο τοιουτότροπον
4 ξυνέβη γενέσθαι, πάντα ἀνεζητεῖτο. ἡ δὲ εὔνοια παρὰ 15
πολὺ ἐποίει τῶν ἀνθρώπων μᾶλλον ἐς τοὺς Λακεδαιμονίους,
ἄλλως τε καὶ προειπόντων ὅτι τὴν Ἑλλάδα ἐλευθεροῦσιν.
ἔρρωτό τε πᾶς καὶ ἰδιώτης καὶ πόλις εἴ τι δύναιτο καὶ λόγῳ
καὶ ἔργῳ ξυνεπιλαμβάνειν αὐτοῖς· ἐν τούτῳ τε κεκωλῦσθαι
ἐδόκει ἑκάστῳ τὰ πράγματα ᾧ μή τις αὐτὸς παρέσται. 20
5 οὕτως ⟨ἐν⟩ ὀργῇ εἶχον οἱ πλείους τοὺς Ἀθηναίους, οἱ μὲν
τῆς ἀρχῆς ἀπολυθῆναι βουλόμενοι, οἱ δὲ μὴ ἀρχθῶσι φοβού-
μενοι.

9 Παρασκευῇ μὲν οὖν καὶ γνώμῃ τοιαύτῃ ὥρμηντο, πόλεις
δὲ ἑκάτεροι τάσδε ἔχοντες ξυμμάχους ἐς τὸν πόλεμον καθί- 25
2 σταντο. Λακεδαιμονίων μὲν οἵδε ξύμμαχοι· Πελοποννήσιοι
μὲν οἱ ἐντὸς Ἰσθμοῦ πάντες πλὴν Ἀργείων καὶ Ἀχαιῶν
(τούτοις δὲ ἐς ἀμφοτέρους φιλία ἦν· Πελληνῆς δὲ Ἀχαιῶν
μόνοι ξυνεπολέμουν τὸ πρῶτον, ἔπειτα δὲ ὕστερον καὶ ἅπαν-
τες), ἔξω δὲ Πελοποννήσου Μεγαρῆς, Βοιωτοί, Λοκροί, 30
3 Φωκῆς, Ἀμπρακιῶται, Λευκάδιοι, Ἀνακτόριοι. τούτων ναυ-

1 χωρία μᾶλλον Π³   5 πό]λεμ[ον desinit Π³   6 δὲ recc.: δὴ codd.
8 πᾶσα A B E F   10 ἐλέγοντο A B E F   21 ἐν add. Stephanus
30 φωκῆς λοκροὶ βοιωτοὶ A B E F

τικὸν παρείχοντο Κορίνθιοι, Μεγαρῆς, Σικυώνιοι, Πελληνῆς,
Ἠλεῖοι, Ἀμπρακιῶται, Λευκάδιοι, ἱππέας δὲ Βοιωτοί, Φωκῆς,
Λοκροί· αἱ δ᾽ ἄλλαι πόλεις πεζὸν παρεῖχον. αὕτη μὲν
Λακεδαιμονίων ξυμμαχία· Ἀθηναίων δὲ Χῖοι, Λέσβιοι, 4
5 Πλαταιῆς, Μεσσήνιοι οἱ ἐν Ναυπάκτῳ, Ἀκαρνάνων οἱ
πλείους, Κερκυραῖοι, Ζακύνθιοι, καὶ ἄλλαι πόλεις αἱ ὑποτε-
λεῖς οὖσαι ἐν ἔθνεσι τοσοῖσδε, Καρία ἡ ἐπὶ θαλάσσῃ, Δωριῆς
Καρσὶ πρόσοικοι, Ἰωνία, Ἑλλήσποντος, τὰ ἐπὶ Θράκης,
νῆσοι ὅσαι ἐντὸς Πελοποννήσου καὶ Κρήτης πρὸς ἥλιον
10 ἀνίσχοντα, πᾶσαι αἱ Κυκλάδες πλὴν Μήλου καὶ Θήρας.
τούτων ναυτικὸν παρείχοντο Χῖοι, Λέσβιοι, Κερκυραῖοι, οἱ 5
δ᾽ ἄλλοι πεζὸν καὶ χρήματα. ξυμμαχία μὲν αὕτη ἑκατέρων 6
καὶ παρασκευὴ ἐς τὸν πόλεμον ἦν.

Οἱ δὲ Λακεδαιμόνιοι μετὰ τὰ ἐν Πλαταιαῖς εὐθὺς περι- 10
15 ἤγγελλον κατὰ τὴν Πελοπόννησον καὶ τὴν ἔξω ξυμμαχίδα
στρατιὰν παρασκευάζεσθαι ταῖς πόλεσι τά τε ἐπιτήδεια οἷα
εἰκὸς ἐπὶ ἔξοδον ἔκδημον ἔχειν, ὡς ἐσβαλοῦντες ἐς τὴν
Ἀττικήν. ἐπειδὴ δὲ ἑκάστοις ἑτοῖμα γίγνοιτο, κατὰ τὸν 2
χρόνον τὸν εἰρημένον ξυνῇσαν τὰ δύο μέρη ἀπὸ πόλεως
20 ἑκάστης ἐς τὸν Ἰσθμόν. καὶ ἐπειδὴ πᾶν τὸ στράτευμα 3
ξυνειλεγμένον ἦν, Ἀρχίδαμος ὁ βασιλεὺς τῶν Λακεδαι-
μονίων, ὅσπερ ἡγεῖτο τῆς ἐξόδου ταύτης, ξυγκαλέσας τοὺς
στρατηγοὺς τῶν πόλεων πασῶν καὶ τοὺς μάλιστα ἐν τέλει
καὶ ἀξιολογωτάτους παρῄνει τοιάδε.

25   "Ἄνδρες Πελοποννήσιοι καὶ ξύμμαχοι, καὶ οἱ πατέρες 11
ἡμῶν πολλὰς στρατείας καὶ ἐν αὐτῇ Πελοποννήσῳ καὶ ἔξω
ἐποιήσαντο, καὶ ἡμῶν αὐτῶν οἱ πρεσβύτεροι οὐκ ἄπειροι
πολέμων εἰσίν· ὅμως δὲ τῆσδε οὔπω μείζονα παρασκευὴν
ἔχοντες ἐξήλθομεν, ἀλλὰ καὶ ἐπὶ πόλιν δυνατωτάτην νῦν

---

3 μὲν C(G): om. cett.   10 post αἱ add. ἄλλαι ABEF
15 ξυμμαχίαν ABEF   24 ἀξιωτάτους C (ω ex o c) G   παρῄνει
Sintenis: παρεῖναι codd.   post τοιάδε add. ἔλεξεν codd., del.
Sintenis   25 post prius καὶ add. οἱ ABEFG   alterum καὶ
om. ABEF   27 αὐτῶν ἡμῶν ABEF

ἐρχόμεθα καὶ αὐτοὶ πλεῖστοι καὶ ἄριστοι στρατεύοντες.

2 δίκαιον οὖν ἡμᾶς μήτε τῶν πατέρων χείρους φαίνεσθαι μήτε
ἡμῶν αὐτῶν τῆς δόξης ἐνδεεστέρους. ἡ γὰρ Ἑλλὰς πᾶσα
τῇδε τῇ ὁρμῇ ἐπῆρται καὶ προσέχει τὴν γνώμην, εὔνοιαν
ἔχουσα διὰ τὸ Ἀθηναίων ἔχθος πρᾶξαι ἡμᾶς ἃ ἐπινοοῦμεν. 5

3 οὔκουν χρή, εἴ τῳ καὶ δοκοῦμεν πλήθει ἐπιέναι καὶ ἀσφάλεια
πολλὴ εἶναι μὴ ἂν ἐλθεῖν τοὺς ἐναντίους ἡμῖν διὰ μάχης,
τούτων ἕνεκα ἀμελέστερόν τι παρεσκευασμένους χωρεῖν,
ἀλλὰ καὶ πόλεως ἑκάστης ἡγεμόνα καὶ στρατιώτην τὸ καθ᾽

4 αὑτὸν αἰεὶ προσδέχεσθαι ἐς κίνδυνόν τινα ἥξειν.   ἄδηλα 10
γὰρ τὰ τῶν πολέμων, καὶ ἐξ ὀλίγου τὰ πολλὰ καὶ δι᾽ ὀργῆς
αἱ ἐπιχειρήσεις γίγνονται· πολλάκις τε τὸ ἔλασσον πλῆθος
δεδιὸς ἄμεινον ἠμύνατο τοὺς πλέονας διὰ τὸ καταφρονοῦντας

5 ἀπαρασκεύους γενέσθαι.   χρὴ δὲ αἰεὶ ἐν τῇ πολεμίᾳ τῇ μὲν
γνώμῃ θαρσαλέους στρατεύειν, τῷ δ᾽ ἔργῳ δεδιότας παρε- 15
σκευάσθαι· οὕτω γὰρ πρός τε τὸ ἐπιέναι τοῖς ἐναντίοις
εὐψυχότατοι ἂν εἶεν πρός τε τὸ ἐπιχειρεῖσθαι ἀσφαλέ-

6 στατοι.   ἡμεῖς δὲ οὐδ᾽ ἐπὶ ἀδύνατον ἀμύνεσθαι οὕτω πόλιν
ἐρχόμεθα, ἀλλὰ τοῖς πᾶσιν ἄριστα παρεσκευασμένην, ὥστε
χρὴ καὶ πάνυ ἐλπίζειν διὰ μάχης ἰέναι αὐτούς, εἰ μὴ καὶ 20
νῦν ὥρμηνται ἐν ᾧ οὔπω πάρεσμεν, ἀλλ᾽ ὅταν ἐν τῇ γῇ

7 ὁρῶσιν ἡμᾶς δῃοῦντάς τε καὶ τἀκείνων φθείροντας.   πᾶσι
γὰρ ἐν τοῖς ὄμμασι καὶ ἐν τῷ παραυτίκα ὁρᾶν πάσχοντάς τι
ἄηθες ὀργὴ προσπίπτει· καὶ οἱ λογισμῷ ἐλάχιστα χρώμενοι

8 θυμῷ πλεῖστα ἐς ἔργον καθίστανται.   Ἀθηναίους δὲ καὶ 25
πλέον τι τῶν ἄλλων εἰκὸς τοῦτο δρᾶσαι, οἳ ἄρχειν τε τῶν
ἄλλων ἀξιοῦσι καὶ ἐπιόντες τὴν τῶν πέλας δῃοῦν μᾶλλον ἢ

9 τὴν αὑτῶν ὁρᾶν.   ὡς οὖν ἐπὶ τοσαύτην πόλιν στρατεύοντες
καὶ μεγίστην δόξαν οἰσόμενοι τοῖς τε προγόνοις καὶ ἡμῖν
αὐτοῖς ἐπ᾽ ἀμφότερα ἐκ τῶν ἀποβαινόντων, ἕπεσθ᾽ ὅπῃ ἄν 30
τις ἡγῆται, κόσμον καὶ φυλακὴν περὶ παντὸς ποιούμενοι καὶ

6 ἀσφάλεια πολλὴ recc.: ἀσφαλείᾳ πολλῇ codd.   8 τούτων C
suprascr. G : τούτου cett.   15 παρασκευάζεσθαι A B E F G   17
εὐψυ]χόταιοι incipit Π²⁰   18 ἀμύνασθαι Π²⁰   οὕτω om. Π²⁰   22 τὰ
ἐκείνων C⟨G⟩Π²⁰   26 τι om. Π²⁰ m. 1   alt. τῶν om. Π²⁰   28 τὴν]
τῶν Π²⁰   ἑαυτῶν A B E F   29 ὑμῖν Π⁸ Π²⁰   30 ἐκ τῶν ἀποβαι-
νόντων om. Π²⁰ m. 1

τὰ παραγγελλόμενα ὀξέως δεχόμενοι· κάλλιστον γὰρ τόδε
καὶ ἀσφαλέστατον, πολλοὺς ὄντας ἑνὶ κόσμῳ χρωμένους
φαίνεσθαι.'

Τοσαῦτα εἰπὼν καὶ διαλύσας τὸν ξύλλογον ὁ Ἀρχίδαμος 12
5 Μελήσιππον πρῶτον ἀποστέλλει ἐς τὰς Ἀθήνας τὸν Δια-
κρίτου ἄνδρα Σπαρτιάτην, εἴ τι ἄρα μᾶλλον ἐνδοῖεν οἱ
Ἀθηναῖοι ὁρῶντες σφᾶς ἤδη ἐν ὁδῷ ὄντας. οἱ δὲ οὐ 2
προσεδέξαντο αὐτὸν ἐς τὴν πόλιν οὐδ' ἐπὶ τὸ κοινόν· ἦν
γὰρ Περικλέους γνώμη πρότερον νενικηκυῖα κήρυκα καὶ
10 πρεσβείαν μὴ προσδέχεσθαι Λακεδαιμονίων ἐξεστρατευ-
μένων· ἀποπέμπουσιν οὖν αὐτὸν πρὶν ἀκοῦσαι καὶ ἐκέλευον
ἐκτὸς ὅρων εἶναι αὐθημερόν, τό τε λοιπὸν ἀναχωρήσαντας
ἐπὶ τὰ σφέτερα αὐτῶν, ἤν τι βούλωνται, πρεσβεύεσθαι.
ξυμπέμπουσί τε τῷ Μελησίππῳ ἀγωγούς, ὅπως μηδενὶ
15 ξυγγένηται. ὁ δ' ἐπειδὴ ἐπὶ τοῖς ὁρίοις ἐγένετο καὶ ἔμελλε 3
διαλύσεσθαι, τοσόνδε εἰπὼν ἐπορεύετο ὅτι ' ἥδε ἡ ἡμέρα τοῖς
Ἕλλησι μεγάλων κακῶν ἄρξει.' ὡς δὲ ἀφίκετο ἐς τὸ 4
στρατόπεδον καὶ ἔγνω ὁ Ἀρχίδαμος ὅτι οἱ Ἀθηναῖοι οὐδέν
πω ἐνδώσουσιν, οὕτω δὴ ἄρας τῷ στρατῷ προυχώρει ἐς τὴν
20 γῆν αὐτῶν. Βοιωτοὶ δὲ μέρος μὲν τὸ σφέτερον καὶ τοὺς 5
ἱππέας παρείχοντο Πελοποννησίοις ξυστρατεύειν, τοῖς δὲ
λειπομένοις ἐς Πλάταιαν ἐλθόντες τὴν γῆν ἐδῄουν.

Ἔτι δὲ τῶν Πελοποννησίων ξυλλεγομένων τε ἐς τὸν 13
Ἰσθμὸν καὶ ἐν ὁδῷ ὄντων, πρὶν ἐσβαλεῖν ἐς τὴν Ἀττικήν,
25 Περικλῆς ὁ Ξανθίππου στρατηγὸς ὢν Ἀθηναίων δέκατος
αὐτός, ὡς ἔγνω τὴν ἐσβολὴν ἐσομένην, ὑποτοπήσας, ὅτι
Ἀρχίδαμος αὐτῷ ξένος ὢν ἐτύγχανε, μὴ πολλάκις ἢ αὐτὸς
ἰδίᾳ βουλόμενος χαρίζεσθαι τοὺς ἀγροὺς αὐτοῦ παραλίπῃ καὶ
μὴ δῃώσῃ, ἢ καὶ Λακεδαιμονίων κελευσάντων ἐπὶ διαβολῇ
30 τῇ ἑαυτοῦ γένηται τοῦτο, ὥσπερ καὶ τὰ ἄγη ἐλαύνειν προεῖ-
πον ἕνεκα ἐκείνου, προηγόρευε τοῖς Ἀθηναίοις ἐν τῇ ἐκκλησίᾳ

---

3 φαίνεσθαι desinit Π²⁰   7 ἤδη σφᾶς A B E F   10 δέχεσθαι C
ἐκστρατευομένων Π⁸, quae et στρατευόντων agnoscit   11 post ἐκέλευον
add. αὐτὸν C G   16 διαλύεσθαι ? C Π⁸   30 ἑαυτοῦ] αὐτοῦ A B E F

ὅτι Ἀρχίδαμος μέν οἱ ξένος εἴη, οὐ μέντοι ἐπὶ κακῷ γε τῆς
πόλεως γένοιτο, τοὺς δὲ ἀγροὺς τοὺς ἑαυτοῦ καὶ οἰκίας ἢν
ἄρα μὴ δῃώσωσιν οἱ πολέμιοι ὥσπερ καὶ τὰ τῶν ἄλλων,
ἀφίησιν αὐτὰ δημόσια εἶναι καὶ μηδεμίαν οἱ ὑποψίαν κατὰ
2 ταῦτα γίγνεσθαι. παρῄνει δὲ καὶ περὶ τῶν παρόντων ἅπερ 5
καὶ πρότερον, παρασκευάζεσθαί τε ἐς τὸν πόλεμον καὶ τὰ ἐκ
τῶν ἀγρῶν ἐσκομίζεσθαι, ἔς τε μάχην μὴ ἐπεξιέναι, ἀλλὰ
τὴν πόλιν ἐσελθόντας φυλάσσειν, καὶ τὸ ναυτικόν, ᾗπερ
ἰσχύουσιν, ἐξαρτύεσθαι, τά τε τῶν ξυμμάχων διὰ χειρὸς
ἔχειν, λέγων τὴν ἰσχὺν αὐτοῖς ἀπὸ τούτων εἶναι τῶν χρη- 10
μάτων τῆς προσόδου, τὰ δὲ πολλὰ τοῦ πολέμου γνώμῃ καὶ
3 χρημάτων περιουσίᾳ κρατεῖσθαι. θαρσεῖν τε ἐκέλευε προσ-
ιόντων μὲν ἑξακοσίων ταλάντων ὡς ἐπὶ τὸ πολὺ φόρου
κατ' ἐνιαυτὸν ἀπὸ τῶν ξυμμάχων τῇ πόλει ἄνευ τῆς ἄλλης
προσόδου, ὑπαρχόντων δὲ ἐν τῇ ἀκροπόλει ἔτι τότε ἀργυρίου 15
ἐπισήμου ἑξακισχιλίων ταλάντων (τὰ γὰρ πλεῖστα τριακο-
σίων ἀποδέοντα μύρια ἐγένετο, ἀφ' ὧν ἔς τε τὰ προπύλαια
τῆς ἀκροπόλεως καὶ τἆλλα οἰκοδομήματα καὶ ἐς Ποτείδαιαν
4 ἀπανηλώθη), χωρὶς δὲ χρυσίου ἀσήμου καὶ ἀργυρίου ἔν τε
ἀναθήμασιν ἰδίοις καὶ δημοσίοις καὶ ὅσα ἱερὰ σκεύη περί 20
τε τὰς πομπὰς καὶ τοὺς ἀγῶνας καὶ σκῦλα Μηδικὰ καὶ εἴ τι
τοιουτότροπον, οὐκ ἐλάσσονος [ἦν] ἢ πεντακοσίων ταλάντων.
5 ἔτι δὲ καὶ τὰ ἐκ τῶν ἄλλων ἱερῶν προσετίθει χρήματα οὐκ
ὀλίγα, οἷς χρήσεσθαι αὐτούς, καὶ ἢν πάνυ ἐξείργωνται
πάντων, καὶ αὐτῆς τῆς θεοῦ τοῖς περικειμένοις χρυσίοις· 25
ἀπέφαινε δ' ἔχον τὸ ἄγαλμα τεσσαράκοντα τάλαντα σταθμὸν
χρυσίου ἀπέφθου, καὶ περιαιρετὸν εἶναι ἅπαν. χρησαμένους
τε ἐπὶ σωτηρίᾳ ἔφη χρῆναι μὴ ἐλάσσω ἀντικαταστῆσαι
6 πάλιν. χρήμασι μὲν οὖν οὕτως ἐθάρσυνεν αὐτούς, ὁπλί-
τας δὲ τρισχιλίους καὶ μυρίους εἶναι ἄνευ τῶν ἐν τοῖς 30
φρουρίοις καὶ τῶν παρ' ἔπαλξιν ἑξακισχιλίων καὶ μυρίων.
7 τοσοῦτοι γὰρ ἐφύλασσον τὸ πρῶτον ὁπότε οἱ πολέμιοι

10 χ]ρη[μάτων . . . 14 ἄλ]λ[ης Π¹²   22 ἦν om. recc. : secl.
Abresch

ἐσβάλοιεν, ἀπό τε τῶν πρεσβυτάτων καὶ τῶν νεωτάτων,
καὶ μετοίκων ὅσοι ὁπλῖται ἦσαν. τοῦ τε γὰρ Φαληρικοῦ
τείχους στάδιοι ἦσαν πέντε καὶ τριάκοντα πρὸς τὸν κύκλον
τοῦ ἄστεως, καὶ αὐτοῦ τοῦ κύκλου τὸ φυλασσόμενον τρεῖς
5 καὶ τεσσαράκοντα (ἔστι δὲ αὐτοῦ ὃ καὶ ἀφύλακτον ἦν, τὸ
μεταξὺ τοῦ τε μακροῦ καὶ τοῦ Φαληρικοῦ), τὰ δὲ μακρὰ
τείχη πρὸς τὸν Πειραιᾶ τεσσαράκοντα σταδίων, ὧν τὸ
ἔξωθεν ἐτηρεῖτο· καὶ τοῦ Πειραιῶς ξὺν Μουνιχίᾳ ἑξήκοντα
μὲν σταδίων ὁ ἅπας περίβολος, τὸ δ᾽ ἐν φυλακῇ ὂν ἥμισυ
10 τούτου. ἱππέας δὲ ἀπέφαινε διακοσίους καὶ χιλίους ξὺν 8
ἱπποτοξόταις, ἑξακοσίους δὲ καὶ χιλίους τοξότας, καὶ τριή-
ρεις τὰς πλωίμους τριακοσίας. ταῦτα γὰρ ὑπῆρχεν Ἀθη- 9
ναίοις καὶ οὐκ ἐλάσσω ἕκαστα τούτων, ὅτε ἡ ἐσβολὴ τὸ
πρῶτον ἔμελλε Πελοποννησίων ἔσεσθαι καὶ ἐς τὸν πόλεμον
15 καθίσταντο. ἔλεγε δὲ καὶ ἄλλα οἷάπερ εἰώθει Περικλῆς
ἐς ἀπόδειξιν τοῦ περιέσεσθαι τῷ πολέμῳ.

Οἱ δὲ Ἀθηναῖοι ἀκούσαντες ἀνεπείθοντό τε καὶ ἐσεκομί- 14
ζοντο ἐκ τῶν ἀγρῶν παῖδας καὶ γυναῖκας καὶ τὴν ἄλλην
κατασκευὴν ᾗ κατ᾽ οἶκον ἐχρῶντο, καὶ αὐτῶν τῶν οἰκιῶν
20 καθαιροῦντες τὴν ξύλωσιν· πρόβατα δὲ καὶ ὑποζύγια ἐς τὴν
Εὔβοιαν διεπέμψαντο καὶ ἐς τὰς νήσους τὰς ἐπικειμένας.
χαλεπῶς δὲ αὐτοῖς διὰ τὸ αἰεὶ εἰωθέναι τοὺς πολλοὺς ἐν τοῖς 2
ἀγροῖς διαιτᾶσθαι ἡ ἀνάστασις ἐγίγνετο. ξυνεβεβήκει δὲ 15
ἀπὸ τοῦ πάνυ ἀρχαίου ἑτέρων μᾶλλον Ἀθηναίοις τοῦτο.
25 ἐπὶ γὰρ Κέκροπος καὶ τῶν πρώτων βασιλέων ἡ Ἀττικὴ ἐς
Θησέα αἰεὶ κατὰ πόλεις ᾠκεῖτο πρυτανεῖά τε ἐχούσας καὶ
ἄρχοντας, καὶ ὁπότε μή τι δείσειαν, οὐ ξυνῇσαν βουλευσό-
μενοι ὡς τὸν βασιλέα, ἀλλ᾽ αὐτοὶ ἕκαστοι ἐπολίτευον καὶ
ἐβουλεύοντο· καί τινες καὶ ἐπολέμησάν ποτε αὐτῶν, ὥσπερ
30 καὶ Ἐλευσίνιοι μετ᾽ Εὐμόλπου πρὸς Ἐρεχθέα. ἐπειδὴ δὲ 2
Θησεὺς ἐβασίλευσε, γενόμενος μετὰ τοῦ ξυνετοῦ καὶ δυνατὸς

τά τε ἄλλα διεκόσμησε τὴν χώραν καὶ καταλύσας τῶν
ἄλλων πόλεων τά τε βουλευτήρια καὶ τὰς ἀρχὰς ἐς τὴν νῦν
πόλιν οὖσαν, ἓν βουλευτήριον ἀποδείξας καὶ πρυτανεῖον,
ξυνῴκισε πάντας, καὶ νεμομένους τὰ αὑτῶν ἑκάστους ἅπερ
καὶ πρὸ τοῦ ἠνάγκασε μιᾷ πόλει ταύτῃ χρῆσθαι, ἣ ἁπάντων 5
ἤδη ξυντελούντων ἐς αὐτὴν μεγάλη γενομένη παρεδόθη ὑπὸ
Θησέως τοῖς ἔπειτα· καὶ ξυνοίκια ἐξ ἐκείνου Ἀθηναῖοι ἔτι
3 καὶ νῦν τῇ θεῷ ἑορτὴν δημοτελῆ ποιοῦσιν. τὸ δὲ πρὸ τοῦ
ἡ ἀκρόπολις ἡ νῦν οὖσα πόλις ἦν, καὶ τὸ ὑπ' αὐτὴν πρὸς
4 νότον μάλιστα τετραμμένον. τεκμήριον δέ· τὰ γὰρ ἱερὰ 10
ἐν αὐτῇ τῇ ἀκροπόλει† καὶ ἄλλων θεῶν ἐστὶ καὶ τὰ ἔξω
πρὸς τοῦτο τὸ μέρος τῆς πόλεως μᾶλλον ἵδρυται, τό τε τοῦ
Διὸς τοῦ Ὀλυμπίου καὶ τὸ Πύθιον καὶ τὸ τῆς Γῆς καὶ τὸ
⟨τοῦ⟩ ἐν Λίμναις Διονύσου, ᾧ τὰ ἀρχαιότερα Διονύσια [τῇ
δωδεκάτῃ] ποιεῖται ἐν μηνὶ Ἀνθεστηριῶνι, ὥσπερ καὶ οἱ ἀπ' 15
Ἀθηναίων Ἴωνες ἔτι καὶ νῦν νομίζουσιν. ἵδρυται δὲ καὶ
5 ἄλλα ἱερὰ ταύτῃ ἀρχαῖα. καὶ τῇ κρήνῃ τῇ νῦν μὲν τῶν
τυράννων οὕτω σκευασάντων Ἐννεακρούνῳ καλουμένῃ, τὸ δὲ
πάλαι φανερῶν τῶν πηγῶν οὐσῶν Καλλιρρόῃ ὠνομασμένῃ,
ἐκεῖνοί τε ἐγγὺς οὔσῃ τὰ πλείστου ἄξια ἐχρῶντο, καὶ νῦν 20
ἔτι ἀπὸ τοῦ ἀρχαίου πρό τε γαμικῶν καὶ ἐς ἄλλα τῶν ἱερῶν
6 νομίζεται τῷ ὕδατι χρῆσθαι· καλεῖται δὲ διὰ τὴν παλαιὰν
ταύτῃ κατοίκησιν καὶ ἡ ἀκρόπολις μέχρι τοῦδε ἔτι ὑπ' Ἀθη-
16 ναίων πόλις. τῇ τε οὖν ἐπὶ πολὺ κατὰ τὴν χώραν αὐτονόμῳ
οἰκήσει μετεῖχον οἱ Ἀθηναῖοι, καὶ ἐπειδὴ ξυνῳκίσθησαν, διὰ 25
τὸ ἔθος ἐν τοῖς ἀγροῖς ὅμως οἱ πλείους τῶν τε ἀρχαίων καὶ
τῶν ὕστερον μέχρι τοῦδε τοῦ πολέμου γενόμενοί τε καὶ
οἰκήσαντες οὐ ῥᾳδίως πανοικεσίᾳ τὰς μεταναστάσεις ἐποι-

---

1 χώραν] πόλιν G M   8 τούτου A B E F M   11 post ἀκρο-
πόλει lacunam statuit Classen, qui καὶ τὰ τῆς Ἀθηνᾶς addidit   14 τοῦ
add. Cobet: repugnat Π⁸   ἀρχαιότατα Π⁸   τῇ δωδεκάτῃ seclusit
Torstrik: habet Π⁸   18 σκευασάντων] κελευσάντων C G   20 ἐκεῖνοι
Bekker: ἐκείνῃ codd.   24 δ' οὖν Krüger   25 μετεῖχον etiam Π⁸,
sed vix sanum: secl. Driessen   26 τε om. A B E F (G) M   28
πανοικεσίᾳ in codd. et Π⁸ post πολέμου legitur: transp. Lipsius
ἀναστάσεις C

οὖντο, ἄλλως τε καὶ ἄρτι ἀνειληφότες τὰς κατασκευὰς μετὰ
τὰ Μηδικά· ἐβαρύνοντο δὲ καὶ χαλεπῶς ἔφερον οἰκίας τε 2
καταλείποντες καὶ ἱερὰ ἃ διὰ παντὸς ἦν αὐτοῖς ἐκ τῆς κατὰ
τὸ ἀρχαῖον πολιτείας πάτρια δίαιτάν τε μέλλοντες μετα-
5 βάλλειν καὶ οὐδὲν ἄλλο ἢ πόλιν τὴν αὐτοῦ ἀπολείπων
ἕκαστος. ἐπειδή τε ἀφίκοντο ἐς τὸ ἄστυ, ὀλίγοις μέν τισιν 17
ὑπῆρχον οἰκήσεις καὶ παρὰ φίλων τινὰς ἢ οἰκείων καταφυγή,
οἱ δὲ πολλοὶ τά τε ἐρῆμα τῆς πόλεως ᾤκησαν καὶ τὰ ἱερὰ
καὶ τὰ ἡρῷα πάντα πλὴν τῆς ἀκροπόλεως καὶ τοῦ Ἐλευσινίου
10 καὶ εἴ τι ἄλλο βεβαίως κλῃστὸν ἦν· τό τε Πελαργικὸν
καλούμενον τὸ ὑπὸ τὴν ἀκρόπολιν, ὃ καὶ ἐπάρατόν τε ἦν μὴ
οἰκεῖν καί τι καὶ Πυθικοῦ μαντείου ἀκροτελεύτιον τοιόνδε
διεκώλυε, λέγον ὡς ‘ τὸ Πελαργικὸν ἀργὸν ἄμεινον,’ ὅμως
ὑπὸ τῆς παραχρῆμα ἀνάγκης ἐξῳκήθη. καί μοι δοκεῖ τὸ 2
15 μαντεῖον τοὐναντίον ξυμβῆναι ἢ προσεδέχοντο· οὐ γὰρ διὰ
τὴν παράνομον ἐνοίκησιν αἱ ξυμφοραὶ γενέσθαι τῇ πόλει,
ἀλλὰ διὰ τὸν πόλεμον ἡ ἀνάγκη τῆς οἰκήσεως, ὃν οὐκ ὀνο-
μάζον τὸ μαντεῖον προῄδει μὴ ἐπ’ ἀγαθῷ ποτὲ αὐτὸ κατοι-
κισθησόμενον. κατεσκευάσαντο δὲ καὶ ἐν τοῖς πύργοις 3
20 τῶν τειχῶν πολλοὶ καὶ ὡς ἕκαστός που ἐδύνατο· οὐ γὰρ
ἐχώρησε ξυνελθόντας αὐτοὺς ἡ πόλις, ἀλλ’ ὕστερον δὴ τά
τε μακρὰ τείχη ᾤκησαν κατανειμάμενοι καὶ τοῦ Πειραιῶς
τὰ πολλά. ἅμα δὲ καὶ τῶν πρὸς τὸν πόλεμον ἥπτοντο, 4
ξυμμάχους τε ἀγείροντες καὶ τῇ Πελοποννήσῳ ἑκατὸν
25 νεῶν ἐπίπλουν ἐξαρτύοντες. καὶ οἱ μὲν ἐν τούτῳ παρα- 5
σκευῆς ἦσαν.

Ὁ δὲ στρατὸς τῶν Πελοποννησίων προϊὼν ἀφίκετο τῆς 18
Ἀττικῆς ἐς Οἰνόην πρῶτον, ᾗπερ ἔμελλον ἐσβαλεῖν. καὶ
ὡς ἐκαθέζοντο, προσβολὰς παρεσκευάζοντο τῷ τείχει ποιη-
30 σόμενοι μηχαναῖς τε καὶ ἄλλῳ τρόπῳ· ἡ γὰρ Οἰνόη οὖσα ἐν 2
μεθορίοις τῆς Ἀττικῆς καὶ Βοιωτίας ἐτετείχιστο, καὶ αὐτῷ

---

3 καταλείποντες recc. : καταλιπόντες codd.   6 τε] δὲ C G   10 et
13 Πελαργικὸν C : Πελασγικὸν cett.   15 ᾗ A B   17 δ A (corr.
A¹) B C E F   18 προῄδε Cobet

φρουρίῳ οἱ Ἀθηναῖοι ἐχρῶντο ὁπότε πόλεμος καταλάβοι.
τάς τε οὖν προσβολὰς ηὐτρεπίζοντο καὶ ἄλλως ἐνδιέτριψαν
3 χρόνον περὶ αὐτήν. αἰτίαν τε οὐκ ἐλαχίστην Ἀρχίδαμος
ἔλαβεν ἀπ' αὐτοῦ, δοκῶν καὶ ἐν τῇ ξυναγωγῇ τοῦ πολέμου
μαλακὸς εἶναι καὶ τοῖς Ἀθηναίοις ἐπιτήδειος, οὐ παραινῶν 5
προθύμως πολεμεῖν· ἐπειδή τε ξυνελέγετο ὁ στρατός, ἥ τε
ἐν τῷ Ἰσθμῷ ἐπιμονὴ γενομένη καὶ κατὰ τὴν ἄλλην πορείαν
ἡ σχολαιότης διέβαλεν αὐτόν, μάλιστα δὲ ἡ ἐν τῇ Οἰνόῃ
4 ἐπίσχεσις. οἱ γὰρ Ἀθηναῖοι ἐσεκομίζοντο ἐν τῷ χρόνῳ
τούτῳ, καὶ ἐδόκουν οἱ Πελοποννήσιοι ἐπελθόντες ἂν διὰ 10
τάχους πάντα ἔτι ἔξω καταλαβεῖν, εἰ μὴ διὰ τὴν ἐκείνου
5 μέλλησιν. ἐν τοιαύτῃ μὲν ὀργῇ ὁ στρατὸς τὸν Ἀρχίδαμον
ἐν τῇ καθέδρᾳ εἶχεν. ὁ δὲ προσδεχόμενος, ὡς λέγεται,
τοὺς Ἀθηναίους τῆς γῆς ἔτι ἀκεραίου οὔσης ἐνδώσειν τι καὶ
19 κατοκνήσειν περιιδεῖν αὐτὴν τμηθεῖσαν, ἀνεῖχεν. ἐπειδὴ 15
μέντοι προσβαλόντες τῇ Οἰνόῃ καὶ πᾶσαν ἰδέαν πειράσαντες
οὐκ ἐδύναντο ἑλεῖν, οἵ τε Ἀθηναῖοι οὐδὲν ἐπεκηρυκεύοντο,
οὕτω δὴ ὁρμήσαντες ἀπ' αὐτῆς μετὰ τὰ ἐν Πλαταίᾳ [τῶν
ἐσελθόντων Θηβαίων] γενόμενα ἡμέρᾳ ὀγδοηκοστῇ μάλιστα,
θέρους καὶ τοῦ σίτου ἀκμάζοντος, ἐσέβαλον ἐς τὴν Ἀττικήν· 20
ἡγεῖτο δὲ Ἀρχίδαμος ὁ Ζευξιδάμου, Λακεδαιμονίων βασιλεύς.
2 καὶ καθεζόμενοι ἔτεμνον πρῶτον μὲν Ἐλευσῖνα καὶ τὸ Θριά-
σιον πεδίον καὶ τροπήν τινα τῶν Ἀθηναίων ἱππέων περὶ
τοὺς Ῥείτους καλουμένους ἐποιήσαντο· ἔπειτα προυχώρουν
ἐν δεξιᾷ ἔχοντες τὸ Αἰγάλεων ὄρος διὰ Κρωπιᾶς, ἕως ἀφί- 25
κοντο ἐς Ἀχαρνάς, χωρίον μέγιστον τῆς Ἀττικῆς τῶν δήμων
καλουμένων, καὶ καθεζόμενοι ἐς αὐτὸ στρατόπεδόν τε
20 ἐποιήσαντο χρόνον τε πολὺν ἐμμείναντες ἔτεμνον. γνώμῃ
δὲ τοιᾷδε λέγεται τὸν Ἀρχίδαμον περί τε τὰς Ἀχαρνὰς ὡς
ἐς μάχην ταξάμενον μεῖναι καὶ ἐς τὸ πεδίον ἐκείνῃ τῇ 30
2 ἐσβολῇ οὐ καταβῆναι· τοὺς γὰρ Ἀθηναίους ἤλπιζεν, ἀκμά-

---

3 τε] δὲ C⟨G⟩   18 τῶν ἐσελθόντων Θηβαίων secl. Classen
19 post μάλιστα add. τοῦ A B E F G M   21 post δὲ add. ὁ A B E F M
26 χῶρον A B E F G¹ M   27 αὐτὸ recc. : αὐτὸν codd.

ζοντάς τε νεότητι πολλῇ καὶ παρεσκευασμένους ἐς πόλεμον
ὡς οὔπω πρότερον, ἴσως ἂν ἐπεξελθεῖν καὶ τὴν γῆν οὐκ ἂν
περιιδεῖν τμηθῆναι. ἐπειδὴ οὖν αὐτῷ ἐς Ἐλευσῖνα καὶ τὸ 3
Θριάσιον πεδίον οὐκ ἀπήντησαν, πεῖραν ἐποιεῖτο περὶ τὰς
5 Ἀχαρνὰς καθήμενος εἰ ἐπεξίασιν· ἅμα μὲν γὰρ αὐτῷ ὁ 4
χῶρος ἐπιτήδειος ἐφαίνετο ἐνστρατοπεδεῦσαι, ἅμα δὲ καὶ
οἱ Ἀχαρνῆς μέγα μέρος ὄντες τῆς πόλεως (τρισχίλιοι γὰρ
ὁπλῖται ἐγένοντο) οὐ περιόψεσθαι ἐδόκουν τὰ σφέτερα δια-
φθαρέντα, ἀλλ᾽ ὁρμήσειν καὶ τοὺς πάντας ἐς μάχην. εἴ τε
10 καὶ μὴ ἐπεξέλθοιεν ἐκείνῃ τῇ ἐσβολῇ οἱ Ἀθηναῖοι, ἀδεέστερον
ἤδη ἐς τὸ ὕστερον τό τε πεδίον τεμεῖν καὶ πρὸς αὐτὴν τὴν
πόλιν χωρήσεσθαι· τοὺς γὰρ Ἀχαρνέας ἐστερημένους τῶν
σφετέρων οὐχ ὁμοίως προθύμους ἔσεσθαι ὑπὲρ τῆς τῶν
ἄλλων κινδυνεύειν, στάσιν δ᾽ ἐνέσεσθαι τῇ γνώμῃ. τοιαύτῃ 5
15 μὲν διανοίᾳ ὁ Ἀρχίδαμος περὶ τὰς Ἀχαρνὰς ἦν.

Ἀθηναῖοι δὲ μέχρι μὲν οὗ περὶ Ἐλευσῖνα καὶ τὸ Θριάσιον 21
πεδίον ὁ στρατὸς ἦν, καί τινα ἐλπίδα εἶχον ἐς τὸ ἐγγυτέρω
αὐτοὺς μὴ προϊέναι, μεμνημένοι καὶ Πλειστοάνακτα τὸν Παυ-
σανίου Λακεδαιμονίων βασιλέα, ὅτε ἐσβαλὼν τῆς Ἀττικῆς
20 ἐς Ἐλευσῖνα καὶ Θριῶζε στρατῷ Πελοποννησίων πρὸ τοῦδε
τοῦ πολέμου τέσσαρσι καὶ δέκα ἔτεσιν ἀνεχώρησε πάλιν ἐς
τὸ πλέον οὐκέτι προελθών (δι᾽ ὃ δὴ καὶ ἡ φυγὴ αὐτῷ ἐγένετο
ἐκ Σπάρτης δόξαντι χρήμασι πεισθῆναι [τὴν ἀναχώρησιν])·
ἐπειδὴ δὲ περὶ Ἀχαρνὰς εἶδον τὸν στρατὸν ἑξήκοντα σταδίους 2
25 τῆς πόλεως ἀπέχοντα, οὐκέτι ἀνασχετὸν ἐποιοῦντο, ἀλλ᾽
αὐτοῖς, ὡς εἰκός, γῆς τεμνομένης ἐν τῷ ἐμφανεῖ, ὃ οὔπω
ἑοράκεσαν οἵ γε νεώτεροι, οὐδ᾽ οἱ πρεσβύτεροι πλὴν τὰ
Μηδικά, δεινὸν ἐφαίνετο καὶ ἐδόκει τοῖς τε ἄλλοις καὶ
μάλιστα τῇ νεότητι ἐπεξιέναι καὶ μὴ περιορᾶν. κατὰ 3
30 ξυστάσεις τε γιγνόμενοι ἐν πολλῇ ἔριδι ἦσαν, οἱ μὲν κελεύ-
οντες ἐπεξιέναι, οἱ δέ τινες οὐκ ἐῶντες. χρησμολόγοι τε

11 τε C: om. cett.   πρὸς] ἐς C   16 οὗ] οὖν A B F M   22 δὴ
om. C G   23 τὴν ἀναχώρησιν non vertit Valla   31 ἐξιέναι
A B E F M

ἦδον χρησμοὺς παντοίους, ὧν ἀκροᾶσθαι ὡς ἕκαστος ὥρμητο.
οἵ τε Ἀχαρνῆς οἰόμενοι παρὰ σφίσιν αὐτοῖς οὐκ ἐλαχίστην
μοῖραν εἶναι Ἀθηναίων, ὡς αὐτῶν ἡ γῆ ἐτέμνετο, ἐνῆγον
τὴν ἔξοδον μάλιστα. παντί τε τρόπῳ ἀνηρέθιστο ἡ πόλις,
καὶ τὸν Περικλέα ἐν ὀργῇ εἶχον, καὶ ὧν παρῄνεσε πρότερον 5
ἐμέμνηντο οὐδέν, ἀλλ' ἐκάκιζον ὅτι στρατηγὸς ὢν οὐκ ἐπεξά-
22 γοι, αἴτιόν τε σφίσιν ἐνόμιζον πάντων ὧν ἔπασχον. Περικλῆς
δὲ ὁρῶν μὲν αὐτοὺς πρὸς τὸ παρὸν χαλεπαίνοντας καὶ οὐ τὰ
ἄριστα φρονοῦντας, πιστεύων δὲ ὀρθῶς γιγνώσκειν περὶ τοῦ
μὴ ἐπεξιέναι, ἐκκλησίαν τε οὐκ ἐποίει αὐτῶν οὐδὲ ξύλλογον 10
οὐδένα, τοῦ μὴ ὀργῇ τι μᾶλλον ἢ γνώμῃ ξυνελθόντας ἐξα-
μαρτεῖν, τήν τε πόλιν ἐφύλασσε καὶ δι' ἡσυχίας μάλιστα
2 ὅσον ἐδύνατο εἶχεν. ἱππέας μέντοι ἐξέπεμπεν αἰεὶ τοῦ μὴ
προδρόμους ἀπὸ τῆς στρατιᾶς ἐσπίπτοντας ἐς τοὺς ἀγροὺς
τοὺς ἐγγὺς τῆς πόλεως κακουργεῖν· καὶ ἱππομαχία τις ἐγέ- 15
νετο βραχεῖα ἐν Φρυγίοις τῶν τε Ἀθηναίων τέλει ἑνὶ τῶν
ἱππέων καὶ Θεσσαλοῖς μετ' αὐτῶν πρὸς τοὺς Βοιωτῶν ἱππέας,
ἐν ᾗ οὐκ ἔλασσον ἔσχον οἱ Ἀθηναῖοι καὶ Θεσσαλοί, μέχρι
οὗ προσβοηθησάντων τοῖς Βοιωτοῖς τῶν ὁπλιτῶν τροπὴ
ἐγένετο αὐτῶν καὶ ἀπέθανον τῶν Θεσσαλῶν καὶ Ἀθηναίων 20
οὐ πολλοί· ἀνείλοντο μέντοι αὐτοὺς αὐθημερὸν ἀσπόνδους.
3 καὶ οἱ Πελοποννήσιοι τροπαῖον τῇ ὑστεραίᾳ ἔστησαν. ἡ δὲ
βοήθεια αὕτη τῶν Θεσσαλῶν κατὰ τὸ παλαιὸν ξυμμαχικὸν
ἐγένετο τοῖς Ἀθηναίοις, καὶ ἀφίκοντο παρ' αὐτοὺς Λαρισαῖοι,
Φαρσάλιοι, [Παράσιοι], Κραννώνιοι, Πυράσιοι, Γυρτώνιοι, 25
Φεραῖοι. ἡγοῦντο δὲ αὐτῶν ἐκ μὲν Λαρίσης Πολυμήδης
καὶ Ἀριστόνους, ἀπὸ τῆς στάσεως ἑκάτερος, ἐκ δὲ Φαρσάλου
Μένων· ἦσαν δὲ καὶ τῶν ἄλλων κατὰ πόλεις ἄρχοντες.
23   Οἱ δὲ Πελοποννήσιοι, ἐπειδὴ οὐκ ἐπεξῇσαν αὐτοῖς οἱ
Ἀθηναῖοι ἐς μάχην, ἄραντες ἐκ τῶν Ἀχαρνῶν ἐδῄουν τῶν 30

---

1 ἠκροᾶτο C G   ὡς om. A B E F M γρ. G   ὥργητο vel ὥργητο
A B F M γρ. G Hesychius, agnoscit Π⁸   15 ἐνεγένετο A B F M
23 βοή]θεια . . . 28 ἄρχοντες Π⁹   25 Παράσιοι om. recc.: non
legit Π⁸, sed habet Π⁹   Πυράσιοι recc.: Πειράσιοι codd. Π⁸ [Π⁹]   27
ἑκατέρας Poppo (fort. legit Schol.)

δήμων τινὰς ἄλλους τῶν μεταξὺ Πάρνηθος καὶ Βριλησσοῦ
ὄρους. ὄντων δὲ αὐτῶν ἐν τῇ γῇ οἱ Ἀθηναῖοι ἀπέστειλαν 2
τὰς ἑκατὸν ναῦς περὶ Πελοπόννησον ὥσπερ παρεσκευάζοντο
καὶ χιλίους ὁπλίτας ἐπ᾽ αὐτῶν καὶ τοξότας τετρακοσίους·
5 ἐστρατήγει δὲ Καρκίνος τε ὁ Ξενοτίμου καὶ Πρωτέας ὁ
Ἐπικλέους καὶ Σωκράτης ὁ Ἀντιγένους. καὶ οἱ μὲν ἄραντες 3
τῇ παρασκευῇ ταύτῃ περιέπλεον, οἱ δὲ Πελοποννήσιοι χρόνον
ἐμμείναντες ἐν τῇ Ἀττικῇ ὅσου εἶχον τὰ ἐπιτήδεια ἀνεχώ-
ρησαν διὰ Βοιωτῶν, οὐχ ᾗπερ ἐσέβαλον· παριόντες δὲ
10 Ὠρωπὸν τὴν γῆν τὴν Γραϊκὴν καλουμένην, ἣν νέμονται
Ὠρώπιοι Ἀθηναίων ὑπήκοοι, ἐδῄωσαν. ἀφικόμενοι δὲ ἐς
Πελοπόννησον διελύθησαν κατὰ πόλεις ἕκαστοι.

Ἀναχωρησάντων δὲ αὐτῶν οἱ Ἀθηναῖοι φυλακὰς κατε- 24
στήσαντο κατὰ γῆν καὶ κατὰ θάλασσαν, ὥσπερ δὴ ἔμελλον
15 διὰ παντὸς τοῦ πολέμου φυλάξειν· καὶ χίλια τάλαντα ἀπὸ
τῶν ἐν τῇ ἀκροπόλει χρημάτων ἔδοξεν αὐτοῖς ἐξαίρετα
ποιησαμένοις χωρὶς θέσθαι καὶ μὴ ἀναλοῦν, ἀλλ᾽ ἀπὸ τῶν
ἄλλων πολεμεῖν· ἢν δέ τις εἴπῃ ἢ ἐπιψηφίσῃ κινεῖν τὰ
χρήματα ταῦτα ἐς ἄλλο τι, ἢν μὴ οἱ πολέμιοι νηΐτῃ στρατῷ
20 ἐπιπλέωσι τῇ πόλει καὶ δέῃ ἀμύνασθαι, θάνατον ζημίαν
ἐπέθεντο. τριήρεις τε μετ᾽ αὐτῶν ἐξαιρέτους ἑκατὸν ἐποιή- 2
σαντο κατὰ τὸν ἐνιαυτὸν ἕκαστον τὰς βελτίστας, καὶ τρι-
ηράρχους αὐταῖς, ὧν μὴ χρῆσθαι μηδεμιᾷ ἐς ἄλλο τι ἢ μετὰ
τῶν χρημάτων περὶ τοῦ αὐτοῦ κινδύνου, ἢν δέῃ.

25 Οἱ δ᾽ ἐν ταῖς ἑκατὸν ναυσὶ περὶ Πελοπόννησον Ἀθηναῖοι 25
καὶ Κερκυραῖοι μετ᾽ αὐτῶν πεντήκοντα ναυσὶ προσβεβοηθη-
κότες καὶ ἄλλοι τινὲς τῶν ἐκεῖ ξυμμάχων ἄλλα τε ἐκάκουν
περιπλέοντες καὶ ἐς Μεθώνην τῆς Λακωνικῆς ἀποβάντες τῷ
τείχει προσέβαλον ὄντι ἀσθενεῖ καὶ ἀνθρώπων οὐκ ἐνόντων.
30 ἔτυχε δὲ περὶ τοὺς χώρους τούτους Βρασίδας ὁ Τέλλιδος 2
ἀνὴρ Σπαρτιάτης φρουρὰν ἔχων, καὶ αἰσθόμενος ἐβοήθει

8 ἀνεχώρησαν incipit Π⁹   10 Γραϊκὴν Steph. Byz.: Πειραϊκὴν codd.
Π⁹   17 χωρὶς θέσθαι] χωρίζεσθαι Π⁹   21 ἑκατὸν ἐξαιρέτους Α Β Ε F:
ἑκατὸν om. Μ [Π⁹]   22 ἕκαστον] ἑκατὸν Μ [Π⁹]

τοῖς ἐν τῷ χωρίῳ μετὰ ὁπλιτῶν ἑκατόν. διαδραμὼν δὲ τὸ
τῶν Ἀθηναίων στρατόπεδον ἐσκεδασμένον κατὰ τὴν χώραν
καὶ πρὸς τὸ τεῖχος τετραμμένον ἐσπίπτει ἐς τὴν Μεθώνην
καὶ ὀλίγους τινὰς ἐν τῇ ἐσδρομῇ ἀπολέσας τῶν μεθ' αὑτοῦ
τήν τε πόλιν περιεποίησε καὶ ἀπὸ τούτου τοῦ τολμήματος 5
3 πρῶτος τῶν κατὰ τὸν πόλεμον ἐπῃνέθη ἐν Σπάρτῃ. οἱ δὲ
Ἀθηναῖοι ἄραντες παρέπλεον, καὶ σχόντες τῆς Ἠλείας ἐς
Φειὰν ἐδῄουν τὴν γῆν ἐπὶ δύο ἡμέρας καὶ προσβοηθήσαντας
τῶν ἐκ τῆς κοίλης Ἤλιδος τριακοσίους λογάδας καὶ τῶν
4 αὐτόθεν ἐκ τῆς περιοικίδος Ἠλείων μάχῃ ἐκράτησαν. ἀνέ- 10
μου δὲ κατιόντος μεγάλου χειμαζόμενοι ἐν ἀλιμένῳ χωρίῳ,
οἱ μὲν πολλοὶ ἐπέβησαν ἐπὶ τὰς ναῦς καὶ περιέπλεον τὸν
Ἰχθῦν καλούμενον τὴν ἄκραν ἐς τὸν ἐν τῇ Φειᾷ λιμένα, οἱ
δὲ Μεσσήνιοι ἐν τούτῳ καὶ ἄλλοι τινὲς οἱ οὐ δυνάμενοι
5 ἐπιβῆναι κατὰ γῆν χωρήσαντες τὴν Φειὰν αἱροῦσιν. καὶ 15
ὕστερον αἵ τε νῆες περιπλεύσασαι ἀναλαμβάνουσιν αὐτοὺς
καὶ ἐξανάγονται ἐκλιπόντες Φειάν, καὶ τῶν Ἠλείων ἡ πολλὴ
ἤδη στρατιὰ προσεβεβοηθήκει. παραπλεύσαντες δὲ οἱ Ἀθη-
ναῖοι ἐπὶ ἄλλα χωρία ἐδῄουν.

26   Ὑπὸ δὲ τὸν αὐτὸν χρόνον τοῦτον Ἀθηναῖοι τριάκοντα 20
ναῦς ἐξέπεμψαν περὶ τὴν Λοκρίδα καὶ Εὐβοίας ἅμα φυλα-
2 κήν· ἐστρατήγει δὲ αὐτῶν Κλεόπομπος ὁ Κλεινίου. καὶ
ἀποβάσεις ποιησάμενος τῆς τε παραθαλασσίου ἔστιν ἃ
ἐδῄωσε καὶ Θρόνιον εἷλεν, ὁμήρους τε ἔλαβεν αὐτῶν, καὶ
ἐν Ἀλόπῃ τοὺς βοηθήσαντας Λοκρῶν μάχῃ ἐκράτησεν. 25

27   Ἀνέστησαν δὲ καὶ Αἰγινήτας τῷ αὐτῷ θέρει τούτῳ ἐξ
Αἰγίνης Ἀθηναῖοι, αὐτούς τε καὶ παῖδας καὶ γυναῖκας, ἐπι-
καλέσαντες οὐχ ἥκιστα τοῦ πολέμου σφίσιν αἰτίους εἶναι·
καὶ τὴν Αἴγιναν ἀσφαλέστερον ἐφαίνετο τῇ Πελοποννήσῳ
ἐπικειμένην αὐτῶν πέμψαντας ἐποίκους ἔχειν. καὶ ἐξ- 30
2 έπεμψαν ὕστερον οὐ πολλῷ ἐς αὐτὴν τοὺς οἰκήτορας. ἐκ-

4 ἐκ[δρομῇ] Π⁹   ἑαυτοῦ A B F⟨G⟩M   6 πρώτου Herwerden
7 τῇ[s desinit Π⁹   15 τὴν om. C G   17 ἐκλείποντες C G   20
post τούτου add. οἱ A B E F M   21 καὶ] κατ' Madvig

πεσοῦσι δὲ τοῖς Αἰγινήταις οἱ Λακεδαιμόνιοι ἔδοσαν Θυρέαν
οἰκεῖν καὶ τὴν γῆν νέμεσθαι, κατά τε τὸ Ἀθηναίων διάφορον
καὶ ὅτι σφῶν εὐεργέται ἦσαν ὑπὸ τὸν σεισμὸν καὶ τῶν
Εἱλώτων τὴν ἐπανάστασιν. ἡ δὲ Θυρεᾶτις γῆ μεθορία τῆς
5 Ἀργείας καὶ Λακωνικῆς ἐστίν, ἐπὶ θάλασσαν καθήκουσα.
καὶ οἱ μὲν αὐτῶν ἐνταῦθα ᾤκησαν, οἱ δ᾽ ἐσπάρησαν κατὰ
τὴν ἄλλην Ἑλλάδα.

Τοῦ δ᾽ αὐτοῦ θέρους νουμηνίᾳ κατὰ σελήνην, ὥσπερ καὶ 28
μόνον δοκεῖ εἶναι γίγνεσθαι δυνατόν, ὁ ἥλιος ἐξέλιπε μετὰ
10 μεσημβρίαν καὶ πάλιν ἀνεπληρώθη, γενόμενος μηνοειδὴς καὶ
ἀστέρων τινῶν ἐκφανέντων.

Καὶ ἐν τῷ αὐτῷ θέρει Νυμφόδωρον τὸν Πύθεω ἄνδρα 29
Ἀβδηρίτην, οὗ εἶχε τὴν ἀδελφὴν Σιτάλκης, δυνάμενον παρ᾽
αὐτῷ μέγα οἱ Ἀθηναῖοι πρότερον πολέμιον νομίζοντες πρό-
15 ξενον ἐποιήσαντο καὶ μετεπέμψαντο, βουλόμενοι Σιτάλκην
σφίσι τὸν Τήρεω, Θρᾳκῶν βασιλέα, ξύμμαχον γενέσθαι.
ὁ δὲ Τήρης οὗτος ὁ τοῦ Σιτάλκου πατὴρ πρῶτος Ὀδρύσαις 2
τὴν μεγάλην βασιλείαν ἐπὶ πλέον τῆς ἄλλης Θρᾴκης ἐποίη-
σεν· πολὺ γὰρ μέρος καὶ αὐτόνομόν ἐστι Θρᾳκῶν. Τηρεῖ 3
20 δὲ τῷ Πρόκνην τὴν Πανδίονος ἀπ᾽ Ἀθηνῶν σχόντι γυναῖκα
προσήκει ὁ Τήρης οὗτος οὐδέν, οὐδὲ τῆς αὐτῆς Θρᾴκης ἐγέ-
νοντο, ἀλλ᾽ ὁ μὲν ἐν Δαυλίᾳ τῆς Φωκίδος νῦν καλουμένης
γῆς [ὁ Τηρεὺς] ᾤκει, τότε ὑπὸ Θρᾳκῶν οἰκουμένης, καὶ τὸ
ἔργον τὸ περὶ τὸν Ἴτυν αἱ γυναῖκες ἐν τῇ γῇ ταύτῃ ἔπραξαν
25 (πολλοῖς δὲ καὶ τῶν ποιητῶν ἐν ἀηδόνος μνήμῃ Δαυλιὰς ἡ
ὄρνις ἐπωνόμασται), εἰκός τε καὶ τὸ κῆδος Πανδίονα ξυν-
άψασθαι τῆς θυγατρὸς διὰ τοσούτου ἐπ᾽ ὠφελίᾳ τῇ πρὸς
ἀλλήλους μᾶλλον ἢ διὰ πολλῶν ἡμερῶν ἐς Ὀδρύσας ὁδοῦ.
Τήρης δὲ οὐδὲ τὸ αὐτὸ ὄνομα ἔχων βασιλεύς [τε] πρῶτος
30 ἐν κράτει Ὀδρυσῶν ἐγένετο. οὗ δὴ ὄντα τὸν Σιτάλκην 4
οἱ Ἀθηναῖοι ξύμμαχον ἐποιοῦντο, βουλόμενοι σφίσι τὰ ἐπὶ

21 προσῆκεν C G   23 ὁ Τηρεὺς non legit Schol.   26 τε] δὲ
A B E F M   29 οὐδὲ B : οὔτε cett.   τε secl. Classen   31 ἐποιή-
σαντο A B E F M

5 Θρᾴκης χωρία καὶ Περδίκκαν ξυνεξελεῖν αὐτόν. ἐλθών τε
ἐς τὰς Ἀθήνας ὁ Νυμφόδωρος τήν τε τοῦ Σιτάλκου ξυμμα-
χίαν ἐποίησε καὶ Σάδοκον τὸν υἱὸν αὐτοῦ Ἀθηναῖον τόν
τε ἐπὶ Θρᾴκης πόλεμον ὑπεδέχετο καταλύσειν· πείσειν γὰρ
Σιτάλκην πέμπειν στρατιὰν Θρᾳκίαν Ἀθηναίοις ἱππέων τε 5
6 καὶ πελταστῶν. ξυνεβίβασε δὲ καὶ τὸν Περδίκκαν τοῖς
Ἀθηναίοις καὶ Θέρμην αὐτῷ ἔπεισεν ἀποδοῦναι· ξυνεστρά-
τευσέ τε εὐθὺς Περδίκκας ἐπὶ Χαλκιδέας μετὰ Ἀθηναίων
7 καὶ Φορμίωνος. οὕτω μὲν Σιτάλκης τε ὁ Τήρεω Θρᾳκῶν
βασιλεὺς ξύμμαχος ἐγένετο Ἀθηναίοις καὶ Περδίκκας ὁ 10
Ἀλεξάνδρου Μακεδόνων βασιλεύς.

30 Οἱ δ' ἐν ταῖς ἑκατὸν ναυσὶν Ἀθηναῖοι ἔτι ὄντες περὶ
Πελοπόννησον Σόλλιόν τε Κορινθίων πόλισμα αἱροῦσι καὶ
παραδιδόασι Παλαιρεῦσιν Ἀκαρνάνων μόνοις τὴν γῆν καὶ
πόλιν νέμεσθαι· καὶ Ἀστακόν, ἧς Εὔαρχος ἐτυράννει, λα- 15
βόντες κατὰ κράτος καὶ ἐξελάσαντες αὐτὸν τὸ χωρίον ἐς τὴν
2 ξυμμαχίαν προσεποιήσαντο. ἐπί τε Κεφαλληνίαν τὴν νῆσον
προσπλεύσαντες προσηγάγοντο ἄνευ μάχης· κεῖται δὲ ἡ
Κεφαλληνία κατὰ Ἀκαρνανίαν καὶ Λευκάδα τετράπολις οὖσα,
Παλῆς, Κράνιοι, Σαμαῖοι, Προνναῖοι. ὕστερον δ' οὐ πολλῷ 20
ἀνεχώρησαν αἱ νῆες ἐς τὰς Ἀθήνας.

31 Περὶ δὲ τὸ φθινόπωρον τοῦ θέρους τούτου Ἀθηναῖοι
πανδημεί, αὐτοὶ καὶ οἱ μέτοικοι, ἐσέβαλον ἐς τὴν Μεγαρίδα
Περικλέους τοῦ Ξανθίππου στρατηγοῦντος. καὶ οἱ περὶ
Πελοπόννησον Ἀθηναῖοι ἐν ταῖς ἑκατὸν ναυσίν (ἔτυχον γὰρ 25
ἤδη ἐν Αἰγίνῃ ὄντες ἐπ' οἴκου ἀνακομιζόμενοι) ὡς ἤσθοντο
τοὺς ἐκ τῆς πόλεως πανστρατιᾷ ἐν Μεγάροις ὄντας, ἔπλευσαν
2 παρ' αὐτοὺς καὶ ξυνεμείχθησαν. στρατόπεδόν τε μέγιστον
δὴ τοῦτο ἀθρόον Ἀθηναίων ἐγένετο, ἀκμαζούσης ἔτι τῆς
πόλεως καὶ οὔπω νενοσηκυίας· μυρίων γὰρ ὁπλιτῶν οὐκ 30
ἐλάσσους ἦσαν αὐτοὶ Ἀθηναῖοι (χωρὶς δὲ αὐτοῖς οἱ ἐν

---

1 ξυνελεῖν ABEFM   5 πέμψειν ABEFM   7 ξυνεστρά-
τευέ CG   18 πλεύσαντες AB   25 post Ἀθηναῖοι add. οἱ Krüger
26 ἤδη C⟨G⟩: om. cett.   31 post αὐτοὶ add. οἱ CG

Ποτειδαίᾳ τρισχίλιοι ἦσαν), μέτοικοι δὲ ξυνεσέβαλον οὐκ
ἐλάσσους τρισχιλίων ὁπλιτῶν, χωρὶς δὲ ὁ ἄλλος ὅμιλος
ψιλῶν οὐκ ὀλίγος. δῃώσαντες δὲ τὰ πολλὰ τῆς γῆς ἀνε-
χώρησαν. ἐγένοντο δὲ καὶ ἄλλαι ὕστερον ἐν τῷ πολέμῳ 3
5 κατὰ ἔτος ἕκαστον ἐσβολαὶ ᾿Αθηναίων ἐς τὴν Μεγαρίδα
καὶ ἱππέων καὶ πανστρατιᾷ, μέχρι οὗ Νίσαια ἑάλω ὑπ᾿
᾿Αθηναίων.

᾿Ετειχίσθη δὲ καὶ ᾿Αταλάντη ὑπὸ ᾿Αθηναίων φρούριον 32
τοῦ θέρους τούτου τελευτῶντος, ἡ ἐπὶ Λοκροῖς τοῖς ᾿Οπουν-
10 τίοις νῆσος ἐρήμη πρότερον οὖσα, τοῦ μὴ λῃστὰς ἐκπλέ-
οντας ἐξ ᾿Οποῦντος καὶ τῆς ἄλλης Λοκρίδος κακουργεῖν τὴν
Εὔβοιαν.

Ταῦτα μὲν ἐν τῷ θέρει τούτῳ μετὰ τὴν Πελοποννησίων
ἐκ τῆς ᾿Αττικῆς ἀναχώρησιν ἐγένετο. τοῦ δ᾿ ἐπιγιγνομένου 33
15 χειμῶνος Εὔαρχος ὁ ᾿Ακαρνὰν βουλόμενος ἐς τὴν ᾿Αστακὸν
κατελθεῖν πείθει Κορινθίους τεσσαράκοντα ναυσὶ καὶ πεντα-
κοσίοις καὶ χιλίοις ὁπλίταις ἑαυτὸν κατάγειν πλεύσαντας,
καὶ αὐτὸς ἐπικούρους τινὰς προσεμισθώσατο· ἦρχον δὲ τῆς
στρατιᾶς Εὐφαμίδας τε ὁ ᾿Αριστωνύμου καὶ Τιμόξενος ὁ
20 Τιμοκράτους καὶ Εὔμαχος ὁ Χρύσιδος. καὶ πλεύσαντες 2
κατήγαγον· καὶ τῆς ἄλλης ᾿Ακαρνανίας τῆς περὶ θάλασσαν
ἔστιν ἃ χωρία βουλόμενοι προσποιήσασθαι καὶ πειραθέντες,
ὡς οὐκ ἐδύναντο, ἀπέπλεον ἐπ᾿ οἴκου. σχόντες δ᾿ ἐν τῷ 3
παράπλῳ ἐς Κεφαλληνίαν καὶ ἀπόβασιν ποιησάμενοι ἐς τὴν
25 Κρανίων γῆν, ἀπατηθέντες ὑπ᾿ αὐτῶν ἐξ ὁμολογίας τινὸς
ἄνδρας τε ἀποβάλλουσι σφῶν αὐτῶν, ἐπιθεμένων ἀπροσδοκή-
τοις τῶν Κρανίων, καὶ βιαιότερον ἀναγαγόμενοι ἐκομίσθησαν
ἐπ᾿ οἴκου.

᾿Εν δὲ τῷ αὐτῷ χειμῶνι ᾿Αθηναῖοι τῷ πατρίῳ νόμῳ χρώ- 34
30 μενοι δημοσίᾳ ταφὰς ἐποιήσαντο τῶν ἐν τῷδε τῷ πολέμῳ
πρώτων ἀποθανόντων τρόπῳ τοιῷδε. τὰ μὲν ὀστᾶ προτί- 2

26 ἀπροσδοκήτως C G   29 post χειμῶνι add. οἱ A B E F M
31 πρώτων a, ut videtur (coni. Cobet) : πρῶτον codd.

θένται τῶν ἀπογενομένων πρότριτα σκηνὴν ποιήσαντες, καὶ
3 ἐπιφέρει τῷ αὐτοῦ ἕκαστος ἤν τι βούληται· ἐπειδὰν δὲ ἡ
ἐκφορὰ ᾖ, λάρνακας κυπαρισσίνας ἄγουσιν ἅμαξαι, φυλῆς
ἑκάστης μίαν· ἔνεστι δὲ τὰ ὀστᾶ ἧς ἕκαστος ἦν φυλῆς.
μία δὲ κλίνη κενὴ φέρεται ἐστρωμένη τῶν ἀφανῶν, οἳ ἂν 5
4 μὴ εὑρεθῶσιν ἐς ἀναίρεσιν. ξυνεκφέρει δὲ ὁ βουλόμενος
καὶ ἀστῶν καὶ ξένων, καὶ γυναῖκες πάρεισιν αἱ προσήκουσαι
5 ἐπὶ τὸν τάφον ὀλοφυρόμεναι. τιθέασιν οὖν ἐς τὸ δημόσιον
σῆμα, ὅ ἐστιν ἐπὶ τοῦ καλλίστου προαστείου τῆς πόλεως,
καὶ αἰεὶ ἐν αὐτῷ θάπτουσι τοὺς ἐκ τῶν πολέμων, πλήν γε 10
τοὺς ἐν Μαραθῶνι· ἐκείνων δὲ διαπρεπῆ τὴν ἀρετὴν κρίναντες
6 αὐτοῦ καὶ τὸν τάφον ἐποίησαν. ἐπειδὰν δὲ κρύψωσι γῇ,
ἀνὴρ ᾑρημένος ὑπὸ τῆς πόλεως, ὃς ἂν γνώμῃ τε δοκῇ μὴ
ἀξύνετος εἶναι καὶ ἀξιώσει προήκῃ, λέγει ἐπ᾽ αὐτοῖς ἔπαινον
7 τὸν πρέποντα· μετὰ δὲ τοῦτο ἀπέρχονται. ὧδε μὲν θάπτουσιν· 15
καὶ διὰ παντὸς τοῦ πολέμου, ὁπότε ξυμβαίη αὐτοῖς, ἐχρῶντο
8 τῷ νόμῳ. ἐπὶ δ᾽ οὖν τοῖς πρώτοις τοῖσδε Περικλῆς ὁ Ξαν-
θίππου ᾑρέθη λέγειν. καὶ ἐπειδὴ καιρὸς ἐλάμβανε, προελθὼν
ἀπὸ τοῦ σήματος ἐπὶ βῆμα ὑψηλὸν πεποιημένον, ὅπως ἀκού-
οιτο ὡς ἐπὶ πλεῖστον τοῦ ὁμίλου, ἔλεγε τοιάδε.　　　　20

35　　ʽΟἱ μὲν πολλοὶ τῶν ἐνθάδε ἤδη εἰρηκότων ἐπαινοῦσι τὸν
προσθέντα τῷ νόμῳ τὸν λόγον τόνδε, ὡς καλὸν ἐπὶ τοῖς ἐκ
τῶν πολέμων θαπτομένοις ἀγορεύεσθαι αὐτόν. ἐμοὶ δὲ
ἀρκοῦν ἂν ἐδόκει εἶναι ἀνδρῶν ἀγαθῶν ἔργῳ γενομένων
ἔργῳ καὶ δηλοῦσθαι τὰς τιμάς, οἷα καὶ νῦν περὶ τὸν τάφον 25
τόνδε δημοσίᾳ παρασκευασθέντα ὁρᾶτε, καὶ μὴ ἐν ἑνὶ ἀνδρὶ
πολλῶν ἀρετὰς κινδυνεύεσθαι εὖ τε καὶ χεῖρον εἰπόντι πι-
2 στευθῆναι. χαλεπὸν γὰρ τὸ μετρίως εἰπεῖν ἐν ᾧ μόλις καὶ
ἡ δόκησις τῆς ἀληθείας βεβαιοῦται. ὅ τε γὰρ ξυνειδὼς καὶ
εὔνους ἀκροατὴς τάχ᾽ ἄν τι ἐνδεεστέρως πρὸς ἃ βούλεταί τε 30
καὶ ἐπίσταται νομίσειε δηλοῦσθαι, ὅ τε ἄπειρος ἔστιν ἃ καὶ

---

3 post ἅμαξαι add. δέκα Gertz　　7 παρῆσαν c (G)　　18 καιρὸν A B
21 οἱ . . . 24 ἀν[δρῶν Π²⁰　　post μὲν add. οὖν C G (in G erasum)
εἰρηκότων ἤδη A B E F M　　26 ἐν om. C G : habuit Π⁸

πλεονάζεσθαι, διὰ φθόνον, εἴ τι ὑπὲρ τὴν αὑτοῦ φύσιν ἀκούοι. μέχρι γὰρ τοῦδε ἀνεκτοὶ οἱ ἔπαινοί εἰσι περὶ ἑτέρων λεγόμενοι, ἐς ὅσον ἂν καὶ αὐτὸς ἕκαστος οἴηται ἱκανὸς εἶναι δρᾶσαί τι ὧν ἤκουσεν· τῷ δὲ ὑπερβάλλοντι αὐτῶν φθονοῦντες 5 ἤδη καὶ ἀπιστοῦσιν. ἐπειδὴ δὲ τοῖς πάλαι οὕτως ἐδοκιμάσθη 3 ταῦτα καλῶς ἔχειν, χρὴ καὶ ἐμὲ ἑπόμενον τῷ νόμῳ πειρᾶσθαι ὑμῶν τῆς ἑκάστου βουλήσεώς τε καὶ δόξης τυχεῖν ὡς ἐπὶ πλεῖστον.

'Ἄρξομαι δὲ ἀπὸ τῶν προγόνων πρῶτον· δίκαιον γὰρ 36 10 αὐτοῖς καὶ πρέπον δὲ ἅμα ἐν τῷ τοιῷδε τὴν τιμὴν ταύτην τῆς μνήμης δίδοσθαι. τὴν γὰρ χώραν οἱ αὐτοὶ αἰεὶ οἰκοῦντες διαδοχῇ τῶν ἐπιγιγνομένων μέχρι τοῦδε ἐλευθέραν δι' ἀρετὴν παρέδοσαν. καὶ ἐκεῖνοί τε ἄξιοι ἐπαίνου καὶ ἔτι μᾶλλον οἱ 2 πατέρες ἡμῶν· κτησάμενοι γὰρ πρὸς οἷς ἐδέξαντο ὅσην 15 ἔχομεν ἀρχὴν οὐκ ἀπόνως ἡμῖν τοῖς νῦν προσκατέλιπον. τὰ δὲ πλείω αὐτῆς αὐτοὶ ἡμεῖς οἵδε οἱ νῦν ἔτι ὄντες μάλιστα 3 ἐν τῇ καθεστηκυίᾳ ἡλικίᾳ ἐπηυξήσαμεν καὶ τὴν πόλιν τοῖς πᾶσι παρεσκευάσαμεν καὶ ἐς πόλεμον καὶ ἐς εἰρήνην αὐταρκεστάτην. ὧν ἐγὼ τὰ μὲν κατὰ πολέμους ἔργα, οἷς ἕκαστα 4 20 ἐκτήθη, ἢ εἴ τι αὐτοὶ ἢ οἱ πατέρες ἡμῶν βάρβαρον ἢ Ἕλληνα πολέμιον ἐπιόντα προθύμως ἠμυνάμεθα, μακρηγορεῖν ἐν εἰδόσιν οὐ βουλόμενος ἐάσω· ἀπὸ δὲ οἵας τε ἐπιτηδεύσεως ἤλθομεν ἐπ' αὐτὰ καὶ μεθ' οἵας πολιτείας καὶ τρόπων ἐξ οἵων μεγάλα ἐγένετο, ταῦτα δηλώσας πρῶτον εἶμι καὶ ἐπὶ 25 τὸν τῶνδε ἔπαινον, νομίζων ἐπί τε τῷ παρόντι οὐκ ἂν ἀπρεπῆ λεχθῆναι αὐτὰ καὶ τὸν πάντα ὅμιλον καὶ ἀστῶν καὶ ξένων ξύμφορον εἶναι ἐπακοῦσαι αὐτῶν.

'Χρώμεθα γὰρ πολιτείᾳ οὐ ζηλούσῃ τοὺς τῶν πέλας 37 νόμους, παράδειγμα δὲ μᾶλλον αὐτοὶ ὄντες τισὶν ἢ μιμού-30 μενοι ἑτέρους. καὶ ὄνομα μὲν διὰ τὸ μὴ ἐς ὀλίγους ἀλλ'

---

1 ἑαυτοῦ A B E F M   4 αὐτῶν E F¹ m : αὐτὸν cett.   11 ἀεὶ οἱ αὐτοὶ A B E F M   21 πολέμιον Haase : πόλεμον codd. : secl. Dobree 23 ἦλθον A B F M Dion. Hal.   27 αὐτῶν ἐπακοῦσαι A B E F M 29 τινὶ A B E F M

ἐς πλείονας οἰκεῖν δημοκρατία κέκληται· μέτεστι δὲ κατὰ
μὲν τοὺς νόμους πρὸς τὰ ἴδια διάφορα πᾶσι τὸ ἴσον, κατὰ
δὲ τὴν ἀξίωσιν, ὡς ἕκαστος ἔν τῳ εὐδοκιμεῖ, οὐκ ἀπὸ μέρους
τὸ πλέον ἐς τὰ κοινὰ ἢ ἀπ᾽ ἀρετῆς προτιμᾶται, οὐδ᾽ αὖ
κατὰ πενίαν, ἔχων γέ τι ἀγαθὸν δρᾶσαι τὴν πόλιν, ἀξιώ- 5
2 ματος ἀφανείᾳ κεκώλυται. ἐλευθέρως δὲ τά τε πρὸς τὸ
κοινὸν πολιτεύομεν καὶ ἐς τὴν πρὸς ἀλλήλους τῶν καθ᾽
ἡμέραν ἐπιτηδευμάτων ὑποψίαν, οὐ δι᾽ ὀργῆς τὸν πέλας, εἰ
καθ᾽ ἡδονήν τι δρᾷ, ἔχοντες, οὐδὲ ἀζημίους μέν, λυπηρὰς δὲ
3 τῇ ὄψει ἀχθηδόνας προστιθέμενοι. ἀνεπαχθῶς δὲ τὰ ἴδια 10
προσομιλοῦντες τὰ δημόσια διὰ δέος μάλιστα οὐ παρανο-
μοῦμεν, τῶν τε αἰεὶ ἐν ἀρχῇ ὄντων ἀκροάσει καὶ τῶν νόμων,
καὶ μάλιστα αὐτῶν ὅσοι τε ἐπ᾽ ὠφελίᾳ τῶν ἀδικουμένων
κεῖνται καὶ ὅσοι ἄγραφοι ὄντες αἰσχύνην ὁμολογουμένην
φέρουσιν. 15

38 ‘Καὶ μὴν καὶ τῶν πόνων πλείστας ἀναπαύλας τῇ γνώμῃ
ἐπορισάμεθα, ἀγῶσι μέν γε καὶ θυσίαις διετησίοις νομίζοντες,
ἰδίαις δὲ κατασκευαῖς εὐπρεπέσιν, ὧν καθ᾽ ἡμέραν ἡ τέρψις
2 τὸ λυπηρὸν ἐκπλήσσει. ἐπεσέρχεται δὲ διὰ μέγεθος τῆς
πόλεως ἐκ πάσης γῆς τὰ πάντα, καὶ ξυμβαίνει ἡμῖν μηδὲν 20
οἰκειοτέρᾳ τῇ ἀπολαύσει τὰ αὐτοῦ ἀγαθὰ γιγνόμενα καρποῦ-
σθαι ἢ καὶ τὰ τῶν ἄλλων ἀνθρώπων.

39 ‘Διαφέρομεν δὲ καὶ ταῖς τῶν πολεμικῶν μελέταις τῶν
ἐναντίων τοῖσδε. τήν τε γὰρ πόλιν κοινὴν παρέχομεν, καὶ
οὐκ ἔστιν ὅτε ξενηλασίαις ἀπείργομέν τινα ἢ μαθήματος ἢ 25
θεάματος, ὃ μὴ κρυφθὲν ἄν τις τῶν πολεμίων ἰδὼν ὠφελη-
θείη, πιστεύοντες οὐ ταῖς παρασκευαῖς τὸ πλέον καὶ ἀπάταις
ἢ τῷ ἀφ᾽ ἡμῶν αὐτῶν ἐς τὰ ἔργα εὐψύχῳ· καὶ ἐν ταῖς
παιδείαις οἱ μὲν ἐπιπόνῳ ἀσκήσει εὐθὺς νέοι ὄντες τὸ ἀν-
δρεῖον μετέρχονται, ἡμεῖς δὲ ἀνειμένως διαιτώμενοι οὐδὲν 30
2 ἧσσον ἐπὶ τοὺς ἰσοπαλεῖς κινδύνους χωροῦμεν. τεκμήριον

---

1 οἰκεῖν] ἥκειν suprascr c G   4 τὰ πλέω C G   5 γέ Reiske :
δέ codd.   9 δρᾷ τι Π⁸   30 διαιτώμεθα Π⁸   31 κινδύνους ἰσοπαλεῖς
Usener τεκμήριον .. c. 42. 3 τἆλλα suppl. m fol. xl

δέ· οὔτε γὰρ Λακεδαιμόνιοι καθ' ἑαυτούς, μεθ' ἁπάντων δὲ
ἐς τὴν γῆν ἡμῶν στρατεύουσι, τήν τε τῶν πέλας αὐτοὶ
ἐπελθόντες οὐ χαλεπῶς ἐν τῇ ἀλλοτρίᾳ τοὺς περὶ τῶν
οἰκείων ἀμυνομένους μαχόμενοι τὰ πλείω κρατοῦμεν. ἀθρόᾳ 3
5 τε τῇ δυνάμει ἡμῶν οὐδείς πω πολέμιος ἐνέτυχε διὰ τὴν τοῦ
ναυτικοῦ τε ἅμα ἐπιμέλειαν καὶ τὴν ἐν τῇ γῇ ἐπὶ πολλὰ
ἡμῶν αὐτῶν ἐπίπεμψιν· ἢν δέ που μορίῳ τινὶ προσμείξωσι,
κρατήσαντές τέ τινας ἡμῶν πάντας αὐχοῦσιν ἀπεῶσθαι καὶ
νικηθέντες ὑφ' ἁπάντων ἡσσῆσθαι. καίτοι εἰ ῥᾳθυμίᾳ μᾶλ- 4
10 λον ἢ πόνων μελέτῃ καὶ μὴ μετὰ νόμων τὸ πλέον ἢ τρόπων
ἀνδρείας ἐθέλομεν κινδυνεύειν, περιγίγνεται ἡμῖν τοῖς τε
μέλλουσιν ἀλγεινοῖς μὴ προκάμνειν, καὶ ἐς αὐτὰ ἐλθοῦσι
μὴ ἀτολμοτέρους τῶν ἀεὶ μοχθούντων φαίνεσθαι, καὶ ἔν
τε τούτοις τὴν πόλιν ἀξίαν εἶναι θαυμάζεσθαι καὶ ἔτι ἐν
15 ἄλλοις.

'Φιλοκαλοῦμέν τε γὰρ μετ' εὐτελείας καὶ φιλοσοφοῦμεν 40
ἄνευ μαλακίας· πλούτῳ τε ἔργου μᾶλλον καιρῷ ἢ λόγου
κόμπῳ χρώμεθα, καὶ τὸ πένεσθαι οὐχ ὁμολογεῖν τινὶ αἰσχρόν,
ἀλλὰ μὴ διαφεύγειν ἔργῳ αἴσχιον. ἔνι τε τοῖς αὐτοῖς οἰκείων 2
20 ἅμα καὶ πολιτικῶν ἐπιμέλεια, καὶ ἑτέροις πρὸς ἔργα τετραμ-
μένοις τὰ πολιτικὰ μὴ ἐνδεῶς γνῶναι· μόνοι γὰρ τόν τε
μηδὲν τῶνδε μετέχοντα οὐκ ἀπράγμονα, ἀλλ' ἀχρεῖον νομί-
ζομεν, καὶ οἱ αὐτοὶ ἤτοι κρίνομέν γε ἢ ἐνθυμούμεθα ὀρθῶς
τὰ πράγματα, οὐ τοὺς λόγους τοῖς ἔργοις βλάβην ἡγούμενοι,
25 ἀλλὰ μὴ προδιδαχθῆναι μᾶλλον λόγῳ πρότερον ἢ ἐπὶ ἃ δεῖ
ἔργῳ ἐλθεῖν. διαφερόντως γὰρ δὴ καὶ τόδε ἔχομεν ὥστε 3
τολμᾶν τε οἱ αὐτοὶ μάλιστα καὶ περὶ ὧν ἐπιχειρήσομεν
ἐκλογίζεσθαι· ὃ τοῖς ἄλλοις ἀμαθία μὲν θράσος, λογισμὸς
δὲ ὄκνον φέρει. κράτιστοι δ' ἂν τὴν ψυχὴν δικαίως κριθεῖεν

1 ἑαυτούς] per se tantum Valla : ἑκάστους codd.   μετὰ πάντων
ABEF   8 τέ om. CG   11 ἐθέλοιμεν ABEF Dion. Hal.
13 ἀτολμοτέροις f suprascr. G Dion. Hal.   16 τε om. ABF   19 ἔνι]
ἔν ABEFΠ⁸   20 ἑτέροις] ἔτερα Classen : ἑτέροις ἔτερα Richards
23 οἱ om. ABEFΠ⁸   27 οἱ om. Π⁸   29 τὴν om. C Stobaeus

οἱ τά τε δεινὰ καὶ ἡδέα σαφέστατα γιγνώσκοντες καὶ διὰ
4 ταῦτα μὴ ἀποτρεπόμενοι ἐκ τῶν κινδύνων. καὶ τὰ ἐς ἀρε-
τὴν ἐνηντιώμεθα τοῖς πολλοῖς· οὐ γὰρ πάσχοντες εὖ, ἀλλὰ
δρῶντες κτώμεθα τοὺς φίλους. βεβαιότερος δὲ ὁ δράσας
τὴν χάριν ὥστε ὀφειλομένην δι' εὐνοίας ᾧ δέδωκε σῴζειν· 5
ὁ δὲ ἀντοφείλων ἀμβλύτερος, εἰδὼς οὐκ ἐς χάριν, ἀλλ' ἐς
5 ὀφείλημα τὴν ἀρετὴν ἀποδώσων. καὶ μόνοι οὐ τοῦ ξυμφέ-
ροντος μᾶλλον λογισμῷ ἢ τῆς ἐλευθερίας τῷ πιστῷ ἀδεῶς
τινὰ ὠφελοῦμεν.

41 ' Ξυνελών τε λέγω τήν τε πᾶσαν πόλιν τῆς Ἑλλάδος 10
παίδευσιν εἶναι καὶ καθ' ἕκαστον δοκεῖν ἄν μοι τὸν αὐτὸν
ἄνδρα παρ' ἡμῶν ἐπὶ πλεῖστ' ἂν εἴδη καὶ μετὰ χαρίτων
2 μάλιστ' ἂν εὐτραπέλως τὸ σῶμα αὔταρκες παρέχεσθαι. καὶ
ὡς οὐ λόγων ἐν τῷ παρόντι κόμπος τάδε μᾶλλον ἢ ἔργων
ἐστὶν ἀλήθεια, αὐτὴ ἡ δύναμις τῆς πόλεως, ἣν ἀπὸ τῶνδε 15
3 τῶν τρόπων ἐκτησάμεθα, σημαίνει. μόνη γὰρ τῶν νῦν
ἀκοῆς κρείσσων ἐς πεῖραν ἔρχεται, καὶ μόνη οὔτε τῷ πολε-
μίῳ ἐπελθόντι ἀγανάκτησιν ἔχει ὑφ' οἵων κακοπαθεῖ οὔτε
4 τῷ ὑπηκόῳ κατάμεμψιν ὡς οὐχ ὑπ' ἀξίων ἄρχεται. μετὰ
μεγάλων δὲ σημείων καὶ οὐ δή τοι ἀμάρτυρόν γε τὴν δύναμιν 20
παρασχόμενοι τοῖς τε νῦν καὶ τοῖς ἔπειτα θαυμασθησόμεθα,
καὶ οὐδὲν προσδεόμενοι οὔτε Ὁμήρου ἐπαινέτου οὔτε ὅστις
ἔπεσι μὲν τὸ αὐτίκα τέρψει, τῶν δ' ἔργων τὴν ὑπόνοιαν ἡ
ἀλήθεια βλάψει, ἀλλὰ πᾶσαν μὲν θάλασσαν καὶ γῆν ἐσβατὸν
τῇ ἡμετέρᾳ τόλμῃ καταναγκάσαντες γενέσθαι, πανταχοῦ δὲ 25
5 μνημεῖα κακῶν τε κἀγαθῶν ἀίδια ξυγκατοικίσαντες. περὶ
τοιαύτης οὖν πόλεως οἵδε τε γενναίως δικαιοῦντες μὴ ἀφαι-
ρεθῆναι αὐτὴν μαχόμενοι ἐτελεύτησαν, καὶ τῶν λειπομένων
πάντα τινὰ εἰκὸς ἐθέλειν ὑπὲρ αὐτῆς κάμνειν.

42 ' Δι' ὃ δὴ καὶ ἐμήκυνα τὰ περὶ τῆς πόλεως, διδασκαλίαν 30
τε ποιούμενος μὴ περὶ ἴσου ἡμῖν εἶναι τὸν ἀγῶνα καὶ οἷς

3 ἐνηντιώμεθα Rutherford: ἠναντιώμεθα codd.: ἠντιώμεθα Hesy-
chius   12 ἡμῖν Cobet   15 αὔτη C⟨G⟩   22 καί secl. Krüger
26 ἀίδια] ἰδίᾳ A B E F

τῶνδε μηδὲν ὑπάρχει ὁμοίως, καὶ τὴν εὐλογίαν ἅμα ἐφ' οἷς
νῦν λέγω φανερὰν σημείοις καθιστάς. καὶ εἴρηται αὐτῆς 2
τὰ μέγιστα· ἃ γὰρ τὴν πόλιν ὕμνησα, αἱ τῶνδε καὶ τῶν
τοιῶνδε ἀρεταὶ ἐκόσμησαν, καὶ οὐκ ἂν πολλοῖς τῶν Ἑλλή-
5 νων ἰσόρροπος ὥσπερ τῶνδε ὁ λόγος τῶν ἔργων φανείη.
δοκεῖ δέ μοι δηλοῦν ἀνδρὸς ἀρετὴν πρώτη τε μηνύουσα καὶ
τελευταία βεβαιοῦσα ἡ νῦν τῶνδε καταστροφή. καὶ γὰρ 3
τοῖς τἆλλα χείροσι δίκαιον τὴν ἐς τοὺς πολέμους ὑπὲρ τῆς
πατρίδος ἀνδραγαθίαν προτίθεσθαι· ἀγαθῷ γὰρ κακὸν ἀφανί-
10 σαντες κοινῶς μᾶλλον ὠφέλησαν ἢ ἐκ τῶν ἰδίων ἔβλαψαν.
τῶνδε δὲ οὔτε πλούτου τις τὴν ἔτι ἀπόλαυσιν προτιμήσας 4
ἐμαλακίσθη οὔτε πενίας ἐλπίδι, ὡς κἂν ἔτι διαφυγὼν αὐτὴν
πλουτήσειεν, ἀναβολὴν τοῦ δεινοῦ ἐποιήσατο· τὴν δὲ τῶν
ἐναντίων τιμωρίαν ποθεινοτέραν αὐτῶν λαβόντες καὶ κινδύ-
15 νων ἅμα τόνδε κάλλιστον νομίσαντες ἐβουλήθησαν μετ'
αὐτοῦ τοὺς μὲν τιμωρεῖσθαι, τῶν δὲ ἐφίεσθαι, ἐλπίδι μὲν
τὸ ἀφανὲς τοῦ κατορθώσειν ἐπιτρέψαντες, ἔργῳ δὲ περὶ τοῦ
ἤδη ὁρωμένου σφίσιν αὐτοῖς ἀξιοῦντες πεποιθέναι, καὶ ἐν
αὐτῷ τῷ ἀμύνεσθαι καὶ παθεῖν μᾶλλον ἡγησάμενοι ἢ [τὸ]
20 ἐνδόντες σῴζεσθαι, τὸ μὲν αἰσχρὸν τοῦ λόγου ἔφυγον, τὸ δ'
ἔργον τῷ σώματι ὑπέμειναν καὶ δι' ἐλαχίστου καιροῦ τύχης
ἅμα ἀκμῇ τῆς δόξης μᾶλλον ἢ τοῦ δέους ἀπηλλάγησαν.

'Καὶ οἵδε μὲν προσηκόντως τῇ πόλει τοιοίδε ἐγένοντο· 43
τοὺς δὲ λοιποὺς χρὴ ἀσφαλεστέραν μὲν εὔχεσθαι, ἀτολμο-
25 τέραν δὲ μηδὲν ἀξιοῦν τὴν ἐς τοὺς πολεμίους διάνοιαν ἔχειν,
σκοποῦντας μὴ λόγῳ μόνῳ τὴν ὠφελίαν, ἣν ἄν τις πρὸς
οὐδὲν χεῖρον αὐτοὺς ὑμᾶς εἰδότας μηκύνοι, λέγων ὅσα ἐν
τῷ τοὺς πολεμίους ἀμύνεσθαι ἀγαθὰ ἔνεστιν, ἀλλὰ μᾶλλον
τὴν τῆς πόλεως δύναμιν καθ' ἡμέραν ἔργῳ θεωμένους καὶ
30 ἐραστὰς γιγνομένους αὐτῆς, καὶ ὅταν ὑμῖν μεγάλη δόξῃ εἶναι,

5 τῷ ἔργῳ Dobree   11 πλούτῳ A B E F M   16 ἀφίεσθαι
Poppo   19 τῷ C G¹: τὸ cett. Schol.   μᾶλλον] κάλλιον Dobree
τὸ om. Dion. Hal.   25 πολέμους C ⟨G⟩   26 post ἄν add. τί
Krüger

ἐνθυμουμένους ὅτι τολμῶντες καὶ γιγνώσκοντες τὰ δέοντα
καὶ ἐν τοῖς ἔργοις αἰσχυνόμενοι ἄνδρες αὐτὰ ἐκτήσαντο, καὶ
ὁπότε καὶ πείρᾳ του σφαλεῖεν, οὐκ οὖν καὶ τὴν πόλιν γε τῆς
σφετέρας ἀρετῆς ἀξιοῦντες στερίσκειν, κάλλιστον δὲ ἔρανον
2 αὐτῇ προϊέμενοι. κοινῇ γὰρ τὰ σώματα διδόντες ἰδίᾳ τὸν 5
ἀγήρων ἔπαινον ἐλάμβανον καὶ τὸν τάφον ἐπισημότατον,
οὐκ ἐν ᾧ κεῖνται μᾶλλον, ἀλλ᾽ ἐν ᾧ ἡ δόξα αὐτῶν παρὰ τῷ
ἐντυχόντι αἰεὶ καὶ λόγου καὶ ἔργου καιρῷ αἰείμνηστος κατα-
3 λείπεται. ἀνδρῶν γὰρ ἐπιφανῶν πᾶσα γῆ τάφος, καὶ οὐ
στηλῶν μόνον ἐν τῇ οἰκείᾳ σημαίνει ἐπιγραφή, ἀλλὰ καὶ ἐν 10
τῇ μὴ προσηκούσῃ ἄγραφος μνήμη παρ᾽ ἑκάστῳ τῆς γνώμης
4 μᾶλλον ἢ τοῦ ἔργου ἐνδιαιτᾶται. οὓς νῦν ὑμεῖς ζηλώσαντες
καὶ τὸ εὔδαιμον τὸ ἐλεύθερον, τὸ δ᾽ ἐλεύθερον τὸ εὔψυχον
5 κρίναντες μὴ περιορᾶσθε τοὺς πολεμικοὺς κινδύνους. οὐ
γὰρ οἱ κακοπραγοῦντες δικαιότερον ἀφειδοῖεν ἂν τοῦ βίου, 15
οἷς ἐλπὶς οὐκ ἔστιν ἀγαθοῦ, ἀλλ᾽ οἷς ἡ ἐναντία μεταβολὴ
ἐν τῷ ζῆν ἔτι κινδυνεύεται καὶ ἐν οἷς μάλιστα μεγάλα τὰ
6 διαφέροντα, ἤν τι πταίσωσιν. ἀλγεινοτέρα γὰρ ἀνδρί γε
φρόνημα ἔχοντι ἡ μετὰ τοῦ [ἐν τῷ] μαλακισθῆναι κάκωσις ἢ
ὁ μετὰ ῥώμης καὶ κοινῆς ἐλπίδος ἅμα γιγνόμενος ἀναίσθητος 20
θάνατος.

44 'Δι᾽ ὅπερ καὶ τοὺς τῶνδε νῦν τοκέας, ὅσοι πάρεστε, οὐκ
ὀλοφύρομαι μᾶλλον ἢ παραμυθήσομαι. ἐν πολυτρόποις γὰρ
ξυμφοραῖς ἐπίστανται τραφέντες· τὸ δ᾽ εὐτυχές, οἳ ἂν τῆς
εὐπρεπεστάτης λάχωσιν, ὥσπερ οἵδε μὲν νῦν, τελευτῆς, ὑμεῖς 25
δὲ λύπης, καὶ οἷς ἐνευδαιμονῆσαί τε ὁ βίος ὁμοίως καὶ ἐν-
2 τελευτῆσαι ξυνεμετρήθη. χαλεπὸν μὲν οὖν οἶδα πείθειν ὄν,
ὧν καὶ πολλάκις ἕξετε ὑπομνήματα ἐν ἄλλων εὐτυχίαις, αἷς
ποτὲ καὶ αὐτοὶ ἠγάλλεσθε· καὶ λύπη οὐχ ὧν ἄν τις μὴ
πειρασάμενος ἀγαθῶν στερίσκηται, ἀλλ᾽ οὗ ἂν ἐθὰς γενό- 30
3 μενος ἀφαιρεθῇ. καρτερεῖν δὲ χρὴ καὶ ἄλλων παίδων ἐλπίδι,

7 ἀλλ᾽] ἢ C G   16 ἔστ᾽ A B E F M   19 ἐν τῷ secl.
Bredow: ἐν τῷ μετὰ τοῦ A B E F M   20 ἅμα τε γιγνόμενος
καὶ C G   30 πειρασάμενος g : πειρασόμενος codd.

οἷς ἔτι ἡλικία τέκνωσιν ποιεῖσθαι· ἰδίᾳ τε γὰρ τῶν οὐκ
ὄντων λήθη οἱ ἐπιγιγνόμενοί τισιν ἔσονται, καὶ τῇ πόλει
διχόθεν, ἔκ τε τοῦ μὴ ἐρημοῦσθαι καὶ ἀσφαλείᾳ, ξυνοίσει·
οὐ γὰρ οἷόν τε ἴσον τι ἢ δίκαιον βουλεύεσθαι οἳ ἂν μὴ καὶ
5 παῖδας ἐκ τοῦ ὁμοίου παραβαλλόμενοι κινδυνεύωσιν. ὅσοι 4
δ' αὖ παρηβήκατε, τόν τε πλέονα κέρδος ὃν ηὐτυχεῖτε βίον
ἡγεῖσθε καὶ τόνδε βραχὺν ἔσεσθαι, καὶ τῇ τῶνδε εὐκλείᾳ
κουφίζεσθε. τὸ γὰρ φιλότιμον ἀγήρων μόνον, καὶ οὐκ ἐν
τῷ ἀχρείῳ τῆς ἡλικίας τὸ κερδαίνειν, ὥσπερ τινές φασι,
10 μᾶλλον τέρπει, ἀλλὰ τὸ τιμᾶσθαι. παισὶ δ' αὖ ὅσοι τῶνδε 45
πάρεστε ἢ ἀδελφοῖς ὁρῶ μέγαν τὸν ἀγῶνα (τὸν γὰρ οὐκ
ὄντα ἅπας εἴωθεν ἐπαινεῖν), καὶ μόλις ἂν καθ' ὑπερβολὴν
ἀρετῆς οὐχ ὁμοῖοι, ἀλλ' ὀλίγῳ χείρους κριθεῖτε. φθόνος
γὰρ τοῖς ζῶσι πρὸς τὸ ἀντίπαλον, τὸ δὲ μὴ ἐμποδὼν ἀναντα-
15 γωνίστῳ εὐνοίᾳ τετίμηται. εἰ δέ με δεῖ καὶ γυναικείας τι 2
ἀρετῆς, ὅσαι νῦν ἐν χηρείᾳ ἔσονται, μνησθῆναι, βραχείᾳ
παραινέσει ἅπαν σημανῶ. τῆς τε γὰρ ὑπαρχούσης φύσεως
μὴ χείροσι γενέσθαι ὑμῖν μεγάλη ἡ δόξα καὶ ἧς ἂν ἐπ'
ἐλάχιστον ἀρετῆς πέρι ἢ ψόγου ἐν τοῖς ἄρσεσι κλέος ᾖ.
20 'Εἴρηται καὶ ἐμοὶ λόγῳ κατὰ τὸν νόμον ὅσα εἶχον πρόσ- 46
φορα, καὶ ἔργῳ οἱ θαπτόμενοι τὰ μὲν ἤδη κεκόσμηνται, τὰ
δὲ αὐτῶν τοὺς παῖδας τὸ ἀπὸ τοῦδε δημοσίᾳ ἡ πόλις μέχρι
ἥβης θρέψει, ὠφέλιμον στέφανον τοῖσδέ τε καὶ τοῖς λειπο-
μένοις τῶν τοιῶνδε ἀγώνων προτιθεῖσα· ἆθλα γὰρ οἷς κεῖται
25 ἀρετῆς μέγιστα, τοῖς δὲ καὶ ἄνδρες ἄριστοι πολιτεύουσιν.
νῦν δὲ ἀπολοφυράμενοι ὃν προσήκει ἑκάστῳ ἄπιτε.' 2
Τοιόσδε μὲν ὁ τάφος ἐγένετο ἐν τῷ χειμῶνι τούτῳ· καὶ 47
διελθόντος αὐτοῦ πρῶτον ἔτος τοῦ πολέμου τοῦδε ἐτελεύτα.
τοῦ δὲ θέρους εὐθὺς ἀρχομένου Πελοποννήσιοι καὶ οἱ ξύμ- 2
30 μαχοι τὰ δύο μέρη ὥσπερ καὶ τὸ πρῶτον ἐσέβαλον ἐς τὴν

1 τὲ (sic) γὰρ M : γάρ τε cett.   4 καὶ μὴ A B E F   12 πᾶs
C ⟨G⟩   14 prius τὸ] τὸν C E ⟨G⟩   22 τὸ] τὰ A B E F M   24
προστιθεῖσα C G   26 ἕκαστος A B E F G M   ἀποχωρεῖτε A B E F M
28 τῷ πολέμῳ τούτῳ G   τοῦδε] τούτου C γρ. G

Ἀττικήν (ἡγεῖτο δὲ Ἀρχίδαμος ὁ Ζευξιδάμου Λακεδαι-
3 μονίων βασιλεύς), καὶ καθεζόμενοι ἐδῄουν τὴν γῆν. καὶ
ὄντων αὐτῶν οὐ πολλάς πω ἡμέρας ἐν τῇ Ἀττικῇ ἡ νόσος
πρῶτον ἤρξατο γενέσθαι τοῖς Ἀθηναίοις, λεγόμενον μὲν καὶ
πρότερον πολλαχόσε ἐγκατασκῆψαι καὶ περὶ Λῆμνον καὶ ἐν 5
ἄλλοις χωρίοις, οὐ μέντοι τοσοῦτός γε λοιμὸς οὐδὲ φθορὰ
4 οὕτως ἀνθρώπων οὐδαμοῦ ἐμνημονεύετο γενέσθαι. οὔτε γὰρ
ἰατροὶ ἤρκουν τὸ πρῶτον θεραπεύοντες ἀγνοίᾳ, ἀλλ᾽ αὐτοὶ
μάλιστα ἔθνῃσκον ὅσῳ καὶ μάλιστα προσῇσαν, οὔτε ἄλλη
ἀνθρωπεία τέχνη οὐδεμία· ὅσα τε πρὸς ἱεροῖς ἱκέτευσαν ἢ 10
μαντείοις καὶ τοῖς τοιούτοις ἐχρήσαντο, πάντα ἀνωφελῆ ἦν,
τελευτῶντές τε αὐτῶν ἀπέστησαν ὑπὸ τοῦ κακοῦ νικώμενοι.
48 ἤρξατο δὲ τὸ μὲν πρῶτον, ὡς λέγεται, ἐξ Αἰθιοπίας τῆς
ὑπὲρ Αἰγύπτου, ἔπειτα δὲ καὶ ἐς Αἴγυπτον καὶ Λιβύην
2 κατέβη καὶ ἐς τὴν βασιλέως γῆν τὴν πολλήν. ἐς δὲ τὴν 15
Ἀθηναίων πόλιν ἐξαπιναίως ἐσέπεσε, καὶ τὸ πρῶτον ἐν τῷ
Πειραιεῖ ἥψατο τῶν ἀνθρώπων, ὥστε καὶ ἐλέχθη ὑπ᾽ αὐτῶν
ὡς οἱ Πελοποννήσιοι φάρμακα ἐσβεβλήκοιεν ἐς τὰ φρέατα·
κρῆναι γὰρ οὔπω ἦσαν αὐτόθι. ὕστερον δὲ καὶ ἐς τὴν ἄνω
3 πόλιν ἀφίκετο, καὶ ἔθνῃσκον πολλῷ μᾶλλον ἤδη. λεγέτω 20
μὲν οὖν περὶ αὐτοῦ ὡς ἕκαστος γιγνώσκει καὶ ἰατρὸς καὶ
ἰδιώτης, ἀφ᾽ ὅτου εἰκὸς ἦν γενέσθαι αὐτό, καὶ τὰς αἰτίας
ἅστινας νομίζει τοσαύτης μεταβολῆς ἱκανὰς εἶναι δύναμιν
ἐς τὸ μεταστῆσαι σχεῖν· ἐγὼ δὲ οἷόν τε ἐγίγνετο λέξω,
καὶ ἀφ᾽ ὧν ἄν τις σκοπῶν, εἴ ποτε καὶ αὖθις ἐπιπέσοι, 25
μάλιστ᾽ ἂν ἔχοι τι προειδὼς μὴ ἀγνοεῖν, ταῦτα δηλώσω
αὐτός τε νοσήσας καὶ αὐτὸς ἰδὼν ἄλλους πάσχοντας.
49 Τὸ μὲν γὰρ ἔτος, ὡς ὡμολογεῖτο, ἐκ πάντων μάλιστα δὴ
ἐκεῖνο ἄνοσον ἐς τὰς ἄλλας ἀσθενείας ἐτύγχανεν ὄν· εἰ δέ
2 τις καὶ προύκαμνέ τι, ἐς τοῦτο πάντα ἀπεκρίθη. τοὺς δὲ 30
ἄλλους ἀπ᾽ οὐδεμιᾶς προφάσεως, ἀλλ᾽ ἐξαίφνης ὑγιεῖς ὄντας

---

11 μαντείαις A B C F G   16 ἐσέπεσε Herwerden: ἐνέπεσε codd.
28 post πάντων distinguunt alii

πρῶτον μὲν τῆς κεφαλῆς θέρμαι ἰσχυραὶ καὶ τῶν ὀφθαλμῶν
ἐρυθήματα καὶ φλόγωσις ἐλάμβανε, καὶ τὰ ἐντός, ἥ τε
φάρυγξ καὶ ἡ γλῶσσα, εὐθὺς αἱματώδη ἦν καὶ πνεῦμα
ἄτοπον καὶ δυσῶδες ἠφίει· ἔπειτα ἐξ αὐτῶν πταρμὸς καὶ 3
5 βράγχος ἐπεγίγνετο, καὶ ἐν οὐ πολλῷ χρόνῳ κατέβαινεν ἐς
τὰ στήθη ὁ πόνος μετὰ βηχὸς ἰσχυροῦ· καὶ ὁπότε ἐς τὴν
καρδίαν στηρίξειεν, ἀνέστρεφέ τε αὐτὴν καὶ ἀποκαθάρσεις
χολῆς πᾶσαι ὅσαι ὑπὸ ἰατρῶν ὠνομασμέναι εἰσὶν ἐπῆσαν,
καὶ αὗται μετὰ ταλαιπωρίας μεγάλης. λύγξ τε τοῖς πλέο- 4
10 σιν ἐνέπιπτε κενή, σπασμὸν ἐνδιδοῦσα ἰσχυρόν, τοῖς μὲν
μετὰ ταῦτα λωφήσαντα, τοῖς δὲ καὶ πολλῷ ὕστερον. καὶ 5
τὸ μὲν ἔξωθεν ἁπτομένῳ σῶμα οὔτ' ἄγαν θερμὸν ἦν οὔτε
χλωρόν, ἀλλ' ὑπέρυθρον, πελιτνόν, φλυκταίναις μικραῖς καὶ
ἕλκεσιν ἐξηνθηκός· τὰ δὲ ἐντὸς οὕτως ἐκάετο ὥστε μήτε
15 τῶν πάνυ λεπτῶν ἱματίων καὶ σινδόνων τὰς ἐπιβολὰς μηδ'
ἄλλο τι ἢ γυμνοὶ ἀνέχεσθαι, ἥδιστά τε ἂν ἐς ὕδωρ ψυχρὸν
σφᾶς αὐτοὺς ῥίπτειν. καὶ πολλοὶ τοῦτο τῶν ἠμελημένων
ἀνθρώπων καὶ ἔδρασαν ἐς φρέατα, τῇ δίψῃ ἀπαύστῳ ξυν-
εχόμενοι· καὶ ἐν τῷ ὁμοίῳ καθειστήκει τό τε πλέον καὶ
20 ἔλασσον ποτόν. καὶ ἡ ἀπορία τοῦ μὴ ἡσυχάζειν καὶ ἡ 6
ἀγρυπνία ἐπέκειτο διὰ παντός. καὶ τὸ σῶμα, ὅσονπερ
χρόνον καὶ ἡ νόσος ἀκμάζοι, οὐκ ἐμαραίνετο, ἀλλ' ἀντεῖχε
παρὰ δόξαν τῇ ταλαιπωρίᾳ, ὥστε ἢ διεφθείροντο οἱ πλεῖστοι
ἐναταῖοι καὶ ἑβδομαῖοι ὑπὸ τοῦ ἐντὸς καύματος, ἔτι ἔχοντές
25 τι δυνάμεως, ἢ εἰ διαφύγοιεν, ἐπικατιόντος τοῦ νοσήματος
ἐς τὴν κοιλίαν καὶ ἑλκώσεώς τε αὐτῇ ἰσχυρᾶς ἐγγιγνομένης
καὶ διαρροίας ἅμα ἀκράτου ἐπιπιπτούσης οἱ πολλοὶ ὕστερον
δι' αὐτὴν ἀσθενείᾳ διεφθείροντο. διεξῄει γὰρ διὰ παντὸς 7
τοῦ σώματος ἄνωθεν ἀρξάμενον τὸ ἐν τῇ κεφαλῇ πρῶτον

9 αὐταὶ C G   10 ἐνέπεσε A B E F M Thom. Mag.   12 τῷ C
quod tuetur Hude post ἁπτομένῳ τὸ addens   13 πελιτνόν
Lexx.: πελιδνόν codd.   15 μήτ' A B E F M   16 γυμνὸν
A B E F M   23 πλείους A B F   28 διὰ τὴν ἀσθένειαν C et,
ut videtur, G   ἀπεφθείροντο A B E F M

ἱδρυθὲν κακόν, καὶ εἴ τις ἐκ τῶν μεγίστων περιγένοιτο, τῶν
8 γε ἀκρωτηρίων ἀντίληψις αὐτοῦ ἐπεσήμαινεν. κατέσκηπτε
γὰρ ἐς αἰδοῖα καὶ ἐς ἄκρας χεῖρας καὶ πόδας, καὶ πολλοὶ
στερισκόμενοι τούτων διέφευγον, εἰσὶ δ' οἳ καὶ τῶν ὀφθαλ-
μῶν. τοὺς δὲ καὶ λήθη ἐλάμβανε παραυτίκα ἀναστάντας 5
τῶν πάντων ὁμοίως, καὶ ἠγνόησαν σφᾶς τε αὐτοὺς καὶ τοὺς
50 ἐπιτηδείους. γενόμενον γὰρ κρεῖσσον λόγου τὸ εἶδος τῆς
νόσου τά τε ἄλλα χαλεπωτέρως ἢ κατὰ τὴν ἀνθρωπείαν
φύσιν προσέπιπτεν ἑκάστῳ καὶ ἐν τῷδε ἐδήλωσε μάλιστα
ἄλλο τι ὂν ἢ τῶν ξυντρόφων τι· τὰ γὰρ ὄρνεα καὶ τετράποδα 10
ὅσα ἀνθρώπων ἅπτεται, πολλῶν ἀτάφων γιγνομένων ἢ οὐ
2 προσῄει ἢ γευσάμενα διεφθείρετο. τεκμήριον δέ· τῶν μὲν
τοιούτων ὀρνίθων ἐπίλειψις σαφὴς ἐγένετο, καὶ οὐχ ἑωρῶντο
οὔτε ἄλλως οὔτε περὶ τοιοῦτον οὐδέν· οἱ δὲ κύνες μᾶλλον
αἴσθησιν παρεῖχον τοῦ ἀποβαίνοντος διὰ τὸ ξυνδιαιτᾶσθαι. 15
51 Τὸ μὲν οὖν νόσημα, πολλὰ καὶ ἄλλα παραλιπόντι ἀτοπίας,
ὡς ἑκάστῳ ἐτύγχανέ τι διαφερόντως ἑτέρῳ πρὸς ἕτερον
γιγνόμενον, τοιοῦτον ἦν ἐπὶ πᾶν τὴν ἰδέαν. καὶ ἄλλο
παρελύπει κατ' ἐκεῖνον τὸν χρόνον οὐδὲν τῶν εἰωθότων· ὃ
2 δὲ καὶ γένοιτο, ἐς τοῦτο ἐτελεύτα. ἔθνησκον δὲ οἱ μὲν 20
ἀμελείᾳ, οἱ δὲ καὶ πάνυ θεραπευόμενοι. ἕν τε οὐδὲ ἓν
κατέστη ἴαμα ὡς εἰπεῖν ὅτι χρῆν προσφέροντας ὠφελεῖν·
3 τὸ γάρ τῳ ξυνενεγκὸν ἄλλον τοῦτο ἔβλαπτεν. σῶμά τε
αὔταρκες ὂν οὐδὲν διεφάνη πρὸς αὐτὸ ἰσχύος πέρι ἢ ἀσθε-
νείας, ἀλλὰ πάντα ξυνῄρει καὶ τὰ πάσῃ διαίτῃ θεραπευόμενα. 25
4 δεινότατον δὲ παντὸς ἦν τοῦ κακοῦ ἥ τε ἀθυμία ὁπότε τις
αἴσθοιτο κάμνων (πρὸς γὰρ τὸ ἀνέλπιστον εὐθὺς τραπόμενοι
τῇ γνώμῃ πολλῷ μᾶλλον προΐεντο σφᾶς αὐτοὺς καὶ οὐκ
ἀντεῖχον), καὶ ὅτι ἕτερος ἀφ' ἑτέρου θεραπείας ἀναπιμπλά-
μενοι ὥσπερ τὰ πρόβατα ἔθνησκον· καὶ τὸν πλεῖστον 30
5 φθόρον τοῦτο ἐνεποίει. εἴτε γὰρ μὴ 'θέλοιεν δεδιότες

6 τῶν om. C et, ut videtur, G   11 γενομένων C G   21 οὐδὲν
C et fort. G   22 χρὴ C G

ἀλλήλοις προσιέναι, ἀπώλλυντο ἐρῆμοι, καὶ οἰκίαι πολλαὶ
ἐκενώθησαν ἀπορίᾳ τοῦ θεραπεύσοντος· εἴτε προσίοιεν,
διεφθείροντο, καὶ μάλιστα οἱ ἀρετῆς τι μεταποιούμενοι·
αἰσχύνῃ γὰρ ἠφείδουν σφῶν αὐτῶν ἐσιόντες παρὰ τοὺς
5 φίλους, ἐπεὶ καὶ τὰς ὀλοφύρσεις τῶν ἀπογιγνομένων τελευ-
τῶντες καὶ οἱ οἰκεῖοι ἐξέκαμνον ὑπὸ τοῦ πολλοῦ κακοῦ
νικώμενοι. ἐπὶ πλέον δ' ὅμως οἱ διαπεφευγότες τόν τε 6
θνῄσκοντα καὶ τὸν πονούμενον ᾠκτίζοντο διὰ τὸ προειδέναι
τε καὶ αὐτοὶ ἤδη ἐν τῷ θαρσαλέῳ εἶναι· δὶς γὰρ τὸν αὐτόν,
10 ὥστε καὶ κτείνειν, οὐκ ἐπελάμβανεν. καὶ ἐμακαρίζοντό τε
ὑπὸ τῶν ἄλλων, καὶ αὐτοὶ τῷ παραχρῆμα περιχαρεῖ καὶ ἐς
τὸν ἔπειτα χρόνον ἐλπίδος τι εἶχον κούφης μηδ' ἂν ὑπ'
ἄλλου νοσήματός ποτε ἔτι διαφθαρῆναι.

Ἐπίεσε δ' αὐτοὺς μᾶλλον πρὸς τῷ ὑπάρχοντι πόνῳ καὶ 52
15 ἡ ξυγκομιδὴ ἐκ τῶν ἀγρῶν ἐς τὸ ἄστυ, καὶ οὐχ ἧσσον τοὺς
ἐπελθόντας. οἰκιῶν γὰρ οὐχ ὑπαρχουσῶν, ἀλλ' ἐν καλύβαις 2
πνιγηραῖς ὥρᾳ ἔτους διαιτωμένων ὁ φθόρος ἐγίγνετο οὐδενὶ
κόσμῳ, ἀλλὰ καὶ νεκροὶ ἐπ' ἀλλήλοις ἀποθνῄσκοντες ἔκειντο
καὶ ἐν ταῖς ὁδοῖς ἐκαλινδοῦντο καὶ περὶ τὰς κρήνας ἁπάσας
20 ἡμιθνῆτες τοῦ ὕδατος ἐπιθυμίᾳ. τά τε ἱερὰ ἐν οἷς ἐσκήνηντο 3
νεκρῶν πλέα ἦν, αὐτοῦ ἐναποθνῃσκόντων· ὑπερβιαζομένου
γὰρ τοῦ κακοῦ οἱ ἄνθρωποι, οὐκ ἔχοντες ὅτι γένωνται, ἐς
ὀλιγωρίαν ἐτράποντο καὶ ἱερῶν καὶ ὁσίων ὁμοίως. νόμοι 4
τε πάντες ξυνεταράχθησαν οἷς ἐχρῶντο πρότερον περὶ τὰς
25 ταφάς, ἔθαπτον δὲ ὡς ἕκαστος ἐδύνατο. καὶ πολλοὶ ἐς
ἀναισχύντους θήκας ἐτράποντο σπάνει τῶν ἐπιτηδείων διὰ
τὸ συχνοὺς ἤδη προτεθνάναι σφίσιν· ἐπὶ πυρὰς γὰρ ἀλλο-
τρίας φθάσαντες τοὺς νήσαντας οἱ μὲν ἐπιθέντες τὸν ἑαυτῶν
νεκρὸν ὑφῆπτον, οἱ δὲ καιομένου ἄλλου ἐπιβαλόντες ἄνωθεν
30 ὃν φέροιεν ἀπῇσαν.

Πρῶτόν τε ἦρξε καὶ ἐς τἆλλα τῇ πόλει ἐπὶ πλέον ἀνομίας 53

6 ἐξέκαμον ABEFM   20 post ἡμιθνῆτες add. τῇ GM   ἐσκή-
νωντο M   22 γένοιντο AB   29 ἐπιβάλλοντες C   ἄνωθεν ἐπι-
βαλόντες ABEFM

τὸ νόσημα. ῥᾷον γὰρ ἐτόλμα τις ἃ πρότερον ἀπεκρύπτετο
μὴ καθ᾽ ἡδονὴν ποιεῖν, ἀγχίστροφον τὴν μεταβολὴν ὁρῶντες
τῶν τε εὐδαιμόνων καὶ αἰφνιδίως θνῃσκόντων καὶ τῶν οὐδὲν
2 πρότερον κεκτημένων, εὐθὺς δὲ τἀκείνων ἐχόντων. ὥστε
ταχείας τὰς ἐπαυρέσεις καὶ πρὸς τὸ τερπνὸν ἠξίουν ποιεῖσθαι, 5
ἐφήμερα τά τε σώματα καὶ τὰ χρήματα ὁμοίως ἡγούμενοι.
3 καὶ τὸ μὲν προσταλαιπωρεῖν τῷ δόξαντι καλῷ οὐδεὶς πρό-
θυμος ἦν, ἄδηλον νομίζων εἰ πρὶν ἐπ᾽ αὐτὸ ἐλθεῖν διαφθαρή-
σεται· ὅτι δὲ ἤδη τε ἡδὺ πανταχόθεν τε ἐς αὐτὸ κερδαλέον,
4 τοῦτο καὶ καλὸν καὶ χρήσιμον κατέστη. θεῶν δὲ φόβος ἢ 10
ἀνθρώπων νόμος οὐδεὶς ἀπεῖργε, τὸ μὲν κρίνοντες ἐν ὁμοίῳ
καὶ σέβειν καὶ μὴ ἐκ τοῦ πάντας ὁρᾶν ἐν ἴσῳ ἀπολλυμένους,
τῶν δὲ ἁμαρτημάτων οὐδεὶς ἐλπίζων μέχρι τοῦ δίκην γενέ-
σθαι βιοὺς ἂν τὴν τιμωρίαν ἀντιδοῦναι, πολὺ δὲ μείζω τὴν
ἤδη κατεψηφισμένην σφῶν ἐπικρεμασθῆναι, ἣν πρὶν ἐμπεσεῖν 15
εἰκὸς εἶναι τοῦ βίου τι ἀπολαῦσαι.

54 Τοιούτῳ μὲν πάθει οἱ Ἀθηναῖοι περιπεσόντες ἐπιέζοντο,
2 ἀνθρώπων τ᾽ ἔνδον θνῃσκόντων καὶ γῆς ἔξω δῃουμένης. ἐν
δὲ τῷ κακῷ οἷα εἰκὸς ἀνεμνήσθησαν καὶ τοῦδε τοῦ ἔπους,
φάσκοντες οἱ πρεσβύτεροι πάλαι ᾄδεσθαι ʻἥξει Δωριακὸς 20
3 πόλεμος καὶ λοιμὸς ἅμ᾽ αὐτῷ.ʼ ἐγένετο μὲν οὖν ἔρις τοῖς
ἀνθρώποις μὴ λοιμὸν ὠνομάσθαι ἐν τῷ ἔπει ὑπὸ τῶν παλαιῶν,
ἀλλὰ λιμόν, ἐνίκησε δὲ ἐπὶ τοῦ παρόντος εἰκότως λοιμὸν
εἰρῆσθαι· οἱ γὰρ ἄνθρωποι πρὸς ἃ ἔπασχον τὴν μνήμην
ἐποιοῦντο. ἢν δέ γε οἶμαί ποτε ἄλλος πόλεμος καταλάβῃ 25
Δωρικὸς τοῦδε ὕστερος καὶ ξυμβῇ γενέσθαι λιμόν, κατὰ τὸ
4 εἰκὸς οὕτως ᾄσονται. μνήμη δὲ ἐγένετο καὶ τοῦ Λακεδαι-
μονίων χρηστηρίου τοῖς εἰδόσιν, ὅτε ἐπερωτῶσιν αὐτοῖς τὸν
θεὸν εἰ χρὴ πολεμεῖν ἀνεῖλε κατὰ κράτος πολεμοῦσι νίκην
5 ἔσεσθαι, καὶ αὐτὸς ἔφη ξυλλήψεσθαι. περὶ μὲν οὖν τοῦ 30
χρηστηρίου τὰ γιγνόμενα ἤκαζον ὅμοια εἶναι· ἐσβεβληκότων

7 προσταλαιπωρεῖν C E   9 πανταχόθεν τε] καὶ πανταχόθεν τὸ
A B E F M   10 prius καὶ om. C G   14 post τιμωρίαν habent
βίουσαν (sic) C G

δὲ τῶν Πελοποννησίων ἡ νόσος ἤρξατο εὐθύς, καὶ ἐς μὲν
Πελοπόννησον οὐκ ἐσῆλθεν, ὅτι καὶ ἄξιον εἰπεῖν, ἐπενεί-
ματο δὲ Ἀθήνας μὲν μάλιστα, ἔπειτα δὲ καὶ τῶν ἄλλων
χωρίων τὰ πολυανθρωπότατα. ταῦτα μὲν τὰ κατὰ τὴν νόσον
5 γενόμενα.

Οἱ δὲ Πελοποννήσιοι ἐπειδὴ ἔτεμον τὸ πεδίον, παρῆλθον 55
ἐς τὴν Πάραλον γῆν καλουμένην μέχρι Λαυρείου, οὗ τὰ
ἀργύρεια μέταλλά ἐστιν Ἀθηναίοις. καὶ πρῶτον μὲν ἔτεμον
ταύτην ᾗ πρὸς Πελοπόννησον ὁρᾷ, ἔπειτα δὲ τὴν πρὸς
10 Εὔβοιάν τε καὶ Ἄνδρον τετραμμένην. Περικλῆς δὲ στρατηγὸς 2
ὢν καὶ τότε περὶ μὲν τοῦ μὴ ἐπεξιέναι τοὺς Ἀθηναίους τὴν
αὐτὴν γνώμην εἶχεν ὥσπερ καὶ ἐν τῇ προτέρᾳ ἐσβολῇ. ἔτι 56
δ᾽ αὐτῶν ἐν τῷ πεδίῳ ὄντων, πρὶν ἐς τὴν παραλίαν ἐλθεῖν,
ἑκατὸν νεῶν ἐπίπλουν τῇ Πελοποννήσῳ παρεσκευάζετο, καὶ
15 ἐπειδὴ ἑτοῖμα ἦν, ἀνήγετο. ἦγε δ᾽ ἐπὶ τῶν νεῶν ὁπλίτας 2
Ἀθηναίων τετρακισχιλίους καὶ ἱππέας τριακοσίους ἐν ναυσὶν
ἱππαγωγοῖς πρῶτον τότε ἐκ τῶν παλαιῶν νεῶν ποιηθείσαις·
ξυνεστρατεύοντο δὲ καὶ Χῖοι καὶ Λέσβιοι πεντήκοντα ναυσίν.
ὅτε δὲ ἀνήγετο ἡ στρατιὰ αὕτη Ἀθηναίων, Πελοποννησίους 3
20 κατέλιπον τῆς Ἀττικῆς ὄντας ἐν τῇ παραλίᾳ. ἀφικόμενοι 4
δὲ ἐς Ἐπίδαυρον τῆς Πελοποννήσου ἔτεμον τῆς γῆς τὴν
πολλήν, καὶ πρὸς τὴν πόλιν προσβαλόντες ἐς ἐλπίδα μὲν
ἦλθον τοῦ ἑλεῖν, οὐ μέντοι προυχώρησέ γε. ἀναγαγόμενοι 5
δὲ ἐκ τῆς Ἐπιδαύρου ἔτεμον τήν τε Τροιζηνίδα γῆν καὶ
25 Ἁλιάδα καὶ Ἑρμιονίδα· ἔστι δὲ ταῦτα πάντα ἐπιθαλάσσια
τῆς Πελοποννήσου. ἄραντες δὲ ἀπ᾽ αὐτῶν ἀφίκοντο ἐς Πρα- 6
σιὰς τῆς Λακωνικῆς πόλισμα ἐπιθαλάσσιον, καὶ τῆς τε γῆς
ἔτεμον καὶ αὐτὸ τὸ πόλισμα εἷλον καὶ ἐπόρθησαν. ταῦτα δὲ
ποιήσαντες ἐπ᾽ οἴκου ἀνεχώρησαν. τοὺς δὲ Πελοποννησίους
30 οὐκέτι κατέλαβον ἐν τῇ Ἀττικῇ ὄντας, ἀλλ᾽ ἀνακεχωρηκότας.

2 καὶ ἄξιον G : ἄξιον καὶ cett.   9 ἢ C E F M   13 post παρα-
λίαν add. γῆν A B E F G M   23 ἀναγόμενοι C G   24 post καὶ
add. τὴν A B E F G M   25 post καὶ add. τὴν A B E F G M   πάντα
om. G : πάντα ταῦτα A B E F M

57 Ὅσον δὲ χρόνον οἵ τε Πελοποννήσιοι ἦσαν ἐν τῇ γῇ τῇ
Ἀθηναίων καὶ οἱ Ἀθηναῖοι ἐστράτευον ἐπὶ τῶν νεῶν, ἡ
νόσος ἔν τε τῇ στρατιᾷ τοὺς Ἀθηναίους ἔφθειρε καὶ ἐν τῇ
πόλει, ὥστε καὶ ἐλέχθη τοὺς Πελοποννησίους δείσαντας τὸ
νόσημα, ὡς ἐπυνθάνοντο τῶν αὐτομόλων ὅτι ἐν τῇ πόλει 5
εἴη καὶ θάπτοντας ἅμα ᾐσθάνοντο, θᾶσσον ἐκ τῆς γῆς ἐξελ-
2 θεῖν. τῇ δὲ ἐσβολῇ ταύτῃ πλεῖστόν τε χρόνον ἐνέμειναν
καὶ τὴν γῆν πᾶσαν ἔτεμον· ἡμέρας γὰρ τεσσαράκοντα μάλιστα
ἐν τῇ γῇ τῇ Ἀττικῇ ἐγένοντο.

58 Τοῦ δ᾽ αὐτοῦ θέρους Ἅγνων ὁ Νικίου καὶ Κλεόπομπος 10
ὁ Κλεινίου, ξυστράτηγοι ὄντες Περικλέους, λαβόντες τὴν
στρατιὰν ἥπερ ἐκεῖνος ἐχρήσατο ἐστράτευσαν εὐθὺς ἐπὶ
Χαλκιδέας τοὺς ἐπὶ Θράκης καὶ Ποτείδαιαν ἔτι πολιορκου-
μένην, ἀφικόμενοι δὲ μηχανάς τε τῇ Ποτειδαίᾳ προσέφερον
2 καὶ παντὶ τρόπῳ ἐπειρῶντο ἑλεῖν. προυχώρει δὲ αὐτοῖς 15
οὔτε ἡ αἵρεσις τῆς πόλεως οὔτε τἆλλα τῆς παρασκευῆς
ἀξίως· ἐπιγενομένη γὰρ ἡ νόσος ἐνταῦθα δὴ πάνυ ἐπίεσε
τοὺς Ἀθηναίους, φθείρουσα τὴν στρατιάν, ὥστε καὶ τοὺς
προτέρους στρατιώτας νοσῆσαι τῶν Ἀθηναίων ἀπὸ τῆς ξὺν
Ἅγνωνι στρατιᾶς, ἐν τῷ πρὸ τοῦ χρόνῳ ὑγιαίνοντας. Φορ- 20
μίων δὲ καὶ οἱ ἑξακόσιοι καὶ χίλιοι οὐκέτι ἦσαν περὶ Χαλκι-
3 δέας. ὁ μὲν οὖν Ἅγνων ἀνεχώρησε ταῖς ναυσὶν ἐς τὰς
Ἀθήνας, ἀπὸ τετρακισχιλίων ὁπλιτῶν χιλίους καὶ πεντή-
κοντα τῇ νόσῳ ἀπολέσας ἐν τεσσαράκοντα μάλιστα ἡμέραις·
οἱ δὲ πρότεροι στρατιῶται κατὰ χώραν μένοντες ἐπολιόρκουν 25
τὴν Ποτείδαιαν.

59 Μετὰ δὲ τὴν δευτέραν ἐσβολὴν τῶν Πελοποννησίων οἱ
Ἀθηναῖοι, ὡς ἥ τε γῆ αὐτῶν ἐτέτμητο τὸ δεύτερον καὶ ἡ
νόσος ἐπέκειτο ἅμα καὶ ὁ πόλεμος, ἠλλοίωντο τὰς γνώμας,
2 καὶ τὸν μὲν Περικλέα ἐν αἰτίᾳ εἶχον ὡς πείσαντα σφᾶς 30
πολεμεῖν καὶ δι᾽ ἐκεῖνον ταῖς ξυμφοραῖς περιπεπτωκότες,

1 δὲ χρόνον οἵ τε C ⟨G⟩: δέ τε χρόνον οἱ cett. (τε om. Ε)   7 ἔμει-
ναν Α Β   22 ταῖς ναυσὶν ἀνεχώρησεν Α Β Ε F M   29 ἐ[πέ]κειτο
incipit Π¹⁴

πρὸς δὲ τοὺς Λακεδαιμονίους ὥρμηντο ξυγχωρεῖν· καὶ
πρέσβεις τινὰς πέμψαντες ὡς αὐτοὺς ἄπρακτοι ἐγένοντο.
πανταχόθεν τε τῇ γνώμῃ ἄποροι καθεστηκότες ἐνέκειντο
τῷ Περικλεῖ. ὁ δὲ ὁρῶν αὐτοὺς πρὸς τὰ παρόντα χαλε- 3
5 παίνοντας καὶ πάντα ποιοῦντας ἅπερ αὐτὸς ἤλπιζε, ξύλ-
λογον ποιήσας (ἔτι δ' ἐστρατήγει) ἐβούλετο θαρσῦναί τε
καὶ ἀπαγαγὼν τὸ ὀργιζόμενον τῆς γνώμης πρὸς τὸ ἠπιώ-
τερον καὶ ἀδεέστερον καταστῆσαι· παρελθὼν δὲ ἔλεξε
τοιάδε.

10   'Καὶ προσδεχομένῳ μοι τὰ τῆς ὀργῆς ὑμῶν ἔς με γεγέ- 60
νηται (αἰσθάνομαι γὰρ τὰς αἰτίας) καὶ ἐκκλησίαν τούτου
ἕνεκα ξυνήγαγον, ὅπως ὑπομνήσω καὶ μέμψωμαι εἴ τι μὴ
ὀρθῶς ἢ ἐμοὶ χαλεπαίνετε ἢ ταῖς ξυμφοραῖς εἴκετε. ἐγὼ 2
γὰρ ἡγοῦμαι πόλιν πλείω ξύμπασαν ὀρθουμένην ὠφελεῖν
15 τοὺς ἰδιώτας ἢ καθ' ἕκαστον τῶν πολιτῶν εὐπραγοῦσαν,
ἀθρόαν δὲ σφαλλομένην. καλῶς μὲν γὰρ φερόμενος ἀνὴρ 3
τὸ καθ' ἑαυτὸν διαφθειρομένης τῆς πατρίδος οὐδὲν ἧσσον
ξυναπόλλυται, κακοτυχῶν δὲ ἐν εὐτυχούσῃ πολλῷ μᾶλλον
διασῴζεται. ὁπότε οὖν πόλις μὲν τὰς ἰδίας ξυμφορὰς οἷά 4
20 τε φέρειν, εἷς δ' ἕκαστος τὰς ἐκείνης ἀδύνατος, πῶς οὐ χρὴ
πάντας ἀμύνειν αὐτῇ, καὶ μὴ ὃ νῦν ὑμεῖς δρᾶτε· ταῖς κατ'
οἶκον κακοπραγίαις ἐκπεπληγμένοι τοῦ κοινοῦ τῆς σωτηρίας
ἀφίεσθε, καὶ ἐμέ τε τὸν παραινέσαντα πολεμεῖν καὶ ὑμᾶς
αὐτοὺς οἳ ξυνέγνωτε δι' αἰτίας ἔχετε. καίτοι ἐμοὶ τοιούτῳ 5
25 ἀνδρὶ ὀργίζεσθε ὃς οὐδενὸς ἥσσων οἴομαι εἶναι γνῶναί τε
τὰ δέοντα καὶ ἑρμηνεῦσαι ταῦτα, φιλόπολίς τε καὶ χρημάτων
κρείσσων. ὅ τε γὰρ γνοὺς καὶ μὴ σαφῶς διδάξας ἐν ἴσῳ 6
καὶ εἰ μὴ ἐνεθυμήθη· ὅ τε ἔχων ἀμφότερα, τῇ δὲ πόλει
δύσνους, οὐκ ἂν ὁμοίως τι οἰκείως φράζοι· προσόντος δὲ
30 καὶ τοῦδε, χρήμασι δὲ νικωμένου, τὰ ξύμπαντα τούτου ἑνὸς
ἂν πωλοῖτο. ὥστ' εἴ μοι καὶ μέσως ἡγούμενοι μᾶλλον ἑτέρων 7

---

2 πρεσβείας Μ [Π¹⁴]   3 τε] δὲ C G   τὴν γνώμην ? Π¹⁴   καθε-
στῶτες Α Β Ε F Μ Π¹⁴   10 ἐς ἐμὲ Α Β Ε F [Π¹⁴]   23 τε om.
C G [Π¹⁴]   25 οἴομαι ἥσσων Α Β Ε F Μ Dion. Hal.   26 φιλόπολίς
desinit Π¹⁴

προσεῖναι αὐτὰ πολεμεῖν ἐπείσθητε, οὐκ ἂν εἰκότως νῦν τοῦ
γε ἀδικεῖν αἰτίαν φεροίμην.

61 'Καὶ γὰρ οἷς μὲν αἵρεσις γεγένηται τἆλλα εὐτυχοῦσι,
πολλὴ ἄνοια πολεμῆσαι· εἰ δ' ἀναγκαῖον ἦν ἢ εἴξαντας
εὐθὺς τοῖς πέλας ὑπακοῦσαι ἢ κινδυνεύσαντας περιγενέσθαι, 5
2 ὁ φυγὼν τὸν κίνδυνον τοῦ ὑποστάντος μεμπτότερος. καὶ
ἐγὼ μὲν ὁ αὐτός εἰμι καὶ οὐκ ἐξίσταμαι· ὑμεῖς δὲ μετα-
βάλλετε, ἐπειδὴ ξυνέβη ὑμῖν πεισθῆναι μὲν ἀκεραίοις,
μεταμέλειν δὲ κακουμένοις, καὶ τὸν ἐμὸν λόγον ἐν τῷ
ὑμετέρῳ ἀσθενεῖ τῆς γνώμης μὴ ὀρθὸν φαίνεσθαι, διότι 10
τὸ μὲν λυποῦν ἔχει ἤδη τὴν αἴσθησιν ἑκάστῳ, τῆς δὲ
ὠφελίας ἄπεστιν ἔτι ἡ δήλωσις ἅπασι, καὶ μεταβολῆς
μεγάλης, καὶ ταύτης ἐξ ὀλίγου, ἐμπεσούσης ταπεινὴ ὑμῶν
3 ἡ διάνοια ἐγκαρτερεῖν ἃ ἔγνωτε. δουλοῖ γὰρ φρόνημα τὸ
αἰφνίδιον καὶ ἀπροσδόκητον καὶ τὸ πλείστῳ παραλόγῳ ξυμ- 15
βαῖνον· ὃ ὑμῖν πρὸς τοῖς ἄλλοις οὐχ ἥκιστα καὶ κατὰ τὴν
4 νόσον γεγένηται. ὅμως δὲ πόλιν μεγάλην οἰκοῦντας καὶ ἐν
ἤθεσιν ἀντιπάλοις αὐτῇ τεθραμμένους χρεὼν καὶ ξυμφοραῖς
ταῖς μεγίσταις ἐθέλειν ὑφίστασθαι καὶ τὴν ἀξίωσιν μὴ ἀφα-
νίζειν (ἐν ἴσῳ γὰρ οἱ ἄνθρωποι δικαιοῦσι τῆς τε ὑπαρχούσης 20
δόξης αἰτιᾶσθαι ὅστις μαλακίᾳ ἐλλείπει καὶ τῆς μὴ προσ-
ηκούσης μισεῖν τὸν θρασύτητι ὀρεγόμενον), ἀπαλγήσαντας δὲ
τὰ ἴδια τοῦ κοινοῦ τῆς σωτηρίας ἀντιλαμβάνεσθαι.

62 'Τὸν δὲ πόνον τὸν κατὰ τὸν πόλεμον, μὴ γένηταί τε
πολὺς καὶ οὐδὲν μᾶλλον περιγενώμεθα, ἀρκείτω μὲν ὑμῖν 25
καὶ ἐκεῖνα ἐν οἷς ἄλλοτε πολλάκις γε δὴ ἀπέδειξα οὐκ
ὀρθῶς αὐτὸν ὑποπτευόμενον, δηλώσω δὲ καὶ τόδε, ὅ μοι
δοκεῖτε οὔτ' αὐτοὶ πώποτε ἐνθυμηθῆναι ὑπάρχον ὑμῖν μεγέ-
θους πέρι ἐς τὴν ἀρχὴν οὔτ' ἐγὼ ἐν τοῖς πρὶν λόγοις· οὐδ'
ἂν νῦν ἐχρησάμην κομπωδεστέραν ἔχοντι τὴν προσποίησιν, 30
2 εἰ μὴ καταπεπληγμένους ὑμᾶς παρὰ τὸ εἰκὸς ἑώρων. οἴεσθε

12 ἅπασι om. C G (add. G¹)   16 ὑμῖν F¹ M : ἡμῖν cett.   18 ξυμ-
φορὰς τὰς μεγίστας m : τὰς συμφορὰς Dion. Hal.   21 ὅστις ἂν
. . . ἐλλείπῃ Dion. Hal.

μὲν γὰρ τῶν ξυμμάχων μόνων ἄρχειν, ἐγὼ δὲ ἀποφαίνω δύο
μερῶν τῶν ἐς χρῆσιν φανερῶν, γῆς καὶ θαλάσσης, τοῦ
ἑτέρου ὑμᾶς παντὸς κυριωτάτους ὄντας, ἐφ' ὅσον τε νῦν
νέμεσθε καὶ ἢν ἐπὶ πλέον βουληθῆτε· καὶ οὐκ ἔστιν ὅστις
5 τῇ ὑπαρχούσῃ παρασκευῇ τοῦ ναυτικοῦ πλέοντας ὑμᾶς οὔτε
βασιλεὺς οὔτε ἄλλο οὐδὲν ἔθνος τῶν ἐν τῷ παρόντι κωλύσει.
ὥστε οὐ κατὰ τὴν τῶν οἰκιῶν καὶ τῆς γῆς χρείαν, ὧν μεγά- 3
λων νομίζετε ἐστερῆσθαι, αὕτη ἡ δύναμις φαίνεται· οὐδ'
εἰκὸς χαλεπῶς φέρειν αὐτῶν μᾶλλον ἢ οὐ κηπίον καὶ ἐγ-
10 καλλώπισμα πλούτου πρὸς ταύτην νομίσαντας ὀλιγωρῆσαι,
καὶ γνῶναι ἐλευθερίαν μέν, ἢν ἀντιλαμβανόμενοι αὐτῆς δια-
σώσωμεν, ῥᾳδίως ταῦτα ἀναληψομένην, ἄλλων δὲ ὑπακούσασι
καὶ τὰ προκεκτημένα φιλεῖν ἐλασσοῦσθαι, τῶν τε πατέρων
μὴ χείρους κατ' ἀμφότερα φανῆναι, οἳ μετὰ πόνων καὶ οὐ
15 παρ' ἄλλων δεξάμενοι κατέσχον τε καὶ προσέτι διασώσαντες
παρέδοσαν ὑμῖν αὐτά (αἴσχιον δὲ ἔχοντας ἀφαιρεθῆναι ἢ
κτωμένους ἀτυχῆσαι), ἰέναι δὲ τοῖς ἐχθροῖς ὁμόσε μὴ φρονή-
ματι μόνον, ἀλλὰ καὶ καταφρονήματι. αὔχημα μὲν γὰρ καὶ 4
ἀπὸ ἀμαθίας εὐτυχοῦς καὶ δειλῷ τινι ἐγγίγνεται, καταφρό-
20 νησις δὲ ὃς ἂν καὶ γνώμῃ πιστεύῃ τῶν ἐναντίων προύχειν,
ὃ ἡμῖν ὑπάρχει. καὶ τὴν τόλμαν ἀπὸ τῆς ὁμοίας τύχης ἡ 5
ξύνεσις ἐκ τοῦ ὑπέρφρονος ἐχυρωτέραν παρέχεται, ἐλπίδι
τε ἧσσον πιστεύει, ἧς ἐν τῷ ἀπόρῳ ἡ ἰσχύς, γνώμῃ δὲ ἀπὸ
τῶν ὑπαρχόντων, ἧς βεβαιοτέρα ἡ πρόνοια. τῆς τε πόλεως 63
25 ὑμᾶς εἰκὸς τῷ τιμωμένῳ ἀπὸ τοῦ ἄρχειν, ᾧπερ ἅπαντες
ἀγάλλεσθε, βοηθεῖν, καὶ μὴ φεύγειν τοὺς πόνους ἢ μηδὲ
τὰς τιμὰς διώκειν· μηδὲ νομίσαι περὶ ἑνὸς μόνου, δουλείας
ἀντ' ἐλευθερίας, ἀγωνίζεσθαι, ἀλλὰ καὶ ἀρχῆς στερήσεως
καὶ κινδύνου ὧν ἐν τῇ ἀρχῇ ἀπήχθεσθε. ἧς οὐδ' ἐκστῆναι 2

---

1 μόνων C E¹ : μόνον cett.   6 post ἔθνος add. ἀνθρώπων C G
κωλύσει post βασιλεὺς habent A B E F M   9 οὐ κηπίον c E ? M : οὐχ
ἥπιον C : οὐκ ἥπιον cett.   13 προκεκτημένα c G m : προσκεκτημένα M :
προσεκτημένα cett.   20 περιέχειν C   22 ὀχυρωτέραν A B E F
Dion. Hal.   25 ᾧπερ ἅπαντες C G et, ut videtur, E¹ F¹ : ᾧ ὑπὲρ ἅπαν-
τας A¹ Dion. Hal. : ᾧ ὑπὲρ ἅπαντες cett.   29 ἀπήχθησθε recc.

ἔτι ὑμῖν ἔστιν, εἴ τις καὶ τόδε ἐν τῷ παρόντι δεδιὼς ἀπραγμο-
σύνῃ ἀνδραγαθίζεται· ὡς τυραννίδα γὰρ ἤδη ἔχετε αὐτήν, ἣν
3 λαβεῖν μὲν ἄδικον δοκεῖ εἶναι, ἀφεῖναι δὲ ἐπικίνδυνον. τάχιστ᾽
ἄν τε πόλιν οἱ τοιοῦτοι ἑτέρους τε πείσαντες ἀπολέσειαν καὶ
εἴ που ἐπὶ σφῶν αὐτῶν αὐτόνομοι οἰκήσειαν· τὸ γὰρ ἄπραγμον 5
οὐ σῴζεται μὴ μετὰ τοῦ δραστηρίου τεταγμένον, οὐδὲ ἐν ἀρ-
χούσῃ πόλει ξυμφέρει, ἀλλ᾽ ἐν ὑπηκόῳ, ἀσφαλῶς δουλεύειν.

64   ‘ Ὑμεῖς δὲ μήτε ὑπὸ τῶν τοιῶνδε πολιτῶν παράγεσθε
μήτε ἐμὲ δι᾽ ὀργῆς ἔχετε, ᾧ καὶ αὐτοὶ ξυνδιέγνωτε πολεμεῖν,
εἰ καὶ ἐπελθόντες οἱ ἐναντίοι ἔδρασαν ἅπερ εἰκὸς ἦν μὴ 10
ἐθελησάντων ὑμῶν ὑπακούειν, ἐπιγεγένηταί τε πέρα ὧν
προσεδεχόμεθα ἡ νόσος ἥδε, πρᾶγμα μόνον δὴ τῶν πάντων
ἐλπίδος κρεῖσσον γεγενημένον. καὶ δι᾽ αὐτὴν οἶδ᾽ ὅτι μέρος
τι μᾶλλον ἔτι μισοῦμαι, οὐ δικαίως, εἰ μὴ καὶ ὅταν παρὰ
2 λόγον τι εὖ πράξητε ἐμοὶ ἀναθήσετε. φέρειν δὲ χρὴ τά τε 15
δαιμόνια ἀναγκαίως τά τε ἀπὸ τῶν πολεμίων ἀνδρείως·
ταῦτα γὰρ ἐν ἔθει τῇδε τῇ πόλει πρότερόν τε ἦν νῦν τε μὴ
3 ἐν ὑμῖν κωλυθῇ. γνῶτε δὲ ὄνομα μέγιστον αὐτὴν ἔχουσαν
ἐν ἅπασιν ἀνθρώποις διὰ τὸ ταῖς ξυμφοραῖς μὴ εἴκειν,
πλεῖστα δὲ σώματα καὶ πόνους ἀνηλωκέναι πολέμῳ, καὶ 20
δύναμιν μεγίστην δὴ μέχρι τοῦδε κεκτημένην, ἧς ἐς ἀΐδιον
τοῖς ἐπιγιγνομένοις, ἢν καὶ νῦν ὑπενδῶμέν ποτε (πάντα γὰρ
πέφυκε καὶ ἐλασσοῦσθαι), μνήμη καταλελείψεται, Ἑλλήνων
τε ὅτι Ἕλληνες πλείστων δὴ ἤρξαμεν, καὶ πολέμοις μεγίστοις
ἀντέσχομεν πρός τε ξύμπαντας καὶ καθ᾽ ἑκάστους, πόλιν τε 25
4 τοῖς πᾶσιν εὐπορωτάτην καὶ μεγίστην ᾠκήσαμεν. καίτοι
ταῦτα ὁ μὲν ἀπράγμων μέμψαιτ᾽ ἄν, ὁ δὲ δρᾶν τι καὶ αὐτὸς
5 βουλόμενος ζηλώσει· εἰ δέ τις μὴ κέκτηται, φθονήσει. τὸ
δὲ μισεῖσθαι καὶ λυπηροὺς εἶναι ἐν τῷ παρόντι πᾶσι μὲν
ὑπῆρξε δὴ ὅσοι ἕτεροι ἑτέρων ἠξίωσαν ἄρχειν· ὅστις δὲ ἐπὶ 30
μεγίστοις τὸ ἐπίφθονον λαμβάνει, ὀρθῶς βουλεύεται. μῖσος

---

14 παρὰ λόγον c G m : παράλογόν cett. γρ. G   15 δὲ G : τε cett.
19 πᾶσιν A B E F M   24 πλεῖστον C G   27 βουλόμενος καὶ
αὐτὸς A B E F M

μὲν γὰρ οὐκ ἐπὶ πολὺ ἀντέχει, ἡ δὲ παραυτίκα τε λαμπρότης
καὶ ἐς τὸ ἔπειτα δόξα αἰείμνηστος καταλείπεται.   ὑμεῖς δὲ 6
ἔς τε τὸ μέλλον καλὸν προγνόντες ἔς τε τὸ αὐτίκα μὴ
αἰσχρὸν τῷ ἤδη προθύμῳ ἀμφότερα κτήσασθε, καὶ Λακε-
5 δαιμονίοις μήτε ἐπικηρυκεύεσθε μήτε ἔνδηλοι ἔστε τοῖς
παροῦσι πόνοις βαρυνόμενοι, ὡς οἵτινες πρὸς τὰς ξυμφορὰς
γνώμῃ μὲν ἥκιστα λυποῦνται, ἔργῳ δὲ μάλιστα ἀντέχουσιν,
οὗτοι καὶ πόλεων καὶ ἰδιωτῶν κράτιστοί εἰσιν.'

Τοιαῦτα ὁ Περικλῆς λέγων ἐπειρᾶτο τοὺς Ἀθηναίους τῆς 65
10 τε ἐς αὐτὸν ὀργῆς παραλύειν καὶ ἀπὸ τῶν παρόντων δεινῶν
ἀπάγειν τὴν γνώμην.   οἱ δὲ δημοσίᾳ μὲν τοῖς λόγοις ἀνε- 2
πείθοντο καὶ οὔτε πρὸς τοὺς Λακεδαιμονίους ἔτι ἔπεμπον ἔς
τε τὸν πόλεμον μᾶλλον ὥρμηντο, ἰδίᾳ δὲ τοῖς παθήμασιν
ἐλυποῦντο, ὁ μὲν δῆμος ὅτι ἀπ' ἐλασσόνων ὁρμώμενος
15 ἐστέρητο καὶ τούτων, οἱ δὲ δυνατοὶ καλὰ κτήματα κατὰ
τὴν χώραν οἰκοδομίαις τε καὶ πολυτελέσι κατασκευαῖς ἀπο-
λωλεκότες, τὸ δὲ μέγιστον, πόλεμον ἀντ' εἰρήνης ἔχοντες.
οὐ μέντοι πρότερόν γε οἱ ξύμπαντες ἐπαύσαντο ἐν ὀργῇ 3
ἔχοντες αὐτὸν πρὶν ἐζημίωσαν χρήμασιν.   ὕστερον δ' αὖθις 4
20 οὐ πολλῷ, ὅπερ φιλεῖ ὅμιλος ποιεῖν, στρατηγὸν εἵλοντο καὶ
πάντα τὰ πράγματα ἐπέτρεψαν, ὧν μὲν περὶ τὰ οἰκεῖα
ἕκαστος ἤλγει ἀμβλύτεροι ἤδη ὄντες, ὧν δὲ ἡ ξύμπασα
πόλις προσεδεῖτο πλείστου ἄξιον νομίζοντες εἶναι.   ὅσον 5
τε γὰρ χρόνον προύστη τῆς πόλεως ἐν τῇ εἰρήνῃ, μετρίως
25 ἐξηγεῖτο καὶ ἀσφαλῶς διεφύλαξεν αὐτήν, καὶ ἐγένετο ἐπ'
ἐκείνου μεγίστη, ἐπειδή τε ὁ πόλεμος κατέστη, ὁ δὲ
φαίνεται καὶ ἐν τούτῳ προγνοὺς τὴν δύναμιν.   ἐπεβίω δὲ 6
δύο ἔτη καὶ ἓξ μῆνας· καὶ ἐπειδὴ ἀπέθανεν, ἐπὶ πλέον ἔτι
ἐγνώσθη ἡ πρόνοια αὐτοῦ ἡ ἐς τὸν πόλεμον.   ὁ μὲν γὰρ 7
30 ἡσυχάζοντάς τε καὶ τὸ ναυτικὸν θεραπεύοντας καὶ ἀρχὴν μὴ

1 μὲν om. A B E F M   10 ἐς] ἐπ' A B E F M   16 post χώραν
add. ἐν Madvig   22 ξύμπασα ἡ A B E F M   26 ἐπεί A B E F M
29 alterum ἡ om. A B E F M   ἐ]ς incipit Π²⁵

ἐπικτωμένους ἐν τῷ πολέμῳ μηδὲ τῇ πόλει κινδυνεύοντας ἔφη
περιέσεσθαι· οἱ δὲ ταῦτά τε πάντα ἐς τοὐναντίον ἔπραξαν
καὶ ἄλλα ἔξω τοῦ πολέμου δοκοῦντα εἶναι κατὰ τὰς ἰδίας
φιλοτιμίας καὶ ἴδια κέρδη κακῶς ἔς τε σφᾶς αὐτοὺς καὶ
τοὺς ξυμμάχους ἐπολίτευσαν, ἃ κατορθούμενα μὲν τοῖς ἰδιώ- 5
ταις τιμὴ καὶ ὠφελία μᾶλλον ἦν, σφαλέντα δὲ τῇ πόλει ἐς
8 τὸν πόλεμον βλάβη καθίστατο. αἴτιον δ' ἦν ὅτι ἐκεῖνος
μὲν δυνατὸς ὢν τῷ τε ἀξιώματι καὶ τῇ γνώμῃ χρημάτων
τε διαφανῶς ἀδωρότατος γενόμενος κατεῖχε τὸ πλῆθος ἐλευ-
θέρως, καὶ οὐκ ἤγετο μᾶλλον ὑπ' αὐτοῦ ἢ αὐτὸς ἦγε, διὰ τὸ 10
μὴ κτώμενος ἐξ οὐ προσηκόντων τὴν δύναμιν πρὸς ἡδονήν τι
λέγειν, ἀλλ' ἔχων ἐπ' ἀξιώσει καὶ πρὸς ὀργήν τι ἀντειπεῖν.
9 ὁπότε γοῦν αἴσθοιτό τι αὐτοὺς παρὰ καιρὸν ὕβρει θαρσοῦντας,
λέγων κατέπλησσεν ἐπὶ τὸ φοβεῖσθαι, καὶ δεδιότας αὖ ἀλό-
γως ἀντικαθίστη πάλιν ἐπὶ τὸ θαρσεῖν. ἐγίγνετό τε λόγῳ 15
10 μὲν δημοκρατία, ἔργῳ δὲ ὑπὸ τοῦ πρώτου ἀνδρὸς ἀρχή. οἱ
δὲ ὕστερον ἴσοι μᾶλλον αὐτοὶ πρὸς ἀλλήλους ὄντες καὶ
ὀρεγόμενοι τοῦ πρῶτος ἕκαστος γίγνεσθαι ἐτράποντο καθ'
11 ἡδονὰς τῷ δήμῳ καὶ τὰ πράγματα ἐνδιδόναι. ἐξ ὧν ἄλλα
τε πολλά, ὡς ἐν μεγάλῃ πόλει καὶ ἀρχὴν ἐχούσῃ, ἡμαρτήθη 20
καὶ ὁ ἐς Σικελίαν πλοῦς, ὃς οὐ τοσοῦτον γνώμης ἁμάρτημα
ἦν πρὸς οὓς ἐπῆσαν, ὅσον οἱ ἐκπέμψαντες οὐ τὰ πρόσφορα
τοῖς οἰχομένοις ἐπιγιγνώσκοντες, ἀλλὰ κατὰ τὰς ἰδίας δια-
βολὰς περὶ τῆς τοῦ δήμου προστασίας τά τε ἐν τῷ στρατο-
πέδῳ ἀμβλύτερα ἐποίουν καὶ τὰ περὶ τὴν πόλιν πρῶτον ἐν 25
12 ἀλλήλοις ἐταράχθησαν. σφαλέντες δὲ ἐν Σικελίᾳ ἄλλῃ τε
παρασκευῇ καὶ τοῦ ναυτικοῦ τῷ πλέονι μορίῳ καὶ κατὰ τὴν
πόλιν ἤδη ἐν στάσει ὄντες ὅμως †τρία† μὲν ἔτη ἀντεῖχον
τοῖς τε πρότερον ὑπάρχουσι πολεμίοις καὶ τοῖς ἀπὸ Σικελίας
μετ' αὐτῶν, καὶ τῶν ξυμμάχων ἔτι τοῖς πλέοσιν ἀφεστηκόσι, 30
Κύρῳ τε ὕστερον βασιλέως παιδὶ προσγενομένῳ, ὃς παρεῖχε

4 post prius καὶ add. τὰ Π²⁵   17 αὐτοὶ μᾶλλον Α Β Ε F Μ [Π²⁵]
23 διαφορὰς G Μ [Π²⁵]   28 τρία] δέκα Haacke: ὀκτὼ Shilleto [Π²⁵]
31 π[αρεῖχε desinit Π²⁵

χρήματα Πελοποννησίοις ἐς τὸ ναυτικόν, καὶ οὐ πρότερον
ἐνέδοσαν ἢ αὐτοὶ ἐν σφίσι κατὰ τὰς ἰδίας διαφορὰς περι-
πεσόντες ἐσφάλησαν. τοσοῦτον τῷ Περικλεῖ ἐπερίσσευσε 13
τότε ἀφ᾽ ὧν αὐτὸς προέγνω καὶ πάνυ ἂν ῥᾳδίως περιγενέσθαι
5 τὴν πόλιν Πελοποννησίων αὐτῶν τῷ πολέμῳ.

Οἱ δὲ Λακεδαιμόνιοι καὶ οἱ ξύμμαχοι τοῦ αὐτοῦ θέρους 66
ἐστράτευσαν ναυσὶν ἑκατὸν ἐς Ζάκυνθον τὴν νῆσον, ἣ κεῖται
ἀντιπέρας Ἤλιδος· εἰσὶ δὲ Ἀχαιῶν τῶν ἐκ Πελοποννήσου
ἄποικοι καὶ Ἀθηναίοις ξυνεμάχουν. ἐπέπλεον δὲ Λακε- 2
10 δαιμονίων χίλιοι ὁπλῖται καὶ Κνῆμος Σπαρτιάτης ναύαρχος.
ἀποβάντες δὲ ἐς τὴν γῆν ἐδῄωσαν τὰ πολλά. καὶ ἐπειδὴ
οὐ ξυνεχώρουν, ἀπέπλευσαν ἐπ᾽ οἴκου.

Καὶ τοῦ αὐτοῦ θέρους τελευτῶντος Ἀριστεὺς Κορίνθιος 67
καὶ Λακεδαιμονίων πρέσβεις Ἀνήριστος καὶ Νικόλαος καὶ
15 Πρατόδαμος καὶ Τεγεάτης Τιμαγόρας καὶ Ἀργεῖος ἰδίᾳ
Πόλλις, πορευόμενοι ἐς τὴν Ἀσίαν ὡς βασιλέα, εἴ πως
πείσειαν αὐτὸν χρήματά τε παρασχεῖν καὶ ξυμπολεμεῖν,
ἀφικνοῦνται ὡς Σιτάλκην πρῶτον τὸν Τήρεω ἐς Θρᾴκην,
βουλόμενοι πεῖσαί τε αὐτόν, εἰ δύναιντο, μεταστάντα τῆς
20 Ἀθηναίων ξυμμαχίας στρατεῦσαι ἐπὶ τὴν Ποτείδαιαν, οὗ
ἦν στράτευμα τῶν Ἀθηναίων πολιορκοῦν, καὶ ἧπερ ὥρμηντο,
δι᾽ ἐκείνου πορευθῆναι πέραν τοῦ Ἑλλησπόντου ὡς Φαρνά-
κην τὸν Φαρναβάζου, ὃς αὐτοὺς ἔμελλεν ὡς βασιλέα ἀνα-
πέμψειν. παρατυχόντες δὲ Ἀθηναίων πρέσβεις Λέαρχος 2
25 Καλλιμάχου καὶ Ἀμεινιάδης Φιλήμονος παρὰ τῷ Σιτάλκῃ
πείθουσι τὸν Σάδοκον τὸν γεγενημένον Ἀθηναῖον, Σιτάλκου
υἱόν, τοὺς ἄνδρας ἐγχειρίσαι σφίσιν, ὅπως μὴ διαβάντες
ὡς βασιλέα τὴν ἐκείνου πόλιν τὸ μέρος βλάψωσιν. ὁ δὲ 3
πεισθεὶς πορευομένους αὐτοὺς διὰ τῆς Θρᾴκης ἐπὶ τὸ πλοῖον
30 ᾧ ἔμελλον τὸν Ἑλλήσποντον περαιώσειν, πρὶν ἐσβαίνειν

2 ἐν secl. Herwerden   post σφίσι add. αὐτοῖς C⟨G⟩   3 Περι-
κλ]εῖ... 30 ἐ[σ]βαίνειν Π²¹   5 τὴν πόλιν C G Π²¹ Aristides : τῶν cett.
15 Πρατόδαμος M Π²¹ : Στρατόδημος AB : Πρατόδημος cett.   17 παρέ-
χειν A B¹ E F M ? Π²¹   26 alterum τὸν om. C G   30 ᾧ ἔμελλον⟩
ἔμελλε Π²¹ : ὃ (recc.) ἔμελλε Poppo

ξυλλαμβάνει, ἄλλους ξυμπέμψας μετὰ τοῦ Λεάρχου καὶ
Ἀμεινιάδου, καὶ ἐκέλευσεν ἐκείνοις παραδοῦναι· οἱ δὲ λα-
4 βόντες ἐκόμισαν ἐς τὰς Ἀθήνας. ἀφικομένων δὲ αὐτῶν
δείσαντες οἱ Ἀθηναῖοι τὸν Ἀριστέα μὴ αὖθις σφᾶς ἔτι
πλείω κακουργῇ διαφυγών, ὅτι καὶ πρὸ τούτων τὰ τῆς 5
Ποτειδαίας καὶ τῶν ἐπὶ Θρᾴκης πάντα ἐφαίνετο πράξας,
ἀκρίτους καὶ βουλομένους ἔστιν ἃ εἰπεῖν αὐθημερὸν ἀπ-
έκτειναν πάντας καὶ ἐς φάραγγα ἐσέβαλον, δικαιοῦντες τοῖς
αὐτοῖς ἀμύνεσθαι οἷσπερ καὶ οἱ Λακεδαιμόνιοι ὑπῆρξαν, τοὺς
ἐμπόρους οὓς ἔλαβον Ἀθηναίων καὶ τῶν ξυμμάχων ἐν ὀλ- 10
κάσι περὶ Πελοπόννησον πλέοντας ἀποκτείναντες καὶ ἐς
φάραγγας ἐσβαλόντες. πάντας γὰρ δὴ κατ᾽ ἀρχὰς τοῦ
πολέμου Λακεδαιμόνιοι ὅσους λάβοιεν ἐν τῇ θαλάσσῃ ὡς
πολεμίους διέφθειρον, καὶ τοὺς μετὰ Ἀθηναίων ξυμπολε-
μοῦντας καὶ τοὺς μηδὲ μεθ᾽ ἑτέρων. 15

68 Κατὰ δὲ τοὺς αὐτοὺς χρόνους, τοῦ θέρους τελευτῶντος,
καὶ Ἀμπρακιῶται αὐτοί τε καὶ τῶν βαρβάρων πολλοὺς
ἀναστήσαντες ἐστράτευσαν ἐπ᾽ Ἄργος τὸ Ἀμφιλοχικὸν καὶ
2 τὴν ἄλλην Ἀμφιλοχίαν. ἔχθρα δὲ πρὸς τοὺς Ἀργείους
3 ἀπὸ τοῦδε αὐτοῖς ἤρξατο πρῶτον γενέσθαι. Ἄργος τὸ 20
Ἀμφιλοχικὸν καὶ Ἀμφιλοχίαν τὴν ἄλλην ἔκτισε μὲν μετὰ
τὰ Τρωικὰ οἴκαδε ἀναχωρήσας καὶ οὐκ ἀρεσκόμενος τῇ ἐν
Ἄργει καταστάσει Ἀμφίλοχος ὁ Ἀμφιάρεω ἐν τῷ Ἀμπρα-
κικῷ κόλπῳ, ὁμώνυμον τῇ ἑαυτοῦ πατρίδι Ἄργος ὀνομάσας
4 (καὶ ἦν ἡ πόλις αὕτη μεγίστη τῆς Ἀμφιλοχίας καὶ τοὺς 25
5 δυνατωτάτους εἶχεν οἰκήτορας), ὑπὸ ξυμφορῶν δὲ πολλαῖς
γενεαῖς ὕστερον πιεζόμενοι Ἀμπρακιώτας ὁμόρους ὄντας τῇ
Ἀμφιλοχικῇ ξυνοίκους ἐπηγάγοντο, καὶ ἡλληνίσθησαν τὴν
νῦν γλῶσσαν τότε πρῶτον ἀπὸ τῶν Ἀμπρακιωτῶν ξυνοικη-
6 σάντων· οἱ δὲ ἄλλοι Ἀμφίλοχοι βάρβαροί εἰσιν. ἐκβάλ- 30
λουσιν οὖν τοὺς Ἀργείους οἱ Ἀμπρακιῶται χρόνῳ καὶ αὐτοὶ

1 post ἄλλους add. δὲ C G   8 φάραγγας A B E F M   13 post
πολέμου add. οἱ A B E F M   17 πο]λλο[ὺς ... 28 ἡλληνίσ]θησαν
Π²⁵   21 μὲν om. A B E F M   24 αὐτοῦ C G [Π²⁵]   29 τότε om. C G

ἴσχουσι τὴν πόλιν. οἱ δ' Ἀμφίλοχοι γενομένου τούτου 7
διδόασιν ἑαυτοὺς Ἀκαρνᾶσι, καὶ προσπαρακαλέσαντες ἀμφό-
τεροι Ἀθηναίους, οἳ αὐτοῖς Φορμίωνά τε στρατηγὸν ἔπεμψαν
καὶ ναῦς τριάκοντα, ἀφικομένου [δὲ] τοῦ Φορμίωνος αἱροῦσι
5 κατὰ κράτος Ἄργος καὶ τοὺς Ἀμπρακιώτας ἠνδραπόδισαν,
κοινῇ τε ᾤκισαν αὐτὸ Ἀμφίλοχοι καὶ Ἀκαρνᾶνες. μετὰ δὲ 8
τοῦτο ἡ ξυμμαχία πρῶτον ἐγένετο Ἀθηναίοις καὶ Ἀκαρνᾶσιν.
οἱ δὲ Ἀμπρακιῶται τὴν μὲν ἔχθραν ἐς τοὺς Ἀργείους 9
ἀπὸ τοῦ ἀνδραποδισμοῦ σφῶν αὐτῶν πρῶτον ἐποιήσαντο,
10 ὕστερον δὲ ἐν τῷ πολέμῳ τήνδε τὴν στρατείαν ποιοῦνται
αὐτῶν τε καὶ Χαόνων καὶ ἄλλων τινῶν τῶν πλησιοχώρων
βαρβάρων· ἐλθόντες τε πρὸς τὸ Ἄργος τῆς μὲν χώρας
ἐκράτουν, τὴν δὲ πόλιν ὡς οὐκ ἐδύναντο ἑλεῖν προσβαλόντες,
ἀπεχώρησαν ἐπ' οἴκου καὶ διελύθησαν κατὰ ἔθνη. τοσαῦτα
15 μὲν ἐν τῷ θέρει ἐγένετο.

Τοῦ δ' ἐπιγιγνομένου χειμῶνος Ἀθηναῖοι ναῦς ἔστειλαν 69
εἴκοσι μὲν περὶ Πελοπόννησον καὶ Φορμίωνα στρατηγόν, ὃς
ὁρμώμενος ἐκ Ναυπάκτου φυλακὴν εἶχε μήτ' ἐκπλεῖν ἐκ
Κορίνθου καὶ τοῦ Κρισαίου κόλπου μηδένα μήτ' ἐσπλεῖν,
20 ἑτέρας δὲ ἐξ ἐπὶ Καρίας καὶ Λυκίας καὶ Μελήσανδρον
στρατηγόν, ὅπως ταῦτά τε ἀργυρολογῶσι καὶ τὸ ληστικὸν
τῶν Πελοποννησίων μὴ ἐῶσιν αὐτόθεν ὁρμώμενον βλάπτειν
τὸν πλοῦν τῶν ὁλκάδων τῶν ἀπὸ Φασήλιδος καὶ Φοινίκης
καὶ τῆς ἐκεῖθεν ἠπείρου. ἀναβὰς δὲ στρατιᾷ Ἀθηναίων τε 2
25 τῶν ἀπὸ τῶν νεῶν καὶ τῶν ξυμμάχων ἐς τὴν Λυκίαν ὁ
Μελήσανδρος ἀποθνῄσκει καὶ τῆς στρατιᾶς μέρος τι διέφθειρε
νικηθεὶς μάχῃ.

Τοῦ δ' αὐτοῦ χειμῶνος οἱ Ποτειδεᾶται ἐπειδὴ οὐκέτι 70
ἐδύναντο πολιορκούμενοι ἀντέχειν, ἀλλ' αἵ τε ἐς τὴν Ἀττικὴν
30 ἐσβολαὶ Πελοποννησίων οὐδὲν μᾶλλον ἀπανίστασαν τοὺς
Ἀθηναίους ὅ τε σῖτος ἐπελελοίπει, καὶ ἄλλα τε πολλὰ

4 δὲ secl. Krüger : δὴ Stahl   6 ᾤκισαν C : ᾤκησαν cett.   7 ἐγέ-
νετο πρῶτον ABEFM   11 ἑαυτῶν C   12 τε] δὲ C⟨G⟩   29
ἐσβολαὶ ἐς τὴν Ἀττικὴν CFG Greg. Cor.

ἐπεγεγένητο αὐτόθι ἤδη βρώσεως πέρι ἀναγκαίας καί τινες
καὶ ἀλλήλων ἐγέγευντο, οὕτω δὴ λόγους προσφέρουσι περὶ
ξυμβάσεως τοῖς στρατηγοῖς τῶν Ἀθηναίων τοῖς ἐπὶ σφίσι
τεταγμένοις, Ξενοφῶντί τε τῷ Εὐριπίδου καὶ Ἑστιοδώρῳ
2 τῷ Ἀριστοκλείδου καὶ Φανομάχῳ τῷ Καλλιμάχου. οἱ δὲ 5
προσεδέξαντο, ὁρῶντες μὲν τῆς στρατιᾶς τὴν ταλαιπωρίαν
ἐν χωρίῳ χειμερινῷ, ἀνηλωκυίας δὲ ἤδη τῆς πόλεως δισχίλια
3 τάλαντα ἐς τὴν πολιορκίαν. ἐπὶ τοῖσδε οὖν ξυνέβησαν,
ἐξελθεῖν αὐτοὺς καὶ παῖδας καὶ γυναῖκας καὶ τοὺς ἐπικούρους
ξὺν ἑνὶ ἱματίῳ, γυναῖκας δὲ ξὺν δυοῖν, καὶ ἀργύριόν τι 10
4 ῥητὸν ἔχοντας ἐφόδιον. καὶ οἱ μὲν ὑπόσπονδοι ἐξῆλθον
ἔς τε τὴν Χαλκιδικὴν καὶ ᾗ ἕκαστος ἐδύνατο· Ἀθηναῖοι δὲ
τούς τε στρατηγοὺς ἐπητιάσαντο ὅτι ἄνευ αὐτῶν ξυνέβησαν
(ἐνόμιζον γὰρ ἂν κρατῆσαι τῆς πόλεως ᾗ ἐβούλοντο), καὶ
ὕστερον ἐποίκους ἔπεμψαν ἑαυτῶν ἐς τὴν Ποτείδαιαν καὶ 15
κατῴκισαν. ταῦτα μὲν ἐν τῷ χειμῶνι ἐγένετο, καὶ [τὸ]
δεύτερον ἔτος ἐτελεύτα τῷ πολέμῳ τῷδε ὃν Θουκυδίδης
ξυνέγραψεν.

71 Τοῦ δ' ἐπιγιγνομένου θέρους οἱ Πελοποννήσιοι καὶ οἱ
ξύμμαχοι ἐς μὲν τὴν Ἀττικὴν οὐκ ἐσέβαλον, ἐστράτευσαν 20
δὲ ἐπὶ Πλάταιαν· ἡγεῖτο δὲ Ἀρχίδαμος ὁ Ζευξιδάμου
Λακεδαιμονίων βασιλεύς. καὶ καθίσας τὸν στρατὸν ἔμελλε
δῃώσειν τὴν γῆν· οἱ δὲ Πλαταιῆς εὐθὺς πρέσβεις πέμψαντες
2 πρὸς αὐτὸν ἔλεγον τοιάδε· ''Ἀρχίδαμε καὶ Λακεδαιμόνιοι,
οὐ δίκαια ποιεῖτε οὐδ' ἄξια οὔτε ὑμῶν οὔτε πατέρων ὧν 25
ἐστέ, ἐς γῆν τὴν Πλαταιῶν στρατεύοντες. Παυσανίας γὰρ
ὁ Κλεομβρότου Λακεδαιμόνιος ἐλευθερώσας τὴν Ἑλλάδα
ἀπὸ τῶν Μήδων μετὰ Ἑλλήνων τῶν ἐθελησάντων ξυνάρα-
σθαι τὸν κίνδυνον τῆς μάχης ἣ παρ' ἡμῖν ἐγένετο, θύσας
ἐν τῇ Πλαταιῶν ἀγορᾷ ἱερὰ Διὶ ἐλευθερίῳ καὶ ξυγκαλέσας 30

7 δὲ] τε A B E F M   8 τὴν om. A B E F M   12 ἔς τε] ἐπὶ
A B E F M   ἕκαστος ᾗ A B E F M   15 ἑαυτῶν ἔπεμψαν A B E F M
16 τὸ secl. Poppo   24 πρὸς αὐτὸν] παρ' αὐτῶν C   30 ἱερὰ Διὶ
ἐλευθερίῳ C G Dion. Hal. : Διὶ ἐλευθερίῳ ἱερὰ A B E F M

πάντας τοὺς ξυμμάχους ἀπεδίδου Πλαταιεῦσι γῆν καὶ πόλιν
τὴν σφετέραν ἔχοντας αὐτονόμους οἰκεῖν, στρατεῦσαί τε
μηδένα ποτὲ ἀδίκως ἐπ' αὐτοὺς μηδ' ἐπὶ δουλείᾳ· εἰ δὲ μή,
ἀμύνειν τοὺς παρόντας ξυμμάχους κατὰ δύναμιν.   τάδε μὲν 3
5 ἡμῖν πατέρες οἱ ὑμέτεροι ἔδοσαν ἀρετῆς ἕνεκα καὶ προθυμίας
τῆς ἐν ἐκείνοις τοῖς κινδύνοις γενομένης, ὑμεῖς δὲ τἀναντία
δρᾶτε· μετὰ γὰρ Θηβαίων τῶν ἡμῖν ἐχθίστων ἐπὶ δουλείᾳ
τῇ ἡμετέρᾳ ἥκετε.   μάρτυρας δὲ θεοὺς τούς τε ὁρκίους τότε 4
γενομένους ποιούμενοι καὶ τοὺς ὑμετέρους πατρῴους καὶ
10 ἡμετέρους ἐγχωρίους, λέγομεν ὑμῖν γῆν τὴν Πλαταιίδα μὴ
ἀδικεῖν μηδὲ παραβαίνειν τοὺς ὅρκους, ἐᾶν δὲ οἰκεῖν αὐτονό-
μους καθάπερ Παυσανίας ἐδικαίωσεν.'

Τοσαῦτα εἰπόντων τῶν Πλαταιῶν Ἀρχίδαμος ὑπολαβὼν 72
εἶπεν· 'δίκαια λέγετε, ὦ ἄνδρες Πλαταιῆς, ἢν ποιῆτε ὁμοῖα
15 τοῖς λόγοις.   καθάπερ γὰρ Παυσανίας ὑμῖν παρέδωκεν,
αὐτοί τε αὐτονομεῖσθε καὶ τοὺς ἄλλους ξυνελευθεροῦτε, ὅσοι
μετασχόντες τῶν τότε κινδύνων ὑμῖν τε ξυνώμοσαν καὶ
εἰσὶ νῦν ὑπ' Ἀθηναίοις, παρασκευή τε τοσήδε καὶ πόλεμος
γεγένηται αὐτῶν ἕνεκα καὶ τῶν ἄλλων ἐλευθερώσεως.   ἧς
20 μάλιστα μὲν μετασχόντες καὶ αὐτοὶ ἐμμείνατε τοῖς ὅρκοις·
εἰ δὲ μή, ἅπερ καὶ πρότερον ἤδη προυκαλεσάμεθα, ἡσυχίαν
ἄγετε νεμόμενοι τὰ ὑμέτερα αὐτῶν, καὶ ἔστε μηδὲ μεθ'
ἑτέρων, δέχεσθε δὲ ἀμφοτέρους φίλους, ἐπὶ πολέμῳ δὲ
μηδετέρους.   καὶ τάδε ἡμῖν ἀρκέσει.'   ὁ μὲν Ἀρχίδαμος 2
25 τοσαῦτα εἶπεν· οἱ δὲ Πλαταιῶν πρέσβεις ἀκούσαντες ταῦτα
ἐσῆλθον ἐς τὴν πόλιν, καὶ τῷ πλήθει τὰ ῥηθέντα κοινώ-
σαντες ἀπεκρίναντο αὐτῷ ὅτι ἀδύνατα σφίσιν εἴη ποιεῖν ἃ
προκαλεῖται ἄνευ Ἀθηναίων (παῖδες γὰρ σφῶν καὶ γυναῖκες
παρ' ἐκείνοις εἶεν), δεδιέναι δὲ καὶ περὶ τῇ πάσῃ πόλει μὴ
30 ἐκείνων ἀποχωρησάντων Ἀθηναῖοι ἐλθόντες σφίσιν οὐκ
ἐπιτρέπωσιν, ἢ Θηβαῖοι, ὡς ἔνορκοι ὄντες κατὰ τὸ ἀμφο-

10 γῆν C G Dion. Hal. : τὴν γῆν A B E F M   13 τῶν C G : om.
A B E F M   18 τε A B E F M γρ. G Dion. Hal. : δὲ C G   21 πρό-
τερον C G Dion. Hal. : τὸ πρότερον A B E F M

τέρους δέχεσθαι, αὖθις σφῶν τὴν πόλιν πειράσωσι καταλα-
3 βεῖν. ὁ δὲ θαρσύνων αὐτοὺς πρὸς ταῦτα ἔφη· ' ὑμεῖς δὲ
πόλιν μὲν καὶ οἰκίας ἡμῖν παράδοτε τοῖς Λακεδαιμονίοις,
καὶ γῆς ὅρους ἀποδείξατε καὶ δένδρα ἀριθμῷ τὰ ὑμέτερα
καὶ ἄλλο εἴ τι δυνατὸν ἐς ἀριθμὸν ἐλθεῖν· αὐτοὶ δὲ μετα- 5
χωρήσατε ὅποι βούλεσθε, ἕως ἂν ὁ πόλεμος ᾖ· ἐπειδὰν
δὲ παρέλθῃ, ἀποδώσομεν ὑμῖν ἃ ἂν παραλάβωμεν. μέχρι
δὲ τοῦδε ἕξομεν παρακαταθήκην, ἐργαζόμενοι καὶ φορὰν
73 φέροντες ἣ ἂν ὑμῖν μέλλῃ ἱκανὴ ἔσεσθαι.' οἱ δ' ἀκού-
σαντες ἐσῆλθον αὖθις ἐς τὴν πόλιν, καὶ βουλευσάμενοι μετὰ 10
τοῦ πλήθους ἔλεξαν ὅτι βούλονται ἃ προκαλεῖται Ἀθηναίοις
κοινῶσαι πρῶτον, καὶ ἢν πείθωσιν αὐτούς, ποιεῖν ταῦτα·
μέχρι δὲ τούτου σπείσασθαι σφίσιν ἐκέλευον καὶ τὴν γῆν
μὴ δῃοῦν. ὁ δὲ ἡμέρας τε ἐσπείσατο ἐν αἷς εἰκὸς ἦν
2 κομισθῆναι, καὶ τὴν γῆν οὐκ ἔτεμνεν. ἐλθόντες δὲ οἱ 15
[Πλαταιῆς] πρέσβεις ὡς τοὺς Ἀθηναίους καὶ βουλευσάμενοι
μετ' αὐτῶν πάλιν ἦλθον ἀπαγγέλλοντες τοῖς ἐν τῇ πόλει
3 τοιάδε· ' οὔτ' ἐν τῷ πρὸ τοῦ χρόνῳ, ὦ ἄνδρες Πλαταιῆς,
ἀφ' οὗ ξύμμαχοι ἐγενόμεθα, Ἀθηναῖοί φασιν ἐν οὐδενὶ
ὑμᾶς προέσθαι ἀδικουμένους οὔτε νῦν περιόψεσθαι, βοηθή- 20
σειν δὲ κατὰ δύναμιν. ἐπισκήπτουσί τε ὑμῖν πρὸς τῶν
ὅρκων οὓς οἱ πατέρες ὤμοσαν μηδὲν νεωτερίζειν περὶ τὴν
74 ξυμμαχίαν.' τοιαῦτα τῶν πρέσβεων ἀπαγγειλάντων οἱ
Πλαταιῆς ἐβουλεύσαντο Ἀθηναίους μὴ προδιδόναι, ἀλλ'
ἀνέχεσθαι καὶ γῆν τεμνομένην, εἰ δεῖ, ὁρῶντας καὶ ἄλλο 25
πάσχοντας ὅτι ἂν ξυμβαίνῃ· ἐξελθεῖν τε μηδένα ἔτι, ἀλλ'
ἀπὸ τοῦ τείχους ἀποκρίνασθαι ὅτι ἀδύνατα σφίσι ποιεῖν
2 ἐστὶν ἃ Λακεδαιμόνιοι προκαλοῦνται. ὡς δὲ ἀπεκρίναντο,
ἐντεῦθεν δὴ πρῶτον μὲν ἐς ἐπιμαρτυρίαν καὶ θεῶν καὶ ἡρώων
τῶν ἐγχωρίων Ἀρχίδαμος ὁ βασιλεὺς κατέστη, λέγων ὧδε· 30
' θεοὶ ὅσοι γῆν τὴν Πλαταιΐδα ἔχετε καὶ ἥρωες, ξυνίστορές

---

1 πειράσουσι A B E F M   6 ὅπῃ G M   16 seclusi   17 ἀγ-
γέλλοντες C G (corr. G¹) Dion. Hal.   21 ἐπισκήπτουσ]ί . . . 27
ἀποκρί]νασθα[ι Π⁶   26 [ἔ]τι μηδένα Π⁶   30 ὁ om. A B E F M,
secl. Krüger

ἔστε ὅτι οὔτε τὴν ἀρχὴν ἀδίκως, ἐκλιπόντων δὲ τῶνδε
προτέρων τὸ ξυνώμοτον, ἐπὶ γῆν τήνδε ἤλθομεν, ἐν ᾗ οἱ
πατέρες ἡμῶν εὐξάμενοι ὑμῖν Μήδων ἐκράτησαν καὶ παρ-
έσχετε αὐτὴν εὐμενῆ ἐναγωνίσασθαι τοῖς Ἕλλησιν, οὔτε
5 νῦν, ἤν τι ποιῶμεν, ἀδικήσομεν· προκαλεσάμενοι γὰρ πολλὰ
καὶ εἰκότα οὐ τυγχάνομεν. ξυγγνώμονες δὲ ἔστε τῆς μὲν
ἀδικίας κολάζεσθαι τοῖς ὑπάρχουσι προτέροις, τῆς δὲ τιμω-
ρίας τυγχάνειν τοῖς ἐπιφέρουσι νομίμως.'

Τοσαῦτα ἐπιθειάσας καθίστη ἐς πόλεμον τὸν στρατόν, 75
10 καὶ πρῶτον μὲν περιεσταύρωσαν αὐτοὺς τοῖς δένδρεσιν ἃ
ἔκοψαν, τοῦ μηδένα ἐπεξιέναι, ἔπειτα χῶμα ἔχουν πρὸς
τὴν πόλιν, ἐλπίζοντες ταχίστην αἵρεσιν ἔσεσθαι αὐτῶν
στρατεύματος τοσούτου ἐργαζομένου. ξύλα μὲν οὖν τέμ- 2
νοντες ἐκ τοῦ Κιθαιρῶνος παρῳκοδόμουν ἑκατέρωθεν, φορ-
15 μηδὸν ἀντὶ τοίχων τιθέντες, ὅπως μὴ διαχέοιτο ἐπὶ πολὺ
τὸ χῶμα· ἐφόρουν δὲ ὕλην ἐς αὐτὸ καὶ λίθους καὶ γῆν καὶ
εἴ τι ἄλλο ἀνύτειν μέλλοι ἐπιβαλλόμενον. ἡμέρας δὲ 3
ἔχουν †ἑβδομήκοντα† καὶ νύκτας ξυνεχῶς, διῃρημένοι κατ'
ἀναπαύλας, ὥστε τοὺς μὲν φέρειν, τοὺς δὲ ὕπνον τε καὶ
20 σῖτον αἱρεῖσθαι· Λακεδαιμονίων τε οἱ ξεναγοὶ ἑκάστης
πόλεως ξυνεφεστῶτες ἠνάγκαζον ἐς τὸ ἔργον. οἱ δὲ 4
Πλαταιῆς ὁρῶντες τὸ χῶμα αἰρόμενον, ξύλινον τεῖχος ξυν-
θέντες καὶ ἐπιστήσαντες τῷ ἑαυτῶν τείχει ᾗ προσεχοῦτο,
ἐσῳκοδόμουν ἐς αὐτὸ πλίνθους ἐκ τῶν ἐγγὺς οἰκιῶν καθαι-
25 ροῦντες. ξύνδεσμος δ' ἦν αὐτοῖς τὰ ξύλα, τοῦ μὴ ὑψηλὸν 5
γιγνόμενον ἀσθενὲς εἶναι τὸ οἰκοδόμημα, καὶ προκαλύμματα
εἶχε δέρσεις καὶ διφθέρας, ὥστε τοὺς ἐργαζομένους καὶ τὰ
ξύλα μήτε πυρφόροις οἰστοῖς βάλλεσθαι ἐν ἀσφαλείᾳ τε

1 ἔστε F M   2 προτέρων Dion. Hal.: πρότερον codd.   cc. 75-78
in cod. Paris. suppl. gr. 607 saec. X (P) leguntur   10 περιεσταύρω-
σαν recc. Greg. Cor.: περιεσταύρωσεν codd.   11 ἐπεξιέναι C P:
ἔτι ἐξιέναι A B E F G (ἐπεξ-, erasis litteris ἐπ-) M Greg. Cor.   χώματα
C G   18 ἑβδομήκοντα] ἐννέα Stahl: ἑπτακαίδεκα Steup   20 post
ξεναγοὶ add. καὶ C G   21 ἐφεστῶτες C G P   26 προκάλυμμα
C G

6 εἶναι. ἤρετο δὲ τὸ ὕψος τοῦ τείχους μέγα, καὶ τὸ χῶμα
οὐ σχολαίτερον ἀντανῄει αὐτῷ. καὶ οἱ Πλαταιῆς τοιόνδε
τι ἐπινοοῦσιν· διελόντες τοῦ τείχους ᾗ προσέπιπτε τὸ χῶμα
76 ἐσεφόρουν τὴν γῆν. οἱ δὲ Πελοποννήσιοι αἰσθόμενοι ἐν
ταρσοῖς καλάμου πηλὸν ἐνίλλοντες ἐσέβαλλον ἐς τὸ διῃρη- 5
2 μένον, ὅπως μὴ διαχεόμενον ὥσπερ ἡ γῆ φοροῖτο. οἱ δὲ
ταύτῃ ἀποκλῃόμενοι τοῦτο μὲν ἐπέσχον, ὑπόνομον δὲ ἐκ
τῆς πόλεως ὀρύξαντες καὶ ξυντεκμηράμενοι ὑπὸ τὸ χῶμα
ὑφεῖλκον αὖθις παρὰ σφᾶς τὸν χοῦν· καὶ ἐλάνθανον ἐπὶ
πολὺ τοὺς ἔξω, ὥστε ἐπιβάλλοντας ἧσσον ἀνύτειν ὑπαγο- 10
μένου αὐτοῖς κάτωθεν τοῦ χώματος καὶ ἱζάνοντος αἰεὶ ἐπὶ
3 τὸ κενούμενον. δεδιότες δὲ μὴ οὐδ᾽ οὕτω δύνωνται ὀλίγοι
πρὸς πολλοὺς ἀντέχειν, προσεπεξηῦρον τόδε· τὸ μὲν μέγα
οἰκοδόμημα ἐπαύσαντο ἐργαζόμενοι τὸ κατὰ τὸ χῶμα, ἔνθεν
δὲ καὶ ἔνθεν αὐτοῦ ἀρξάμενοι ἀπὸ τοῦ βραχέος τείχους ἐκ 15
τοῦ ἐντὸς μηνοειδὲς ἐς τὴν πόλιν ἐσῳκοδόμουν, ὅπως, εἰ τὸ
μέγα τεῖχος ἁλίσκοιτο, τοῦτ᾽ ἀντέχοι, καὶ δέοι τοὺς ἐναντίους
αὖθις πρὸς αὐτὸ χοῦν καὶ προχωροῦντας ἔσω διπλάσιόν τε
4 πόνον ἔχειν καὶ ἐν ἀμφιβόλῳ μᾶλλον γίγνεσθαι. ἅμα δὲ
τῇ χώσει καὶ μηχανὰς προσῆγον οἱ Πελοποννήσιοι τῇ 20
πόλει, μίαν μὲν ᾗ τοῦ μεγάλου οἰκοδομήματος κατὰ τὸ χῶμα
προσαχθεῖσα ἐπὶ μέγα τε κατέσεισε καὶ τοὺς Πλαταιᾶς
ἐφόβησεν, ἄλλας δὲ ἄλλῃ τοῦ τείχους, ἃς βρόχους τε περι-
βάλλοντες ἀνέκλων οἱ Πλαταιῆς, καὶ δοκοὺς μεγάλας ἀρτή-
σαντες ἁλύσεσι μακραῖς σιδηραῖς ἀπὸ τῆς τομῆς ἑκατέρωθεν 25
ἀπὸ κεραιῶν δύο ἐπικεκλιμένων καὶ ὑπερτεινουσῶν ὑπὲρ τοῦ
τείχους ἀνελκύσαντες ἐγκαρσίας, ὁπότε προσπεσεῖσθαί πῃ
μέλλοι ἡ μηχανή, ἀφίεσαν τὴν δοκὸν χαλαραῖς ταῖς ἁλύσεσι
καὶ οὐ διὰ χειρὸς ἔχοντες, ἡ δὲ ῥύμη ἐμπίπτουσα ἀπεκαύλιζε
τὸ προὔχον τῆς ἐμβολῆς. 30

77 Μετὰ δὲ τοῦτο οἱ Πελοποννήσιοι, ὡς αἵ τε μηχαναὶ

5 ἐσέβαλλον C G Suid. Zonar.: ἐσέβαλον cett. P   16 ἐσῳκο-
δόμουν C G P. προσῳκοδόμουν cett.   20 τῇ πόλει οἱ Πελοποννήσιοι
A B E F M P   24 ἀνέκλων] ἀνεῖλκον Rutherford

οὐδὲν ὠφέλουν καὶ τῷ χώματι τὸ ἀντιτείχισμα ἐγίγνετο,
νομίσαντες ἄπορον εἶναι ἀπὸ τῶν παρόντων δεινῶν ἐλεῖν
τὴν πόλιν πρὸς τὴν περιτείχισιν παρεσκευάζοντο. πρότερον 2
δὲ πυρὶ ἔδοξεν αὐτοῖς πειρᾶσαι εἰ δύναιντο πνεύματος γενο-
5 μένου ἐπιφλέξαι τὴν πόλιν οὖσαν οὐ μεγάλην· πᾶσαν γὰρ
δὴ ἰδέαν ἐπενόουν, εἴ πως σφίσιν ἄνευ δαπάνης καὶ πολιορ-
κίας προσαχθείη. φοροῦντες δὲ ὕλης φακέλους παρέβαλον 3
ἀπὸ τοῦ χώματος ἐς τὸ μεταξὺ πρῶτον τοῦ τείχους καὶ τῆς
προσχώσεως, ταχὺ δὲ πλήρους γενομένου διὰ πολυχειρίαν
10 ἐπιπαρένησαν καὶ τῆς ἄλλης πόλεως ὅσον ἐδύναντο ἀπὸ
τοῦ μετεώρου πλεῖστον ἐπισχεῖν, ἐμβαλόντες δὲ πῦρ ξὺν
θείῳ καὶ πίσσῃ ἧψαν τὴν ὕλην. καὶ ἐγένετο φλὸξ τοσαύτη 4
ὅσην οὐδείς πω ἔς γε ἐκεῖνον τὸν χρόνον χειροποίητον
εἶδεν· ἤδη γὰρ ἐν ὄρεσιν ὕλη τριφθεῖσα ὑπ᾽ ἀνέμων πρὸς
15 αὑτὴν ἀπὸ ταὐτομάτου πῦρ καὶ φλόγα ἀπ᾽ αὐτοῦ ἀνῆκεν.
τοῦτο δὲ μέγα τε ἦν καὶ τοὺς Πλαταιᾶς τἆλλα διαφυγόντας 5
ἐλαχίστου ἐδέησε διαφθεῖραι· ἐντὸς γὰρ πολλοῦ χωρίου
τῆς πόλεως οὐκ ἦν πελάσαι, πνεῦμά τε εἰ ἐπεγένετο αὐτῇ
ἐπίφορον, ὅπερ καὶ ἤλπιζον οἱ ἐναντίοι, οὐκ ἂν διέφυγον.
20 νῦν δὲ καὶ τόδε λέγεται ξυμβῆναι, ὕδωρ [ἐξ οὐρανοῦ] πολὺ καὶ 6
βροντὰς γενομένας σβέσαι τὴν φλόγα καὶ οὕτω παυσθῆναι
τὸν κίνδυνον.

Οἱ δὲ Πελοποννήσιοι ἐπειδὴ καὶ τούτου διήμαρτον, μέρος 78
μέν τι καταλιπόντες τοῦ στρατοῦ, τὸ δὲ πλέον ἀφέντες
25 περιετείχιζον τὴν πόλιν κύκλῳ, διελόμενοι κατὰ πόλεις τὸ
χωρίον· τάφρος δὲ ἐντός τε ἦν καὶ ἔξωθεν ἐξ ἧς ἐπλινθεύ-
σαντο. καὶ ἐπειδὴ πᾶν ἐξείργαστο περὶ ἀρκτούρου ἐπιτολάς, 2
καταλιπόντες φυλακὰς τοῦ ἡμίσεος τείχους (τὸ δὲ ἥμισυ
Βοιωτοὶ ἐφύλασσον) ἀνεχώρησαν τῷ στρατῷ καὶ διελύθησαν

4 γι(γ)νομένου C G   7 παρέβαλον M P: παρέβαλλον cett. Suid.
15 αὑτὴν E: αὐτὴν cett.   ἀπ᾽ αὐτοῦ secl. Dobree   20 ἐξ
οὐρανοῦ om. C P   24 στρατοῦ C E G P: στρατοπέδου A B F M
πλέον C G P: λοιπὸν E M γρ. G¹: τὸ δὲ πλέον ἀφέντες om. A B F
28 φύλακας A B E F M

3 κατὰ πόλεις. Πλαταιῆς δὲ παῖδας μὲν καὶ γυναῖκας καὶ
τοὺς πρεσβυτάτους τε καὶ πλῆθος τὸ ἀχρεῖον τῶν ἀνθρώπων
πρότερον ἐκκεκομισμένοι ἦσαν ἐς τὰς Ἀθήνας, αὐτοὶ δὲ
ἐπολιορκοῦντο ἐγκαταλελειμμένοι τετρακόσιοι, Ἀθηναίων δὲ
4 ὀγδοήκοντα, γυναῖκες δὲ δέκα καὶ ἑκατὸν σιτοποιοί. τοσοῦτοι 5
ἦσαν οἱ ξύμπαντες ὅτε ἐς τὴν πολιορκίαν καθίσταντο, καὶ
ἄλλος οὐδεὶς ἦν ἐν τῷ τείχει οὔτε δοῦλος οὔτ᾽ ἐλεύθερος.
τοιαύτη μὲν ἡ Πλαταιῶν πολιορκία κατεσκευάσθη.

79 Τοῦ δ᾽ αὐτοῦ θέρους καὶ ἅμα τῇ τῶν Πλαταιῶν ἐπιστρα-
τείᾳ Ἀθηναῖοι δισχιλίοις ὁπλίταις ἑαυτῶν καὶ ἱππεῦσι δια- 10
κοσίοις ἐπεστράτευσαν ἐπὶ Χαλκιδέας τοὺς ἐπὶ Θρᾴκης καὶ
Βοττιαίους ἀκμάζοντος τοῦ σίτου· ἐστρατήγει δὲ Ξενοφῶν
2 ὁ Εὐριπίδου τρίτος αὐτός. ἐλθόντες δὲ ὑπὸ Σπάρτωλον τὴν
Βοττικὴν τὸν σῖτον διέφθειραν. ἐδόκει δὲ καὶ προσχωρήσειν
ἡ πόλις ὑπό τινων ἔνδοθεν πρασσόντων. προσπεμψάντων 15
δὲ ἐς Ὄλυνθον τῶν οὐ ταὐτὰ βουλομένων ὁπλῖταί τε ἦλθον
καὶ στρατιὰ ἐς φυλακήν· ἧς ἐπεξελθούσης ἐκ τῆς Σπαρτώλου
3 ἐς μάχην καθίστανται οἱ Ἀθηναῖοι ὑπ᾽ αὐτῇ τῇ πόλει. καὶ
οἱ μὲν ὁπλῖται τῶν Χαλκιδέων καὶ ἐπίκουροί τινες μετ᾽ αὐ-
τῶν νικῶνται ὑπὸ τῶν Ἀθηναίων καὶ ἀναχωροῦσιν ἐς τὴν 20
Σπάρτωλον, οἱ δὲ ἱππῆς τῶν Χαλκιδέων καὶ ψιλοὶ νικῶσι
4 τοὺς τῶν Ἀθηναίων ἱππέας καὶ ψιλούς· εἶχον δέ τινας οὐ
πολλοὺς πελταστὰς ἐκ τῆς Κρουσίδος γῆς καλουμένης. ἄρτι
δὲ τῆς μάχης γεγενημένης ἐπιβοηθοῦσιν ἄλλοι πελτασταὶ
5 ἐκ τῆς Ὀλύνθου. καὶ οἱ ἐκ τῆς Σπαρτώλου ψιλοὶ ὡς εἶδον, 25
θαρσήσαντες τοῖς τε προσγιγνομένοις καὶ ὅτι πρότερον οὐχ
ἥσσηντο, ἐπιτίθενται αὖθις μετὰ τῶν Χαλκιδέων ἱππέων καὶ
τῶν προσβοηθησάντων τοῖς Ἀθηναίοις· καὶ ἀναχωροῦσι πρὸς
6 τὰς δύο τάξεις ἃς κατέλιπον παρὰ τοῖς σκευοφόροις. καὶ
ὁπότε μὲν ἐπίοιεν οἱ Ἀθηναῖοι, ἐνεδίδοσαν, ἀναχωροῦσι δ᾽ 30

---

2 ἄχρηστον A B E F M γρ. G¹   11 ἐστράτευσαν A B E F M
14 διέφθειρον A B E F   15 προπεμψάντων C G   16 ταῦτα
A B E F M   18 οἱ om. G M   ὑπ᾽] πρὸς A B E F M   27 ἡσσῶντο
A B E F M   ἐ]πιτίθενται incipit Π²⁵   30 ἀναχωροῦσι B : ἀπο-
χωροῦσι cett. Π²⁵

ἐνέκειντο καὶ ἐσηκόντιζον. οἵ τε ἱππῆς τῶν Χαλκιδέων
προσιππεύοντες ᾗ δοκοίη προσέβαλλον, καὶ οὐχ ἥκιστα
φοβήσαντες ἔτρεψαν τοὺς Ἀθηναίους καὶ ἐπεδίωξαν ἐπὶ
πολύ. καὶ οἱ μὲν Ἀθηναῖοι ἐς τὴν Ποτείδαιαν καταφεύ- 7
5 γουσι, καὶ ὕστερον τοὺς νεκροὺς ὑποσπόνδους κομισάμενοι
ἐς τὰς Ἀθήνας ἀναχωροῦσι τῷ περιόντι τοῦ στρατοῦ· ἀπ-
έθανον δὲ αὐτῶν τριάκοντα καὶ τετρακόσιοι καὶ οἱ στρατηγοὶ
πάντες. οἱ δὲ Χαλκιδῆς καὶ Βοττιαῖοι τροπαῖόν τε ἔστησαν
καὶ τοὺς νεκροὺς τοὺς αὐτῶν ἀνελόμενοι διελύθησαν κατὰ
10 πόλεις.

Τοῦ δ᾽ αὐτοῦ θέρους, οὐ πολλῷ ὕστερον τούτων, Ἀμ- 80
πρακιῶται καὶ Χάονες βουλόμενοι Ἀκαρνανίαν τὴν πᾶσαν
καταστρέψασθαι καὶ Ἀθηναίων ἀποστῆσαι πείθουσι Λακε-
δαιμονίους ναυτικόν τε παρασκευάσασθαι ἐκ τῆς ξυμμαχίδος
15 καὶ ὁπλίτας χιλίους πέμψαι ἐπ᾽ Ἀκαρνανίαν, λέγοντες ὅτι,
ἢν ναυσὶ καὶ πεζῷ ἅμα μετὰ σφῶν ἔλθωσιν, ἀδυνάτων
ὄντων ξυμβοηθεῖν τῶν ἀπὸ θαλάσσης Ἀκαρνάνων ῥᾳδίως
Ἀκαρνανίαν σχόντες καὶ τῆς Ζακύνθου καὶ Κεφαλληνίας
κρατήσουσι, καὶ ὁ περίπλους οὐκέτι ἔσοιτο Ἀθηναίοις
20 ὁμοίως περὶ Πελοπόννησον· ἐλπίδα δ᾽ εἶναι καὶ Ναύπακ-
τον λαβεῖν. οἱ δὲ Λακεδαιμόνιοι πεισθέντες Κνῆμον μὲν 2
ναύαρχον ἔτι ὄντα καὶ τοὺς ὁπλίτας ἐπὶ ναυσὶν ὀλίγαις
εὐθὺς πέμπουσι, τῷ δὲ ναυτικῷ περιήγγειλαν παρασκευα-
σαμένῳ ὡς τάχιστα πλεῖν ἐς Λευκάδα. ἦσαν δὲ Κορίνθιοι 3
25 ξυμπροθυμούμενοι μάλιστα τοῖς Ἀμπρακιώταις ἀποίκοις
οὖσιν. καὶ τὸ μὲν ναυτικὸν ἔκ τε Κορίνθου καὶ Σικυῶνος
καὶ τῶν ταύτῃ χωρίων ἐν παρασκευῇ ἦν, τὸ δ᾽ ἐκ Λευκάδος
καὶ Ἀνακτορίου καὶ Ἀμπρακίας πρότερον ἀφικόμενον ἐν
Λευκάδι περιέμενεν. Κνῆμος δὲ καὶ οἱ μετ᾽ αὐτοῦ χίλιοι 4

1 ἐπέκε[ιν]το Π²⁵   τε] δὲ suprascr. Π²⁵   2 προσέβαλον Ε: ἐσέ-
βαλλον C G Π²⁵   4 πολύ desinit Π²⁵   8 post καὶ add. οἱ
A B E F G M   9 alterius τοὺς om. C G   αὐτῶν F¹: αὐτῶν cett.
12 τὴν om. A B E F M   14 τε om. A B E F M   παρασκευάσαι
C G   15 ἐπ᾽] εἰς A B E F: ἐς M   17 post ῥᾳδίως add. ἂν
A B E F M   20 ὁμοίως F: ὅμοιος cett.   ἐλπίδας C   23 παρε-
σκευασμένῳ A B F   24 Κορίνθι]οι incipit Π²⁵

ὁπλῖται ἐπειδὴ ἐπεραιώθησαν λαθόντες Φορμίωνα, ὃς ἦρχε
τῶν εἴκοσι νεῶν τῶν Ἀττικῶν αἱ περὶ Ναύπακτον ἐφρού-
5 ρουν, εὐθὺς παρεσκευάζοντο τὴν κατὰ γῆν στρατείαν. καὶ
αὐτῷ παρῆσαν Ἑλλήνων μὲν Ἀμπρακιῶται καὶ Λευκάδιοι
καὶ Ἀνακτόριοι καὶ οὓς αὐτὸς ἔχων ἦλθε χίλιοι Πελοπον- 5
νησίων, βάρβαροι δὲ Χάονες χίλιοι ἀβασίλευτοι, ὧν ἡγοῦντο
ἐπετησίῳ προστατείᾳ ἐκ τοῦ ἀρχικοῦ γένους Φώτιος καὶ
Νικάνωρ. ξυνεστρατεύοντο δὲ μετὰ Χαόνων καὶ Θεσπρωτοὶ
6 ἀβασίλευτοι. Μολοσσοὺς δὲ ἦγε καὶ Ἀτιντᾶνας Σαβύλινθος
ἐπίτροπος ὢν Θάρυπος τοῦ βασιλέως ἔτι παιδὸς ὄντος, καὶ 10
Παραυαίους Ὄροιδος βασιλεύων. Ὀρέσται δὲ χίλιοι, ὧν
ἐβασίλευεν Ἀντίοχος, μετὰ Παραυαίων ξυνεστρατεύοντο
7 Ὀροίδῳ Ἀντιόχου ἐπιτρέψαντος. ἔπεμψε δὲ καὶ Περδίκ-
κας κρύφα τῶν Ἀθηναίων χιλίους Μακεδόνων, οἳ ὕστερον
8 ἦλθον. τούτῳ τῷ στρατῷ ἐπορεύετο Κνῆμος οὐ περιμείνας 15
τὸ ἀπὸ Κορίνθου ναυτικόν, καὶ διὰ τῆς Ἀργείας ἰόντες
Λιμναίαν, κώμην ἀτείχιστον, ἐπόρθησαν. ἀφικνοῦνταί τε
ἐπὶ Στράτον, πόλιν μεγίστην τῆς Ἀκαρνανίας, νομίζοντες,
εἰ ταύτην πρώτην λάβοιεν, ῥᾳδίως σφίσι τἆλλα προσχω-
ρήσειν.
                                                          20
81   Ἀκαρνᾶνες δὲ αἰσθόμενοι κατά τε γῆν πολλὴν στρατιὰν
ἐσβεβληκυῖαν ἔκ τε θαλάσσης ναυσὶν ἅμα τοὺς πολεμίους
παρεσομένους, οὔτε ξυνεβοήθουν ἐφύλασσόν τε τὰ αὑτῶν
ἕκαστοι, παρά τε Φορμίωνα ἔπεμπον κελεύοντες ἀμύνειν·
ὁ δὲ ἀδύνατος ἔφη εἶναι ναυτικοῦ ἐκ Κορίνθου μέλλοντος 25
2 ἐκπλεῖν Ναύπακτον ἐρήμην ἀπολιπεῖν. οἱ δὲ Πελοποννήσιοι
καὶ οἱ ξύμμαχοι τρία τέλη ποιήσαντες σφῶν αὐτῶν ἐχώρουν
πρὸς τὴν τῶν Στρατίων πόλιν, ὅπως ἐγγὺς στρατοπεδευσά-
μενοι, εἰ μὴ λόγοις πείθοιεν, ἔργῳ πειρῷντο τοῦ τείχους.
3 καὶ μέσον μὲν ἔχοντες προσῇσαν Χάονες καὶ οἱ ἄλλοι 30

4 αὐτ[ῷ desinit Π²⁵   7 ἐπετησίῳ C M : ἐπ' ἐτησίῳ cett.   προ-
στασίᾳ A B E F M   Φώτιος c g : Φώτυος codd.   8 ἐστρατεύοντο
A B E F M   11 βασιλεύων C : βασιλεὺς ὤν cett.   19 post ῥᾳδίως
add. ἂν A B E F G M   προσχωρῆσαι, ut videtur, G   26 ἀ]πολι[πεῖν
incipit Π²⁵   29 λόγῳ C [Π²⁵]   30 post prius καὶ add. τὸ C (G)

βάρβαροι, ἐκ δεξιᾶς δ' αὐτῶν Λευκάδιοι καὶ Ἀνακτόριοι
καὶ οἱ μετὰ τούτων, ἐν ἀριστερᾷ δὲ Κνῆμος καὶ οἱ Πελο-
ποννήσιοι καὶ Ἀμπρακιῶται· διεῖχον δὲ πολὺ ἀπ' ἀλλήλων
καὶ ἔστιν ὅτε οὐδὲ ἑωρῶντο. καὶ οἱ μὲν Ἕλληνες τεταγ- 4
5 μένοι τε προσῇσαν καὶ διὰ φυλακῆς ἔχοντες, ἕως ἐστρατο-
πεδεύσαντο ἐν ἐπιτηδείῳ· οἱ δὲ Χάονες σφίσι τε αὐτοῖς
πιστεύοντες καὶ ἀξιούμενοι ὑπὸ τῶν ἐκείνῃ ἠπειρωτῶν
μαχιμώτατοι εἶναι οὔτε ἐπέσχον τὸ στρατόπεδον κατα-
λαβεῖν, χωρήσαντές τε ῥύμῃ μετὰ τῶν ἄλλων βαρβάρων
10 ἐνόμισαν αὐτοβοεὶ ἂν τὴν πόλιν ἑλεῖν καὶ αὐτῶν τὸ ἔργον
γενέσθαι. γνόντες δ' αὐτοὺς οἱ Στράτιοι ἔτι προσιόντας 5
καὶ ἡγησάμενοι, μεμονωμένων εἰ κρατήσειαν, οὐκ ἂν ἔτι
σφίσι τοὺς Ἕλληνας ὁμοίως προσελθεῖν, προλοχίζουσι δὴ
τὰ περὶ τὴν πόλιν ἐνέδραις, καὶ ἐπειδὴ ἐγγὺς ἦσαν, ἔκ τε
15 τῆς πόλεως ὁμόσε χωρήσαντες καὶ ἐκ τῶν ἐνεδρῶν προσ-
πίπτουσιν. καὶ ἐς φόβον καταστάντων διαφθείρονταί τε 6
πολλοὶ τῶν Χαόνων, καὶ οἱ ἄλλοι βάρβαροι ὡς εἶδον αὐτοὺς
ἐνδόντας, οὐκέτι ὑπέμειναν, ἀλλ' ἐς φυγὴν κατέστησαν. τῶν 7
δὲ Ἑλληνικῶν στρατοπέδων οὐδέτερον ᾔσθετο τῆς μάχης
20 διὰ τὸ πολὺ προελθεῖν αὐτοὺς καὶ στρατόπεδον οἰηθῆναι
καταληψομένους ἐπείγεσθαι. ἐπεὶ δ' ἐνέκειντο φεύγοντες 8
οἱ βάρβαροι, ἀνελάμβανόν τε αὐτοὺς καὶ ξυναγαγόντες τὰ
στρατόπεδα ἡσύχαζον αὐτοῦ τὴν ἡμέραν, ἐς χεῖρας μὲν οὐκ
ἰόντων σφίσι τῶν Στρατίων διὰ τὸ μήπω τοὺς ἄλλους
25 Ἀκαρνᾶνας ξυμβεβοηθηκέναι, ἄπωθεν δὲ σφενδονώντων καὶ
ἐς ἀπορίαν καθιστάντων· οὐ γὰρ ἦν ἄνευ ὅπλων κινηθῆναι.
δοκοῦσι δὲ οἱ Ἀκαρνᾶνες κράτιστοι εἶναι τοῦτο ποιεῖν.
ἐπειδὴ δὲ νὺξ ἐγένετο, ἀναχωρήσας ὁ Κνῆμος τῇ στρατιᾷ 82
κατὰ τάχος ἐπὶ τὸν Ἄναπον ποταμόν, ὃς ἀπέχει σταδίους
30 ὀγδοήκοντα Στράτου, τούς τε νεκροὺς κομίζεται τῇ ὑστεραίᾳ
ὑποσπόνδους, καὶ Οἰνιαδῶν ξυμπαραγενομένων κατὰ φιλίαν
ἀναχωρεῖ παρ' αὐτοὺς πρὶν τὴν ξυμβοήθειαν ἐλθεῖν. κἀκεῖθεν

ἐπ' οἴκου ἀπῆλθον ἕκαστοι. οἱ δὲ Στράτιοι τροπαῖον ἔστησαν
τῆς μάχης τῆς πρὸς τοὺς βαρβάρους.

83   Τὸ δ' ἐκ τῆς Κορίνθου καὶ τῶν ἄλλων ξυμμάχων τῶν ἐκ
τοῦ Κρισαίου κόλπου ναυτικόν, ὃ ἔδει παραγενέσθαι τῷ
Κνήμῳ, ὅπως μὴ ξυμβοηθῶσιν οἱ ἀπὸ θαλάσσης ἄνω 5
Ἀκαρνᾶνες, οὐ παραγίγνεται, ἀλλ' ἠναγκάσθησαν περὶ τὰς
αὐτὰς ἡμέρας τῆς ἐν Στράτῳ μάχης ναυμαχῆσαι πρὸς Φορ-
μίωνα καὶ τὰς εἴκοσι ναῦς τῶν Ἀθηναίων αἳ ἐφρούρουν ἐν
2 Ναυπάκτῳ. ὁ γὰρ Φορμίων παραπλέοντας αὐτοὺς ἔξω τοῦ
3 κόλπου ἐτήρει, βουλόμενος ἐν τῇ εὐρυχωρίᾳ ἐπιθέσθαι. οἱ 10
δὲ Κορίνθιοι καὶ οἱ ξύμμαχοι ἔπλεον μὲν οὐχ ὡς ἐπὶ ναυ-
μαχίᾳ, ἀλλὰ στρατιωτικώτερον παρεσκευασμένοι ἐς τὴν
Ἀκαρνανίαν καὶ οὐκ ἂν οἰόμενοι πρὸς ἑπτὰ καὶ τεσσαρά-
κοντα ναῦς τὰς σφετέρας τολμῆσαι τοὺς Ἀθηναίους εἴκοσι
ταῖς ἑαυτῶν ναυμαχίαν ποιήσασθαι· ἐπειδὴ μέντοι ἀντιπαρα- 15
πλέοντάς τε ἑώρων αὐτούς, παρὰ γῆν σφῶν κομιζομένων,
καὶ ἐκ Πατρῶν τῆς Ἀχαΐας πρὸς τὴν ἀντιπέρας ἤπειρον
διαβάλλοντες ἐπ' Ἀκαρνανίας κατεῖδον τοὺς Ἀθηναίους ἀπὸ
τῆς Χαλκίδος καὶ τοῦ Εὐήνου ποταμοῦ προσπλέοντας σφίσι
καὶ οὐκ ἔλαθον νυκτὸς ἀφορμισάμενοι, οὕτω δὴ ἀναγκάζονται 20
4 ναυμαχεῖν κατὰ μέσον τὸν πορθμόν. στρατηγοὶ δὲ ἦσαν
μὲν καὶ κατὰ πόλεις ἑκάστων οἳ παρεσκευάζοντο, Κορινθίων
5 δὲ Μαχάων καὶ Ἰσοκράτης καὶ Ἀγαθαρχίδας. καὶ οἱ μὲν
Πελοποννήσιοι ἐτάξαντο κύκλον τῶν νεῶν ὡς μέγιστον οἷοί
τ' ἦσαν μὴ διδόντες διέκπλουν, τὰς πρῴρας μὲν ἔξω, ἔσω 25
δὲ τὰς πρύμνας, καὶ τά τε λεπτὰ πλοῖα ἃ ξυνέπλει ἐντὸς
ποιοῦνται καὶ πέντε ναῦς τὰς ἄριστα πλεούσας, ὅπως ἐκ-
πλέοιεν διὰ βραχέος παραγιγνόμενοι, εἴ πη προσπίπτοιεν
84 οἱ ἐναντίοι. οἱ δ' Ἀθηναῖοι κατὰ μίαν ναῦν τεταγμένοι

---

6 τὰς αὐτὰς] *ipsos dies* Valla : αὐτὰς τὰς Steup   11 ἐπέπλεον C G
οὐχ om. M : ὡς οὐκ C G   ναυμαχίαν A B E F M   18 διαβάλλοντες
Stahl : διαβαλλόντων codd.   20 ἀφορμισάμενοι Poppo, Bloomfieldium
se sequi ratus, qui tamen ἀφορμησάμενοι coniecerat : ὑφορμισάμενοι
codd.   28 παραγιγνόμεναι C   προσπλέοιεν A B E F M γρ. G¹

περιέπλεον αὐτοὺς κύκλῳ καὶ ξυνῆγον ἐς ὀλίγον, ἐν χρῷ
αἰεὶ παραπλέοντες καὶ δόκησιν παρέχοντες αὐτίκα ἐμβαλεῖν·
προείρητο δ' αὐτοῖς ὑπὸ Φορμίωνος μὴ ἐπιχειρεῖν πρὶν ἂν
αὐτὸς σημήνῃ. ἤλπιζε γὰρ αὐτῶν οὐ μενεῖν τὴν τάξιν,   2
5 ὥσπερ ἐν γῇ πεζήν, ἀλλὰ ξυμπεσεῖσθαι πρὸς ἀλλήλας τὰς
ναῦς καὶ τὰ πλοῖα ταραχὴν παρέξειν, εἴ τ' ἐκπνεύσειεν ἐκ
τοῦ κόλπου τὸ πνεῦμα, ὅπερ ἀναμένων τε περιέπλει καὶ
εἰώθει γίγνεσθαι ἐπὶ τὴν ἕω, οὐδένα χρόνον ἡσυχάσειν
αὐτούς· καὶ τὴν ἐπιχείρησιν ἐφ' ἑαυτῷ τε ἐνόμιζεν εἶναι,
10 ὁπόταν βούληται, τῶν νεῶν ἄμεινον πλεουσῶν, καὶ τότε
καλλίστην γίγνεσθαι. ὡς δὲ τό τε πνεῦμα κατῄει καὶ αἱ   3
νῆες ἐν ὀλίγῳ ἤδη οὖσαι ὑπ' ἀμφοτέρων, τοῦ τε ἀνέμου τῶν
τε πλοίων, ἅμα προσκειμένων ἐταράσσοντο, καὶ ναῦς τε νηὶ
προσέπιπτε καὶ τοῖς κοντοῖς διεωθοῦντο, βοῇ τε χρώμενοι καὶ
15 πρὸς ἀλλήλους ἀντιφυλακῇ τε καὶ λοιδορίᾳ οὐδὲν κατήκουον
οὔτε τῶν παραγγελλομένων οὔτε τῶν κελευστῶν, καὶ τὰς
κώπας ἀδύνατοι ὄντες ἐν κλύδωνι ἀναφέρειν ἄνθρωποι
ἄπειροι τοῖς κυβερνήταις ἀπειθεστέρας τὰς ναῦς παρεῖχον,
τότε δὴ κατὰ τὸν καιρὸν τοῦτον σημαίνει, καὶ οἱ Ἀθηναῖοι
20 προσπεσόντες πρῶτον μὲν καταδύουσι τῶν στρατηγίδων νεῶν
μίαν, ἔπειτα δὲ καὶ τὰς ἄλλας ᾗ χωρήσειαν διέφθειρον, καὶ
κατέστησαν ἐς ἀλκὴν μὲν μηδένα τρέπεσθαι αὐτῶν ὑπὸ τῆς
ταραχῆς, φεύγειν δὲ ἐς Πάτρας καὶ Δύμην τῆς Ἀχαΐας.
οἱ δὲ Ἀθηναῖοι καταδιώξαντες καὶ ναῦς δώδεκα λαβόντες   4
25 τούς τε ἄνδρας ἐξ αὐτῶν τοὺς πλείστους ἀνελόμενοι ἐς
Μολύκρειον ἀπέπλεον, καὶ τροπαῖον στήσαντες ἐπὶ τῷ Ῥίῳ
καὶ ναῦν ἀναθέντες τῷ Ποσειδῶνι ἀνεχώρησαν ἐς Ναύ-
πακτον. παρέπλευσαν δὲ καὶ οἱ Πελοποννήσιοι εὐθὺς ταῖς   5
περιλοίποις τῶν νεῶν ἐκ τῆς Δύμης καὶ Πατρῶν ἐς Κυλ-
30 λήνην τὸ Ἠλείων ἐπίνειον· καὶ ἀπὸ Λευκάδος Κνῆμος καὶ

6 παρέχειν ΑΒΕFΜ   8 ἐπὶ] ὑπὸ Krüger   9 αὑτῷ CG
17 κλύδωνι Phot. Suid. : κλυδωνίῳ codd.   21 τὰς ἄλλας] πάσας
ΑΒΕFΜ

αἱ ἐκείνων νῆες, ἃς ἔδει ταύταις ξυμμεῖξαι, ἀφικνοῦνται μετὰ
τὴν ἐν Στράτῳ μάχην ἐς τὴν Κυλλήνην.

85 Πέμπουσι δὲ καὶ οἱ Λακεδαιμόνιοι τῷ Κνήμῳ ξυμβούλους
ἐπὶ τὰς ναῦς Τιμοκράτη καὶ Βρασίδαν καὶ Λυκόφρονα, κελεύ-
οντες ἄλλην ναυμαχίαν βελτίω παρασκευάζεσθαι καὶ μὴ 5
2 ὑπ᾽ ὀλίγων νεῶν εἴργεσθαι τῆς θαλάσσης. ἐδόκει γὰρ
αὐτοῖς ἄλλως τε καὶ πρῶτον ναυμαχίας πειρασαμένοις πολὺς
ὁ παράλογος εἶναι, καὶ οὐ τοσούτῳ ᾤοντο σφῶν τὸ ναυτικὸν
λείπεσθαι, γεγενῆσθαι δέ τινα μαλακίαν, οὐκ ἀντιτιθέντες
τὴν Ἀθηναίων ἐκ πολλοῦ ἐμπειρίαν τῆς σφετέρας δι᾽ ὀλίγου 10
3 μελέτης. ὀργῇ οὖν ἀπέστελλον. οἱ δὲ ἀφικόμενοι μετὰ
τοῦ Κνήμου ναῦς τε προσπεριήγγειλαν κατὰ πόλεις καὶ τὰς
4 προϋπαρχούσας ἐξηρτύοντο ὡς ἐπὶ ναυμαχίαν. πέμπει δὲ
καὶ ὁ Φορμίων ἐς τὰς Ἀθήνας τήν τε παρασκευὴν αὐτῶν
ἀγγελοῦντας καὶ περὶ τῆς ναυμαχίας ἣν ἐνίκησαν φράσοντας, 15
καὶ κελεύων αὐτῷ ναῦς ὅτι πλείστας διὰ τάχους ἀποστεῖλαι,
ὡς καθ᾽ ἡμέραν ἑκάστην ἐλπίδος οὔσης αἰεὶ ναυμαχήσειν.
5 οἱ δὲ ἀποπέμπουσιν εἴκοσι ναῦς αὐτῷ, τῷ δὲ κομίζοντι αὐτὰς
προσεπέστειλαν ἐς Κρήτην πρῶτον ἀφικέσθαι. Νικίας γὰρ
Κρὴς Γορτύνιος πρόξενος ὢν πείθει αὐτοὺς ἐπὶ Κυδωνίαν 20
πλεῦσαι, φάσκων προσποιήσειν αὐτὴν οὖσαν πολεμίαν·
ἐπῆγε δὲ Πολιχνίταις χαριζόμενος ὁμόροις τῶν Κυδωνιατῶν.
6 καὶ ὁ μὲν λαβὼν τὰς ναῦς ᾤχετο ἐς Κρήτην, καὶ μετὰ τῶν
Πολιχνιτῶν ἐδῄου τὴν γῆν τῶν Κυδωνιατῶν, καὶ ὑπ᾽ ἀνέμων
86 καὶ ἀπλοίας ἐνδιέτριψεν οὐκ ὀλίγον χρόνον· οἱ δ᾽ ἐν τῇ 25
Κυλλήνῃ Πελοποννήσιοι, ἐν τούτῳ ἐν ᾧ οἱ Ἀθηναῖοι περὶ
Κρήτην κατείχοντο, παρεσκευασμένοι ὡς ἐπὶ ναυμαχίαν
παρέπλευσαν ἐς Πάνορμον τὸν Ἀχαϊκόν, οὗπερ αὐτοῖς ὁ
κατὰ γῆν στρατὸς τῶν Πελοποννησίων προσεβεβοηθήκει.
2 παρέπλευσε δὲ καὶ ὁ Φορμίων ἐπὶ τὸ Ῥίον τὸ Μολυκρικὸν 30

1 ἐκείνων] ἐκεῖθεν ΑΒΕΓΜ   5 κατασκευάζεσθαι ΑΒΕΓΜ
12 τοῦ om. ΑΒΕΓΜ   περιήγγελλον ΑΒΕΓΜ   16 αυτῷ ΟΜ:
αντῶν cett.   25 post καὶ add. ὑπὸ ΑΒΕΓΜ   26 post περὶ add.
τὴν Μ

καὶ ὡρμίσατο ἔξω αὐτοῦ ναυσὶν εἴκοσιν, αἷσπερ καὶ ἐναυ-
μάχησεν. ἦν δὲ τοῦτο μὲν τὸ 'Ρίον φίλιον τοῖς 'Αθηναίοις, 3
τὸ δ' ἕτερον 'Ρίον ἐστὶν ἀντιπέρας, τὸ ἐν τῇ Πελοποννήσῳ·
διέχετον δὲ ἀπ' ἀλλήλων σταδίους μάλιστα ἑπτὰ τῆς θα-
5 λάσσης, τοῦ δὲ Κρισαίου κόλπου στόμα τοῦτό ἐστιν. ἐπὶ 4
οὖν τῷ 'Ρίῳ τῷ 'Αχαϊκῷ οἱ Πελοποννήσιοι, ἀπέχοντι οὐ
πολὺ τοῦ Πανόρμου, ἐν ᾧ αὐτοῖς ὁ πεζὸς ἦν, ὡρμίσαντο
καὶ αὐτοὶ ναυσὶν ἑπτὰ καὶ ἑβδομήκοντα, ἐπειδὴ καὶ τοὺς
'Αθηναίους εἶδον. καὶ ἐπὶ μὲν ἓξ ἢ ἑπτὰ ἡμέρας ἀνθώρμουν· 5
10 ἀλλήλοις μελετῶντές τε καὶ παρασκευαζόμενοι τὴν ναυμα-
χίαν, γνώμην ἔχοντες οἱ μὲν μὴ ἐκπλεῖν ἔξω τῶν 'Ρίων ἐς
τὴν εὐρυχωρίαν, φοβούμενοι τὸ πρότερον πάθος, οἱ δὲ μὴ
ἐσπλεῖν ἐς τὰ στενά, νομίζοντες πρὸς ἐκείνων εἶναι τὴν ἐν
ὀλίγῳ ναυμαχίαν. ἔπειτα ὁ Κνῆμος καὶ ὁ Βρασίδας καὶ οἱ 6
15 ἄλλοι τῶν Πελοποννησίων στρατηγοί, βουλόμενοι ἐν τάχει τὴν
ναυμαχίαν ποιῆσαι πρίν τι καὶ ἀπὸ τῶν 'Αθηναίων ἐπιβοη-
θῆσαι, ξυνεκάλεσαν τοὺς στρατιώτας πρῶτον, καὶ ὁρῶντες
αὐτῶν τοὺς πολλοὺς διὰ τὴν προτέραν ἧσσαν φοβουμένους
καὶ οὐ προθύμους ὄντας παρεκελεύσαντο καὶ ἔλεξαν τοιάδε.

20 ''Η μὲν γενομένη ναυμαχία, ὦ ἄνδρες Πελοποννήσιοι, 87
εἴ τις ἄρα δι' αὐτὴν ὑμῶν φοβεῖται τὴν μέλλουσαν, οὐχὶ
δικαίαν ἔχει τέκμαρσιν τὸ ἐκφοβῆσαι. τῇ τε γὰρ παρα- 2
σκευῇ ἐνδεὴς ἐγένετο, ὥσπερ ἴστε, καὶ οὐχὶ ἐς ναυμαχίαν
μᾶλλον ἢ ἐπὶ στρατείαν ἐπλέομεν· ξυνέβη δὲ καὶ τὰ ἀπὸ
25 τῆς τύχης οὐκ ὀλίγα ἐναντιωθῆναι, καί πού τι καὶ ἡ ἀπειρία
πρῶτον ναυμαχοῦντας ἔσφηλεν. ὥστε οὐ κατὰ τὴν ἡμετέραν 3
κακίαν τὸ ἡσσᾶσθαι προσεγένετο, οὐδὲ δίκαιον τῆς γνώμης
τὸ μὴ κατὰ κράτος νικηθέν, ἔχον δέ τινα ἐν αὐτῷ ἀντιλογίαν,
τῆς γε ξυμφορᾶς τῷ ἀποβάντι ἀμβλύνεσθαι, νομίσαι δὲ
30 ταῖς μὲν τύχαις ἐνδέχεσθαι σφάλλεσθαι τοὺς ἀνθρώπους,

3 'Ρίον secl. Cobet   4 διέχετον Benedict: διείχετον codd.
8 πεντήκοντα C   22 τὸ] τοῦ codex Stephani   27 ἡσσῆσθαι
A B E F (G) M Lex. Vind.   28 μὴ om. B   αὐτῷ recc.: αὑτῷ codd.
29 γε c G: om. M: τε cett.

ταῖς δὲ γνώμαις τοὺς αὐτοὺς αἰεὶ ὀρθῶς ἀνδρείους εἶναι,
καὶ μὴ ἀπειρίαν τοῦ ἀνδρείου παρόντος προβαλλομένους
4 εἰκότως ἂν ἔν τωι κακοὺς γενέσθαι. ὑμῶν δὲ οὐδ' ἡ
ἀπειρία τοσοῦτον λείπεται ὅσον τόλμῃ προύχετε· τῶνδε δὲ
ἡ ἐπιστήμη, ἣν μάλιστα φοβεῖσθε, ἀνδρείαν μὲν ἔχουσα 5
καὶ μνήμην ἕξει ἐν τῷ δεινῷ ἐπιτελεῖν ἃ ἔμαθεν, ἄνευ δὲ
εὐψυχίας οὐδεμία τέχνη πρὸς τοὺς κινδύνους ἰσχύει. φόβος
γὰρ μνήμην ἐκπλήσσει, τέχνη δὲ ἄνευ ἀλκῆς οὐδὲν ὠφελεῖ.
5 πρὸς μὲν οὖν τὸ ἐμπειρότερον αὐτῶν τὸ τολμηρότερον ἀντι-
τάξασθε, πρὸς δὲ τὸ διὰ τὴν ἧσσαν δεδιέναι τὸ ἀπαράσκευοι 10
6 τότε τυχεῖν. περιγίγνεται δὲ ὑμῖν πλῆθός τε νεῶν καὶ πρὸς
τῇ γῇ οἰκείᾳ οὔσῃ ὁπλιτῶν παρόντων ναυμαχεῖν· τὰ δὲ
πολλὰ τῶν πλεόνων καὶ ἄμεινον παρεσκευασμένων τὸ κρά-
7 τος ἐστίν. ὥστε οὐδὲ καθ' ἓν εὑρίσκομεν εἰκότως ἂν ἡμᾶς
σφαλλομένους· καὶ ὅσα ἡμάρτομεν πρότερον, νῦν αὐτὰ 15
8 ταῦτα προσγενόμενα διδασκαλίαν παρέξει. θαρσοῦντες οὖν
καὶ κυβερνῆται καὶ ναῦται τὸ καθ' ἑαυτὸν ἕκαστος ἕπεσθε,
9 χώραν μὴ προλείποντες ᾗ ἄν τις προσταχθῇ. τῶν δὲ
πρότερον ἡγεμόνων οὐ χεῖρον τὴν ἐπιχείρησιν ἡμεῖς παρα-
σκευάσομεν, καὶ οὐκ ἐνδώσομεν πρόφασιν οὐδενὶ κακῷ 20
γενέσθαι· ἢν δέ τις ἄρα καὶ βουληθῇ, κολασθήσεται τῇ
πρεπούσῃ ζημίᾳ, οἱ δὲ ἀγαθοὶ τιμήσονται τοῖς προσήκουσιν
ἄθλοις τῆς ἀρετῆς.'

88 Τοιαῦτα μὲν τοῖς Πελοποννησίοις οἱ ἄρχοντες παρε-
κελεύσαντο. ὁ δὲ Φορμίων δεδιὼς καὶ αὐτὸς τὴν τῶν 25
στρατιωτῶν ὀρρωδίαν καὶ αἰσθόμενος ὅτι τὸ πλῆθος τῶν
νεῶν κατὰ σφᾶς αὐτοὺς ξυνιστάμενοι ἐφοβοῦντο, ἐβούλετο
ξυγκαλέσας θαρσῦναί τε καὶ παραίνεσιν ἐν τῷ παρόντι
2 ποιήσασθαι. πρότερον μὲν γὰρ αἰεὶ αὐτοῖς ἔλεγε καὶ προ-
παρεσκεύαζε τὰς γνώμας ὡς οὐδὲν αὐτοῖς πλῆθος νεῶν 30
τοσοῦτον, ἢν ἐπιπλέῃ, ὅτι οὐχ ὑπομενετέον ἐστί, καὶ οἱ

1 ἀνδρείους ὀρθῶς Α Β Ε F Μ   4 προέχετε (sic) G M : προσέχετε
cett.   29 αὐτοῖς f⟨G⟩ M : αὐτοὺς cett.   31 τοσούτων Α Β Ε F
post ὑπομενετέον add. αὐτοῖς Α Β Ε F⟨G⟩ M

στρατιῶται ἐκ πολλοῦ ἐν σφίσιν αὐτοῖς τὴν ἀξίωσιν ταύτην
εἰλήφεσαν, μηδένα ὄχλον Ἀθηναῖοι ὄντες Πελοποννησίων
νεῶν ὑποχωρεῖν· τότε δὲ πρὸς τὴν παροῦσαν ὄψιν ὁρῶν 3
αὐτοὺς ἀθυμοῦντας ἐβούλετο ὑπόμνησιν ποιήσασθαι τοῦ
5 θαρσεῖν, καὶ ξυγκαλέσας τοὺς Ἀθηναίους ἔλεγε τοιάδε.

'Ὁρῶν ὑμᾶς, ὦ ἄνδρες στρατιῶται, πεφοβημένους τὸ 89
πλῆθος τῶν ἐναντίων ξυνεκάλεσα, οὐκ ἀξιῶν τὰ μὴ δεινὰ
ἐν ὀρρωδίᾳ ἔχειν. οὗτοι γὰρ πρῶτον μὲν διὰ τὸ προνενική- 2
σθαι καὶ μηδ' αὐτοὶ οἴεσθαι ὁμοῖοι ἡμῖν εἶναι τὸ πλῆθος
10 τῶν νεῶν καὶ οὐκ ἀπὸ τοῦ ἴσου παρεσκευάσαντο· ἔπειτα
ᾧ μάλιστα πιστεύοντες προσέρχονται, ὡς προσῆκον σφίσιν
ἀνδρείοις εἶναι, οὐ δι' ἄλλο τι θαρσοῦσιν ἢ διὰ τὴν ἐν τῷ
πεζῷ ἐμπειρίαν τὰ πλείω κατορθοῦντες, καὶ οἴονται σφίσι
καὶ ἐν τῷ ναυτικῷ ποιήσειν τὸ αὐτό. τὸ δ' ἐκ τοῦ δικαίου 3
15 ἡμῖν μᾶλλον νῦν περιέσται, εἴπερ καὶ τούτοις ἐν ἐκείνῳ,
ἐπεὶ εὐψυχίᾳ γε οὐδὲν προφέρουσι, τῷ δὲ ἑκάτεροί τι εἶναι
ἐμπειρότεροι θρασύτεροί ἐσμεν. Λακεδαιμόνιοί τε ἡγού- 4
μενοι αὐτῶν διὰ τὴν σφετέραν δόξαν ἄκοντας προσάγουσι
τοὺς πολλοὺς ἐς τὸν κίνδυνον, ἐπεὶ οὐκ ἄν ποτε ἐνεχείρησαν
20 ἡσσηθέντες παρὰ πολὺ αὖθις ναυμαχεῖν. μὴ δὴ αὐτῶν τὴν 5
τόλμαν δείσητε. πολὺ δὲ ὑμεῖς ἐκείνοις πλείω φόβον
παρέχετε καὶ πιστότερον κατά τε τὸ προνενικηκέναι καὶ ὅτι
οὐκ ἂν ἡγοῦνται μὴ μέλλοντάς τι ἄξιον τοῦ παρὰ πολὺ
πράξειν ἀνθίστασθαι ὑμᾶς. ἀντίπαλοι μὲν γὰρ οἱ πλείους, 6
25 ὥσπερ οὗτοι, τῇ δυνάμει τὸ πλέον πίσυνοι ἢ τῇ γνώμῃ
ἐπέρχονται· οἱ δὲ ἐκ πολλῷ ὑποδεεστέρων, καὶ ἅμα οὐκ
ἀναγκαζόμενοι, μέγα τι τῆς διανοίας τὸ βέβαιον ἔχοντες
ἀντιτολμῶσιν. ἃ λογιζόμενοι οὗτοι τῷ οὐκ εἰκότι πλέον
πεφόβηνται ἡμᾶς ἢ τῇ κατὰ λόγον παρασκευῇ. πολλὰ δὲ 7
30 καὶ στρατόπεδα ἤδη ἔπεσεν ὑπ' ἐλασσόνων τῇ ἀπειρίᾳ, ἔστι

5 ἔλεγε C : ἔλεξε cett.   16 τι om. ABFM   ἐμπειρότεροι
εἶναι ABEFM   18 αὐτῶν] τῶν ξυμμάχων ABEFM   19 ἐπε-
χείρησαν ABEFM   24 ὑμᾶς C : ἡμᾶς cett. Schol.   26 πολλῷ
EfgM : πολλῶν cett.

δὲ ἃ καὶ τῇ ἀτολμίᾳ· ὧν οὐδετέρου ἡμεῖς νῦν μετέχομεν.
8 τὸν δὲ ἀγῶνα οὐκ ἐν τῷ κόλπῳ ἑκὼν εἶναι ποιήσομαι οὐδ'
ἐσπλεύσομαι ἐς αὐτόν. ὁρῶ γὰρ ὅτι πρὸς πολλὰς ναῦς
ἀνεπιστήμονας ὀλίγαις ναυσὶν ἐμπείροις καὶ ἄμεινον πλεού-
σαις ἢ στενοχωρία οὐ ξυμφέρει. οὔτε γὰρ ἂν ἐπιπλεύσειέ 5
τις ὡς χρὴ ἐς ἐμβολήν, μὴ ἔχων τὴν πρόσοψιν τῶν πολε-
μίων ἐκ πολλοῦ, οὔτ' ἂν ἀποχωρήσειεν ἐν δέοντι πιεζό-
μενος· διέκπλοι τε οὐκ εἰσὶν οὐδ' ἀναστροφαί, ἅπερ νεῶν
ἄμεινον πλεουσῶν ἔργα ἐστίν, ἀλλὰ ἀνάγκη ἂν εἴη τὴν
ναυμαχίαν πεζομαχίαν καθίστασθαι, καὶ ἐν τούτῳ αἱ πλείους 10
9 νῆες κρείσσους γίγνονται. τούτων μὲν οὖν ἐγὼ ἕξω τὴν
πρόνοιαν κατὰ τὸ δυνατόν· ὑμεῖς δὲ εὔτακτοι παρὰ ταῖς
ναυσὶ μένοντες τά τε παραγγελλόμενα ὀξέως δέχεσθε,
ἄλλως τε καὶ δι' ὀλίγου τῆς ἐφορμήσεως οὔσης, καὶ ἐν τῷ
ἔργῳ κόσμον καὶ σιγὴν περὶ πλείστου ἡγεῖσθε, ὃ ἔς τε τὰ 15
πολλὰ τῶν πολεμίων ξυμφέρει καὶ ναυμαχίᾳ οὐχ ἥκιστα,
10 ἀμύνεσθέ τε τούσδε ἀξίως τῶν προειργασμένων. ὁ δὲ
ἀγὼν μέγας ὑμῖν, ἢ καταλῦσαι Πελοποννησίων τὴν ἐλπίδα
τοῦ ναυτικοῦ ἢ ἐγγυτέρω καταστῆσαι Ἀθηναίοις τὸν φόβον
11 περὶ τῆς θαλάσσης. ἀναμιμνήσκω δ' αὖ ὑμᾶς ὅτι νενική- 20
κατε αὐτῶν τοὺς πολλούς· ἡσσημένων δὲ ἀνδρῶν οὐκ
ἐθέλουσιν αἱ γνῶμαι πρὸς τοὺς αὐτοὺς κινδύνους ὁμοῖαι
εἶναι.'

90   Τοιαῦτα δὲ καὶ ὁ Φορμίων παρεκελεύσατο. οἱ δὲ Πελο-
ποννήσιοι, ἐπειδὴ αὐτοῖς οἱ Ἀθηναῖοι οὐκ ἐπέπλεον ἐς τὸν 25
κόλπον καὶ τὰ στενά, βουλόμενοι ἄκοντας ἔσω προαγαγεῖν
αὐτούς, ἀναγαγόμενοι ἅμα ἕῳ ἔπλεον, ἐπὶ τεσσάρων ταξά-
μενοι τὰς ναῦς ἐπὶ τὴν ἑαυτῶν γῆν, ἔσω ἐπὶ τοῦ κόλπου,
2 δεξιῷ κέρᾳ ἡγουμένῳ, ὥσπερ καὶ ὥρμουν· ἐπὶ δ' αὐτῷ

6 πρόοψιν Bekker   12 post ταῖς add. τε A B E F M   15 ὃ ἔς τε
Stephanus : quae . . . in aliis rebus Valla : ὥστε codd.   16 πολεμικῶν
A B E F(G) M : post πολεμικῶν add. καὶ A B E F M   κἂν Hude
17 ἀμύνεσθέ C : ἀμύνασθε cett.   τε] δὲ A B E F M   24 prius δὲ] μὲν
B F G M   παρεκελεύετο A B F M   27 ἀναγόμενοι A B E F M
28 prius ἐπί] παρὰ C G

εἴκοσιν ἔταξαν τὰς ἄριστα πλεούσας, ὅπως, εἰ ἄρα νομίσας
ἐπὶ τὴν Ναύπακτον αὐτοὺς πλεῖν ὁ Φορμίων καὶ αὐτὸς
ἐπιβοηθῶν ταύτῃ παραπλέοι, μὴ διαφύγοιεν πλέοντα τὸν
ἐπίπλουν σφῶν οἱ Ἀθηναῖοι ἔξω τοῦ ἑαυτῶν κέρως, ἀλλ᾿
5 αὗται αἱ νῆες περικλήσειαν. ὁ δέ, ὅπερ ἐκεῖνοι προσ- 3
εδέχοντο, φοβηθεὶς περὶ τῷ χωρίῳ ἐρήμῳ ὄντι, ὡς ἑώρα
ἀναγομένους αὐτούς, ἄκων καὶ κατὰ σπουδὴν ἐμβιβάσας
ἔπλει παρὰ τὴν γῆν· καὶ ὁ πεζὸς ἅμα τῶν Μεσσηνίων
παρεβοήθει. ἰδόντες δὲ οἱ Πελοποννήσιοι κατὰ μίαν ἐπὶ 4
10 κέρως παραπλέοντας καὶ ἤδη ὄντας ἐντὸς τοῦ κόλπου τε καὶ
πρὸς τῇ γῇ, ὅπερ ἐβούλοντο μάλιστα, ἀπὸ σημείου ἑνὸς
ἄφνω ἐπιστρέψαντες τὰς ναῦς μετωπηδὸν ἔπλεον, ὡς εἶχε
τάχους ἕκαστος, ἐπὶ τοὺς Ἀθηναίους, καὶ ἤλπιζον πάσας
τὰς ναῦς ἀπολήψεσθαι. τῶν δὲ ἕνδεκα μέν τινες αἵπερ 5
15 ἡγοῦντο ὑπεκφεύγουσι τὸ κέρας τῶν Πελοποννησίων καὶ
τὴν ἐπιστροφὴν ἐς τὴν εὐρυχωρίαν· τὰς δ᾿ ἄλλας ἐπικατα-
λαβόντες ἐξέωσάν τε πρὸς τὴν γῆν ὑποφευγούσας καὶ
διέφθειραν, ἄνδρας τε τῶν Ἀθηναίων ἀπέκτειναν ὅσοι μὴ
ἐξένευσαν αὐτῶν. καὶ τῶν νεῶν τινὰς ἀναδούμενοι εἷλκον 6
20 κενάς (μίαν δὲ αὐτοῖς ἀνδράσιν εἷλον ἤδη), τὰς δέ τινας οἱ
Μεσσήνιοι παραβοηθήσαντες καὶ ἐπεσβαίνοντες ξὺν τοῖς
ὅπλοις ἐς τὴν θάλασσαν καὶ ἐπιβάντες ἀπὸ τῶν καταστρω-
μάτων μαχόμενοι ἀφείλοντο ἑλκομένας ἤδη.

Ταύτῃ μὲν οὖν οἱ Πελοποννήσιοι ἐκράτουν τε καὶ 91
25 διέφθειραν τὰς Ἀττικὰς ναῦς· αἱ δὲ εἴκοσι νῆες αὐτῶν αἱ
ἀπὸ τοῦ δεξιοῦ κέρως ἐδίωκον τὰς ἕνδεκα ναῦς τῶν Ἀθηναίων
αἵπερ ὑπεξέφυγον τὴν ἐπιστροφὴν ἐς τὴν εὐρυχωρίαν. καὶ
φθάνουσιν αὐτοὺς πλὴν μιᾶς νεὼς προκαταφυγοῦσαι ἐς τὴν
Ναύπακτον, καὶ σχοῦσαι ἀντίπρωροι κατὰ τὸ Ἀπολλώνιον

---

1 post εἴκοσι add. ναῦς C G   3 ταύτῃ] αὐτῇ C G   πλέοντες
Dobree   5 αὐταὶ A B E F M   14 τινες C⟨G⟩: om. cett.
16 -λαβόν]τες incipit Π⁴   20 εἷλον] εἶχον C G [Π⁴]   25 διέφθειραν C :
διέφθειρον c G : ἔφθειραν γρ. G : ἔφθειρον A B E F M [Π⁴]   27 ὑπο-
στροφὴν A B E F   28 ἐς] πρὸς C Π⁴   29 σχοῦσαι f M Π⁴ : ἴσχουσαι
cett.   τὸ om. A B E F M

παρεσκευάζοντο ἀμυνούμενοι, ἦν ἐς τὴν γῆν ἐπὶ σφᾶς
2 πλέωσιν. οἱ δὲ παραγενόμενοι ὕστερον ἐπαιάνιζόν τε ἅμα
πλέοντες ὡς νενικηκότες, καὶ τὴν μίαν ναῦν τῶν Ἀθηναίων
τὴν ὑπόλοιπον ἐδίωκε Λευκαδία ναῦς μία πολὺ πρὸ τῶν
3 ἄλλων. ἔτυχε δὲ ὁλκὰς ὁρμοῦσα μετέωρος, περὶ ἣν ἡ 5
Ἀττικὴ ναῦς φθάσασα καὶ περιπλεύσασα τῇ Λευκαδίᾳ
4 διωκούσῃ ἐμβάλλει μέσῃ καὶ καταδύει. τοῖς μὲν οὖν Πελο-
ποννησίοις γενομένου τούτου ἀπροσδοκήτου τε καὶ παρὰ
λόγον φόβος ἐμπίπτει, καὶ ἅμα ἀτάκτως διώκοντες διὰ τὸ
κρατεῖν αἱ μέν τινες τῶν νεῶν καθεῖσαι τὰς κώπας ἐπέστη- 10
σαν τοῦ πλοῦ, ἀξύμφορον δρῶντες πρὸς τὴν ἐξ ὀλίγου
ἀντεφόρμησιν, βουλόμενοι τὰς πλείους περιμεῖναι, αἱ δὲ καὶ
92 ἐς βράχεα ἀπειρίᾳ χωρίων ὤκειλαν. τοὺς δ᾽ Ἀθηναίους
ἰδόντας ταῦτα γιγνόμενα θάρσος τε ἔλαβε, καὶ ἀπὸ ἑνὸς
κελεύσματος ἐμβοήσαντες ἐπ᾽ αὐτοὺς ὥρμησαν. οἱ δὲ διὰ 15
τὰ ὑπάρχοντα ἁμαρτήματα καὶ τὴν παροῦσαν ἀταξίαν ὀλίγον
μὲν χρόνον ὑπέμειναν, ἔπειτα δὲ ἐτράποντο ἐς τὸν Πάνορμον,
2 ὅθενπερ ἀνηγάγοντο. ἐπιδιώκοντες δὲ οἱ Ἀθηναῖοι τάς
τε ἐγγὺς οὔσας μάλιστα ναῦς ἔλαβον ἐξ καὶ τὰς ἑαυτῶν
ἀφείλοντο, ἃς ἐκεῖνοι πρὸς τῇ γῇ διαφθείραντες τὸ πρῶτον 20
ἀνεδήσαντο· ἄνδρας τε τοὺς μὲν ἀπέκτειναν, τινὰς δὲ καὶ
3 ἐζώγρησαν. ἐπὶ δὲ τῆς Λευκαδίας νεώς, ἣ περὶ τὴν
ὁλκάδα κατέδυ, Τιμοκράτης ὁ Λακεδαιμόνιος πλέων, ὡς ἡ
ναῦς διεφθείρετο, ἔσφαξεν ἑαυτόν, καὶ ἐξέπεσεν ἐς τὸν
4 Ναυπακτίων λιμένα. ἀναχωρήσαντες δὲ οἱ Ἀθηναῖοι τρο- 25
παῖον ἔστησαν, ὅθεν ἀναγαγόμενοι ἐκράτησαν, καὶ τοὺς
νεκροὺς καὶ τὰ ναυάγια ὅσα πρὸς τῇ ἑαυτῶν ἦν ἀνείλοντο,
5 καὶ τοῖς ἐναντίοις τὰ ἐκείνων ὑπόσπονδα ἀπέδοσαν. ἔστη-
σαν δὲ καὶ οἱ Πελοποννήσιοι τροπαῖον ὡς νενικηκότες τῆς
τροπῆς, ἃς πρὸς τῇ γῇ διέφθειραν ναῦς· καὶ ἥνπερ ἔλαβον 30

1 [ἀμυ]νούμεναι Π⁴   2 ἐπαιάνιζόν f G : ἐπαιωνιζόν cett. γρ. G¹ [Π⁴]
3 τ[ῶν desinit Π⁴   6 καὶ περιπλεύσασα om. A B   12 ἀντεξόρμησιν
A B E F M suprascr. G   24 ἑαυτόν C f ⟨G⟩ M : αὐτὸν vel αὑτὸν cett.
25 Ναυπάκτιον C G   26 ἀναγόμενοι A B E F ⟨G⟩ M   29 οἱ om. C
30 ναῦς διέφθειραν A B E F M

ναῦν, ἀνέθεσαν ἐπὶ τὸ Ῥίον τὸ Ἀχαϊκὸν παρὰ τὸ τροπαῖον.
μετὰ δὲ ταῦτα φοβούμενοι τὴν ἀπὸ τῶν Ἀθηναίων βοήθειαν 6
ὑπὸ νύκτα ἐσέπλευσαν ἐς τὸν κόλπον τὸν Κρισαῖον καὶ
Κόρινθον ἅπαντες πλὴν Λευκαδίων. καὶ οἱ ἐκ τῆς Κρήτης 7
5 Ἀθηναῖοι ταῖς εἴκοσι ναυσίν, αἷς ἔδει πρὸ τῆς ναυμαχίας
τῷ Φορμίωνι παραγενέσθαι, οὐ πολλῷ ὕστερον τῆς ἀναχωρή-
σεως τῶν νεῶν ἀφικνοῦνται ἐς τὴν Ναύπακτον. καὶ τὸ
θέρος ἐτελεύτα.

Πρὶν δὲ διαλῦσαι τὸ ἐς Κόρινθόν τε καὶ τὸν Κρισαῖον 93
10 κόλπον ἀναχώρησαν ναυτικόν, ὁ Κνῆμος καὶ ὁ Βρασίδας καὶ
οἱ ἄλλοι ἄρχοντες τῶν Πελοποννησίων ἀρχομένου τοῦ
χειμῶνος ἐβούλοντο διδαξάντων Μεγαρέων ἀποπειρᾶσαι τοῦ
Πειραιῶς τοῦ λιμένος τῶν Ἀθηναίων· ἦν δὲ ἀφύλακτος καὶ
ἄκλῃστος εἰκότως διὰ τὸ ἐπικρατεῖν πολὺ τῷ ναυτικῷ.
15 ἐδόκει δὲ λαβόντα τῶν ναυτῶν ἕκαστον τὴν κώπην καὶ τὸ 2
ὑπηρέσιον καὶ τὸν τροπωτῆρα πεζῇ ἰέναι ἐκ Κορίνθου ἐπὶ
τὴν πρὸς Ἀθήνας θάλασσαν καὶ ἀφικομένους κατὰ τάχος
ἐς Μέγαρα καθελκύσαντας ἐκ Νισαίας τοῦ νεωρίου αὐτῶν
τεσσαράκοντα ναῦς, αἳ ἔτυχον αὐτόθι οὖσαι, πλεῦσαι εὐθὺς
20 ἐπὶ τὸν Πειραιᾶ· οὔτε γὰρ ναυτικὸν ἦν προφυλάσσον ἐν 3
αὐτῷ οὐδὲν οὔτε προσδοκία οὐδεμία μὴ ἄν ποτε οἱ πολέμιοι
ἐξαπιναίως οὕτως ἐπιπλεύσειαν, ἐπεὶ οὐδ᾽ ἀπὸ τοῦ προφα-
νοῦς τολμῆσαι ἂν καθ᾽ ἡσυχίαν, οὐδ᾽ εἰ διενοοῦντο, μὴ οὐκ
ἂν προαισθέσθαι. ὡς δὲ ἔδοξεν αὐτοῖς, καὶ ἐχώρουν εὐθύς· 4
25 καὶ ἀφικόμενοι νυκτὸς καὶ καθελκύσαντες ἐκ τῆς Νισαίας
τὰς ναῦς ἔπλεον ἐπὶ μὲν τὸν Πειραιᾶ οὐκέτι, ὥσπερ διε-
νοοῦντο, καταδείσαντες τὸν κίνδυνον (καί τις καὶ ἄνεμος
αὐτοὺς λέγεται κωλῦσαι), ἐπὶ δὲ τῆς Σαλαμῖνος τὸ ἀκρωτή-
ριον τὸ πρὸς Μέγαρα ὁρῶν· καὶ φρούριον ἐπ᾽ αὐτοῦ ἦν
30 καὶ νεῶν τριῶν φυλακὴ τοῦ μὴ ἐσπλεῖν Μεγαρεῦσι μηδὲ

3 prius τὸν C M : om. cett.   4 πάντες A B E F M   12 post διδα-
ξάντων add. τῶν C G   13 τοῦ λιμένος τῶν Ἀθηναίων secl. Naber
22, 23 οὔτ᾽ . . . οὔτ᾽ Bekker   28 λέγεται αὐτοὺς A B E F M

ἐκπλεῖν μηδέν. τῷ τε φρουρίῳ προσέβαλον καὶ τὰς τριήρεις
ἀφείλκυσαν κενάς, τήν τε ἄλλην Σαλαμῖνα ἀπροσδοκήτοις
94 ἐπιπεσόντες ἐπόρθουν. ἐς δὲ τὰς Ἀθήνας φρυκτοί τε ἤροντο
πολέμιοι καὶ ἔκπληξις ἐγένετο οὐδεμιᾶς τῶν κατὰ τὸν
πόλεμον ἐλάσσων. οἱ μὲν γὰρ ἐν τῷ ἄστει ἐς τὸν Πειραιᾶ 5
ᾤοντο τοὺς πολεμίους ἐσπεπλευκέναι ἤδη, οἱ δ᾽ ἐν τῷ
Πειραιεῖ τήν τε Σαλαμῖνα ᾑρῆσθαι καὶ παρὰ σφᾶς ὅσον οὐκ
ἐσπλεῖν αὐτούς· ὅπερ ἄν, εἰ ἐβουλήθησαν μὴ κατοκνῆσαι,
2 ῥᾳδίως ἐγένετο, καὶ οὐκ ἂν ἄνεμος ἐκώλυσεν. βοηθήσαντες
δὲ ἅμ᾽ ἡμέρᾳ πανδημεὶ οἱ Ἀθηναῖοι ἐς τὸν Πειραιᾶ ναῦς τε 10
καθεῖλκον καὶ ἐσβάντες κατὰ σπουδὴν καὶ πολλῷ θορύβῳ
ταῖς μὲν ναυσὶν ἐπὶ τὴν Σαλαμῖνα ἔπλεον, τῷ πεζῷ δὲ
3 φυλακὰς τοῦ Πειραιῶς καθίσταντο. οἱ δὲ Πελοποννήσιοι
ὡς ᾔσθοντο τὴν βοήθειαν, καταδραμόντες τῆς Σαλαμῖνος τὰ
πολλὰ καὶ ἀνθρώπους καὶ λείαν λαβόντες καὶ τὰς τρεῖς 15
ναῦς ἐκ τοῦ Βουδόρου τοῦ φρουρίου κατὰ τάχος ἐπὶ τῆς
Νισαίας ἀπέπλεον· ἔστι γὰρ ὅτι καὶ αἱ νῆες αὐτοὺς διὰ
χρόνου καθελκυσθεῖσαι καὶ οὐδὲν στέγουσαι ἐφόβουν. ἀφι-
κόμενοι δὲ ἐς τὰ Μέγαρα πάλιν ἐπὶ τῆς Κορίνθου ἀπεχώρησαν
4 πεζῇ· οἱ δ᾽ Ἀθηναῖοι οὐκέτι καταλαβόντες πρὸς τῇ Σαλαμῖνι 20
ἀπέπλευσαν καὶ αὐτοί, καὶ μετὰ τοῦτο φυλακὴν ἤδη τοῦ
Πειραιῶς μᾶλλον τὸ λοιπὸν ἐποιοῦντο λιμένων τε κλήσει καὶ
τῇ ἄλλῃ ἐπιμελείᾳ.

95 Ὑπὸ δὲ τοὺς αὐτοὺς χρόνους, τοῦ χειμῶνος τούτου ἀρχο-
μένου, Σιτάλκης ὁ Τήρεω Ὀδρύσης Θρᾳκῶν βασιλεὺς 25
ἐστράτευσεν ἐπὶ Περδίκκαν τὸν Ἀλεξάνδρου Μακεδονίας
βασιλέα καὶ ἐπὶ Χαλκιδέας τοὺς ἐπὶ Θρᾴκης, δύο ὑποσχέ-
σεις τὴν μὲν βουλόμενος ἀναπρᾶξαι, τὴν δὲ αὐτὸς ἀποδοῦναι.
2 ὅ τε γὰρ Περδίκκας αὐτῷ ὑποσχόμενος, εἰ Ἀθηναίοις τε

---

7 Σαλαμῖνα ᾑρῆσθαι] τῶν Σαλαμινίων πόλιν ἑαλωκέναι C G   post ᾑρῆ-
σθαι add. ἐνόμιζον A B E F M   9 post ῥᾳδίως add. ἂν A B E F M
14 ᾐσθάνοντο C   17 ἔπλεον A B E F M   ὅτι M : ὅτε cett.   19 τὰ
om. C G   ἐπὶ] ἀπὸ C G   20 πεζοὶ A B E F M   21 ἤδη] ἅμα
A B E F M   27 ante δύο add. διὰ C E G

διαλλάξειεν ἑαυτὸν κατ' ἀρχὰς τῷ πολέμῳ πιεζόμενον καὶ
Φίλιππον τὸν ἀδελφὸν αὐτοῦ πολέμιον ὄντα μὴ καταγάγοι
ἐπὶ βασιλείᾳ, ἃ ὑπεδέξατο οὐκ ἐπετέλει· τοῖς τε Ἀθηναίοις
αὐτὸς ὡμολογήκει, ὅτε τὴν ξυμμαχίαν ἐποιεῖτο, τὸν ἐπὶ
5 Θρᾴκης Χαλκιδικὸν πόλεμον καταλύσειν. ἀμφοτέρων οὖν 3
ἕνεκα τὴν ἔφοδον ἐποιεῖτο καὶ τόν τε Φιλίππου υἱὸν
Ἀμύνταν ὡς ἐπὶ βασιλείᾳ τῶν Μακεδόνων ἦγε καὶ τῶν
Ἀθηναίων πρέσβεις, οἳ ἔτυχον παρόντες τούτων ἕνεκα, καὶ
ἡγεμόνα Ἅγνωνα· ἔδει γὰρ καὶ τοὺς Ἀθηναίους ναυσί τε
10 καὶ στρατιᾷ ὡς πλείστῃ ἐπὶ τοὺς Χαλκιδέας παραγενέσθαι.
ἀνίστησιν οὖν ἐκ τῶν Ὀδρυσῶν ὁρμώμενος πρῶτον μὲν τοὺς 96
ἐντὸς τοῦ Αἵμου τε ὄρους καὶ τῆς Ῥοδόπης Θρᾷκας, ὅσων
ἦρχε μέχρι θαλάσσης [ἐς τὸν Εὔξεινόν τε πόντον καὶ τὸν
Ἑλλήσποντον], ἔπειτα τοὺς ὑπερβάντι Αἷμον Γέτας καὶ ὅσα
5 ἄλλα μέρη ἐντὸς τοῦ Ἴστρου ποταμοῦ πρὸς θάλασσαν μᾶλλον
τὴν τοῦ Εὐξείνου πόντου κατῴκητο· εἰσὶ δ' οἱ Γέται καὶ οἱ
ταύτῃ ὅμοροί τε τοῖς Σκύθαις καὶ ὁμόσκευοι, πάντες ἱππο-
τοξόται. παρεκάλει δὲ καὶ τῶν ὀρεινῶν Θρακῶν πολλοὺς 2
τῶν αὐτονόμων καὶ μαχαιροφόρων, οἳ Δῖοι καλοῦνται, τὴν
10 Ῥοδόπην οἱ πλεῖστοι οἰκοῦντες· καὶ τοὺς μὲν μισθῷ ἔπειθεν,
οἱ δ' ἐθελονταὶ ξυνηκολούθουν. ἀνίστη δὲ καὶ Ἀγριᾶνας 3
καὶ Λαιαίους καὶ ἄλλα ὅσα ἔθνη Παιονικὰ ὧν ἦρχε καὶ
ἔσχατοι τῆς ἀρχῆς οὗτοι ἦσαν· μέχρι γὰρ Λαιαίων Παιόνων
καὶ τοῦ Στρυμόνος ποταμοῦ, ὃς ἐκ τοῦ Σκόμβρου ὄρους δι'
15 Ἀγριάνων καὶ Λαιαίων ῥεῖ, [οὗ] ὡρίζετο ἡ ἀρχὴ τὰ πρὸς
Παίονας αὐτονόμους ἤδη. τὰ δὲ πρὸς Τριβαλλούς, καὶ 4
τούτους αὐτονόμους, Τρῆρες ὥριζον καὶ Τιλαταῖοι· οἰκοῦσι
δ' οὗτοι πρὸς βορέαν τοῦ Σκόμβρου ὄρους καὶ παρήκουσι
πρὸς ἡλίου δύσιν μέχρι τοῦ Ὀσκίου ποταμοῦ. ῥεῖ δ' οὗτος

---

23 γὰρ C et γρ. A B F M : Γραιαίων καὶ cett.   24 Σκόμβρου f γρ.
G¹ : Κοσμίου M : Σκομίου cett.   δι' Ἀγριάνων Classen : διὰ Γρα(ι)αίων
codd.   25 οὗ secl. Arnold   28 Σκόμβρου f : Κοσμίου M : Σκομίου
cett.

ἐκ τοῦ ὄρους ὅθενπερ καὶ ὁ Νέστος καὶ ὁ Ἕβρος· ἔστι δὲ
ἐρῆμον τὸ ὄρος καὶ μέγα, ἐχόμενον τῆς Ῥοδόπης.

97   Ἐγένετο δὲ ἡ ἀρχὴ ἡ Ὀδρυσῶν μέγεθος ἐπὶ μὲν θάλασσαν
καθήκουσα ἀπὸ Ἀβδήρων πόλεως ἐς τὸν Εὔξεινον πόντον
μέχρι Ἴστρου ποταμοῦ· αὕτη περίπλους ἐστὶν ἡ γῆ τὰ 5
ξυντομώτατα, ἢν αἰεὶ κατὰ πρύμναν ἱστῆται τὸ πνεῦμα, νηὶ
στρογγύλῃ τεσσάρων ἡμερῶν καὶ ἴσων νυκτῶν· ὁδῷ δὲ τὰ
ξυντομώτατα ἐξ Ἀβδήρων ἐς Ἴστρον ἀνὴρ εὔζωνος ἑνδεκα-
2 ταῖος τελεῖ. τὰ μὲν πρὸς θάλασσαν τοσαύτη ἦν, ἐς
ἤπειρον δὲ ἀπὸ Βυζαντίου ἐς Λαιαίους καὶ ἐπὶ τὸν Στρυμόνα 10
(ταύτῃ γὰρ διὰ πλείστου ἀπὸ θαλάσσης ἄνω ἐγίγνετο)
3 ἡμερῶν ἀνδρὶ εὐζώνῳ τριῶν καὶ δέκα ἀνύσαι. φόρος τε
ἐκ πάσης τῆς βαρβάρου καὶ τῶν Ἑλληνίδων πόλεων, ὅσον
προσῆξαν ἐπὶ Σεύθου, ὃς ὕστερον Σιτάλκου βασιλεύσας
πλεῖστον δὴ ἐποίησε, τετρακοσίων ταλάντων ἀργυρίου μά- 15
λιστα δύναμις, ἃ χρυσὸς καὶ ἄργυρος ᾔει· καὶ δῶρα οὐκ
ἐλάσσω τούτων χρυσοῦ τε καὶ ἀργύρου προσεφέρετο, χωρὶς
δὲ ὅσα ὑφαντά τε καὶ λεῖα καὶ ἡ ἄλλη κατασκευή, καὶ οὐ
μόνον αὐτῷ, ἀλλὰ καὶ τοῖς παραδυναστεύουσί τε καὶ γενναίοις
4 Ὀδρυσῶν. κατεστήσαντο γὰρ τοὐναντίον τῆς Περσῶν 20
βασιλείας τὸν νόμον, ὄντα μὲν καὶ τοῖς ἄλλοις Θραξί,
λαμβάνειν μᾶλλον ἢ διδόναι (καὶ αἴσχιον ἦν αἰτηθέντα μὴ
δοῦναι ἢ αἰτήσαντα μὴ τυχεῖν), ὅμως δὲ κατὰ τὸ δύνασθαι
ἐπὶ πλέον αὐτῷ ἐχρήσαντο· οὐ γὰρ ἦν πρᾶξαι οὐδὲν μὴ
διδόντα δῶρα. ὥστε ἐπὶ μέγα ἡ βασιλεία ἦλθεν ἰσχύος. 25
5 τῶν γὰρ ἐν τῇ Εὐρώπῃ ὅσαι μεταξὺ τοῦ Ἰονίου κόλπου καὶ
τοῦ Εὐξείνου πόντου μεγίστη ἐγένετο χρημάτων προσόδῳ
καὶ τῇ ἄλλῃ εὐδαιμονίᾳ, ἰσχύι δὲ μάχης καὶ στρατοῦ πλήθει
6 πολὺ δευτέρα μετὰ τὴν Σκυθῶν. ταύτῃ δὲ ἀδύνατα ἐξ-
ισοῦσθαι οὐχ ὅτι τὰ ἐν τῇ Εὐρώπῃ, ἀλλ᾽ οὐδ᾽ ἐν τῇ Ἀσίᾳ 30

---

1 post τοῦ add. Ὀρβηλοῦ Meineke   5 ante μέχρι add. τὸν
ABEFGM   13 ὅσον recc. : ὅσων codd.   ὅσωνπερ ἦρξαν Dobree
16 εἴη ABM : προσῄει Madvig   25 ἦλθε(ν) ἡ βασιλεία AB
29 τὴν] τῶν ABEFM

ἔθνος ἓν πρὸς ἓν οὐκ ἔστιν ὅτι δυνατὸν Σκύθαις ὁμογνω-
μονοῦσι πᾶσιν ἀντιστῆναι. οὐ μὴν οὐδ' ἐς τὴν ἄλλην
εὐβουλίαν καὶ ξύνεσιν περὶ τῶν παρόντων ἐς τὸν βίον
ἄλλοις ὁμοιοῦνται.

5   Σιτάλκης μὲν οὖν χώρας τοσαύτης βασιλεύων παρε- 98
σκευάζετο τὸν στρατόν. καὶ ἐπειδὴ αὐτῷ ἕτοιμα ἦν, ἄρας
ἐπορεύετο ἐπὶ τὴν Μακεδονίαν πρῶτον μὲν διὰ τῆς αὑτοῦ
ἀρχῆς, ἔπειτα διὰ Κερκίνης ἐρήμου ὄρους, ὅ ἐστι μεθόριον
Σιντῶν καὶ Παιόνων· ἐπορεύετο δὲ δι' αὐτοῦ τῇ ὁδῷ ἣν
10 πρότερον αὐτὸς ἐποιήσατο τεμὼν τὴν ὕλην, ὅτε ἐπὶ Παίονας
ἐστράτευσεν. τὸ δὲ ὄρος ἐξ Ὀδρυσῶν διιόντες ἐν δεξιᾷ μὲν 2
εἶχον Παίονας, ἐν ἀριστερᾷ δὲ Σιντοὺς καὶ Μαιδούς. διελ-
θόντες δὲ αὐτὸ ἀφίκοντο ἐς Δόβηρον τὴν Παιονικήν.
πορευομένῳ δὲ αὐτῷ ἀπεγίγνετο μὲν οὐδὲν τοῦ στρατοῦ εἰ 3
15 μή τι νόσῳ, προσεγίγνετο δέ· πολλοὶ γὰρ τῶν αὐτονόμων
Θρᾳκῶν ἀπαράκλητοι ἐφ' ἁρπαγὴν ἠκολούθουν, ὥστε τὸ
πᾶν πλῆθος λέγεται οὐκ ἔλασσον πέντε καὶ δέκα μυριάδων
γενέσθαι· καὶ τούτου τὸ μὲν πλέον πεζὸν ἦν, τριτημόριον 4
δὲ μάλιστα ἱππικόν. τοῦ δ' ἱππικοῦ τὸ πλεῖστον αὐτοὶ
20 Ὀδρύσαι παρείχοντο καὶ μετ' αὐτοὺς Γέται. τοῦ δὲ πεζοῦ
οἱ μαχαιροφόροι μαχιμώτατοι μὲν ἦσαν οἱ ἐκ τῆς Ῥοδόπης
αὐτόνομοι καταβάντες, ὁ δὲ ἄλλος ὅμιλος ξύμμεικτος πλήθει
φοβερώτατος ἠκολούθει. ξυνηθροίζοντο οὖν ἐν τῇ Δοβήρῳ 99
καὶ παρεσκευάζοντο, ὅπως κατὰ κορυφὴν ἐσβαλοῦσιν ἐς τὴν
25 κάτω Μακεδονίαν, ἧς ὁ Περδίκκας ἦρχεν. τῶν γὰρ Μακε- 2
δόνων εἰσὶ καὶ Λυγκησταὶ καὶ Ἐλιμιῶται καὶ ἄλλα ἔθνη
ἐπάνωθεν, ἃ ξύμμαχα μέν ἐστι τούτοις καὶ ὑπήκοα, βασιλείας
δ' ἔχει καθ' αὑτά. τὴν δὲ παρὰ θάλασσαν νῦν Μακεδονίαν 3
Ἀλέξανδρος ὁ Περδίκκου πατὴρ καὶ οἱ πρόγονοι αὐτοῦ,
30 Τημενίδαι τὸ ἀρχαῖον ὄντες ἐξ Ἄργους, πρῶτοι ἐκτήσαντο
καὶ ἐβασίλευσαν ἀναστήσαντες μάχῃ ἐκ μὲν Πιερίας Πίερας,
οἳ ὕστερον ὑπὸ τὸ Πάγγαιον πέραν Στρυμόνος ᾤκησαν

5 βασιλεύων χώρας τοσαύτης A B E F M   30 πρῶτοι C : πρῶτον cett.

Φάγρητα καὶ ἄλλα χωρία (καὶ ἔτι καὶ νῦν Πιερικὸς κόλπος
καλεῖται ἡ ὑπὸ τῷ Παγγαίῳ πρὸς θάλασσαν γῆ), ἐκ δὲ τῆς
Βοττίας καλουμένης Βοττιαίους, οἳ νῦν ὅμοροι Χαλκιδέων

4 οἰκοῦσιν· τῆς δὲ Παιονίας παρὰ τὸν Ἀξιὸν ποταμὸν
στενήν τινα καθήκουσαν ἄνωθεν μέχρι Πέλλης καὶ θαλάσ- 5
σης ἐκτήσαντο, καὶ πέραν Ἀξιοῦ μέχρι Στρυμόνος τὴν
Μυγδονίαν καλουμένην Ἠδῶνας ἐξελάσαντες νέμονται.

5 ἀνέστησαν δὲ καὶ ἐκ τῆς νῦν Ἐορδίας καλουμένης Ἐορδούς,
ὧν οἱ μὲν πολλοὶ ἐφθάρησαν, βραχὺ δέ τι αὐτῶν περὶ

6 Φύσκαν κατῴκηται, καὶ ἐξ Ἀλμωπίας Ἄλμωπας. ἐκράτησαν 10
δὲ καὶ τῶν ἄλλων ἐθνῶν οἱ Μακεδόνες οὗτοι, ἃ καὶ νῦν ἔτι
ἔχουσι, τόν τε Ἀνθεμοῦντα καὶ Γρηστωνίαν καὶ Βισαλτίαν
καὶ Μακεδόνων αὐτῶν πολλήν. τὸ δὲ ξύμπαν Μακεδονία
καλεῖται, καὶ Περδίκκας Ἀλεξάνδρου βασιλεὺς αὐτῶν ἦν
ὅτε Σιτάλκης ἐπῄει. 15

100   Καὶ οἱ μὲν Μακεδόνες οὗτοι ἐπιόντος πολλοῦ στρατοῦ
ἀδύνατοι ὄντες ἀμύνεσθαι ἔς τε τὰ καρτερὰ καὶ τὰ τείχη,

2 ὅσα ἦν ἐν τῇ χώρᾳ, ἐσεκομίσθησαν. ἦν δὲ οὐ πολλά, ἀλλὰ
ὕστερον Ἀρχέλαος ὁ Περδίκκου υἱὸς βασιλεὺς γενόμενος
τὰ νῦν ὄντα ἐν τῇ χώρᾳ ᾠκοδόμησε καὶ ὁδοὺς εὐθείας ἔτεμε 20
καὶ τἆλλα διεκόσμησε τά [τε] κατὰ τὸν πόλεμον ἵπποις καὶ
ὅπλοις καὶ τῇ ἄλλῃ παρασκευῇ κρείσσονι ἢ ξύμπαντες οἱ

3 ἄλλοι βασιλῆς ὀκτὼ οἱ πρὸ αὐτοῦ γενόμενοι. ὁ δὲ στρατὸς
τῶν Θρᾳκῶν ἐκ τῆς Δοβήρου ἐσέβαλε πρῶτον μὲν ἐς τὴν
Φιλίππου πρότερον οὖσαν ἀρχήν, καὶ εἷλεν Εἰδομενὴν μὲν 25
κατὰ κράτος, Γορτυνίαν δὲ καὶ Ἀταλάντην καὶ ἄλλα ἄττα
χωρία ὁμολογίᾳ διὰ τὴν Ἀμύντου φιλίαν προσχωροῦντα
τοῦ Φιλίππου υἱέος παρόντος· Εὐρωπὸν δὲ ἐπολιόρκησαν

4 μέν, ἑλεῖν δὲ οὐκ ἐδύναντο. ἔπειτα δὲ καὶ ἐς τὴν ἄλλην
Μακεδονίαν προυχώρει τὴν ἐν ἀριστερᾷ Πέλλης καὶ Κύρρου. 30
ἔσω δὲ τούτων ἐς τὴν Βοττιαίαν καὶ Πιερίαν οὐκ ἀφίκοντο,

ἀλλὰ τήν τε Μυγδονίαν καὶ Γρηστωνίαν καὶ Ἀνθεμοῦντα
ἐδῄουν. οἱ δὲ Μακεδόνες πεζῷ μὲν οὐδὲ διενοοῦντο ἀμύ- 5
νεσθαι, ἵππους δὲ προσμεταπεμψάμενοι ἀπὸ τῶν ἄνω ξυμ-
μάχων, ὅπῃ δοκοίη, ὀλίγοι πρὸς πολλοὺς ἐσέβαλλον ἐς τὸ
5 στράτευμα τῶν Θρᾳκῶν. καὶ ᾗ μὲν προσπέσοιεν, οὐδεὶς
ὑπέμενεν ἄνδρας ἱππέας τε ἀγαθοὺς καὶ τεθωρακισμένους,
ὑπὸ δὲ πλήθους περικλῃόμενοι αὐτοὺς πολλαπλασίῳ τῷ
ὁμίλῳ ἐς κίνδυνον καθίστασαν, ὥστε τέλος ἡσυχίαν ἦγον,
οὐ νομίζοντες ἱκανοὶ εἶναι πρὸς τὸ πλέον κινδυνεύειν. ὁ δὲ 101
10 Σιτάλκης πρός τε τὸν Περδίκκαν λόγους ἐποιεῖτο ὧν ἕνεκα
ἐστράτευσε, καὶ ἐπειδὴ οἱ Ἀθηναῖοι οὐ παρῆσαν ταῖς ναυσίν,
ἀπιστοῦντες αὐτὸν μὴ ἥξειν, δῶρα δὲ καὶ πρέσβεις ἔπεμψαν
αὐτῷ, ἔς τε τοὺς Χαλκιδέας καὶ Βοττιαίους μέρος τι τοῦ
στρατοῦ πέμπει, καὶ τειχήρεις ποιήσας ἐδῄου τὴν γῆν.
15 καθημένου δ' αὐτοῦ περὶ τοὺς χώρους τούτους οἱ πρὸς νότον 2
οἰκοῦντες Θεσσαλοὶ καὶ Μάγνητες καὶ οἱ ἄλλοι ὑπήκοοι
Θεσσαλῶν καὶ οἱ μέχρι Θερμοπυλῶν Ἕλληνες ἐφοβήθησαν
μὴ καὶ ἐπὶ σφᾶς ὁ στρατὸς χωρήσῃ, καὶ ἐν παρασκευῇ
ἦσαν. ἐφοβήθησαν δὲ καὶ οἱ πέραν Στρυμόνος πρὸς 3
20 βορέαν Θρᾷκες, ὅσοι πεδία εἶχον, Παναῖοι καὶ Ὀδόμαντοι
καὶ Δρῶοι καὶ Δερσαῖοι· αὐτόνομοι δ' εἰσὶ πάντες.
παρέσχε δὲ λόγον καὶ ἐπὶ τοὺς τῶν Ἀθηναίων πολεμίους 4
Ἕλληνας, μὴ ὑπ' αὐτῶν ἀγόμενοι κατὰ τὸ ξυμμαχικὸν καὶ
ἐπὶ σφᾶς χωρήσωσιν. ὁ δὲ τήν τε Χαλκιδικὴν καὶ Βοττικὴν 5
25 καὶ Μακεδονίαν ἅμα ἐπέχων ἔφθειρε, καὶ ἐπειδὴ αὐτῷ οὐδὲν
ἐπράσσετο ὧν ἕνεκα ἐσέβαλε καὶ ἡ στρατιὰ σῖτόν τε οὐκ
εἶχεν αὐτῷ καὶ ὑπὸ χειμῶνος ἐταλαιπώρει, ἀναπείθεται ὑπὸ
Σεύθου τοῦ Σπαραδόκου, ἀδελφιδοῦ ὄντος καὶ μέγιστον μεθ'
ἑαυτὸν δυναμένου, ὥστ' ἐν τάχει ἀπελθεῖν. τὸν δὲ Σεύθην
30 κρύφα Περδίκκας ὑποσχόμενος ἀδελφὴν ἑαυτοῦ δώσειν καὶ
χρήματα ἐπ' αὐτῇ προσποιεῖται. καὶ ὁ μὲν πεισθεὶς καὶ 6

2 οὐ C G   4 ἐσέβαλον A E F M   7 αὐτοὺς G : αὐτοὺς cett.
12 δὲ Poppo : τε codd.   29 ἑαυτὸν C F (G) : αὐτὸν vel αὐτὸν cett.

μείνας τριάκοντα τὰς πάσας ἡμέρας, τούτων δὲ ὀκτὼ ἐν
Χαλκιδεῦσιν, ἀνεχώρησε τῷ στρατῷ κατὰ τάχος ἐπ' οἴκου·
Περδίκκας δὲ ὕστερον Στρατονίκην τὴν ἑαυτοῦ ἀδελφὴν
δίδωσι Σεύθῃ, ὥσπερ ὑπέσχετο. τὰ μὲν οὖν κατὰ τὴν
Σιτάλκου στρατείαν οὕτως ἐγένετο.   5

102   Οἱ δὲ ἐν Ναυπάκτῳ Ἀθηναῖοι τοῦ αὐτοῦ χειμῶνος, ἐπειδὴ
τὸ τῶν Πελοποννησίων ναυτικὸν διελύθη, Φορμίωνος ἡγου-
μένου ἐστράτευσαν, παραπλεύσαντες ἐπ' Ἀστακοῦ καὶ
ἀποβάντες, ἐς τὴν μεσόγειαν τῆς Ἀκαρνανίας τετρακοσίοις
μὲν ὁπλίταις Ἀθηναίων τῶν ἀπὸ τῶν νεῶν, τετρακοσίοις δὲ 10
Μεσσηνίων, καὶ ἔκ τε Στράτου καὶ Κορόντων καὶ ἄλλων
χωρίων ἄνδρας οὐ δοκοῦντας βεβαίους εἶναι ἐξήλασαν, καὶ
Κύνητα τὸν Θεολύτου ἐς Κόροντα καταγαγόντες ἀνεχώρησαν
2 πάλιν ἐπὶ τὰς ναῦς. ἐς γὰρ Οἰνιάδας αἰεί ποτε πολεμίους
ὄντας μόνους Ἀκαρνάνων οὐκ ἐδόκει δυνατὸν εἶναι χειμῶνος 15
ὄντος στρατεύειν· ὁ γὰρ Ἀχελῷος ποταμὸς ῥέων ἐκ Πίνδου
ὄρους διὰ Δολοπίας καὶ Ἀγραίων καὶ Ἀμφιλόχων καὶ διὰ
τοῦ Ἀκαρνανικοῦ πεδίου, ἄνωθεν μὲν παρὰ Στράτον πόλιν,
ἐς θάλασσαν δ' ἐξιεὶς παρ' Οἰνιάδας καὶ τὴν πόλιν αὐτοῖς
περιλιμνάζων, ἄπορον ποιεῖ ὑπὸ τοῦ ὕδατος ἐν χειμῶνι 20
3 στρατεύειν. κεῖνται δὲ καὶ τῶν νήσων τῶν Ἐχινάδων αἱ
πολλαὶ καταντικρὺ Οἰνιαδῶν τοῦ Ἀχελῴου τῶν ἐκβολῶν
οὐδὲν ἀπέχουσαι, ὥστε μέγας ὢν ὁ ποταμὸς προσχοῖ αἰεὶ
καὶ εἰσὶ τῶν νήσων αἳ ἠπείρωνται, ἐλπὶς δὲ καὶ πάσας οὐκ
4 ἐν πολλῷ τινὶ ἂν χρόνῳ τοῦτο παθεῖν· τό τε γὰρ ῥεῦμά 25
ἐστι μέγα καὶ πολὺ καὶ θολερόν, αἵ τε νῆσοι πυκναί, καὶ
ἀλλήλαις τῆς προσχώσεως [τῷ μὴ σκεδάννυσθαι] ξύνδεσμοι
γίγνονται, παραλλὰξ καὶ οὐ κατὰ στοῖχον κείμεναι, οὐδ'
5 ἔχουσαι εὐθείας διόδους τοῦ ὕδατος ἐς τὸ πέλαγος. ἐρῆμοι
δ' εἰσὶ καὶ οὐ μεγάλαι. λέγεται δὲ καὶ Ἀλκμέωνι τῷ 30

    4 οὖν F¹ G M : om. cett.   6 τοῦ αὐτοῦ] τοῦδε τοῦ A B E F M
19 δ' ἐξιεὶς Poppo : διεξιεὶς codd.   27 τῷ (τὸ C E) μὴ
σκεδάννυσθαι, ut videtur, non legit Schol.   30 Ἀλκμαίωνι
A B F G

Ἀμφιάρεω, ὅτε δὴ ἀλᾶσθαι αὐτὸν μετὰ τὸν φόνον τῆς
μητρός, τὸν Ἀπόλλω ταύτην τὴν γῆν χρῆσαι οἰκεῖν, ὑπει-
πόντα οὐκ εἶναι λύσιν τῶν δειμάτων πρὶν ἂν εὑρὼν ἐν
ταύτῃ τῇ χώρᾳ κατοικίσηται ἥτις ὅτε ἔκτεινε τὴν μητέρα
5 μήπω ὑπὸ ἡλίου ἑωρᾶτο μηδὲ γῆ ἦν, ὡς τῆς γε ἄλλης αὐτῷ
μεμιασμένης. ὁ δ' ἀπορῶν, ὥς φασι, μόλις κατενόησε τὴν 6
πρόσχωσιν ταύτην τοῦ Ἀχελῴου, καὶ ἐδόκει αὐτῷ ἱκανὴ ἂν
κεχῶσθαι δίαιτα τῷ σώματι ἀφ' οὗπερ κτείνας τὴν μητέρα
οὐκ ὀλίγον χρόνον ἐπλανᾶτο. καὶ κατοικισθεὶς ἐς τοὺς
10 περὶ Οἰνιάδας τόπους ἐδυνάστευσέ τε καὶ ἀπὸ Ἀκαρνᾶνος
παιδὸς ἑαυτοῦ τῆς χώρας τὴν ἐπωνυμίαν ἐγκατέλιπεν. τὰ
μὲν περὶ Ἀλκμέωνα τοιαῦτα λεγόμενα παρελάβομεν.

Οἱ δὲ Ἀθηναῖοι καὶ ὁ Φορμίων ἄραντες ἐκ τῆς Ἀκαρ- 103
νανίας καὶ ἀφικόμενοι ἐς τὴν Ναύπακτον ἅμα ἦρι κατέπλευ-
5 σαν ἐς τὰς Ἀθήνας, τούς τε ἐλευθέρους τῶν αἰχμαλώτων
ἐκ τῶν ναυμαχιῶν ἄγοντες, οἳ ἀνὴρ ἀντ' ἀνδρὸς ἐλύθησαν,
καὶ τὰς ναῦς ἃς εἷλον. καὶ ὁ χειμὼν ἐτελεύτα οὗτος, 2
καὶ τρίτον ἔτος τῷ πολέμῳ ἐτελεύτα τῷδε ὃν Θουκυδίδης
ξυνέγραψεν.

7 ἀνακεχῶσθαι a   ἂν secl. Herwerden   12 Ἀλκμαίωνα Α Β F
λέγομεν & Α Β Ε Fᶦ Μ

ΙΣΤΟΡΙΩΝ Γ

Τοῦ δ' ἐπιγιγνομένου θέρους Πελοποννήσιοι καὶ οἱ ξύμ- 1
μαχοι ἅμα τῷ σίτῳ ἀκμάζοντι ἐστράτευσαν ἐς τὴν Ἀττικήν·
ἡγεῖτο δὲ αὐτῶν Ἀρχίδαμος ὁ Ζευξιδάμου Λακεδαιμονίων
βασιλεύς. καὶ ἐγκαθεζόμενοι ἐδῄουν τὴν γῆν· καὶ προσ- 2
5 βολαί, ὥσπερ εἰώθεσαν, ἐγίγνοντο τῶν Ἀθηναίων ἱππέων ὅπῃ
παρείκοι, καὶ τὸν πλεῖστον ὅμιλον τῶν ψιλῶν εἶργον τὸ μὴ
προεξιόντας τῶν ὅπλων τὰ ἐγγὺς τῆς πόλεως κακουργεῖν.
ἐμμείναντες δὲ χρόνον ὃν εἶχον τὰ σιτία ἀνεχώρησαν καὶ 3
διελύθησαν κατὰ πόλεις.

10 Μετὰ δὲ τὴν ἐσβολὴν τῶν Πελοποννησίων εὐθὺς Λέσβος 2
πλὴν Μηθύμνης ἀπέστη ἀπ' Ἀθηναίων, βουληθέντες μὲν
καὶ πρὸ τοῦ πολέμου, ἀλλ' οἱ Λακεδαιμόνιοι οὐ προσεδέ-
ξαντο, ἀναγκασθέντες δὲ καὶ ταύτην τὴν ἀπόστασιν πρότερον
ἢ διενοοῦντο ποιήσασθαι. τῶν τε γὰρ λιμένων τὴν χῶσιν 2
15 καὶ τειχῶν οἰκοδόμησιν καὶ νεῶν ποίησιν ἐπέμενον τελε-
σθῆναι, καὶ ὅσα ἐκ τοῦ Πόντου ἔδει ἀφικέσθαι, τοξότας τε
καὶ σῖτον, καὶ ἃ μεταπεμπόμενοι ἦσαν. Τενέδιοι γὰρ ὄντες 3
αὐτοῖς διάφοροι καὶ Μηθυμναῖοι καὶ αὐτῶν Μυτιληναίων
ἰδίᾳ ἄνδρες κατὰ στάσιν, πρόξενοι Ἀθηναίων, μηνυταὶ
20 γίγνονται τοῖς Ἀθηναίοις ὅτι ξυνοικίζουσί τε τὴν Λέσβον
ἐς τὴν Μυτιλήνην βίᾳ καὶ τὴν παρασκευὴν ἅπασαν μετὰ
Λακεδαιμονίων καὶ Βοιωτῶν ξυγγενῶν ὄντων ἐπὶ ἀποστάσει
ἐπείγονται· καὶ εἰ μή τις προκαταλήψεται ἤδη, στερήσεσθαι

6 post εἶργον add. διὰ C G   7 προεξιόντας G M : προσεξιόντας cett.

3 αὐτοὺς Λέσβου. οἱ δ' Ἀθηναῖοι (ἦσαν γὰρ τεταλαιπωρη-
μένοι ὑπό τε τῆς νόσου καὶ τοῦ πολέμου ἄρτι καθισταμένου
καὶ ἀκμάζοντος) μέγα μὲν ἔργον ἡγοῦντο εἶναι Λέσβον
προσπολεμώσασθαι ναυτικὸν ἔχουσαν καὶ δύναμιν ἀκέραιον,
καὶ οὐκ ἀπεδέχοντο τὸ πρῶτον τὰς κατηγορίας, μεῖζον μέρος 5
νέμοντες τῷ μὴ βούλεσθαι ἀληθῆ εἶναι· ἐπειδὴ μέντοι καὶ
πέμψαντες πρέσβεις οὐκ ἔπειθον τοὺς Μυτιληναίους τήν τε
ξυνοίκισιν καὶ τὴν παρασκευὴν διαλύειν, δείσαντες προκατα-
2 λαβεῖν ἐβούλοντο. καὶ πέμπουσιν ἐξαπιναίως τεσσαρά-
κοντα ναῦς αἱ ἔτυχον περὶ Πελοπόννησον παρεσκευασμέναι 10
πλεῖν· Κλεϊππίδης δὲ ὁ Δεινίου τρίτος αὐτὸς ἐστρατήγει.
3 ἐσηγγέλθη γὰρ αὐτοῖς ὡς εἴη Ἀπόλλωνος Μαλόεντος ἔξω
τῆς πόλεως ἑορτή, ἐν ᾗ πανδημεὶ Μυτιληναῖοι ἑορτάζουσι,
καὶ ἐλπίδα εἶναι ἐπειχθέντας ἐπιπεσεῖν ἄφνω, καὶ ἢν μὲν
ξυμβῇ ἡ πεῖρα· εἰ δὲ μή, Μυτιληναίοις εἰπεῖν ναῦς τε παρα- 15
δοῦναι καὶ τείχη καθελεῖν, μὴ πειθομένων δὲ πολεμεῖν.
4 καὶ αἱ μὲν νῆες ᾤχοντο· τὰς δὲ τῶν Μυτιληναίων δέκα
τριήρεις, αἳ ἔτυχον βοηθοὶ παρὰ σφᾶς κατὰ τὸ ξυμμαχικὸν
παροῦσαι, κατέσχον οἱ Ἀθηναῖοι καὶ τοὺς ἄνδρας ἐξ αὐτῶν
5 ἐς φυλακὴν ἐποιήσαντο. τοῖς δὲ Μυτιληναίοις ἀνὴρ ἐκ τῶν 20
Ἀθηνῶν διαβὰς ἐς Εὔβοιαν καὶ πεζῇ ἐπὶ Γεραιστὸν ἐλθών,
ὁλκάδος ἀναγομένης ἐπιτυχών, πλῷ χρησάμενος καὶ τριταῖος
ἐκ τῶν Ἀθηνῶν ἐς Μυτιλήνην ἀφικόμενος ἀγγέλλει τὸν
ἐπίπλουν. οἱ δὲ οὔτε ἐς τὸν Μαλόεντα ἐξῆλθον, τά τε
ἄλλα τῶν τειχῶν καὶ λιμένων περὶ τὰ ἡμιτέλεστα φαρξάμενοι 25
4 ἐφύλασσον. καὶ οἱ Ἀθηναῖοι οὐ πολλῷ ὕστερον καταπλεύ-
σαντες ὡς ἑώρων, ἀπήγγειλαν μὲν οἱ στρατηγοὶ τὰ ἐπεσταλ-
μένα, οὐκ ἐσακουόντων δὲ τῶν Μυτιληναίων ἐς πόλεμον
2 καθίσταντο. ἀπαράσκευοι δὲ οἱ Μυτιληναῖοι καὶ ἐξαίφνης
ἀναγκασθέντες πολεμεῖν ἔκπλουν μέν τινα ἐποιήσαντο τῶν 30
νεῶν ὡς ἐπὶ ναυμαχίαν ὀλίγον πρὸ τοῦ λιμένος, ἔπειτα

---

1 προτεταλαιπωρημένοι (G)   5 τὸ om. A B E F M   8 ξυνοίκισιν
A B F M   25 πέρι Haase   26 πολὺ A B E F G   31 ναυμαχίᾳ
A B E F M

καταδιωχθέντες ὑπὸ τῶν Ἀττικῶν νεῶν λόγους ἤδη προσ-
έφερον τοῖς στρατηγοῖς, βουλόμενοι τὰς ναῦς τὸ παραυτίκα,
εἰ δύναιντο, ὁμολογίᾳ τινὶ ἐπιεικεῖ ἀποπέμψασθαι.   καὶ οἱ 3
στρατηγοὶ τῶν Ἀθηναίων ἀπεδέξαντο καὶ αὐτοὶ φοβούμενοι
5 μὴ οὐχ ἱκανοὶ ὦσι Λέσβῳ πάσῃ πολεμεῖν. καὶ ἀνοκωχὴν 4
ποιησάμενοι πέμπουσιν ἐς τὰς Ἀθήνας οἱ Μυτιληναῖοι τῶν
τε διαβαλλόντων ἕνα, ᾧ μετέμελεν ἤδη, καὶ ἄλλους, εἴ πως
πείσειαν τὰς ναῦς ἀπελθεῖν ὡς σφῶν οὐδὲν νεωτεριούντων.
ἐν τούτῳ δὲ ἀποστέλλουσι καὶ ἐς τὴν Λακεδαίμονα πρέσβεις 5
10 τριήρει, λαθόντες τὸ τῶν Ἀθηναίων ναυτικόν, οἳ ὥρμουν ἐν
τῇ Μαλέᾳ πρὸς βορέαν τῆς πόλεως· οὐ γὰρ ἐπίστευον τοῖς
ἀπὸ τῶν Ἀθηναίων προχωρήσειν.   καὶ οἱ μὲν ἐς τὴν Λακε- 6
δαίμονα ταλαιπώρως διὰ τοῦ πελάγους κομισθέντες αὐτοῖς
ἔπρασσον ὅπως τις βοήθεια ἥξει· οἱ δ᾽ ἐκ τῶν Ἀθηνῶν 5
15 πρέσβεις ὡς οὐδὲν ἦλθον πράξαντες, ἐς πόλεμον καθίσταντο
οἱ Μυτιληναῖοι καὶ ἡ ἄλλη Λέσβος πλὴν Μηθύμνης· οὗτοι
δὲ τοῖς Ἀθηναίοις ἐβεβοηθήκεσαν, καὶ Ἴμβριοι καὶ Λήμνιοι
καὶ τῶν ἄλλων ὀλίγοι τινὲς ξυμμάχων.   καὶ ἔξοδον μέν 2
τινα πανδημεὶ ἐποιήσαντο οἱ Μυτιληναῖοι ἐπὶ τὸ τῶν Ἀθη-
20 ναίων στρατόπεδον, καὶ μάχη ἐγένετο, ἐν ᾗ οὐκ ἔλασσον
ἔχοντες οἱ Μυτιληναῖοι οὔτε ἐπηυλίσαντο οὔτε ἐπίστευσαν
σφίσιν αὐτοῖς, ἀλλ᾽ ἀνεχώρησαν· ἔπειτα οἱ μὲν ἡσύχαζον,
ἐκ Πελοποννήσου καὶ μετ᾽ ἄλλης παρασκευῆς βουλόμενοι εἰ
προσγένοιτό τι κινδυνεύειν· καὶ γὰρ αὐτοῖς Μελέας Λάκων
25 ἀφικνεῖται καὶ Ἑρμαιώνδας Θηβαῖος, οἳ προαπεστάλησαν
μὲν τῆς ἀποστάσεως, φθάσαι δὲ οὐ δυνάμενοι τὸν τῶν Ἀθη-
ναίων ἐπίπλουν κρύφα μετὰ τὴν μάχην ὕστερον ἐσπλέουσι
τριήρει, καὶ παρήνουν πέμπειν τριήρη ἄλλην καὶ πρέσβεις
μεθ᾽ ἑαυτῶν· καὶ ἐκπέμπουσιν.   οἱ δὲ Ἀθηναῖοι πολὺ 6
30 ἐπιρρωσθέντες διὰ τὴν τῶν Μυτιληναίων ἡσυχίαν ξυμμάχους
τε προσεκάλουν, οἳ πολὺ θᾶσσον παρῆσαν ὁρῶντες οὐδὲν
ἰσχυρὸν ἀπὸ τῶν Λεσβίων, καὶ περιορμισάμενοι τὸ πρὸς

29 ἑαυτῶν C G : αὑτῶν vel αὐτῶν cett.

νότον τῆς πόλεως ἐτείχισαν στρατόπεδα δύο ἑκατέρωθεν τῆς
πόλεως, καὶ τοὺς ἐφόρμους ἐπ' ἀμφοτέροις τοῖς λιμέσιν
2 ἐποιοῦντο. καὶ τῆς μὲν θαλάσσης εἶργον μὴ χρῆσθαι τοὺς
Μυτιληναίους, τῆς δὲ γῆς τῆς μὲν ἄλλης ἐκράτουν οἱ
Μυτιληναῖοι καὶ οἱ ἄλλοι Λέσβιοι προσβεβοηθηκότες ἤδη, 5
τὸ δὲ περὶ τὰ στρατόπεδα οὐ πολὺ κατεῖχον οἱ Ἀθηναῖοι,
ναύσταθμον δὲ μᾶλλον ἦν αὐτοῖς πλοίων καὶ ἀγορὰ ἡ Μαλέα.
καὶ τὰ μὲν περὶ Μυτιλήνην οὕτως ἐπολεμεῖτο.

7 Κατὰ δὲ τὸν αὐτὸν χρόνον τοῦ θέρους τούτου Ἀθηναῖοι
καὶ περὶ Πελοπόννησον ναῦς ἀπέστειλαν τριάκοντα καὶ 10
Ἀσώπιον τὸν Φορμίωνος στρατηγόν, κελευσάντων Ἀκαρνά-
νων τῶν Φορμίωνός τινα σφίσι πέμψαι ἢ υἱὸν ἢ ξυγγενῆ
2 ἄρχοντα. καὶ παραπλέουσαι αἱ νῆες τῆς Λακωνικῆς τὰ
3 ἐπιθαλάσσια χωρία ἐπόρθησαν. ἔπειτα τὰς μὲν πλείους
ἀποπέμπει τῶν νεῶν πάλιν ἐπ' οἴκου ὁ Ἀσώπιος, αὐτὸς δ' 15
ἔχων δώδεκα ἀφικνεῖται ἐς Ναύπακτον, καὶ ὕστερον Ἀκαρ-
νᾶνας ἀναστήσας πανδημεὶ στρατεύει ἐπ' Οἰνιάδας, καὶ ταῖς
τε ναυσὶ κατὰ τὸν Ἀχελῷον ἔπλευσε καὶ ὁ κατὰ γῆν στρατὸς
4 ἐδήου τὴν χώραν. ὡς δ' οὐ προσεχώρουν, τὸν μὲν πεζὸν ἀφίη-
σιν, αὐτὸς δὲ πλεύσας ἐς Λευκάδα καὶ ἀπόβασιν ἐς Νήρικον 20
ποιησάμενος ἀναχωρῶν διαφθείρεται αὐτός τε καὶ τῆς στρα-
τιᾶς τι μέρος ὑπὸ τῶν αὐτόθεν τε ξυμβοηθησάντων καὶ φρου-
5 ρῶν τινῶν ὀλίγων. καὶ ὕστερον ὑποσπόνδους τοὺς νεκροὺς
ἀποπλεύσαντες οἱ Ἀθηναῖοι παρὰ τῶν Λευκαδίων ἐκομίσαντο.

8 Οἱ δὲ ἐπὶ τῆς πρώτης νεὼς ἐκπεμφθέντες Μυτιληναίων 25
πρέσβεις, ὡς αὐτοῖς οἱ Λακεδαιμόνιοι εἶπον Ὀλυμπίαζε
παρεῖναι, ὅπως καὶ οἱ ἄλλοι ξύμμαχοι ἀκούσαντες βουλεύ-
σωνται, ἀφικνοῦνται ἐς τὴν Ὀλυμπίαν· ἦν δὲ Ὀλυμπιὰς ᾗ
2 Δωριεὺς Ῥόδιος τὸ δεύτερον ἐνίκα. καὶ ἐπειδὴ μετὰ τὴν
ἑορτὴν κατέστησαν ἐς λόγους, εἶπον τοιάδε. 30

9 'Τὸ μὲν καθεστὸς τοῖς Ἕλλησι νόμιμον, ὦ Λακεδαι-

---

7 ἀγορὰ Krüger : ἀγορᾶς codd.   10 περὶ] ἐς A B E F M   15 ἀ]πο-
πέμπει incipit Π²²   τῶν νεῶν om. Π²²   18 ἀνέ[πλευσε] Π²²
19 τὸν] τὸ Π²²   22 αὐτόθι C G [Π²²]   23 τινῶν et καὶ ? om. Π²²
31 καθεστὼς (-ὼς) A B F G [Π²²]   post ὦ add. ἄνδρες A B E F M [Π²²]

μόνιοι καὶ ξύμμαχοι, ἴσμεν· τοὺς γὰρ ἀφισταμένους ἐν τοῖς
πολέμοις καὶ ξυμμαχίαν τὴν πρὶν ἀπολείποντας οἱ δεξάμενοι,
καθ᾽ ὅσον μὲν ὠφελοῦνται, ἐν ἡδονῇ ἔχουσι, νομίζοντες δὲ
εἶναι προδότας τῶν πρὸ τοῦ φίλων χείρους ἡγοῦνται. καὶ 2
5 οὐκ ἄδικος αὕτη ἡ ἀξίωσίς ἐστιν, εἰ τύχοιεν πρὸς ἀλλήλους
οἵ τε ἀφιστάμενοι καὶ ἀφ᾽ ὧν διακρίνοιντο ἴσοι μὲν τῇ
γνώμῃ ὄντες καὶ εὐνοίᾳ, ἀντίπαλοι δὲ τῇ παρασκευῇ καὶ
δυνάμει, πρόφασίς τε ἐπιεικὴς μηδεμία ὑπάρχοι τῆς ἀπο-
στάσεως· ὃ ἡμῖν καὶ Ἀθηναίοις οὐκ ἦν. μηδέ τῳ χείρους 3
10 δόξωμεν εἶναι εἰ ἐν τῇ εἰρήνῃ τιμώμενοι ὑπ᾽ αὐτῶν ἐν τοῖς
δεινοῖς ἀφιστάμεθα.

Περὶ γὰρ τοῦ δικαίου καὶ ἀρετῆς πρῶτον ἄλλως τε καὶ ξυμ- 10
μαχίας δεόμενοι τοὺς λόγους ποιησόμεθα, εἰδότες οὔτε φιλίαν
ἰδιώταις βέβαιον γιγνομένην οὔτε κοινωνίαν πόλεσιν ἐς
15 οὐδέν, εἰ μὴ μετ᾽ ἀρετῆς δοκούσης ἐς ἀλλήλους γίγνοιτο
καὶ τἆλλα ὁμοιότροποι εἶεν· ἐν γὰρ τῷ διαλλάσσοντι τῆς
γνώμης καὶ αἱ διαφοραὶ τῶν ἔργων καθίστανται. ἡμῖν δὲ 2
καὶ Ἀθηναίοις ξυμμαχία ἐγένετο πρῶτον ἀπολιπόντων μὲν
ὑμῶν ἐκ τοῦ Μηδικοῦ πολέμου, παραμεινάντων δὲ ἐκείνων
20 πρὸς τὰ ὑπόλοιπα τῶν ἔργων. ξύμμαχοι μέντοι ἐγενόμεθα 3
οὐκ ἐπὶ καταδουλώσει τῶν Ἑλλήνων Ἀθηναίοις, ἀλλ᾽ ἐπ᾽
ἐλευθερώσει ἀπὸ τοῦ Μήδου τοῖς Ἕλλησιν. καὶ μέχρι μὲν 4
ἀπὸ τοῦ ἴσου ἡγοῦντο, προθύμως εἱπόμεθα· ἐπειδὴ δὲ ἑωρῶ-
μεν αὐτοὺς τὴν μὲν τοῦ Μήδου ἔχθραν ἀνιέντας, τὴν δὲ τῶν
25 ξυμμάχων δούλωσιν ἐπαγομένους, οὐκ ἀδεεῖς ἔτι ἦμεν.
ἀδύνατοι δὲ ὄντες καθ᾽ ἓν γενόμενοι διὰ πολυψηφίαν ἀμύνα- 5
σθαι οἱ ξύμμαχοι ἐδουλώθησαν πλὴν ἡμῶν καὶ Χίων· ἡμεῖς
δὲ αὐτόνομοι δὴ ὄντες καὶ ἐλεύθεροι τῷ ὀνόματι ξυνεστρα-
τεύσαμεν. καὶ πιστοὺς οὐκέτι εἴχομεν ἡγεμόνας Ἀθηναίους, 6
30 παραδείγμασι τοῖς προγιγνομένοις χρώμενοι· οὐ γὰρ εἰκὸς
ἦν αὐτοὺς οὓς μὲν μεθ᾽ ἡμῶν ἐνσπόνδους ἐποιήσαντο κατα-

7 ἐπινοίᾳ Hude   ἀντί[παλοι desinit Π²²   9 post ὃ add. καὶ
C⟨G⟩   25 ἐπειγομένους Ross   26 ἀμύνεσθαι ABEFM suprascr. G
30 προγενομένοις recc.

στρέψασθαι, τοὺς δὲ ὑπολοίπους, εἴ ποτε ἄρα ἐδυνήθησαν,
11 μὴ δρᾶσαι τοῦτο. καὶ εἰ μὲν αὐτόνομοι ἔτι ἦμεν ἅπαντες,
βεβαιότεροι ἂν ἡμῖν ἦσαν μηδὲν νεωτεριεῖν· ὑποχειρίους δὲ
ἔχοντες τοὺς πλείους, ἡμῖν δὲ ἀπὸ τοῦ ἴσου ὁμιλοῦντες,
χαλεπώτερον εἰκότως ἔμελλον οἴσειν καὶ πρὸς τὸ πλέον ἤδη 5
εἶκον τοῦ ἡμετέρου ἔτι μόνου ἀντισουμένου, ἄλλως τε καὶ
ὅσῳ δυνατώτεροι αὐτοὶ αὑτῶν ἐγίγνοντο καὶ ἡμεῖς ἐρημό-
2 τεροι. τὸ δὲ ἀντίπαλον δέος μόνον πιστὸν ἐς ξυμμαχίαν·
ὁ γὰρ παραβαίνειν τι βουλόμενος τῷ μὴ προύχων ἂν ἐπελ-
3 θεῖν ἀποτρέπεται. αὐτόνομοί τε ἐλείφθημεν οὐ δι' ἄλλο τι 10
ἢ ὅσον αὐτοῖς ἐς τὴν ἀρχὴν εὐπρεπείᾳ τε λόγου καὶ γνώμης
μᾶλλον ἐφόδῳ ἢ ἰσχύος τὰ πράγματα ἐφαίνετο καταληπτά.
4 ἅμα μὲν γὰρ μαρτυρίῳ ἐχρῶντο μὴ ἂν τούς γε ἰσοψήφους
ἄκοντας, εἰ μή τι ἠδίκουν οἷς ἐπῇσαν, ξυστρατεύειν· ἐν τῷ
αὐτῷ δὲ καὶ τὰ κράτιστα ἐπί τε τοὺς ὑποδεεστέρους πρώτους 15
ξυνεπῆγον καὶ τὰ τελευταῖα λιπόντες τοῦ ἄλλου περιῃρη-
5 μένου ἀσθενέστερα ἔμελλον ἕξειν. εἰ δὲ ἀφ' ἡμῶν ἤρξαντο,
ἐχόντων ἔτι τῶν πάντων αὐτῶν τε ἰσχὺν καὶ πρὸς ὅτι χρὴ
6 στῆναι, οὐκ ἂν ὁμοίως ἐχειρώσαντο. τό τε ναυτικὸν ἡμῶν
παρεῖχέ τινα φόβον μή ποτε καθ' ἓν γενόμενον ἢ ὑμῖν ἢ 20
7 ἄλλῳ τῳ προσθέμενον κίνδυνον σφίσι παράσχῃ. τὰ δὲ
καὶ ἀπὸ θεραπείας τοῦ τε κοινοῦ αὐτῶν καὶ τῶν αἰεὶ προ-
8 εστώτων περιεγιγνόμεθα. οὐ μέντοι ἐπὶ πολύ γ' ἂν ἐδο-
κοῦμεν δυνηθῆναι, εἰ μὴ ὁ πόλεμος ὅδε κατέστη, παραδείγμασι
12 χρώμενοι τοῖς ἐς τοὺς ἄλλους. τίς οὖν αὕτη ἢ φιλία ἐγίγνετο 25
ἢ ἐλευθερία πιστή, ἐν ᾗ παρὰ γνώμην ἀλλήλους ὑπεδεχόμεθα,
καὶ οἱ μὲν ἡμᾶς ἐν τῷ πολέμῳ δεδιότες ἐθεράπευον, ἡμεῖς δὲ
ἐκείνους ἐν τῇ ἡσυχίᾳ τὸ αὐτὸ ἐποιοῦμεν· ὅ τε τοῖς ἄλλοις
μάλιστα εὔνοια πίστιν βεβαιοῖ, ἡμῖν τοῦτο ὁ φόβος ἐχυρὸν
παρεῖχε, δέει τε τὸ πλέον ἢ φιλίᾳ κατεχόμενοι ξύμμαχοι 30
ἦμεν· καὶ ὁποτέροις θᾶσσον παράσχοι ἀσφάλεια θάρσος,

1 δυνηθεῖεν Dobree   14 ἑκόντας Schol. alter   16 τὰ secl.
Krüger   23 δοκοῦμεν Krüger   25 ἢ c f G : ἡ cett. (etiam C,
ut videtur)   31 ἦμεν] εἶναι C G

οὗτοι πρότεροί τι καὶ παραβήσεσθαι ἔμελλον. ὥστε εἴ τῳ 2
δοκοῦμεν ἀδικεῖν προαποστάντες διὰ τὴν ἐκείνων μέλλησιν
τῶν ἐς ἡμᾶς δεινῶν, αὐτοὶ οὐκ ἀνταναμείναντες σαφῶς
εἰδέναι εἴ τι αὐτῶν ἔσται, οὐκ ὀρθῶς σκοπεῖ. εἰ γὰρ δυνατοὶ 3
5 ἦμεν ἐκ τοῦ ἴσου καὶ ἀντεπιβουλεῦσαι καὶ ἀντιμελλῆσαι, τί
ἔδει ἡμᾶς ἐκ τοῦ ὁμοίου ἐπ' ἐκείνοις εἶναι; ἐπ' ἐκείνοις δὲ
ὄντος αἰεὶ τοῦ ἐπιχειρεῖν καὶ ἐφ' ἡμῖν εἶναι δεῖ τὸ προαμύ-
νασθαι.

'Τοιαύτας ἔχοντες προφάσεις καὶ αἰτίας, ὦ Λακεδαι- 13
10 μόνιοι καὶ ξύμμαχοι, ἀπέστημεν, σαφεῖς μὲν τοῖς ἀκούουσι
γνῶναι ὡς εἰκότως ἐδράσαμεν, ἱκανὰς δὲ ἡμᾶς ἐκφοβῆσαι
καὶ πρὸς ἀσφάλειάν τινα τρέψαι, βουλομένους μὲν καὶ
πάλαι, ὅτε ἔτι ἐν τῇ εἰρήνῃ ἐπέμψαμεν ὡς ὑμᾶς περὶ
ἀποστάσεως, ὑμῶν δὲ οὐ προσδεξαμένων κωλυθέντας· νῦν
15 δὲ ἐπειδὴ Βοιωτοὶ προυκαλέσαντο εὐθὺς ὑπηκούσαμεν, καὶ
ἐνομίζομεν ἀποστήσεσθαι διπλῆν ἀπόστασιν, ἀπό τε τῶν
Ἑλλήνων μὴ ξὺν κακῶς ποιεῖν αὐτοὺς μετ' Ἀθηναίων ἀλλὰ
ξυνελευθεροῦν, ἀπό τε Ἀθηναίων μὴ αὐτοὶ διαφθαρῆναι ὑπ'
ἐκείνων ἐν ὑστέρῳ ἀλλὰ προποιῆσαι. ἡ μέντοι ἀπόστασις 2
20 ἡμῶν θᾶσσον γεγένηται καὶ ἀπαράσκευος· ᾗ καὶ μᾶλλον
χρὴ ξυμμάχους δεξαμένους ἡμᾶς διὰ ταχέων βοήθειαν ἀπο-
στέλλειν, ἵνα φαίνησθε ἀμύνοντές τε οἷς δεῖ καὶ ἐν τῷ αὐτῷ
τοὺς πολεμίους βλάπτοντες. καιρὸς δὲ ὡς οὔπω πρότερον. 3
νόσῳ τε γὰρ ἐφθάραται Ἀθηναῖοι καὶ χρημάτων δαπάνῃ,
25 νῆές τε αὐτοῖς αἱ μὲν περὶ τὴν ὑμετέραν εἰσίν, αἱ δ' ἐφ'
ἡμῖν τετάχαται. ὥστε οὐκ εἰκὸς αὐτοὺς περιουσίαν νεῶν 4
ἔχειν, ἢν ὑμεῖς ἐν τῷ θέρει τῷδε ναυσί τε καὶ πεζῷ ἅμα
ἐπεσβάλητε τὸ δεύτερον, ἀλλ' ἢ ὑμᾶς οὐκ ἀμυνοῦνται
ἐπιπλέοντας ἢ ἀπ' ἀμφοτέρων ἀποχωρήσονται. νομίσῃ τε 5
30 μηδεὶς ἀλλοτρίας γῆς πέρι οἰκεῖον κίνδυνον ἕξειν. ᾧ γὰρ
δοκεῖ μακρὰν ἀπεῖναι ἡ Λέσβος, τὴν ὠφελίαν αὐτῷ ἐγγύθεν

5 ἀντιμελλῆσαι Schol. alter: ἀντεπιμελλῆσαι vel ἀντεπιμελῆσαι
codd.: ἀντιμελλῆσαί τι Heilmann, qui post ἀντεπιβουλεῦσαι distinxit
6 ἐκείνους ἰέναι Krüger

παρέξει. οὐ γὰρ ἐν τῇ Ἀττικῇ ἔσται ὁ πόλεμος, ὥς τις
6 οἴεται, ἀλλὰ δι' ἣν ἡ Ἀττικὴ ὠφελεῖται. ἔστι δὲ τῶν
χρημάτων ἀπὸ τῶν ξυμμάχων ἡ πρόσοδος, καὶ ἔτι μείζων
ἔσται, εἰ ἡμᾶς καταστρέψονται· οὔτε γὰρ ἀποστήσεται
ἄλλος τά τε ἡμέτερα προσγενήσεται, πάθοιμέν τ' ἂν δεινό- 5
7 τερα ἢ οἱ πρὶν δουλεύοντες. βοηθησάντων δὲ ὑμῶν προθύμως
πόλιν τε προσλήψεσθε ναυτικὸν ἔχουσαν μέγα, οὗπερ ὑμῖν
μάλιστα προσδεῖ, καὶ Ἀθηναίους ῥᾷον καθαιρήσετε ὑφαι-
ροῦντες αὐτῶν τοὺς ξυμμάχους (θρασύτερον γὰρ πᾶς τις
προσχωρήσεται), τήν τε αἰτίαν ἀποφεύξεσθε ἣν εἴχετε μὴ 10
βοηθεῖν τοῖς ἀφισταμένοις. ἢν δ' ἐλευθεροῦντες φαίνησθε,
τὸ κράτος τοῦ πολέμου βεβαιότερον ἕξετε.

14   Αἰσχυνθέντες οὖν τάς τε τῶν Ἑλλήνων ἐς ὑμᾶς ἐλπίδας
καὶ Δία τὸν Ὀλύμπιον, ἐν οὗ τῷ ἱερῷ ἴσα καὶ ἱκέται ἐσμέν,
ἐπαμύνατε Μυτιληναίοις ξύμμαχοι γενόμενοι, καὶ μὴ προῆσθε 15
ἡμᾶς ἴδιον μὲν τὸν κίνδυνον τῶν σωμάτων παραβαλλομένους,
κοινὴν δὲ τὴν ἐκ τοῦ κατορθῶσαι ὠφελίαν ἅπασι δώσοντας,
ἔτι δὲ κοινοτέραν τὴν βλάβην, εἰ μὴ πεισθέντων ὑμῶν
2 σφαλησόμεθα. γίγνεσθε δὲ ἄνδρες οἵουσπερ ὑμᾶς οἵ τε
Ἕλληνες ἀξιοῦσι καὶ τὸ ἡμέτερον δέος βούλεται.'   20

15   Τοιαῦτα μὲν οἱ Μυτιληναῖοι εἶπον. οἱ δὲ Λακεδαιμόνιοι
καὶ οἱ ξύμμαχοι ἐπειδὴ ἤκουσαν, προσδεξάμενοι τοὺς λόγους
ξυμμάχους τε τοὺς Λεσβίους ἐποιήσαντο, καὶ τὴν ἐς τὴν
Ἀττικὴν ἐσβολὴν τοῖς τε ξυμμάχοις παροῦσι κατὰ τάχος
ἔφραζον ἰέναι ἐς τὸν Ἰσθμὸν τοῖς δύο μέρεσιν ὡς ποιησό- 25
μενοι, καὶ αὐτοὶ πρῶτοι ἀφίκοντο, καὶ ὁλκοὺς παρεσκεύαζον
τῶν νεῶν ἐν τῷ Ἰσθμῷ ὡς ὑπεροίσοντες ἐκ τῆς Κορίνθου
ἐς τὴν πρὸς Ἀθήνας θάλασσαν καὶ ναυσὶ καὶ πεζῷ ἅμα
2 ἐπιόντες. καὶ οἱ μὲν προθύμως ταῦτα ἔπρασσον, οἱ δὲ
ἄλλοι ξύμμαχοι βραδέως τε ξυνελέγοντο καὶ ἐν καρποῦ 30
16 ξυγκομιδῇ ἦσαν καὶ ἀρρωστίᾳ τοῦ στρατεύειν. αἰσθόμενοι
δὲ αὐτοὺς οἱ Ἀθηναῖοι διὰ κατάγνωσιν ἀσθενείας σφῶν

παρασκευαζομένους, δηλῶσαι βουλόμενοι ὅτι οὐκ ὀρθῶς
ἐγνώκασιν ἀλλ᾽ οἷοί τέ εἰσι μὴ κινοῦντες τὸ ἐπὶ Λέσβῳ
ναυτικὸν καὶ τὸ ἀπὸ Πελοποννήσου ἐπιὸν ῥᾳδίως ἀμύνεσθαι,
ἐπλήρωσαν ναῦς ἑκατὸν ἐσβάντες αὐτοί τε πλὴν ἱππέων
5 καὶ πεντακοσιομεδίμνων καὶ οἱ μέτοικοι, καὶ παρὰ τὸν Ἰσθμὸν
ἀναγαγόντες ἐπίδειξίν τε ἐποιοῦντο καὶ ἀποβάσεις τῆς
Πελοποννήσου ᾗ δοκοίη αὐτοῖς. οἱ δὲ Λακεδαιμόνιοι ὁρῶντες 2
πολὺν τὸν παράλογον τά τε ὑπὸ τῶν Λεσβίων ῥηθέντα
ἡγοῦντο οὐκ ἀληθῆ καὶ ἄπορα νομίζοντες, ὡς αὐτοῖς καὶ οἱ
10 ξύμμαχοι ἅμα οὐ παρῆσαν καὶ ἠγγέλλοντο καὶ αἱ περὶ τὴν
Πελοπόννησον τριάκοντα νῆες τῶν Ἀθηναίων τὴν περιοικίδα
αὐτῶν πορθοῦσαι, ἀνεχώρησαν ἐπ᾽ οἴκου. ὕστερον δὲ ναυ- 3
τικὸν παρεσκεύαζον ὅτι πέμψουσιν ἐς τὴν Λέσβον, καὶ
κατὰ πόλεις ἐπήγγελλον τεσσαράκοντα νεῶν πλῆθος καὶ
15 ναύαρχον προσέταξαν Ἀλκίδαν, ὃς ἔμελλεν ἐπιπλεύσεσθαι.
ἀνεχώρησαν δὲ καὶ οἱ Ἀθηναῖοι ταῖς ἑκατὸν ναυσίν, ἐπειδὴ 4
καὶ ἐκείνους εἶδον. [καὶ κατὰ τὸν χρόνον τοῦτον ὃν αἱ 17
νῆες ἔπλεον ἐν τοῖς πλεῖσται δὴ νῆες ἅμ᾽ αὐτοῖς ἐνεργοὶ †
κάλλει ἐγένοντο, παραπλήσιαι δὲ καὶ ἔτι πλείους ἀρχομένου
20 τοῦ πολέμου. τήν τε γὰρ Ἀττικὴν καὶ Εὔβοιαν καὶ Σαλα- 2
μῖνα ἑκατὸν ἐφύλασσον, καὶ περὶ Πελοπόννησον ἕτεραι
ἑκατὸν ἦσαν, χωρὶς δὲ αἱ περὶ Ποτείδαιαν καὶ ἐν τοῖς ἄλλοις
χωρίοις, ὥστε αἱ πᾶσαι ἅμα ἐγίγνοντο ἐν ἑνὶ θέρει διακόσιαι
καὶ πεντήκοντα. καὶ τὰ χρήματα τοῦτο μάλιστα ὑπανήλωσε 3
25 μετὰ Ποτειδαίας. τήν τε γὰρ Ποτείδαιαν δίδραχμοι ὁπλῖται 4
ἐφρούρουν (αὐτῷ γὰρ καὶ ὑπηρέτῃ δραχμὴν ἐλάμβανε τῆς
ἡμέρας), τρισχίλιοι μὲν οἱ πρῶτοι, ὧν οὐκ ἐλάσσους διεπο-
λιόρκησαν, ἑξακόσιοι δὲ καὶ χίλιοι μετὰ Φορμίωνος, οἳ
προαπῆλθον· νῆές τε αἱ πᾶσαι τὸν αὐτὸν μισθὸν ἔφερον.
30 τὰ μὲν οὖν χρήματα οὕτως ὑπανηλώθη τὸ πρῶτον, καὶ νῆες
τοσαῦται δὴ πλεῖσται ἐπληρώθησαν.]
  Μυτιληναῖοι δὲ κατὰ τὸν αὐτὸν χρόνον ὃν οἱ Λακεδαιμόνιοι 18

c. 17 secl. Steup   26 αὐτῷ A B C E F

περὶ τὸν Ἰσθμὸν ἦσαν ἐπὶ Μήθυμναν ὡς προδιδομένην
ἐστράτευσαν κατὰ γῆν αὐτοί τε καὶ οἱ ἐπίκουροι· καὶ
προσβαλόντες τῇ πόλει, ἐπειδὴ οὐ προυχώρει ᾗ προσεδέχοντο,
ἀπῆλθον ἐπ' Ἀντίσσης καὶ Πύρρας καὶ Ἐρέσου, καὶ κατα-
στησάμενοι τὰ ἐν ταῖς πόλεσι ταύταις βεβαιότερα καὶ 5
2 τείχη κρατύναντες διὰ τάχους ἀπῆλθον ἐπ' οἴκου. ἐστρά-
τευσαν δὲ καὶ οἱ Μηθυμναῖοι ἀναχωρησάντων αὐτῶν ἐπ'
Ἄντισσαν· καὶ ἐκβοηθείας τινὸς γενομένης πληγέντες ὑπό
τε τῶν Ἀντισσαίων καὶ τῶν ἐπικούρων ἀπέθανόν τε πολλοὶ
3 καὶ ἀνεχώρησαν οἱ λοιποὶ κατὰ τάχος. οἱ δὲ Ἀθηναῖοι 10
πυνθανόμενοι ταῦτα, τούς τε Μυτιληναίους τῆς γῆς κρα-
τοῦντας καὶ τοὺς σφετέρους στρατιώτας οὐχ ἱκανοὺς ὄντας
εἴργειν, πέμπουσι περὶ τὸ φθινόπωρον ἤδη ἀρχόμενον Πάχητα
4 τὸν Ἐπικούρου στρατηγὸν καὶ χιλίους ὁπλίτας ἑαυτῶν. οἱ
δὲ αὐτερέται πλεύσαντες τῶν νεῶν ἀφικνοῦνται καὶ περι- 15
τειχίζουσι Μυτιλήνην ἐν κύκλῳ ἁπλῷ τείχει· φρούρια δ'
5 ἔστιν ᾗ ἐπὶ τῶν καρτερῶν ἐγκατῳκοδόμηται. καὶ ἡ μὲν
Μυτιλήνη κατὰ κράτος ἤδη ἀμφοτέρωθεν καὶ ἐκ γῆς καὶ ἐκ
θαλάσσης εἴργετο, καὶ ὁ χειμὼν ἤρχετο γίγνεσθαι.

19 Προσδεόμενοι δὲ οἱ Ἀθηναῖοι χρημάτων ἐς τὴν πολιορκίαν, 20
καὶ αὐτοὶ ἐσενεγκόντες τότε πρῶτον ἐσφορὰν διακόσια τά-
λαντα, ἐξέπεμψαν καὶ ἐπὶ τοὺς ξυμμάχους ἀργυρολόγους
2 ναῦς δώδεκα καὶ Λυσικλέα πέμπτον αὐτὸν στρατηγόν. ὁ δὲ
ἄλλα τε ἠργυρολόγει καὶ περιέπλει, καὶ τῆς Καρίας ἐκ
Μυοῦντος ἀναβὰς διὰ τοῦ Μαιάνδρου πεδίου μέχρι τοῦ 25
Σανδίου λόφου, ἐπιθεμένων τῶν Καρῶν καὶ Ἀναιιτῶν αὐτός
τε διαφθείρεται καὶ τῆς ἄλλης στρατιᾶς πολλοί.

20 Τοῦ δ' αὐτοῦ χειμῶνος οἱ Πλαταιῆς (ἔτι γὰρ ἐπολιορ-
κοῦντο ὑπὸ τῶν Πελοποννησίων καὶ Βοιωτῶν) ἐπειδὴ τῷ τε
σίτῳ ἐπιλείποντι ἐπιέζοντο καὶ ἀπὸ τῶν Ἀθηνῶν οὐδεμία 30
ἐλπὶς ἦν τιμωρίας οὐδὲ ἄλλη σωτηρία ἐφαίνετο, ἐπιβου-

17 ᾗ recc. : οἷ vel οἱ codd.   ἐγκατοικοδομεῖται Bloomfield : ἐγκατῳ-
κοδόμητο Haase : ἐγκατῳκοδομεῖτο Poppo : ἐγκατῳκοδομήθη Bekker
26 Σανδίος Meineke   30 ἐπιλείποντι Naber : ἐπιλιπόντι codd.

λεύουσιν αὐτοί τε καὶ Ἀθηναίων οἱ ξυμπολιορκούμενοι
πρῶτον μὲν πάντες ἐξελθεῖν καὶ ὑπερβῆναι τὰ τείχη τῶν
πολεμίων, ἢν δύνωνται βιάσασθαι, ἐσηγησαμένων τὴν πεῖραν
αὐτοῖς Θεαινέτου τε τοῦ Τολμίδου ἀνδρὸς μάντεως καὶ
5 Εὐπομπίδου τοῦ Δαϊμάχου, ὃς καὶ ἐστρατήγει· ἔπειτα οἱ 2
μὲν ἡμίσεις ἀπώκνησάν πως τὸν κίνδυνον μέγαν ἡγησάμενοι,
ἐς δὲ ἄνδρας διακοσίους καὶ εἴκοσι μάλιστα ἐνέμειναν τῇ
ἐξόδῳ ἐθελονταὶ τρόπῳ τοιῷδε. κλίμακας ἐποιήσαντο ἴσας 3
τῷ τείχει τῶν πολεμίων· ξυνεμετρήσαντο δὲ ταῖς ἐπιβολαῖς
10 τῶν πλίνθων, ᾗ ἔτυχε πρὸς σφᾶς οὐκ ἐξαληλιμμένον τὸ
τεῖχος αὐτῶν. ἠριθμοῦντο δὲ πολλοὶ ἅμα τὰς ἐπιβολάς, καὶ
ἔμελλον οἱ μέν τινες ἁμαρτήσεσθαι οἱ δὲ πλείους τεύξεσθαι
τοῦ ἀληθοῦς λογισμοῦ, ἄλλως τε καὶ πολλάκις ἀριθμοῦντες
καὶ ἅμα οὐ πολὺ ἀπέχοντες, ἀλλὰ ῥᾳδίως καθορωμένου ἐς
15 ὃ ἐβούλοντο τοῦ τείχους. τὴν μὲν οὖν ξυμμέτρησιν τῶν 4
κλιμάκων οὕτως ἔλαβον, ἐκ τοῦ πάχους τῆς πλίνθου εἰκά-
σαντες τὸ μέτρον. τὸ δὲ τεῖχος ἦν τῶν Πελοποννησίων 21
τοιόνδε τῇ οἰκοδομήσει. εἶχε μὲν δύο τοὺς περιβόλους,
πρός τε Πλαταιῶν καὶ εἴ τις ἔξωθεν ἀπ᾿ Ἀθηνῶν ἐπίοι,
20 διεῖχον δὲ οἱ περίβολοι ἑκκαίδεκα πόδας μάλιστα ἀπ᾿ ἀλλή-
λων. τὸ οὖν μεταξὺ τοῦτο [οἱ ἑκκαίδεκα πόδες] τοῖς φύλαξιν 2
οἰκήματα διανενεμημένα ᾠκοδόμητο, καὶ ἦν ξυνεχῆ ὥστε ἓν
φαίνεσθαι τεῖχος παχὺ ἐπάλξεις ἔχον ἀμφοτέρωθεν. διὰ 3
δέκα δὲ ἐπάλξεων πύργοι ἦσαν μεγάλοι καὶ ἰσοπλατεῖς τῷ
25 τείχει, διήκοντες ἔς τε τὸ ἔσω μέτωπον αὐτοῦ καὶ οἱ αὐτοὶ
καὶ τὸ ἔξω, ὥστε πάροδον μὴ εἶναι παρὰ πύργον, ἀλλὰ δι᾿
αὐτῶν μέσων διῇσαν. τὰς οὖν νύκτας, ὁπότε χειμὼν εἴη 4
νοτερός, τὰς μὲν ἐπάλξεις ἀπέλειπον, ἐκ δὲ τῶν πύργων
ὄντων δι᾿ ὀλίγου καὶ ἄνωθεν στεγανῶν τὴν φυλακὴν ἐποιοῦντο.
30 τὸ μὲν οὖν τεῖχος ᾧ περιεφρουροῦντο οἱ Πλαταιῆς τοιοῦτον
ἦν. οἱ δ᾿, ἐπειδὴ παρεσκεύαστο αὐτοῖς, τηρήσαντες νύκτα 22

---

3 ἐσηγησαμένου A B E F M γρ. G   5 Εὐπομπίδου E : Εὐπολπίδου
cett.   21 οἱ ἑκκαίδεκα πόδες non vertit Valla, secl. Herwerden
22 ξυνοχὴ C ⟨G⟩   26 post καὶ add. ἐς F¹ M

χειμέριον ὕδατι καὶ ἀνέμῳ καὶ ἅμ᾽ ἀσέληνον ἐξῇσαν· ἡγοῦντο
δὲ οἵπερ καὶ τῆς πείρας αἴτιοι ἦσαν. καὶ πρῶτον μὲν τὴν
τάφρον διέβησαν ἣ περιεῖχεν αὐτούς, ἔπειτα προσέμειξαν
τῷ τείχει τῶν πολεμίων λαθόντες τοὺς φύλακας, ἀνὰ τὸ
σκοτεινὸν μὲν οὐ προϊδόντων αὐτῶν, ψόφῳ δὲ τῷ ἐκ τοῦ 5
προσιέναι αὐτοὺς ἀντιπαταγοῦντος τοῦ ἀνέμου οὐ κατακού-
2 σάντων· ἅμα δὲ καὶ διέχοντες πολὺ ἦσαν, ὅπως τὰ ὅπλα
μὴ κρουόμενα πρὸς ἄλληλα αἴσθησιν παρέχοι. ἦσαν δὲ
εὐσταλεῖς τε τῇ ὁπλίσει καὶ τὸν ἀριστερὸν μόνον πόδα
3 ὑποδεδεμένοι ἀσφαλείας ἕνεκα τῆς πρὸς τὸν πηλόν. κατὰ 10
οὖν μεταπύργιον προσέμισγον πρὸς τὰς ἐπάλξεις, εἰδότες
ὅτι ἐρῆμοί εἰσι, πρῶτον μὲν οἱ τὰς κλίμακας φέροντες, καὶ
προσέθεσαν· ἔπειτα ψιλοὶ δώδεκα ξὺν ξιφιδίῳ καὶ θώρακι
ἀνέβαινον, ὧν ἡγεῖτο Ἀμμέας ὁ Κοροίβου καὶ πρῶτος ἀνέβη·
μετὰ δὲ αὐτὸν οἱ ἑπόμενοι, ἐξ ἐφ᾽ ἑκάτερον τῶν πύργων, 15
ἀνέβαινον. ἔπειτα ψιλοὶ ἄλλοι μετὰ τούτους ξὺν δορατίοις
ἐχώρουν, οἷς ἕτεροι κατόπιν τὰς ἀσπίδας ἔφερον, ὅπως
ἐκεῖνοι ῥᾷον προσβαίνοιεν, καὶ ἔμελλον δώσειν ὁπότε πρὸς
4 τοῖς πολεμίοις εἶεν. ὡς δὲ ἄνω πλείους ἐγένοντο, ᾔσθοντο
οἱ ἐκ τῶν πύργων φύλακες· κατέβαλε γάρ τις τῶν Πλαταιῶν 20
ἀντιλαμβανόμενος ἀπὸ τῶν ἐπάλξεων κεραμίδα, ἣ πεσοῦσα
5 δοῦπον ἐποίησεν. καὶ αὐτίκα βοὴ ἦν, τὸ δὲ στρατόπεδον
ἐπὶ τὸ τεῖχος ὥρμησεν· οὐ γὰρ ᾔδει ὅτι ἦν τὸ δεινὸν
σκοτεινῆς νυκτὸς καὶ χειμῶνος ὄντος, καὶ ἅμα οἱ ἐν τῇ πόλει
τῶν Πλαταιῶν ὑπολελειμμένοι ἐξελθόντες προσέβαλον τῷ 25
τείχει τῶν Πελοποννησίων ἐκ τοὔμπαλιν ἢ οἱ ἄνδρες αὐτῶν
ὑπερέβαινον, ὅπως ἥκιστα πρὸς αὐτοὺς τὸν νοῦν ἔχοιεν.
6 ἐθορυβοῦντο μὲν οὖν κατὰ χώραν μένοντες, βοηθεῖν δὲ
οὐδεὶς ἐτόλμα ἐκ τῆς ἑαυτῶν φυλακῆς, ἀλλ᾽ ἐν ἀπόρῳ ἦσαν
7 εἰκάσαι τὸ γιγνόμενον. καὶ οἱ τριακόσιοι αὐτῶν, οἷς ἐτέ- 30

9 πόδα μόνον A B E F   14 -ροίβου . . . c. 34. 2 καταφυγόντες suppl.
f fol. lxxxiii–lxxxv   22 δοῦπον A: ψόφον cett.   25 προσ-
έβαλλον C   26 ἢ C f⟨G⟩: ᾗ cett.   29 ἑαυτῶν C f⟨G⟩: αὐτῶν vel
αὐτῶν cett.

τακτο παραβοηθεῖν εἴ τι δέοι, ἐχώρουν ἔξω τοῦ τείχους πρὸς
τὴν βοήν. φρυκτοί τε ᾔροντο ἐς τὰς Θήβας πολέμιοι·
παρανῖσχον δὲ καὶ οἱ ἐκ τῆς πόλεως Πλαταιῆς ἀπὸ τοῦ 8
τείχους φρυκτοὺς πολλοὺς πρότερον παρεσκευασμένους ἐς
5 αὐτὸ τοῦτο, ὅπως ἀσαφῆ τὰ σημεῖα τῆς φρυκτωρίας τοῖς
πολεμίοις ᾖ καὶ μὴ βοηθοῖεν, ἄλλο τι νομίσαντες τὸ γιγνό-
μενον εἶναι ἢ τὸ ὄν, πρὶν σφῶν οἱ ἄνδρες οἱ ἐξιόντες
διαφύγοιεν καὶ τοῦ ἀσφαλοῦς ἀντιλάβοιντο. οἱ δ᾽ ὑπερ- 23
βαίνοντες τῶν Πλαταιῶν ἐν τούτῳ, ὡς οἱ πρῶτοι αὐτῶν
10 ἀνεβεβήκεσαν καὶ τοῦ πύργου ἑκατέρου τοὺς φύλακας
διαφθείραντες ἐκεκρατήκεσαν, τάς τε διόδους τῶν πύργων
ἐνστάντες αὐτοὶ ἐφύλασσον μηδένα δι᾽ αὐτῶν ἐπιβοηθεῖν,
καὶ κλίμακας προσθέντες ἀπὸ τοῦ τείχους τοῖς πύργοις καὶ
ἐπαναβιβάσαντες ἄνδρας πλείους, οἱ μὲν ἀπὸ τῶν πύργων
15 τοὺς ἐπιβοηθοῦντας καὶ κάτωθεν καὶ ἄνωθεν εἶργον βάλλον-
τες, οἱ δ᾽ ἐν τούτῳ οἱ πλείους πολλὰς προσθέντες κλίμακας
ἅμα καὶ τὰς ἐπάλξεις ἀπώσαντες διὰ τοῦ μεταπυργίου
ὑπερέβαινον. ὁ δὲ διακομιζόμενος αἰεὶ ἵστατο ἐπὶ τοῦ 2
χείλους τῆς τάφρου καὶ ἐντεῦθεν ἐτόξευόν τε καὶ ἠκόντιζον,
20 εἴ τις παραβοηθῶν παρὰ τὸ τεῖχος κωλυτὴς γίγνοιτο τῆς
διαβάσεως. ἐπεὶ δὲ πάντες διεπεπεραίωντο, οἱ ἀπὸ τῶν 3
πύργων χαλεπῶς οἱ τελευταῖοι καταβαίνοντες ἐχώρουν ἐπὶ
τὴν τάφρον, καὶ ἐν τούτῳ οἱ τριακόσιοι αὐτοῖς ἐπεφέροντο
λαμπάδας ἔχοντες. οἱ μὲν οὖν Πλαταιῆς ἐκείνους ἑώρων 4
25 μᾶλλον ἐκ τοῦ σκότους ἑστῶτες ἐπὶ τοῦ χείλους τῆς τάφρου,
καὶ ἐτόξευόν τε καὶ ἐσηκόντιζον ἐς τὰ γυμνά, αὐτοὶ δὲ ἐν τῷ
ἀφανεῖ ὄντες ἧσσον διὰ τὰς λαμπάδας καθεωρῶντο, ὥστε
φθάνουσι τῶν Πλαταιῶν καὶ οἱ ὕστατοι διαβάντες τὴν
τάφρον, χαλεπῶς δὲ καὶ βιαίως· κρύσταλλός τε γὰρ ἐπεπήγει 5
30 οὐ βέβαιος ἐν αὐτῇ ὥστ᾽ ἐπελθεῖν, ἀλλ᾽ οἷος ἀπηλιώτου [ἢ
βορέου] ὑδατώδης μᾶλλον, καὶ ἡ νὺξ τοιούτῳ ἀνέμῳ ὑπονει-
φομένη πολὺ τὸ ὕδωρ ἐν αὐτῇ ἐπεποιήκει, ὃ μόλις ὑπερ-

1 ἔξωθεν C   30 ἢ βορέου secl. Dobree

ἔχοντες ἐπεραιώθησαν. ἐγένετο δὲ καὶ ἡ διάφευξις αὐτοῖς
24 μᾶλλον διὰ τοῦ χειμῶνος τὸ μέγεθος. ὁρμήσαντες δὲ ἀπὸ
τῆς τάφρου οἱ Πλαταιῆς ἐχώρουν ἀθρόοι τὴν ἐς Θήβας
φέρουσαν ὁδόν, ἐν δεξιᾷ ἔχοντες τὸ τοῦ Ἀνδροκράτους ἡρῷον,
νομίζοντες ἥκιστ᾽ ⟨ἂν⟩ σφᾶς ταύτην αὐτοὺς ὑποτοπῆσαι 5
τραπέσθαι τὴν ἐς τοὺς πολεμίους· καὶ ἅμα ἑώρων τοὺς
Πελοποννησίους τὴν πρὸς Κιθαιρῶνα καὶ Δρυὸς κεφαλὰς
2 τὴν ἐπ᾽ Ἀθηνῶν φέρουσαν μετὰ λαμπάδων διώκοντας. καὶ
ἐπὶ μὲν ἓξ ἢ ἑπτὰ σταδίους οἱ Πλαταιῆς τὴν ἐπὶ τῶν Θηβῶν
ἐχώρησαν, ἔπειθ᾽ ὑποστρέψαντες ᾖσαν τὴν πρὸς τὸ ὄρος 10
φέρουσαν ὁδὸν ἐς Ἐρύθρας καὶ Ὑσιάς, καὶ λαβόμενοι τῶν
ὀρῶν διαφεύγουσιν ἐς τὰς Ἀθήνας, ἄνδρες δώδεκα καὶ δια-
κόσιοι ἀπὸ πλειόνων· εἰσὶ γάρ τινες αὐτῶν οἳ ἀπετράποντο
ἐς τὴν πόλιν πρὶν ὑπερβαίνειν, εἷς δ᾽ ἐπὶ τῇ ἔξω τάφρῳ
3 τοξότης ἐλήφθη. οἱ μὲν οὖν Πελοποννήσιοι κατὰ χώραν 15
ἐγένοντο τῆς βοηθείας παυσάμενοι· οἱ δ᾽ ἐκ τῆς πόλεως
Πλαταιῆς τῶν μὲν γεγενημένων εἰδότες οὐδέν, τῶν δὲ
ἀποτραπομένων σφίσιν ἀπαγγειλάντων ὡς οὐδεὶς περίεστι,
κήρυκα ἐκπέμψαντες, ἐπεὶ ἡμέρα ἐγένετο, ἐσπένδοντο ἀναί-
ρεσιν τοῖς νεκροῖς, μαθόντες δὲ τὸ ἀληθὲς ἐπαύσαντο. 20
οἱ μὲν δὴ τῶν Πλαταιῶν ἄνδρες οὕτως ὑπερβάντες ἐσώ-
θησαν.
25 Ἐκ δὲ τῆς Λακεδαίμονος τοῦ αὐτοῦ χειμῶνος τελευτῶντος
ἐκπέμπεται Σάλαιθος ὁ Λακεδαιμόνιος ἐς Μυτιλήνην τριήρει.
καὶ πλεύσας ἐς Πύρραν καὶ ἐξ αὐτῆς πεζῇ κατὰ χαράδραν 25
τινά, ᾗ ὑπερβατὸν ἦν τὸ περιτείχισμα, διαλαθὼν ἐσέρχεται
ἐς τὴν Μυτιλήνην, καὶ ἔλεγε τοῖς προέδροις ὅτι ἐσβολή τε
ἅμα ἐς τὴν Ἀττικὴν ἔσται καὶ αἱ τεσσαράκοντα νῆες παρ-
έσονται ἃς ἔδει βοηθῆσαι αὐτοῖς, προαποπεμφθῆναί τε αὐτὸς
2 τούτων ἕνεκα καὶ ἅμα τῶν ἄλλων ἐπιμελησόμενος. καὶ οἱ 30
μὲν Μυτιληναῖοι ἐθάρσουν τε καὶ πρὸς τοὺς Ἀθηναίους
ἧσσον εἶχον τὴν γνώμην ὥστε ξυμβαίνειν. ὅ τε χειμὼν

ἐτελεύτα οὗτος, καὶ τέταρτον ἔτος τῷ πολέμῳ ἐτελεύτα τῷδε
ὃν Θουκυδίδης ξυνέγραψεν.

Τοῦ δ' ἐπιγιγνομένου θέρους οἱ Πελοποννήσιοι ἐπειδὴ τὰς **26**
ἐς τὴν Μυτιλήνην δύο καὶ τεσσαράκοντα ναῦς ἀπέστειλαν
5 ἄρχοντα Ἀλκίδαν, ὃς ἦν αὐτοῖς ναύαρχος, προστάξαντες,
αὐτοὶ ἐς τὴν Ἀττικὴν καὶ οἱ ξύμμαχοι ἐσέβαλον, ὅπως οἱ
Ἀθηναῖοι ἀμφοτέρωθεν θορυβούμενοι ἧσσον ταῖς ναυσὶν ἐς
τὴν Μυτιλήνην καταπλεούσαις ἐπιβοηθήσωσιν. ἡγεῖτο δὲ 2
τῆς ἐσβολῆς ταύτης Κλεομένης ὑπὲρ Παυσανίου τοῦ Πλει-
10 στοάνακτος υἱέος βασιλέως ὄντος καὶ νεωτέρου ἔτι, πατρὸς
δὲ ἀδελφὸς ὤν. ἐδῄωσαν δὲ τῆς Ἀττικῆς τά τε πρότερον 3
τετμημένα [καὶ] εἴ τι ἐβεβλαστήκει καὶ ὅσα ἐν ταῖς πρὶν
ἐσβολαῖς παρελέλειπτο· καὶ ἡ ἐσβολὴ αὕτη χαλεπωτάτη
ἐγένετο τοῖς Ἀθηναίοις μετὰ τὴν δευτέραν. ἐπιμένοντες 4
15 γὰρ αἰεὶ ἀπὸ τῆς Λέσβου τι πεύσεσθαι τῶν νεῶν ἔργον ὡς
ἤδη πεπεραιωμένων ἐπεξῆλθον τὰ πολλὰ τέμνοντες. ὡς δ'
οὐδὲν ἀπέβαινεν αὐτοῖς ὧν προσεδέχοντο καὶ ἐπελελοίπει ὁ
σῖτος, ἀνεχώρησαν καὶ διελύθησαν κατὰ πόλεις.

Οἱ δὲ Μυτιληναῖοι ἐν τούτῳ, ὡς αἵ τε νῆες αὐτοῖς οὐχ **27**
20 ἧκον ἀπὸ τῆς Πελοποννήσου ἀλλὰ ἐνεχρόνιζον καὶ ὁ σῖτος
ἐπελελοίπει, ἀναγκάζονται ξυμβαίνειν πρὸς τοὺς Ἀθηναίους
διὰ τάδε. ὁ Σάλαιθος καὶ αὐτὸς οὐ προσδεχόμενος ἔτι τὰς 2
ναῦς ὁπλίζει τὸν δῆμον πρότερον ψιλὸν ὄντα ὡς ἐπεξιὼν
τοῖς Ἀθηναίοις· οἱ δὲ ἐπειδὴ ἔλαβον ὅπλα, οὔτε ἠκροῶντο 3
25 ἔτι τῶν ἀρχόντων, κατὰ ξυλλόγους τε γιγνόμενοι ἢ τὸν
σῖτον ἐκέλευον τοὺς δυνατοὺς φέρειν ἐς τὸ φανερὸν καὶ
διανέμειν ἅπασιν, ἢ αὐτοὶ ξυγχωρήσαντες πρὸς Ἀθηναίους
ἔφασαν παραδώσειν τὴν πόλιν. γνόντες δὲ οἱ ἐν τοῖς **28**
πράγμασιν οὔτ' ἀποκωλύειν δυνατοὶ ὄντες, εἴ τ' ἀπομονωθή-
30 σονται τῆς ξυμβάσεως κινδυνεύσοντες, ποιοῦνται κοινῇ ὁμο-
λογίαν πρός τε Πάχητα καὶ τὸ στρατόπεδον, ὥστε Ἀθηναίοις

4 δύο καὶ secl. Krüger   5 ἄρχοντα recc.: ἔχοντα codd.   11 prius
δὲ] δὴ Stahl   12 καὶ secl. L. Dindorf   ἐπεβεβλαστήκει ⟨G⟩
29 ἀποκωλύειν Stahl : ἀποκωλύσειν codd.

μὲν ἐξεῖναι βουλεῦσαι περὶ Μυτιληναίων ὁποῖον ἄν τι βούλων-
ται καὶ τὴν στρατιὰν ἐς τὴν πόλιν δέχεσθαι αὐτούς, πρεσβείαν
δὲ ἀποστέλλειν ἐς τὰς Ἀθήνας Μυτιληναίους περὶ ἑαυτῶν·
ἐν ὅσῳ δ' ἂν πάλιν ἔλθωσι, Πάχητα μήτε δῆσαι Μυτιλη-
2 ναίων μηδένα μηδὲ ἀνδραποδίσαι μήτε ἀποκτεῖναι. ἡ μὲν 5
ξύμβασις αὕτη ἐγένετο, οἱ δὲ πράξαντες πρὸς τοὺς Λακεδαι-
μονίους μάλιστα τῶν Μυτιληναίων περιδεεῖς ὄντες, ὡς ἡ
στρατιὰ ἐσῆλθεν, οὐκ ἠνέσχοντο, ἀλλ' ἐπὶ τοὺς βωμοὺς ὅμως
καθίζουσιν· Πάχης δ' ἀναστήσας αὐτοὺς ὥστε μὴ ἀδικῆσαι,
κατατίθεται ἐς Τένεδον μέχρι οὗ τοῖς Ἀθηναίοις τι δόξῃ. 10
3 πέμψας δὲ καὶ ἐς τὴν Ἄντισσαν τριήρεις προσεκτήσατο καὶ
τἆλλα τὰ περὶ τὸ στρατόπεδον καθίστατο ᾗ αὐτῷ ἐδόκει.

29   Οἱ δ' ἐν ταῖς τεσσαράκοντα ναυσὶ Πελοποννήσιοι, οὓς
ἔδει ἐν τάχει παραγενέσθαι, πλέοντες περί τε αὐτὴν τὴν
Πελοπόννησον ἐνδιέτριψαν καὶ κατὰ τὸν ἄλλον πλοῦν 15
σχολαῖοι κομισθέντες τοὺς μὲν ἐκ τῆς πόλεως Ἀθηναίους
λανθάνουσι, πρὶν δὴ τῇ Δήλῳ ἔσχον, προσμείξαντες δ' ἀπ'
αὐτῆς τῇ Ἰκάρῳ καὶ Μυκόνῳ πυνθάνονται πρῶτον ὅτι ἡ
2 Μυτιλήνη ἑάλωκεν. βουλόμενοι δὲ τὸ σαφὲς εἰδέναι
κατέπλευσαν ἐς Ἔμβατον τῆς Ἐρυθραίας· ἡμέραι δὲ μά- 20
λιστα ἦσαν τῇ Μυτιλήνῃ ἑαλωκυίᾳ ἑπτὰ ὅτε ἐς τὸ Ἔμβατον
κατέπλευσαν. πυθόμενοι δὲ τὸ σαφὲς ἐβουλεύοντο ἐκ τῶν
παρόντων, καὶ ἔλεξεν αὐτοῖς Τευτίαπλος ἀνὴρ Ἠλεῖος τάδε.

30   'Ἀλκίδα καὶ Πελοποννησίων ὅσοι πάρεσμεν ἄρχοντες
τῆς στρατιᾶς, ἐμοὶ δοκεῖ πλεῖν ἡμᾶς ἐπὶ Μυτιλήνην πρὶν 25
2 ἐκπύστους γενέσθαι, ὥσπερ ἔχομεν. κατὰ γὰρ τὸ εἰκὸς
ἀνδρῶν νεωστὶ πόλιν ἐχόντων πολὺ τὸ ἀφύλακτον εὑρήσομεν,
κατὰ μὲν θάλασσαν καὶ πάνυ, ᾗ ἐκεῖνοί τε ἀνέλπιστοι ἐπι-
γενέσθαι ἄν τινα σφίσι πολέμιον καὶ ἡμῶν ἡ ἀλκὴ τυγχάνει
μάλιστα οὖσα· εἰκὸς δὲ καὶ τὸ πεζὸν αὐτῶν κατ' οἰκίας 30
3 ἀμελέστερον ὡς κεκρατηκότων διεσπάρθαι. εἰ οὖν προσπέ-
σοιμεν ἄφνω τε καὶ νυκτός, ἐλπίζω μετὰ τῶν ἔνδον, εἴ τις

ἆρα ἡμῖν ἐστὶν ὑπόλοιπος εὔνους, καταληφθῆναι ἂν τὰ
πράγματα. καὶ μὴ ἀποκνήσωμεν τὸν κίνδυνον, νομίσαντες 4
οὐκ ἄλλο τι εἶναι τὸ κενὸν τοῦ πολέμου ἢ τὸ τοιοῦτον, ὃ εἴ
τις στρατηγὸς ἔν τε αὐτῷ φυλάσσοιτο καὶ τοῖς πολεμίοις
5 ἐνορῶν ἐπιχειροίη, πλεῖστ᾽ ἂν ὀρθοῖτο.᾿
    Ὁ μὲν τοσαῦτα εἰπὼν οὐκ ἔπειθε τὸν Ἀλκίδαν. ἄλλοι 31
δέ τινες τῶν ἀπ᾽ Ἰωνίας φυγάδων καὶ οἱ Λέσβιοι ⟨οἱ⟩
ξυμπλέοντες παρῄνουν, ἐπειδὴ τοῦτον τὸν κίνδυνον φοβεῖται,
τῶν ἐν Ἰωνίᾳ πόλεων καταλαβεῖν τινὰ ἢ Κύμην τὴν Αἰολίδα,
10 ὅπως ἐκ πόλεως ὁρμώμενοι τὴν Ἰωνίαν ἀποστήσωσιν (ἐλπίδα
δ᾽ εἶναι· οὐδενὶ γὰρ ἀκουσίως ἀφῖχθαι) καὶ τὴν πρόσοδον
ταύτην μεγίστην οὖσαν Ἀθηναίων [ἢν] ὑφέλωσι, καὶ ἅμα,
ἢν ἐφορμῶσι σφίσιν, αὐτοῖς δαπάνη γίγνηται· πείσειν τε
οἴεσθαι καὶ Πισσούθνην ὥστε ξυμπολεμεῖν. ὁ δὲ οὐδὲ 2
15 ταῦτα ἐνεδέχετο, ἀλλὰ τὸ πλεῖστον τῆς γνώμης εἶχεν, ἐπειδὴ
τῆς Μυτιλήνης ὑστερήκει, ὅτι τάχιστα τῇ Πελοποννήσῳ
πάλιν προσμεῖξαι. ἄρας δὲ ἐκ τοῦ Ἐμβάτου παρέπλει, καὶ 32
προσσχὼν Μυοννήσῳ τῇ Τηΐων τοὺς αἰχμαλώτους οὓς κατὰ
πλοῦν εἰλήφει ἀπέσφαξε τοὺς πολλούς. καὶ ἐς τὴν Ἔφεσον 2
20 καθορμισαμένου αὐτοῦ Σαμίων τῶν ἐξ Ἀναίων ἀφικόμενοι
πρέσβεις ἔλεγον οὐ καλῶς τὴν Ἑλλάδα ἐλευθεροῦν αὐτόν,
εἰ ἄνδρας διέφθειρεν οὔτε χεῖρας ἀνταιρομένους οὔτε πολε-
μίους, Ἀθηναίων δὲ ὑπὸ ἀνάγκης ξυμμάχους· εἴ τε μὴ
παύσεται, ὀλίγους μὲν αὐτὸν τῶν ἐχθρῶν ἐς φιλίαν προσ-
25 άξεσθαι, πολὺ δὲ πλείους τῶν φίλων πολεμίους ἕξειν. καὶ 3
ὁ μὲν ἐπείσθη τε καὶ Χίων ἄνδρας ὅσους εἶχεν ἔτι ἀφῆκε
καὶ τῶν ἄλλων τινάς· ὁρῶντες γὰρ τὰς ναῦς οἱ ἄνθρωποι
οὐκ ἔφευγον, ἀλλὰ προσεχώρουν μᾶλλον ὡς Ἀττικαῖς καὶ
ἐλπίδα οὐδὲ τὴν ἐλαχίστην εἶχον μή ποτε Ἀθηναίων τῆς
30 θαλάσσης κρατούντων ναῦς Πελοποννησίων ἐς Ἰωνίαν παρα-
βαλεῖν. ἀπὸ δὲ τῆς Ἐφέσου ὁ Ἀλκίδας ἔπλει κατὰ τάχος 33

3 κενὸν C M : καινὸν cett. : κοινὸν recc.   7 οἱ add. Madvig
11 ἀκουσίῳ Lindau   12 ἢν secl. Herwerden: ἵν᾽ Dobree   ἀφέλωσι A B
13 σφίσιν αὐτοῖς δαπάνη G M Schol.: αὐτοῖς (αὐτοὺς C E) δαπάνη σφίσι cett.

καὶ φυγὴν ἐποιεῖτο· ὤφθη γὰρ ὑπὸ τῆς Σαλαμινίας καὶ
Παράλου ἔτι περὶ Κλάρον ὁρμῶν (αἱ δ' ἀπ' Ἀθηνῶν ἔτυχον
πλέουσαι), καὶ δεδιὼς τὴν δίωξιν ἔπλει διὰ τοῦ πελάγους ὡς
γῇ ἑκούσιος οὐ σχήσων ἄλλῃ ἢ Πελοποννήσῳ.

2 Τῷ δὲ Πάχητι καὶ τοῖς Ἀθηναίοις ἦλθε μὲν καὶ ἀπὸ 5
τῆς Ἐρυθραίας ἀγγελία, ἀφικνεῖτο δὲ καὶ πανταχόθεν·
ἀτειχίστου γὰρ οὔσης τῆς Ἰωνίας μέγα τὸ δέος ἐγένετο μὴ
παραπλέοντες οἱ Πελοποννήσιοι, εἰ καὶ ὡς μὴ διενοοῦντο
μένειν, πορθῶσιν ἅμα προσπίπτοντες τὰς πόλεις. αὐτάγγελοι
δ' αὐτὸν ἰδοῦσαι ἐν τῇ Κλάρῳ ἥ τε Πάραλος καὶ ἡ Σαλαμινία 10
3 ἔφρασαν. ὁ δὲ ὑπὸ σπουδῆς ἐποιεῖτο τὴν δίωξιν· καὶ
μέχρι μὲν Πάτμου τῆς νήσου ἐπεδίωξεν, ὡς δ' οὐκέτι ἐν
καταλήψει ἐφαίνετο, ἐπανεχώρει. κέρδος δὲ ἐνόμισεν, ἐπει-
δὴ οὐ μετεώροις περιέτυχεν, ὅτι οὐδαμοῦ ἐγκαταληφθεῖσαι
ἠναγκάσθησαν στρατόπεδόν τε ποιεῖσθαι καὶ φυλακὴν σφίσι 15
34 καὶ ἐφόρμησιν παρασχεῖν. παραπλέων δὲ πάλιν ἔσχε καὶ
ἐς Νότιον τὸ Κολοφωνίων, οὗ κατῴκηντο Κολοφώνιοι τῆς
ἄνω πόλεως ἑαλωκυίας ὑπὸ Ἰταμάνους καὶ τῶν βαρβάρων
κατὰ στάσιν ἰδίαν ἐπαχθέντων· ἑάλω δὲ μάλιστα αὕτη ὅτε
ἡ δευτέρα Πελοποννησίων ἐσβολὴ ἐς τὴν Ἀττικὴν ἐγίγνετο. 20
2 ἐν οὖν τῷ Νοτίῳ οἱ καταφυγόντες καὶ κατοικήσαντες αὐτόθι
αὖθις στασιάσαντες, οἱ μὲν παρὰ Πισσούθνου ἐπικούρους
Ἀρκάδων τε καὶ τῶν βαρβάρων ἐπαγαγόμενοι ἐν διατειχί-
σματι εἶχον, καὶ τῶν ἐκ τῆς ἄνω πόλεως Κολοφωνίων οἱ
μηδίσαντες ξυνεσελθόντες ἐπολίτευον, οἱ δὲ ὑπεξελθόντες 25
3 τούτους καὶ ὄντες φυγάδες τὸν Πάχητα ἐπάγονται. ὁ δὲ
προκαλεσάμενος ἐς λόγους Ἱππίαν τῶν ἐν τῷ διατειχίσματι
Ἀρκάδων ἄρχοντα, ὥστε, ἢν μηδὲν ἀρέσκον λέγῃ, πάλιν
αὐτὸν καταστήσειν ἐς τὸ τεῖχος σῶν καὶ ὑγιᾶ, ὁ μὲν ἐξῆλθε
παρ' αὐτόν, ὁ δ' ἐκεῖνον μὲν ἐν φυλακῇ ἀδέσμῳ εἶχεν, αὐτὸς 30
δὲ προσβαλὼν τῷ τειχίσματι ἐξαπιναίως καὶ οὐ προσδεχο-

12 Πάτμου recc. (coniecit Schol.): Λάτμου codd.   19 ἰδίᾳ
Krüger   23 ἐπαγαγόμενοι Krüger: ἐπαγόμενοι codd.   27 τῶν
Classen: τὸν codd.   29 μὲν f G M: δ' cett.

μένων αἱρεῖ, τούς τε Ἀρκάδας καὶ τῶν βαρβάρων ὅσοι
ἐνῆσαν διαφθείρει· καὶ τὸν Ἱππίαν ὕστερον ἐσαγαγὼν ὥσπερ
ἐσπείσατο, ἐπειδὴ ἔνδον ἦν, ξυλλαμβάνει καὶ κατατοξεύει.
Κολοφωνίοις δὲ Νότιον παραδίδωσι πλὴν τῶν μηδισάντων. 4
5 καὶ ὕστερον Ἀθηναῖοι οἰκιστὰς πέμψαντες κατὰ τοὺς ἑαυτῶν
νόμους κατῴκισαν τὸ Νότιον, ξυναγαγόντες πάντας ἐκ τῶν
πόλεων, εἴ πού τις ἦν Κολοφωνίων.

Ὁ δὲ Πάχης ἀφικόμενος ἐς τὴν Μυτιλήνην τήν τε Πύρραν 35
καὶ Ἔρεσον παρεστήσατο, καὶ Σάλαιθον λαβὼν ἐν τῇ πόλει
10 τὸν Λακεδαιμόνιον κεκρυμμένον ἀποπέμπει ἐς τὰς Ἀθήνας
καὶ τοὺς ἐκ τῆς Τενέδου Μυτιληναίων ἄνδρας ἅμα οὓς κατέ-
θετο καὶ εἴ τις ἄλλος αὐτῷ αἴτιος ἐδόκει εἶναι τῆς ἀπο-
στάσεως· ἀποπέμπει δὲ καὶ τῆς στρατιᾶς τὸ πλέον, τοῖς 2
δὲ λοιποῖς ὑπομένων καθίστατο τὰ περὶ τὴν Μυτιλήνην καὶ
15 τὴν ἄλλην Λέσβον ᾗ αὐτῷ ἐδόκει. ἀφικομένων δὲ τῶν 36
ἀνδρῶν καὶ τοῦ Σαλαίθου οἱ Ἀθηναῖοι τὸν μὲν Σάλαιθον
εὐθὺς ἀπέκτειναν, ἔστιν ἃ παρεχόμενον τά τ' ἄλλα καὶ ἀπὸ
Πλαταιῶν (ἔτι γὰρ ἐπολιορκοῦντο) ἀπάξειν Πελοποννησίους·
περὶ δὲ τῶν ἀνδρῶν γνώμας ἐποιοῦντο, καὶ ὑπὸ ὀργῆς ἔδοξεν 2
20 αὐτοῖς οὐ τοὺς παρόντας μόνον ἀποκτεῖναι, ἀλλὰ καὶ τοὺς
ἅπαντας Μυτιληναίους ὅσοι ἡβῶσι, παῖδας δὲ καὶ γυναῖκας
ἀνδραποδίσαι, ἐπικαλοῦντες τήν τε ἄλλην ἀπόστασιν ὅτι οὐκ
ἀρχόμενοι ὥσπερ οἱ ἄλλοι ἐποιήσαντο, καὶ προσξυνελάβοντο
οὐκ ἐλάχιστον τῆς ὁρμῆς αἱ Πελοποννησίων νῆες ἐς Ἰωνίαν
25 ἐκείνοις βοηθοὶ τολμήσασαι παρακινδυνεῦσαι· οὐ γὰρ ἀπὸ
βραχείας διανοίας ἐδόκουν τὴν ἀπόστασιν ποιήσασθαι.
πέμπουσιν οὖν τριήρη ὡς Πάχητα ἄγγελον τῶν δεδογμένων, 3
κατὰ τάχος κελεύοντες διαχρήσασθαι Μυτιληναίους. καὶ 4
τῇ ὑστεραίᾳ μετάνοιά τις εὐθὺς ἦν αὐτοῖς καὶ ἀναλογισμὸς
30 ὠμὸν τὸ βούλευμα καὶ μέγα ἐγνῶσθαι, πόλιν ὅλην διαφθεῖραι
μᾶλλον ἢ οὐ τοὺς αἰτίους. ὡς δ' ᾔσθοντο τοῦτο τῶν 5

17 post ἀπὸ add. τῶν c (τὸ C) G   22 post ἀπόστασιν add. καὶ
Classen   23 προσξυνελάβοντο C G γρ. B F : προσξυνεβάλετο cett.
28 post τάχος distingui potest

Μυτιληναίων οἱ παρόντες πρέσβεις καὶ οἱ αὐτοῖς τῶν Ἀθη-
ναίων ξυμπράσσοντες, παρεσκεύασαν τοὺς ἐν τέλει ὥστε
αὖθις γνώμας προθεῖναι· καὶ ἔπεισαν ῥᾷον, διότι καὶ ἐκεί-
νοις ἔνδηλον ἦν βουλόμενον τὸ πλέον τῶν πολιτῶν αὖθίς
6 τινας σφίσιν ἀποδοῦναι βουλεύσασθαι. καταστάσης δ' 5
εὐθὺς ἐκκλησίας ἄλλαι τε γνῶμαι ἀφ' ἑκάστων ἐλέγοντο
καὶ Κλέων ὁ Κλεαινέτου, ὅσπερ καὶ τὴν προτέραν ἐνενικήκει
ὥστε ἀποκτεῖναι, ὢν καὶ ἐς τὰ ἄλλα βιαιότατος τῶν πολιτῶν
τῷ τε δήμῳ παρὰ πολὺ ἐν τῷ τότε πιθανώτατος, παρελθὼν
αὖθις ἔλεγε τοιάδε.   10

37   ʻΠολλάκις μὲν ἤδη ἔγωγε καὶ ἄλλοτε ἔγνων δημοκρατίαν
ὅτι ἀδύνατόν ἐστιν ἑτέρων ἄρχειν, μάλιστα δ' ἐν τῇ νῦν
2 ὑμετέρᾳ περὶ Μυτιληναίων μεταμελείᾳ. διὰ γὰρ τὸ καθ'
ἡμέραν ἀδεὲς καὶ ἀνεπιβούλευτον πρὸς ἀλλήλους καὶ ἐς τοὺς
ξυμμάχους τὸ αὐτὸ ἔχετε, καὶ ὅτι ἂν ἢ λόγῳ πεισθέντες ὑπ' 15
αὐτῶν ἁμάρτητε ἢ οἴκτῳ ἐνδῶτε, οὐκ ἐπικινδύνως ἡγεῖσθε ἐς
ὑμᾶς καὶ οὐκ ἐς τὴν τῶν ξυμμάχων χάριν μαλακίζεσθαι, οὐ
σκοποῦντες ὅτι τυραννίδα ἔχετε τὴν ἀρχὴν καὶ πρὸς ἐπιβου-
λεύοντας αὐτοὺς καὶ ἄκοντας ἀρχομένους, οἳ οὐκ ἐξ ὧν ἂν
χαρίζησθε βλαπτόμενοι αὐτοὶ ἀκροῶνται ὑμῶν, ἀλλ' ἐξ ὧν 20
3 ἂν ἰσχύι μᾶλλον ἢ τῇ ἐκείνων εὐνοίᾳ περιγένησθε. πάντων
δὲ δεινότατον εἰ βέβαιον ἡμῖν μηδὲν καθεστήξει ὧν ἂν δόξῃ
πέρι, μηδὲ γνωσόμεθα ὅτι χείροσι νόμοις ἀκινήτοις χρωμένη
πόλις κρείσσων ἐστὶν ἢ καλῶς ἔχουσιν ἀκύροις, ἀμαθία τε
μετὰ σωφροσύνης ὠφελιμώτερον ἢ δεξιότης μετὰ ἀκολασίας, 25
οἵ τε φαυλότεροι τῶν ἀνθρώπων πρὸς τοὺς ξυνετωτέρους ὡς
4 ἐπὶ τὸ πλέον ἄμεινον οἰκοῦσι τὰς πόλεις. οἱ μὲν γὰρ τῶν
τε νόμων σοφώτεροι βούλονται φαίνεσθαι τῶν τε αἰεὶ λεγο-
μένων ἐς τὸ κοινὸν περιγίγνεσθαι, ὡς ἐν ἄλλοις μείζοσιν
οὐκ ἂν δηλώσαντες τὴν γνώμην, καὶ ἐκ τοῦ τοιούτου τὰ πολλὰ 30
σφάλλουσι τὰς πόλεις· οἱ δ' ἀπιστοῦντες τῇ ἐξ αὑτῶν ξυνέσει

---

3 προθεῖναι f : προσθεῖναι codd.   5 καταστάσης δ'] δ' om. C : καὶ
καταστάσης c G   13 ἡμετέρᾳ A E F ⟨G⟩ M : ἡμέρᾳ B   19 οἳ om. codd.,
add. b   27 πλεῖστον B Stobaeus   31 ἐξ αὑτῶν] ἑαυτῶν recc. Stobaeus

ἀμαθέστεροι μὲν τῶν νόμων ἀξιοῦσιν εἶναι, ἀδυνατώτεροι δὲ
τοῦ καλῶς εἰπόντος μέμψασθαι λόγον, κριταὶ δὲ ὄντες ἀπὸ
τοῦ ἴσου μᾶλλον ἢ ἀγωνισταὶ ὀρθοῦνται τὰ πλείω.   ὡς οὖν 5
χρὴ καὶ ἡμᾶς ποιοῦντας μὴ δεινότητι καὶ ξυνέσεως ἀγῶνι
5 ἐπαιρομένους παρὰ δόξαν τῷ ὑμετέρῳ πλήθει παραινεῖν.

'Ἐγὼ μὲν οὖν ὁ αὐτός εἰμι τῇ γνώμῃ καὶ θαυμάζω μὲν 38
τῶν προθέντων αὖθις περὶ Μυτιληναίων λέγειν καὶ χρόνου
διατριβὴν ἐμποιησάντων, ὅ ἐστι πρὸς τῶν ἠδικηκότων μᾶλλον
(ὁ γὰρ παθὼν τῷ δράσαντι ἀμβλυτέρᾳ τῇ ὀργῇ ἐπεξέρχεται,
10 ἀμύνεσθαι δὲ τῷ παθεῖν ὅτι ἐγγυτάτω κείμενον ἀντίπαλον ὂν
μάλιστα τὴν τιμωρίαν ἀναλαμβάνει), θαυμάζω δὲ καὶ ὅστις
ἔσται ὁ ἀντερῶν καὶ ἀξιώσων ἀποφαίνειν τὰς μὲν Μυτιληναίων
ἀδικίας ἡμῖν ὠφελίμους οὔσας, τὰς δ' ἡμετέρας ξυμφορὰς τοῖς
ξυμμάχοις βλάβας καθισταμένας.   καὶ δῆλον ὅτι ἢ τῷ λέγειν 2
15 πιστεύσας τὸ πάνυ δοκοῦν ἀνταποφῆναι ὡς οὐκ ἔγνωσται
ἀγωνίσαιτ' ἄν, ἢ κέρδει ἐπαιρόμενος τὸ εὐπρεπὲς τοῦ λόγου
ἐκπονήσας παράγειν πειράσεται.   ἡ δὲ πόλις ἐκ τῶν τοιῶνδε 3
ἀγώνων τὰ μὲν ἆθλα ἑτέροις δίδωσιν, αὐτὴ δὲ τοὺς κινδύνους
ἀναφέρει.   αἴτιοι δ' ὑμεῖς κακῶς ἀγωνοθετοῦντες, οἵτινες 4
20 εἰώθατε θεαταὶ μὲν τῶν λόγων γίγνεσθαι, ἀκροαταὶ δὲ τῶν
ἔργων, τὰ μὲν μέλλοντα ἔργα ἀπὸ τῶν εὖ εἰπόντων σκοποῦντες
ὡς δυνατὰ γίγνεσθαι, τὰ δὲ πεπραγμένα ἤδη, οὐ τὸ δρασθὲν
πιστότερον ὄψει λαβόντες ἢ τὸ ἀκουσθέν, ἀπὸ τῶν λόγῳ
καλῶς ἐπιτιμησάντων· καὶ μετὰ καινότητος μὲν λόγου ἀπα- 5
25 τᾶσθαι ἄριστοι, μετὰ δεδοκιμασμένου δὲ μὴ ξυνέπεσθαι
ἐθέλειν, δοῦλοι ὄντες τῶν αἰεὶ ἀτόπων, ὑπερόπται δὲ τῶν
εἰωθότων, καὶ μάλιστα μὲν αὐτὸς εἰπεῖν ἕκαστος βουλόμενος 6
δύνασθαι, εἰ δὲ μή, ἀνταγωνιζόμενοι τοῖς τοιαῦτα λέγουσι
μὴ ὕστεροι ἀκολουθῆσαι δοκεῖν τῇ γνώμῃ, ὀξέως δέ τι λέ-
30 γοντος προεπαινέσαι, καὶ προαισθέσθαι τε πρόθυμοι εἶναι τὰ
λεγόμενα καὶ προνοῆσαι βραδεῖς τὰ ἐξ αὐτῶν ἀποβησόμενα,

1 post δὲ add. τὸν Stobaeus   5 post παρὰ add. τὸ Reiske
10 ἀμύνασθαι A B E F M γρ. G Plutarchus   ὂν secl. Haase   22 δρα-
σθὲν] θεαθὲν (G)   30 εἶναι secl. Poppo

7 ζητοῦντές τε ἄλλο τι ὡς εἰπεῖν ἢ ἐν οἷς ζῶμεν, φρονοῦντες
δὲ οὐδὲ περὶ τῶν παρόντων ἱκανῶς· ἁπλῶς τε ἀκοῆς ἡδονῇ
ἡσσώμενοι καὶ σοφιστῶν θεαταῖς ἐοικότες καθημένοις μᾶλλον
ἢ περὶ πόλεως βουλευομένοις.

39   ''Ὧν ἐγὼ πειρώμενος ἀποτρέπειν ὑμᾶς ἀποφαίνω Μυτιλη- 5
2 ναίους μάλιστα δὴ μίαν πόλιν ἠδικηκότας ὑμᾶς. ἐγὼ γάρ,
οἵτινες μὲν μὴ δυνατοὶ φέρειν τὴν ὑμετέραν ἀρχὴν ἢ οἵτινες
ὑπὸ τῶν πολεμίων ἀναγκασθέντες ἀπέστησαν, ξυγγνώμην
ἔχω· νῆσον δὲ οἵτινες ἔχοντες μετὰ τειχῶν καὶ κατὰ θάλασ-
σαν μόνον φοβούμενοι τοὺς ἡμετέρους πολεμίους, ἐν ᾧ καὶ 10
αὐτοὶ τριήρων παρασκευῇ οὐκ ἄφαρκτοι ἦσαν πρὸς αὐτούς,
αὐτόνομοί τε οἰκοῦντες καὶ τιμώμενοι ἐς τὰ πρῶτα ὑπὸ ἡμῶν
τοιαῦτα εἰργάσαντο, τί ἄλλο οὗτοι ἢ ἐπεβούλευσάν τε καὶ
ἐπανέστησαν μᾶλλον ἢ ἀπέστησαν (ἀπόστασις μέν γε τῶν
βίαιόν τι πασχόντων ἐστίν), ἐζήτησάν τε μετὰ τῶν πολε- 15
μιωτάτων ἡμᾶς στάντες διαφθεῖραι; καίτοι δεινότερόν ἐστιν
3 ἢ εἰ καθ' αὑτοὺς δύναμιν κτώμενοι ἀντεπολέμησαν. παρά-
δειγμα δὲ αὐτοῖς οὔτε αἱ τῶν πέλας ξυμφοραὶ ἐγένοντο, ὅσοι
ἀποστάντες ἤδη ἡμῶν ἐχειρώθησαν, οὔτε ἡ παροῦσα εὐδαι-
μονία παρέσχεν ὄκνον μὴ ἐλθεῖν ἐς τὰ δεινά· γενόμενοι δὲ 20
πρὸς τὸ μέλλον θρασεῖς καὶ ἐλπίσαντες μακρότερα μὲν τῆς
δυνάμεως, ἐλάσσω δὲ τῆς βουλήσεως, πόλεμον ἤραντο, ἰσχὺν
ἀξιώσαντες τοῦ δικαίου προθεῖναι· ἐν ᾧ γὰρ ᾠήθησαν
4 περιέσεσθαι, ἐπέθεντο ἡμῖν οὐκ ἀδικούμενοι. εἴωθε δὲ τῶν
πόλεων αἷς ἂν μάλιστα καὶ δι' ἐλαχίστου ἀπροσδόκητος 25
εὐπραγία ἔλθῃ, ἐς ὕβριν τρέπειν· τὰ δὲ πολλὰ κατὰ λόγον
τοῖς ἀνθρώποις εὐτυχοῦντα ἀσφαλέστερα ἢ παρὰ δόξαν, καὶ
κακοπραγίαν ὡς εἰπεῖν ῥᾷον ἀπωθοῦνται ἢ εὐδαιμονίαν
5 διασῴζονται. χρῆν δὲ Μυτιληναίους καὶ πάλαι μηδὲν
διαφερόντως τῶν ἄλλων ὑφ' ἡμῶν τετιμῆσθαι, καὶ οὐκ ἂν ἐς 30
τόδε ἐξύβρισαν· πέφυκε γὰρ καὶ ἄλλως ἄνθρωπος τὸ μὲν

26 εὐπραγία Phot. : εὐπραξία codd.   29 χρῆν EG¹ : χρὴ cett.
30 διαφέροντας ABCF

θεραπεύον ὑπερφρονεῖν, τὸ δὲ μὴ ὑπεῖκον θαυμάζειν. κολα- 6
σθέντων δὲ καὶ νῦν ἀξίως τῆς ἀδικίας, καὶ μὴ τοῖς μὲν
ὀλίγοις ἡ αἰτία προστεθῇ, τὸν δὲ δῆμον ἀπολύσητε. πάντες
γὰρ ὑμῖν γε ὁμοίως ἐπέθεντο, οἷς γ᾽ ἐξῆν ὡς ἡμᾶς τραπο-
5 μένοις νῦν πάλιν ἐν τῇ πόλει εἶναι· ἀλλὰ τὸν μετὰ τῶν
ὀλίγων κίνδυνον ἡγησάμενοι βεβαιότερον ξυναπέστησαν.
τῶν τε ξυμμάχων σκέψασθε εἰ τοῖς τε ἀναγκασθεῖσιν ὑπὸ 7
τῶν πολεμίων καὶ τοῖς ἑκοῦσιν ἀποστᾶσι τὰς αὐτὰς ζημίας
προσθήσετε, τίνα οἴεσθε ὅντινα οὐ βραχείᾳ προφάσει ἀπο-
10 στήσεσθαι, ὅταν ἢ κατορθώσαντι ἐλευθέρωσις ᾖ ἢ σφαλέντι
μηδὲν παθεῖν ἀνήκεστον; ἡμῖν δὲ πρὸς ἑκάστην πόλιν 8
ἀποκεκινδυνεύσεται τά τε χρήματα καὶ αἱ ψυχαί, καὶ τυχόντες
μὲν πόλιν ἐφθαρμένην παραλαβόντες τῆς ἔπειτα προσόδου,
δι᾽ ἣν ἰσχύομεν, τὸ λοιπὸν στερήσεσθε, σφαλέντες δὲ πολε-
15 μίους πρὸς τοῖς ὑπάρχουσιν ἕξομεν, καὶ ὃν χρόνον τοῖς νῦν
καθεστηκόσι δεῖ ἐχθροῖς ἀνθίστασθαι, τοῖς οἰκείοις ξυμμάχοις
πολεμήσομεν.

  'Οὔκουν δεῖ προθεῖναι ἐλπίδα οὔτε λόγῳ πιστὴν οὔτε χρή- 40
μασιν ὠνητήν, ὡς ξυγγνώμην ἁμαρτεῖν ἀνθρωπίνως λήψονται.
20 ἄκοντες μὲν γὰρ οὐκ ἔβλαψαν, εἰδότες δὲ ἐπεβούλευσαν·
ξύγγνωμον δ᾽ ἐστὶ τὸ ἀκούσιον. ἐγὼ μὲν οὖν καὶ τότε 2
πρῶτον καὶ νῦν διαμάχομαι μὴ μεταγνῶναι ὑμᾶς τὰ προδε-
δογμένα, μηδὲ τρισὶ τοῖς ἀξυμφορωτάτοις τῇ ἀρχῇ, οἴκτῳ καὶ
ἡδονῇ λόγων καὶ ἐπιεικείᾳ, ἁμαρτάνειν. ἔλεός τε γὰρ πρὸς 3
25 τοὺς ὁμοίους δίκαιος ἀντιδίδοσθαι, καὶ μὴ πρὸς τοὺς οὔτ᾽
ἀντοικτιοῦντας ἐξ ἀνάγκης τε καθεστῶτας αἰεὶ πολεμίους·
οἵ τε τέρποντες λόγῳ ῥήτορες ἕξουσι καὶ ἐν ἄλλοις ἐλάσ-
σοσιν ἀγῶνα, καὶ μὴ ἐν ᾧ ἡ μὲν πόλις βραχέα ἡσθεῖσα
μεγάλα ζημιώσεται, αὐτοὶ δὲ ἐκ τοῦ εὖ εἰπεῖν τὸ παθεῖν εὖ
30 ἀντιλήψονται· καὶ ἡ ἐπιείκεια πρὸς τοὺς μέλλοντας ἐπιτη-

---

4 ἡμῖν B   τραπομένοις f M : τραπομένους (G) : τρεπομένοις cett.
7 ὑπὸ f (G) : ὑπό τε cett.   13 ἔπειτα] ἐπετείου Weil   14 ἐστε-
ρήσεσθε Herwerden   18 προσθεῖναι A B C G   27 ῥήτορες secl. Naber

δείους καὶ τὸ λοιπὸν ἔσεσθαι μᾶλλον δίδοται ἢ πρὸς τοὺς
4 ὁμοίους τε καὶ οὐδὲν ἧσσον πολεμίους ὑπολειπομένους. ἔν
τε ξυνελὼν λέγω· πειθόμενοι μὲν ἐμοὶ τά τε δίκαια ἐς
Μυτιληναίους καὶ τὰ ξύμφορα ἅμα ποιήσετε, ἄλλως δὲ
γνόντες τοῖς μὲν οὐ χαριεῖσθε, ὑμᾶς δὲ αὐτοὺς μᾶλλον 5
δικαιώσεσθε. εἰ γὰρ οὗτοι ὀρθῶς ἀπέστησαν, ὑμεῖς ἂν οὐ
χρεὼν ἄρχοιτε. εἰ δὲ δὴ καὶ οὐ προσῆκον ὅμως ἀξιοῦτε
τοῦτο δρᾶν, παρὰ τὸ εἰκός τοι καὶ τούσδε ξυμφόρως δεῖ
κολάζεσθαι, ἢ παύεσθαι τῆς ἀρχῆς καὶ ἐκ τοῦ ἀκινδύνου
5 ἀνδραγαθίζεσθαι. τῇ τε αὐτῇ ζημίᾳ ἀξιώσατε ἀμύνασθαι 10
καὶ μὴ ἀναλγητότεροι οἱ διαφεύγοντες τῶν ἐπιβουλευσάντων
φανῆναι, ἐνθυμηθέντες ἃ εἰκὸς ἦν αὐτοὺς ποιῆσαι κρατή-
6 σαντας ὑμῶν, ἄλλως τε καὶ προϋπάρξαντας ἀδικίας. μάλιστα
δὲ οἱ μὴ ξὺν προφάσει τινὰ κακῶς ποιοῦντες ἐπεξέρχονται
καὶ διολλύναι, τὸν κίνδυνον ὑφορώμενοι τοῦ ὑπολειπομένου 15
ἐχθροῦ· ὁ γὰρ μὴ ξὺν ἀνάγκῃ τι παθὼν χαλεπώτερος δια-
φυγὼν τοῦ ἀπὸ τῆς ἴσης ἐχθροῦ.

7 'Μὴ οὖν προδόται γένησθε ὑμῶν αὐτῶν, γενόμενοι δ' ὅτι
ἐγγύτατα τῇ γνώμῃ τοῦ πάσχειν καὶ ὡς πρὸ παντὸς ἂν
ἐτιμήσασθε αὐτοὺς χειρώσασθαι, νῦν ἀνταπόδοτε μὴ μαλακι- 20
σθέντες πρὸς τὸ παρὸν αὐτίκα μηδὲ τοῦ ἐπικρεμασθέντος
ποτὲ δεινοῦ ἀμνημονοῦντες. κολάσατε δὲ ἀξίως τούτους τε
καὶ τοῖς ἄλλοις ξυμμάχοις παράδειγμα σαφὲς καταστήσατε,
ὃς ἂν ἀφιστῆται, θανάτῳ ζημιωσόμενον. τόδε γὰρ ἦν
γνῶσιν, ἧσσον τῶν πολεμίων ἀμελήσαντες τοῖς ὑμετέροις 25
αὐτῶν μαχεῖσθε ξυμμάχοις.'

41 Τοιαῦτα μὲν ὁ Κλέων εἶπεν· μετὰ δ' αὐτὸν Διόδοτος ὁ
Εὐκράτους, ὅσπερ καὶ ἐν τῇ προτέρᾳ ἐκκλησίᾳ ἀντέλεγε
μάλιστα μὴ ἀποκτεῖναι Μυτιληναίους, παρελθὼν καὶ τότε
ἔλεγε τοιάδε. 30

42 'Οὔτε τοὺς προθέντας τὴν διαγνώμην αὖθις περὶ Μυτι-

2 ὁμοίως recc.   3 τε C : δὲ cett.   15 διολλύναι Stahl : διόλλυνται
codd.   19 ἐγγύτατα τῇ C ⟨G⟩: ἐγγυτάτῃ cett.

ληναίων αἰτιῶμαι, οὔτε τοὺς μεμφομένους μὴ πολλάκις περὶ
τῶν μεγίστων βουλεύεσθαι ἐπαινῶ, νομίζω δὲ δύο τὰ
ἐναντιώτατα εὐβουλίᾳ εἶναι, τάχος τε καὶ ὀργήν, ὧν τὸ μὲν
μετὰ ἀνοίας φιλεῖ γίγνεσθαι, τὸ δὲ μετὰ ἀπαιδευσίας καὶ
5 βραχύτητος γνώμης. τούς τε λόγους ὅστις διαμάχεται μὴ 2
διδασκάλους τῶν πραγμάτων γίγνεσθαι, ἢ ἀξύνετός ἐστιν ἢ
ἰδίᾳ τι αὐτῷ διαφέρει· ἀξύνετος μέν, εἰ ἄλλῳ τινὶ ἡγεῖται
περὶ τοῦ μέλλοντος δυνατὸν εἶναι καὶ μὴ ἐμφανοῦς φράσαι,
διαφέρει δ' αὐτῷ, εἰ βουλόμενός τι αἰσχρὸν πεῖσαι εὖ μὲν
10 εἰπεῖν οὐκ ἂν ἡγεῖται περὶ τοῦ μὴ καλοῦ δύνασθαι, εὖ δὲ
διαβαλὼν ἐκπλῆξαι ἂν τούς τε ἀντεροῦντας καὶ τοὺς ἀκου-
σομένους. χαλεπώτατοι δὲ καὶ οἱ ἐπὶ χρήμασι προσκατη- 3
γοροῦντες ἐπίδειξίν τινα. εἰ μὲν γὰρ ἀμαθίαν κατῃτιῶντο,
ὁ μὴ πείσας ἀξυνετώτερος ἂν δόξας εἶναι ἢ ἀδικώτερος
15 ἀπεχώρει· ἀδικίας δ' ἐπιφερομένης πείσας τε ὕποπτος γί-
γνεται καὶ μὴ τυχὼν μετὰ ἀξυνεσίας καὶ ἄδικος. ἥ τε πόλις 4
οὐκ ὠφελεῖται ἐν τῷ τοιῷδε· φόβῳ γὰρ ἀποστερεῖται τῶν
ξυμβούλων. καὶ πλεῖστ' ἂν ὀρθοῖτο ἀδυνάτους λέγειν
ἔχουσα τοὺς τοιούτους τῶν πολιτῶν· ἐλάχιστα γὰρ ἂν
20 πεισθεῖεν ἁμαρτάνειν. χρὴ δὲ τὸν μὲν ἀγαθὸν πολίτην μὴ 5
ἐκφοβοῦντα τοὺς ἀντεροῦντας, ἀλλ' ἀπὸ τοῦ ἴσου φαίνεσθαι
ἄμεινον λέγοντα, τὴν δὲ σώφρονα πόλιν τῷ τε πλεῖστα εὖ
βουλεύοντι μὴ προστιθέναι τιμήν, ἀλλὰ μηδ' ἐλασσοῦν τῆς
ὑπαρχούσης, καὶ τὸν μὴ τυχόντα γνώμης οὐχ ὅπως ζημιοῦν
25 ἀλλὰ μηδ' ἀτιμάζειν. οὕτω γὰρ ὅ τε κατορθῶν ἥκιστα ἂν 6
ἐπὶ τῷ ἔτι μειζόνων ἀξιοῦσθαι παρὰ γνώμην τι καὶ πρὸς
χάριν λέγοι, ὅ τε μὴ ἐπιτυχὼν ὀρέγοιτο τῷ αὐτῷ χαριζό-
μενός τι καὶ αὐτὸς προσάγεσθαι τὸ πλῆθος.

῾Ὧν ἡμεῖς τἀναντία δρῶμεν, καὶ προσέτι ἤν τις καὶ 43
30 ὑποπτεύηται κέρδους μὲν ἕνεκα τὰ βέλτιστα δὲ ὅμως λέγειν,
φθονήσαντες τῆς οὐ βεβαίου δοκήσεως τῶν κερδῶν τὴν

---

2 δὲ G M : τε cett.   9 διαφέρει recc. : διαφέροι codd.   12 προ-
κατηγοροῦντες C   13 ἀντίδειξιν f G M   26 τὸ A B E F M

2 φανερὰν ὠφελίαν τῆς πόλεως ἀφαιρούμεθα. καθέστηκε δὲ
τἀγαθὰ ἀπὸ τοῦ εὐθέος λεγόμενα μηδὲν ἀνυποπτότερα εἶναι
τῶν κακῶν, ὥστε δεῖν ὁμοίως τόν τε τὰ δεινότατα βουλό-
μενον πεῖσαι ἀπάτῃ προσάγεσθαι τὸ πλῆθος καὶ τὸν τὰ
3 ἀμείνω λέγοντα ψευσάμενον πιστὸν γενέσθαι. μόνην τε 5
πόλιν διὰ τὰς περινοίας εὖ ποιῆσαι ἐκ τοῦ προφανοῦς μὴ
ἐξαπατήσαντα ἀδύνατον· ὁ γὰρ διδοὺς φανερῶς τι ἀγαθὸν
4 ἀνθυποπτεύεται ἀφανῶς πη πλέον ἕξειν. χρὴ δὲ πρὸς τὰ
μέγιστα καὶ ἐν τῷ τοιῷδε ἀξιοῦν τι ἡμᾶς περαιτέρω προνο-
οῦντας λέγειν ὑμῶν τῶν δι' ὀλίγου σκοπούντων, ἄλλως τε 10
καὶ ὑπεύθυνον τὴν παραίνεσιν ἔχοντας πρὸς ἀνεύθυνον τὴν
5 ὑμετέραν ἀκρόασιν. εἰ γὰρ ὅ τε πείσας καὶ ὁ ἐπισπόμενος
ὁμοίως ἐβλάπτοντο, σωφρονέστερον ἂν ἐκρίνετε· νῦν δὲ
πρὸς ὀργὴν ἥντινα τύχητε ἔστιν ὅτε σφαλέντες τὴν τοῦ
πείσαντος μίαν γνώμην ζημιοῦτε καὶ οὐ τὰς ὑμετέρας αὐτῶν, 15
εἰ πολλαὶ οὖσαι ξυνεξήμαρτον.

44   'Ἐγὼ δὲ παρῆλθον οὔτε ἀντερῶν περὶ Μυτιληναίων οὔτε
κατηγορήσων. οὐ γὰρ περὶ τῆς ἐκείνων ἀδικίας ἡμῖν ὁ
ἀγών, εἰ σωφρονοῦμεν, ἀλλὰ περὶ τῆς ἡμετέρας εὐβουλίας.
2 ἤν τε γὰρ ἀποφήνω πάνυ ἀδικοῦντας αὐτούς, οὐ διὰ τοῦτο 20
καὶ ἀποκτεῖναι κελεύσω, εἰ μὴ ξυμφέρον, ἤν τε καὶ ἔχοντάς
τι ξυγγνώμης †εἶεν†, εἰ τῇ πόλει μὴ ἀγαθὸν φαίνοιτο.
3 νομίζω δὲ περὶ τοῦ μέλλοντος ἡμᾶς μᾶλλον βουλεύεσθαι ἢ
τοῦ παρόντος. καὶ τοῦτο ὃ μάλιστα Κλέων ἰσχυρίζεται, ἐς
τὸ λοιπὸν ξυμφέρον ἔσεσθαι πρὸς τὸ ἧσσον ἀφίστασθαι 25
θάνατον ζημίαν προθεῖσι, καὶ αὐτὸς περὶ τοῦ ἐς τὸ μέλλον
4 καλῶς ἔχοντος ἀντισχυριζόμενος τἀναντία γιγνώσκω. καὶ
οὐκ ἀξιῶ ὑμᾶς τῷ εὐπρεπεῖ τοῦ ἐκείνου λόγου τὸ χρήσιμον
τοῦ ἐμοῦ ἀπώσασθαι. δικαιότερος γὰρ ὢν αὐτοῦ ὁ λόγος
πρὸς τὴν νῦν ὑμετέραν ὀργὴν ἐς Μυτιληναίους τάχ' ἂν 30
ἐπισπάσαιτο· ἡμεῖς δὲ οὐ δικαζόμεθα πρὸς αὐτούς, ὥστε τῶν

3 βουλόμενον C⟨G⟩: βουλευόμενον cett.   14 ἥντιν' ἂν Stahl
21 ἔχοντας Lindau: ἔχοντες codd.   22 εἶεν] ἐὰν Lindau: 'fort. ἐὰν
οἰκεῖν scribendum' Jones   24 ᾧ C G

δικαίων δεῖν, ἀλλὰ βουλευόμεθα περὶ αὐτῶν, ὅπως χρησίμως
ἕξουσιν.

  ''Ἐν οὖν ταῖς πόλεσι πολλῶν θανάτου ζημίαι πρόκεινται, 45
καὶ οὐκ ἴσων τῷδε, ἀλλ' ἐλασσόνων ἁμαρτημάτων· ὅμως
5 δὲ τῇ ἐλπίδι ἐπαιρόμενοι κινδυνεύουσι, καὶ οὐδείς πω
καταγνοὺς ἑαυτοῦ μὴ περιέσεσθαι τῷ ἐπιβουλεύματι ἦλθεν
ἐς τὸ δεινόν. πόλις τε ἀφισταμένη τίς πω ἥσσω τῇ δοκήσει 2
ἔχουσα τὴν παρασκευὴν ἢ οἰκείαν ἢ ἄλλων ξυμμαχίᾳ τούτῳ
ἐπεχείρησεν; πεφύκασί τε ἅπαντες καὶ ἰδίᾳ καὶ δημοσίᾳ 3
10 ἁμαρτάνειν, καὶ οὐκ ἔστι νόμος ὅστις ἀπείρξει τούτου, ἐπεὶ
διεξεληλύθασί γε διὰ πασῶν τῶν ζημιῶν οἱ ἄνθρωποι προστι-
θέντες, εἴ πως ἧσσον ἀδικοῖντο ὑπὸ τῶν κακούργων. καὶ
εἰκὸς τὸ πάλαι τῶν μεγίστων ἀδικημάτων μαλακωτέρας
κεῖσθαι αὐτάς, παραβαινομένων δὲ τῷ χρόνῳ ἐς τὸν θάνατον
15 αἱ πολλαὶ ἀνήκουσιν· καὶ τοῦτο ὅμως παραβαίνεται. ἢ τοίνυν 4
δεινότερόν τι τούτου δέος εὑρετέον ἐστὶν ἢ τόδε γε οὐδὲν
ἐπίσχει, ἀλλ' ἡ μὲν πενία ἀνάγκῃ τὴν τόλμαν παρέχουσα,
ἡ δ' ἐξουσία ὕβρει τὴν πλεονεξίαν καὶ φρονήματι, αἱ δ'
ἄλλαι ξυντυχίαι ὀργῇ τῶν ἀνθρώπων ὡς ἑκάστη τις κατ-
20 έχεται ὑπ' ἀνηκέστου τινὸς κρείσσονος ἐξάγουσιν ἐς τοὺς
κινδύνους. ἥ τε ἐλπὶς καὶ ὁ ἔρως ἐπὶ παντί, ὁ μὲν ἡγού- 5
μενος, ἡ δ' ἐφεπομένη, καὶ ὁ μὲν τὴν ἐπιβουλὴν ἐκφρον-
τίζων, ἡ δὲ τὴν εὐπορίαν τῆς τύχης ὑποτιθεῖσα, πλεῖστα
βλάπτουσι, καὶ ὄντα ἀφανῆ κρείσσω ἐστὶ τῶν ὁρωμένων
25 δεινῶν. καὶ ἡ τύχη ἐπ' αὐτοῖς οὐδὲν ἔλασσον ξυμβάλλεται 6
ἐς τὸ ἐπαίρειν· ἀδοκήτως γὰρ ἔστιν ὅτε παρισταμένη καὶ ἐκ
τῶν ὑποδεεστέρων κινδυνεύειν τινὰ προάγει, καὶ οὐχ ἧσσον
τὰς πόλεις, ὅσῳ περὶ τῶν μεγίστων τε, ἐλευθερίας ἢ ἄλλων
ἀρχῆς, καὶ μετὰ πάντων ἕκαστος ἀλογίστως ἐπὶ πλέον τι
30 αὑτὸν ἐδόξασεν. ἁπλῶς τε ἀδύνατον καὶ πολλῆς εὐηθείας, 7

---

  3 ζημία πρόκειται A B E F M γρ. G   8 τοῦτο A B E F M γρ. G
11 προτιθέντες Krüger   16 τόδε C(G): τό cett.   19 ὀργὴν
Stahl   ἑκάστη Duker   22 ἐπιβουλὴν M Thom. Mag. : ἐπι-
βολὴν cett. Schol.   28 τε C : om. cett.   30 αὑτὸν vel αὐτὸν
recc.: αὐτῶν codd.

ὅστις οἴεται τῆς ἀνθρωπείας φύσεως ὁρμωμένης προθύμως τι
πρᾶξαι ἀποτροπήν τινα ἔχειν ἢ νόμων ἰσχύι ἢ ἄλλῳ τῳ δεινῷ.

46 'Οὔκουν χρὴ οὔτε τοῦ θανάτου τῇ ζημίᾳ ὡς ἐχεγγύῳ
πιστεύσαντας χεῖρον βουλεύσασθαι οὔτε ἀνέλπιστον κατα-
στῆσαι τοῖς ἀποστᾶσιν ὡς οὐκ ἔσται μεταγνῶναι καὶ ὅτι ἐν 5
2 βραχυτάτῳ τὴν ἁμαρτίαν καταλῦσαι. σκέψασθε γὰρ ὅτι
νῦν μέν, ἤν τις καὶ ἀποστᾶσα πόλις γνῷ μὴ περιεσομένη,
ἔλθοι ἂν ἐς ξύμβασιν δυνατὴ οὖσα ἔτι τὴν δαπάνην ἀπο-
δοῦναι καὶ τὸ λοιπὸν ὑποτελεῖν· ἐκείνως δὲ τίνα οἴεσθε ἥντινα
οὐκ ἄμεινον μὲν ἢ νῦν παρασκευάσεσθαι, πολιορκίᾳ δὲ παρα- 10
τενεῖσθαι ἐς τοὔσχατον, εἰ τὸ αὐτὸ δύναται σχολῇ καὶ ταχὺ
3 ξυμβῆναι; ἡμῖν τε πῶς οὐ βλάβη δαπανᾶν καθημένοις διὰ
τὸ ἀξύμβατον καί, ἢν ἕλωμεν, πόλιν ἐφθαρμένην παραλαβεῖν
καὶ τῆς προσόδου τὸ λοιπὸν ἀπ' αὐτῆς στέρεσθαι; ἰσχύομεν
4 δὲ πρὸς τοὺς πολεμίους τῷδε. ὥστε οὐ δικαστὰς ὄντας δεῖ 15
ἡμᾶς μᾶλλον τῶν ἐξαμαρτανόντων ἀκριβεῖς βλάπτεσθαι ἢ
ὁρᾶν ὅπως ἐς τὸν ἔπειτα χρόνον μετρίως κολάζοντες ταῖς
πόλεσιν ἕξομεν ἐς χρημάτων λόγον ἰσχυούσαις χρῆσθαι, καὶ
τὴν φυλακὴν μὴ ἀπὸ τῶν νόμων τῆς δεινότητος ἀξιοῦν
5 ποιεῖσθαι, ἀλλ' ἀπὸ τῶν ἔργων τῆς ἐπιμελείας. οὗ νῦν 20
τοὐναντίον δρῶντες, ἤν τινα ἐλεύθερον καὶ βίᾳ ἀρχόμενον
εἰκότως πρὸς αὐτονομίαν ἀποστάντα χειρωσώμεθα, χαλεπῶς
6 οἰόμεθα χρῆναι τιμωρεῖσθαι. χρὴ δὲ τοὺς ἐλευθέρους οὐκ
ἀφισταμένους σφόδρα κολάζειν, ἀλλὰ πρὶν ἀποστῆναι σφόδρα
φυλάσσειν καὶ προκαταλαμβάνειν ὅπως μηδ' ἐς ἐπίνοιαν 25
τούτου ἴωσι, κρατήσαντάς τε ὅτι ἐπ' ἐλάχιστον τὴν αἰτίαν
ἐπιφέρειν.

47 'Ὑμεῖς δὲ σκέψασθε ὅσον ἂν καὶ τοῦτο ἁμαρτάνοιτε
2 Κλέωνι πειθόμενοι. νῦν μὲν γὰρ ὑμῖν ὁ δῆμος ἐν πάσαις
ταῖς πόλεσιν εὔνους ἐστί, καὶ ἢ οὐ ξυναφίσταται τοῖς 30
ὀλίγοις ἤ, ἐὰν βιασθῇ, ὑπάρχει τοῖς ἀποστήσασι πολέμιος

---

10 παρασκευάσεσθαι recc.: παρασκευάσασθαι codd.   δὲ Reiske:
τε codd.   11 εἰ c f G: ἢ cett.   21 τἀναντία A B F

εὐθύς, καὶ τῆς ἀντικαθισταμένης πόλεως τὸ πλῆθος ξύμμαχον
ἔχοντες ἐς πόλεμον ἐπέρχεσθε. εἰ δὲ διαφθερεῖτε τὸν 3
δῆμον τὸν Μυτιληναίων, ὃς οὔτε μετέσχε τῆς ἀποστάσεως,
ἐπειδή τε ὅπλων ἐκράτησεν, ἑκὼν παρέδωκε τὴν πόλιν, πρῶ-
5 τον μὲν ἀδικήσετε τοὺς εὐεργέτας κτείνοντες, ἔπειτα κατα-
στήσετε τοῖς δυνατοῖς τῶν ἀνθρώπων ὃ βούλονται μάλιστα·
ἀφιστάντες γὰρ τὰς πόλεις τὸν δῆμον εὐθὺς ξύμμαχον ἕξουσι,
προδειξάντων ὑμῶν τὴν αὐτὴν ζημίαν τοῖς τε ἀδικοῦσιν
ὁμοίως κεῖσθαι καὶ τοῖς μή. δεῖ δέ, καὶ εἰ ἠδίκησαν, μὴ 4
10 προσποιεῖσθαι, ὅπως ὃ μόνον ἡμῖν ἔτι ξύμμαχόν ἐστι μὴ
πολέμιον γένηται. καὶ τοῦτο πολλῷ ξυμφορώτερον ἡγοῦμαι 5
ἐς τὴν κάθεξιν τῆς ἀρχῆς, ἑκόντας ἡμᾶς ἀδικηθῆναι ἢ
δικαίως οὓς μὴ δεῖ διαφθεῖραι· καὶ τὸ Κλέωνος τὸ αὐτὸ
δίκαιον καὶ ξύμφορον τῆς τιμωρίας οὐχ εὑρίσκεται ἐν αὐτῷ
15 δυνατὸν ὂν ἅμα γίγνεσθαι.

‘Ὑμεῖς δὲ γνόντες ἀμείνω τάδε εἶναι καὶ μήτε οἴκτῳ 48
πλέον νείμαντες μήτ' ἐπιεικείᾳ, οἷς οὐδὲ ἐγὼ ἐῶ προσάγεσθαι,
ἀπ' αὐτῶν δὲ τῶν παραινουμένων πείθεσθέ μοι Μυτιληναίων
οὓς μὲν Πάχης ἀπέπεμψεν ὡς ἀδικοῦντας κρῖναι καθ'
20 ἡσυχίαν, τοὺς δ' ἄλλους ἐᾶν οἰκεῖν. τάδε γὰρ ἔς τε τὸ 2
μέλλον ἀγαθὰ καὶ τοῖς πολεμίοις ἤδη φοβερά· ὅστις γὰρ εὖ
βουλεύεται πρὸς τοὺς ἐναντίους κρείσσων ἐστὶν ἢ μετ'
ἔργων ἰσχύος ἀνοίᾳ ἐπιών.’

Τοιαῦτα δὲ ὁ Διόδοτος εἶπεν. ῥηθεισῶν δὲ τῶν γνωμῶν 49
25 τούτων μάλιστα ἀντιπάλων πρὸς ἀλλήλας οἱ Ἀθηναῖοι ἦλθον
μὲν ἐς ἀγῶνα ὅμως τῆς δόξης καὶ ἐγένοντο ἐν τῇ χειροτονίᾳ
ἀγχώμαλοι, ἐκράτησε δὲ ἡ τοῦ Διοδότου. καὶ τριήρη εὐθὺς 2
ἄλλην ἀπέστελλον κατὰ σπουδήν, ὅπως μὴ φθασάσης τῆς
προτέρας εὕρωσι διεφθαρμένην τὴν πόλιν· προεῖχε δὲ ἡμέρᾳ
30 καὶ νυκτὶ μάλιστα. παρασκευασάντων δὲ τῶν Μυτιληναίων 3

---

3 τὸν] τῶν ABEFM   14 ταὐτῷ Krüger   18 πείθεσθε C¹:
πείθεσθαι cett.   24 prius δὲ] μὲν F¹GM Schol.   25 ἀλλή-
λας fG¹M: ἀλλήλους cett.   26 ὁμοίως Bredow   29 προτέρας
recc. (priorem Valla): δευτέρας codd.: ἑτέρας recc.

πρέσβεων τῇ νηὶ οἶνον καὶ ἄλφιτα καὶ μεγάλα ὑποσχομέ-
νων, εἰ φθάσειαν, ἐγένετο σπουδὴ τοῦ πλοῦ τοιαύτη ὥστε
ἤσθιόν τε ἅμα ἐλαύνοντες οἴνῳ καὶ ἐλαίῳ ἄλφιτα πεφυρα-
μένα, καὶ οἱ μὲν ὕπνον ᾑροῦντο κατὰ μέρος, οἱ δὲ ἤλαυνον.

4 κατὰ τύχην δὲ πνεύματος οὐδενὸς ἐναντιωθέντος καὶ τῆς μὲν 5
προτέρας νεὼς οὐ σπουδῇ πλεούσης ἐπὶ πρᾶγμα ἀλλόκοτον,
ταύτης δὲ τοιούτῳ τρόπῳ ἐπειγομένης, ἡ μὲν ἔφθασε τοσοῦ-
τον ὅσον Πάχητα ἀνεγνωκέναι τὸ ψήφισμα καὶ μέλλειν
δράσειν τὰ δεδογμένα, ἡ δ' ὑστέρα αὐτῆς ἐπικατάγεται καὶ
διεκώλυσε μὴ διαφθεῖραι.   παρὰ τοσοῦτον μὲν ἡ Μυτιλήνη 10

5c ἦλθε κινδύνου.   τοὺς δ' ἄλλους ἄνδρας οὓς ὁ Πάχης ἀπέ-
πεμψεν ὡς αἰτιωτάτους ὄντας τῆς ἀποστάσεως Κλέωνος
γνώμῃ διέφθειραν οἱ Ἀθηναῖοι (ἦσαν δὲ ὀλίγῳ πλείους
χιλίων), καὶ Μυτιληναίων τείχη καθεῖλον καὶ ναῦς παρέλα-

2 βον.   ὕστερον δὲ φόρον μὲν οὐκ ἔταξαν Λεσβίοις, κλήρους 15
δὲ ποιήσαντες τῆς γῆς πλὴν τῆς Μηθυμναίων τρισχιλίους
τριακοσίους μὲν τοῖς θεοῖς ἱεροὺς ἐξεῖλον, ἐπὶ δὲ τοὺς ἄλλους
σφῶν αὐτῶν κληρούχους τοὺς λαχόντας ἀπέπεμψαν· οἷς
ἀργύριον Λέσβιοι ταξάμενοι τοῦ κλήρου ἑκάστου τοῦ ἐνιαυτοῦ

3 δύο μνᾶς φέρειν αὐτοὶ εἰργάζοντο τὴν γῆν.   παρέλαβον δὲ 20
καὶ τὰ ἐν τῇ ἠπείρῳ πολίσματα οἱ Ἀθηναῖοι ὅσων Μυτιλη-
ναῖοι ἐκράτουν, καὶ ὑπήκουον ὕστερον Ἀθηναίων.   τὰ μὲν
κατὰ Λέσβον οὕτως ἐγένετο.

51   Ἐν δὲ τῷ αὐτῷ θέρει μετὰ τὴν Λέσβου ἅλωσιν Ἀθηναῖοι
Νικίου τοῦ Νικηράτου στρατηγοῦντος ἐστράτευσαν ἐπὶ Μι- 25
νῴαν τὴν νῆσον, ἣ κεῖται πρὸ Μεγάρων· ἐχρῶντο δὲ αὐτῇ

2 πύργον ἐνοικοδομήσαντες οἱ Μεγαρῆς φρουρίῳ.   ἐβούλετο
δὲ Νικίας τὴν φυλακὴν αὐτόθεν δι' ἐλάσσονος τοῖς Ἀθη-
ναίοις καὶ μὴ ἀπὸ τοῦ Βουδόρου καὶ τῆς Σαλαμῖνος εἶναι,
τούς τε Πελοποννησίους, ὅπως μὴ ποιῶνται ἔκπλους αὐτόθεν 30
λανθάνοντες τριήρων τε, οἷον καὶ τὸ πρὶν γενόμενον, καὶ
λῃστῶν ἐκπομπαῖς, τοῖς τε Μεγαρεῦσιν ἅμα μηδὲν ἐσπλεῖν.

3 πεφυρμένα C E   30 τούς] πρὸς Hünnekes

ἑλὼν οὖν ἀπὸ τῆς Νισαίας πρῶτον δύο πύργω προύχοντε 3
μηχαναῖς ἐκ θαλάσσης καὶ τὸν ἔσπλουν ἐς τὸ μεταξὺ τῆς
νήσου ἐλευθερώσας ἀπετείχιζε καὶ τὸ ἐκ τῆς ἠπείρου, ᾗ κατὰ
γέφυραν διὰ τενάγους ἐπιβοήθεια ἦν τῇ νήσῳ οὐ πολὺ διε-
5 χούσῃ τῆς ἠπείρου. ὡς δὲ τοῦτο ἐξειργάσαντο ἐν ἡμέραις 4
ὀλίγαις, ὕστερον δὴ καὶ ἐν τῇ νήσῳ τεῖχος ἐγκαταλιπὼν καὶ
φρουρὰν ἀνεχώρησε τῷ στρατῷ.

Ὑπὸ δὲ τοὺς αὐτοὺς χρόνους τοῦ θέρους τούτου καὶ οἱ 52
Πλαταιῆς οὐκέτι ἔχοντες σῖτον οὐδὲ δυνάμενοι πολιορκεῖσθαι
10 ξυνέβησαν τοῖς Πελοποννησίοις τοιῷδε τρόπῳ. προσέβαλλον 2
αὐτῶν τῷ τείχει, οἱ δὲ οὐκ ἐδύναντο ἀμύνεσθαι. γνοὺς δὲ
ὁ Λακεδαιμόνιος ἄρχων τὴν ἀσθένειαν αὐτῶν βίᾳ μὲν οὐκ
ἐβούλετο ἑλεῖν (εἰρημένον γὰρ ἦν αὐτῷ ἐκ Λακεδαίμονος,
ὅπως, εἰ σπονδαὶ γίγνοιντό ποτε πρὸς Ἀθηναίους καὶ ξυγχω-
15 ροῖεν ὅσα πολέμῳ χωρία ἔχουσιν ἑκάτεροι ἀποδίδοσθαι, μὴ
ἀνάδοτος εἴη ἡ Πλάταια ὡς αὐτῶν ἑκόντων προσχωρησάντων),
προσπέμπει δὲ αὐτοῖς κήρυκα λέγοντα, εἰ βούλονται παρα-
δοῦναι τὴν πόλιν ἑκόντες τοῖς Λακεδαιμονίοις καὶ δικασταῖς
ἐκείνοις χρήσασθαι, τούς τε ἀδίκους κολάζειν, παρὰ δίκην
20 δὲ οὐδένα. τοσαῦτα μὲν ὁ κῆρυξ εἶπεν· οἱ δέ (ἦσαν γὰρ 3
ἤδη ἐν τῷ ἀσθενεστάτῳ) παρέδοσαν τὴν πόλιν. καὶ τοὺς
Πλαταιᾶς ἔτρεφον οἱ Πελοποννήσιοι ἡμέρας τινάς, ἐν ὅσῳ
οἱ ἐκ τῆς Λακεδαίμονος δικασταὶ πέντε ἄνδρες ἀφίκοντο.
ἐλθόντων δὲ αὐτῶν κατηγορία μὲν οὐδεμία προυτέθη, ἠρώτων 4
25 δὲ αὐτοὺς ἐπικαλεσάμενοι τοσοῦτον μόνον, εἴ τι Λακεδαιμο-
νίους καὶ τοὺς ξυμμάχους ἐν τῷ πολέμῳ τῷ καθεστῶτι ἀγαθόν
[τι] εἰργασμένοι εἰσίν. οἱ δ᾽ ἔλεγον αἰτησάμενοι μακρότερα 5
εἰπεῖν καὶ προτάξαντες σφῶν αὐτῶν Ἀστύμαχόν τε τὸν
Ἀσωπολάου καὶ Λάκωνα τὸν Αἰειμνήστου πρόξενον ὄντα
30 Λακεδαιμονίων· καὶ ἐπελθόντες ἔλεγον τοιάδε.

1 ἀπὸ τῆς Νισαίας secl. Classen   5 ἐξειργάσατο G M   10 προσ-
έβαλον A B E F M   19 τε] γε recc.   κολάζειν] sup-
plicium... sumpturos Valla : κολάσειν Krüger   27 τι om. recc.
THUC.   7

53 'Τὴν μὲν παράδοσιν τῆς πόλεως, ὦ Λακεδαιμόνιοι,
πιστεύσαντες ὑμῖν ἐποιησάμεθα, οὐ τοιάνδε δίκην οἰόμενοι
ὑφέξειν, νομιμωτέραν δέ τινα ἔσεσθαι, καὶ ἐν δικασταῖς οὐκ
ἂν ἄλλοις δεξάμενοι, ὥσπερ καὶ ἐσμέν, γενέσθαι [ἢ ὑμῖν],
2 ἡγούμενοι τὸ ἴσον μάλιστ᾽ ἂν φέρεσθαι. νῦν δὲ φοβούμεθα 5
μὴ ἀμφοτέρων ἅμα ἡμαρτήκαμεν· τόν τε γὰρ ἀγῶνα περὶ
τῶν δεινοτάτων εἶναι εἰκότως ὑποπτεύομεν καὶ ὑμᾶς μὴ οὐ
κοινοὶ ἀποβῆτε, τεκμαιρόμενοι προκατηγορίας τε ἡμῶν οὐ
προγεγενημένης ᾗ χρὴ ἀντειπεῖν (ἀλλ᾽ αὐτοὶ λόγον ᾐτησάμεθα)
τό τε ἐπερώτημα βραχὺ ὄν, ᾧ τὰ μὲν ἀληθῆ ἀποκρίνασθαι 10
3 ἐναντία γίγνεται, τὰ δὲ ψευδῆ ἔλεγχον ἔχει. πανταχόθεν
δὲ ἄποροι καθεστῶτες ἀναγκαζόμεθα καὶ ἀσφαλέστερον δοκεῖ
εἶναι εἰπόντας τι κινδυνεύειν· καὶ γὰρ ὁ μὴ ῥηθεὶς λόγος
τοῖς ὧδ᾽ ἔχουσιν αἰτίαν ἂν παράσχοι ὡς, εἰ ἐλέχθη, σωτή-
4 ριος ἂν ἦν. χαλεπῶς δὲ ἔχει ἡμῖν πρὸς τοῖς ἄλλοις καὶ 15
ἡ πειθώ. ἀγνῶτες μὲν γὰρ ὄντες ἀλλήλων ἐπεσενεγκάμενοι
μαρτύρια ὧν ἄπειροι ἦτε ὠφελούμεθ᾽ ἄν· νῦν δὲ πρὸς εἰδότας
πάντα λελέξεται, καὶ δέδιμεν οὐχὶ μὴ προκαταγνόντες ἡμῶν
τὰς ἀρετὰς ἥσσους εἶναι τῶν ὑμετέρων ἔγκλημα αὐτὸ ποιῆτε,
ἀλλὰ μὴ ἄλλοις χάριν φέροντες ἐπὶ διεγνωσμένην κρίσιν 20
54 καθιστώμεθα. παρεχόμενοι δὲ ὅμως ἃ ἔχομεν δίκαια πρός
τε τὰ Θηβαίων διάφορα καὶ ἐς ὑμᾶς καὶ τοὺς ἄλλους Ἕλλη-
νας, τῶν εὖ δεδραμένων ὑπόμνησιν ποιησόμεθα καὶ πείθειν
πειρασόμεθα.

2 'Φαμὲν γὰρ πρὸς τὸ ἐρώτημα τὸ βραχύ, εἴ τι Λακεδαι- 25
μονίους καὶ τοὺς ξυμμάχους ἐν τῷ πολέμῳ τῷδε ἀγαθὸν
πεποιήκαμεν, εἰ μὲν ὡς πολεμίους ἐρωτᾶτε, οὐκ ἀδικεῖσθαι
ὑμᾶς μὴ εὖ παθόντας, φίλους δὲ νομίζοντας αὐτοὺς ἁμαρτά-
3 νειν μᾶλλον τοὺς ἡμῖν ἐπιστρατεύσαντας. τὰ δ᾽ ἐν τῇ
εἰρήνῃ καὶ πρὸς τὸν Μῆδον ἀγαθοὶ γεγενήμεθα, τὴν μὲν οὐ 30
λύσαντες νῦν πρότεροι, τῷ δὲ ξυνεπιθέμενοι τότε ἐς ἐλευ-

θερίαν τῆς Ἑλλάδος μόνοι Βοιωτῶν. καὶ γὰρ ἠπειρῶταί τε 4
ὄντες ἐναυμαχήσαμεν ἐπ' Ἀρτεμισίῳ, μάχῃ τε τῇ ἐν τῇ
ἡμετέρᾳ γῇ γενομένῃ παρεγενόμεθα ὑμῖν τε καὶ Παυσανίᾳ·
εἴ τέ τι ἄλλο κατ' ἐκεῖνον τὸν χρόνον ἐγένετο ἐπικίνδυνον
5 τοῖς Ἕλλησι, πάντων παρὰ δύναμιν μετέσχομεν. καὶ ὑμῖν, 5
ὦ Λακεδαιμόνιοι, ἰδίᾳ, ὅτεπερ δὴ μέγιστος φόβος περιέστη
τὴν Σπάρτην μετὰ τὸν σεισμὸν τῶν ἐς Ἰθώμην Εἱλώτων
ἀποστάντων, τὸ τρίτον μέρος ἡμῶν αὐτῶν ἐξεπέμψαμεν ἐς
ἐπικουρίαν· ὧν οὐκ εἰκὸς ἀμνημονεῖν.
10 ‘Καὶ τὰ μὲν παλαιὰ καὶ μέγιστα τοιοῦτοι ἠξιώσαμεν εἶναι, 55
πολέμιοι δὲ ἐγενόμεθα ὕστερον. ὑμεῖς δὲ αἴτιοι· δεομένων
γὰρ ξυμμαχίας ὅτε Θηβαῖοι ἡμᾶς ἐβιάσαντο, ὑμεῖς ἀπεώσασθε
καὶ πρὸς Ἀθηναίους ἐκελεύετε τραπέσθαι ὡς ἐγγὺς ὄντας,
ὑμῶν δὲ μακρὰν ἀποικούντων. ἐν μέντοι τῷ πολέμῳ οὐδὲν 2
15 ἐκπρεπέστερον ὑπὸ ἡμῶν οὔτε ἐπάθετε οὔτε ἐμελλήσατε. εἰ 3
δ' ἀποστῆναι Ἀθηναίων οὐκ ἠθελήσαμεν ὑμῶν κελευσάντων,
οὐκ ἠδικοῦμεν· καὶ γὰρ ἐκεῖνοι ἐβοήθουν ἡμῖν ἐναντία
Θηβαίοις ὅτε ὑμεῖς ἀπωκνεῖτε, καὶ προδοῦναι αὐτοὺς οὐκέτι
ἦν καλόν, ἄλλως τε καὶ οὓς εὖ παθών τις καὶ αὐτὸς δεόμενος
20 προσηγάγετο ξυμμάχους καὶ πολιτείας μετέλαβεν, ἰέναι δὲ
ἐς τὰ παραγγελλόμενα εἰκὸς ἦν προθύμως. ἃ δὲ ἑκάτεροι 4
ἐξηγεῖσθε τοῖς ξυμμάχοις, οὐχ οἱ ἑπόμενοι αἴτιοι εἴ τι μὴ
καλῶς ἐδρᾶτο, ἀλλ' οἱ ἄγοντες ἐπὶ τὰ μὴ ὀρθῶς ἔχοντα.
‘Θηβαῖοι δὲ πολλὰ μὲν καὶ ἄλλα ἡμᾶς ἠδίκησαν, τὸ δὲ 56
25 τελευταῖον αὐτοὶ ξύνιστε, δι' ὅπερ καὶ τάδε πάσχομεν. πόλιν 2
γὰρ αὐτοὺς τὴν ἡμετέραν καταλαμβάνοντας ἐν σπονδαῖς καὶ
προσέτι ἱερομηνίᾳ ὀρθῶς τε ἐτιμωρησάμεθα κατὰ τὸν πᾶσι
νόμον καθεστῶτα, τὸν ἐπιόντα πολέμιον ὅσιον εἶναι ἀμύ-
νεσθαι, καὶ νῦν οὐκ ἂν εἰκότως δι' αὐτοὺς βλαπτοίμεθα. εἰ 3
30 γὰρ τῷ αὐτίκα χρησίμῳ ὑμῶν τε καὶ ἐκείνων πολεμίῳ τὸ
δίκαιον λήψεσθε, τοῦ μὲν ὀρθοῦ φανεῖσθε οὐκ ἀληθεῖς κριταὶ

4 ὄντες, τὸ δὲ ξυμφέρον μᾶλλον θεραπεύοντες. καίτοι εἰ νῦν
ὑμῖν ὠφέλιμοι δοκοῦσιν εἶναι, πολὺ καὶ ἡμεῖς καὶ οἱ ἄλλοι
Ἕλληνες μᾶλλον τότε ὅτε ἐν μείζονι κινδύνῳ ἦτε. νῦν μὲν
γὰρ ἑτέροις ὑμεῖς ἐπέρχεσθε δεινοί, ἐν ἐκείνῳ δὲ τῷ καιρῷ,
ὅτε πᾶσι δουλείαν ἐπέφερεν ὁ βάρβαρος, οἵδε μετ᾽ αὐτοῦ 5
5 ἦσαν. καὶ δίκαιον ἡμῶν τῆς νῦν ἁμαρτίας, εἰ ἄρα ἡμάρτηταί
τι, ἀντιθεῖναι τὴν τότε προθυμίαν· καὶ μείζω τε πρὸς ἐλάσσω
εὑρήσετε καὶ ἐν καιροῖς οἷς σπάνιον ἦν τῶν Ἑλλήνων τινὰ
ἀρετὴν τῇ Ξέρξου δυνάμει ἀντιτάξασθαι, ἐπῃνοῦντό τε μᾶλλον
οἱ μὴ τὰ ξύμφορα πρὸς τὴν ἔφοδον αὐτοῖς ἀσφαλείᾳ πράσ- 10
σοντες, ἐθέλοντες δὲ τολμᾶν μετὰ κινδύνων τὰ βέλτιστα.
6 ὧν ἡμεῖς γενόμενοι καὶ τιμηθέντες ἐς τὰ πρῶτα νῦν ἐπὶ τοῖς
αὐτοῖς δέδιμεν μὴ διαφθαρῶμεν, Ἀθηναίους ἑλόμενοι δικαίως
7 μᾶλλον ἢ ὑμᾶς κερδαλέως. καίτοι χρὴ ταὐτὰ περὶ τῶν
αὐτῶν ὁμοίως φαίνεσθαι γιγνώσκοντας, καὶ τὸ ξυμφέρον μὴ 15
ἄλλο τι νομίσαι ἢ τῶν ξυμμάχων τοῖς ἀγαθοῖς ὅταν αἰεὶ
βέβαιον τὴν χάριν τῆς ἀρετῆς ἔχωσι καὶ τὸ παραυτίκα που
ὑμῖν ὠφέλιμον καθιστῆται.

57 Προσκέψασθέ τε ὅτι νῦν μὲν παράδειγμα τοῖς πολλοῖς
τῶν Ἑλλήνων ἀνδραγαθίας νομίζεσθε· εἰ δὲ περὶ ἡμῶν 20
γνώσεσθε μὴ τὰ εἰκότα (οὐ γὰρ ἀφανῆ κρινεῖτε τὴν δίκην
τήνδε, ἐπαινούμενοι δὲ περὶ οὐδ᾽ ἡμῶν μεμπτῶν), ὁρᾶτε ὅπως
μὴ οὐκ ἀποδέξωνται ἀνδρῶν ἀγαθῶν πέρι αὐτοὺς ἀμείνους
ὄντας ἀπρεπές τι ἐπιγνῶναι, οὐδὲ πρὸς ἱεροῖς τοῖς κοινοῖς
σκῦλα ἀπὸ ἡμῶν τῶν εὐεργετῶν τῆς Ἑλλάδος ἀνατεθῆναι. 25
2 δεινὸν δὲ δόξει εἶναι Πλάταιαν Λακεδαιμονίους πορθῆσαι,
καὶ τοὺς μὲν πατέρας ἀναγράψαι ἐς τὸν τρίποδα τὸν ἐν
Δελφοῖς δι᾽ ἀρετὴν τὴν πόλιν, ὑμᾶς δὲ καὶ ἐκ παντὸς τοῦ
3 Ἑλληνικοῦ πανοικεσίᾳ διὰ Θηβαίους ἐξαλεῖψαι. ἐς τοῦτο
γὰρ δὴ ξυμφορᾶς προκεχωρήκαμεν, οἵτινες Μήδων τε κρα- 30
τησάντων ἀπωλλύμεθα καὶ νῦν ἐν ὑμῖν τοῖς πρὶν φιλτάτοις

    7 τι c G : om. cett.   10 αὐτοῖς M : αὐτοὺς cett.   17 ἔχουσι
Heilmann   19 προσσκέψασθε Meineke   23 ἀποδέξονται ex corr. ⸱
29 πανοικησίᾳ A B C F M   31 ἀπωλλύμεθα f : ἀπολλύμεθα codd.

Θηβαίων ἡσσώμεθα καὶ δύο ἀγῶνας τοὺς μεγίστους ὑπέ
στημεν, τότε μέν, τὴν πόλιν εἰ μὴ παρέδομεν, λιμῷ διαφθα
ρῆναι, νῦν δὲ θανάτου δίκῃ κρίνεσθαι. καὶ περιεώσμεθα ἐκ 4
πάντων Πλαταιῆς οἱ παρὰ δύναμιν πρόθυμοι ἐς τοὺς Ἕλληνας
5 ἐρῆμοι καὶ ἀτιμώρητοι· καὶ οὔτε τῶν τότε ξυμμάχων ὠφελεῖ
οὐδείς, ὑμεῖς τε, ὦ Λακεδαιμόνιοι, ἡ μόνη ἐλπίς, δέδιμεν μὴ
οὐ βέβαιοι ἦτε.

‘ Καίτοι ἀξιοῦμέν γε καὶ θεῶν ἕνεκα τῶν ξυμμαχικῶν ποτὲ 58
γενομένων καὶ τῆς ἀρετῆς τῆς ἐς τοὺς Ἕλληνας καμφθῆναι
10 ὑμᾶς καὶ μεταγνῶναι εἴ τι ὑπὸ Θηβαίων ἐπείσθητε, τήν τε
δωρεὰν ἀνταπαιτῆσαι αὐτοὺς μὴ κτείνειν οὓς μὴ ὑμῖν πρέπει,
σώφρονά τε ἀντὶ αἰσχρᾶς κομίσασθαι χάριν, καὶ μὴ ἡδονὴν
δόντας ἄλλοις κακίαν αὐτοὺς ἀντιλαβεῖν· βραχὺ γὰρ τὸ τὰ 2
ἡμέτερα σώματα διαφθεῖραι, ἐπίπονον δὲ τὴν δύσκλειαν
15 αὐτοῦ ἀφανίσαι. οὐκ ἐχθροὺς γὰρ ἡμᾶς εἰκότως τιμωρή
σεσθε, ἀλλ’ εὔνους, κατ’ ἀνάγκην πολεμήσαντας. ὥστε καὶ 3
τῶν σωμάτων ἄδειαν ποιοῦντες ὅσια ἂν δικάζοιτε καὶ προνο
οῦντες ὅτι ἑκόντας τε ἐλάβετε καὶ χεῖρας προϊσχομένους (ὁ
δὲ νόμος τοῖς Ἕλλησι μὴ κτείνειν τούτους), ἔτι δὲ καὶ
20 εὐεργέτας γεγενημένους διὰ παντός. ἀποβλέψατε γὰρ ἐς 4
πατέρων τῶν ὑμετέρων θήκας, οὓς ἀποθανόντας ὑπὸ Μήδων
καὶ ταφέντας ἐν τῇ ἡμετέρᾳ ἐτιμῶμεν κατὰ ἔτος ἕκαστον
δημοσίᾳ ἐσθήμασί τε καὶ τοῖς ἄλλοις νομίμοις, ὅσα τε ἡ γῆ
ἡμῶν ἀνεδίδου ὡραῖα, πάντων ἀπαρχὰς ἐπιφέροντες, εὖνοι
25 μὲν ἐκ φιλίας χώρας, ξύμμαχοι δὲ ὁμαίχμοις ποτὲ γενομέ
νοις. ὧν ὑμεῖς τοὐναντίον ἂν δράσαιτε μὴ ὀρθῶς γνόντες.
σκέψασθέ τε· Παυσανίας μὲν γὰρ ἔθαπτεν αὐτοὺς νομίζων 5
ἐν γῇ τε φιλίᾳ τιθέναι καὶ παρ’ ἀνδράσι τοιούτοις· ὑμεῖς δὲ
εἰ κτενεῖτε ἡμᾶς καὶ χώραν τὴν Πλαταιίδα Θηβαΐδα ποιήσετε,
30 τί ἄλλο ἢ ἐν πολεμίᾳ τε καὶ παρὰ τοῖς αὐθένταις πατέρας
τοὺς ὑμετέρους καὶ ξυγγενεῖς ἀτίμους γερῶν ὧν νῦν ἴσχουσι
καταλείψετε; πρὸς δὲ καὶ γῆν ἐν ᾗ ἠλευθερώθησαν οἱ

Έλληνες δουλώσετε, ἱερά τε θεῶν οἷς εὐξάμενοι Μήδων ἐκράτησαν ἐρημοῦτε καὶ θυσίας τὰς πατρίους τῶν ἐσσαμένων καὶ κτισάντων ἀφαιρήσεσθε.

59 Ού πρὸς τῆς ὑμετέρας δόξης, ὦ Λακεδαιμόνιοι, τάδε, οὔτε ἐς τὰ κοινὰ τῶν Ἑλλήνων νόμιμα καὶ ἐς τοὺς προγόνους 5 ἁμαρτάνειν οὔτε ἡμᾶς τοὺς εὐεργέτας ἀλλοτρίας ἕνεκα ἔχθρας μὴ αὐτοὺς ἀδικηθέντας διαφθεῖραι, φείσασθαι δὲ καὶ ἐπικλασθῆναι τῇ γνώμῃ οἴκτῳ σώφρονι λαβόντας, μὴ ὧν πεισόμεθα μόνον δεινότητα κατανοοῦντας, ἀλλ' οἷοί τε ἂν ὄντες πάθοιμεν καὶ ὡς ἀστάθμητον τὸ τῆς ξυμφορᾶς ᾧτινί 10 2 ποτ' ἂν καὶ ἀναξίῳ ξυμπέσοι. ἡμεῖς τε, ὡς πρέπον ἡμῖν καὶ ὡς ἡ χρεία προάγει, αἰτούμεθα ὑμᾶς, θεοὺς τοὺς ὁμοβωμίους καὶ κοινοὺς τῶν Ἑλλήνων ἐπιβοώμενοι, πεῖσαι τάδε· προφερόμενοι ὅρκους οὓς οἱ πατέρες ὑμῶν ὤμοσαν μὴ ἀμνημονεῖν ἱκέται γιγνόμεθα ὑμῶν τῶν πατρῴων τάφων καὶ 15 ἐπικαλούμεθα τοὺς κεκμηκότας μὴ γενέσθαι ὑπὸ Θηβαίοις μηδὲ τοῖς ἐχθίστοις φίλτατοι ὄντες παραδοθῆναι. ἡμέρας τε ἀναμιμνήσκομεν ἐκείνης ᾗ τὰ λαμπρότατα μετ' αὐτῶν πράξαντες νῦν ἐν τῇδε τὰ δεινότατα κινδυνεύομεν παθεῖν. 3 ὅπερ δὲ ἀναγκαῖόν τε καὶ χαλεπώτατον τοῖς ὧδε ἔχουσι, 20 λόγου τελευτᾶν, διότι καὶ τοῦ βίου ὁ κίνδυνος ἐγγὺς μετ' αὐτοῦ, παυόμενοι λέγομεν ἤδη ὅτι οὐ Θηβαίοις παρέδομεν τὴν πόλιν (εἱλόμεθα γὰρ ἂν πρό γε τούτου τῷ αἰσχίστῳ ὀλέθρῳ λιμῷ τελευτῆσαι), ὑμῖν δὲ πιστεύσαντες προσήλθομεν (καὶ δίκαιον, εἰ μὴ πείθομεν, ἐς τὰ αὐτὰ καταστήσαντας τὸν 25 4 ξυντυχόντα κίνδυνον ἐᾶσαι ἡμᾶς αὐτοὺς ἑλέσθαι), ἐπισκήπτομέν τε ἅμα μὴ Πλαταιῆς ὄντες οἱ προθυμότατοι περὶ τοὺς Ἕλληνας γενόμενοι Θηβαίοις τοῖς ἡμῖν ἐχθίστοις ἐκ τῶν ὑμετέρων χειρῶν καὶ τῆς ὑμετέρας πίστεως ἱκέται ὄντες,

ὧ Λακεδαιμόνιοι, παραδοθῆναι, γενέσθαι δὲ σωτῆρας ἡμῶν
καὶ μὴ τοὺς ἄλλους Ἕλληνας ἐλευθεροῦντας ἡμᾶς διολέσαι.'
Τοιαῦτα μὲν οἱ Πλαταιῆς εἶπον. οἱ δὲ Θηβαῖοι δείσαν- 60
τες πρὸς τὸν λόγον αὐτῶν μὴ οἱ Λακεδαιμόνιοί τι ἐνδῶσι,
5 παρελθόντες ἔφασαν καὶ αὐτοὶ βούλεσθαι εἰπεῖν, ἐπειδὴ καὶ
ἐκείνοις παρὰ γνώμην τὴν αὐτῶν μακρότερος λόγος ἐδόθη
τῆς πρὸς τὸ ἐρώτημα ἀποκρίσεως. ὡς δ' ἐκέλευσαν, ἔλεγον
τοιάδε.

'Τοὺς μὲν λόγους οὐκ ἂν ᾐτησάμεθα εἰπεῖν, εἰ καὶ αὐτοὶ 61
10 βραχέως τὸ ἐρωτηθὲν ἀπεκρίναντο καὶ μὴ ἐπὶ ἡμᾶς τραπό-
μενοι κατηγορίαν ἐποιήσαντο καὶ περὶ αὐτῶν ἔξω τῶν προ-
κειμένων καὶ ἅμα οὐδὲ ᾐτιαμένων πολλὴν τὴν ἀπολογίαν καὶ
ἔπαινον ὧν οὐδεὶς ἐμέμψατο. νῦν δὲ πρὸς μὲν τὰ ἀντειπεῖν
δεῖ, τῶν δὲ ἔλεγχον ποιήσασθαι, ἵνα μήτε ἡ ἡμετέρα αὐτοὺς
15 κακία ὠφελῇ μήτε ἡ τούτων δόξα, τὸ δ' ἀληθὲς περὶ ἀμφο-
τέρων ἀκούσαντες κρίνητε.

'Ἡμεῖς δὲ αὐτοῖς διάφοροι ἐγενόμεθα πρῶτον ὅτι ἡμῶν 2
κτισάντων Πλάταιαν ὕστερον τῆς ἄλλης Βοιωτίας καὶ ἄλλα
χωρία μετ' αὐτῆς, ἃ ξυμμείκτους ἀνθρώπους ἐξελάσαντες
20 ἔσχομεν, οὐκ ἠξίουν οὗτοι, ὥσπερ ἐτάχθη τὸ πρῶτον, ἡγε-
μονεύεσθαι ὑφ' ἡμῶν, ἔξω δὲ τῶν ἄλλων Βοιωτῶν παραβαί-
νοντες τὰ πάτρια, ἐπειδὴ προσηναγκάζοντο, προσεχώρησαν
πρὸς Ἀθηναίους καὶ μετ' αὐτῶν πολλὰ ἡμᾶς ἔβλαπτον, ἀνθ'
ὧν καὶ ἀντέπασχον.

25 'Ἐπειδὴ δὲ καὶ ὁ βάρβαρος ἦλθεν ἐπὶ τὴν Ἑλλάδα, φασὶ 62
μόνοι Βοιωτῶν οὐ μηδίσαι, καὶ τούτῳ μάλιστα αὐτοί τε
ἀγάλλονται καὶ ἡμᾶς λοιδοροῦσιν. ἡμεῖς δὲ μηδίσαι μὲν 2
αὐτοὺς οὔ φαμεν διότι οὐδ' Ἀθηναίους, τῇ μέντοι αὐτῇ ἰδέᾳ
ὕστερον ἰόντων Ἀθηναίων ἐπὶ τοὺς Ἕλληνας μόνους αὖ
30 Βοιωτῶν ἀττικίσαι. καίτοι σκέψασθε ἐν οἵῳ εἴδει ἑκάτεροι 3
ἡμῶν τοῦτο ἔπραξαν. ἡμῖν μὲν γὰρ ἡ πόλις τότε ἐτύγχανεν

οὔτε κατ᾽ ὀλιγαρχίαν ἰσόνομον πολιτεύουσα οὔτε κατὰ δημο-
κρατίαν· ὅπερ δέ ἐστι νόμοις μὲν καὶ τῷ σωφρονεστάτῳ
ἐναντιώτατον, ἐγγυτάτω δὲ τυράννου, δυναστεία ὀλίγων ἀν-
4 δρῶν εἶχε τὰ πράγματα. καὶ οὗτοι ἰδίας δυνάμεις ἐλπίσαντες
ἔτι μᾶλλον σχήσειν εἰ τὰ τοῦ Μήδου κρατήσειε, κατέχοντες 5
ἰσχύι τὸ πλῆθος ἐπηγάγοντο αὐτόν· καὶ ἡ ξύμπασα πόλις
οὐκ αὐτοκράτωρ οὖσα ἑαυτῆς τοῦτ᾽ ἔπραξεν, οὐδ᾽ ἄξιον αὐτῇ
5 ὀνειδίσαι ὧν μὴ μετὰ νόμων ἥμαρτεν. ἐπειδὴ γοῦν ὅ τε
Μῆδος ἀπῆλθε καὶ τοὺς νόμους ἔλαβε, σκέψασθαι χρή,
Ἀθηναίων ὕστερον ἐπιόντων τήν τε ἄλλην Ἑλλάδα καὶ τὴν 10
ἡμετέραν χώραν πειρωμένων ὑφ᾽ αὑτοῖς ποιεῖσθαι καὶ κατὰ
στάσιν ἤδη ἐχόντων αὐτῆς τὰ πολλά, εἰ μαχόμενοι ἐν Κορω-
νείᾳ καὶ νικήσαντες αὐτοὺς ἠλευθερώσαμεν τὴν Βοιωτίαν καὶ
τοὺς ἄλλους νῦν προθύμως ξυνελευθεροῦμεν, ἵππους τε παρ-
έχοντες καὶ παρασκευὴν ὅσην οὐκ ἄλλοι τῶν ξυμμάχων. 15
63 ᾽Καὶ τὰ μὲν ἐς τὸν μηδισμὸν τοσαῦτα ἀπολογούμεθα· ὡς
δὲ ὑμεῖς μᾶλλόν τε ἠδικήκατε τοὺς Ἕλληνας καὶ ἀξιώτεροί
2 ἐστε πάσης ζημίας, πειρασόμεθα ἀποφαίνειν. ἐγένεσθε ἐπὶ
τῇ ἡμετέρᾳ τιμωρίᾳ, ὡς φατέ, Ἀθηναίων ξύμμαχοι καὶ πολῖται.
οὐκοῦν χρῆν τὰ πρὸς ἡμᾶς μόνον ὑμᾶς ἐπάγεσθαι αὐτοὺς καὶ 20
μὴ ξυνεπιέναι μετ᾽ αὐτῶν ἄλλοις, ὑπάρχον γε ὑμῖν, εἴ τι
καὶ ἄκοντες προσήγεσθε ὑπ᾽ Ἀθηναίων, τῆς τῶν Λακεδαι-
μονίων τῶνδε ἤδη ἐπὶ τῷ Μήδῳ ξυμμαχίας γεγενημένης, ἣν
αὐτοὶ μάλιστα προβάλλεσθε· ἱκανή γε ἦν ἡμᾶς τε ὑμῶν
ἀποτρέπειν, καί, τὸ μέγιστον, ἀδεῶς παρέχειν βουλεύεσθαι. 25
ἀλλ᾽ ἑκόντες καὶ οὐ βιαζόμενοι ἔτι εἵλεσθε μᾶλλον τὰ Ἀθη-
3 ναίων. καὶ λέγετε ὡς αἰσχρὸν ἦν προδοῦναι τοὺς εὐεργέτας·
πολὺ δέ γε αἴσχιον καὶ ἀδικώτερον τοὺς πάντας Ἕλληνας
καταπροδοῦναι, οἷς ξυνωμόσατε, ἢ Ἀθηναίους μόνους, τοὺς
μὲν καταδουλουμένους τὴν Ἑλλάδα, τοὺς δὲ ἐλευθεροῦντας. 30
4 καὶ οὐκ ἴσην αὐτοῖς τὴν χάριν ἀνταπέδοτε οὐδὲ αἰσχύνης

20 ἐπάγεσθαι vulgo : ὑπάγεσθαι codd.   21 ὑπάρχον γε M : ὑπάρ-
χοντες E : ὑπάρχον τε cett.

ἀπηλλαγμένην· ὑμεῖς μὲν γὰρ ἀδικούμενοι αὐτούς, ὡς φατέ,
ἐπηγάγεσθε, τοῖς δὲ ἀδικοῦσιν ἄλλους ξυνεργοὶ κατέστητε.
καίτοι τὰς ὁμοίας χάριτας μὴ ἀντιδιδόναι αἰσχρὸν μᾶλλον
ἢ τὰς μετὰ δικαιοσύνης μὲν ὀφειληθείσας, ἐς ἀδικίαν δὲ
5 ἀποδιδομένας. δῆλόν τε ἐποιήσατε οὐδὲ τότε τῶν Ἑλλήνων 64
ἕνεκα μόνοι οὐ μηδίσαντες, ἀλλ' ὅτι οὐδ' Ἀθηναῖοι, ὑμεῖς
δὲ τοῖς μὲν ταὐτὰ βουλόμενοι ποιεῖν, τοῖς δὲ τἀναντία. καὶ 2
νῦν ἀξιοῦτε, ἀφ' ὧν δι' ἑτέρους ἐγένεσθε ἀγαθοί, ἀπὸ τούτων
ὠφελεῖσθαι. ἀλλ' οὐκ εἰκός· ὥσπερ δὲ Ἀθηναίους εἵλεσθε,
10 τούτοις ξυναγωνίζεσθε, καὶ μὴ προφέρετε τὴν τότε γενομένην
ξυνωμοσίαν ὡς χρὴ ἀπ' αὐτῆς νῦν σῴζεσθαι. ἀπελίπετε 3
γὰρ αὐτὴν καὶ παραβάντες ξυγκατεδουλοῦσθε μᾶλλον Αἰγι-
νήτας καὶ ἄλλους τινὰς τῶν ξυνομοσάντων ἢ διεκωλύετε,
καὶ ταῦτα οὔτε ἄκοντες ἔχοντές τε τοὺς νόμους οὔσπερ μέχρι
15 τοῦ δεῦρο καὶ οὐδενὸς ὑμᾶς βιασαμένου ὥσπερ ἡμᾶς. τὴν
τελευταίαν τε πρὶν περιτειχίζεσθαι πρόκλησιν ἐς ἡσυχίαν
ἡμῶν, ὥστε μηδετέροις ἀμύνειν, οὐκ ἐδέχεσθε. τίνες ἂν 4
οὖν ὑμῶν δικαιότερον πᾶσι τοῖς Ἕλλησι μισοῖντο, οἵτινες
ἐπὶ τῷ ἐκείνων κακῷ ἀνδραγαθίαν προύθεσθε; καὶ ἃ μέν
20 ποτε χρηστοὶ ἐγένεσθε, ὡς φατέ, οὐ προσήκοντα νῦν ἐπεδεί-
ξατε, ἃ δὲ ἡ φύσις αἰεὶ ἐβούλετο, ἐξηλέγχθη ἐς τὸ ἀληθές·
μετὰ γὰρ Ἀθηναίων ἄδικον ὁδὸν ἰόντων ἐχωρήσατε.

'Τὰ μὲν οὖν ἐς τὸν ἡμέτερόν τε ἀκούσιον μηδισμὸν καὶ 5
τὸν ὑμέτερον ἑκούσιον ἀττικισμὸν τοιαῦτα ἀποφαίνομεν· ἃ 65
25 δὲ τελευταῖά φατε ἀδικηθῆναι, παρανόμως γὰρ ἐλθεῖν ἡμᾶς
ἐν σπονδαῖς καὶ ἱερομηνίᾳ ἐπὶ τὴν ὑμετέραν πόλιν, οὐ νομί-
ζομεν οὐδ' ἐν τούτοις ὑμῶν μᾶλλον ἁμαρτεῖν. εἰ μὲν γὰρ 2
ἡμεῖς αὐτοὶ πρός τε τὴν πόλιν ἐλθόντες ἐμαχόμεθα καὶ τὴν
γῆν ἐδῃοῦμεν ὡς πολέμιοι, ἀδικοῦμεν· εἰ δὲ ἄνδρες ὑμῶν οἱ
30 πρῶτοι καὶ χρήμασι καὶ γένει, βουλόμενοι τῆς μὲν ἔξω ξυμ-
μαχίας ὑμᾶς παῦσαι, ἐς δὲ τὰ κοινὰ τῶν πάντων Βοιωτῶν

πάτρια καταστῆσαι, ἐπεκαλέσαντο ἑκόντες, τί ἀδικοῦμεν; οἱ
3 γὰρ ἄγοντες παρανομοῦσι μᾶλλον τῶν ἑπομένων. ἀλλ᾽ οὔτ᾽
ἐκεῖνοι, ὡς ἡμεῖς κρίνομεν, οὔτε ἡμεῖς· πολῖται δὲ ὄντες
ὥσπερ ὑμεῖς καὶ πλείω παραβαλλόμενοι, τὸ ἑαυτῶν τεῖχος
ἀνοίξαντες καὶ ἐς τὴν αὑτῶν πόλιν φιλίως, οὐ πολεμίως 5
κομίσαντες ἐβούλοντο τούς τε ὑμῶν χείρους μηκέτι μᾶλλον
γενέσθαι τούς τε ἀμείνους τὰ ἄξια ἔχειν, σωφρονισταὶ ὄντες
τῆς γνώμης καὶ τῶν σωμάτων τὴν πόλιν οὐκ ἀλλοτριοῦντες
ἀλλ᾽ ἐς τὴν ξυγγένειαν οἰκειοῦντες, ἐχθροὺς οὐδενὶ καθι-
66 στάντες, ἅπασι δ᾽ ὁμοίως ἐνσπόνδους. τεκμήριον δὲ ὡς οὐ 10
πολεμίως ἐπράσσομεν· οὔτε γὰρ ἠδικήσαμεν οὐδένα, προεί-
πομέν τε τὸν βουλόμενον κατὰ τὰ τῶν πάντων Βοιωτῶν
2 πάτρια πολιτεύειν ἰέναι πρὸς ἡμᾶς. καὶ ὑμεῖς ἄσμενοι
χωρήσαντες καὶ ξύμβασιν ποιησάμενοι τὸ μὲν πρῶτον ἡσυ-
χάζετε, ὕστερον δὲ κατανοήσαντες ἡμᾶς ὀλίγους ὄντας, εἰ 15
ἄρα καὶ ἐδοκοῦμέν τι ἀνεπιεικέστερον πρᾶξαι οὐ μετὰ τοῦ
πλήθους ὑμῶν ἐσελθόντες, τὰ μὲν ὅμοια οὐκ ἀνταπέδοτε
ἡμῖν, μήτε νεωτερίσαι ἔργῳ λόγοις τε πείθειν ὥστε ἐξελθεῖν,
ἐπιθέμενοι δὲ παρὰ τὴν ξύμβασιν, οὓς μὲν ἐν χερσὶν ἀπε-
κτείνατε, οὐχ ὁμοίως ἀλγοῦμεν (κατὰ νόμον γὰρ δή τινα 20
ἔπασχον), οὓς δὲ χεῖρας προϊσχομένους καὶ ζωγρήσαντες
ὑποσχόμενοί τε ἡμῖν ὕστερον μὴ κτενεῖν παρανόμως διεφθεί-
3 ρατε, πῶς οὐ δεινὰ εἴργασθε; καὶ ταῦτα τρεῖς ἀδικίας ἐν
ὀλίγῳ πράξαντες, τήν τε λυθεῖσαν ὁμολογίαν καὶ τῶν ἀνδρῶν
τὸν ὕστερον θάνατον καὶ τὴν περὶ αὐτῶν ἡμῖν μὴ κτενεῖν 25
ψευσθεῖσαν ὑπόσχεσιν, ἢν τὰ ἐν τοῖς ἀγροῖς ὑμῖν μὴ ἀδι-
κῶμεν, ὅμως φατὲ ἡμᾶς παρανομῆσαι καὶ αὐτοὶ ἀξιοῦτε μὴ
ἀντιδοῦναι δίκην. οὔκ, ἤν γε οὗτοι τὰ ὀρθὰ γιγνώσκωσιν·
πάντων δὲ αὐτῶν ἕνεκα κολασθήσεσθε.

67   ʽΚαὶ ταῦτα, ὦ Λακεδαιμόνιοι, τούτου ἕνεκα ἐπεξήλθομεν 30

---

5 φιλίους, οὐ πολεμίους Steup   12 τῶν C : om. cett.   17 ἡμῶν
ABEFM   18 πείθειν Classen : πείσειν codd.   22 μὴ κτενεῖν
ὕστερον Hude   23 κἀνταῦθα Naber   25 κτενεῖν recc. : κτείνειν
codd.   26 ὑπόθεσιν A B F

καὶ ὑπὲρ ὑμῶν καὶ ἡμῶν, ἵνα ὑμεῖς μὲν εἰδῆτε δικαίως αὐτῶν
καταγνωσόμενοι, ἡμεῖς δὲ ἔτι ὁσιώτερον τετιμωρημένοι. καὶ 2
μὴ παλαιὰς ἀρετάς, εἴ τις ἄρα καὶ ἐγένετο, ἀκούοντες ἐπι-
κλασθῆτε, ἃς χρὴ τοῖς μὲν ἀδικουμένοις ἐπικούρους εἶναι,
5 τοῖς δὲ αἰσχρόν τι δρῶσι διπλασίας ζημίας, ὅτι οὐκ ἐκ
προσηκόντων ἁμαρτάνουσιν. μηδὲ ὀλοφυρμῷ καὶ οἴκτῳ ὠφε-
λείσθων, πατέρων τε τάφους τῶν ὑμετέρων ἐπιβοώμενοι καὶ
τὴν σφετέραν ἐρημίαν. καὶ γὰρ ἡμεῖς ἀνταποφαίνομεν πολλῷ 3
δεινότερα παθοῦσαν τὴν ὑπὸ τούτων ἡλικίαν ἡμῶν διεφθαρ-
10 μένην, ὧν πατέρες οἱ μὲν πρὸς ὑμᾶς τὴν Βοιωτίαν ἄγοντες
ἀπέθανον ἐν Κορωνείᾳ, οἱ δὲ πρεσβῦται λελειμμένοι καὶ
οἰκίαι ἔρημοι πολλῷ δικαιοτέραν ὑμῶν ἱκετείαν ποιοῦνται
τούσδε τιμωρήσασθαι. οἴκτου τε ἀξιώτεροι τυγχάνειν οἱ 4
ἀπρεπές τι πάσχοντες τῶν ἀνθρώπων, οἱ δὲ δικαίως, ὥσπερ
15 οἵδε, τὰ ἐναντία ἐπίχαρτοι εἶναι. καὶ τὴν νῦν ἐρημίαν δι' 5
ἑαυτοὺς ἔχουσιν· τοὺς γὰρ ἀμείνους ξυμμάχους ἑκόντες ἀπεώ-
σαντο. παρενόμησάν τε οὐ προπαθόντες ὑφ' ἡμῶν, μίσει δὲ
πλέον ἢ δίκῃ κρίναντες καὶ οὐκ ἀνταποδόντες νῦν τὴν ἴσην
τιμωρίαν· ἔννομα γὰρ πείσονται καὶ οὐχὶ ἐκ μάχης χεῖρας
20 προϊσχόμενοι, ὥσπερ φασίν, ἀλλ' ἀπὸ ξυμβάσεως ἐς δίκην
σφᾶς αὐτοὺς παραδόντες. ἀμύνατε οὖν, ὦ Λακεδαιμόνιοι, 6
καὶ τῷ τῶν Ἑλλήνων νόμῳ ὑπὸ τῶνδε παραβαθέντι, καὶ
ἡμῖν ἄνομα παθοῦσιν ἀνταπόδοτε χάριν δικαίαν ὧν πρόθυμοι
γεγενήμεθα, καὶ μὴ τοῖς τῶνδε λόγοις περιωσθῶμεν ἐν ὑμῖν,
25 ποιήσατε δὲ τοῖς Ἕλλησι παράδειγμα οὐ λόγων τοὺς ἀγῶνας
προθήσοντες ἀλλ' ἔργων, ὧν ἀγαθῶν μὲν ὄντων βραχεῖα ἡ
ἀπαγγελία ἀρκεῖ, ἁμαρτανομένων δὲ λόγοι ἔπεσι κοσμηθέντες
προκαλύμματα γίγνονται. ἀλλ' ἢν οἱ ἡγεμόνες, ὥσπερ νῦν 7
ὑμεῖς, κεφαλαιώσαντες πρὸς τοὺς ξύμπαντας διαγνώμας
30 ποιήσησθε, ἧσσόν τις ἐπ' ἀδίκοις ἔργοις λόγους καλοὺς
ζητήσει.

---

11 κατ' οἰκίας Stahl   18 post οὐκ add. ἂν Dobree   ἀνταπο-
δώσοντες Stahl   29 post ξύμπαντας add. τὰς Hude

68 Τοιαῦτα δὲ οἱ Θηβαῖοι εἶπον. οἱ δὲ Λακεδαιμόνιοι δι-
κασταὶ νομίζοντες τὸ ἐπερώτημα σφίσιν ὀρθῶς ἕξειν, εἴ τι
ἐν τῷ πολέμῳ ὑπ᾽ αὐτῶν ἀγαθὸν πεπόνθασι, διότι τόν τε
ἄλλον χρόνον ἠξίουν δῆθεν αὐτοὺς κατὰ τὰς παλαιὰς Παυ-
σανίου μετὰ τὸν Μῆδον σπονδὰς ἡσυχάζειν καὶ ὅτε ὕστερον 5
ἃ πρὸ τοῦ περιτειχίζεσθαι προείχοντο αὐτοῖς, κοινοὺς εἶναι
κατ᾽ ἐκεῖνα, ὡς οὐκ ἐδέξαντο, ἡγούμενοι τῇ ἑαυτῶν δικαίᾳ
βουλήσει ἔκσπονδοι ἤδη ὑπ᾽ αὐτῶν κακῶς πεπονθέναι, αὖθις
τὸ αὐτὸ ἕνα ἕκαστον παραγαγόντες καὶ ἐρωτῶντες, εἴ τι
Λακεδαιμονίους καὶ τοὺς ξυμμάχους ἀγαθὸν ἐν τῷ πολέμῳ 10
δεδρακότες εἰσίν, ὁπότε μὴ φαῖεν, ἀπάγοντες ἀπέκτεινον
2 καὶ ἐξαίρετον ἐποιήσαντο οὐδένα. διέφθειραν δὲ Πλαταιῶν
μὲν αὐτῶν οὐκ ἐλάσσους διακοσίων, Ἀθηναίων δὲ πέντε καὶ
εἴκοσιν, οἳ ξυνεπολιορκοῦντο· γυναῖκας δὲ ἠνδραπόδισαν.
3 τὴν δὲ πόλιν ἐνιαυτὸν μέν τινα [Θηβαῖοι] Μεγαρέων ἀν- 15
δράσι κατὰ στάσιν ἐκπεπτωκόσι καὶ ὅσοι τὰ σφέτερα φρο-
νοῦντες Πλαταιῶν περιῆσαν ἔδοσαν ἐνοικεῖν· ὕστερον δὲ
καθελόντες αὐτὴν ἐς ἔδαφος πᾶσαν ἐκ τῶν θεμελίων ᾠκοδό-
μησαν πρὸς τῷ Ἡραίῳ καταγώγιον διακοσίων ποδῶν πανταχῇ,
κύκλῳ οἰκήματα ἔχον κάτωθεν καὶ ἄνωθεν, καὶ ὀροφαῖς καὶ 20
θυρώμασι τοῖς τῶν Πλαταιῶν ἐχρήσαντο, καὶ τοῖς ἄλλοις ἃ
ἦν ἐν τῷ τείχει ἔπιπλα, χαλκὸς καὶ σίδηρος, κλίνας κατα-
σκευάσαντες ἀνέθεσαν τῇ Ἥρᾳ, καὶ νεὼν ἑκατόμπεδον λίθινον
ᾠκοδόμησαν αὐτῇ. τὴν δὲ γῆν δημοσιώσαντες ἀπεμίσθωσαν
4 ἐπὶ δέκα ἔτη, καὶ ἐνέμοντο Θηβαῖοι. σχεδὸν δέ τι καὶ τὸ 25
ξύμπαν περὶ Πλαταιῶν οἱ Λακεδαιμόνιοι οὕτως ἀποτετραμ-
μένοι ἐγένοντο Θηβαίων ἕνεκα, νομίζοντες ἐς τὸν πόλεμον
5 αὐτοὺς ἄρτι τότε καθισταμένον ὠφελίμους εἶναι. καὶ τὰ μὲν
κατὰ Πλάταιαν ἔτει τρίτῳ καὶ ἐνενηκοστῷ ἐπειδὴ Ἀθηναίων
ξύμμαχοι ἐγένοντο οὕτως ἐτελεύτησεν. 30

69 Αἱ δὲ τεσσαράκοντα νῆες τῶν Πελοποννησίων αἱ Λεσβίοις

---

6 ἃ secl. Heilmann   7 ἐκείνας Reiske   ὡς secl. Badham
15 Θηβαῖοι secl. Classen   23 ἑκατόμπεδον C : ἑκατόμποδον cett.

βοηθοὶ ἐλθοῦσαι, ὡς τότε φεύγουσαι διὰ τοῦ πελάγους ἔκ τε
τῶν Ἀθηναίων ἐπιδιωχθεῖσαι καὶ πρὸς τῇ Κρήτῃ χειμασθεῖσαι
καὶ ἀπ᾽ αὐτῆς σποράδες πρὸς τὴν Πελοπόννησον κατηνέχθη-
σαν, καταλαμβάνουσιν ἐν τῇ Κυλλήνῃ τρεῖς καὶ δέκα τριήρεις
5 Λευκαδίων καὶ Ἀμπρακιωτῶν καὶ Βρασίδαν τὸν Τέλλιδος
ξύμβουλον Ἀλκίδᾳ ἐπεληλυθότα. ἐβούλοντο γὰρ οἱ Λακε- 2
δαιμόνιοι, ὡς τῆς Λέσβου ἡμαρτήκεσαν, πλέον τὸ ναυτικὸν
ποιήσαντες ἐς τὴν Κέρκυραν πλεῦσαι στασιάζουσαν, δώδεκα
μὲν ναυσὶ μόναις παρόντων Ἀθηναίων περὶ Ναύπακτον, πρὶν
10 δὲ πλέον τι ἐπιβοηθῆσαι ἐκ τῶν Ἀθηνῶν ναυτικόν, ὅπως
προφθάσωσι, καὶ παρεσκευάζοντο ὅ τε Βρασίδας καὶ ὁ Ἀλκί-
δας πρὸς ταῦτα.

Οἱ γὰρ Κερκυραῖοι ἐστασίαζον, ἐπειδὴ οἱ αἰχμάλωτοι 70
ἦλθον αὐτοῖς οἱ ἐκ τῶν περὶ Ἐπίδαμνον ναυμαχιῶν ὑπὸ
15 Κορινθίων ἀφεθέντες, τῷ μὲν λόγῳ ὀκτακοσίων ταλάντων
τοῖς προξένοις διηγγυημένοι, ἔργῳ δὲ πεπεισμένοι Κορινθίοις
Κέρκυραν προσποιῆσαι. καὶ ἔπρασσον οὗτοι, ἕκαστον τῶν
πολιτῶν μετιόντες, ὅπως ἀποστήσωσιν Ἀθηναίων τὴν πόλιν.
καὶ ἀφικομένης Ἀττικῆς τε νεὼς καὶ Κορινθίας πρέσβεις 2
20 ἀγουσῶν καὶ ἐς λόγους καταστάντων ἐψηφίσαντο Κερκυ-
ραῖοι Ἀθηναίοις μὲν ξύμμαχοι εἶναι κατὰ τὰ ξυγκείμενα,
Πελοποννησίοις δὲ φίλοι ὥσπερ καὶ πρότερον. καὶ (ἦν 3
γὰρ Πειθίας ἐθελοπρόξενός τε τῶν Ἀθηναίων καὶ τοῦ δήμου
προειστήκει) ὑπάγουσιν αὐτὸν οὗτοι οἱ ἄνδρες ἐς δίκην, λέ-
25 γοντες Ἀθηναίοις τὴν Κέρκυραν καταδουλοῦν. ὁ δὲ ἀποφυγὼν 4
ἀνθυπάγει αὐτῶν τοὺς πλουσιωτάτους πέντε ἄνδρας, φάσκων
τέμνειν χάρακας ἐκ τοῦ τε Διὸς τοῦ τεμένους καὶ τοῦ
Ἀλκίνου· ζημία δὲ καθ᾽ ἑκάστην χάρακα ἐπέκειτο στατήρ.
ὀφλόντων δὲ αὐτῶν καὶ πρὸς τὰ ἱερὰ ἱκετῶν καθεζομένων 5
30 διὰ πλῆθος τῆς ζημίας, ὅπως ταξάμενοι ἀποδῶσιν, ὁ Πειθίας
(ἐτύγχανε γὰρ καὶ βουλῆς ὤν) πείθει ὥστε τῷ νόμῳ χρή-
σασθαι. οἱ δ᾽ ἐπειδὴ τῷ τε νόμῳ ἐξείργοντο καὶ ἅμα 6

18 ἀποστήσουσιν Cobet   29 ὀφειλόντων ABE (ε add. e) F

ἐπυνθάνοντο τὸν Πειθίαν, ἕως ἔτι βουλῆς ἐστί, μέλλειν τὸ
πλῆθος ἀναπείσειν τοὺς αὐτοὺς Ἀθηναίοις φίλους τε καὶ
ἐχθροὺς νομίζειν, ξυνίσταντό τε καὶ λαβόντες ἐγχειρίδια
ἐξαπιναίως ἐς τὴν βουλὴν ἐσελθόντες τόν τε Πειθίαν κτεί-
νουσι καὶ ἄλλους τῶν τε βουλευτῶν καὶ ἰδιωτῶν ἐς ἑξή- 5
κοντα· οἱ δέ τινες τῆς αὐτῆς γνώμης τῷ Πειθίᾳ ὀλίγοι ἐς
71 τὴν Ἀττικὴν τριήρη κατέφυγον ἔτι παροῦσαν. δράσαντες
δὲ τοῦτο καὶ ξυγκαλέσαντες Κερκυραίους εἶπον ὅτι ταῦτα
καὶ βέλτιστα εἴη καὶ ἥκιστ᾽ ἂν δουλωθεῖεν ὑπ᾽ Ἀθηναίων,
τό τε λοιπὸν μηδετέρους δέχεσθαι ἀλλ᾽ ἢ μιᾷ νηὶ ἡσυχά- 10
ζοντας, τὸ δὲ πλέον πολέμιον ἡγεῖσθαι. ὡς δὲ εἶπον, καὶ
2 ἐπικυρῶσαι ἠνάγκασαν τὴν γνώμην. πέμπουσι δὲ καὶ ἐς
τὰς Ἀθήνας εὐθὺς πρέσβεις περί τε τῶν πεπραγμένων
διδάξοντας ὡς ξυνέφερε καὶ τοὺς ἐκεῖ καταπεφευγότας πεί-
σοντας μηδὲν ἀνεπιτήδειον πράσσειν, ὅπως μή τις ἐπιστροφὴ 15
72 γένηται. ἐλθόντων δὲ οἱ Ἀθηναῖοι τούς τε πρέσβεις ὡς
νεωτερίζοντας ξυλλαβόντες, καὶ ὅσους ἔπεισαν, κατέθεντο
ἐς Αἴγιναν.

2 Ἐν δὲ τούτῳ τῶν Κερκυραίων οἱ ἔχοντες τὰ πράγματα
ἐλθούσης τριήρους Κορινθίας καὶ Λακεδαιμονίων πρέσβεων 20
3 ἐπιτίθενται τῷ δήμῳ, καὶ μαχόμενοι ἐνίκησαν. ἀφικομένης
δὲ νυκτὸς ὁ μὲν δῆμος ἐς τὴν ἀκρόπολιν καὶ τὰ μετέωρα τῆς
πόλεως καταφεύγει καὶ αὐτοῦ ξυλλεγεὶς ἱδρύθη, καὶ τὸν
Ὑλλαϊκὸν λιμένα εἶχον· οἱ δὲ τήν τε ἀγορὰν κατέλαβον,
οὗπερ οἱ πολλοὶ ᾤκουν αὐτῶν, καὶ τὸν λιμένα τὸν πρὸς 25
73 αὐτῇ καὶ πρὸς τὴν ἤπειρον. τῇ δ᾽ ὑστεραίᾳ ἠκροβολίσαντό
τε ὀλίγα καὶ ἐς τοὺς ἀγροὺς περιέπεμπον ἀμφότεροι, τοὺς
δούλους παρακαλοῦντές τε καὶ ἐλευθερίαν ὑπισχνούμενοι·
καὶ τῷ μὲν δήμῳ τῶν οἰκετῶν τὸ πλῆθος παρεγένετο ξύμ-
μαχον, τοῖς δ᾽ ἑτέροις ἐκ τῆς ἠπείρου ἐπίκουροι ὀκτακόσιοι. 30
74 διαλιπούσης δ᾽ ἡμέρας μάχη αὖθις γίγνεται καὶ νικᾷ ὁ δῆμος
χωρίων τε ἰσχύι καὶ πλήθει προύχων· αἵ τε γυναῖκες αὐτοῖς
τολμηρῶς ξυνεπελάβοντο βάλλουσαι ἀπὸ τῶν οἰκιῶν τῷ κε-

ράμῳ καὶ παρὰ φύσιν ὑπομένουσαι τὸν θόρυβον. γενομένης 2
δὲ τῆς τροπῆς περὶ δείλην ὀψίαν, δείσαντες οἱ ὀλίγοι μὴ
αὐτοβοεὶ ὁ δῆμος τοῦ τε νεωρίου κρατήσειεν ἐπελθὼν καὶ
σφᾶς διαφθείρειεν, ἐμπιπρᾶσι τὰς οἰκίας τὰς ἐν κύκλῳ τῆς
5 ἀγορᾶς καὶ τὰς ξυνοικίας, ὅπως μὴ ᾖ ἔφοδος, φειδόμενοι
οὔτε οἰκείας οὔτε ἀλλοτρίας, ὥστε καὶ χρήματα πολλὰ ἐμπό-
ρων κατεκαύθη καὶ ἡ πόλις ἐκινδύνευσε πᾶσα διαφθαρῆναι,
εἰ ἄνεμος ἐπεγένετο τῇ φλογὶ ἐπίφορος ἐς αὐτήν.

Καὶ οἱ μὲν παυσάμενοι τῆς μάχης ὡς ἑκάτεροι ἡσυχά- 3
10 σαντες τὴν νύκτα ἐν φυλακῇ ἦσαν· καὶ ἡ Κορινθία ναῦς
τοῦ δήμου κεκρατηκότος ὑπεξανήγετο, καὶ τῶν ἐπικούρων
οἱ πολλοὶ ἐς τὴν ἤπειρον λαθόντες διεκομίσθησαν. τῇ δὲ 75
ἐπιγιγνομένῃ ἡμέρᾳ Νικόστρατος ὁ Διειτρέφους Ἀθηναίων
στρατηγὸς παραγίγνεται βοηθῶν ἐκ Ναυπάκτου δώδεκα ναυσὶ
15 καὶ Μεσσηνίων πεντακοσίοις ὁπλίταις· ξύμβασίν τε ἔπρασσε
καὶ πείθει ὥστε ξυγχωρῆσαι ἀλλήλοις δέκα μὲν ἄνδρας τοὺς
αἰτιωτάτους κρῖναι, οἳ οὐκέτι ἔμειναν, τοὺς δ' ἄλλους οἰκεῖν
σπονδὰς πρὸς ἀλλήλους ποιησαμένους καὶ πρὸς Ἀθηναίους,
ὥστε τοὺς αὐτοὺς ἐχθροὺς καὶ φίλους νομίζειν. καὶ ὁ μὲν 2
20 ταῦτα πράξας ἔμελλεν ἀποπλεύσεσθαι· οἱ δὲ τοῦ δήμου
προστάται πείθουσιν αὐτὸν πέντε μὲν ναῦς τῶν αὐτοῦ σφίσι
καταλιπεῖν, ὅπως ἧσσόν τι ἐν κινήσει ὦσιν οἱ ἐναντίοι,
ἴσας δὲ αὐτοὶ πληρώσαντες ἐκ σφῶν αὐτῶν ξυμπέμψειν.
καὶ ὁ μὲν ξυνεχώρησεν, οἱ δὲ τοὺς ἐχθροὺς κατέλεγον ἐς 3
25 τὰς ναῦς. δείσαντες δὲ ἐκεῖνοι μὴ ἐς τὰς Ἀθήνας ἀπο-
πεμφθῶσι καθίζουσιν ἐς τὸ τῶν Διοσκόρων ἱερόν. Νικό- 4
στρατος δὲ αὐτοὺς ἀνίστη τε καὶ παρεμυθεῖτο. ὡς δ' οὐκ
ἔπειθεν, ὁ δῆμος ὁπλισθεὶς ἐπὶ τῇ προφάσει ταύτῃ, ὡς οὐ-
δὲν αὐτῶν ὑγιὲς διανοουμένων τῇ τοῦ μὴ ξυμπλεῖν ἀπιστίᾳ,
30 τά τε ὅπλα αὐτῶν ἐκ τῶν οἰκιῶν ἔλαβε καὶ αὐτῶν τινὰς
οἷς ἐπέτυχον, εἰ μὴ Νικόστρατος ἐκώλυσε, διέφθειραν ἄν.
ὁρῶντες δὲ οἱ ἄλλοι τὰ γιγνόμενα καθίζουσιν ἐς τὸ Ἥραιον 5

ἱκέται καὶ γίγνονται οὐκ ἐλάσσους τετρακοσίων. ὁ δὲ
δῆμος δείσας μή τι νεωτερίσωσιν ἀνίστησί τε αὐτοὺς πείσας
καὶ διακομίζει ἐς τὴν πρὸ τοῦ Ἡραίου νῆσον, καὶ τὰ ἐπιτή-
δεια ἐκεῖσε αὐτοῖς διεπέμπετο.

76   Τῆς δὲ στάσεως ἐν τούτῳ οὔσης τετάρτῃ ἢ πέμπτῃ ἡμέρᾳ 5
μετὰ τὴν τῶν ἀνδρῶν ἐς τὴν νῆσον διακομιδὴν αἱ ἐκ τῆς
Κυλλήνης Πελοποννησίων νῆες, μετὰ τὸν ἐκ τῆς Ἰωνίας
πλοῦν ἔφορμοι οὖσαι, παραγίγνονται τρεῖς καὶ πεντήκοντα·
ἦρχε δὲ αὐτῶν Ἀλκίδας, ὅσπερ καὶ πρότερον, καὶ Βρασίδας
αὐτῷ ξύμβουλος ἐπέπλει. ὁρμισάμενοι δὲ ἐς Σύβοτα λιμένα 10
77 τῆς ἠπείρου ἅμα ἕῳ ἐπέπλεον τῇ Κερκύρᾳ. οἱ δὲ πολλῷ
θορύβῳ καὶ πεφοβημένοι τά τ᾽ ἐν τῇ πόλει καὶ τὸν ἐπίπλουν
παρεσκευάζοντό τε ἅμα ἑξήκοντα ναῦς καὶ τὰς αἰεὶ πληρου-
μένας ἐξέπεμπον πρὸς τοὺς ἐναντίους, παραινούντων Ἀθηναίων
σφᾶς τε ἐᾶσαι πρῶτον ἐκπλεῦσαι καὶ ὕστερον πάσαις ἅμα 15
2 ἐκείνους ἐπιγενέσθαι. ὡς δὲ αὐτοῖς πρὸς τοῖς πολεμίοις
ἦσαν σποράδες αἱ νῆες, δύο μὲν εὐθὺς ηὐτομόλησαν, ἐν
ἑτέραις δὲ ἀλλήλοις οἱ ἐμπλέοντες ἐμάχοντο, ἦν δὲ οὐδεὶς
3 κόσμος τῶν ποιουμένων. ἰδόντες δὲ οἱ Πελοποννήσιοι τὴν
ταραχὴν εἴκοσι μὲν ναυσὶ πρὸς τοὺς Κερκυραίους ἐτάξαντο, 20
ταῖς δὲ λοιπαῖς πρὸς τὰς δώδεκα ναῦς τῶν Ἀθηναίων, ὧν
78 ἦσαν αἱ δύο Σαλαμινία καὶ Πάραλος. καὶ οἱ μὲν Κερκυραῖοι
κακῶς τε καὶ κατ᾽ ὀλίγας προσπίπτοντες ἐταλαιπώρουν τὸ
καθ᾽ αὑτούς· οἱ δ᾽ Ἀθηναῖοι φοβούμενοι τὸ πλῆθος καὶ τὴν
περικύκλωσιν ἀθρόαις μὲν οὐ προσέπιπτον οὐδὲ κατὰ μέσον 25
ταῖς ἐφ᾽ ἑαυτοὺς τεταγμέναις, προσβαλόντες δὲ κατὰ κέρας
καταδύουσι μίαν ναῦν. καὶ μετὰ ταῦτα κύκλον ταξαμένων
2 αὐτῶν περιέπλεον καὶ ἐπειρῶντο θορυβεῖν. γνόντες δὲ οἱ
πρὸς τοῖς Κερκυραίοις καὶ δείσαντες μὴ ὅπερ ἐν Ναυπάκτῳ
γένοιτο, ἐπιβοηθοῦσι, καὶ γενόμεναι ἀθρόαι αἱ νῆες ἅμα τὸν 30
3 ἐπίπλουν τοῖς Ἀθηναίοις ἐποιοῦντο. οἱ δ᾽ ὑπεχώρουν ἤδη

8 ἔφ᾽ ὅρμῳ Stahl   23 ἐταλαιπώρουν τὸ recc.: ἐταλαιπωροῦντο
codd.

πρύμναν κρουόμενοι καὶ ἅμα τὰς τῶν Κερκυραίων ἐβούλοντο
προκαταφυγεῖν ὅτι μάλιστα, ἑαυτῶν σχολῇ τε ὑποχωρούντων
καὶ πρὸς σφᾶς τεταγμένων τῶν ἐναντίων.

Ἡ μὲν οὖν ναυμαχία τοιαύτη γενομένη ἐτελεύτα ἐς ἡλίου 4
5 δύσιν, καὶ οἱ Κερκυραῖοι δείσαντες μὴ σφίσιν ἐπιπλεύσαντες 79
ἐπὶ τὴν πόλιν ὡς κρατοῦντες οἱ πολέμιοι ἢ τοὺς ἐκ τῆς
νήσου ἀναλάβωσιν ἢ καὶ ἄλλο τι νεωτερίσωσι, τούς τε ἐκ
τῆς νήσου πάλιν ἐς τὸ Ἥραιον διεκόμισαν καὶ τὴν πόλιν
ἐφύλασσον. οἱ δ' ἐπὶ μὲν τὴν πόλιν οὐκ ἐτόλμησαν πλεῦσαι 2
10 κρατοῦντες τῇ ναυμαχίᾳ, τρεῖς δὲ καὶ δέκα ναῦς ἔχοντες τῶν
Κερκυραίων ἀπέπλευσαν ἐς τὴν ἤπειρον, ὅθενπερ ἀνηγάγοντο.
τῇ δ' ὑστεραίᾳ ἐπὶ μὲν τὴν πόλιν οὐδὲν μᾶλλον ἐπέπλεον, 3
καίπερ ἐν πολλῇ ταραχῇ καὶ φόβῳ ὄντας καὶ Βρασίδου
παραινοῦντος, ὡς λέγεται, Ἀλκίδᾳ, ἰσοψήφου δὲ οὐκ ὄντος·
15 ἐπὶ δὲ τὴν Λευκίμμην τὸ ἀκρωτήριον ἀποβάντες ἐπόρθουν
τοὺς ἀγρούς. ὁ δὲ δῆμος τῶν Κερκυραίων ἐν τούτῳ περιδεὴς 80
γενόμενος μὴ ἐπιπλεύσωσιν αἱ νῆες, τοῖς τε ἱκέταις ἦσαν
ἐς λόγους καὶ τοῖς ἄλλοις, ὅπως σωθήσεται ἡ πόλις, καί
τινας αὐτῶν ἔπεισαν ἐς τὰς ναῦς ἐσβῆναι· ἐπλήρωσαν γὰρ
20 ὅμως τριάκοντα προσδεχόμενοι τὸν ἐπίπλουν. οἱ δὲ Πελο- 2
ποννήσιοι μέχρι μέσου ἡμέρας δῃώσαντες τὴν γῆν ἀπέπλευ-
σαν, καὶ ὑπὸ νύκτα αὐτοῖς ἐφρυκτωρήθησαν ἑξήκοντα νῆες
Ἀθηναίων προσπλέουσαι ἀπὸ Λευκάδος· ἃς οἱ Ἀθηναῖοι
πυνθανόμενοι τὴν στάσιν καὶ τὰς μετ' Ἀλκίδου ναῦς ἐπὶ
25 Κέρκυραν μελλούσας πλεῖν ἀπέστειλαν καὶ Εὐρυμέδοντα τὸν
Θουκλέους στρατηγόν. οἱ μὲν οὖν Πελοποννήσιοι τῆς νυκτὸς 81
εὐθὺς κατὰ τάχος ἐκομίζοντο ἐπ' οἴκου παρὰ τὴν γῆν· καὶ
ὑπερενεγκόντες τὸν Λευκαδίων ἰσθμὸν τὰς ναῦς, ὅπως μὴ
περιπλέοντες ὀφθῶσιν, ἀποκομίζονται. Κερκυραῖοι δὲ αἰ- 2
30 σθόμενοι τάς τε Ἀττικὰς ναῦς προσπλεούσας τάς τε τῶν
πολεμίων οἰχομένας, λαβόντες τούς τε Μεσσηνίους ἐς τὴν

---

8 πάλιν G : πάλαι cett. 10 τρεῖς δὲ καὶ δέκα recc. : τρισκαίδεκα
δὲ codd. (δὲ om. B M) 15 Λευκίμην C G 20 προσδεχόμενοι τὸν
ἐπίπλουν om. A B F 28 τὸν a c⟨G⟩ : τῶν codd.

πόλιν ἤγαγον πρότερον ἔξω ὄντας, καὶ τὰς ναῦς περιπλεῦσαι
κελεύσαντες ἃς ἐπλήρωσαν ἐς τὸν Ὑλλαϊκὸν λιμένα, ἐν ὅσῳ
περιεκομίζοντο, τῶν ἐχθρῶν εἴ τινα λάβοιεν, ἀπέκτεινον·
καὶ ἐκ τῶν νεῶν ὅσους ἔπεισαν ἐσβῆναι ἐκβιβάζοντες ἀπε-
χρῶντο, ἐς τὸ Ἡραιόν τε ἐλθόντες τῶν ἱκετῶν ὡς πεντήκοντα 5
ἄνδρας δίκην ὑποσχεῖν ἔπεισαν καὶ κατέγνωσαν πάντων θά-
3 νατον. οἱ δὲ πολλοὶ τῶν ἱκετῶν, ὅσοι οὐκ ἐπείσθησαν, ὡς
ἑώρων τὰ γιγνόμενα, διέφθειρον αὐτοῦ ἐν τῷ ἱερῷ ἀλλήλους,
καὶ ἐκ τῶν δένδρων τινὲς ἀπήγχοντο, οἱ δ᾽ ὡς ἕκαστοι
4 ἐδύναντο ἀνηλοῦντο. ἡμέρας τε ἑπτά, ἃς ἀφικόμενος ὁ 10
Εὐρυμέδων ταῖς ἑξήκοντα ναυσὶ παρέμεινε, Κερκυραῖοι σφῶν
αὐτῶν τοὺς ἐχθροὺς δοκοῦντας εἶναι ἐφόνευον, τὴν μὲν αἰτίαν
ἐπιφέροντες τοῖς τὸν δῆμον καταλύουσιν, ἀπέθανον δέ τινες
καὶ ἰδίας ἔχθρας ἕνεκα, καὶ ἄλλοι χρημάτων σφίσιν ὀφειλο-
5 μένων ὑπὸ τῶν λαβόντων· πᾶσά τε ἰδέα κατέστη θανάτου, 15
καὶ οἷον φιλεῖ ἐν τῷ τοιούτῳ γίγνεσθαι, οὐδὲν ὅτι οὐ ξυνέβη
καὶ ἔτι περαιτέρω. καὶ γὰρ πατὴρ παῖδα ἀπέκτεινε καὶ ἀπὸ
τῶν ἱερῶν ἀπεσπῶντο καὶ πρὸς αὐτοῖς ἐκτείνοντο, οἱ δέ τινες
καὶ περιοικοδομηθέντες ἐν τοῦ Διονύσου τῷ ἱερῷ ἀπέθανον.

82 Οὕτως ὠμὴ ⟨ἡ⟩ στάσις προυχώρησε, καὶ ἔδοξε μᾶλλον, 20
διότι ἐν τοῖς πρώτη ἐγένετο, ἐπεὶ ὕστερόν γε καὶ πᾶν ὡς
εἰπεῖν τὸ Ἑλληνικὸν ἐκινήθη, διαφορῶν οὐσῶν ἑκασταχοῦ
τοῖς τε τῶν δήμων προστάταις τοὺς Ἀθηναίους ἐπάγεσθαι
καὶ τοῖς ὀλίγοις τοὺς Λακεδαιμονίους. καὶ ἐν μὲν εἰρήνη
οὐκ ἂν ἐχόντων πρόφασιν οὐδ᾽ ἑτοίμων παρακαλεῖν αὐτούς, 25
πολεμουμένων δὲ καὶ ξυμμαχίας ἅμα ἑκατέροις τῇ τῶν ἐναν-
τίων κακώσει καὶ σφίσιν αὐτοῖς ἐκ τοῦ αὐτοῦ προσποιήσει
ῥᾳδίως αἱ ἐπαγωγαὶ τοῖς νεωτερίζειν τι βουλομένοις ἐπορί-
2 ζοντο. καὶ ἐπέπεσε πολλὰ καὶ χαλεπὰ κατὰ στάσιν ταῖς
πόλεσι, γιγνόμενα μὲν καὶ αἰεὶ ἐσόμενα, ἕως ἂν ἡ αὐτὴ 30
φύσις ἀνθρώπων ᾖ, μᾶλλον δὲ καὶ ἡσυχαίτερα καὶ τοῖς εἴδεσι

4 ἀπεχρῶντο γρ. c F M An. Bekk. Suid. : ἀπεχώρησαν cett. : ἀνε-
χρῶντο Dion. Hal.   8 διέφθειρον G M Dion. Hal. : διέφθειραν cett.
20 ἡ add. Krüger   31 post φύσις add. τῶν B

διηλλαγμένα, ὡς ἂν ἕκασται αἱ μεταβολαὶ τῶν ξυντυχιῶν
ἐφιστῶνται. ἐν μὲν γὰρ εἰρήνῃ καὶ ἀγαθοῖς πράγμασιν αἵ
τε πόλεις καὶ οἱ ἰδιῶται ἀμείνους τὰς γνώμας ἔχουσι διὰ τὸ
μὴ ἐς ἀκουσίους ἀνάγκας πίπτειν· ὁ δὲ πόλεμος ὑφελὼν τὴν
5 εὐπορίαν τοῦ καθ᾽ ἡμέραν βίαιος διδάσκαλος καὶ πρὸς τὰ
παρόντα τὰς ὀργὰς τῶν πολλῶν ὁμοιοῖ. ἐστασίαζέ τε οὖν 3
τὰ τῶν πόλεων, καὶ τὰ ἐφυστερίζοντά που πύστει τῶν προ-
γενομένων πολὺ ἐπέφερε τὴν ὑπερβολὴν τοῦ καινοῦσθαι τὰς
διανοίας τῶν τ᾽ ἐπιχειρήσεων περιτεχνήσει καὶ τῶν τιμωριῶν
10 ἀτοπίᾳ. καὶ τὴν εἰωθυῖαν ἀξίωσιν τῶν ὀνομάτων ἐς τὰ 4
ἔργα ἀντήλλαξαν τῇ δικαιώσει. τόλμα μὲν γὰρ ἀλόγιστος
ἀνδρεία φιλέταιρος ἐνομίσθη, μέλλησις δὲ προμηθὴς δειλία
εὐπρεπής, τὸ δὲ σῶφρον τοῦ ἀνάνδρου πρόσχημα, καὶ τὸ
πρὸς ἅπαν ξυνετὸν ἐπὶ πᾶν ἀργόν· τὸ δ᾽ ἐμπλήκτως ὀξὺ
15 ἀνδρὸς μοίρᾳ προσετέθη, ἀσφαλείᾳ δὲ τὸ ἐπιβουλεύσασθαι
ἀποτροπῆς πρόφασις εὔλογος. καὶ ὁ μὲν χαλεπαίνων πιστὸς 5
αἰεί, ὁ δ᾽ ἀντιλέγων αὐτῷ ὕποπτος. ἐπιβουλεύσας δέ τις
τυχὼν ξυνετὸς καὶ ὑπονοήσας ἔτι δεινότερος· προβουλεύσας
δὲ ὅπως μηδὲν αὐτῶν δεήσει, τῆς τε ἑταιρίας διαλυτὴς καὶ
20 τοὺς ἐναντίους ἐκπεπληγμένος. ἁπλῶς δὲ ὁ φθάσας τὸν
μέλλοντα κακόν τι δρᾶν ἐπῃνεῖτο, καὶ ὁ ἐπικελεύσας τὸν
μὴ διανοούμενον. καὶ μὴν καὶ τὸ ξυγγενὲς τοῦ ἑταιρικοῦ 6
ἀλλοτριώτερον ἐγένετο διὰ τὸ ἑτοιμότερον εἶναι ἀπροφασί-
στως τολμᾶν· οὐ γὰρ μετὰ τῶν κειμένων νόμων ὠφελίας αἱ
25 τοιαῦται ξύνοδοι, ἀλλὰ παρὰ τοὺς καθεστῶτας πλεονεξίᾳ.
καὶ τὰς ἐς σφᾶς αὐτοὺς πίστεις οὐ τῷ θείῳ νόμῳ μᾶλλον
ἐκρατύνοντο ἢ τῷ κοινῇ τι παρανομῆσαι. τά τε ἀπὸ τῶν 7
ἐναντίων καλῶς λεγόμενα ἐνεδέχοντο ἔργων φυλακῇ, εἰ
προύχοιεν, καὶ οὐ γενναιότητι. ἀντιτιμωρήσασθαί τέ τινα
30 περὶ πλείονος ἦν ἢ αὐτὸν μὴ προπαθεῖν. καὶ ὅρκοι εἴ που

1 ἕκασται C⟨G⟩: ἕκαστα cett.   7 ἀποπύστει F M: ἐπιπύστει
Dion. Hal.   15 ἀσφαλείᾳ B f g M Schol.: ἀσφάλεια cett.   18 post
τυχὼν add. τε Dion. Hal.   20 δὲ] τε Haase   24 ὠφελίᾳ
Poppo

ἄρα γένοιντο ξυναλλαγῆς, ἐν τῷ αὐτίκα πρὸς τὸ ἄπορον
ἑκατέρῳ διδόμενοι ἴσχυον οὐκ ἐχόντων ἄλλοθεν δύναμιν· ἐν
δὲ τῷ παρατυχόντι ὁ φθάσας θαρσῆσαι, εἰ ἴδοι ἄφαρκτον,
ἥδιον διὰ τὴν πίστιν ἐτιμωρεῖτο ἢ ἀπὸ τοῦ προφανοῦς, καὶ
τό τε ἀσφαλὲς ἐλογίζετο καὶ ὅτι ἀπάτῃ περιγενόμενος ξυνέ- 5
σεως ἀγώνισμα προσελάμβανεν. ῥᾷον δ' οἱ πολλοὶ κακοῦργοι
ὄντες δεξιοὶ κέκληνται ἢ ἀμαθεῖς ἀγαθοί, καὶ τῷ μὲν αἰσχύ-
8 νονται, ἐπὶ δὲ τῷ ἀγάλλονται. πάντων δ' αὐτῶν αἴτιον
ἀρχὴ ἡ διὰ πλεονεξίαν καὶ φιλοτιμίαν· ἐκ δ' αὐτῶν καὶ ἐς
τὸ φιλονικεῖν καθισταμένων τὸ πρόθυμον. οἱ γὰρ ἐν ταῖς 10
πόλεσι προστάντες μετὰ ὀνόματος ἑκάτεροι εὐπρεποῦς, πλή-
θους τε ἰσονομίας πολιτικῆς καὶ ἀριστοκρατίας σώφρονος
προτιμήσει, τὰ μὲν κοινὰ λόγῳ θεραπεύοντες ἆθλα ἐποιοῦντο,
παντὶ δὲ τρόπῳ ἀγωνιζόμενοι ἀλλήλων περιγίγνεσθαι ἐτόλμη-
σάν τε τὰ δεινότατα ἐπεξῇσάν τε τὰς τιμωρίας ἔτι μείζους, 15
οὐ μέχρι τοῦ δικαίου καὶ τῇ πόλει ξυμφόρου προτιθέντες, ἐς
δὲ τὸ ἑκατέροις που αἰεὶ ἡδονὴν ἔχον ὁρίζοντες, καὶ ἢ μετὰ
ψήφου ἀδίκου καταγνώσεως ἢ χειρὶ κτώμενοι τὸ κρατεῖν
ἕτοιμοι ἦσαν τὴν αὐτίκα φιλονικίαν ἐκπιμπλάναι. ὥστε
εὐσεβείᾳ μὲν οὐδέτεροι ἐνόμιζον, εὐπρεπείᾳ δὲ λόγου οἷς 20
ξυμβαίη ἐπιφθόνως τι διαπράξασθαι, ἄμεινον ἤκουον. τὰ
δὲ μέσα τῶν πολιτῶν ὑπ' ἀμφοτέρων ἢ ὅτι οὐ ξυνηγωνίζοντο
ἢ φθόνῳ τοῦ περιεῖναι διεφθείροντο.

83   Οὕτω πᾶσα ἰδέα κατέστη κακοτροπίας διὰ τὰς στάσεις
τῷ Ἑλληνικῷ, καὶ τὸ εὔηθες, οὗ τὸ γενναῖον πλεῖστον μετ- 25
έχει, καταγελασθὲν ἠφανίσθη, τὸ δὲ ἀντιτετάχθαι ἀλλήλοις
2 τῇ γνώμῃ ἀπίστως ἐπὶ πολὺ διήνεγκεν· οὐ γὰρ ἦν ὁ διαλύ-
σων οὔτε λόγος ἐχυρὸς οὔτε ὅρκος φοβερός, κρείσσους δὲ
ὄντες ἅπαντες λογισμῷ ἐς τὸ ἀνέλπιστον τοῦ βεβαίου μὴ
3 παθεῖν μᾶλλον προυσκόπουν ἢ πιστεῦσαι ἐδύναντο. καὶ οἱ 30
φαυλότεροι γνώμην ὡς τὰ πλείω περιεγίγνοντο· τῷ γὰρ

δεδιέναι τό τε αὐτῶν ἐνδεὲς καὶ τὸ τῶν ἐναντίων ξυνετόν,
μὴ λόγοις τε ἥσσους ὦσι καὶ ἐκ τοῦ πολυτρόπου αὐτῶν τῆς
γνώμης φθάσωσι προεπιβουλευόμενοι, τολμηρῶς πρὸς τὰ
ἔργα ἐχώρουν. οἱ δὲ καταφρονοῦντες κἂν προαισθέσθαι καὶ 4
5 ἔργῳ οὐδὲν σφᾶς δεῖν λαμβάνειν ἃ γνώμῃ ἔξεστιν, ἄφαρκτοι
μᾶλλον διεφθείροντο.

[Ἐν δ' οὖν τῇ Κερκύρᾳ τὰ πολλὰ αὐτῶν προυτολμήθη, 84
καὶ ὁπόσα ὕβρει μὲν ἀρχόμενοι τὸ πλέον ἢ σωφροσύνῃ ὑπὸ
τῶν τὴν τιμωρίαν παρασχόντων οἱ ἀνταμυνόμενοι δράσειαν,
10 πενίας δὲ τῆς εἰωθυίας ἀπαλλαξείοντές τινες, μάλιστα δ' ἂν
διὰ πάθους, ἐπιθυμοῦντες τὰ τῶν πέλας ἔχειν, παρὰ δίκην
γιγνώσκοιεν, οἵ τε μὴ ἐπὶ πλεονεξίᾳ, ἀπὸ ἴσου δὲ μάλιστα
ἐπιόντες ἀπαιδευσίᾳ ὀργῆς πλεῖστον ἐκφερόμενοι ὠμῶς καὶ
ἀπαραιτήτως ἐπέλθοιεν. ξυνταραχθέντος τε τοῦ βίου ἐς 2
15 τὸν καιρὸν τοῦτον τῇ πόλει καὶ τῶν νόμων κρατήσασα ἡ
ἀνθρωπεία φύσις, εἰωθυῖα καὶ παρὰ τοὺς νόμους ἀδικεῖν,
ἀσμένη ἐδήλωσεν ἀκρατὴς μὲν ὀργῆς οὖσα, κρείσσων δὲ
τοῦ δικαίου, πολεμία δὲ τοῦ προύχοντος· οὐ γὰρ ἂν τοῦ
τε ὁσίου τὸ τιμωρεῖσθαι προυτίθεσαν τοῦ τε μὴ ἀδικεῖν
20 τὸ κερδαίνειν, ἐν ᾧ μὴ βλάπτουσαν ἰσχὺν εἶχε τὸ φθονεῖν.
ἀξιοῦσί τε τοὺς κοινοὺς περὶ τῶν τοιούτων οἱ ἄνθρωποι 3
νόμους, ἀφ' ὧν ἅπασιν ἐλπὶς ὑπόκειται σφαλεῖσι κἂν αὐ-
τοὺς διασῴζεσθαι, ἐν ἄλλων τιμωρίαις προκαταλύειν καὶ μὴ
ὑπολείπεσθαι, εἴ ποτε ἄρα τις κινδυνεύσας τινὸς δεήσεται
25 αὐτῶν.]

Οἱ μὲν οὖν κατὰ τὴν πόλιν Κερκυραῖοι τοιαύταις ὀργαῖς 85
ταῖς πρώταις ἐς ἀλλήλους ἐχρήσαντο, καὶ ὁ Εὐρυμέδων καὶ
οἱ Ἀθηναῖοι ἀπέπλευσαν ταῖς ναυσίν· ὕστερον δὲ οἱ φεύ- 2
γοντες τῶν Κερκυραίων (διεσώθησαν γὰρ αὐτῶν ἐς πεντα-
30 κοσίους) τείχη τε λαβόντες, ἃ ἦν ἐν τῇ ἠπείρῳ, ἐκράτουν
τῆς πέραν οἰκείας γῆς καὶ ἐξ αὐτῆς ὁρμώμενοι ἐλῄζοντο

---

c. 84 damnaverunt grammatici apud Schol.   8 ὁπόσ' ἂν Hude
10 τινες f Schol.: τινας codd.   31 ἐλῄζον ABEFM γρ. G

τοὺς ἐν τῇ νήσῳ καὶ πολλὰ ἔβλαπτον, καὶ λιμὸς ἰσχυρὸς
3 ἐγένετο ἐν τῇ πόλει. ἐπρεσβεύοντο δὲ καὶ ἐς τὴν Λακε-
δαίμονα καὶ Κόρινθον περὶ καθόδου· καὶ ὡς οὐδὲν αὐτοῖς
ἐπράσσετο, ὕστερον χρόνῳ πλοῖα καὶ ἐπικούρους παρασκευα-
σάμενοι διέβησαν ἐς τὴν νῆσον ἑξακόσιοι μάλιστα οἱ πάντες, 5
καὶ τὰ πλοῖα ἐμπρήσαντες, ὅπως ἀπόγνοια ᾖ τοῦ ἄλλο τι ἢ
κρατεῖν τῆς γῆς, ἀναβάντες ἐς τὸ ὄρος τὴν Ἰστώνην, τεῖχος
ἐνοικοδομησάμενοι ἔφθειρον τοὺς ἐν τῇ πόλει καὶ τῆς γῆς
ἐκράτουν.

86   Τοῦ δ᾽ αὐτοῦ θέρους τελευτῶντος Ἀθηναῖοι εἴκοσι ναῦς 10
ἔστειλαν ἐς Σικελίαν καὶ Λάχητα τὸν Μελανώπου στρατηγὸν
2 αὐτῶν καὶ Χαροιάδην τὸν Εὐφιλήτου. οἱ γὰρ Συρακόσιοι
καὶ Λεοντῖνοι ἐς πόλεμον ἀλλήλοις καθέστασαν. ξύμμαχοι
δὲ τοῖς μὲν Συρακοσίοις ἦσαν πλὴν Καμαριναίων αἱ ἄλλαι
Δωρίδες πόλεις, αἵπερ καὶ πρὸς τὴν τῶν Λακεδαιμονίων τὸ 15
πρῶτον ἀρχομένου τοῦ πολέμου ξυμμαχίαν ἐτάχθησαν, οὐ
μέντοι ξυνεπολέμησάν γε, τοῖς δὲ Λεοντίνοις αἱ Χαλκιδικαὶ
πόλεις καὶ Καμάρινα· τῆς δὲ Ἰταλίας Λοκροὶ μὲν Συρα-
3 κοσίων ἦσαν, Ῥηγῖνοι δὲ κατὰ τὸ ξυγγενὲς Λεοντίνων. ἐς
οὖν τὰς Ἀθήνας πέμψαντες οἱ τῶν Λεοντίνων ξύμμαχοι κατά 20
τε παλαιὰν ξυμμαχίαν καὶ ὅτι Ἴωνες ἦσαν πείθουσι τοὺς
Ἀθηναίους πέμψαι σφίσι ναῦς· ὑπὸ γὰρ τῶν Συρακοσίων
4 τῆς τε γῆς εἴργοντο καὶ τῆς θαλάσσης. καὶ ἔπεμψαν οἱ
Ἀθηναῖοι τῆς μὲν οἰκειότητος προφάσει, βουλόμενοι δὲ μήτε
σῖτον ἐς τὴν Πελοπόννησον ἄγεσθαι αὐτόθεν πρόπειράν τε 25
ποιούμενοι εἰ σφίσι δυνατὰ εἴη τὰ ἐν τῇ Σικελίᾳ πράγματα
5 ὑποχείρια γενέσθαι. καταστάντες οὖν ἐς Ῥήγιον τῆς Ἰτα-
λίας τὸν πόλεμον ἐποιοῦντο μετὰ τῶν ξυμμάχων. καὶ τὸ
θέρος ἐτελεύτα.

87   Τοῦ δ᾽ ἐπιγιγνομένου χειμῶνος ἡ νόσος τὸ δεύτερον ἐπέ- 30
πεσε τοῖς Ἀθηναίοις, ἐκλιποῦσα μὲν οὐδένα χρόνον τὸ
2 παντάπασιν, ἐγένετο δέ τις ὅμως διοκωχή. παρέμεινε δὲ
τὸ μὲν ὕστερον οὐκ ἔλασσον ἐνιαυτοῦ, τὸ δὲ πρότερον καὶ

δύο ἔτη, ὥστε ᾽Αθηναίους γε μὴ εἶναι ὅτι μᾶλλον τούτου
ἐπίεσε καὶ ἐκάκωσε τὴν δύναμιν· τετρακοσίων γὰρ ὁπλιτῶν 3
καὶ τετρακισχιλίων οὐκ ἐλάσσους ἀπέθανον ἐκ τῶν τάξεων
καὶ τριακοσίων ἱππέων, τοῦ δὲ ἄλλου ὄχλου ἀνεξεύρετος
5 ἀριθμός. ἐγένοντο δὲ καὶ οἱ πολλοὶ σεισμοὶ τότε τῆς γῆς, 4
ἔν τε ᾽Αθήναις καὶ ἐν Εὐβοίᾳ καὶ ἐν Βοιωτοῖς καὶ μάλιστα
ἐν ᾽Ορχομενῷ τῷ Βοιωτίῳ.

Καὶ οἱ μὲν ἐν Σικελίᾳ ᾽Αθηναῖοι καὶ ῾Ρηγῖνοι τοῦ αὐτοῦ 88
χειμῶνος τριάκοντα ναυσὶ στρατεύουσιν ἐπὶ τὰς Αἰόλου νήσους
10 καλουμένας· θέρους γὰρ δι᾽ ἀνυδρίαν ἀδύνατα ἦν ἐπιστρα-
τεύειν. νέμονται δὲ Λιπαραῖοι αὐτάς, Κνιδίων ἄποικοι ὄντες. 2
οἰκοῦσι δ᾽ ἐν μιᾷ τῶν νήσων οὐ μεγάλῃ, καλεῖται δὲ Λιπάρα·
τὰς δὲ ἄλλας ἐκ ταύτης ὁρμώμενοι γεωργοῦσι, Διδύμην καὶ
Στρογγύλην καὶ ῾Ιεράν. νομίζουσι δὲ οἱ ἐκείνῃ ἄνθρωποι 3
15 ἐν τῇ ῾Ιερᾷ ὡς ὁ ῞Ηφαιστος χαλκεύει, ὅτι τὴν νύκτα φαίνεται
πῦρ ἀναδιδοῦσα πολὺ καὶ τὴν ἡμέραν καπνόν. κεῖνται δὲ
αἱ νῆσοι αὗται κατὰ τὴν Σικελῶν καὶ Μεσσηνίων γῆν, ξύμ-
μαχοι δ᾽ ἦσαν Συρακοσίων. τεμόντες δ᾽ οἱ ᾽Αθηναῖοι τὴν 4
γῆν, ὡς οὐ προσεχώρουν, ἀπέπλευσαν ἐς τὸ ῾Ρήγιον. καὶ
20 ὁ χειμὼν ἐτελεύτα, καὶ πέμπτον ἔτος τῷ πολέμῳ ἐτελεύτα
τῷδε ὃν Θουκυδίδης ξυνέγραψεν.

Τοῦ δ᾽ ἐπιγιγνομένου θέρους Πελοποννήσιοι καὶ οἱ ξύμ- 89
μαχοι μέχρι μὲν τοῦ ᾽Ισθμοῦ ἦλθον ὡς ἐς τὴν ᾽Αττικὴν
ἐσβαλοῦντες, ῎Αγιδος τοῦ ᾽Αρχιδάμου ἡγουμένου Λακεδαιμο-
25 νίων βασιλέως, σεισμῶν δὲ γενομένων πολλῶν ἀπετράποντο
πάλιν καὶ οὐκ ἐγένετο ἐσβολή. καὶ περὶ τούτους τοὺς χρό- 2
νους, τῶν σεισμῶν κατεχόντων, τῆς Εὐβοίας ἐν ᾽Οροβίαις
ἡ θάλασσα ἐπανελθοῦσα ἀπὸ τῆς τότε οὔσης γῆς καὶ κυμα-
τωθεῖσα ἐπῆλθε τῆς πόλεως μέρος τι, καὶ τὸ μὲν κατέκλυσε,

---

1 ᾽Αθηναίους C γρ. A B F : ᾽Αθηναίων cett.   τούτου c : τούτους C γρ.
A B F : om. cett.   2 ἐπίεσε καὶ C (G) γρ. A B F : om. cett.   5 ante
ἀριθμός add. ὁ (G)   τότε σεισμοὶ A B E F M   6 alterum ἐν C : om.
cett.   28 ἐπανελθοῦσα Schol. : ἐπελθοῦσα codd.

τὸ δ' ὑπενόστησε, καὶ θάλασσα νῦν ἐστὶ πρότερον οὖσα γῆ·
καὶ ἀνθρώπους διέφθειρεν ὅσοι μὴ ἐδύναντο φθῆναι πρὸς τὰ
3 μετέωρα ἀναδραμόντες. καὶ περὶ Ἀταλάντην τὴν ἐπὶ Λοκροῖς
τοῖς Ὀπουντίοις νῆσον παραπλησία γίγνεται ἐπίκλυσις, καὶ
τοῦ τε φρουρίου τῶν Ἀθηναίων παρεῖλε καὶ δύο νεῶν ἀνειλ- 5
4 κυσμένων τὴν ἑτέραν κατέαξεν. ἐγένετο δὲ καὶ ἐν Πεπαρήθῳ
κύματος ἐπαναχώρησίς τις, οὐ μέντοι ἐπέκλυσέ γε· καὶ
σεισμὸς τοῦ τείχους τι κατέβαλε καὶ τὸ πρυτανεῖον καὶ
5 ἄλλας οἰκίας ὀλίγας. αἴτιον δ' ἔγωγε νομίζω τοῦ τοιούτου,
ᾗ ἰσχυρότατος ὁ σεισμὸς ἐγένετο, κατὰ τοῦτο ἀποστέλλειν 10
τε τὴν θάλασσαν καὶ ἐξαπίνης πάλιν ἐπισπωμένην βιαιότερον
τὴν ἐπίκλυσιν ποιεῖν· ἄνευ δὲ σεισμοῦ οὐκ ἄν μοι δοκεῖ τὸ
τοιοῦτο ξυμβῆναι γενέσθαι.

90   Τοῦ δ' αὐτοῦ θέρους ἐπολέμουν μὲν καὶ ἄλλοι, ὡς ἑκάστοις
ξυνέβαινεν, ἐν τῇ Σικελίᾳ καὶ αὐτοὶ οἱ Σικελιῶται ἐπ' ἀλλή- 15
λους στρατεύοντες καὶ οἱ Ἀθηναῖοι ξὺν τοῖς σφετέροις ξυμ-
μάχοις· ἃ δὲ λόγου μάλιστα ἄξια ἢ μετὰ τῶν Ἀθηναίων οἱ
ξύμμαχοι ἔπραξαν ἢ πρὸς τοὺς Ἀθηναίους οἱ ἀντιπόλεμοι,
2 τούτων μνησθήσομαι. Χαροιάδου γὰρ ἤδη τοῦ Ἀθηναίων
στρατηγοῦ τεθνηκότος ὑπὸ Συρακοσίων πολέμῳ Λάχης ἅπα- 20
σαν ἔχων τῶν νεῶν τὴν ἀρχὴν ἐστράτευσε μετὰ τῶν ξυμμάχων
ἐπὶ Μυλὰς τὰς Μεσσηνίων. ἔτυχον δὲ δύο φυλαὶ ἐν ταῖς
Μυλαῖς τῶν Μεσσηνίων φρουροῦσαι καί τινα καὶ ἐνέδραν
3 πεποιημέναι τοῖς ἀπὸ τῶν νεῶν. οἱ δὲ Ἀθηναῖοι καὶ οἱ
ξύμμαχοι τούς τε ἐκ τῆς ἐνέδρας τρέπουσι καὶ διαφθείρουσι 25
πολλούς, καὶ τῷ ἐρύματι προσβαλόντες ἠνάγκασαν ὁμολογίᾳ
τήν τε ἀκρόπολιν παραδοῦναι καὶ ἐπὶ Μεσσήνην ξυστρατεῦ-
4 σαι. καὶ μετὰ τοῦτο ἐπελθόντων οἱ Μεσσήνιοι τῶν τε
Ἀθηναίων καὶ τῶν ξυμμάχων προσεχώρησαν καὶ αὐτοί,
ὁμήρους τε δόντες καὶ τὰ ἄλλα πιστὰ παρασχόμενοι. 30

91   Τοῦ δ' αὐτοῦ θέρους οἱ Ἀθηναῖοι τριάκοντα μὲν ναῦς

11 ἐπισπώμενον, ut videtur, legit Schol.   18 ἀντιπόλεμοι Pollux :
ἀντιπολέμιοι codd.   22 post τὰς add. τῶν A B E F M

ἔστειλαν περὶ Πελοπόννησον, ὧν ἐστρατήγει Δημοσθένης
τε ὁ Ἀλκισθένους καὶ Προκλῆς ὁ Θεοδώρου, ἑξήκοντα δὲ ἐς
Μῆλον καὶ δισχιλίους ὁπλίτας· ἐστρατήγει δὲ αὐτῶν Νικίας
ὁ Νικηράτου. τοὺς γὰρ Μηλίους ὄντας νησιώτας καὶ οὐκ 2
5 ἐθέλοντας ὑπακούειν οὐδὲ ἐς τὸ αὐτῶν ξυμμαχικὸν ἰέναι
ἐβούλοντο προσαγαγέσθαι. ὡς δὲ αὐτοῖς δῃουμένης τῆς 3
γῆς οὐ προσεχώρουν, ἄραντες ἐκ τῆς Μήλου αὐτοὶ μὲν
ἔπλευσαν ἐς Ὠρωπὸν τῆς Γραϊκῆς, ὑπὸ νύκτα δὲ σχόντες
εὐθὺς ἐπορεύοντο οἱ ὁπλῖται ἀπὸ τῶν νεῶν πεζῇ ἐς Τάναγραν
10 τῆς Βοιωτίας. οἱ δὲ ἐκ τῆς πόλεως πανδημεὶ Ἀθηναῖοι, 4
Ἱππονίκου τε τοῦ Καλλίου στρατηγοῦντος καὶ Εὐρυμέδοντος
τοῦ Θουκλέους, ἀπὸ σημείου ἐς τὸ αὐτὸ κατὰ γῆν ἀπήντων.
καὶ στρατοπεδευσάμενοι ταύτην τὴν ἡμέραν ἐν τῇ Ταναγρᾳ 5
ἐδῄουν καὶ ἐνηυλίσαντο. καὶ τῇ ὑστεραίᾳ μάχῃ κρατήσαντες
15 τοὺς ἐπεξελθόντας τῶν Ταναγραίων καὶ Θηβαίων τινὰς προσ-
βεβοηθηκότας καὶ ὅπλα λαβόντες καὶ τροπαῖον στήσαντες
ἀνεχώρησαν, οἱ μὲν ἐς τὴν πόλιν, οἱ δὲ ἐπὶ τὰς ναῦς. καὶ 6
παραπλεύσας ὁ Νικίας ταῖς ἑξήκοντα ναυσὶ τῆς Λοκρίδος τὰ
ἐπιθαλάσσια ἔτεμε καὶ ἀνεχώρησεν ἐπ᾽ οἴκου.

20 Ὑπὸ δὲ τὸν χρόνον τοῦτον Λακεδαιμόνιοι Ἡράκλειαν 92
τὴν ἐν Τραχινίᾳ ἀποικίαν καθίσταντο ἀπὸ τοιᾶσδε γνώμης.
Μηλιῆς οἱ ξύμπαντες εἰσὶ μὲν τρία μέρη, Παράλιοι Ἰριῆς 2
Τραχίνιοι· τούτων δὲ οἱ Τραχίνιοι πολέμῳ ἐφθαρμένοι ὑπὸ
Οἰταίων ὁμόρων ὄντων, τὸ πρῶτον μελλήσαντες Ἀθηναίοις
25 προσθεῖναι σφᾶς αὐτούς, δείσαντες δὲ μὴ οὐ σφίσι πιστοὶ
ὦσι, πέμπουσιν ἐς Λακεδαίμονα, ἑλόμενοι πρεσβευτὴν Τει-
σαμενόν. ξυνεπρεσβεύοντο δὲ αὐτοῖς καὶ Δωριῆς, ἡ μητρό- 3
πολις τῶν Λακεδαιμονίων, τῶν αὐτῶν δεόμενοι· ὑπὸ γὰρ
τῶν Οἰταίων καὶ αὐτοὶ ἐφθείροντο. ἀκούσαντες δὲ οἱ Λακε- 4
30 δαιμόνιοι γνώμην εἶχον τὴν ἀποικίαν ἐκπέμπειν, τοῖς τε
Τραχινίοις βουλόμενοι καὶ τοῖς Δωριεῦσι τιμωρεῖν, καὶ

5 αὐτῶν Krüger   8 Γραϊκῆς Stahl : πέραν γῆς codd.   21 Τρα-
χινίαις A B E F M suprascr. G   22 Ἰριῆς Bursian : Ἱερῆς codd.
29 post αὐτοὶ add. πολέμῳ C G

ἅμα τοῦ πρὸς Ἀθηναίους πολέμου καλῶς αὐτοῖς ἐδόκει ἡ
πόλις καθίστασθαι· ἐπί τε γὰρ τῇ Εὐβοίᾳ ναυτικὸν παρα-
σκευασθῆναι ἄν, ὥστ᾽ ἐκ βραχέος τὴν διάβασιν γίγνεσθαι,
τῆς τε ἐπὶ Θρᾴκης παρόδου χρησίμως ἕξειν.　τό τε ξύμπαν
5 ὥρμηντο τὸ χωρίον κτίζειν.　πρῶτον μὲν οὖν ἐν Δελφοῖς 5
τὸν θεὸν ἐπήροντο, κελεύοντος δὲ ἐξέπεμψαν τοὺς οἰκήτορας
αὐτῶν τε καὶ τῶν περιοίκων, καὶ τῶν ἄλλων Ἑλλήνων τὸν
βουλόμενον ἐκέλευον ἕπεσθαι πλὴν Ἰώνων καὶ Ἀχαιῶν καὶ
ἔστιν ὧν ἄλλων ἐθνῶν.　οἰκισταὶ δὲ τρεῖς Λακεδαιμονίων
6 ἡγήσαντο, Λέων καὶ Ἀλκίδας καὶ Δαμάγων.　καταστάντες 10
δὲ ἐτείχισαν τὴν πόλιν ἐκ καινῆς, ἣ νῦν Ἡράκλεια καλεῖται,
ἀπέχουσα Θερμοπυλῶν σταδίους μάλιστα τεσσαράκοντα, τῆς
δὲ θαλάσσης εἴκοσι.　νεώριά τε παρεσκευάζοντο, καὶ εἶρξαν
τὸ κατὰ Θερμοπύλας κατ᾽ αὐτὸ τὸ στενόν, ὅπως εὐφύλακτα
93 αὐτοῖς εἴη.　οἱ δὲ Ἀθηναῖοι τῆς πόλεως ταύτης ξυνοικιζο- 15
μένης τὸ πρῶτον ἔδεισάν τε καὶ ἐνόμισαν ἐπὶ τῇ Εὐβοίᾳ
μάλιστα καθίστασθαι, ὅτι βραχύς ἐστιν ὁ διάπλους πρὸς τὸ
Κήναιον τῆς Εὐβοίας.　ἔπειτα μέντοι παρὰ δόξαν αὐτοῖς
2 ἀπέβη· οὐ γὰρ ἐγένετο ἀπ᾽ αὐτῆς δεινὸν οὐδέν.　αἴτιον δὲ
ἦν οἵ τε Θεσσαλοὶ ἐν δυνάμει ὄντες τῶν ταύτῃ χωρίων, 20
καὶ ὧν ἐπὶ τῇ γῇ ἐκτίζετο, φοβούμενοι μὴ σφίσι μεγάλῃ
ἰσχύι παροικῶσιν, ἔφθειρον καὶ διὰ παντὸς ἐπολέμουν ἀν-
θρώποις νεοκαταστάτοις, ἕως ἐξετρύχωσαν γενομένους τὸ
πρῶτον καὶ πάνυ πολλούς (πᾶς γάρ τις Λακεδαιμονίων οἰκι-
ζόντων θαρσαλέως ᾖει, βέβαιον νομίζων τὴν πόλιν)· οὐ 25
μέντοι ἥκιστα οἱ ἄρχοντες αὐτῶν τῶν Λακεδαιμονίων οἱ
ἀφικνούμενοι τὰ πράγματά τε ἔφθειρον καὶ ἐς ὀλιγανθρω-
πίαν κατέστησαν, ἐκφοβήσαντες τοὺς πολλοὺς χαλεπῶς τε
καὶ ἔστιν ἃ οὐ καλῶς ἐξηγούμενοι, ὥστε ῥᾷον ἤδη αὐτῶν οἱ
πρόσοικοι ἐπεκράτουν.
　　　　　　　　　　　　　　　　　　　　　　30
94　　Τοῦ δ᾽ αὐτοῦ θέρους, καὶ περὶ τὸν αὐτὸν χρόνον ὃν ἐν τῇ
Μήλῳ οἱ Ἀθηναῖοι κατείχοντο, καὶ οἱ ἀπὸ τῶν τριάκοντα

13 δὲ om. ABEFM γρ. G　　εἶρξαν (sic) τὸ Ε : ἦρξαντο cett.

νεῶν Ἀθηναῖοι περὶ Πελοπόννησον ὄντες πρῶτον ἐν Ἑλλο-
μενῷ τῆς Λευκαδίας φρουρούς τινας λοχήσαντες διέφθειραν,
ἔπειτα ὕστερον ἐπὶ Λευκάδα μείζονι στόλῳ ἦλθον, Ἀκαρνᾶσί
τε πᾶσιν, οἳ πανδημεὶ πλὴν Οἰνιαδῶν ξυνέσποντο, καὶ Ζα-
5 κυνθίοις καὶ Κεφαλλῆσι καὶ Κερκυραίων πέντε καὶ δέκα
ναυσίν. καὶ οἱ μὲν Λευκάδιοι τῆς τε ἔξω γῆς δῃουμένης 2
καὶ τῆς ἐντὸς τοῦ ἰσθμοῦ, ἐν ᾗ καὶ ἡ Λευκάς ἐστι καὶ τὸ
ἱερὸν τοῦ Ἀπόλλωνος, πλήθει βιαζόμενοι ἡσύχαζον· οἱ δὲ
Ἀκαρνᾶνες ἠξίουν Δημοσθένη τὸν στρατηγὸν τῶν Ἀθηναίων
10 ἀποτειχίζειν αὐτούς, νομίζοντες ῥᾳδίως γ᾽ ἂν ἐκπολιορκῆσαι
καὶ πόλεως αἰεὶ σφίσι πολεμίας ἀπαλλαγῆναι. Δημοσθένης 3
δ᾽ ἀναπείθεται κατὰ τὸν χρόνον τοῦτον ὑπὸ Μεσσηνίων ὡς
καλὸν αὐτῷ στρατιᾶς τοσαύτης ξυνειλεγμένης Αἰτωλοῖς ἐπι-
θέσθαι, Ναυπάκτῳ τε πολεμίοις οὖσι καί, ἢν κρατήσῃ αὐτῶν,
15 ῥᾳδίως καὶ τὸ ἄλλο Ἠπειρωτικὸν τὸ ταύτῃ Ἀθηναίοις προσ-
ποιήσειν. τὸ γὰρ ἔθνος μέγα μὲν εἶναι τὸ τῶν Αἰτωλῶν 4
καὶ μάχιμον, οἰκοῦν δὲ κατὰ κώμας ἀτειχίστους, καὶ ταύτας
διὰ πολλοῦ, καὶ σκευῇ ψιλῇ χρώμενον οὐ χαλεπὸν ἀπέφαινον,
πρὶν ξυμβοηθῆσαι, καταστραφῆναι. ἐπιχειρεῖν δ᾽ ἐκέλευον 5
20 πρῶτον μὲν Ἀποδωτοῖς, ἔπειτα δὲ Ὀφιονεῦσι καὶ μετὰ τού-
τους Εὐρυτᾶσιν, ὅπερ μέγιστον μέρος ἐστὶ τῶν Αἰτωλῶν,
ἀγνωστότατοι δὲ γλῶσσαν καὶ ὠμοφάγοι εἰσίν, ὡς λέγονται·
τούτων γὰρ ληφθέντων ῥᾳδίως καὶ τἆλλα προσχωρήσειν.
ὁ δὲ τῶν Μεσσηνίων χάριτι πεισθεὶς καὶ μάλιστα νομίσας 95
25 ἄνευ τῆς τῶν Ἀθηναίων δυνάμεως τοῖς ἠπειρώταις ξυμμάχοις
μετὰ τῶν Αἰτωλῶν δύνασθαι ἂν κατὰ γῆν ἐλθεῖν ἐπὶ Βοιω-
τοὺς διὰ Λοκρῶν τῶν Ὀζολῶν ἐς Κυτίνιον τὸ Δωρικόν, ἐν
δεξιᾷ ἔχων τὸν Παρνασσόν, ἕως καταβαίη ἐς Φωκέας, οἳ
προθύμως ἐδόκουν κατὰ τὴν Ἀθηναίων αἰεί ποτε φιλίαν
30 ξυστρατεύσειν ἢ κἂν βίᾳ προσαχθῆναι (καὶ Φωκεῦσιν ἤδη
ὅμορος ἡ Βοιωτία ἐστίν), ἄρας οὖν ξύμπαντι τῷ στρατεύματι

2 Λευκαδίας E : Ἀρκαδίας cett.   10 γ᾽ C⟨G⟩: τ᾽ cett.   11 καὶ
πόλεως C⟨G⟩: πόλεώς τε cett.   30 ξυστρατεύσειν Stahl : ξυστρα-
τεῦσαι M : ξυ(ν)στρατεύειν cett.

ἀπὸ τῆς Λευκάδος ἀκόντων τῶν Ἀκαρνάνων παρέπλευσεν ἐς
2 Σόλλιον. κοινώσας δὲ τὴν ἐπίνοιαν τοῖς Ἀκαρνᾶσιν, ὡς οὐ
προσεδέξαντο διὰ τῆς Λευκάδος τὴν οὐ περιτείχισιν, αὐτὸς
τῇ λοιπῇ στρατιᾷ, Κεφαλλῆσι καὶ Μεσσηνίοις καὶ Ζακυνθίοις
καὶ Ἀθηναίων τριακοσίοις τοῖς ἐπιβάταις τῶν σφετέρων 5
νεῶν (αἱ γὰρ πέντε καὶ δέκα τῶν Κερκυραίων ἀπῆλθον νῆες),
3 ἐστράτευσεν ἐπ᾽ Αἰτωλούς. ὡρμᾶτο δὲ ἐξ Οἰνεῶνος τῆς
Λοκρίδος. οἱ δὲ Ὀζόλαι οὗτοι Λοκροὶ ξύμμαχοι ἦσαν, καὶ
ἔδει αὐτοὺς πανστρατιᾷ ἀπαντῆσαι τοῖς Ἀθηναίοις ἐς τὴν
μεσόγειαν· ὄντες γὰρ ὅμοροι τοῖς Αἰτωλοῖς καὶ ὁμόσκευοι 10
μεγάλη ὠφελία ἐδόκουν εἶναι ξυστρατεύοντες μάχης τε ἐμ-
96 πειρίᾳ τῆς ἐκείνων καὶ χωρίων. αὐλισάμενος δὲ τῷ στρατῷ
ἐν τοῦ Διὸς τοῦ Νεμείου τῷ ἱερῷ, ἐν ᾧ Ἡσίοδος ὁ ποιητὴς
λέγεται ὑπὸ τῶν ταύτῃ ἀποθανεῖν, χρησθὲν αὐτῷ ἐν Νεμέᾳ
τοῦτο παθεῖν, ἅμα τῇ ἔῳ ἄρας ἐπορεύετο ἐς τὴν Αἰτωλίαν. 15
2 καὶ αἱρεῖ τῇ πρώτῃ ἡμέρᾳ Ποτιδανίαν καὶ τῇ δευτέρᾳ Κρο-
κύλειον καὶ τῇ τρίτῃ Τείχιον, ἔμενέ τε αὐτοῦ καὶ τὴν λείαν
ἐς Εὐπάλιον τῆς Λοκρίδος ἀπέπεμψεν· τὴν γὰρ γνώμην
εἶχε τὰ ἄλλα καταστρεψάμενος οὕτως ἐπὶ Ὀφιονέας, εἰ μὴ
βούλοιντο ξυγχωρεῖν, ἐς Ναύπακτον ἐπαναχωρήσας στρα- 20
τεῦσαι ὕστερον.
3 Τοὺς δὲ Αἰτωλοὺς οὐκ ἐλάνθανεν αὕτη ἡ παρασκευὴ οὔτε
ὅτε τὸ πρῶτον ἐπεβουλεύετο, ἐπειδή τε ὁ στρατὸς ἐσεβε-
βλήκει, πολλῇ χειρὶ ἐπεβοήθουν πάντες, ὥστε καὶ οἱ ἔσχατοι
Ὀφιονέων οἱ πρὸς τὸν Μηλιακὸν κόλπον καθήκοντες Βωμιῆς 25
97 καὶ Καλλιῆς ἐβοήθησαν. τῷ δὲ Δημοσθένει τοιόνδε τι οἱ
Μεσσήνιοι παρῄνουν· ὅπερ καὶ τὸ πρῶτον ἀναδιδάσκοντες
αὐτὸν τῶν Αἰτωλῶν ὡς εἴη ῥᾳδία ἡ αἵρεσις, ἰέναι ἐκέλευον
ὅτι τάχιστα ἐπὶ τὰς κώμας καὶ μὴ μένειν ἕως ἂν ξύμπαντες
ἀθροισθέντες ἀντιτάξωνται, τὴν δ᾽ ἐν ποσὶν αἰεὶ πειρᾶσθαι 30
2 αἱρεῖν. ὁ δὲ τούτοις τε πεισθεὶς καὶ τῇ τύχῃ ἐλπίσας, ὅτι
οὐδὲν αὐτῷ ἠναντιοῦτο, τοὺς Λοκροὺς οὐκ ἀναμείνας οὓς

1 τῶν om. ABEFM

αὐτῷ ἔδει προσβοηθῆσαι (ψιλῶν γὰρ ἀκοντιστῶν ἐνδεὴς ἦν
μάλιστα) ἐχώρει ἐπὶ Αἰγιτίου, καὶ κατὰ κράτος αἱρεῖ ἐπιών.
ὑπέφευγον γὰρ οἱ ἄνθρωποι καὶ ἐκάθηντο ἐπὶ τῶν λόφων τῶν
ὑπὲρ τῆς πόλεως· ἦν γὰρ ἐφ᾽ ὑψηλῶν χωρίων ἀπέχουσα
5 τῆς θαλάσσης ὀγδοήκοντα σταδίους μάλιστα. οἱ δὲ Αἰτωλοί 3
(βεβοηθηκότες γὰρ ἤδη ἦσαν ἐπὶ τὸ Αἰγίτιον) προσέβαλλον
τοῖς Ἀθηναίοις καὶ τοῖς ξυμμάχοις καταθέοντες ἀπὸ τῶν
λόφων ἄλλοι ἄλλοθεν καὶ ἐσηκόντιζον, καὶ ὅτε μὲν ἐπίοι τὸ
τῶν Ἀθηναίων στρατόπεδον, ὑπεχώρουν, ἀναχωροῦσι δὲ
10 ἐπέκειντο· καὶ ἦν ἐπὶ πολὺ τοιαύτη ἡ μάχη, διώξεις τε
καὶ ὑπαγωγαί, ἐν οἷς ἀμφοτέροις ἥσσους ἦσαν οἱ Ἀθηναῖοι.
μέχρι μὲν οὖν οἱ τοξόται εἶχόν τε τὰ βέλη αὐτοῖς καὶ οἷοί τε 98
ἦσαν χρῆσθαι, οἱ δὲ ἀντεῖχον (τοξευόμενοι γὰρ οἱ Αἰτωλοὶ
ἄνθρωποι ψιλοὶ ἀνεστέλλοντο)· ἐπειδὴ δὲ τοῦ τε τοξάρχου
15 ἀποθανόντος οὗτοι διεσκεδάσθησαν καὶ αὐτοὶ ἐκεκμήκεσαν
καὶ ἐπὶ πολὺ τῷ αὐτῷ πόνῳ ξυνεχόμενοι, οἵ τε Αἰτωλοὶ
ἐνέκειντο καὶ ἐσηκόντιζον, οὕτω δὴ τραπόμενοι ἔφευγον, καὶ
ἐσπίπτοντες ἔς τε χαράδρας ἀνεκβάτους καὶ χωρία ὧν οὐκ
ἦσαν ἔμπειροι διεφθείροντο· καὶ γὰρ ὁ ἡγεμὼν αὐτοῖς τῶν
20 ὁδῶν Χρόμων ὁ Μεσσήνιος ἐτύγχανε τεθνηκώς. οἱ δὲ 2
Αἰτωλοὶ ἐσακοντίζοντες πολλοὺς μὲν αὐτοῦ ἐν τῇ τροπῇ
κατὰ πόδας αἱροῦντες ἄνθρωποι ποδώκεις καὶ ψιλοὶ δι-
έφθειρον, τοὺς δὲ πλείους τῶν ὁδῶν ἁμαρτάνοντας καὶ ἐς τὴν
ὕλην ἐσφερομένους, ὅθεν διέξοδοι οὐκ ἦσαν, πῦρ κομισά-
25 μενοι περιεπίμπρασαν· πᾶσά τε ἰδέα κατέστη τῆς φυγῆς 3
καὶ τοῦ ὀλέθρου τῷ στρατοπέδῳ τῶν Ἀθηναίων, μόλις τε
ἐπὶ τὴν θάλασσαν καὶ τὸν Οἰνεῶνα τῆς Λοκρίδος, ὅθεν περ
καὶ ὡρμήθησαν, οἱ περιγενόμενοι κατέφυγον. ἀπέθανον δὲ 4
τῶν τε ξυμμάχων πολλοὶ καὶ αὐτῶν Ἀθηναίων ὁπλῖται περὶ
30 εἴκοσι μάλιστα καὶ ἑκατόν. τοσοῦτοι μὲν τὸ πλῆθος καὶ
ἡλικία ἡ αὐτὴ οὗτοι βέλτιστοι δὴ ἄνδρες ἐν τῷ πολέμῳ

3 ὑπέφυγον Herwerden   6 προσέβαλον C G   26 τῷ στρα-
τοπέδῳ Reiske : τῶν στρατοπέδων cett. : in Atheniensi exercitu Valla

τῷδε ἐκ τῆς Ἀθηναίων πόλεως διεφθάρησαν· ἀπέθανε δὲ
5 καὶ ὁ ἕτερος στρατηγὸς Προκλῆς. τοὺς δὲ νεκροὺς ὑπο-
σπόνδους ἀνελόμενοι παρὰ τῶν Αἰτωλῶν καὶ ἀναχωρήσαντες
ἐς Ναύπακτον ὕστερον ἐς τὰς Ἀθήνας ταῖς ναυσὶν ἐκομί-
σθησαν. Δημοσθένης δὲ περὶ Ναύπακτον καὶ τὰ χωρία 5
ταῦτα ὑπελείφθη, τοῖς πεπραγμένοις φοβούμενος τοὺς Ἀθη-
ναίους.

99 Κατὰ δὲ τοὺς αὐτοὺς χρόνους καὶ οἱ περὶ Σικελίαν
Ἀθηναῖοι πλεύσαντες ἐς τὴν Λοκρίδα ἐν ἀποβάσει τέ τινι
τοὺς προσβοηθήσαντας Λοκρῶν ἐκράτησαν καὶ περιπόλιον 10
αἱροῦσιν ὃ ἦν ἐπὶ τῷ Ἄληκι ποταμῷ.

100 Τοῦ δ' αὐτοῦ θέρους Αἰτωλοὶ προπέμψαντες πρότερον ἔς
τε Κόρινθον καὶ ἐς Λακεδαίμονα πρέσβεις, Τόλοφόν τε τὸν
Ὀφιονέα καὶ Βοριάδην τὸν Εὐρυτᾶνα καὶ Τείσανδρον τὸν
Ἀποδωτόν, πείθουσιν ὥστε σφίσι πέμψαι στρατιὰν ἐπὶ 15
2 Ναύπακτον διὰ τὴν τῶν Ἀθηναίων ἐπαγωγήν. καὶ ἐξέ-
πεμψαν Λακεδαιμόνιοι περὶ τὸ φθινόπωρον τρισχιλίους
ὁπλίτας τῶν ξυμμάχων. τούτων ἦσαν πεντακόσιοι ἐξ
Ἡρακλείας τῆς ἐν Τραχῖνι πόλεως τότε νεοκτίστου οὔσης·
Σπαρτιάτης δ' ἦρχεν Εὐρύλοχος τῆς στρατιᾶς, καὶ ξυνη- 20
κολούθουν αὐτῷ Μακάριος καὶ Μενεδάϊος οἱ Σπαρτιᾶται.

101 ξυλλεγέντος δὲ τοῦ στρατεύματος ἐς Δελφοὺς ἐπεκηρυκεύετο
Εὐρύλοχος Λοκροῖς τοῖς Ὀζόλαις· διὰ τούτων γὰρ ἡ ὁδὸς ἦν
ἐς Ναύπακτον, καὶ ἅμα τῶν Ἀθηναίων ἐβούλετο ἀποστῆσαι
2 αὐτούς. ξυνέπρασσον δὲ μάλιστα αὐτῷ τῶν Λοκρῶν Ἀμ- 25
φισσῆς διὰ τὸ τῶν Φωκέων ἔχθος δεδιότες· καὶ αὐτοὶ πρῶτοι
δόντες ὁμήρους καὶ τοὺς ἄλλους ἔπεισαν δοῦναι φοβουμένους
τὸν ἐπιόντα στρατόν, πρῶτον μὲν οὖν τοὺς ὁμόρους αὐτοῖς
Μυονέας (ταύτῃ γὰρ δυσεσβολώτατος ἡ Λοκρίς), ἔπειτα
Ἰπνέας καὶ Μεσσαπίους καὶ Τριταιέας καὶ Χαλαίους καὶ 30

21 Μενεδαῖος Hudson (accentum corr. L. Dindorf) : Μενέδατος codd.
26 πρῶτοι Krüger: πρῶτον codd. : primi Valla   29 Μυανέας in titulis
scribitur   30 Μεταπίους Steph. Byz.   Τριτοιέας C G : Τριταίους
Steph. Byz. : Τριτέας in titulis scribitur   Χαλειέας in titulis scribitur

Τολοφωνίους καὶ Ἡσσίους καὶ Οἰανθέας. οὗτοι καὶ ξυν‑
εστράτευον πάντες. Ὀλπαῖοι δὲ ὁμήρους μὲν ἔδοσαν, ἠκο‑
λούθουν δὲ οὔ· καὶ Ὑαῖοι οὐκ ἔδοσαν ὁμήρους πρὶν αὐτῶν
εἷλον κώμην Πόλιν ὄνομα ἔχουσαν. ἐπειδὴ δὲ παρεσκεύαστο 102
5 πάντα καὶ τοὺς ὁμήρους κατέθετο ἐς Κυτίνιον τὸ Δωρικόν,
ἐχώρει τῷ στρατῷ ἐπὶ τὴν Ναύπακτον διὰ τῶν Λοκρῶν, καὶ
πορευόμενος Οἰνεῶνα αἱρεῖ αὐτῶν καὶ Εὐπάλιον· οὐ γὰρ
προσεχώρησαν. γενόμενοι δ' ἐν τῇ Ναυπακτίᾳ καὶ οἱ 2
Αἰτωλοὶ ἅμα ἤδη προσβεβοηθηκότες ἐδῄουν τὴν γῆν καὶ
10 τὸ προάστειον ἀτείχιστον ὂν εἷλον· ἐπί τε Μολύκρειον
ἐλθόντες τὴν Κορινθίων μὲν ἀποικίαν, Ἀθηναίων δὲ ὑπήκοον,
αἱροῦσιν. Δημοσθένης δὲ ὁ Ἀθηναῖος (ἔτι γὰρ ἐτύγχανεν 3
ὢν μετὰ τὰ ἐκ τῆς Αἰτωλίας περὶ Ναύπακτον) προαισθό‑
μενος τοῦ στρατοῦ καὶ δείσας περὶ αὐτῆς, ἐλθὼν πείθει
5 Ἀκαρνᾶνας, χαλεπῶς διὰ τὴν ἐκ τῆς Λευκάδος ἀναχώρησιν,
βοηθῆσαι Ναυπάκτῳ. καὶ πέμπουσι μετ' αὐτοῦ ἐπὶ τῶν 4
νεῶν χιλίους ὁπλίτας, οἳ ἐσελθόντες περιεποίησαν τὸ χωρίον·
δεινὸν γὰρ ἦν μὴ μεγάλου ὄντος τοῦ τείχους, ὀλίγων δὲ τῶν
ἀμυνομένων, οὐκ ἀντίσχωσιν. Εὐρύλοχος δὲ καὶ οἱ μετ' 5
10 αὐτοῦ ὡς ᾔσθοντο τὴν στρατιὰν ἐσεληλυθυῖαν καὶ ἀδύνατον
ὂν τὴν πόλιν βίᾳ ἑλεῖν, ἀνεχώρησαν οὐκ ἐπὶ Πελοποννήσου,
ἀλλ' ἐς τὴν Αἰολίδα τὴν νῦν καλουμένην Καλυδῶνα καὶ
Πλευρῶνα καὶ ἐς τὰ ταύτῃ χωρία καὶ ἐς Πρόσχιον τῆς
Αἰτωλίας. οἱ γὰρ Ἀμπρακιῶται ἐλθόντες πρὸς αὐτοὺς 6
5 πείθουσιν ὥστε μετὰ σφῶν Ἄργει τε τῷ Ἀμφιλοχικῷ καὶ
Ἀμφιλοχίᾳ τῇ ἄλλῃ ἐπιχειρῆσαι καὶ Ἀκαρνανίᾳ ἅμα, λέ‑
γοντες ὅτι, ἢν τούτων κρατήσωσι, πᾶν τὸ ἠπειρωτικὸν Λακε‑
δαιμονίοις ξύμμαχον καθεστήξει. καὶ ὁ μὲν Εὐρύλοχος 7
πεισθεὶς καὶ τοὺς Αἰτωλοὺς ἀφεὶς ἡσύχαζε τῷ στρατῷ περὶ
10 τοὺς χώρους τούτους, ἕως τοῖς Ἀμπρακιώταις ἐκστρατευσα‑
μένοις περὶ τὸ Ἄργος δέοι βοηθεῖν. καὶ τὸ θέρος ἐτελεύτα.
Οἱ δ' ἐν τῇ Σικελίᾳ Ἀθηναῖοι τοῦ ἐπιγιγνομένου χειμῶνος 103

---

1 Ἰσίους in titulis scribitur   23 prius ἐς secl. Herwerden

ἐπελθόντες μετὰ τῶν Ἑλλήνων ξυμμάχων καὶ ὅσοι Σικελῶν
κατὰ κράτος ἀρχόμενοι ὑπὸ Συρακοσίων καὶ ξύμμαχοι ὄντες
ἀποστάντες αὐτοῖς [ἀπὸ Συρακοσίων] ξυνεπολέμουν, ἐπ᾽
Ἴνησσαν τὸ Σικελικὸν πόλισμα, οὗ τὴν ἀκρόπολιν Συρα-
κόσιοι εἶχον, προσέβαλον, καὶ ὡς οὐκ ἐδύναντο ἑλεῖν, 5
2 ἀπῇσαν. ἐν δὲ τῇ ἀναχωρήσει ὑστέροις Ἀθηναίων τοῖς
ξυμμάχοις ἀναχωροῦσιν ἐπιτίθενται οἱ ἐκ τοῦ τειχίσματος
Συρακόσιοι, καὶ προσπεσόντες τρέπουσί τε μέρος τι τοῦ
3 στρατοῦ καὶ ἀπέκτειναν οὐκ ὀλίγους. καὶ μετὰ τοῦτο ἀπὸ
τῶν νεῶν ὁ Λάχης καὶ οἱ Ἀθηναῖοι ἐς τὴν Λοκρίδα ἀπο- 10
βάσεις τινὰς ποιησάμενοι κατὰ τὸν Καΐκινον ποταμὸν τοὺς
προσβοηθοῦντας Λοκρῶν μετὰ Προξένου τοῦ Καπάτωνος
ὡς τριακοσίους μάχῃ ἐκράτησαν καὶ ὅπλα λαβόντες ἀπε-
χώρησαν.

104　Τοῦ δ᾽ αὐτοῦ χειμῶνος καὶ Δῆλον ἐκάθηραν Ἀθηναῖοι 15
κατὰ χρησμὸν δή τινα. ἐκάθηρε μὲν γὰρ καὶ Πεισίστρατος
ὁ τύραννος πρότερον αὐτήν, οὐχ ἅπασαν, ἀλλ᾽ ὅσον ἀπὸ τοῦ
ἱεροῦ ἐφεωρᾶτο τῆς νήσου· τότε δὲ πᾶσα ἐκαθάρθη τοιῷδε
2 τρόπῳ. θῆκαι ὅσαι ἦσαν τῶν τεθνεώτων ἐν Δήλῳ, πάσας
ἀνεῖλον, καὶ τὸ λοιπὸν προεῖπον μήτε ἐναποθνῄσκειν ἐν τῇ 20
νήσῳ μήτε ἐντίκτειν, ἀλλ᾽ ἐς τὴν Ῥήνειαν διακομίζεσθαι.
ἀπέχει δὲ ἡ Ῥήνεια τῆς Δήλου οὕτως ὀλίγον ὥστε Πολυ-
κράτης ὁ Σαμίων τύραννος ἰσχύσας τινὰ χρόνον ναυτικῷ
καὶ τῶν τε ἄλλων νήσων ἄρξας καὶ τὴν Ῥήνειαν ἑλὼν
ἀνέθηκε τῷ Ἀπόλλωνι τῷ Δηλίῳ ἁλύσει δήσας πρὸς τὴν 25
Δῆλον. καὶ τὴν πεντετηρίδα τότε πρῶτον μετὰ τὴν κάθαρσιν
3 ἐποίησαν οἱ Ἀθηναῖοι τὰ Δήλια. ἦν δέ ποτε καὶ τὸ πάλαι
μεγάλη ξύνοδος ἐς τὴν Δῆλον τῶν Ἰώνων τε καὶ περικτιόνων
νησιωτῶν· ξύν τε γὰρ γυναιξὶ καὶ παισὶν ἐθεώρουν, ὥσπερ
νῦν ἐς τὰ Ἐφέσια Ἴωνες, καὶ ἀγὼν ἐποιεῖτο αὐτόθι καὶ 30
4 γυμνικὸς καὶ μουσικός, χορούς τε ἀνῆγον αἱ πόλεις. δηλοῖ

---

3 ἀπὸ Συρακοσίων secl. Kistemaker　　　ἐπ᾽ Ἴνησσαν F : ἐπὶ νῆσ-
σαν ABCE : ἐπ᾽ ἴνισαν M : ἐπὶ νίσαν c G　　　26 πεντετηρίδα G
(α erasum) M : πεντετηρίαν C　　　27 τὰ Δήλια secl. Herwerden

δὲ μάλιστα Ὅμηρος ὅτι τοιαῦτα ἦν ἐν τοῖς ἔπεσι τοῖσδε, ἅ
ἐστιν ἐκ προοιμίου Ἀπόλλωνος·

　　ἀλλ᾽ ὅτε Δήλῳ, Φοῖβε, μάλιστά γε θυμὸν ἐτέρφθης,
　　ἔνθα τοι ἑλκεχίτωνες Ἰάονες ἠγερέθονται
5　　σὺν σφοῖσιν τεκέεσσι γυναιξί τε σὴν ἐς ἀγυιάν·
　　ἔνθα σε πυγμαχίῃ τε καὶ ὀρχηστυῖ καὶ ἀοιδῇ
　　μνησάμενοι τέρπουσιν, ὅταν καθέσωσιν ἀγῶνα.

ὅτι δὲ καὶ μουσικῆς ἀγὼν ἦν καὶ ἀγωνιούμενοι ἐφοίτων ἐν 5
τοῖσδε αὖ δηλοῖ, ἅ ἐστιν ἐκ τοῦ αὐτοῦ προοιμίου· τὸν γὰρ
10 Δηλιακὸν χορὸν τῶν γυναικῶν ὑμνήσας ἐτελεύτα τοῦ ἐπαίνου
ἐς τάδε τὰ ἔπη, ἐν οἷς καὶ ἑαυτοῦ ἐπεμνήσθη·

　　ἀλλ᾽ ἄγεθ᾽, ἱλήκοι μὲν Ἀπόλλων Ἀρτέμιδι ξύν,
　　χαίρετε δ᾽ ὑμεῖς πᾶσαι.　ἐμεῖο δὲ καὶ μετόπισθε
　　μνήσασθ᾽, ὁππότε κέν τις ἐπιχθονίων ἀνθρώπων
5　　ἐνθάδ᾽ ἀνείρηται ταλαπείριος ἄλλος ἐπελθών·
　　‘ὦ κοῦραι, τίς δ᾽ ὕμμιν ἀνὴρ ἥδιστος ἀοιδῶν
　　ἐνθάδε πωλεῖται, καὶ τέῳ τέρπεσθε μάλιστα;’
　　ὑμεῖς δ᾽ εὖ μάλα πᾶσαι ὑποκρίνασθαι ἀφήμως·
　　‘τυφλὸς ἀνήρ, οἰκεῖ δὲ Χίῳ ἔνι παιπαλοέσσῃ.’

10 τοσαῦτα μὲν Ὅμηρος ἐτεκμηρίωσεν ὅτι ἦν καὶ τὸ πάλαι 6
μεγάλη ξύνοδος καὶ ἑορτὴ ἐν τῇ Δήλῳ· ὕστερον δὲ τοὺς
μὲν χοροὺς οἱ νησιῶται καὶ οἱ Ἀθηναῖοι μεθ᾽ ἱερῶν ἔπεμ-
πον, τὰ δὲ περὶ τοὺς ἀγῶνας καὶ τὰ πλεῖστα κατελύθη ὑπὸ
ξυμφορῶν, ὡς εἰκός, πρὶν δὴ οἱ Ἀθηναῖοι τότε τὸν ἀγῶνα
15 ἐποίησαν καὶ ἱπποδρομίας, ὃ πρότερον οὐκ ἦν.

Τοῦ δ᾽ αὐτοῦ χειμῶνος Ἀμπρακιῶται, ὥσπερ ὑποσχόμενοι 105
Εὐρυλόχῳ τὴν στρατιὰν κατέσχον, ἐκστρατεύονται ἐπὶ Ἄργος
τὸ Ἀμφιλοχικὸν τρισχιλίοις ὁπλίταις, καὶ ἐσβαλόντες ἐς
τὴν Ἀργείαν καταλαμβάνουσιν Ὄλπας, τεῖχος ἐπὶ λόφου
30 ἰσχυρὸν πρὸς τῇ θαλάσσῃ, ὅ ποτε Ἀκαρνᾶνες τειχισάμενοι
κοινῷ δικαστηρίῳ ἐχρῶντο· ἀπέχει δὲ ἀπὸ τῆς Ἀργείων

---

3 ἄλλοτε Camerarii codex (?)　　6 τε codd. hymn. Hom.: om.
codd.　　16 ὕμμιν codd. hymn. Hom.: ὑμῖν codd.　　30 post
Ἀκαρνᾶνες add. καὶ Ἀμφίλοχοι Niese

πόλεως ἐπιθαλασσίας οὔσης πέντε καὶ εἴκοσι σταδίους

2 μάλιστα. οἱ δὲ Ἀκαρνᾶνες οἱ μὲν ἐς Ἄργος ξυνεβοήθουν,
οἱ δὲ τῆς Ἀμφιλοχίας ἐν τούτῳ τῷ χωρίῳ ὃ Κρῆναι
καλεῖται, φυλάσσοντες τοὺς μετὰ Εὐρυλόχου Πελοποννη-
σίους μὴ λάθωσι πρὸς τοὺς Ἀμπρακιώτας διελθόντες, ἐστρα- 5

3 τοπεδεύσαντο. πέμπουσι δὲ καὶ ἐπὶ Δημοσθένη τὸν ἐς τὴν
Αἰτωλίαν Ἀθηναίων στρατηγήσαντα, ὅπως σφίσιν ἡγεμὼν
γίγνηται, καὶ ἐπὶ τὰς εἴκοσι ναῦς Ἀθηναίων αἳ ἔτυχον περὶ
Πελοπόννησον οὖσαι, ὧν ἦρχεν Ἀριστοτέλης τε ὁ Τιμοκρά-

4 τους καὶ Ἱεροφῶν ὁ Ἀντιμνήστου. ἀπέστειλαν δὲ καὶ ἄγγελον 10
οἱ περὶ τὰς Ὄλπας Ἀμπρακιῶται ἐς τὴν πόλιν κελεύοντες
σφίσι βοηθεῖν πανδημεί, δεδιότες μὴ οἱ μετ' Εὐρυλόχου οὐ
δύνωνται διελθεῖν τοὺς Ἀκαρνᾶνας καὶ σφίσιν ἢ μονωθεῖσιν
ἡ μάχη γένηται ἢ ἀναχωρεῖν βουλομένοις οὐκ ᾖ ἀσφαλές.

106 Οἱ μὲν οὖν μετ' Εὐρυλόχου Πελοποννήσιοι ὡς ᾔσθοντο 15
τοὺς ἐν Ὄλπαις Ἀμπρακιώτας ἥκοντας, ἄραντες ἐκ τοῦ
Προσχίου ἐβοήθουν κατὰ τάχος, καὶ διαβάντες τὸν Ἀχε-
λῷον ἐχώρουν δι' Ἀκαρνανίας οὔσης ἐρήμου διὰ τὴν ἐς
Ἄργος βοήθειαν, ἐν δεξιᾷ μὲν ἔχοντες τὴν Στρατίων πόλιν
καὶ τὴν φρουρὰν αὐτῶν, ἐν ἀριστερᾷ δὲ τὴν ἄλλην Ἀκαρνα- 20

2 νίαν. καὶ διελθόντες τὴν Στρατίων γῆν ἐχώρουν διὰ τῆς
Φυτίας καὶ αὖθις Μεδεῶνος παρ' ἔσχατα, ἔπειτα διὰ Λιμναίας·
καὶ ἐπέβησαν τῆς Ἀγραίων, οὐκέτι Ἀκαρνανίας, φιλίας δὲ

3 σφίσιν. λαβόμενοι δὲ τοῦ Θυάμου ὄρους, ὅ ἐστιν Ἀγραϊκόν,
ἐχώρουν δι' αὐτοῦ καὶ κατέβησαν ἐς τὴν Ἀργείαν νυκτὸς 25
ἤδη, καὶ διεξελθόντες μεταξὺ τῆς τε Ἀργείων πόλεως καὶ
τῆς ἐπὶ Κρήναις Ἀκαρνάνων φυλακῆς ἔλαθον καὶ προσ-

107 έμειξαν τοῖς ἐν Ὄλπαις Ἀμπρακιώταις. γενόμενοι δὲ ἀθρόοι
ἅμα τῇ ἡμέρᾳ καθίζουσιν ἐπὶ τὴν Μητρόπολιν καλουμένην
καὶ στρατόπεδον ἐποιήσαντο. Ἀθηναῖοι δὲ ταῖς εἴκοσι ναυσὶν 30
οὐ πολλῷ ὕστερον παραγίγνονται ἐς τὸν Ἀμπρακικὸν κόλπον
βοηθοῦντες τοῖς Ἀργείοις, καὶ Δημοσθένης Μεσσηνίων μὲν

24 Ἀγραϊκόν O. Müller : ἀγροῖκον codd.   31 κόλπον om. ABEFM

ἔχων διακοσίους ὁπλίτας, ἑξήκοντα δὲ τοξότας Ἀθηναίων.
καὶ αἱ μὲν νῆες περὶ τὰς Ὄλπας τὸν λόφον ἐκ θαλάσσης 2
ἐφώρμουν· οἱ δὲ Ἀκαρνᾶνες καὶ Ἀμφιλόχων ὀλίγοι (οἱ γὰρ
πλείους ὑπὸ Ἀμπρακιωτῶν βίᾳ κατείχοντο) ἐς τὸ Ἄργος ἤδη
5 ξυνεληλυθότες παρεσκευάζοντο ὡς μαχούμενοι τοῖς ἐναντίοις,
καὶ ἡγεμόνα τοῦ παντὸς ξυμμαχικοῦ αἱροῦνται Δημοσθένη
μετὰ τῶν σφετέρων στρατηγῶν. ὁ δὲ προσαγαγὼν ἐγγὺς 3
τῆς Ὄλπης ἐστρατοπεδεύσατο, χαράδρα δ' αὐτοὺς μεγάλη
διεῖργεν. καὶ ἡμέρας μὲν πέντε ἡσύχαζον, τῇ δ' ἕκτῃ
10 ἐτάσσοντο ἀμφότεροι ὡς ἐς μάχην. καὶ (μεῖζον γὰρ ἐγέ-
νετο καὶ περιέσχε τὸ τῶν Πελοποννησίων στρατόπεδον) ὁ
Δημοσθένης δείσας μὴ κυκλωθῇ λοχίζει ἐς ὁδόν τινα κοίλην
καὶ λοχμώδη ὁπλίτας καὶ ψιλοὺς ξυναμφοτέρους ἐς τετρα-
κοσίους, ὅπως κατὰ τὸ ὑπερέχον τῶν ἐναντίων ἐν τῇ ξυνόδῳ
15 αὐτῇ ἐξαναστάντες οὗτοι κατὰ νώτου γίγνωνται. ἐπεὶ δὲ 4
παρεσκεύαστο ἀμφοτέροις, ᾖσαν ἐς χεῖρας, Δημοσθένης μὲν
τὸ δεξιὸν κέρας ἔχων μετὰ Μεσσηνίων καὶ Ἀθηναίων ὀλί-
γων, τὸ δὲ ἄλλο Ἀκαρνᾶνες ὡς ἕκαστοι τεταγμένοι ἐπεῖχον,
καὶ Ἀμφιλόχων οἱ παρόντες ἀκοντισταί, Πελοποννήσιοι δὲ
20 καὶ Ἀμπρακιῶται ἀναμὶξ τεταγμένοι πλὴν Μαντινέων· οὗτοι
δὲ ἐν τῷ εὐωνύμῳ μᾶλλον καὶ οὐ τὸ κέρας ἄκρον ἔχοντες
ἀθρόοι ἦσαν, ἀλλ' Εὐρύλοχος ἔσχατον εἶχε τὸ εὐώνυμον καὶ
οἱ μετ' αὐτοῦ, κατὰ Μεσσηνίους καὶ Δημοσθένη. ὡς δ' ἐν 108
χερσὶν ἤδη ὄντες περιέσχον τῷ κέρᾳ οἱ Πελοποννήσιοι καὶ
25 ἐκυκλοῦντο τὸ δεξιὸν τῶν ἐναντίων, οἱ ἐκ τῆς ἐνέδρας Ἀκαρ-
νᾶνες ἐπιγενόμενοι αὐτοῖς κατὰ νώτου προσπίπτουσί τε καὶ
τρέπουσιν, ὥστε μήτε ἐς ἀλκὴν ὑπομεῖναι φοβηθέντας τε ἐς
φυγὴν καὶ τὸ πλέον τοῦ στρατεύματος καταστῆσαι· ἐπειδὴ
γὰρ εἶδον τὸ κατ' Εὐρύλοχον καὶ ὃ κράτιστον ἦν διαφθειρό-
30 μενον, πολλῷ μᾶλλον ἐφοβοῦντο. καὶ οἱ Μεσσήνιοι ὄντες
ταύτῃ μετὰ τοῦ Δημοσθένους τὸ πολὺ τοῦ ἔργου ἐπεξῆλθον.

2 τὸν λόφον secl. Herwerden   15 νῶτον A B E F M suprascr. G
31 ἐξῆλθον A B F : διεξῆλθον M

2 οἱ δὲ Ἀμπρακιῶται καὶ οἱ κατὰ τὸ δεξιὸν κέρας ἐνίκων τὸ
καθ᾽ ἑαυτοὺς καὶ πρὸς τὸ Ἄργος ἀπεδίωξαν· καὶ γὰρ μαχι-
μώτατοι τῶν περὶ ἐκεῖνα τὰ χωρία τυγχάνουσιν ὄντες.

3 ἐπαναχωροῦντες δὲ ὡς ἑώρων τὸ πλέον νενικημένον καὶ οἱ
ἄλλοι Ἀκαρνᾶνες σφίσι προσέκειντο, χαλεπῶς διεσῴζοντο 5
ἐς τὰς Ὄλπας, καὶ πολλοὶ ἀπέθανον αὐτῶν, ἀτάκτως καὶ
οὐδενὶ κόσμῳ προσπίπτοντες πλὴν Μαντινέων· οὗτοι δὲ
μάλιστα ξυντεταγμένοι παντὸς τοῦ στρατοῦ ἀνεχώρησαν.
καὶ ἡ μὲν μάχη ἐτελεύτα ἐς ὀψέ.

109 Μενεδάιος δὲ τῇ ὑστεραίᾳ Εὐρυλόχου τεθνεῶτος καὶ Μα- 10
καρίου αὐτὸς παρειληφὼς τὴν ἀρχὴν καὶ ἀπορῶν μεγάλης
ἥσσης γεγενημένης ὅτῳ τρόπῳ ἢ μένων πολιορκήσεται ἔκ
τε γῆς καὶ ἐκ θαλάσσης ταῖς Ἀττικαῖς ναυσὶν ἀποκεκλη-
μένος ἢ καὶ ἀναχωρῶν διασωθήσεται, προσφέρει λόγον περὶ
σπονδῶν καὶ ἀναχωρήσεως Δημοσθένει καὶ τοῖς Ἀκαρνάνων 15
2 στρατηγοῖς, καὶ περὶ νεκρῶν ἅμα ἀναιρέσεως. οἱ δὲ νεκροὺς
μὲν ἀπέδοσαν καὶ τροπαῖον αὐτοὶ ἔστησαν καὶ τοὺς ἑαυτῶν
τριακοσίους μάλιστα ἀποθανόντας ἀνείλοντο, ἀναχώρησιν
δὲ ἐκ μὲν τοῦ προφανοῦς οὐκ ἐσπείσαντο ἅπασι, κρύφα δὲ
Δημοσθένης μετὰ τῶν ξυστρατήγων Ἀκαρνάνων σπένδονται 20
Μαντινεῦσι καὶ Μενεδαίῳ καὶ τοῖς ἄλλοις ἄρχουσι τῶν
Πελοποννησίων καὶ ὅσοι αὐτῶν ἦσαν ἀξιολογώτατοι ἀπο-
χωρεῖν κατὰ τάχος, βουλόμενος ψιλῶσαι τοὺς Ἀμπρακιώτας
τε καὶ τὸν μισθοφόρον ὄχλον [τὸν ξενικόν], μάλιστα δὲ
Λακεδαιμονίους καὶ Πελοποννησίους διαβαλεῖν ἐς τοὺς ἐκείνῃ 25
χρῄζων Ἕλληνας ὡς καταπροδόντες τὸ ἑαυτῶν προυργιαί-
3 τερον ἐποιήσαντο. καὶ οἱ μὲν τούς τε νεκροὺς ἀνείλοντο
καὶ διὰ τάχους ἔθαπτον, ὥσπερ ὑπῆρχε, καὶ τὴν ἀποχώρησιν
110 κρύφα οἷς ἐδέδοτο ἐπεβούλευον· τῷ δὲ Δημοσθένει καὶ τοῖς
Ἀκαρνᾶσιν ἀγγέλλεται τοὺς Ἀμπρακιώτας τοὺς ἐκ τῆς 30
πόλεως πανδημεὶ κατὰ τὴν πρώτην ἐκ τῶν Ὄλπων ἀγγε-

λίαν ἐπιβοηθεῖν διὰ τῶν Ἀμφιλόχων, βουλομένους τοῖς ἐν
Ὄλπαις ξυμμεῖξαι, εἰδότας οὐδὲν τῶν γεγενημένων. καὶ 2
πέμπει εὐθὺς τοῦ στρατοῦ μέρος τι τὰς ὁδοὺς προλοχιοῦντας
καὶ τὰ καρτερὰ προκαταληψομένους, καὶ τῇ ἄλλῃ στρατιᾷ
5 ἅμα παρεσκευάζετο βοηθεῖν ἐπ᾽ αὐτούς. ἐν τούτῳ δ᾽ οἱ III
Μαντινῆς καὶ οἷς ἔσπειστο πρόφασιν ἐπὶ λαχανισμὸν καὶ
φρυγάνων ξυλλογὴν ἐξελθόντες ὑπαπῇσαν κατ᾽ ὀλίγους,
ἅμα ξυλλέγοντες ἐφ᾽ ἃ ἐξῆλθον δῆθεν· προκεχωρηκότες
δὲ ἤδη ἄπωθεν τῆς Ὄλπης θᾶσσον ἀπεχώρουν. οἱ δ᾽ 2
10 Ἀμπρακιῶται καὶ οἱ ἄλλοι, ὅσοι †μὲν ἐτύγχανον οὕτως†
ἀθρόοι ξυνεξελθόντες, ὡς ἔγνωσαν ἀπιόντας, ὥρμησαν καὶ
αὐτοὶ καὶ ἔθεον δρόμῳ, ἐπικαταλαβεῖν βουλόμενοι. οἱ δὲ 3
Ἀκαρνᾶνες τὸ μὲν πρῶτον καὶ πάντας ἐνόμισαν ἀπιέναι
ἀσπόνδους ὁμοίως καὶ τοὺς Πελοποννησίους ἐπεδίωκον, καί
15 τινας αὐτῶν τῶν στρατηγῶν κωλύοντας καὶ φάσκοντας
ἐσπεῖσθαι αὐτοῖς ἠκόντισέ τις, νομίσας καταπροδίδοσθαι
σφᾶς· ἔπειτα μέντοι τοὺς μὲν Μαντινέας καὶ τοὺς Πελο-
ποννησίους ἀφίεσαν, τοὺς δ᾽ Ἀμπρακιώτας ἔκτεινον. καὶ ἦν 4
πολλὴ ἔρις καὶ ἄγνοια εἴτε Ἀμπρακιώτης τίς ἐστιν εἴτε Πελο-
20 ποννήσιος. καὶ ἐς διακοσίους μέν τινας αὐτῶν ἀπέκτειναν· οἱ
δ᾽ ἄλλοι διέφυγον ἐς τὴν Ἀγραΐδα ὅμορον οὖσαν, καὶ Σαλύν-
θιος αὐτοὺς ὁ βασιλεὺς τῶν Ἀγραίων φίλος ὢν ὑπεδέξατο.

Οἱ δ᾽ ἐκ τῆς πόλεως Ἀμπρακιῶται ἀφικνοῦνται ἐπ᾽ Ἰδο- 112
μενήν. ἐστὸν δὲ δύο λόφω ἡ Ἰδομενὴ ὑψηλώ· τούτοιν τὸν
25 μὲν μείζω νυκτὸς ἐπιγενομένης οἱ προαποσταλέντες ὑπὸ τοῦ
Δημοσθένους ἀπὸ τοῦ στρατοπέδου ἔλαθόν τε καὶ ἔφθασαν
προκαταλαβόντες (τὸν δ᾽ ἐλάσσω ἔτυχον οἱ Ἀμπρακιῶται
προαναβάντες) καὶ ηὐλίσαντο. ὁ δὲ Δημοσθένης δειπνήσας 2
ἐχώρει καὶ τὸ ἄλλο στράτευμα ἀπὸ ἑσπέρας εὐθύς, αὐτὸς
30 μὲν τὸ ἥμισυ ἔχων ἐπὶ τῆς ἐσβολῆς, τὸ δ᾽ ἄλλο διὰ τῶν
Ἀμφιλοχικῶν ὀρῶν. καὶ ἅμα ὄρθρῳ ἐπιπίπτει τοῖς Ἀμπρα- 3

10 μὲν] μένοντες Stahl: μὴ Hude   οὔτως] τούτοις Herwerden
11 ξυνελθόντες ABEF   27 ante τὸν add. ἐς Krüger

κιώταις ἔτι ἐν ταῖς εὐναῖς καὶ οὐ προῃσθημένοις τὰ γεγενη-
4 μένα, ἀλλὰ πολὺ μᾶλλον νομίσασι τοὺς ἑαυτῶν εἶναι· καὶ
γὰρ τοὺς Μεσσηνίους πρώτους ἐπίτηδες ὁ Δημοσθένης
προύταξε καὶ προσαγορεύειν ἐκέλευε, Δωρίδα τε γλῶσσαν
ἱέντας καὶ τοῖς προφύλαξι πίστιν παρεχομένους, ἅμα δὲ καὶ 5
5 οὐ καθορωμένους τῇ ὄψει νυκτὸς ἔτι οὔσης. ὡς οὖν ἐπέπεσε
τῷ στρατεύματι αὐτῶν, τρέπουσι, καὶ τοὺς μὲν πολλοὺς αὐτοῦ
διέφθειραν, οἱ δὲ λοιποὶ κατὰ τὰ ὄρη ἐς φυγὴν ὥρμησαν.
6 προκατειλημμένων δὲ τῶν ὁδῶν, καὶ ἅμα τῶν μὲν Ἀμφιλό-
χων ἐμπείρων ὄντων τῆς ἑαυτῶν γῆς καὶ ψιλῶν πρὸς ὁπλίτας, 10
τῶν δὲ ἀπείρων καὶ ἀνεπιστημόνων ὅπῃ τράπωνται, ἐσπί-
πτοντες ἔς τε χαράδρας καὶ τὰς προλελοχισμένας ἐνέδρας
7 διεφθείροντο. καὶ ἐς πᾶσαν ἰδέαν χωρήσαντες τῆς φυγῆς
ἐτράποντό τινες καὶ ἐς τὴν θάλασσαν οὐ πολὺ ἀπέχουσαν,
καὶ ὡς εἶδον τὰς Ἀττικὰς ναῦς παραπλεούσας ἅμα τοῦ 15
ἔργου τῇ ξυντυχίᾳ, προσένευσαν, ἡγησάμενοι ἐν τῷ αὐτίκα
φόβῳ κρεῖσσον εἶναι σφίσιν ὑπὸ τῶν ἐν ταῖς ναυσίν, εἰ δεῖ,
διαφθαρῆναι ἢ ὑπὸ τῶν βαρβάρων καὶ ἐχθίστων Ἀμφιλό-
8 χων. οἱ μὲν οὖν Ἀμπρακιῶται τοιούτῳ τρόπῳ κακωθέντες
ὀλίγοι ἀπὸ πολλῶν ἐσώθησαν ἐς τὴν πόλιν· Ἀκαρνᾶνες δὲ 20
σκυλεύσαντες τοὺς νεκροὺς καὶ τροπαῖα στήσαντες ἀπεχώ-
113 ρησαν ἐς Ἄργος. καὶ αὐτοῖς τῇ ὑστεραίᾳ ἦλθε κῆρυξ ἀπὸ
τῶν ἐς Ἀγραίους καταφυγόντων ἐκ τῆς Ὄλπης Ἀμπρα-
κιωτῶν, ἀναίρεσιν αἰτήσων τῶν νεκρῶν οὓς ἀπέκτειναν
ὕστερον τῆς πρώτης μάχης, ὅτε μετὰ τῶν Μαντινέων καὶ 25
2 τῶν ὑποσπόνδων ξυνεξῆσαν ἄσπονδοι. ἰδὼν δ᾽ ὁ κῆρυξ
τὰ ὅπλα τῶν ἀπὸ τῆς πόλεως Ἀμπρακιωτῶν ἐθαύμαζε τὸ
πλῆθος· οὐ γὰρ ᾔδει τὸ πάθος, ἀλλ᾽ ᾤετο τῶν μετὰ σφῶν
3 εἶναι. καί τις αὐτὸν ἤρετο ὅτι θαυμάζοι καὶ ὁπόσοι αὐτῶν
τεθνᾶσιν, οἰόμενος αὖ ὁ ἐρωτῶν εἶναι τὸν κήρυκα ἀπὸ τῶν 30
ἐν Ἰδομεναῖς. ὁ δ᾽ ἔφη διακοσίους μάλιστα. ὑπολαβὼν
4 δ᾽ ὁ ἐρωτῶν εἶπεν ‘ οὔκουν τὰ ὅπλα ταυτὶ φαίνεται, ἀλλὰ

32 post ταυτὶ add. διακοσίων (σ') Krüger

πλέον ἢ χιλίων.' αὖθις δὲ εἶπεν ἐκεῖνος ' οὐκ ἄρα τῶν
μεθ' ἡμῶν μαχομένων ἐστίν.' ὁ δ' ἀπεκρίνατο ' εἴπερ γε
ὑμεῖς ἐν Ἰδομενῇ χθὲς ἐμάχεσθε.' ' ἀλλ' ἡμεῖς γε οὐδενὶ
ἐμαχόμεθα χθές, ἀλλὰ πρῴην ἐν τῇ ἀποχωρήσει.' ' καὶ
5 μὲν δὴ τούτοις γε ἡμεῖς χθὲς ἀπὸ τῆς πόλεως βοηθήσασι
τῆς Ἀμπρακιωτῶν ἐμαχόμεθα.' ὁ δὲ κῆρυξ ὡς ἤκουσε καὶ 5
ἔγνω ὅτι ἡ ἀπὸ τῆς πόλεως βοήθεια διέφθαρται, ἀνοιμώξας
καὶ ἐκπλαγεὶς τῷ μεγέθει τῶν παρόντων κακῶν ἀπῆλθεν
εὐθὺς ἄπρακτος καὶ οὐκέτι ἀπῄτει τοὺς νεκρούς. πάθος γὰρ 6
10 τοῦτο μιᾷ πόλει Ἑλληνίδι ἐν ἴσαις ἡμέραις μέγιστον δὴ
τῶν κατὰ τὸν πόλεμον τόνδε ἐγένετο. καὶ ἀριθμὸν οὐκ
ἔγραψα τῶν ἀποθανόντων, διότι ἄπιστον τὸ πλῆθος λέγεται
ἀπολέσθαι ὡς πρὸς τὸ μέγεθος τῆς πόλεως. Ἀμπρακίαν
μέντοι οἶδα ὅτι, εἰ ἐβουλήθησαν Ἀκαρνᾶνες καὶ Ἀμφίλοχοι
15 Ἀθηναίοις καὶ Δημοσθένει πειθόμενοι ἐξελεῖν, αὐτοβοεὶ ἂν
εἷλον· νῦν δ' ἔδεισαν μὴ οἱ Ἀθηναῖοι ἔχοντες αὐτὴν χαλε-
πώτεροι σφίσι πάροικοι ὦσιν.

Μετὰ δὲ ταῦτα τρίτον μέρος νείμαντες τῶν σκύλων τοῖς 114
Ἀθηναίοις τὰ ἄλλα κατὰ τὰς πόλεις διείλοντο. καὶ τὰ μὲν
20 τῶν Ἀθηναίων πλέοντα ἑάλω, τὰ δὲ νῦν ἀνακείμενα ἐν τοῖς
Ἀττικοῖς ἱεροῖς Δημοσθένει ἐξῃρέθησαν τριακόσιαι παν-
οπλίαι, καὶ ἄγων αὐτὰς κατέπλευσεν· καὶ ἐγένετο ἅμα αὐτῷ
μετὰ τὴν ἐκ τῆς Αἰτωλίας ξυμφορὰν ἀπὸ ταύτης τῆς πράξεως
ἀδεεστέρα ἡ κάθοδος. ἀπῆλθον δὲ καὶ οἱ ἐν ταῖς εἴκοσι 2
25 ναυσὶν Ἀθηναῖοι ἐς Ναύπακτον. Ἀκαρνᾶνες δὲ καὶ Ἀμφί-
λοχοι ἀπελθόντων Ἀθηναίων καὶ Δημοσθένους τοῖς ὡς
Σαλύνθιον καὶ Ἀγραίους καταφυγοῦσιν Ἀμπρακιώταις καὶ
Πελοποννησίοις ἀναχώρησιν ἐσπείσαντο ἐξ Οἰνιαδῶν, οἵπερ
καὶ μετανέστησαν παρὰ Σαλυνθίου. καὶ ἐς τὸν ἔπειτα χρόνον 3
30 σπονδὰς καὶ ξυμμαχίαν ἐποιήσαντο ἑκατὸν ἔτη Ἀκαρνᾶνες
καὶ Ἀμφίλοχοι πρὸς Ἀμπρακιώτας ἐπὶ τοῖσδε, ὥστε μήτε

15 ἐξελεῖν] ἐπελθεῖν Ε   23 ἐκ τῆς Αἰτωλίας C E : τῆς Αἰτωλίας
A B F M : ἐν Αἰτωλίᾳ ⟨G⟩   28 οἵπερ G. Hermann : οἷπερ codd.
29 Σαλυνθίου G. Hermann : Σαλύνθιον codd.

Ἀμπρακιώτας μετὰ Ἀκαρνάνων στρατεύειν ἐπὶ Πελοποννη-
σίους μήτε Ἀκαρνᾶνας μετὰ Ἀμπρακιωτῶν ἐπ᾽ Ἀθηναίους,
βοηθεῖν δὲ τῇ ἀλλήλων, καὶ ἀποδοῦναι Ἀμπρακιώτας ὁπόσα
ἢ χωρία ἢ ὁμήρους Ἀμφιλόχων ἔχουσι, καὶ ἐπὶ Ἀνακτόριον
4 μὴ βοηθεῖν πολέμιον ὂν Ἀκαρνᾶσιν. ταῦτα ξυνθέμενοι 5
διέλυσαν τὸν πόλεμον. μετὰ δὲ ταῦτα Κορίνθιοι φυλακὴν
ἑαυτῶν ἐς τὴν Ἀμπρακίαν ἀπέστειλαν ἐς τριακοσίους ὁπλί-
τας καὶ Ξενοκλείδαν τὸν Εὐθυκλέους ἄρχοντα· οἳ κομιζόμενοι
χαλεπῶς διὰ τῆς ἠπείρου ἀφίκοντο. τὰ μὲν κατ᾽ Ἀμπρακίαν
οὕτως ἐγένετο. 10

115 Οἱ δ᾽ ἐν τῇ Σικελίᾳ Ἀθηναῖοι τοῦ αὐτοῦ χειμῶνος ἔς τε
τὴν Ἱμεραίαν ἀπόβασιν ἐποιήσαντο ἐκ τῶν νεῶν μετὰ τῶν
Σικελῶν τῶν ἄνωθεν ἐσβεβληκότων ἐς τὰ ἔσχατα τῆς
2 Ἱμεραίας, καὶ ἐπὶ τὰς Αἰόλου νήσους ἔπλευσαν. ἀναχωρή-
σαντες δὲ ἐς Ῥήγιον Πυθόδωρον τὸν Ἰσολόχου Ἀθηναίων 15
στρατηγὸν καταλαμβάνουσιν ἐπὶ τὰς ναῦς διάδοχον ὧν ὁ
3 Λάχης ἦρχεν. οἱ γὰρ ἐν Σικελίᾳ ξύμμαχοι πλεύσαντες
ἔπεισαν τοὺς Ἀθηναίους βοηθεῖν σφίσι πλείοσι ναυσίν· τῆς
μὲν γὰρ γῆς αὐτῶν οἱ Συρακόσιοι ἐκράτουν, τῆς δὲ θαλάσσης
ὀλίγαις ναυσὶν εἰργόμενοι παρεσκευάζοντο ναυτικὸν ξυναγεί- 20
4 ροντες ὡς οὐ περιοψόμενοι. καὶ ἐπλήρουν ναῦς τεσσαράκοντα
οἱ Ἀθηναῖοι ὡς ἀποστελοῦντες αὐτοῖς, ἅμα μὲν ἡγούμενοι
θᾶσσον τὸν ἐκεῖ πόλεμον καταλυθήσεσθαι, ἅμα δὲ βουλό-
5 μενοι μελέτην τοῦ ναυτικοῦ ποιεῖσθαι. τὸν μὲν οὖν ἕνα τῶν
στρατηγῶν ἀπέστειλαν Πυθόδωρον ὀλίγαις ναυσί, Σοφοκλέα 25
δὲ τὸν Σωστρατίδου καὶ Εὐρυμέδοντα τὸν Θουκλέους ἐπὶ τῶν
6 πλειόνων νεῶν ἀποπέμψειν ἔμελλον. ὁ δὲ Πυθόδωρος ἤδη
ἔχων τὴν τοῦ Λάχητος τῶν νεῶν ἀρχὴν ἔπλευσε τελευτῶντος
τοῦ χειμῶνος ἐπὶ τὸ Λοκρῶν φρούριον ὃ πρότερον Λάχης εἷλε,
καὶ νικηθεὶς μάχῃ ὑπὸ τῶν Λοκρῶν ἀπεχώρησεν. 30

116 Ἐρρύη δὲ περὶ αὐτὸ τὸ ἔαρ τοῦτο ὁ ῥύαξ τοῦ πυρὸς ἐκ

τῆς Αἴτνης, ὥσπερ καὶ πρότερον, καὶ γῆν τινὰ ἔφθειρε τῶν
Καταναίων, οἳ ὑπὸ τῇ Αἴτνῃ τῷ ὄρει οἰκοῦσιν, ὅπερ μέγιστόν
ἐστιν ὄρος ἐν τῇ Σικελίᾳ. λέγεται δὲ πεντηκοστῷ ἔτει ῥυῆναι 2
τοῦτο μετὰ τὸ πρότερον ῥεῦμα, τὸ δὲ ξύμπαν τρὶς γεγενῆσθαι
5 τὸ ῥεῦμα ἀφ' οὗ Σικελία ὑπὸ Ἑλλήνων οἰκεῖται. ταῦτα μὲν 3
κατὰ τὸν χειμῶνα τοῦτον ἐγένετο, καὶ ἕκτον ἔτος τῷ πολέμῳ
ἐτελεύτα τῷδε ὃν Θουκυδίδης ξυνέγραψεν.

1 post prius καὶ add. τὸ A B E F M   2 ὑπὸ] ἐπὶ A B E F M   In fine
libri tertii τῶν εἰς ιγ τέλος τῆς ε ἀρχὴ τῆς ϛ A B C

CHAPTER X

ΙΣΤΟΡΙΩΝ Δ

Τοῦ δ' ἐπιγιγνομένου θέρους περὶ σίτου ἐκβολὴν Συρακο- 1
σίων δέκα νῆες πλεύσασαι καὶ Λοκρίδες ἴσαι Μεσσήνην τὴν
ἐν Σικελίᾳ κατέλαβον, αὐτῶν ἐπαγαγομένων, καὶ ἀπέστη
Μεσσήνη Ἀθηναίων. ἔπραξαν δὲ τοῦτο μάλιστα οἱ μὲν 2
5 Συρακόσιοι ὁρῶντες προσβολὴν ἔχον τὸ χωρίον τῆς Σικελίας
καὶ φοβούμενοι τοὺς Ἀθηναίους μὴ ἐξ αὐτοῦ ὁρμώμενοί ποτε
σφίσι μείζονι παρασκευῇ ἐπέλθωσιν, οἱ δὲ Λοκροὶ κατὰ
ἔχθος τὸ Ῥηγίνων, βουλόμενοι ἀμφοτέρωθεν αὐτοὺς κατα-
πολεμεῖν. καὶ ἐσεβεβλήκεσαν ἅμα ἐς τὴν Ῥηγίνων οἱ 3
10 Λοκροὶ πανστρατιᾷ, ἵνα μὴ ἐπιβοηθῶσι τοῖς Μεσσηνίοις,
ἅμα δὲ καὶ ξυνεπαγόντων Ῥηγίνων φυγάδων, οἳ ἦσαν παρ'
αὐτοῖς· τὸ γὰρ Ῥήγιον ἐπὶ πολὺν χρόνον ἐστασίαζε καὶ
ἀδύνατα ἦν ἐν τῷ παρόντι τοὺς Λοκροὺς ἀμύνεσθαι, ᾗ καὶ
μᾶλλον ἐπετίθεντο. δῃώσαντες δὲ οἱ μὲν Λοκροὶ τῷ πεζῷ 4
15 ἀπεχώρησαν, αἱ δὲ νῆες Μεσσήνην ἐφρούρουν· καὶ ἄλλαι
αἱ πληρούμεναι ἔμελλον αὐτόσε ἐγκαθορμισάμεναι τὸν
πόλεμον ἐντεῦθεν ποιήσεσθαι.

Ὑπὸ δὲ τοὺς αὐτοὺς χρόνους τοῦ ἦρος, πρὶν τὸν σῖτον 2
ἐν ἀκμῇ εἶναι, Πελοποννήσιοι καὶ οἱ ξύμμαχοι ἐσέβαλον ἐς
20 τὴν Ἀττικήν (ἡγεῖτο δὲ Ἆγις ὁ Ἀρχιδάμου Λακεδαιμονίων
βασιλεύς), καὶ ἐγκαθεζόμενοι ἐδῄουν τὴν γῆν. Ἀθηναῖοι 2
δὲ τάς τε τεσσαράκοντα ναῦς ἐς Σικελίαν ἀπέστειλαν, ὥσπερ
παρεσκευάζοντο, καὶ στρατηγοὺς τοὺς ὑπολοίπους Εὐρυμέ-

δοντα καὶ Σοφοκλέα· Πυθόδωρος γὰρ ὁ τρίτος αὐτῶν ἤδη
3 προαφῖκτο ἐς Σικελίαν. εἶπον δὲ τούτοις καὶ Κερκυραίων
ἅμα παραπλέοντας τῶν ἐν τῇ πόλει ἐπιμεληθῆναι, οἳ ἐλῃ-
στεύοντο ὑπὸ τῶν ἐν τῷ ὄρει φυγάδων· καὶ Πελοποννησίων
αὐτόσε νῆες ἑξήκοντα παρεπεπλεύκεσαν τοῖς ἐν τῷ ὄρει 5
τιμωροὶ καὶ λιμοῦ ὄντος μεγάλου ἐν τῇ πόλει νομίζοντες
4 κατασχήσειν ῥᾳδίως τὰ πράγματα. Δημοσθένει δὲ ὄντι
ἰδιώτῃ μετὰ τὴν ἀναχώρησιν τὴν ἐξ Ἀκαρνανίας αὐτῷ
δεηθέντι εἶπον χρῆσθαι ταῖς ναυσὶ ταύταις, ἢν βούληται,
περὶ τὴν Πελοπόννησον.   10

3   Καὶ ὡς ἐγένοντο πλέοντες κατὰ τὴν Λακωνικὴν καὶ
ἐπυνθάνοντο ὅτι αἱ νῆες ἐν Κερκύρᾳ ἤδη εἰσὶ τῶν Πελο-
ποννησίων, ὁ μὲν Εὐρυμέδων καὶ Σοφοκλῆς ἠπείγοντο ἐς
τὴν Κέρκυραν, ὁ δὲ Δημοσθένης ἐς τὴν Πύλον πρῶτον
ἐκέλευε σχόντας αὐτοὺς καὶ πράξαντας ἃ δεῖ τὸν πλοῦν 15
ποιεῖσθαι· ἀντιλεγόντων δὲ κατὰ τύχην χειμὼν ἐπιγενόμενος
2 κατήνεγκε τὰς ναῦς ἐς τὴν Πύλον. καὶ ὁ Δημοσθένης
εὐθὺς ἠξίου τειχίζεσθαι τὸ χωρίον (ἐπὶ τοῦτο γὰρ ξυνεκ-
πλεῦσαι), καὶ ἀπέφαινε πολλὴν εὐπορίαν ξύλων τε καὶ
λίθων, καὶ φύσει καρτερὸν ὂν καὶ ἐρῆμον αὐτό τε καὶ ἐπὶ 20
πολὺ τῆς χώρας· ἀπέχει γὰρ σταδίους μάλιστα ἡ Πύλος
τῆς Σπάρτης τετρακοσίους καὶ ἔστιν ἐν τῇ Μεσσηνίᾳ ποτὲ
οὔσῃ γῇ, καλοῦσι δὲ αὐτὴν οἱ Λακεδαιμόνιοι Κορυφάσιον.
3 οἱ δὲ πολλὰς ἔφασαν εἶναι ἄκρας ἐρήμους τῆς Πελοποννήσου,
ἢν βούληται καταλαμβάνων τὴν πόλιν δαπανᾶν. τῷ δὲ 25
διάφορόν τι ἐδόκει εἶναι τοῦτο τὸ χωρίον ἑτέρου μᾶλλον,
λιμένος τε προσόντος καὶ τοὺς Μεσσηνίους οἰκείους ὄντας
αὐτῷ τὸ ἀρχαῖον καὶ ὁμοφώνους τοῖς Λακεδαιμονίοις πλεῖστ᾽
ἂν βλάπτειν ἐξ αὐτοῦ ὁρμωμένους, καὶ βεβαίους ἅμα τοῦ
4 χωρίου φύλακας ἔσεσθαι. ὡς δὲ οὐκ ἔπειθεν οὔτε τοὺς 30
στρατηγοὺς οὔτε τοὺς στρατιώτας, ὕστερον καὶ τοῖς ταξιάρχοις

κοινώσας, ἡσύχαζεν ὑπὸ ἀπλοίας, μέχρι αὐτοῖς τοῖς στρα-
τιώταις σχολάζουσιν ὁρμὴ ἐνέπεσε περιστᾶσιν ἐκτειχίσαι
τὸ χωρίον. καὶ ἐγχειρήσαντες εἰργάζοντο, σιδήρια μὲν 2
λιθουργὰ οὐκ ἔχοντες, λογάδην δὲ φέροντες λίθους, καὶ
5 ξυνετίθεσαν ὡς ἕκαστόν τι ξυμβαίνοι· καὶ τὸν πηλόν, εἴ
που δέοι χρῆσθαι, ἀγγείων ἀπορίᾳ ἐπὶ τοῦ νώτου ἔφερον,
ἐγκεκυφότες τε, ὡς μάλιστα μέλλοι ἐπιμένειν, καὶ τὼ χεῖρε
ἐς τοὐπίσω ξυμπλέκοντες, ὅπως μὴ ἀποπίπτοι. παντί τε 3
τρόπῳ ἠπείγοντο φθῆναι τοὺς Λακεδαιμονίους τὰ ἐπιμαχώ-
10 τατα ἐξεργασάμενοι πρὶν ἐπιβοηθῆσαι· τὸ γὰρ πλέον τοῦ
χωρίου αὐτὸ καρτερὸν ὑπῆρχε καὶ οὐδὲν ἔδει τείχους. οἱ δὲ 5
ἑορτήν τινα ἔτυχον ἄγοντες καὶ ἅμα πυνθανόμενοι ἐν
ὀλιγωρίᾳ ἐποιοῦντο, ὡς, ὅταν ἐξέλθωσιν, ἢ οὐχ ὑπομε-
νοῦντας σφᾶς ἢ ῥᾳδίως ληψόμενοι βίᾳ· καί τι καὶ αὐτοὺς
15 ὁ στρατὸς ἔτι ἐν ταῖς Ἀθήναις ὢν ἐπέσχεν. τειχίσαντες 2
δὲ οἱ Ἀθηναῖοι τοῦ χωρίου τὰ πρὸς ἤπειρον καὶ ἃ μάλιστα
ἔδει ἐν ἡμέραις ἓξ τὸν μὲν Δημοσθένη μετὰ νεῶν πέντε
αὐτοῦ φύλακα καταλείπουσι, ταῖς δὲ πλείοσι ναυσὶ τὸν ἐς
τὴν Κέρκυραν πλοῦν καὶ Σικελίαν ἠπείγοντο.

20 Οἱ δ᾽ ἐν τῇ Ἀττικῇ ὄντες Πελοποννήσιοι ὡς ἐπύθοντο 6
τῆς Πύλου κατειλημμένης, ἀνεχώρουν κατὰ τάχος ἐπ᾽ οἴκου,
νομίζοντες μὲν οἱ Λακεδαιμόνιοι καὶ Ἆγις ὁ βασιλεὺς
οἰκεῖον σφίσι τὸ περὶ τὴν Πύλον· ἅμα δὲ πρῷ ἐσβαλόντες
καὶ τοῦ σίτου ἔτι χλωροῦ ὄντος ἐσπάνιζον τροφῆς τοῖς
25 πολλοῖς, χειμών τε ἐπιγενόμενος μείζων παρὰ τὴν καθεστη-
κυῖαν ὥραν ἐπίεσε τὸ στράτευμα. ὥστε πολλαχόθεν ξυνέβη 2
ἀναχωρῆσαί τε θᾶσσον αὐτοὺς καὶ βραχυτάτην γενέσθαι
τὴν ἐσβολὴν ταύτην· ἡμέρας γὰρ πέντε καὶ δέκα ἔμειναν
ἐν τῇ Ἀττικῇ.

30 Κατὰ δὲ τὸν αὐτὸν χρόνον Σιμωνίδης Ἀθηναίων στρατηγὸς 7
Ἠιόνα τὴν ἐπὶ Θρᾴκης Μενδαίων ἀποικίαν, πολεμίαν δὲ

---

1 ἡσύχαζον Dobree   2 ἐνέπεσε Poppo : ἐσέπεσε codd.   14 al-
terum καὶ om. C E G M   31 τὴν ἐπὶ A C γρ. G¹ : τῆς G : τῆς ἐπὶ cett.

οὖσαν, ξυλλέξας Ἀθηναίους τε ὀλίγους ἐκ τῶν φρουρίων
καὶ τῶν ἐκείνῃ ξυμμάχων πλῆθος προδιδομένην κατέλαβεν.
καὶ παραχρῆμα ἐπιβοηθησάντων Χαλκιδέων καὶ Βοττιαίων
ἐξεκρούσθη τε καὶ ἀπέβαλε πολλοὺς τῶν στρατιωτῶν.

8 Ἀναχωρησάντων δὲ τῶν ἐκ τῆς Ἀττικῆς Πελοποννησίων 5
οἱ Σπαρτιᾶται αὐτοὶ μὲν καὶ οἱ ἐγγύτατα τῶν περιοίκων
εὐθὺς ἐβοήθουν ἐπὶ τὴν Πύλον, τῶν δὲ ἄλλων Λακεδαι-
μονίων βραδυτέρα ἐγίγνετο ἡ ἔφοδος, ἄρτι ἀφιγμένων ἀφ'
2 ἑτέρας στρατείας. περιήγγελλον δὲ καὶ κατὰ τὴν Πελο-
πόννησον βοηθεῖν ὅτι τάχιστα ἐπὶ Πύλον καὶ ἐπὶ τὰς ἐν τῇ 10
Κερκύρᾳ ναῦς σφῶν τὰς ἑξήκοντα ἔπεμψαν, αἳ ὑπερενεχθεῖσαι
τὸν Λευκαδίων ἰσθμὸν καὶ λαθοῦσαι τὰς ἐν Ζακύνθῳ Ἀττικὰς
ναῦς ἀφικνοῦνται ἐπὶ Πύλον· παρῆν δὲ ἤδη καὶ ὁ πεζὸς
3 στρατός. Δημοσθένης δὲ προσπλεόντων ἔτι τῶν Πελοπον-
νησίων ὑπεκπέμπει φθάσας δύο ναῦς ἀγγεῖλαι Εὐρυμέδοντι 15
καὶ τοῖς ἐν ταῖς ναυσὶν ἐν Ζακύνθῳ Ἀθηναίοις παρεῖναι ὡς
4 τοῦ χωρίου κινδυνεύοντος. καὶ αἱ μὲν νῆες κατὰ τάχος
ἔπλεον κατὰ τὰ ἐπεσταλμένα ὑπὸ Δημοσθένους· οἱ δὲ
Λακεδαιμόνιοι παρεσκευάζοντο ὡς τῷ τειχίσματι προσ-
βαλοῦντες κατά τε γῆν καὶ κατὰ θάλασσαν, ἐλπίζοντες 20
ῥᾳδίως αἱρήσειν οἰκοδόμημα διὰ ταχέων εἰργασμένον καὶ
5 ἀνθρώπων ὀλίγων ἐνόντων. προσδεχόμενοι δὲ καὶ τὴν ἀπὸ
τῆς Ζακύνθου τῶν Ἀττικῶν νεῶν βοήθειαν ἐν νῷ εἶχον, ἢν
ἄρα μὴ πρότερον ἕλωσι, καὶ τοὺς ἔσπλους τοῦ λιμένος
ἐμφάρξαι, ὅπως μὴ ᾖ τοῖς Ἀθηναίοις ἐφορμίσασθαι ἐς 25
6 αὐτόν. ἡ γὰρ νῆσος ἡ Σφακτηρία καλουμένη τόν τε
λιμένα παρατείνουσα καὶ ἐγγὺς ἐπικειμένη ἐχυρὸν ποιεῖ καὶ
τοὺς ἔσπλους στενούς, τῇ μὲν δυοῖν νεοῖν διάπλουν κατὰ τὸ
τείχισμα τῶν Ἀθηναίων καὶ τὴν Πύλον, τῇ δὲ πρὸς τὴν
ἄλλην ἤπειρον ὀκτὼ ἢ ἐννέα· ὑλώδης τε καὶ ἀτριβὴς πᾶσα 30
ὑπ' ἐρημίας ἦν καὶ μέγεθος περὶ πέντε καὶ δέκα σταδίους
7 μάλιστα. τοὺς μὲν οὖν ἔσπλους ταῖς ναυσὶν ἀντιπρώροις

βύζην κλήσειν ἔμελλον· τὴν δὲ νῆσον ταύτην φοβούμενοι
μὴ ἐξ αὐτῆς τὸν πόλεμον σφίσι ποιῶνται, ὁπλίτας διεβί-
βασαν ἐς αὐτὴν καὶ παρὰ τὴν ἤπειρον ἄλλους ἔταξαν.
οὕτω γὰρ τοῖς Ἀθηναίοις τήν τε νῆσον πολεμίαν ἔσεσθαι 8
5 τήν τε ἤπειρον, ἀπόβασιν οὐκ ἔχουσαν (τὰ γὰρ αὐτῆς τῆς
Πύλου ἔξω τοῦ ἔσπλου πρὸς τὸ πέλαγος ἀλίμενα ὄντα οὐχ
ἕξειν ὅθεν ὁρμώμενοι ὠφελήσουσι τοὺς αὑτῶν) σφεῖς δὲ
ἄνευ τε ναυμαχίας καὶ κινδύνου ἐκπολιορκήσειν τὸ χωρίον
κατὰ τὸ εἰκός, σίτου τε οὐκ ἐνόντος καὶ δι᾽ ὀλίγης παρα-
10 σκευῆς κατειλημμένον. ὡς δ᾽ ἐδόκει αὐτοῖς ταῦτα, καὶ 9
διεβίβαζον ἐς τὴν νῆσον τοὺς ὁπλίτας ἀποκληρώσαντες ἀπὸ
πάντων τῶν λόχων. καὶ διέβησαν μὲν καὶ ἄλλοι πρότερον
κατὰ διαδοχήν, οἱ δὲ τελευταῖοι καὶ ἐγκαταληφθέντες εἴκοσι
καὶ τετρακόσιοι ἦσαν καὶ Εἵλωτες οἱ περὶ αὐτούς· ἦρχε δὲ
15 αὐτῶν Ἐπιτάδας ὁ Μολόβρου.

Δημοσθένης δὲ ὁρῶν τοὺς Λακεδαιμονίους μέλλοντας 9
προσβάλλειν ναυσί τε ἅμα καὶ πεζῷ παρεσκευάζετο καὶ αὐτός,
καὶ τὰς τριήρεις αἳ περιῆσαν αὐτῷ ἀπὸ τῶν καταλειφθεισῶν
ἀνασπάσας ὑπὸ τὸ τείχισμα προσεσταύρωσε, καὶ τοὺς
20 ναύτας ἐξ αὐτῶν ὥπλισεν ἀσπίσι [τε] φαύλαις καὶ οἰσυΐναις
ταῖς πολλαῖς· οὐ γὰρ ἦν ὅπλα ἐν χωρίῳ ἐρήμῳ πορίσασθαι,
ἀλλὰ καὶ ταῦτα ἐκ λῃστρικῆς Μεσσηνίων τριακοντόρου καὶ
κέλητος ἔλαβον, οἳ ἔτυχον παραγενόμενοι. ὁπλῖταί τε
τῶν Μεσσηνίων τούτων ὡς τεσσαράκοντα ἐγένοντο, οἷς
25 ἐχρῆτο μετὰ τῶν ἄλλων. τοὺς μὲν οὖν πολλοὺς τῶν τε 2
ἀόπλων καὶ ὡπλισμένων ἐπὶ τὰ τετειχισμένα μάλιστα καὶ
ἐχυρὰ τοῦ χωρίου πρὸς τὴν ἤπειρον ἔταξε, προειπὼν ἀμύ-
νασθαι τὸν πεζόν, ἢν προσβάλῃ· αὐτὸς δὲ ἀπολεξάμενος ἐκ
πάντων ἑξήκοντα ὁπλίτας καὶ τοξότας ὀλίγους ἐχώρει ἔξω
30 τοῦ τείχους ἐπὶ τὴν θάλασσαν, ᾗ μάλιστα ἐκείνους προσ-

1 συγκλήσειν A B   9 δι᾽] μετ᾽ γρ. Schol.   10 κατειλημμένον
Dobree : κατειλημμένου codd. (προκατ. M)   18 αἳ περιῆσαν, ut
videtur, legit Schol. : αἵπερ ἦσαν codd.   19 προεσταύρωσεν Bloom-
field (clathris praefigit Valla)   20 τε om. Suidas

ἐδέχετο πειράσειν ἀποβαίνειν, ἐς χωρία μὲν χαλεπὰ καὶ
πετρώδη πρὸς τὸ πέλαγος τετραμμένα, σφίσι δὲ τοῦ τείχους
ταύτῃ ἀσθενεστάτου ὄντος ἐσβιάσασθαι αὐτοὺς ἡγεῖτο προ-
3 θυμήσεσθαι· οὔτε γὰρ αὐτοὶ ἐλπίζοντές ποτε ναυσὶ κρατή-
σεσθαι οὐκ ἰσχυρὸν ἐτείχιζον, ἐκείνοις τε βιαζομένοις τὴν 5
4 ἀπόβασιν ἁλώσιμον τὸ χωρίον γίγνεσθαι. κατὰ τοῦτο οὖν
πρὸς αὐτὴν τὴν θάλασσαν χωρήσας ἔταξε τοὺς ὁπλίτας ὡς
εἴρξων, ἢν δύνηται, καὶ παρεκελεύσατο τοιάδε.

10 ʽ Ἄνδρες οἱ ξυναράμενοι τοῦδε τοῦ κινδύνου, μηδεὶς ὑμῶν
ἐν τῇ τοιᾷδε ἀνάγκῃ ξυνετὸς βουλέσθω δοκεῖν εἶναι, 10
ἐκλογιζόμενος ἅπαν τὸ περιεστὸς ἡμᾶς δεινόν, μᾶλλον ἢ
ἀπερισκέπτως εὔελπις ὁμόσε χωρῆσαι τοῖς ἐναντίοις καὶ ἐκ
τούτων ἂν περιγενόμενος. ὅσα γὰρ ἐς ἀνάγκην ἀφῖκται
ὥσπερ τάδε, λογισμὸν ἥκιστα ἐνδεχόμενα κινδύνου τοῦ
2 ταχίστου προσδεῖται. ἐγὼ δὲ καὶ τὰ πλείω ὁρῶ πρὸς ἡμῶν 15
ὄντα, ἢν ἐθέλωμέν τε μεῖναι καὶ μὴ τῷ πλήθει αὐτῶν κατα-
3 πλαγέντες τὰ ὑπάρχοντα ἡμῖν κρείσσω καταπροδοῦναι. τοῦ
τε γὰρ χωρίου τὸ δυσέμβατον ἡμέτερον νομίζω, ὃ μενόντων
μὲν ἡμῶν ξύμμαχον γίγνεται, ὑποχωρήσασι δὲ καίπερ χαλε-
πὸν ὂν εὔπορον ἔσται μηδενὸς κωλύοντος, καὶ τὸν πολέμιον 20
δεινότερον ἕξομεν μὴ ῥᾳδίας αὐτῷ πάλιν οὔσης τῆς ἀναχωρή-
σεως, ἢν καὶ ὑφ᾽ ἡμῶν βιάζηται (ἐπὶ γὰρ ταῖς ναυσὶ ῥᾷστοί
4 εἰσιν ἀμύνεσθαι, ἀποβάντες δὲ ἐν τῷ ἴσῳ ἤδη), τό τε πλῆθος
αὐτῶν οὐκ ἄγαν δεῖ φοβεῖσθαι· κατ᾽ ὀλίγον γὰρ μαχεῖται
καίπερ πολὺ ὂν ἀπορίᾳ τῆς προσορμίσεως, καὶ οὐκ ἐν γῇ 25
στρατός ἐστιν ἐκ τοῦ ὁμοίου μείζων, ἀλλ᾽ ἀπὸ νεῶν, αἷς
5 πολλὰ τὰ καίρια δεῖ ἐν τῇ θαλάσσῃ ξυμβῆναι. ὥστε τὰς
τούτων ἀπορίας ἀντιπάλους ἡγοῦμαι τῷ ἡμετέρῳ πλήθει,
καὶ ἅμα ἀξιῶ ὑμᾶς, Ἀθηναίους ὄντας καὶ ἐπισταμένους

---

3 ἐσβιάσασθαι Van Leeuwen : ἐπισπάσασθαι codd.   4 κρατη-
θήσεσθαι A B E F M   11 ἢ E F (sed postea erasum) : om. cett.
12 χωρήσας C G   16 γε Elmsley   18 δ Dion. Hal. : om.
codd.   19 μὲν E Dion· Hal. : om. cett.   21 ῥᾳδίας C¹ f G Dion.
Hal. : ῥᾳδίως cett.

ἐμπειρίᾳ τὴν ναυτικὴν ἐπ᾽ ἄλλους ἀπόβασιν ὅτι, εἴ τις
ὑπομένοι καὶ μὴ φόβῳ ῥοθίου καὶ νεῶν δεινότητος κατάπλου
ὑποχωροίη, οὐκ ἄν ποτε βιάζοιτο, καὶ αὐτοὺς νῦν μεῖναί τε
καὶ ἀμυνομένους παρ᾽ αὐτὴν τὴν ῥαχίαν σῴζειν ἡμᾶς τε
5 αὐτοὺς καὶ τὸ χωρίον.᾽

Τοσαῦτα τοῦ Δημοσθένους παρακελευσαμένου οἱ Ἀθηναῖοι 11
ἐθάρσησάν τε μᾶλλον καὶ ἐπικαταβάντες ἐτάξαντο παρ᾽ αὐτὴν
τὴν θάλασσαν. οἱ δὲ Λακεδαιμόνιοι ἄραντες τῷ τε κατὰ 2
γὴν στρατῷ προσέβαλλον τῷ τειχίσματι καὶ ταῖς ναυσὶν ἅμα
10 οὔσαις τεσσαράκοντα καὶ τρισί, ναύαρχος δὲ αὐτῶν ἐπέπλει
Θρασυμηλίδας ὁ Κρατησικλέους Σπαρτιάτης.   προσέβαλλε
δὲ ᾗπερ ὁ Δημοσθένης προσεδέχετο.   καὶ οἱ μὲν Ἀθηναῖοι 3
ἀμφοτέρωθεν ἔκ τε γῆς καὶ ἐκ θαλάσσης ἡμύνοντο· οἱ δὲ
κατ᾽ ὀλίγας ναῦς διελόμενοι, διότι οὐκ ἦν πλέοσι προσσχεῖν,
15 καὶ ἀναπαύοντες ἐν τῷ μέρει τοὺς ἐπίπλους ἐποιοῦντο, προ-
θυμίᾳ τε πάσῃ χρώμενοι καὶ παρακελευσμῷ, εἴ πως ὠσάμενοι
ἔλοιεν τὸ τείχισμα.   πάντων δὲ φανερώτατος Βρασίδας 4
ἐγένετο.   τριηραρχῶν γὰρ καὶ ὁρῶν τοῦ χωρίου χαλεποῦ
ὄντος τοὺς τριηράρχους καὶ κυβερνήτας, εἴ που καὶ δοκοίη
20 δυνατὸν εἶναι σχεῖν, ἀποκνοῦντας καὶ φυλασσομένους τῶν
νεῶν μὴ ξυντρίψωσιν, ἐβόα λέγων ὡς οὐκ εἰκὸς εἴη ξύλων
φειδομένους τοὺς πολεμίους ἐν τῇ χώρᾳ περιιδεῖν τεῖχος
πεποιημένους, ἀλλὰ τάς τε σφετέρας ναῦς βιαζομένους τὴν
ἀπόβασιν καταγνῦναι ἐκέλευε, καὶ τοὺς ξυμμάχους μὴ ἀπο-
25 κνῆσαι ἀντὶ μεγάλων εὐεργεσιῶν τὰς ναῦς τοῖς Λακεδαιμονίοις
ἐν τῷ παρόντι ἐπιδοῦναι, ὀκείλαντας δὲ καὶ παντὶ τρόπῳ
ἀποβάντας τῶν τε ἀνδρῶν καὶ τοῦ χωρίου κρατῆσαι.   καὶ 12
ὁ μὲν τούς τε ἄλλους τοιαῦτα ἐπέσπερχε καὶ τὸν ἑαυτοῦ
κυβερνήτην ἀναγκάσας ὀκεῖλαι τὴν ναῦν ἐχώρει ἐπὶ τὴν
30 ἀποβάθραν· καὶ πειρώμενος ἀποβαίνειν ἀνεκόπη ὑπὸ τῶν
Ἀθηναίων, καὶ τραυματισθεὶς πολλὰ ἐλιποψύχησέ τε καὶ

πεσόντος αὐτοῦ ἐς τὴν παρεξειρεσίαν ἡ ἀσπὶς περιερρύη
ἐς τὴν θάλασσαν, καὶ ἐξενεχθείσης αὐτῆς ἐς τὴν γῆν οἱ
Ἀθηναῖοι ἀνελόμενοι ὕστερον πρὸς τὸ τροπαῖον ἐχρήσαντο
2 ὃ ἔστησαν τῆς προσβολῆς ταύτης. οἱ δ' ἄλλοι προυθυμοῦντο
μέν, ἀδύνατοι δ' ἦσαν ἀποβῆναι τῶν τε χωρίων χαλεπότητι 5
3 καὶ τῶν Ἀθηναίων μενόντων καὶ οὐδὲν ὑποχωρούντων. ἐς
τοῦτό τε περιέστη ἡ τύχη ὥστε Ἀθηναίους μὲν ἐκ γῆς
τε καὶ ταύτης Λακωνικῆς ἀμύνεσθαι ἐκείνους ἐπιπλέοντας,
Λακεδαιμονίους δὲ ἐκ νεῶν τε καὶ ἐς τὴν ἑαυτῶν πολεμίαν
οὖσαν ἐπ' Ἀθηναίους ἀποβαίνειν· ἐπὶ πολὺ γὰρ ἐποίει τῆς 10
δόξης ἐν τῷ τότε τοῖς μὲν ἠπειρώταις μάλιστα εἶναι καὶ
τὰ πεζὰ κρατίστοις, τοῖς δὲ θαλασσίοις τε καὶ ταῖς ναυσὶ
πλεῖστον προύχειν.

13   Ταύτην μὲν οὖν τὴν ἡμέραν καὶ τῆς ὑστεραίας μέρος τι
προσβολὰς ποιησάμενοι ἐπέπαυντο· καὶ τῇ τρίτῃ ἐπὶ ξύλα 15
ἐς μηχανὰς παρέπεμψαν τῶν νεῶν τινὰς ἐς Ἀσίνην, ἐλπί-
ζοντες τὸ κατὰ τὸν λιμένα τεῖχος ὕψος μὲν ἔχειν, ἀποβάσεως
2 δὲ μάλιστα οὔσης ἑλεῖν ⟨ἂν⟩ μηχαναῖς. ἐν τούτῳ δὲ αἱ ἐκ τῆς
Ζακύνθου νῆες τῶν Ἀθηναίων παραγίγνονται τεσσαράκοντα·
προσεβοήθησαν γὰρ τῶν τε φρουρίδων τινὲς αὐτοῖς τῶν ἐκ 20
3 Ναυπάκτου καὶ Χῖαι τέσσαρες. ὡς δὲ εἶδον τήν τε ἤπειρον
ὁπλιτῶν περίπλεων τήν τε νῆσον, ἔν τε τῷ λιμένι οὔσας τὰς
ναῦς καὶ οὐκ ἐκπλεούσας, ἀπορήσαντες ὅπῃ καθορμίσωνται,
τότε μὲν ἐς Πρωτὴν τὴν νῆσον, ἣ οὐ πολὺ ἀπέχει ἐρῆμος οὖσα,
ἔπλευσαν καὶ ηὐλίσαντο, τῇ δ' ὑστεραίᾳ παρασκευασάμενοι ὡς 25
ἐπὶ ναυμαχίαν ἀνήγοντο, ἢν μὲν ἀντεκπλεῖν ἐθέλωσι σφίσιν
4 ἐς τὴν εὐρυχωρίαν, εἰ δὲ μή, ὡς αὐτοὶ ἐπεσπλευσούμενοι. καὶ
οἱ μὲν οὔτε ἀντανήγοντο οὔτε ἃ διενοήθησαν, φάρξαι τοὺς
ἔσπλους, ἔτυχον ποιήσαντες, ἡσυχάζοντες δ' ἐν τῇ γῇ τάς τε
ναῦς ἐπλήρουν καὶ παρεσκευάζοντο, ἢν ἐσπλέῃ τις, ὡς ἐν 30
14 τῷ λιμένι ὄντι οὐ σμικρῷ ναυμαχήσοντες. οἱ δ' Ἀθηναῖοι

γνόντες καθ' ἑκάτερον τὸν ἔσπλουν ὥρμησαν ἐπ' αὐτούς,
καὶ τὰς μὲν πλείους καὶ μετεώρους ἤδη τῶν νεῶν καὶ ἀντι-
πρῴρους προσπεσόντες ἐς φυγὴν κατέστησαν, καὶ ἐπι-
διώκοντες ὡς διὰ βραχέος ἔτρωσαν μὲν πολλάς, πέντε δὲ
5 ἔλαβον, καὶ μίαν τούτων αὐτοῖς ἀνδράσιν· ταῖς δὲ λοιπαῖς
ἐν τῇ γῇ καταπεφευγυίαις ἐνέβαλλον. αἱ δὲ καὶ πληρούμεναι
ἔτι πρὶν ἀνάγεσθαι ἐκόπτοντο· καί τινας καὶ ἀναδούμενοι
κενὰς εἷλκον τῶν ἀνδρῶν ἐς φυγὴν ὡρμημένων. ἃ ὁρῶντες 2
οἱ Λακεδαιμόνιοι καὶ περιαλγοῦντες τῷ πάθει, ὅτιπερ αὐτῶν
10 οἱ ἄνδρες ἀπελαμβάνοντο ἐν τῇ νήσῳ, παρεβοήθουν, καὶ
ἐπεσβαίνοντες ἐς τὴν θάλασσαν ξὺν τοῖς ὅπλοις ἀνθεῖλκον
ἐπιλαμβανόμενοι τῶν νεῶν· καὶ ἐν τούτῳ κεκωλῦσθαι ἐδόκει
ἕκαστος ᾧ μή τινι καὶ αὐτὸς ἔργῳ παρῆν. ἐγένετό τε ὁ 3
θόρυβος μέγας καὶ ἀντηλλαγμένου τοῦ ἑκατέρων τρόπου
15 περὶ τὰς ναῦς· οἵ τε γὰρ Λακεδαιμόνιοι ὑπὸ προθυμίας καὶ
ἐκπλήξεως ὡς εἰπεῖν ἄλλο οὐδὲν ἢ ἐκ γῆς ἐναυμάχουν, οἵ
τε Ἀθηναῖοι κρατοῦντες καὶ βουλόμενοι τῇ παρούσῃ τύχῃ
ὡς ἐπὶ πλεῖστον ἐπεξελθεῖν ἀπὸ νεῶν ἐπεζομάχουν. πολύν 4
τε πόνον παρασχόντες ἀλλήλοις καὶ τραυματίσαντες διεκρί-
20 θησαν, καὶ οἱ Λακεδαιμόνιοι τὰς κενὰς ναῦς πλὴν τῶν τὸ
πρῶτον ληφθεισῶν διέσωσαν. καταστάντες δὲ ἑκάτεροι ἐς 5
τὸ στρατόπεδον οἱ μὲν τροπαῖόν τε ἔστησαν καὶ νεκροὺς
ἀπέδοσαν καὶ ναυαγίων ἐκράτησαν, καὶ τὴν νῆσον εὐθὺς
περιέπλεον καὶ ἐν φυλακῇ εἶχον ὡς τῶν ἀνδρῶν ἀπειλημ-
25 μένων· οἱ δ' ἐν τῇ ἠπείρῳ Πελοποννήσιοι καὶ ἀπὸ πάντων
ἤδη βεβοηθηκότες ἔμενον κατὰ χώραν ἐπὶ τῇ Πύλῳ.

Ἐς δὲ τὴν Σπάρτην ὡς ἠγγέλθη τὰ γεγενημένα περὶ 15
Πύλον, ἔδοξεν αὐτοῖς ὡς ἐπὶ ξυμφορᾷ μεγάλῃ τὰ τέλη κατα-
βάντας ἐς τὸ στρατόπεδον βουλεύειν παραχρῆμα ὁρῶντας
30 ὅτι ἂν δοκῇ. καὶ ὡς εἶδον ἀδύνατον ὂν τιμωρεῖν τοῖς 2
ἀνδράσι καὶ κινδυνεύειν οὐκ ἐβούλοντο ἢ ὑπὸ λιμοῦ τι

---

14 ἀντηλλαγμένου recc. Valla (*commutata ... forma dimicandi*) :
ἀντηλλαγμένος codd.   29 παραχρῆμα] πρὸς τὸ χρῆμα Ε

παθεῖν αὐτοὺς ἢ ὑπὸ πλήθους βιασθέντας κρατηθῆναι,
ἔδοξεν αὐτοῖς πρὸς τοὺς στρατηγοὺς τῶν Ἀθηναίων, ἢν
ἐθέλωσι, σπονδὰς ποιησαμένους τὰ περὶ Πύλον ἀποστεῖλαι
ἐς τὰς Ἀθήνας πρέσβεις περὶ ξυμβάσεως καὶ τοὺς ἄνδρας
16 ὡς τάχιστα πειρᾶσθαι κομίσασθαι. δεξαμένων δὲ τῶν στρα- 5
τηγῶν τὸν λόγον ἐγίγνοντο σπονδαὶ τοιαίδε, Λακεδαιμονίους
μὲν τὰς ναῦς ἐν αἷς ἐναυμάχησαν καὶ τὰς ἐν τῇ Λακωνικῇ
πάσας, ὅσαι ἦσαν μακραί, παραδοῦναι κομίσαντας ἐς Πύλον
Ἀθηναίοις, καὶ ὅπλα μὴ ἐπιφέρειν τῷ τειχίσματι μήτε κατὰ
γῆν μήτε κατὰ θάλασσαν, Ἀθηναίους δὲ τοῖς ἐν τῇ νήσῳ 10
ἀνδράσι σῖτον ἐᾶν τοὺς ἐν τῇ ἠπείρῳ Λακεδαιμονίους ἐκ-
πέμπειν τακτὸν καὶ μεμαγμένον, δύο χοίνικας ἑκάστῳ Ἀττικὰς
ἀλφίτων καὶ δύο κοτύλας οἴνου καὶ κρέας, θεράποντι δὲ τού-
των ἡμίσεα· ταῦτα δὲ ὁρώντων τῶν Ἀθηναίων ἐσπέμπειν
καὶ πλοῖον μηδὲν ἐσπλεῖν λάθρᾳ· φυλάσσειν δὲ καὶ τὴν 15
νῆσον Ἀθηναίους μηδὲν ἧσσον, ὅσα μὴ ἀποβαίνοντας, καὶ
ὅπλα μὴ ἐπιφέρειν τῷ Πελοποννησίων στρατῷ μήτε κατὰ
2 γῆν μήτε κατὰ θάλασσαν. ὅτι δ᾽ ἂν τούτων παραβαίνωσιν
ἑκάτεροι καὶ ὁτιοῦν, τότε λελύσθαι τὰς σπονδάς. ἐσπεῖσθαι
δὲ αὐτὰς μέχρι οὗ ἐπανέλθωσιν οἱ ἐκ τῶν Ἀθηνῶν Λακε- 20
δαιμονίων πρέσβεις· ἀποστεῖλαι δὲ αὐτοὺς τριήρει Ἀθηναίους
καὶ πάλιν κομίσαι. ἐλθόντων δὲ τάς τε σπονδὰς λελύσθαι
ταύτας καὶ τὰς ναῦς ἀποδοῦναι Ἀθηναίους ὁμοίας οἵασπερ
3 ἂν παραλάβωσιν. αἱ μὲν σπονδαὶ ἐπὶ τούτοις ἐγένοντο,
καὶ αἱ νῆες παρεδόθησαν οὖσαι περὶ ἑξήκοντα, καὶ οἱ πρέ- 25
σβεις ἀπεστάλησαν. ἀφικόμενοι δὲ ἐς τὰς Ἀθήνας ἔλεξαν
τοιάδε.

17 '"Ἔπεμψαν ἡμᾶς Λακεδαιμόνιοι, ὦ Ἀθηναῖοι, περὶ τῶν
ἐν τῇ νήσῳ ἀνδρῶν πράξοντας ὅτι ἂν ὑμῖν τε ὠφέλιμον ὂν
τὸ αὐτὸ πείθωμεν καὶ ἡμῖν ἐς τὴν ξυμφορὰν ὡς ἐκ τῶν 30
2 παρόντων κόσμον μάλιστα μέλλῃ οἴσειν. τοὺς δὲ λόγους

1 post βιασθέντας add. ἢ ABEFM   11 ἐσπέμπειν Dobree
17 ἐ]πιφέρε[ιν . . . 22 καὶ Π²⁴   Πελοποννησίῳ ABFM   19 τότε
? om. Π²⁴

μακροτέρους οὐ παρὰ τὸ εἰωθὸς μηκυνοῦμεν, ἀλλ' ἐπιχώριον
ὂν ἡμῖν οὗ μὲν βραχεῖς ἀρκῶσι μὴ πολλοῖς χρῆσθαι, πλέοσι
δὲ ἐν ᾧ ἂν καιρὸς ᾖ διδάσκοντάς τι τῶν προύργου λόγοις τὸ
δέον πράσσειν. λάβετε δὲ αὐτοὺς μὴ πολεμίως μηδ' ὡς 3
5 ἀξύνετοι διδασκόμενοι, ὑπόμνησιν δὲ τοῦ καλῶς βουλεύσασθαι
πρὸς εἰδότας ἡγησάμενοι.

' Ὑμῖν γὰρ εὐτυχίαν τὴν παροῦσαν ἔξεστι καλῶς θέσθαι, 4
ἔχουσι μὲν ὧν κρατεῖτε, προσλαβοῦσι δὲ τιμὴν καὶ δόξαν,
καὶ μὴ παθεῖν ὅπερ οἱ ἀήθως τι ἀγαθὸν λαμβάνοντες τῶν
10 ἀνθρώπων· αἰεὶ γὰρ τοῦ πλέονος ἐλπίδι ὀρέγονται διὰ τὸ
καὶ τὰ παρόντα ἀδοκήτως εὐτυχῆσαι. οἷς δὲ πλεῖσται 5
μεταβολαὶ ἐπ' ἀμφότερα ξυμβεβήκασι, δίκαιοί εἰσι καὶ
ἀπιστότατοι εἶναι ταῖς εὐπραγίαις· ὃ τῇ τε ὑμετέρᾳ πόλει
δι' ἐμπειρίαν καὶ ἡμῖν μάλιστ' ἂν ἐκ τοῦ εἰκότος προσείη.
15 γνῶτε δὲ καὶ ἐς τὰς ἡμετέρας νῦν ξυμφορὰς ἀπιδόντες, 18
οἵτινες ἀξίωμα μέγιστον τῶν Ἑλλήνων ἔχοντες ἥκομεν παρ'
ὑμᾶς, πρότερον αὐτοὶ κυριώτεροι νομίζοντες εἶναι δοῦναι ἐφ'
ἃ νῦν ἀφιγμένοι ὑμᾶς αἰτούμεθα. καίτοι οὔτε δυνάμεως 2
ἐνδείᾳ ἐπάθομεν αὐτὸ οὔτε μείζονος προσγενομένης ὑβρί-
20 σαντες, ἀπὸ δὲ τῶν αἰεὶ ὑπαρχόντων γνώμῃ σφαλέντες, ἐν
ᾧ πᾶσι τὸ αὐτὸ ὁμοίως ὑπάρχει. ὥστε οὐκ εἰκὸς ὑμᾶς διὰ 3
τὴν παροῦσαν νῦν ῥώμην πόλεώς τε καὶ τῶν προσγεγενη-
μένων καὶ τὸ τῆς τύχης οἴεσθαι αἰεὶ μεθ' ὑμῶν ἔσεσθαι.
σωφρόνων δὲ ἀνδρῶν οἵτινες τἀγαθὰ ἐς ἀμφίβολον ἀσφαλῶς 4
25 ἔθεντο (καὶ ταῖς ξυμφοραῖς οἱ αὐτοὶ εὐξυνετώτερον ἂν προσ-
φέροιντο), τόν τε πόλεμον νομίσωσι μὴ καθ' ὅσον ἄν τις
αὐτοῦ μέρος βούληται μεταχειρίζειν, τούτῳ ξυνεῖναι, ἀλλ'
ὡς ἂν αἱ τύχαι αὐτῶν ἡγήσωνται· καὶ ἐλάχιστ' ἂν οἱ
τοιοῦτοι πταίοντες διὰ τὸ μὴ τῷ ὀρθουμένῳ αὐτοῦ πιστεύον-
30 τες ἐπαίρεσθαι ἐν τῷ εὐτυχεῖν ἂν μάλιστα καταλύοιντο.
ὃ νῦν ὑμῖν, ὦ Ἀθηναῖοι, καλῶς ἔχει πρὸς ἡμᾶς πρᾶξαι, 5

15 νῦν om. A E F M [B]   24 ἀναμφίβολον Hude   27 τούτῳ]
οὕτω Dobree   29 αὐτοὺς A B E F M

καὶ μή ποτε ὕστερον, ἢν ἄρα μὴ πειθόμενοι σφαλῆτε, ἃ
πολλὰ ἐνδέχεται, νομισθῆναι τύχῃ καὶ τὰ νῦν προχωρήσαντα
κρατῆσαι, ἐξὸν ἀκίνδυνον δόκησιν ἰσχύος καὶ ξυνέσεως ἐς τὸ
ἔπειτα καταλιπεῖν.

19 ' Λακεδαιμόνιοι δὲ ὑμᾶς προκαλοῦνται ἐς σπονδὰς καὶ 5
διάλυσιν πολέμου, διδόντες μὲν εἰρήνην καὶ ξυμμαχίαν καὶ
ἄλλην φιλίαν πολλὴν καὶ οἰκειότητα ἐς ἀλλήλους ὑπάρχειν,
ἀνταιτοῦντες δὲ τοὺς ἐκ τῆς νήσου ἄνδρας, καὶ ἄμεινον
ἡγούμενοι ἀμφοτέροις μὴ διακινδυνεύεσθαι, εἴτε βίᾳ δια-
φύγοιεν παρατυχούσης τινὸς σωτηρίας εἴτε καὶ ἐκπολιορκη- 10
2 θέντες μᾶλλον ἂν χειρωθεῖεν. νομίζομέν τε τὰς μεγάλας
ἔχθρας μάλιστ' ἂν διαλύεσθαι βεβαίως, οὐκ ἢν ἀνταμυνόμενός
τις καὶ ἐπικρατήσας τὰ πλείω τοῦ πολέμου κατ' ἀνάγκην
ὅρκοις ἐγκαταλαμβάνων μὴ ἀπὸ τοῦ ἴσου ξυμβῇ, ἀλλ' ἢν
παρὸν τὸ αὐτὸ δρᾶσαι πρὸς τὸ ἐπιεικὲς καὶ ἀρετῇ αὐτὸν 15
3 νικήσας παρὰ ἃ προσεδέχετο μετρίως ξυναλλαγῇ. ὀφείλων
γὰρ ἤδη ὁ ἐναντίος μὴ ἀνταμύνεσθαι ὡς βιασθείς, ἀλλ'
ἀνταποδοῦναι ἀρετήν, ἑτοιμότερός ἐστιν αἰσχύνῃ ἐμμένειν
4 οἷς ξυνέθετο. καὶ μᾶλλον πρὸς τοὺς μειζόνως ἐχθροὺς τοῦτο
δρῶσιν οἱ ἄνθρωποι ἢ πρὸς τοὺς τὰ μέτρια διενεχθέντας· 20
πεφύκασί τε τοῖς μὲν ἑκουσίως ἐνδοῦσιν ἀνθησσᾶσθαι
μεθ' ἡδονῆς, πρὸς δὲ τὰ ὑπεραυχοῦντα καὶ παρὰ γνώμην
διακινδυνεύειν.

20 ' Ἡμῖν δὲ καλῶς, εἴπερ ποτέ, ἔχει ἀμφοτέροις ἡ ξυναλλαγή,
πρίν τι ἀνήκεστον διὰ μέσου γενόμενον ἡμᾶς καταλαβεῖν, ἐν 25
ᾧ ἀνάγκη ἀΐδιον ὑμῖν ἔχθραν πρὸς τῇ κοινῇ καὶ ἰδίαν ἔχειν,
2 ὑμᾶς δὲ στερηθῆναι ὧν νῦν προκαλούμεθα. ἔτι δ' ὄντων
ἀκρίτων καὶ ὑμῖν μὲν δόξης καὶ ἡμετέρας φιλίας προσγι-
γνομένης, ἡμῖν δὲ πρὸ αἰσχροῦ τινὸς ξυμφορᾶς μετρίως
κατατιθεμένης διαλλαγῶμεν, καὶ αὐτοί τε ἀντὶ πολέμου 30
εἰρήνην ἑλώμεθα καὶ τοῖς ἄλλοις Ἕλλησιν ἀνάπαυσιν κακῶν

ποιήσωμεν· οἳ καὶ ἐν τούτῳ ὑμᾶς αἰτιωτέρους ἡγήσονται.
πολεμοῦνται μὲν γὰρ ἀσαφῶς ὁποτέρων ἀρξάντων· κατα-
λύσεως δὲ γενομένης, ἧς νῦν ὑμεῖς τὸ πλέον κύριοί ἐστε,
τὴν χάριν ὑμῖν προσθήσουσιν. ἤν τε γνῶτε, Λακεδαιμονίοις 3
5 ἔξεστιν ὑμῖν φίλους γενέσθαι βεβαίως, αὐτῶν τε προκαλεσα-
μένων χαρισαμένοις τε μᾶλλον ἢ βιασαμένοις. καὶ ἐν τούτῳ 4
τὰ ἐνόντα ἀγαθὰ σκοπεῖτε ὅσα εἰκὸς εἶναι· ἡμῶν γὰρ καὶ
ὑμῶν ταὐτὰ λεγόντων τό γε ἄλλο Ἑλληνικὸν ἴστε ὅτι
ὑποδεέστερον ὂν τὰ μέγιστα τιμήσει.’

10 Οἱ μὲν οὖν Λακεδαιμόνιοι τοσαῦτα εἶπον, νομίζοντες τοὺς 21
Ἀθηναίους ἐν τῷ πρὶν χρόνῳ σπονδῶν μὲν ἐπιθυμεῖν, σφῶν
δὲ ἐναντιουμένων κωλύεσθαι, διδομένης δὲ εἰρήνης ἀσμένους
δέξεσθαί τε καὶ τοὺς ἄνδρας ἀποδώσειν. οἱ δὲ τὰς μὲν 2
σπονδάς, ἔχοντες τοὺς ἄνδρας ἐν τῇ νήσῳ, ἤδη σφίσιν
15 ἐνόμιζον ἑτοίμους εἶναι, ὁπόταν βούλωνται ποιεῖσθαι πρὸς
αὐτούς, τοῦ δὲ πλέονος ὠρέγοντο. μάλιστα δὲ αὐτοὺς 3
ἐνῆγε Κλέων ὁ Κλεαινέτου, ἀνὴρ δημαγωγὸς κατ’ ἐκεῖνον
τὸν χρόνον ὢν καὶ τῷ πλήθει πιθανώτατος· καὶ ἔπεισεν
ἀποκρίνασθαι ὡς χρὴ τὰ μὲν ὅπλα καὶ σφᾶς αὐτοὺς τοὺς ἐν
20 τῇ νήσῳ παραδόντας πρῶτον κομισθῆναι Ἀθήναζε, ἐλθόντων
δὲ ἀποδόντας Λακεδαιμονίους Νίσαιαν καὶ Πηγὰς καὶ
Τροιζῆνα καὶ Ἀχαΐαν, ἃ οὐ πολέμῳ ἔλαβον, ἀλλ’ ἀπὸ τῆς
προτέρας ξυμβάσεως Ἀθηναίων ξυγχωρησάντων κατὰ ξυμ-
φορὰς καὶ ἐν τῷ τότε δεομένων τι μᾶλλον σπονδῶν, κομί-
25 σασθαι τοὺς ἄνδρας καὶ σπονδὰς ποιήσασθαι ὁπόσον ἂν
δοκῇ χρόνον ἀμφοτέροις. οἱ δὲ πρὸς μὲν τὴν ἀπόκρισιν 22
οὐδὲν ἀντεῖπον, ξυνέδρους δὲ σφίσιν ἐκέλευον ἑλέσθαι οἵτινες
λέγοντες καὶ ἀκούοντες περὶ ἑκάστου ξυμβήσονται κατὰ
ἡσυχίαν ὅτι ἂν πείθωσιν ἀλλήλους. Κλέων δὲ ἐνταῦθα δὴ 2
30 πολὺς ἐνέκειτο, λέγων γιγνώσκειν μὲν καὶ πρότερον οὐδὲν
ἐν νῷ ἔχοντας δίκαιον αὐτούς, σαφὲς δ’ εἶναι καὶ νῦν,

3 γινομένης A B E F M   6 βιασαμένων C G?   12 ἀσμένως G
13 δέξεσθαι G : δέχεσθαι A B : δέξασθαι cett.

οἵτινες τῷ μὲν πλήθει οὐδὲν ἐθέλουσιν εἰπεῖν, ὀλίγοις δὲ
ἀνδράσι ξύνεδροι βούλονται γίγνεσθαι· ἀλλὰ εἴ τι ὑγιὲς
3 διανοοῦνται, λέγειν ἐκέλευσεν ἅπασιν. ὁρῶντες δὲ οἱ
Λακεδαιμόνιοι οὔτε σφίσιν οἷόν τε ὂν ἐν πλήθει εἰπεῖν, εἴ
τι καὶ ὑπὸ τῆς ξυμφορᾶς ἐδόκει αὐτοῖς ξυγχωρεῖν, μὴ ἐς 5
τοὺς ξυμμάχους διαβληθῶσιν εἰπόντες καὶ οὐ τυχόντες, οὔτε
τοὺς Ἀθηναίους ἐπὶ μετρίοις ποιήσοντας ἃ προυκαλοῦντο,
23 ἀνεχώρησαν ἐκ τῶν Ἀθηνῶν ἄπρακτοι. ἀφικομένων δὲ
αὐτῶν διελέλυντο εὐθὺς αἱ σπονδαὶ αἱ περὶ Πύλον, καὶ τὰς
ναῦς οἱ Λακεδαιμόνιοι ἀπῄτουν, καθάπερ ξυνέκειτο· οἱ δ' 10
Ἀθηναῖοι ἐγκλήματα ἔχοντες ἐπιδρομήν τε τῷ τειχίσματι
παράσπονδον καὶ ἄλλα οὐκ ἀξιόλογα δοκοῦντα εἶναι οὐκ
ἀπεδίδοσαν, ἰσχυριζόμενοι ὅτι δὴ εἴρητο, ἐὰν καὶ ὁτιοῦν
παραβαθῇ, λελύσθαι τὰς σπονδάς. οἱ δὲ Λακεδαιμόνιοι
ἀντέλεγόν τε καὶ ἀδίκημα ἐπικαλέσαντες τὸ τῶν νεῶν 15
2 ἀπελθόντες ἐς πόλεμον καθίσταντο. καὶ τὰ περὶ Πύλον
ὑπ' ἀμφοτέρων κατὰ κράτος ἐπολεμεῖτο, Ἀθηναῖοι μὲν δυοῖν
νεοῖν ἐναντίαιν αἰεὶ τὴν νῆσον περιπλέοντες τῆς ἡμέρας
(τῆς δὲ νυκτὸς καὶ ἅπασαι περιώρμουν, πλὴν τὰ πρὸς τὸ
πέλαγος, ὁπότε ἄνεμος εἴη· καὶ ἐκ τῶν Ἀθηνῶν αὐτοῖς 20
εἴκοσι νῆες ἀφίκοντο ἐς τὴν φυλακήν, ὥστε αἱ πᾶσαι
ἑβδομήκοντα ἐγένοντο), Πελοποννήσιοι δὲ ἔν τε τῇ ἠπείρῳ
στρατοπεδευόμενοι καὶ προσβολὰς ποιούμενοι τῷ τείχει,
σκοποῦντες καιρὸν εἴ τις παραπέσοι ὥστε τοὺς ἄνδρας
σῶσαι. 25

24 Ἐν τούτῳ δὲ οἱ ἐν τῇ Σικελίᾳ Συρακόσιοι καὶ οἱ ξύμ-
μαχοι πρὸς ταῖς ἐν Μεσσήνῃ φρουρούσαις ναυσὶ τὸ ἄλλο
ναυτικὸν ὃ παρεσκευάζοντο προσκομίσαντες τὸν πόλεμον
2 ἐποιοῦντο ἐκ τῆς Μεσσήνης (καὶ μάλιστα ἐνῆγον οἱ
Λοκροὶ τῶν Ῥηγίνων κατὰ ἔχθραν, καὶ αὐτοὶ δὲ ἐσεβεβλή- 30
3 κεσαν πανδημεὶ ἐς τὴν γῆν αὐτῶν), καὶ ναυμαχίας ἀπο-

---

4 εἴ τι Poppo : εἴτε codd.   9 διελέλυντο Cobet : διελύοντο
codd.   18 νεοῖν om. A B E F M, fortasse etiam C

πειρᾶσθαι ἐβούλοντο, ὁρῶντες τοῖς Ἀθηναίοις τὰς μὲν
παρούσας ὀλίγας ναῦς, ταῖς δὲ πλέοσι καὶ μελλούσαις
ἥξειν πυνθανόμενοι τὴν νῆσον πολιορκεῖσθαι. εἰ γὰρ 4
κρατήσειαν τῷ ναυτικῷ, τὸ Ῥήγιον ἤλπιζον πεζῇ τε καὶ
5 ναυσὶν ἐφορμοῦντες ῥᾳδίως χειρώσεσθαι, καὶ ἤδη σφῶν
ἰσχυρὰ τὰ πράγματα γίγνεσθαι· ξύνεγγυς γὰρ κειμένου τοῦ
τε Ῥηγίου ἀκρωτηρίου τῆς Ἰταλίας τῆς τε Μεσσήνης τῆς
Σικελίας, τοῖς Ἀθηναίοις [τε] οὐκ ἂν εἶναι ἐφορμεῖν καὶ τοῦ
πορθμοῦ κρατεῖν. ἔστι δὲ ὁ πορθμὸς ἡ μεταξὺ Ῥηγίου 5
10 θάλασσα καὶ Μεσσήνης, ᾗπερ βραχύτατον Σικελία τῆς
ἠπείρου ἀπέχει· καὶ ἔστιν ἡ Χάρυβδις κληθεῖσα τοῦτο, ᾗ
Ὀδυσσεὺς λέγεται διαπλεῦσαι. διὰ στενότητα δὲ καὶ ἐκ
μεγάλων πελαγῶν, τοῦ τε Τυρσηνικοῦ καὶ τοῦ Σικελικοῦ,
ἐσπίπτουσα ἡ θάλασσα ἐς αὐτὸ καὶ ῥοώδης οὖσα εἰκότως
15 χαλεπὴ ἐνομίσθη. ἐν τούτῳ οὖν τῷ μεταξὺ οἱ Συρακόσιοι 25
καὶ οἱ ξύμμαχοι ναυσὶν ὀλίγῳ πλέοσιν ἢ τριάκοντα ἠναγ-
κάσθησαν ὀψὲ τῆς ἡμέρας ναυμαχῆσαι περὶ πλοίου δια-
πλέοντος, ἀντεπαναγόμενοι πρός τε Ἀθηναίων ναῦς ἑκκαίδεκα
καὶ Ῥηγίνας ὀκτώ. καὶ νικηθέντες ὑπὸ τῶν Ἀθηναίων διὰ 2
20 τάχους ἀπέπλευσαν ὡς ἕκαστοι ἔτυχον ἐς τὰ οἰκεῖα στρατό-
πεδα, τό τε ἐν τῇ Μεσσήνῃ καὶ ἐν τῷ Ῥηγίῳ, μίαν ναῦν
ἀπολέσαντες· καὶ νὺξ ἐπεγένετο τῷ ἔργῳ. μετὰ δὲ τοῦτο 3
οἱ μὲν Λοκροὶ ἀπῆλθον ἐκ τῆς Ῥηγίνων, ἐπὶ δὲ τὴν
Πελωρίδα τῆς Μεσσήνης ξυλλεγεῖσαι αἱ τῶν Συρακοσίων
25 καὶ ξυμμάχων νῆες ὥρμουν καὶ ὁ πεζὸς αὐτοῖς παρῆν.
προσπλεύσαντες δὲ οἱ Ἀθηναῖοι καὶ Ῥηγῖνοι ὁρῶντες τὰς 4
ναῦς κενὰς ἐνέβαλον, καὶ χειρὶ σιδηρᾷ ἐπιβληθείσῃ μίαν
ναῦν αὐτοὶ ἀπώλεσαν τῶν ἀνδρῶν ἀποκολυμβησάντων. καὶ 5
μετὰ τοῦτο τῶν Συρακοσίων ἐσβάντων ἐς τὰς ναῦς καὶ
30 παραπλεόντων ἀπὸ κάλω ἐς τὴν Μεσσήνην, αὖθις προσ-
βαλόντες οἱ Ἀθηναῖοι, ἀποσιμωσάντων ἐκείνων καὶ προεμ-

2 ναῦς ὀλίγας Cobet   5 χειρώσασθαι A B F M   8 τε om. recc.
17 post πλοίου add. δὲ ⟨G⟩   18 ἀντεπαγόμενοι A B F   21 τό τε...
Ῥηγίῳ secl. Herwerden   28 αὐτοὶ C Schol.: αὐτοῖς cett.

6 βαλόντων, ἑτέραν ναῦν ἀπολλύουσιν. καὶ ἐν τῷ παράπλῳ
καὶ τῇ ναυμαχίᾳ τοιουτοτρόπῳ γενομένῃ οὐκ ἔλασσον ἔχοντες
οἱ Συρακόσιοι παρεκομίσθησαν ἐς τὸν ἐν τῇ Μεσσήνῃ
λιμένα.

7 Καὶ οἱ μὲν Ἀθηναῖοι, Καμαρίνης ἀγγελθείσης προ- 5
δίδοσθαι Συρακοσίοις ὑπ᾽ Ἀρχίου καὶ τῶν μετ᾽ αὐτοῦ,
ἔπλευσαν ἐκεῖσε· Μεσσήνιοι δ᾽ ἐν τούτῳ πανδημεὶ κατὰ
γῆν καὶ ταῖς ναυσὶν ἅμα ἐστράτευσαν ἐπὶ Νάξον τὴν Χαλ-
8 κιδικὴν ὅμορον οὖσαν. καὶ τῇ πρώτῃ ἡμέρᾳ τειχήρεις ποιή-
σαντες τοὺς Ναξίους ἐδῄουν τὴν γῆν, τῇ δ᾽ ὑστεραίᾳ ταῖς 10
μὲν ναυσὶ περιπλεύσαντες κατὰ τὸν Ἀκεσίνην ποταμὸν τὴν
9 γῆν ἐδῄουν, τῷ δὲ πεζῷ πρὸς τὴν πόλιν ἐσέβαλλον. ἐν
τούτῳ δὲ οἱ Σικελοὶ ὑπὲρ τῶν ἄκρων πολλοὶ κατέβαινον
βοηθοῦντες ἐπὶ τοὺς Μεσσηνίους. καὶ οἱ Νάξιοι ὡς εἶδον,
θαρσήσαντες καὶ παρακελευόμενοι ἐν ἑαυτοῖς ὡς οἱ Λεοντῖνοι 15
σφίσι καὶ οἱ ἄλλοι Ἕλληνες ξύμμαχοι ἐς τιμωρίαν ἐπέρ-
χονται, ἐκδραμόντες ἄφνω ἐκ τῆς πόλεως προσπίπτουσι
τοῖς Μεσσηνίοις, καὶ τρέψαντες ἀπέκτεινάν τε ὑπὲρ χιλίους
καὶ οἱ λοιποὶ χαλεπῶς ἀπεχώρησαν ἐπ᾽ οἴκου· καὶ γὰρ
οἱ βάρβαροι ἐν ταῖς ὁδοῖς ἐπιπεσόντες τοὺς πλείστους 20
10 διέφθειραν. καὶ αἱ νῆες σχοῦσαι ἐς τὴν Μεσσήνην ὕστερον
ἐπ᾽ οἴκου ἕκασται διεκρίθησαν. Λεοντῖνοι δὲ εὐθὺς καὶ οἱ
ξύμμαχοι μετὰ Ἀθηναίων ἐς τὴν Μεσσήνην ὡς κεκακωμένην
ἐστράτευον, καὶ προσβάλλοντες οἱ μὲν Ἀθηναῖοι κατὰ τὸν
λιμένα ταῖς ναυσὶν ἐπείρων, ὁ δὲ πεζὸς πρὸς τὴν πόλιν. 25
11 ἐπεκδρομὴν δὲ ποιησάμενοι οἱ Μεσσήνιοι καὶ Λοκρῶν τινὲς
μετὰ τοῦ Δημοτέλους, οἳ μετὰ τὸ πάθος ἐγκατελείφθησαν
φρουροί, ἐξαπιναίως προσπεσόντες τρέπουσι τοῦ στρατεύ-
ματος τῶν Λεοντίνων τὸ πολὺ καὶ ἀπέκτειναν πολλούς.
ἰδόντες δὲ οἱ Ἀθηναῖοι καὶ ἀποβάντες ἀπὸ τῶν νεῶν ἐβοή- 30
θουν, καὶ κατεδίωξαν τοὺς Μεσσηνίους πάλιν ἐς τὴν πόλιν,

12 ἐσέβαλον G: προσέβαλλον Poppo   13 post Σικελοὶ add. οἱ
Krüger   16 οἱ om. A B F   24 προσβαλόντες B (G) M

τεταραγμένοις ἐπιγενόμενοι· καὶ τροπαῖον στήσαντες ἀνεχώ-
ρησαν ἐς τὸ Ῥήγιον. μετὰ δὲ τοῦτο οἱ μὲν ἐν τῇ Σικελίᾳ 12
Ἕλληνες ἄνευ τῶν Ἀθηναίων κατὰ γῆν ἐστράτευον ἐπ'
ἀλλήλους.

5 Ἐν δὲ τῇ Πύλῳ ἔτι ἐπολιόρκουν τοὺς ἐν τῇ νήσῳ Λακε- 26
δαιμονίους οἱ Ἀθηναῖοι, καὶ τὸ ἐν τῇ ἠπείρῳ στρατόπεδον
τῶν Πελοποννησίων κατὰ χώραν ἔμενεν. ἐπίπονος δ' ἦν 2
τοῖς Ἀθηναίοις ἡ φυλακὴ σίτου τε ἀπορίᾳ καὶ ὕδατος· οὐ
γὰρ ἦν κρήνη ὅτι μὴ μία ἐν αὐτῇ τῇ ἀκροπόλει τῆς Πύλου
10 καὶ αὕτη οὐ μεγάλη, ἀλλὰ διαμώμενοι τὸν κάχληκα οἱ
πλεῖστοι ἐπὶ τῇ θαλάσσῃ ἔπινον οἷον εἰκὸς ὕδωρ. στενο- 3
χωρία τε ἐν ὀλίγῳ στρατοπεδευομένοις ἐγίγνετο, καὶ τῶν νεῶν
οὐκ ἐχουσῶν ὅρμον αἱ μὲν σῖτον ἐν τῇ γῇ ᾑροῦντο κατὰ
μέρος, αἱ δὲ μετέωροι ὥρμουν. ἀθυμίαν τε πλείστην ὁ 4
15 χρόνος παρεῖχε παρὰ λόγον ἐπιγιγνόμενος, οὓς ᾤοντο
ἡμερῶν ὀλίγων ἐκπολιορκήσειν ἐν νήσῳ τε ἐρήμῃ καὶ ὕδατι
ἁλμυρῷ χρωμένους. αἴτιον δὲ ἦν οἱ Λακεδαιμόνιοι προει- 5
πόντες ἐς τὴν νῆσον ἐσάγειν σῖτόν τε τὸν βουλόμενον
ἀληλεμένον καὶ οἶνον καὶ τυρὸν καὶ εἴ τι ἄλλο βρῶμα, οἷ'
20 ἂν ἐς πολιορκίαν ξυμφέρῃ, τάξαντες ἀργυρίου πολλοῦ καὶ
τῶν Εἱλώτων τῷ ἐσαγαγόντι ἐλευθερίαν ὑπισχνούμενοι.
καὶ ἐσῆγον ἄλλοι τε παρακινδυνεύοντες καὶ μάλιστα οἱ 6
Εἵλωτες, ἀπαίροντες ἀπὸ τῆς Πελοποννήσου ὁπόθεν τύχοιεν
καὶ καταπλέοντες ἔτι νυκτὸς ἐς τὰ πρὸς τὸ πέλαγος τῆς
25 νήσου. μάλιστα δὲ ἐτήρουν ἀνέμῳ καταφέρεσθαι· ῥᾷον 7
γὰρ τὴν φυλακὴν τῶν τριήρων ἐλάνθανον, ὁπότε πνεῦμα ἐκ
πόντου εἴη· ἄπορον γὰρ ἐγίγνετο περιορμεῖν, τοῖς δὲ ἀφειδὴς
ὁ κατάπλους καθειστήκει· ἐπώκελλον γὰρ τὰ πλοῖα τετιμη-
μένα χρημάτων, καὶ οἱ ὁπλῖται περὶ τὰς κατάρσεις τῆς
30 νήσου ἐφύλασσον. ὅσοι δὲ γαλήνῃ κινδυνεύσειαν, ἡλί-
σκοντο. ἐσένεον δὲ καὶ κατὰ τὸν λιμένα κολυμβηταὶ ὕφυδροι, 8

19 ἀληλεσμένον Β Ε (-ησμένον) G M Suid.   οἷον Α Β Ε F M γρ. G¹
20 ξυμφέρῃ Α Β f: ξυμφέροι G: ξυμφέρει cett.   30 post δὲ add. ἐν Krüger
31 δὲ om. Α Β Ε F M   κολυμβηταὶ f Suid.: κολυμβηῖοὶ codd.

καλῳδίῳ ἐν ἀσκοῖς ἐφέλκοντες μήκωνα μεμελιτωμένην καὶ
λίνου σπέρμα κεκομμένον· ὧν τὸ πρῶτον λανθανόντων
9 φυλακαὶ ὕστερον ἐγένοντο. παντί τε τρόπῳ ἑκάτεροι
ἐτεχνῶντο οἱ μὲν ἐσπέμπειν τὰ σιτία, οἱ δὲ μὴ λανθάνειν
σφᾶς. 5

27 Ἐν δὲ ταῖς Ἀθήναις πυνθανόμενοι περὶ τῆς στρατιᾶς
ὅτι ταλαιπωρεῖται καὶ σῖτος τοῖς ἐν τῇ νήσῳ ὅτι ἐσπλεῖ,
ἠπόρουν καὶ ἐδεδοίκεσαν μὴ σφῶν χειμὼν τὴν φυλακὴν
ἐπιλάβοι, ὁρῶντες τῶν τε ἐπιτηδείων τὴν περὶ τὴν Πελο-
πόννησον κομιδὴν ἀδύνατον ἐσομένην, ἅμα ἐν χωρίῳ ἐρήμῳ 10
καὶ οὐδ᾽ ἐν θέρει οἷοί τε ὄντες ἱκανὰ περιπέμπειν, τόν τε
ἔφορμον χωρίων ἀλιμένων ὄντων οὐκ ἐσόμενον, ἀλλ᾽ ἢ
σφῶν ἀνέντων τὴν φυλακὴν περιγενήσεσθαι τοὺς ἄνδρας
ἢ τοῖς πλοίοις ἃ τὸν σῖτον αὐτοῖς ἦγε χειμῶνα τηρήσαντας
2 ἐκπλεύσεσθαι. πάντων τε ἐφοβοῦντο μάλιστα τοὺς Λακε- 15
δαιμονίους, ὅτι ἔχοντάς τι ἰσχυρὸν αὐτοὺς ἐνόμιζον οὐκέτι
σφίσιν ἐπικηρυκεύεσθαι· καὶ μετεμέλοντο τὰς σπονδὰς οὐ
3 δεξάμενοι. Κλέων δὲ γνοὺς αὐτῶν τὴν ἐς αὑτὸν ὑποψίαν
περὶ τῆς κωλύμης τῆς ξυμβάσεως οὐ τἀληθῆ ἔφη λέγειν
τοὺς ἐξαγγέλλοντας. παραινούντων δὲ τῶν ἀφιγμένων, εἰ 20
μὴ σφίσι πιστεύουσι, κατασκόπους τινὰς πέμψαι, ᾑρέθη
4 κατάσκοπος αὐτὸς μετὰ Θεαγένους ὑπὸ Ἀθηναίων. καὶ
γνοὺς ὅτι ἀναγκασθήσεται ἢ ταὐτὰ λέγειν οἷς διέβαλλεν ἢ
τἀναντία εἰπὼν ψευδὴς φανήσεσθαι, παρῄνει τοῖς Ἀθηναίοις,
ὁρῶν αὐτοὺς καὶ ὡρμημένους τι τὸ πλέον τῇ γνώμῃ στρα- 25
τεύειν, ὡς χρὴ κατασκόπους μὲν μὴ πέμπειν μηδὲ διαμέλ-
λειν καιρὸν παριέντας, εἰ δὲ δοκεῖ αὐτοῖς ἀληθῆ εἶναι τὰ
5 ἀγγελλόμενα, πλεῖν ἐπὶ τοὺς ἄνδρας. καὶ ἐς Νικίαν τὸν
Νικηράτου στρατηγὸν ὄντα ἀπεσήμαινεν, ἐχθρὸς ὢν καὶ
ἐπιτιμῶν, ῥᾴδιον εἶναι παρασκευῇ, εἰ ἄνδρες εἶεν οἱ στρατηγοί, 30
πλεύσαντας λαβεῖν τοὺς ἐν τῇ νήσῳ, καὶ αὐτός γ᾽ ἄν, εἰ

ἦρχε, ποιῆσαι τοῦτο. ὁ δὲ Νικίας τῶν τε Ἀθηναίων τι 28
ὑποθορυβησάντων ἐς τὸν Κλέωνα, ὅτι οὐ καὶ νῦν πλεῖ, εἰ
ῥᾴδιόν γε αὐτῷ φαίνεται, καὶ ἅμα ὁρῶν αὐτὸν ἐπιτιμῶντα,
ἐκέλευεν ἥντινα βούλεται δύναμιν λαβόντα τὸ ἐπὶ σφᾶς
5 εἶναι ἐπιχειρεῖν. ὁ δὲ τὸ μὲν πρῶτον οἰόμενος αὐτὸν λόγῳ 2
μόνον ἀφιέναι ἑτοῖμος ἦν, γνοὺς δὲ τῷ ὄντι παραδωσείοντα
ἀνεχώρει καὶ οὐκ ἔφη αὐτὸς ἀλλ' ἐκεῖνον στρατηγεῖν, δεδιὼς
ἤδη καὶ οὐκ ἂν οἰόμενός οἱ αὐτὸν τολμῆσαι ὑποχωρῆσαι.
αὖθις δὲ ὁ Νικίας ἐκέλευε καὶ ἐξίστατο τῆς ἐπὶ Πύλῳ ἀρχῆς 3
10 καὶ μάρτυρας τοὺς Ἀθηναίους ἐποιεῖτο. οἱ δέ, οἷον ὄχλος
φιλεῖ ποιεῖν, ὅσῳ μᾶλλον ὁ Κλέων ὑπέφευγε τὸν πλοῦν καὶ
ἐξανεχώρει τὰ εἰρημένα, τόσῳ ἐπεκελεύοντο τῷ Νικίᾳ παρα-
διδόναι τὴν ἀρχὴν καὶ ἐκείνῳ ἐπεβόων πλεῖν. ὥστε οὐκ 4
ἔχων ὅπως τῶν εἰρημένων ἔτι ἐξαπαλλαγῇ, ὑφίσταται τὸν
15 πλοῦν, καὶ παρελθὼν οὔτε φοβεῖσθαι ἔφη Λακεδαιμονίους
πλεύσεσθαί τε λαβὼν ἐκ μὲν τῆς πόλεως οὐδένα, Λημνίους
δὲ καὶ Ἰμβρίους τοὺς παρόντας καὶ πελταστὰς οἳ ἦσαν ἔκ
τε Αἴνου βεβοηθηκότες καὶ ἄλλοθεν τοξότας τετρακοσίους·
ταῦτα δὲ ἔχων ἔφη πρὸς τοῖς ἐν Πύλῳ στρατιώταις ἐντὸς
20 ἡμερῶν εἴκοσιν ἢ ἄξειν Λακεδαιμονίους ζῶντας ἢ αὐτοῦ
ἀποκτενεῖν. τοῖς δὲ Ἀθηναίοις ἐνέπεσε μέν τι καὶ γέλωτος 5
τῇ κουφολογίᾳ αὐτοῦ, ἀσμένοις δ' ὅμως ἐγίγνετο τοῖς σώ-
φροσι τῶν ἀνθρώπων, λογιζομένοις δυοῖν ἀγαθοῖν τοῦ ἑτέρου
τεύξεσθαι, ἢ Κλέωνος ἀπαλλαγήσεσθαι, ὃ μᾶλλον ἤλπιζον,
25 ἢ σφαλεῖσι γνώμης Λακεδαιμονίους σφίσι χειρώσεσθαι.

Καὶ πάντα διαπραξάμενος ἐν τῇ ἐκκλησίᾳ καὶ ψη- 29
φισαμένων Ἀθηναίων αὐτῷ τὸν πλοῦν, τῶν τε ἐν Πύλῳ
στρατηγῶν ἕνα προσελόμενος Δημοσθένη, τὴν ἀναγωγὴν
διὰ τάχους ἐποιεῖτο. τὸν δὲ Δημοσθένη προσέλαβε πυν- 2
30 θανόμενος τὴν ἀπόβασιν αὐτὸν ἐς τὴν νῆσον διανοεῖσθαι.
οἱ γὰρ στρατιῶται κακοπαθοῦντες τοῦ χωρίου τῇ ἀπορίᾳ καὶ

μᾶλλον πολιορκούμενοι ἢ πολιορκοῦντες ὥρμηντο διακιν-
δυνεῦσαι. καὶ αὐτῷ ἔτι ῥώμην καὶ ἡ νῆσος ἐμπρησθεῖσα
3 παρέσχεν. πρότερον μὲν γὰρ οὔσης αὐτῆς ὑλώδους ἐπὶ τὸ
πολὺ καὶ ἀτριβοῦς διὰ τὴν αἰεὶ ἐρημίαν ἐφοβεῖτο καὶ πρὸς
τῶν πολεμίων τοῦτο ἐνόμιζε μᾶλλον εἶναι· πολλῷ γὰρ ἂν 5
στρατοπέδῳ ἀποβάντι ἐξ ἀφανοῦς χωρίου προσβάλλοντας
αὐτοὺς βλάπτειν. σφίσι μὲν γὰρ τὰς ἐκείνων ἁμαρτίας
καὶ παρασκευὴν ὑπὸ τῆς ὕλης οὐκ ἂν ὁμοίως δῆλα εἶναι,
τοῦ δὲ αὑτῶν στρατοπέδου καταφανῆ ἂν εἶναι πάντα τὰ
ἁμαρτήματα, ὥστε προσπίπτειν ἂν αὐτοὺς ἀπροσδοκήτως 10
ᾗ βούλοιντο· ἐπ' ἐκείνοις γὰρ εἶναι ἂν τὴν ἐπιχείρησιν.
4 εἰ δ' αὖ ἐς δασὺ χωρίον βιάζοιτο ὁμόσε ἰέναι, τοὺς ἐλάσ-
σους, ἐμπείρους δὲ τῆς χώρας, κρείσσους ἐνόμιζε τῶν πλεόνων
ἀπείρων· λανθάνειν τε ἂν τὸ ἑαυτῶν στρατόπεδον πολὺ ὂν
διαφθειρόμενον, οὐκ οὔσης τῆς προσόψεως ᾗ χρῆν ἀλλήλοις 15
30 ἐπιβοηθεῖν. ἀπὸ δὲ τοῦ Αἰτωλικοῦ πάθους, ὃ διὰ τὴν
2 ὕλην μέρος τι ἐγένετο, οὐχ ἥκιστα αὐτὸν ταῦτα ἐσῄει. τῶν
δὲ στρατιωτῶν ἀναγκασθέντων διὰ τὴν στενοχωρίαν τῆς
νήσου τοῖς ἐσχάτοις προσίσχοντας ἀριστοποιεῖσθαι διὰ
προφυλακῆς καὶ ἐμπρήσαντός τινος κατὰ μικρὸν τῆς ὕλης 20
ἄκοντος καὶ ἀπὸ τούτου πνεύματος ἐπιγενομένου τὸ πολὺ
3 αὐτῆς ἔλαθε κατακαυθέν. οὕτω δὴ τούς τε Λακεδαιμονίους
μᾶλλον κατιδὼν πλείους ὄντας, ὑπονοῶν πρότερον ἐλάσσοσι
τὸν σῖτον αὐτοῦ ἐσπέμπειν, τήν τε νῆσον εὐαποβατωτέραν
οὖσαν, τότε ὡς ἐπ' ἀξιόχρεων τοὺς Ἀθηναίους μᾶλλον 25
σπουδὴν ποιεῖσθαι τὴν ἐπιχείρησιν παρεσκευάζετο, στρατιάν
τε μεταπέμπων ἐκ τῶν ἐγγὺς ξυμμάχων καὶ τὰ ἄλλα
ἑτοιμάζων.

4 Κλέων δὲ ἐκείνῳ τε προπέμψας ἄγγελον ὡς ἥξων καὶ
ἔχων στρατιὰν ἣν ᾐτήσατο, ἀφικνεῖται ἐς Πύλον. καὶ ἅμα 30

3 παρεῖχε G M   αὐτῆς οὔσης A B   10 ἁμαρτήμ[ατα . . . 11
ἐπιχείρη]σιν Π²   ἀπροσδοκη]τὼς Π²   11 ἂν εἶναι A B F   15
προσόψεως Poppo   χρῆ recc.   19 προίσχοντας A B E F M   24 αὐ-
τόσε Krüger   25–26 τότε . . . ποιεῖσθαι in codd. post ἐσπέμπειν
leguntur, transposuit Krüger

γενόμενοι πέμπουσι πρῶτον ἐς τὸ ἐν τῇ ἠπείρῳ στρατόπεδον
κήρυκα, προκαλούμενοι, εἰ βούλοιντο, ἄνευ κινδύνου τοὺς ἐν
τῇ νήσῳ ἄνδρας σφίσι τά τε ὅπλα καὶ σφᾶς αὐτοὺς κελεύειν
παραδοῦναι, ἐφ' ᾧ φυλακῇ τῇ μετρίᾳ τηρήσονται, ἕως ἄν τι
5 περὶ τοῦ πλέονος ξυμβαθῇ. οὐ προσδεξαμένων δὲ αὐτῶν 31
μίαν μὲν ἡμέραν ἐπέσχον, τῇ δ' ὑστεραίᾳ ἀνηγάγοντο μὲν
νυκτὸς ἐπ' ὀλίγας ναῦς τοὺς ὁπλίτας πάντας ἐπιβιβάσαντες,
πρὸ δὲ τῆς ἕω ὀλίγον ἀπέβαινον τῆς νήσου ἑκατέρωθεν, ἔκ
τε τοῦ πελάγους καὶ πρὸς τοῦ λιμένος, ὀκτακόσιοι μάλιστα
10 ὄντες ὁπλῖται, καὶ ἐχώρουν δρόμῳ ἐπὶ τὸ πρῶτον φυλα-
κτήριον τῆς νήσου. ὧδε γὰρ διετετάχατο· ἐν ταύτῃ μὲν τῇ 2
πρώτῃ φυλακῇ ὡς τριάκοντα ἦσαν ὁπλῖται, μέσον δὲ καὶ
ὁμαλώτατόν τε καὶ περὶ τὸ ὕδωρ οἱ πλεῖστοι αὐτῶν καὶ
Ἐπιτάδας ὁ ἄρχων εἶχε, μέρος δέ τι οὐ πολὺ αὐτὸ τὸ
15 ἔσχατον ἐφύλασσε τῆς νήσου τὸ πρὸς τὴν Πύλον, ὃ ἦν ἔκ
τε θαλάσσης ἀπόκρημνον καὶ ἐκ τῆς γῆς ἥκιστα ἐπίμαχον·
καὶ γάρ τι καὶ ἔρυμα αὐτόθι ἦν παλαιὸν λίθων λογάδην
πεποιημένον, ὃ ἐνόμιζον σφίσιν ὠφέλιμον ἂν εἶναι, εἰ
καταλαμβάνοι ἀναχώρησις βιαιοτέρα. οὕτω μὲν τεταγμένοι
20 ἦσαν.

Οἱ δὲ Ἀθηναῖοι τοὺς μὲν πρώτους φύλακας, οἷς ἐπέδρα- 32
μον, εὐθὺς διαφθείρουσιν ἔν τε ταῖς εὐναῖς ἔτι καὶ ἀναλαμ-
βάνοντας τὰ ὅπλα, λαθόντες τὴν ἀπόβασιν, οἰομένων αὐτῶν
τὰς ναῦς κατὰ τὸ ἔθος ἐς ἔφορμον τῆς νυκτὸς πλεῖν. ἅμα 2
25 δὲ ἕῳ γιγνομένῃ καὶ ὁ ἄλλος στρατὸς ἀπέβαινεν, ἐκ μὲν
νεῶν ἑβδομήκοντα καὶ ὀλίγῳ πλεόνων πάντες πλὴν θα-
λαμιῶν, ὡς ἕκαστοι ἐσκευασμένοι, τοξόται δὲ ὀκτακόσιοι
καὶ πελτασταὶ οὐκ ἐλάσσους τούτων, Μεσσηνίων τε οἱ
βεβοηθηκότες καὶ οἱ ἄλλοι ὅσοι περὶ Πύλον κατεῖχον πάντες
30 πλὴν τῶν ἐπὶ τοῦ τείχους φυλάκων. Δημοσθένους δὲ τάξαν- 3

5 αὐτῶν] αὖ C E   14 αὐτὸ Bauer : αὐτοῦ codd.   21 π]ρώτους...
28 πε]λτασταὶ Π²   22 ἔτι post ἀναλαμβάνοντας Π², sed transp. m. 2
καὶ in codd. post ὅπλα, transp. Jones (post ἔτι add. καὶ Abresch)
24 τὰς ναῦς om. Π² m. 1   εἰω[θὸς Π²   25 ἀπέβαινεν Π² : ἀπέβαινον
recc. : ἐπέβαινον codd.   27 δὲ Krüger : τε codd. Π²   29 οἱ C :
om. cett.

τος διέστησαν κατὰ διακοσίους τε καὶ πλείους, ἔστι δ' ᾗ
ἐλάσσους, τῶν χωρίων τὰ μετεωρότατα λαβόντες, ὅπως ὅτι
πλείστη ἀπορία ᾖ τοῖς πολεμίοις πανταχόθεν κεκυκλω-
μένοις καὶ μὴ ἔχωσι πρὸς ὅτι ἀντιτάξωνται, ἀλλ' ἀμφίβολοι
γίγνωνται τῷ πλήθει, εἰ μὲν τοῖς πρόσθεν ἐπίοιεν, ὑπὸ τῶν 5
κατόπιν βαλλόμενοι, εἰ δὲ τοῖς πλαγίοις, ὑπὸ τῶν ἑκατέ-
4 ρωθεν παρατεταγμένων. κατὰ νώτου τε αἰεὶ ἔμελλον αὐτοῖς,
ᾗ χωρήσειαν, οἱ πολέμιοι ἔσεσθαι ψιλοὶ καὶ οἱ ἀπορώτατοι,
τοξεύμασι καὶ ἀκοντίοις καὶ λίθοις καὶ σφενδόναις ἐκ πολλοῦ
ἔχοντες ἀλκήν, οἷς μηδὲ ἐπελθεῖν οἷόν τε ἦν· φεύγοντές τε 10
γὰρ ἐκράτουν καὶ ἀναχωροῦσιν ἐπέκειντο.

Τοιαύτῃ μὲν γνώμῃ ὁ Δημοσθένης τό τε πρῶτον τὴν
33 ἀπόβασιν ἐπενόει καὶ ἐν τῷ ἔργῳ ἔταξεν· οἱ δὲ περὶ τὸν
Ἐπιτάδαν καὶ ὅπερ ἦν πλεῖστον τῶν ἐν τῇ νήσῳ, ὡς εἶδον
τό τε πρῶτον φυλακτήριον διεφθαρμένον καὶ στρατὸν σφίσιν 15
ἐπιόντα, ξυνετάξαντο καὶ τοῖς ὁπλίταις τῶν Ἀθηναίων
ἐπῇσαν, βουλόμενοι ἐς χεῖρας ἐλθεῖν· ἐξ ἐναντίας γὰρ
οὗτοι καθειστήκεσαν, ἐκ πλαγίου δὲ οἱ ψιλοὶ καὶ κατὰ νώτου.
2 τοῖς μὲν οὖν ὁπλίταις οὐκ ἐδυνήθησαν προσμεῖξαι οὐδὲ τῇ
σφετέρᾳ ἐμπειρίᾳ χρήσασθαι· οἱ γὰρ ψιλοὶ ἑκατέρωθεν 20
βάλλοντες εἶργον, καὶ ἅμα ἐκεῖνοι οὐκ ἀντεπῇσαν, ἀλλ'
ἡσύχαζον· τοὺς δὲ ψιλούς, ᾗ μάλιστα αὐτοῖς ἐπιθέοντες
προσκέοιντο, ἔτρεπον, καὶ οἳ ὑποστρέφοντες ἠμύνοντο, ἄνθρω-
ποι κούφως τε ἐσκευασμένοι καὶ προλαμβάνοντες ῥᾳδίως
τῆς φυγῆς χωρίων τε χαλεπότητι καὶ ὑπὸ τῆς πρὶν ἐρημίας 25
τραχέων ὄντων, ἐν οἷς οἱ Λακεδαιμόνιοι οὐκ ἐδύναντο διώκειν
34 ὅπλα ἔχοντες. χρόνον μὲν οὖν τινὰ ὀλίγον οὕτω πρὸς
ἀλλήλους ἠκροβολίσαντο· τῶν δὲ Λακεδαιμονίων οὐκέτι
ὀξέως ἐπεκθεῖν ᾗ προσπίπτοιεν δυναμένων, γνόντες αὐτοὺς
οἱ ψιλοὶ βραδυτέρους ἤδη ὄντας τῷ ἀμύνασθαι, καὶ αὐτοὶ 30

1 τε om. C⟨G⟩   3 κεκυκλωμένοις ⟨G⟩M suprascr. A B : κεκωλυ-
μένοις cett.   4 ἔχωσι F : ἔχουσι cett.   8 χωρήσ]ειαν . . . 11
ἐπέ[κειντο Π²   22 ἐπιθέοντες G M : προσθέοντες cett.   25 χωρί]ων
inc. Π²   χωρίων τε suprascr. Π²   29 ἐπέχειν Π²   30 ἀμύνέσθαι
Π² : ἀμύνεσθαι recc.

τῇ τε ὄψει τοῦ θαρσεῖν τὸ πλεῖστον εἰληφότες πολλα-
πλάσιοι φαινόμενοι καὶ ξυνειθισμένοι μᾶλλον μηκέτι δεινοὺς
αὐτοὺς ὁμοίως σφίσι φαίνεσθαι, ὅτι οὐκ εὐθὺς ἄξια τῆς
προσδοκίας ἐπεπόνθεσαν, ὥσπερ ὅτε πρῶτον ἀπέβαινον τῇ
5 γνώμῃ δεδουλωμένοι ὡς ἐπὶ Λακεδαιμονίους, καταφρονή-
σαντες καὶ ἐμβοήσαντες ἀθρόοι ὥρμησαν ἐπ᾽ αὐτοὺς καὶ
ἔβαλλον λίθοις τε καὶ τοξεύμασι καὶ ἀκοντίοις, ὡς ἕκαστός
τι πρόχειρον εἶχεν. γενομένης δὲ τῆς βοῆς ἅμα τῇ 2
ἐπιδρομῇ ἔκπληξίς τε ἐνέπεσεν ἀνθρώποις ἀήθεσι τοιαύτης
10 μάχης καὶ ὁ κονιορτὸς τῆς ὕλης νεωστὶ κεκαυμένης ἐχώρει
πολὺς ἄνω, ἄπορόν τε ἦν ἰδεῖν τὸ πρὸ αὐτοῦ ὑπὸ τῶν
τοξευμάτων καὶ λίθων ἀπὸ πολλῶν ἀνθρώπων μετὰ τοῦ
κονιορτοῦ ἅμα φερομένων. τό τε ἔργον ἐνταῦθα χαλεπὸν 3
τοῖς Λακεδαιμονίοις καθίστατο· οὔτε γὰρ οἱ πῖλοι ἔστεγον
15 τὰ τοξεύματα, δοράτιά τε ἐναπεκέκλαστο βαλλομένων, εἶχόν
τε οὐδὲν σφίσιν αὐτοῖς χρήσασθαι ἀποκεκλημένοι μὲν τῇ
ὄψει τοῦ προορᾶν, ὑπὸ δὲ τῆς μείζονος βοῆς τῶν πολεμίων
τὰ ἐν αὐτοῖς παραγγελλόμενα οὐκ ἐσακούοντες, κινδύνου τε
πανταχόθεν περιεστῶτος καὶ οὐκ ἔχοντες ἐλπίδα καθ᾽ ὅτι
20 χρὴ ἀμυνομένους σωθῆναι. τέλος δὲ τραυματιζομένων ἤδη 35
πολλῶν διὰ τὸ αἰεὶ ἐν τῷ αὐτῷ ἀναστρέφεσθαι, ξυγκλή-
σαντες ἐχώρησαν ἐς τὸ ἔσχατον ἔρυμα τῆς νήσου, ὃ οὐ
πολὺ ἀπεῖχε, καὶ τοὺς ἑαυτῶν φύλακας. ὡς δὲ ἐνέδοσαν, 2
ἐνταῦθα ἤδη πολλῷ ἔτι πλέονι βοῇ τεθαρσηκότες οἱ ψιλοὶ
25 ἐπέκειντο, καὶ τῶν Λακεδαιμονίων ὅσοι μὲν ὑποχωροῦντες
ἐγκατελαμβάνοντο, ἀπέθνησκον, οἱ δὲ πολλοὶ διαφυγόντες ἐς
τὸ ἔρυμα μετὰ τῶν ταύτῃ φυλάκων ἐτάξαντο παρὰ πᾶν ὡς
ἀμυνούμενοι ᾗπερ ἦν ἐπίμαχον. καὶ οἱ Ἀθηναῖοι ἐπισπόμενοι 3
περίοδον μὲν αὐτῶν καὶ κύκλωσιν χωρίου ἰσχύι οὐκ εἶχον,
30 προσιόντες δὲ ἐξ ἐναντίας ὤσασθαι ἐπειρῶντο. καὶ χρόνον 4
μὲν πολὺν καὶ τῆς ἡμέρας τὸ πλεῖστον ταλαιπωρούμενοι

1 τοῦ] τῷ suprascr. Π² πλεῖστον] πιστὸν Dobree 11 αὐτοῦ
Stephanus: αὐτοῦ codd. 21 ἀε[ὶ] suprascr. Π² 22 ἀνεχώ-
ρησαν suprasc. Π² ὃ om. Π² 23 ἀπέχον Π² 24 ἤδη] δὴ Π²
26 διαφεύγοντες πρὸς Π² 28 ἀμυνόμενοι Α Β Ε F Μ καὶ οἱ] οἱ δ᾽ Π²

ἀμφότεροι ὑπό τε τῆς μάχης καὶ δίψης καὶ ἡλίου ἀντεῖχον,
πειρώμενοι οἱ μὲν ἐξελάσασθαι ἐκ τοῦ μετεώρου, οἱ δὲ μὴ
ἐνδοῦναι· ῥᾷον δ' οἱ Λακεδαιμόνιοι ἠμύνοντο ἢ ἐν τῷ πρίν,
οὐκ οὔσης σφῶν τῆς κυκλώσεως ἐς τὰ πλάγια.

36 Ἐπειδὴ δὲ ἀπέραντον ἦν, προσελθὼν ὁ τῶν Μεσσηνίων 5
στρατηγὸς Κλέωνι καὶ Δημοσθένει ἄλλως ἔφη πονεῖν σφᾶς·
εἰ δὲ βούλονται ἑαυτῷ δοῦναι τῶν τοξοτῶν μέρος τι καὶ τῶν
ψιλῶν περιιέναι κατὰ νώτου αὐτοῖς ὁδῷ ᾗ ἂν αὐτὸς εὕρῃ,
2 δοκεῖν βιάσεσθαι τὴν ἔφοδον. λαβὼν δὲ ἃ ᾐτήσατο, ἐκ
τοῦ ἀφανοῦς ὁρμήσας ὥστε μὴ ἰδεῖν ἐκείνους, κατὰ τὸ αἰεὶ 10
παρεῖκον τοῦ κρημνώδους τῆς νήσου προσβαίνων, καὶ ᾗ οἱ
Λακεδαιμόνιοι χωρίου ἰσχύι πιστεύσαντες οὐκ ἐφύλασσον,
χαλεπῶς τε καὶ μόλις περιελθὼν ἔλαθε, καὶ ἐπὶ τοῦ μετεώρου
ἐξαπίνης ἀναφανεὶς κατὰ νώτου αὐτῶν τοὺς μὲν τῷ ἀδοκήτῳ
ἐξέπληξε, τοὺς δὲ ἃ προσεδέχοντο ἰδόντας πολλῷ μᾶλλον 15
3 ἐπέρρωσεν. καὶ οἱ Λακεδαιμόνιοι βαλλόμενοί τε ἀμφο-
τέρωθεν ἤδη καὶ γιγνόμενοι ἐν τῷ αὐτῷ ξυμπτώματι, ὡς
μικρὸν μεγάλῳ εἰκάσαι, τῷ ἐν Θερμοπύλαις, ἐκεῖνοί τε γὰρ
τῇ ἀτραπῷ περιελθόντων τῶν Περσῶν διεφθάρησαν, οὗτοί
τε ἀμφίβολοι ἤδη ὄντες οὐκέτι ἀντεῖχον, ἀλλὰ πολλοῖς τε 20
ὀλίγοι μαχόμενοι καὶ ἀσθενείᾳ σωμάτων διὰ τὴν σιτοδείαν
ὑπεχώρουν, καὶ οἱ Ἀθηναῖοι ἐκράτουν ἤδη τῶν ἐφόδων.

37 Γνοὺς δὲ ὁ Κλέων καὶ ὁ Δημοσθένης [ὅτι], εἰ καὶ ὁπο-
σονοῦν μᾶλλον ἐνδώσουσι, διαφθαρησομένους αὐτοὺς ὑπὸ
τῆς σφετέρας στρατιᾶς, ἔπαυσαν τὴν μάχην καὶ τοὺς ἑαυτῶν 25
ἀπεῖρξαν, βουλόμενοι ἀγαγεῖν αὐτοὺς Ἀθηναίοις ζῶντας, εἴ
πως τοῦ κηρύγματος ἀκούσαντες ἐπικλασθεῖεν τῇ γνώμῃ
τὰ ὅπλα παραδοῦναι καὶ ἡσσηθεῖεν τοῦ παρόντος δεινοῦ.
2 ἐκήρυξάν τε, εἰ βούλονται, τὰ ὅπλα παραδοῦναι καὶ σφᾶς

1 δίψης Ε Μ suprascr. G : δίψους cett. suprascr. Μ [Π²]   2 τοῦ
om. C G [Π²]   3 ἠμύναντο A B E F M [Π²]   9 βιάσεσθαι Madvig :
βιάσασθαι codd. [Π²]   11 προβαίνων Β   12 post χωρίου add. τι Π²,
dein delevit   13 μόγις suprascr. Π²   23 ὅτι om. Π²   29 βούλονται
Π² : βούλοιντο codd.

αὐτοὺς Ἀθηναίοις ὥστε βουλεῦσαι ὅτι ἂν ἐκείνοις δοκῇ.
οἱ δὲ ἀκούσαντες παρῆκαν τὰς ἀσπίδας οἱ πλεῖστοι καὶ τὰς 38
χεῖρας ἀνέσεισαν, δηλοῦντες προσίεσθαι τὰ κεκηρυγμένα.
μετὰ δὲ ταῦτα γενομένης τῆς ἀνοκωχῆς ξυνῆλθον ἐς λόγους
5 ὅ τε Κλέων καὶ ὁ Δημοσθένης καὶ ἐκείνων Στύφων ὁ
Φάρακος, τῶν πρότερον ἀρχόντων τοῦ μὲν πρώτου τεθνη-
κότος Ἐπιτάδου, τοῦ δὲ μετ᾽ αὐτὸν Ἱππαγρέτου ἐφῃρημένου
ἐν τοῖς νεκροῖς ἔτι ζῶντος κειμένου ὡς τεθνεῶτος, αὐτὸς
τρίτος ἐφῃρημένος ἄρχειν κατὰ νόμον, εἴ τι ἐκεῖνοι πάσχοιεν.
10 ἔλεγε δὲ ὁ Στύφων καὶ οἱ μετ᾽ αὐτοῦ ὅτι βούλονται διακηρυ- 2
κεύσασθαι πρὸς τοὺς ἐν τῇ ἠπείρῳ Λακεδαιμονίους ὅτι χρὴ
σφᾶς ποιεῖν. καὶ ἐκείνων μὲν οὐδένα ἀφέντων, αὐτῶν δὲ 3
τῶν Ἀθηναίων καλούντων ἐκ τῆς ἠπείρου κήρυκας καὶ γενο-
μένων ἐπερωτήσεων δὶς ἢ τρίς, ὁ τελευταῖος διαπλεύσας
15 αὐτοῖς ἀπὸ τῶν ἐκ τῆς ἠπείρου Λακεδαιμονίων ἀνὴρ ἀπήγ-
γειλεν ὅτι [οἱ] ‘ Λακεδαιμόνιοι κελεύουσιν ὑμᾶς αὐτοὺς περὶ
ὑμῶν αὐτῶν βουλεύεσθαι μηδὲν αἰσχρὸν ποιοῦντας’• οἱ δὲ
καθ᾽ ἑαυτοὺς βουλευσάμενοι τὰ ὅπλα παρέδοσαν καὶ σφᾶς
αὐτούς. καὶ ταύτην μὲν τὴν ἡμέραν καὶ τὴν ἐπιοῦσαν νύκτα 4
20 ἐν φυλακῇ εἶχον αὐτοὺς οἱ Ἀθηναῖοι· τῇ δ᾽ ὑστεραίᾳ οἱ
μὲν Ἀθηναῖοι τροπαῖον στήσαντες ἐν τῇ νήσῳ τἆλλα
διεσκευάζοντο ὡς ἐς πλοῦν, καὶ τοὺς ἄνδρας τοῖς τριηράρχοις
διεδίδοσαν ἐς φυλακήν, οἱ δὲ Λακεδαιμόνιοι κήρυκα πέμ-
ψαντες τοὺς νεκροὺς διεκομίσαντο. ἀπέθανον δ᾽ ἐν τῇ νήσῳ 5
25 καὶ ζῶντες ἐλήφθησαν τοσοίδε· εἴκοσι μὲν ὁπλῖται διέβησαν
καὶ τετρακόσιοι οἱ πάντες· τούτων ζῶντες ἐκομίσθησαν
ὀκτὼ ἀποδέοντες τριακόσιοι, οἱ δὲ ἄλλοι ἀπέθανον. καὶ
Σπαρτιᾶται τούτων ἦσαν τῶν ζώντων περὶ εἴκοσι καὶ ἑκατόν.
Ἀθηναίων δὲ οὐ πολλοὶ διεφθάρησαν· ἡ γὰρ μάχη οὐ
30 σταδαία ἦν.

6 προτέρων Π² (suprascr. ο) prioribus Valla   10 ἔλεξεν Π²
14 post ἐπερωτήσεων add. ἢ Π², dein delevit   15 ἀπήγγελλεν
suprascr. Π²   16 οἱ om. Π²   21 τἆλλα Π² : τὰ ἄλλα codd.
23 διέδοσαν Π² recc.   30 σταδαία suprascr. Π² : σταδία cett.

39 Χρόνος δὲ ὁ ξύμπας ἐγένετο ὅσον οἱ ἄνδρες [οἱ] ἐν τῇ
νήσῳ ἐπολιορκήθησαν, ἀπὸ τῆς ναυμαχίας μέχρι τῆς ἐν τῇ
2 νήσῳ μάχης, ἑβδομήκοντα ἡμέραι καὶ δύο. τούτων περὶ
εἴκοσιν ἡμέρας, ἐν αἷς οἱ πρέσβεις περὶ τῶν σπονδῶν
ἀπῇσαν, ἐσιτοδοτοῦντο, τὰς δὲ ἄλλας τοῖς ἐσπλέουσι λάθρᾳ 5
διετρέφοντο. καὶ ἦν σῖτός τις ἐν τῇ νήσῳ καὶ ἄλλα βρώ-
ματα ἐγκατελήφθη· ὁ γὰρ ἄρχων Ἐπιτάδας ἐνδεεστέρως
3 ἑκάστῳ παρεῖχεν ἢ πρὸς τὴν ἐξουσίαν. οἱ μὲν δὴ Ἀθηναῖοι
καὶ οἱ Πελοποννήσιοι ἀνεχώρησαν τῷ στρατῷ ἐκ τῆς Πύλου
ἑκάτεροι ἐπ' οἴκου, καὶ τοῦ Κλέωνος καίπερ μανιώδης οὖσα 10
ἡ ὑπόσχεσις ἀπέβη· ἐντὸς γὰρ εἴκοσιν ἡμερῶν ἤγαγε τοὺς
40 ἄνδρας, ὥσπερ ὑπέστη. παρὰ γνώμην τε δὴ μάλιστα τῶν
κατὰ τὸν πόλεμον τοῦτο τοῖς Ἕλλησιν ἐγένετο· τοὺς γὰρ
Λακεδαιμονίους οὔτε λιμῷ οὔτ' ἀνάγκῃ οὐδεμιᾷ ἠξίουν τὰ
ὅπλα παραδοῦναι, ἀλλὰ ἔχοντας καὶ μαχομένους ὡς ἐδύναντο 15
2 ἀποθνήσκειν. ἀπιστοῦντές τε μὴ εἶναι τοὺς παραδόντας
τοῖς τεθνεῶσιν ὁμοίους, καί τινος ἐρομένου ποτὲ ὕστερον τῶν
Ἀθηναίων ξυμμάχων δι' ἀχθηδόνα ἕνα τῶν ἐκ τῆς νήσου
αἰχμαλώτων εἰ οἱ τεθνεῶτες αὐτῶν καλοὶ κἀγαθοί, ἀπεκρί-
νατο αὐτῷ πολλοῦ ἂν ἄξιον εἶναι τὸν ἄτρακτον, λέγων τὸν 20
οἰστόν, εἰ τοὺς ἀγαθοὺς διεγίγνωσκε, δήλωσιν ποιούμενος
ὅτι ὁ ἐντυγχάνων τοῖς τε λίθοις καὶ τοξεύμασι διεφθείρετο.

41 Κομισθέντων δὲ τῶν ἀνδρῶν οἱ Ἀθηναῖοι ἐβούλευσαν
δεσμοῖς μὲν αὐτοὺς φυλάσσειν μέχρι οὗ τι ξυμβῶσιν, ἢν
δ' οἱ Πελοποννήσιοι πρὸ τούτου ἐς τὴν γῆν ἐσβάλωσιν, 25
2 ἐξαγαγόντες ἀποκτεῖναι. τῆς δὲ Πύλου φυλακὴν κατεστή-
σαντο, καὶ οἱ ἐκ τῆς Ναυπάκτου Μεσσήνιοι ὡς ἐς πατρίδα
ταύτην (ἔστι γὰρ ἡ Πύλος τῆς Μεσσηνίδος ποτὲ οὔσης γῆς)
πέμψαντες σφῶν αὐτῶν τοὺς ἐπιτηδειοτάτους ἐληΐζοντό τε

1 οἱ om. Μ Π²   6 τις Π²: om. codd.   7 ἐγκατελείφθη Α Β Π²
(suprascr. η)   9 οἱ del. Π²   15 ἕως fort. legit Schol.   19 καὶ
ἀγαθοί Α Β Ε F Μ   post κἀγαθοί add. [ἦσ']αν vel [εἶ]εν Π²   24 δε-
[σμοῖς desinit Π²   25 ἐσβάλωσιν G M: ἐσβάλλωσιν cett.   29
ἐληΐζοντό f: ἐληιζόν codd.

τὴν Λακωνικὴν καὶ πλεῖστα ἔβλαπτον ὁμόφωνοι ὄντες. οἱ 3
δὲ Λακεδαιμόνιοι ἀμαθεῖς ὄντες ἐν τῷ πρὶν χρόνῳ λῃστείας
καὶ τοῦ τοιούτου πολέμου, τῶν τε Εἱλώτων αὐτομολούντων
καὶ φοβούμενοι μὴ καὶ ἐπὶ μακρότερον σφίσι τι νεωτερισθῇ
5 τῶν κατὰ τὴν χώραν, οὐ ῥᾳδίως ἔφερον, ἀλλὰ καίπερ οὐ
βουλόμενοι ἔνδηλοι εἶναι τοῖς Ἀθηναίοις ἐπρεσβεύοντο παρ᾽
αὐτοὺς καὶ ἐπειρῶντο τήν τε Πύλον καὶ τοὺς ἄνδρας κομί-
ζεσθαι. οἱ δὲ μειζόνων τε ὠρέγοντο καὶ πολλάκις φοιτώντων 4
αὐτοὺς ἀπράκτους ἀπέπεμπον. ταῦτα μὲν τὰ περὶ Πύλον
10 γενόμενα.

Τοῦ δ᾽ αὐτοῦ θέρους μετὰ ταῦτα εὐθὺς Ἀθηναῖοι ἐς τὴν 42
Κορινθίαν ἐστράτευσαν ναυσὶν ὀγδοήκοντα καὶ δισχιλίοις
ὁπλίταις ἑαυτῶν καὶ ἐν ἱππαγωγοῖς ναυσὶ διακοσίοις ἱππεῦσιν·
ἠκολούθουν δὲ καὶ τῶν ξυμμάχων Μιλήσιοι καὶ Ἄνδριοι καὶ
15 Καρύστιοι, ἐστρατήγει δὲ Νικίας ὁ Νικηράτου τρίτος αὐτός.
πλέοντες δὲ ἅμα ἕῳ ἔσχον μεταξὺ Χερσονήσου τε καὶ Ῥείτου 2
ἐς τὸν αἰγιαλὸν τοῦ χωρίου ὑπὲρ οὗ ὁ Σολύγειος λόφος ἐστίν,
ἐφ᾽ ὃν Δωριῆς τὸ πάλαι ἱδρυθέντες τοῖς ἐν τῇ πόλει Κοριν-
θίοις ἐπολέμουν οὖσιν Αἰολεῦσιν· καὶ κώμη νῦν ἐπ᾽ αὐτοῦ
20 Σολύγεια καλουμένη ἐστίν. ἀπὸ δὲ τοῦ αἰγιαλοῦ τούτου
ἔνθα αἱ νῆες κατέσχον ἡ μὲν κώμη αὕτη δώδεκα σταδίους
ἀπέχει, ἡ δὲ Κορινθίων πόλις ἑξήκοντα, ὁ δὲ Ἰσθμὸς εἴκοσι.
Κορίνθιοι δὲ προπυθόμενοι ἐξ Ἄργους ὅτι ἡ στρατιὰ ἥξει 3
τῶν Ἀθηναίων, ἐκ πλείονος ἐβοήθησαν ἐς Ἰσθμὸν πάντες
25 πλὴν τῶν ἔξω Ἰσθμοῦ· καὶ ἐν Ἀμπρακίᾳ καὶ ἐν Λευκάδι
ἀπῆσαν αὐτῶν πεντακόσιοι φρουροί· οἱ δ᾽ ἄλλοι πανδημεὶ
ἐπετήρουν τοὺς Ἀθηναίους οἷ κατασχήσουσιν. ὡς δὲ αὐτοὺς 4
ἔλαθον νυκτὸς καταπλεύσαντες καὶ τὰ σημεῖα αὐτοῖς ἤρθη,
καταλιπόντες τοὺς ἡμίσεις αὐτῶν ἐν Κεγχρειᾷ, ἢν ἄρα οἱ
30 Ἀθηναῖοι ἐπὶ τὸν Κρομμυῶνα ἴωσιν, ἐβοήθουν κατὰ τάχος.
καὶ Βάττος μὲν ὁ ἕτερος τῶν στρατηγῶν (δύο γὰρ ἦσαν ἐν 43

2 ἀπαθεῖς margo Stephani   3 τοῦ om. A B F M   5 alt. οὐ] οἱ
A B E F   25 Λευκάδι Cobet: Λευκαδίᾳ codd.   26 ἀπῆσαν Bauer:
ἀπήεσαν codd.

τῇ μάχῃ οἱ παρόντες) λαβὼν λόχον ἦλθεν ἐπὶ τὴν Σολύγειαν
κώμην φυλάξων ἀτείχιστον οὖσαν, Λυκόφρων δὲ τοῖς ἄλλοις
2 ξυνέβαλεν. καὶ πρῶτα μὲν τῷ δεξιῷ κέρᾳ τῶν Ἀθηναίων
εὐθὺς ἀποβεβηκότι πρὸ τῆς Χερσονήσου οἱ Κορίνθιοι ἐπ-
έκειντο, ἔπειτα δὲ καὶ τῷ ἄλλῳ στρατεύματι. καὶ ἦν ἡ 5
3 μάχη καρτερὰ καὶ ἐν χερσὶ πᾶσα. καὶ τὸ μὲν δεξιὸν κέρας
τῶν Ἀθηναίων καὶ Καρυστίων (οὗτοι γὰρ παρατεταγμένοι
ἦσαν ἔσχατοι) ἐδέξαντό τε τοὺς Κορινθίους καὶ ἐώσαντο
μόλις· οἱ δὲ ὑποχωρήσαντες πρὸς αἱμασιάν (ἦν γὰρ τὸ
χωρίον πρόσαντες πᾶν) βάλλοντες τοῖς λίθοις καθύπερθεν 10
ὄντες καὶ παιανίσαντες ἐπῇσαν αὖθις, δεξαμένων δὲ τῶν
4 Ἀθηναίων ἐν χερσὶν ἦν πάλιν ἡ μάχη. λόχος δέ τις τῶν
Κορινθίων ἐπιβοηθήσας τῷ εὐωνύμῳ κέρᾳ ἑαυτῶν ἔτρεψε
τῶν Ἀθηναίων τὸ δεξιὸν κέρας καὶ ἐπεδίωξεν ἐς τὴν θά-
λασσαν· πάλιν δὲ ἀπὸ τῶν νεῶν ἀνέστρεψαν οἵ τε Ἀθηναῖοι 15
5 καὶ οἱ Καρύστιοι. τὸ δὲ ἄλλο στρατόπεδον ἀμφοτέρωθεν
ἐμάχετο ξυνεχῶς, μάλιστα δὲ τὸ δεξιὸν κέρας τῶν Κορινθίων,
ἐφ' ᾧ ὁ Λυκόφρων ὢν κατὰ τὸ εὐώνυμον τῶν Ἀθηναίων
ἠμύνετο· ἤλπιζον γὰρ αὐτοὺς ἐπὶ τὴν Σολύγειαν κώμην
44 πειράσειν. χρόνον μὲν οὖν πολὺν ἀντεῖχον οὐκ ἐνδιδόντες 20
ἀλλήλοις· ἔπειτα (ἦσαν γὰρ τοῖς Ἀθηναίοις οἱ ἱππῆς
ὠφέλιμοι ξυμμαχόμενοι, τῶν ἑτέρων οὐκ ἐχόντων ἵππους)
ἐτράποντο οἱ Κορίνθιοι καὶ ὑπεχώρησαν πρὸς τὸν λόφον
καὶ ἔθεντο τὰ ὅπλα καὶ οὐκέτι κατέβαινον, ἀλλ' ἡσύχαζον.
2 ἐν δὲ τῇ τροπῇ ταύτῃ κατὰ τὸ δεξιὸν κέρας οἱ πλεῖστοί τε 25
αὐτῶν ἀπέθανον καὶ Λυκόφρων ὁ στρατηγός. ἡ δὲ ἄλλη
στρατιὰ τούτῳ τῷ τρόπῳ οὐ κατὰ δίωξιν πολλὴν οὐδὲ
ταχείας φυγῆς γενομένης, ἐπεὶ ἐβιάσθη, ἐπαναχωρήσασα
3 πρὸς τὰ μετέωρα ἱδρύθη. οἱ δὲ Ἀθηναῖοι, ὡς οὐκέτι αὐ-
τοῖς ἐπῇσαν ἐς μάχην, τούς τε νεκροὺς ἐσκύλευον καὶ τοὺς 30
4 ἑαυτῶν ἀνῃροῦντο, τροπαῖόν τε εὐθέως ἔστησαν. τοῖς δ'

---

3 ξυνέβαλλε(ν) ΑΒΕΦΜ   πρῶτον ΑΒΦ   10 ἐπάναντες Ε:
ἐπάντες Schol. Patm.   11 παιανίσαντες Φ¹: παιωνίσαντες cett.
13 ἐπιβοήσας ΑΒΕΦΜ   ἑαυτῶν C⟨G⟩: ἑαυτῷ cett.

ἡμίσεσι τῶν Κορινθίων, οἳ ἐν τῇ Κεγχρειᾷ ἐκάθηντο φύλακες
μὴ ἐπὶ τὸν Κρομμυῶνα πλεύσωσι, τούτοις οὐ κατάδηλος ἡ
μάχη ἦν ὑπὸ τοῦ ὄρους τοῦ Ὀνείου· κονιορτὸν δὲ ὡς εἶδον
καὶ [ὡς] ἔγνωσαν, ἐβοήθουν εὐθύς. ἐβοήθησαν δὲ καὶ οἱ
5 ἐκ τῆς πόλεως πρεσβύτεροι τῶν Κορινθίων αἰσθόμενοι τὸ
γεγενημένον. ἰδόντες δὲ οἱ Ἀθηναῖοι ξύμπαντας αὐτοὺς 5
ἐπιόντας καὶ νομίσαντες τῶν ἐγγὺς ἀστυγειτόνων Πελο-
ποννησίων βοήθειαν ἐπιέναι, ἀνεχώρουν κατὰ τάχος ἐπὶ τὰς
ναῦς, ἔχοντες τὰ σκυλεύματα καὶ τοὺς ἑαυτῶν νεκροὺς πλὴν
10 δυοῖν, οὓς ἐγκατέλιπον οὐ δυνάμενοι εὑρεῖν. καὶ ἀναβάντες 6
ἐπὶ τὰς ναῦς ἐπεραιώθησαν ἐς τὰς ἐπικειμένας νήσους, ἐκ
δ᾽ αὐτῶν ἐπικηρυκευσάμενοι τοὺς νεκροὺς οὓς ἐγκατέλιπον
ὑποσπόνδους ἀνείλοντο. ἀπέθανον δὲ Κορινθίων μὲν ἐν τῇ
μάχῃ δώδεκα καὶ διακόσιοι, Ἀθηναίων δὲ ὀλίγῳ ἐλάσσους
15 πεντήκοντα.

Ἄραντες δὲ ἐκ τῶν νήσων οἱ Ἀθηναῖοι ἔπλευσαν αὐθη- 45
μερὸν ἐς Κρομμυῶνα τῆς Κορινθίας· ἀπέχει δὲ τῆς πόλεως
εἴκοσι καὶ ἑκατὸν σταδίους. καὶ καθορμισάμενοι τήν τε
γῆν ἐδῄωσαν καὶ τὴν νύκτα ηὐλίσαντο. τῇ δ᾽ ὑστεραίᾳ 2
20 παραπλεύσαντες ἐς τὴν Ἐπιδαυρίαν πρῶτον καὶ ἀπόβασίν
τινα ποιησάμενοι ἀφίκοντο ἐς Μέθανα τὴν μεταξὺ Ἐπι-
δαύρου καὶ Τροιζῆνος, καὶ ἀπολαβόντες τὸν τῆς χερσονήσου
ἰσθμὸν ἐτείχισαν, [ἐν ᾧ ἡ Μεθώνη ἐστί,] καὶ φρούριον
καταστησάμενοι ἐλῄστευον τὸν ἔπειτα χρόνον τήν τε Τροι-
25 ζηνίαν γῆν καὶ Ἁλιάδα καὶ Ἐπιδαυρίαν. ταῖς δὲ ναυσίν,
ἐπειδὴ ἐξετείχισαν τὸ χωρίον, ἀπέπλευσαν ἐπ᾽ οἴκου.

Κατὰ δὲ τὸν αὐτὸν χρόνον, καθ᾽ ὃν ταῦτα ἐγίγνετο, καὶ 46
Εὐρυμέδων καὶ Σοφοκλῆς, ἐπειδὴ ἐκ τῆς Πύλου ἀπῆραν
ἐς τὴν Σικελίαν ναυσὶν Ἀθηναίων, ἀφικόμενοι ἐς Κέρκυραν
30 ἐστράτευσαν μετὰ τῶν ἐκ τῆς πόλεως ἐπὶ τοὺς ἐν τῷ ὄρει

4 ὡς om. G M : ὡς Stahl   21 Μέθανα legit Strabo : Μεθώνην
(quod ἔν τισιν ἀντιγράφοις invenit Strabo) codd.   23 ἐν ᾧ ἡ Μεθώνη
ἐστί secl. Stahl   27 καθ᾽ ὃν om. A B E F   29 post Σικελίαν
lacunam statuit Krüger

τῆς Ἰστώνης Κερκυραίων καθιδρυμένους, οἳ τότε μετὰ τὴν
στάσιν διαβάντες ἐκράτουν τε τῆς γῆς καὶ πολλὰ ἔβλαπτον.

2 προσβαλόντες δὲ τὸ μὲν τείχισμα εἷλον, οἱ δὲ ἄνδρες κατα-
πεφευγότες ἁθρόοι πρὸς μετέωρόν τι ξυνέβησαν ὥστε τοὺς
μὲν ἐπικούρους παραδοῦναι, περὶ δὲ σφῶν τὰ ὅπλα παρα- 5
3 δόντων τὸν Ἀθηναίων δῆμον διαγνῶναι. καὶ αὐτοὺς ἐς τὴν
νῆσον οἱ στρατηγοὶ τὴν Πτυχίαν ἐς φυλακὴν διεκόμισαν
ὑποσπόνδους, μέχρι οὗ Ἀθήναζε πεμφθῶσιν, ὥστ', ἐάν τις
4 ἁλῷ ἀποδιδράσκων, ἅπασι λελύσθαι τὰς σπονδάς. οἱ δὲ
τοῦ δήμου προστάται τῶν Κερκυραίων, δεδιότες μὴ οἱ Ἀθη- 10
ναῖοι τοὺς ἐλθόντας οὐκ ἀποκτείνωσι, μηχανῶνται τοιόνδε
5 τι· τῶν ἐν τῇ νήσῳ πείθουσί τινας ὀλίγους, ὑποπέμψαντες
φίλους καὶ διδάξαντες ὡς κατ' εὔνοιαν δὴ λέγειν ὅτι κρά-
τιστον αὐτοῖς εἴη ὡς τάχιστα ἀποδρᾶναι, πλοῖον δέ τι αὐτοὶ
ἑτοιμάσειν· μέλλειν γὰρ δὴ τοὺς στρατηγοὺς τῶν Ἀθηναίων 15
47 παραδώσειν αὐτοὺς τῷ δήμῳ τῶν Κερκυραίων. ὡς δὲ ἔπεισαν,
καὶ μηχανησαμένων τὸ πλοῖον ἐκπλέοντες ἐλήφθησαν, ἐλέ-
λυντό τε αἱ σπονδαὶ καὶ τοῖς Κερκυραίοις παρεδίδοντο οἱ
2 πάντες. ξυνελάβοντο δὲ τοῦ τοιούτου οὐχ ἥκιστα, ὥστε
ἀκριβῆ τὴν πρόφασιν γενέσθαι καὶ τοὺς τεχνησαμένους 20
ἀδεέστερον ἐγχειρῆσαι, οἱ στρατηγοὶ τῶν Ἀθηναίων κατά-
δηλοι ὄντες τοὺς ἄνδρας μὴ ἂν βούλεσθαι ὑπ' ἄλλων
κομισθέντας, διότι αὐτοὶ ἐς Σικελίαν ἔπλεον, τὴν τιμὴν
3 τοῖς ἄγουσι προσποιῆσαι. παραλαβόντες δὲ αὐτοὺς οἱ
Κερκυραῖοι ἐς οἴκημα μέγα κατεῖρξαν, καὶ ὕστερον ἐξ- 25
άγοντες κατὰ εἴκοσιν ἄνδρας διῆγον διὰ δυοῖν στοίχοιν
ὁπλιτῶν ἑκατέρωθεν παρατεταγμένων, δεδεμένους τε πρὸς
ἀλλήλους καὶ παιομένους καὶ κεντουμένους ὑπὸ τῶν παρα-
τεταγμένων, εἴ πού τίς τινα ἴδοι ἐχθρὸν ἑαυτοῦ· μαστιγο-
φόροι τε παριόντες ἐπετάχυνον τῆς ὁδοῦ τοὺς σχολαίτερον 30
48 προϊόντας. καὶ ἐς μὲν ἄνδρας ἑξήκοντα ἔλαθον τοὺς ἐν τῷ

1 τῇ Ἰστώνῃ Dobree   6 τῶν ABF   8 ὥστ', ἐάν Stahl :
ὥστε, ἂν codd.   11 τούς] αὐτοὺς Poppo   18 παρεδέδοντο ABEF
31 προϊόντας Duker : προσιόντας codd.

οἰκήματι τούτῳ τῷ τρόπῳ ἐξαγαγόντες καὶ διαφθείραντες
(ᾤοντο γὰρ αὐτοὺς μεταστήσοντάς ποι ἄλλοσε ἄγειν)· ὡς
δὲ ᾔσθοντο καί τις αὐτοῖς ἐδήλωσε, τούς τε Ἀθηναίους
ἐπεκαλοῦντο καὶ ἐκέλευον σφᾶς, εἰ βούλονται, αὐτοὺς δια-
5 φθείρειν, ἔκ τε τοῦ οἰκήματος οὐκέτι ἤθελον ἐξιέναι, οὐδ'
ἐσιέναι ἔφασαν κατὰ δύναμιν περιόψεσθαι οὐδένα. οἱ δὲ 2
Κερκυραῖοι κατὰ μὲν τὰς θύρας οὐδ' αὐτοὶ διενοοῦντο
βιάζεσθαι, ἀναβάντες δὲ ἐπὶ τὸ τέγος τοῦ οἰκήματος καὶ
διελόντες τὴν ὀροφὴν ἔβαλλον τῷ κεράμῳ καὶ ἐτόξευον
10 κάτω. οἱ δὲ ἐφυλάσσοντό τε ὡς ἐδύναντο καὶ ἅμα οἱ 3
πολλοὶ σφᾶς αὐτοὺς διέφθειρον, οἰστούς τε οὓς ἀφίεσαν
ἐκεῖνοι ἐς τὰς σφαγὰς καθιέντες καὶ ἐκ κλινῶν τινῶν αἱ
ἔτυχον αὐτοῖς ἐνοῦσαι τοῖς σπάρτοις καὶ ἐκ τῶν ἱματίων
παραιρήματα ποιοῦντες ἀπαγχόμενοι, παντί ⟨τε⟩ τρόπῳ τὸ
15 πολὺ τῆς νυκτός (ἐπεγένετο γὰρ νὺξ τῷ παθήματι) ἀναλοῦντες
σφᾶς αὐτοὺς καὶ βαλλόμενοι ὑπὸ τῶν ἄνω διεφθάρησαν.
καὶ αὐτοὺς οἱ Κερκυραῖοι, ἐπειδὴ ἡμέρα ἐγένετο, φορμηδὸν 4
ἐπὶ ἁμάξας ἐπιβαλόντες ἀπήγαγον ἔξω τῆς πόλεως. τὰς δὲ
γυναῖκας, ὅσαι ἐν τῷ τειχίσματι ἑάλωσαν, ἠνδραποδίσαντο.
20 τοιούτῳ μὲν τρόπῳ οἱ ἐκ τοῦ ὄρους Κερκυραῖοι ὑπὸ τοῦ δήμου 5
διεφθάρησαν, καὶ ἡ στάσις πολλὴ γενομένη ἐτελεύτησεν ἐς
τοῦτο, ὅσα γε κατὰ τὸν πόλεμον τόνδε· οὐ γὰρ ἔτι ἦν ὑπό-
λοιπον τῶν ἑτέρων ὅτι καὶ ἀξιόλογον. οἱ δὲ Ἀθηναῖοι ἐς 6
τὴν Σικελίαν, ἵναπερ τὸ πρῶτον ὥρμηντο, ἀποπλεύσαντες
25 μετὰ τῶν ἐκεῖ ξυμμάχων ἐπολέμουν.

Καὶ οἱ ἐν τῇ Ναυπάκτῳ Ἀθηναῖοι καὶ Ἀκαρνᾶνες ἅμα 49
τελευτῶντος τοῦ θέρους στρατευσάμενοι Ἀνακτόριον Κο-
ρινθίων πόλιν, ἣ κεῖται ἐπὶ τῷ στόματι τοῦ Ἀμπρακικοῦ
κόλπου, ἔλαβον προδοσίᾳ· καὶ ἐκπέμψαντες [Κορινθίους]

---

1 διαφθείροντες A B E F M   2 μεταστήσοντας Schäfer : μεταστή-
σαντας codd.   ἄλλοσε ἄγειν F¹ G M : ἄλλοσ' ἐπάγειν C : ἄλλοσ'
ἐσάγειν cett.   14 τε add. Poppo   15 ἀναλοῦντες Suid. Zonar.:
ἀναδοῦντες codd.   19 ἠνδραπόδισαν Meineke   29 Κορινθίους
secl. Dobree

αὐτοὶ Ἀκαρνᾶνες οἰκήτορας ἀπὸ πάντων ἔσχον τὸ χωρίον.
καὶ τὸ θέρος ἐτελεύτα.

50   Τοῦ δ᾿ ἐπιγιγνομένου χειμῶνος Ἀριστείδης ὁ Ἀρχίππου,
εἷς τῶν ἀργυρολόγων νεῶν Ἀθηναίων στρατηγός, αἳ ἐξε-
πέμφθησαν πρὸς τοὺς ξυμμάχους, Ἀρταφέρνην ἄνδρα Πέρσην 5
παρὰ βασιλέως πορευόμενον ἐς Λακεδαίμονα ξυλλαμβάνει
2 ἐν Ἠιόνι τῇ ἐπὶ Στρυμόνι. καὶ αὐτοῦ κομισθέντος οἱ Ἀθη-
ναῖοι τὰς μὲν ἐπιστολὰς μεταγραψάμενοι ἐκ τῶν Ἀσσυρίων
γραμμάτων ἀνέγνωσαν, ἐν αἷς πολλῶν ἄλλων γεγραμμένων
κεφάλαιον ἦν πρὸς Λακεδαιμονίους, οὐ γιγνώσκειν ὅτι βού- 10
λονται· πολλῶν γὰρ ἐλθόντων πρέσβεων οὐδένα ταὐτὰ
λέγειν· εἰ οὖν τι βούλονται σαφὲς λέγειν, πέμψαι μετὰ
3 τοῦ Πέρσου ἄνδρας ὡς αὐτόν. τὸν δὲ Ἀρταφέρνην ὕστερον
οἱ Ἀθηναῖοι ἀποστέλλουσι τριήρει ἐς Ἔφεσον καὶ πρέσβεις
ἅμα· οἳ πυθόμενοι αὐτόθι βασιλέα Ἀρταξέρξην τὸν Ξέρξου 15
νεωστὶ τεθνηκότα (κατὰ γὰρ τοῦτον τὸν χρόνον ἐτελεύτησεν)
ἐπ᾿ οἴκου ἀνεχώρησαν.

51   Τοῦ δ᾿ αὐτοῦ χειμῶνος καὶ Χῖοι τὸ τεῖχος περιεῖλον τὸ
καινὸν κελευσάντων Ἀθηναίων καὶ ὑποπτευσάντων ἐς αὐτούς
τι νεωτεριεῖν, ποιησάμενοι μέντοι πρὸς Ἀθηναίους πίστεις 20
καὶ βεβαιότητα ἐκ τῶν δυνατῶν μηδὲν περὶ σφᾶς νεώτερον
βουλεύσειν. καὶ ὁ χειμὼν ἐτελεύτα, καὶ ἕβδομον ἔτος τῷ
πολέμῳ ἐτελεύτα τῷδε ὃν Θουκυδίδης ξυνέγραψεν.

52   Τοῦ δ᾿ ἐπιγιγνομένου θέρους εὐθὺς τοῦ τε ἡλίου ἐκλιπές
τι ἐγένετο περὶ νουμηνίαν καὶ τοῦ αὐτοῦ μηνὸς ἱσταμένου 25
2 ἔσεισεν. καὶ οἱ Μυτιληναίων φυγάδες καὶ τῶν ἄλλων
Λεσβίων, ὁρμώμενοι οἱ πολλοὶ ἐκ τῆς ἠπείρου καὶ μισθω-
σάμενοι ἔκ τε Πελοποννήσου ἐπικουρικὸν καὶ αὐτόθεν ξυνα-
γείραντες, αἱροῦσι Ῥοίτειον, καὶ λαβόντες δισχιλίους στατῆρας
3 Φωκαΐτας ἀπέδοσαν πάλιν οὐδὲν ἀδικήσαντες· καὶ μετὰ τοῦτο 30
ἐπὶ Ἄντανδρον στρατεύσαντες προδοσίας γενομένης λαμβά-

<hr>

1 οἰκήτορας C E ⟨G⟩ Schol.: οἰκήτορες cett.   12 τι om. A B E F M
13 ἀνδρὸς A B E F M

νουσι τὴν πόλιν. καὶ ἦν αὐτῶν ἡ διάνοια τάς τε ἄλλας
πόλεις τὰς Ἀκταίας καλουμένας, ἃς πρότερον Μυτιληναίων
νεμομένων Ἀθηναῖοι εἶχον, ἐλευθεροῦν, καὶ πάντων μάλιστα
τὴν Ἄντανδρον· καὶ κρατυνάμενοι αὐτὴν (ναῦς τε γὰρ εὐπορία
5 ἦν ποιεῖσθαι, αὐτόθεν ξύλων ὑπαρχόντων καὶ τῆς Ἴδης ἐπι-
κειμένης, καὶ τῇ ἄλλῃ σκευῇ) ῥᾳδίως ἀπ᾽ αὐτῆς ὁρμώμενοι
τήν τε Λέσβον ἐγγὺς οὖσαν κακώσειν καὶ τὰ ἐν τῇ ἠπείρῳ
Αἰολικὰ πολίσματα χειρώσεσθαι. καὶ οἱ μὲν ταῦτα παρα-
σκευάζεσθαι ἔμελλον.

10 Ἀθηναῖοι δὲ ἐν τῷ αὐτῷ θέρει ἑξήκοντα ναυσὶ καὶ 53
δισχιλίοις ὁπλίταις ἱππεῦσί τε ὀλίγοις καὶ τῶν ξυμμάχων
Μιλησίους καὶ ἄλλους τινὰς ἀγαγόντες ἐστράτευσαν ἐπὶ
Κύθηρα· ἐστρατήγει δὲ αὐτῶν Νικίας ὁ Νικηράτου καὶ
Νικόστρατος ὁ Διειτρέφους καὶ Αὐτοκλῆς ὁ Τολμαίου.   τὰ 2
15 δὲ Κύθηρα νῆσός ἐστιν, ἐπίκειται δὲ τῇ Λακωνικῇ κατὰ
Μαλέαν· Λακεδαιμόνιοι δ᾽ εἰσὶ τῶν περιοίκων, καὶ κυθηρο-
δίκης ἀρχὴ ἐκ τῆς Σπάρτης διέβαινεν αὐτόσε κατὰ ἔτος,
ὁπλιτῶν τε φρουρὰν διέπεμπον αἰεὶ καὶ πολλὴν ἐπιμέλειαν
ἐποιοῦντο. ἦν γὰρ αὐτοῖς τῶν τε ἀπ᾽ Αἰγύπτου καὶ Λιβύης 3
20 ὁλκάδων προσβολή, καὶ λῃσταὶ ἅμα τὴν Λακωνικὴν ἧσσον
ἐλύπουν ἐκ θαλάσσης, ᾗπερ μόνον οἷόν τε ἦν κακουργεῖσθαι·
πᾶσα γὰρ ἀνέχει πρὸς τὸ Σικελικὸν καὶ Κρητικὸν πέλαγος.
κατασχόντες οὖν οἱ Ἀθηναῖοι τῷ στρατῷ, δέκα μὲν ναυσὶ 54
καὶ δισχιλίοις Μιλησίων ὁπλίταις τὴν ἐπὶ θαλάσσῃ πόλιν
25 Σκάνδειαν καλουμένην αἱροῦσι, τῷ δὲ ἄλλῳ στρατεύματι
ἀποβάντες τῆς νήσου ἐς τὰ πρὸς Μαλέαν τετραμμένα ἐχώ-
ρουν ἐπὶ τὴν [ἐπὶ θαλάσσῃ] πόλιν τῶν Κυθηρίων, καὶ ηὗρον
εὐθὺς αὐτοὺς ἐστρατοπεδευμένους ἅπαντας. καὶ μάχης γενο- 2
μένης ὀλίγον μέν τινα χρόνον ὑπέστησαν οἱ Κυθήριοι, ἔπειτα
30 τραπόμενοι κατέφυγον ἐς τὴν ἄνω πόλιν, καὶ ὕστερον ξυνέ-
βησαν πρὸς Νικίαν καὶ τοὺς ξυνάρχοντας Ἀθηναίοις ἐπιτρέψαι

6 τὰ ἄλλα σκεύη Rutherford   8 χειρώσεσθαι recc. : χειρώσασθαι
codd.   27 ἐπὶ θαλάσσῃ secl. Krüger

3 περὶ σφῶν αὐτῶν πλὴν θανάτου. ἦσαν δέ τινες καὶ γενόμενοι
τῷ Νικίᾳ λόγοι πρότερον πρός τινας τῶν Κυθηρίων, δι' ὃ καὶ
θᾶσσον καὶ ἐπιτηδειότερον τό τε παραυτίκα καὶ τὸ ἔπειτα
τὰ τῆς ὁμολογίας ἐπράχθη αὐτοῖς· ἀνέστησαν γὰρ ⟨ἂν⟩ οἱ
Ἀθηναῖοι Κυθηρίους, Λακεδαιμονίους τε ὄντας καὶ ἐπὶ τῇ 5
4 Λακωνικῇ τῆς νήσου οὕτως ἐπικειμένης. μετὰ δὲ τὴν
ξύμβασιν οἱ Ἀθηναῖοι τήν τε Σκάνδειαν τὸ ἐπὶ τῷ λιμένι
πόλισμα παραλαβόντες καὶ τῶν Κυθήρων φυλακὴν ποιησά-
μενοι ἔπλευσαν ἔς τε Ἀσίνην καὶ Ἕλος καὶ τὰ πλεῖστα τῶν
περὶ θάλασσαν, καὶ ἀποβάσεις ποιούμενοι καὶ ἐναυλιζόμενοι 10
τῶν χωρίων οὗ καιρὸς εἴη ἐδῄουν τὴν γῆν ἡμέρας μάλιστα
ἑπτά.

55 Οἱ δὲ Λακεδαιμόνιοι ἰδόντες μὲν τοὺς Ἀθηναίους τὰ
Κύθηρα ἔχοντας, προσδεχόμενοι δὲ καὶ ἐς τὴν γῆν σφῶν
ἀποβάσεις τοιαύτας ποιήσεσθαι, ἁθρόᾳ μὲν οὐδαμοῦ τῇ 15
δυνάμει ἀντετάξαντο, κατὰ δὲ τὴν χώραν φρουρὰς διέ-
πεμψαν, ὁπλιτῶν πλῆθος, ὡς ἑκασταχόσε ἔδει, καὶ τὰ ἄλλα
ἐν φυλακῇ πολλῇ ἦσαν, φοβούμενοι μὴ σφίσι νεώτερόν τι
γένηται τῶν περὶ τὴν κατάστασιν, γεγενημένου μὲν τοῦ ἐν
τῇ νήσῳ πάθους ἀνελπίστου καὶ μεγάλου, Πύλου δὲ ἐχομένης 20
καὶ Κυθήρων καὶ πανταχόθεν σφᾶς περιεστῶτος πολέμου
2 ταχέος καὶ ἀπροφυλάκτου, ὥστε παρὰ τὸ εἰωθὸς ἱππέας
τετρακοσίους κατεστήσαντο καὶ τοξότας, ἔς τε τὰ πολεμικά,
εἴπερ ποτέ, μάλιστα δὴ ὀκνηρότεροι ἐγένοντο, ξυνεστῶτες
παρὰ τὴν ὑπάρχουσαν σφῶν ἰδέαν τῆς παρασκευῆς ναυτικῷ 25
ἀγῶνι, καὶ τούτῳ πρὸς Ἀθηναίους, οἷς τὸ μὴ ἐπιχειρούμενον
3 αἰεὶ ἐλλιπὲς ἦν τῆς δοκήσεώς τι πράξειν· καὶ ἅμα τὰ τῆς
τύχης πολλὰ καὶ ἐν ὀλίγῳ ξυμβάντα παρὰ λόγον αὐτοῖς
ἔκπληξιν μεγίστην παρεῖχε, καὶ ἐδέδισαν μή ποτε αὖθις
4 ξυμφορά τις αὐτοῖς περιτύχῃ οἷα καὶ ἐν τῇ νήσῳ. ἀτολμό- 30
τεροι δὲ δι' αὐτὸ ἐς τὰς μάχας ἦσαν, καὶ πᾶν ὅτι κινήσειαν

---

4 τὰ recc.: om. codd.   ἂν add. Heilmann   19 ἐν] ἐπὶ ABEFM
γρ. G   22 ταχέος c f (G) M : ταχέως cett.   23 τριακοσίους ⟨G⟩
31 ἦσαν Cobet

ᾤοντο ἁμαρτήσεσθαι διὰ τὸ τὴν γνώμην ἀνεχέγγυον γεγε-
νῆσθαι ἐκ τῆς πρὶν ἀηθείας τοῦ κακοπραγεῖν. τοῖς δὲ 56
᾿Αθηναίοις τότε τὴν παραθαλάσσιον δῃοῦσι τὰ μὲν πολλὰ
ἡσύχασαν, ὡς καθ᾽ ἑκάστην φρουρὰν γίγνοιτό τις ἀπόβασις,
5 πλήθει τε ἐλάσσους ἕκαστοι ἡγούμενοι εἶναι καὶ ἐν τῷ
τοιούτῳ· μία δὲ φρουρά, ἥπερ καὶ ἠμύνατο περὶ Κοτύρταν
καὶ ᾿Αφροδιτίαν, τὸν μὲν ὄχλον τῶν ψιλῶν ἐσκεδασμένον
ἐφόβησεν ἐπιδρομῇ, τῶν δὲ ὁπλιτῶν δεξαμένων ὑπεχώρησε
πάλιν, καὶ ἄνδρες τέ τινες ἀπέθανον αὐτῶν ὀλίγοι καὶ ὅπλα
10 ἐλήφθη, τροπαῖόν τε στήσαντες οἱ ᾿Αθηναῖοι ἀπέπλευσαν
ἐς Κύθηρα. ἐκ δὲ αὐτῶν περιέπλευσαν ἐς ᾿Επίδαυρον τὴν 2
Λιμηράν, καὶ δῃώσαντες μέρος τι τῆς γῆς ἀφικνοῦνται ἐπὶ
Θυρέαν, ἥ ἐστι μὲν τῆς Κυνουρίας γῆς καλουμένης, μεθορία
δὲ τῆς ᾿Αργείας καὶ Λακωνικῆς· νεμόμενοι δὲ αὐτὴν ἔδοσαν
15 Λακεδαιμόνιοι Αἰγινήταις ἐκπεσοῦσιν ἐνοικεῖν διά τε τὰς
ὑπὸ τὸν σεισμὸν σφίσι γενομένας καὶ τῶν Εἱλώτων τὴν
ἐπανάστασιν εὐεργεσίας καὶ ὅτι ᾿Αθηναίων ὑπακούοντες
ὅμως πρὸς τὴν ἐκείνων γνώμην αἰεὶ ἕστασαν.

Προσπλεόντων οὖν ἔτι τῶν ᾿Αθηναίων οἱ Αἰγινῆται τὸ μὲν ἐπὶ 57
20 τῇ θαλάσσῃ ὃ ἔτυχον οἰκοδομοῦντες τεῖχος ἐκλείπουσιν, ἐς δὲ
τὴν ἄνω πόλιν, ἐν ᾗ ᾤκουν, ἀπεχώρησαν, ἀπέχουσαν σταδίους
μάλιστα δέκα τῆς θαλάσσης. καὶ αὐτοῖς τῶν Λακεδαιμονίων 2
φρουρὰ μία τῶν περὶ τὴν χώραν, ἥπερ καὶ ξυνετείχιζε,
ξυνεσελθεῖν μὲν ἐς τὸ τεῖχος οὐκ ἠθέλησαν δεομένων τῶν
25 Αἰγινητῶν, ἀλλ᾽ αὐτοῖς κίνδυνος ἐφαίνετο ἐς τὸ τεῖχος
κατακλῄεσθαι· ἀναχωρήσαντες δὲ ἐπὶ τὰ μετέωρα, ὡς
οὐκ ἐνόμιζον ἀξιόμαχοι εἶναι, ἡσύχαζον. ἐν τούτῳ δὲ 3
οἱ ᾿Αθηναῖοι κατασχόντες καὶ χωρήσαντες εὐθὺς πάσῃ τῇ
στρατιᾷ αἱροῦσι τὴν Θυρέαν. καὶ τήν τε πόλιν κατέκαυσαν
30 καὶ τὰ ἐνόντα ἐξεπόρθησαν, τούς τε Αἰγινήτας, ὅσοι μὴ ἐν
χερσὶ διεφθάρησαν, ἄγοντες ἀφίκοντο ἐς τὰς ᾿Αθήνας καὶ
τὸν ἄρχοντα ὃς παρ᾽ αὐτοῖς ἦν τῶν Λακεδαιμονίων, Τάνταλον

7 ᾿Αφροδιτίαν Herodianus : ᾿Αφροδισίαι codd. (-ίων Μ)   13 Κυνοσ-
ουρίας Α Β   18 ἕστασαν Ε Μ γρ. F : ἑστᾶσι(ν) cett.

4 τὸν Πατροκλέους· ἐζωγρήθη γὰρ τετρωμένος. ἦγον δέ τινας
καὶ ἐκ τῶν Κυθήρων ἄνδρας ὀλίγους, οὓς ἐδόκει ἀσφαλείας
ἕνεκα μεταστῆσαι. καὶ τούτους μὲν οἱ Ἀθηναῖοι ἐβουλεύ-
σαντο καταθέσθαι ἐς τὰς νήσους, καὶ τοὺς ἄλλους Κυθηρίους
οἰκοῦντας τὴν ἑαυτῶν φόρον τέσσαρα τάλαντα φέρειν, Αἰ- 5
γινήτας δὲ ἀποκτεῖναι πάντας ὅσοι ἑάλωσαν διὰ τὴν προτέραν
αἰεί ποτε ἔχθραν, Τάνταλον δὲ παρὰ τοὺς ἄλλους τοὺς ἐν τῇ
νήσῳ Λακεδαιμονίους καταδῆσαι.

58 Τοῦ δ' αὐτοῦ θέρους ἐν Σικελίᾳ Καμαριναίοις καὶ Γελῴοις
ἐκεχειρία γίγνεται πρῶτον πρὸς ἀλλήλους· εἶτα καὶ οἱ ἄλλοι 10
Σικελιῶται ξυνελθόντες ἐς Γέλαν, ἀπὸ πασῶν τῶν πόλεων
πρέσβεις, ἐς λόγους κατέστησαν ἀλλήλοις, εἴ πως ξυναλ-
λαγεῖεν. καὶ ἄλλαι τε πολλαὶ γνῶμαι ἐλέγοντο ἐπ' ἀμφότερα,
διαφερομένων καὶ ἀξιούντων, ὡς ἕκαστοί τι ἐλασσοῦσθαι
ἐνόμιζον, καὶ Ἑρμοκράτης ὁ Ἕρμωνος Συρακόσιος, ὅσπερ 15
καὶ ἔπεισε μάλιστα αὐτούς, ἐς τὸ κοινὸν τοιούτους δὴ λόγους
εἶπεν.

59 'Οὔτε πόλεως ὢν ἐλαχίστης, ὦ Σικελιῶται, τοὺς λόγους
ποιήσομαι οὔτε πονουμένης μάλιστα τῷ πολέμῳ, ἐς κοινὸν
δὲ τὴν δοκοῦσάν μοι βελτίστην γνώμην εἶναι ἀποφαινόμενος 20
2 τῇ Σικελίᾳ πάσῃ. καὶ περὶ μὲν τοῦ πολεμεῖν ὡς χαλεπὸν
τί ἄν τις πᾶν τὸ ἐνὸν ἐκλέγων ἐν εἰδόσι μακρηγοροίη; οὐδεὶς
γὰρ οὔτε ἀμαθίᾳ ἀναγκάζεται αὐτὸ δρᾶν, οὔτε φόβῳ, ἢν
οἴηταί τι πλέον σχήσειν, ἀποτρέπεται. ξυμβαίνει δὲ τοῖς
μὲν τὰ κέρδη μείζω φαίνεσθαι τῶν δεινῶν, οἱ δὲ τοὺς 25
κινδύνους ἐθέλουσιν ὑφίστασθαι πρὸ τοῦ αὐτίκα τι ἐλασ-
3 σοῦσθαι· αὐτὰ δὲ ταῦτα εἰ μὴ ἐν καιρῷ τύχοιεν ἑκάτεροι
πράσσοντες, αἱ παραινέσεις τῶν ξυναλλαγῶν ὠφέλιμοι.
4 ὃ καὶ ἡμῖν ἐν τῷ παρόντι πειθομένοις πλείστου ἂν ἄξιον
γένοιτο· τὰ γὰρ ἴδια ἕκαστοι εὖ βουλευόμενοι δὴ θέσθαι 30
τό τε πρῶτον ἐπολεμήσαμεν καὶ νῦν πρὸς ἀλλήλους δι'

1 Πατροκλέους F M : Πατοκλέους vel Παντοκλέους cett.   27 ἐν M :
om. cett.   30 βουλόμενοι recc.

ἀντιλογιῶν πειρώμεθα καταλλαγῆναι καί, ἢν ἄρα μὴ προ-
χωρήσῃ ἴσον ἑκάστῳ ἔχοντι ἀπελθεῖν, πάλιν πολεμήσομεν.

'Καίτοι γνῶναι χρὴ ὅτι οὐ περὶ τῶν ἰδίων μόνον, εἰ 60
σωφρονοῦμεν, ἡ ξύνοδος ἔσται, ἀλλ' εἰ ἐπιβουλευομένην τὴν
5 πᾶσαν Σικελίαν, ὡς ἐγὼ κρίνω, ὑπ' Ἀθηναίων δυνησόμεθα
ἔτι διασῶσαι· καὶ διαλλακτὰς πολὺ τῶν ἐμῶν λόγων ἀναγ-
καιοτέρους περὶ τῶνδε Ἀθηναίους νομίσαι, οἳ δύναμιν
ἔχοντες μεγίστην τῶν Ἑλλήνων τάς τε ἁμαρτίας ἡμῶν
τηροῦσιν ὀλίγαις ναυσὶ παρόντες, καὶ ὀνόματι ἐννόμῳ
10 ξυμμαχίας τὸ φύσει πολέμιον εὐπρεπῶς ἐς τὸ ξυμφέρον
καθίστανται. πόλεμον γὰρ αἱρομένων ἡμῶν καὶ ἐπαγο- 2
μένων αὐτούς, ἄνδρας οἳ καὶ τοῖς μὴ ἐπικαλουμένοις αὐτοὶ
ἐπιστρατεύουσι, κακῶς τε ἡμᾶς αὐτοὺς ποιούντων τέλεσι
τοῖς οἰκείοις, καὶ τῆς ἀρχῆς ἅμα προκοπτόντων ἐκείνοις,
15 εἰκός, ὅταν γνῶσιν ἡμᾶς τετρυχωμένους, καὶ πλέονί ποτε
στόλῳ ἐλθόντας αὐτοὺς τάδε πάντα πειράσασθαι ὑπὸ σφᾶς
ποιεῖσθαι.

'Καίτοι τῇ ἑαυτῶν ἑκάστους, εἰ σωφρονοῦμεν, χρὴ τὰ μὴ 61
προσήκοντα ἐπικτωμένους μᾶλλον ἢ τὰ ἑτοῖμα βλάπτοντας
20 ξυμμάχους τε ἐπάγεσθαι καὶ τοὺς κινδύνους προσλαμβάνειν,
νομίσαι τε στάσιν μάλιστα φθείρειν τὰς πόλεις καὶ τὴν Σικε-
λίαν, ἧς γε οἱ ἔνοικοι ξύμπαντες μὲν ἐπιβουλευόμεθα, κατὰ
πόλεις δὲ διέσταμεν. ἃ χρὴ γνόντας καὶ ἰδιώτην ἰδιώτῃ 2
καταλλαγῆναι καὶ πόλιν πόλει, καὶ πειρᾶσθαι κοινῇ σῴζειν τὴν
25 πᾶσαν Σικελίαν, παρεστάναι δὲ μηδενὶ ὡς οἱ μὲν Δωριῆς
ἡμῶν πολέμιοι τοῖς Ἀθηναίοις, τὸ δὲ Χαλκιδικὸν τῇ Ἰάδι
ξυγγενείᾳ ἀσφαλές. οὐ γὰρ τοῖς ἔθνεσιν, ὅτι δίχα πέφυκε, 3
τοῦ ἑτέρου ἔχθει ἐπίασιν, ἀλλὰ τῶν ἐν τῇ Σικελίᾳ ἀγαθῶν
ἐφιέμενοι, ἃ κοινῇ κεκτήμεθα. ἐδήλωσαν δὲ νῦν ἐν τῇ τοῦ 4
30 Χαλκιδικοῦ γένους παρακλήσει· τοῖς γὰρ οὐδεπώποτε σφίσι
κατὰ τὸ ξυμμαχικὸν προσβοηθήσασιν αὐτοὶ τὸ δίκαιον μᾶλλον

5 τῆς ξυνθήκης προθύμως παρέσχοντο. καὶ τοὺς μὲν Ἀθηναίους
ταῦτα πλεονεκτεῖν τε καὶ προνοεῖσθαι πολλὴ ξυγγνώμη, καὶ
οὐ τοῖς ἄρχειν βουλομένοις μέμφομαι, ἀλλὰ τοῖς ὑπακούειν
ἑτοιμοτέροις οὖσιν· πέφυκε γὰρ τὸ ἀνθρώπειον διὰ παντὸς
6 ἄρχειν μὲν τοῦ εἴκοντος, φυλάσσεσθαι δὲ τὸ ἐπιόν. ὅσοι δὲ 5
γιγνώσκοντες αὐτὰ μὴ ὀρθῶς προσκοποῦμεν, μηδὲ τοῦτό τις
πρεσβύτατον ἥκει κρίνας, τὸ κοινῶς φοβερὸν ἅπαντας εὖ
7 θέσθαι, ἁμαρτάνομεν. τάχιστα δ᾽ ἂν ἀπαλλαγὴ αὐτοῦ γένοιτο,
εἰ πρὸς ἀλλήλους ξυμβαῖμεν· οὐ γὰρ ἀπὸ τῆς αὐτῶν ὁρμῶνται
Ἀθηναῖοι, ἀλλ᾽ ἐκ τῆς τῶν ἐπικαλεσαμένων. καὶ οὕτως οὐ 10
πόλεμος πολέμῳ, εἰρήνῃ δὲ διαφοραὶ ἀπραγμόνως παύονται,
οἵ τ᾽ ἐπίκλητοι εὐπρεπῶς ἄδικοι ἐλθόντες εὐλόγως ἄπρακτοι
ἀπίασιν.

62 ʽΚαὶ τὸ μὲν πρὸς τοὺς Ἀθηναίους τοσοῦτον ἀγαθὸν εὖ
2 βουλευομένοις εὑρίσκεται· τὴν δὲ ὑπὸ πάντων ὁμολογουμένην 15
ἄριστον εἶναι εἰρήνην πῶς οὐ χρὴ καὶ ἐν ἡμῖν αὐτοῖς ποιήσα-
σθαι; ἢ δοκεῖτε, εἴ τῴ τι ἔστιν ἀγαθὸν ἢ εἴ τῳ τὰ ἐναντία,
οὐχ ἡσυχίαν μᾶλλον ἢ πόλεμον τὸ μὲν παῦσαι ἂν ἑκατέρῳ,
τὸ δὲ ξυνδιασῶσαι, καὶ τὰς τιμὰς καὶ λαμπρότητας ἀκινδυνο-
τέρας ἔχειν τὴν εἰρήνην, ἄλλα τε ὅσα ἐν μήκει λόγων ἄν τις 20
διέλθοι, ὥσπερ περὶ τοῦ πολεμεῖν; ἃ χρὴ σκεψαμένους μὴ
τοὺς ἐμοὺς λόγους ὑπεριδεῖν, τὴν δὲ αὑτοῦ τινὰ σωτηρίαν
3 μᾶλλον ἀπ᾽ αὐτῶν προϊδεῖν. καὶ εἴ τις βεβαίως τι ἢ τῷ
δικαίῳ ἢ βίᾳ πράξειν οἴεται, τῷ παρ᾽ ἐλπίδα μὴ χαλεπῶς
σφαλλέσθω, γνοὺς ὅτι πλείους ἤδη καὶ τιμωρίαις μετιόντες 25
τοὺς ἀδικοῦντας καὶ ἐλπίσαντες ἕτεροι δυνάμει τινὶ πλεο-
νεκτήσειν, οἱ μὲν οὐχ ὅσον οὐκ ἠμύναντο, ἀλλ᾽ οὐδ᾽ ἐσώ-
θησαν, τοὺς δ᾽ ἀντὶ τοῦ πλέον ἔχειν προσκαταλιπεῖν τὰ
4 αὑτῶν ξυνέβη. τιμωρία γὰρ οὐκ εὐτυχεῖ δικαίως, ὅτι καὶ
ἀδικεῖται· οὐδὲ ἰσχὺς βέβαιον, διότι καὶ εὔελπι. τὸ δὲ 30

9 αὐτῶν C : αὐτῶν cett.   17 δοκεῖ γε Hude   18 ἡσυχίαν
Herwerden : ἡσυχία codd.   πόλεμον Herwerden : πόλεμος codd.
22 αὐτοῦ B C : αὑτοῦ cett.   28 τοῖς A B E F M   29 αὑτῶν B C :
αὐτῶν cett.

ἀστάθμητον τοῦ μέλλοντος ὡς ἐπὶ πλεῖστον κρατεῖ, πάντων
τε σφαλερώτατον ὂν ὅμως καὶ χρησιμώτατον φαίνεται· ἐξ
ἴσου γὰρ δεδιότες προμηθίᾳ μᾶλλον ἐπ᾽ ἀλλήλους ἐρχόμεθα.

῾Καὶ νῦν τοῦ ἀφανοῦς τε τούτου διὰ τὸ ἀτέκμαρτον δέος 63
5 καὶ διὰ τὸ ἤδη †φοβεροὺς παρόντας ᾿Αθηναίους, κατ᾽ ἀμφότερα
ἐκπλαγέντες, καὶ τὸ ἐλλιπὲς τῆς γνώμης, ὧν ἕκαστός τι
ᾠήθημεν πράξειν, ταῖς κωλύμαις ταύταις ἱκανῶς νομίσαντες
εἰρχθῆναι, τοὺς ἐφεστῶτας πολεμίους ἐκ τῆς χώρας ἀπο-
πέμπωμεν, καὶ αὐτοὶ μάλιστα μὲν ἐς ἀίδιον ξυμβῶμεν, εἰ δὲ
10 μή, χρόνον ὡς πλεῖστον σπεισάμενοι τὰς ἰδίας διαφορὰς ἐς
αὖθις ἀναβαλώμεθα. τὸ ξύμπαν τε δὴ γνῶμεν πειθόμενοι μὲν 2
ἐμοὶ πόλιν ἕξοντες ἕκαστος ἐλευθέραν, ἀφ᾽ ἧς αὐτοκράτορες
ὄντες τὸν εὖ καὶ κακῶς δρῶντα ἐξ ἴσου ἀρετῇ ἀμυνούμεθα·
ἢν δ᾽ ἀπιστήσαντες ἄλλοις ὑπακούσωμεν, οὐ περὶ τοῦ τιμωρή-
15 σασθαί τινα, ἀλλὰ καὶ ἄγαν εἰ τύχοιμεν, φίλοι μὲν ἂν τοῖς
ἐχθίστοις, διάφοροι δὲ οἷς οὐ χρὴ κατ᾽ ἀνάγκην γιγνοίμεθα.

῾Καὶ ἐγὼ μέν, ἅπερ καὶ ἀρχόμενος εἶπον, πόλιν τε μεγίστην 64
παρεχόμενος καὶ ἐπιών τῳ μᾶλλον ἢ ἀμυνούμενος ἀξιῶ προ-
ιδόμενος αὐτῶν ξυγχωρεῖν, καὶ μὴ τοὺς ἐναντίους οὕτω κακῶς
20 δρᾶν ὥστε αὐτὸς τὰ πλείω βλάπτεσθαι, μηδὲ μωρίᾳ φιλονικῶν
ἡγεῖσθαι τῆς τε οἰκείας γνώμης ὁμοίως αὐτοκράτωρ εἶναι καὶ
ἧς οὐκ ἄρχω τύχης, ἀλλ᾽ ὅσον εἰκὸς ἡσσᾶσθαι. καὶ τοὺς 2
ἄλλους δικαιῶ ταὐτό μοι ποιῆσαι, ὑφ᾽ ὑμῶν αὐτῶν καὶ μὴ
ὑπὸ τῶν πολεμίων τοῦτο παθεῖν. οὐδὲν γὰρ αἰσχρὸν οἰκείους 3
25 οἰκείων ἡσσᾶσθαι, ἢ Δωριᾶ τινα Δωριῶς ἢ Χαλκιδέα τῶν
ξυγγενῶν, τὸ δὲ ξύμπαν γείτονας ὄντας καὶ ξυνοίκους μιᾶς
χώρας καὶ περιρρύτου καὶ ὄνομα ἓν κεκλημένους Σικελιώτας·
οἳ πολεμήσομέν τε, οἶμαι, ὅταν ξυμβῇ, καὶ ξυγχωρησόμεθά
γε πάλιν καθ᾽ ἡμᾶς αὐτοὺς λόγοις κοινοῖς χρώμενοι· τοὺς 4
30 δὲ ἀλλοφύλους ἐπελθόντας ἀθρόοι αἰεί, ἢν σωφρονῶμεν,
ἀμυνούμεθα, εἴπερ καὶ καθ᾽ ἑκάστους βλαπτόμενοι ξύμπαντες

---

16 γιγνόμεθα codd. : corr. Elmsley   18 προειδόμενος (sic) Reiske :
προειδομένους codd.   20 αὐτὸς Reiske : αὐτοὺς codd.   26 τε Classen

κινδυνεύομεν· ξυμμάχους δὲ οὐδέποτε τὸ λοιπὸν ἐπαξόμεθα
5 οὐδὲ διαλλακτάς. τάδε γὰρ ποιοῦντες ἔν τε τῷ παρόντι
δυοῖν ἀγαθοῖν οὐ στερήσομεν τὴν Σικελίαν, Ἀθηναίων τε
ἀπαλλαγῆναι καὶ οἰκείου πολέμου, καὶ ἐς τὸ ἔπειτα καθ᾽
ἡμᾶς αὐτοὺς ἐλευθέραν νεμόμεθα καὶ ὑπὸ ἄλλων ἧσσον 5
ἐπιβουλευομένην.᾽

65   Τοιαῦτα τοῦ Ἑρμοκράτους εἰπόντος πειθόμενοι οἱ Σικε-
λιῶται αὐτοὶ μὲν κατὰ σφᾶς αὐτοὺς ξυνηνέχθησαν γνώμῃ
ὥστε ἀπαλλάσσεσθαι τοῦ πολέμου ἔχοντες ἃ ἕκαστοι ἔχουσι,
τοῖς δὲ Καμαριναίοις Μοργαντίνην εἶναι ἀργύριον τακτὸν 10
2 τοῖς Συρακοσίοις ἀποδοῦσιν· οἱ δὲ τῶν Ἀθηναίων ξύμμαχοι
παρακαλέσαντες αὐτῶν τοὺς ἐν τέλει ὄντας εἶπον ὅτι ξυμβή-
σονται καὶ αἱ σπονδαὶ ἔσονται κἀκείνοις κοιναί. ἐπαινε-
σάντων δὲ αὐτῶν ἐποιοῦντο τὴν ὁμολογίαν, καὶ αἱ νῆες τῶν
3 Ἀθηναίων ἀπέπλευσαν μετὰ ταῦτα ἐκ Σικελίας. ἐλθόντας 15
δὲ τοὺς στρατηγοὺς οἱ ἐν τῇ πόλει Ἀθηναῖοι τοὺς μὲν φυγῇ
ἐζημίωσαν, Πυθόδωρον καὶ Σοφοκλέα, τὸν δὲ τρίτον Εὐρυμέ-
δοντα χρήματα ἐπράξαντο, ὡς ἐξὸν αὐτοῖς τὰ ἐν Σικελίᾳ
4 καταστρέψασθαι δώροις πεισθέντες ἀποχωρήσειαν. οὕτω
τῇ [τε] παρούσῃ εὐτυχίᾳ χρώμενοι ἠξίουν σφίσι μηδὲν ἐναν- 20
τιοῦσθαι, ἀλλὰ καὶ τὰ δυνατὰ ἐν ἴσῳ καὶ τὰ ἀπορώτερα
μεγάλῃ τε ὁμοίως καὶ ἐνδεεστέρᾳ παρασκευῇ κατεργάζεσθαι.
αἰτία δ᾽ ἦν ἡ παρὰ λόγον τῶν πλεόνων εὐπραγία αὐτοῖς
ὑποτιθεῖσα ἰσχὺν τῆς ἐλπίδος.

66   Τοῦ δ᾽ αὐτοῦ θέρους Μεγαρῆς οἱ ἐν τῇ πόλει πιεζόμενοι 25
ὑπό τε Ἀθηναίων τῷ πολέμῳ, αἰεὶ κατὰ ἔτος ἕκαστον δὶς
ἐσβαλλόντων πανστρατιᾷ ἐς τὴν χώραν, καὶ ὑπὸ τῶν σφε-
τέρων φυγάδων τῶν ἐκ Πηγῶν, οἳ στασιασάντων ἐκπεσόντες
ὑπὸ τοῦ πλήθους χαλεποὶ ἦσαν λῃστεύοντες, ἐποιοῦντο λόγους
ἐν ἀλλήλοις ὡς χρὴ δεξαμένους τοὺς φεύγοντας μὴ ἀμφο- 30
2 τέρωθεν τὴν πόλιν φθείρειν. οἱ δὲ φίλοι τῶν ἔξω τὸν θροῦν
αἰσθόμενοι φανερῶς μᾶλλον ἢ πρότερον καὶ αὐτοὶ ἠξίουν

τούτου τοῦ λόγου ἔχεσθαι. γνόντες δὲ οἱ τοῦ δήμου προστάται 3
οὐ δυνατὸν τὸν δῆμον ἐσόμενον ὑπὸ τῶν κακῶν μετὰ σφῶν
καρτερεῖν, ποιοῦνται λόγους δείσαντες πρὸς τοὺς τῶν Ἀθη-
ναίων στρατηγούς, Ἱπποκράτη τε τὸν Ἀρίφρονος καὶ Δημο-
5 σθένη τὸν Ἀλκισθένους, βουλόμενοι ἐνδοῦναι τὴν πόλιν καὶ
νομίζοντες ἐλάσσω σφίσι τὸν κίνδυνον ἢ τοὺς ἐκπεσόντας
ὑπὸ σφῶν κατελθεῖν. ξυνέβησάν τε πρῶτα μὲν τὰ μακρὰ
τείχη ἑλεῖν Ἀθηναίους (ἦν δὲ σταδίων μάλιστα ὀκτὼ ἀπὸ
τῆς πόλεως ἐπὶ τὴν Νίσαιαν τὸν λιμένα αὐτῶν), ὅπως μὴ
10 ἐπιβοηθήσωσιν ἐκ τῆς Νισαίας οἱ Πελοποννήσιοι, ἐν ᾗ
αὐτοὶ μόνοι ἐφρούρουν βεβαιότητος ἕνεκα τῶν Μεγάρων,
ἔπειτα δὲ καὶ τὴν ἄνω πόλιν πειρᾶσθαι ἐνδοῦναι· ῥᾷον δ᾽
ἤδη ἔμελλον προσχωρήσειν τούτου γεγενημένου.

Οἱ οὖν Ἀθηναῖοι, ἐπειδὴ ἀπό τε τῶν ἔργων καὶ τῶν λόγων 67
15 παρεσκεύαστο ἀμφοτέροις, ὑπὸ νύκτα πλεύσαντες ἐς Μινῴαν
τὴν Μεγαρέων νῆσον ὁπλίταις ἑξακοσίοις, ὧν Ἱπποκράτης
ἦρχεν, ἐν ὀρύγματι ἐκαθέζοντο, ὅθεν ἐπλίνθευον τὰ τείχη
καὶ ἀπεῖχεν οὐ πολύ· οἱ δὲ μετὰ τοῦ Δημοσθένους τοῦ ἑτέρου 2
στρατηγοῦ Πλαταιῆς τε ψιλοὶ καὶ ἕτεροι περίπολοι ἐνή-
20 δρευσαν ἐς τὸ Ἐννάλιον, ὅ ἐστιν ἔλασσον ἄπωθεν. καὶ
ᾔσθετο οὐδεὶς εἰ μὴ οἱ ἄνδρες οἷς ἐπιμελὲς ἦν εἰδέναι τὴν
νύκτα ταύτην. καὶ ἐπειδὴ ἕως ἔμελλε γίγνεσθαι, οἱ προ- 3
διδόντες τῶν Μεγαρέων οὗτοι τοιόνδε ἐποίησαν. ἀκάτιον
ἀμφηρικὸν ὡς λῃσταί, ἐκ πολλοῦ τεθεραπευκότες τὴν ἄνοιξιν
25 τῶν πυλῶν, εἰώθεσαν ἐπὶ ἁμάξῃ, πείθοντες τὸν ἄρχοντα, διὰ
τῆς τάφρου κατακομίζειν τῆς νυκτὸς ἐπὶ τὴν θάλασσαν καὶ
ἐκπλεῖν· καὶ πρὶν ἡμέραν εἶναι πάλιν αὐτὸ τῇ ἁμάξῃ κομί-
σαντες ἐς τὸ τεῖχος κατὰ τὰς πύλας ἐσῆγον, ὅπως τοῖς ἐκ
τῆς Μινῴας Ἀθηναίοις ἀφανὴς δὴ εἴη ἡ φυλακή, μὴ ὄντος
30 ἐν τῷ λιμένι πλοίου φανεροῦ μηδενός. καὶ τότε πρὸς ταῖς 4
πύλαις ἤδη ἦν ἡ ἅμαξα, καὶ ἀνοιχθεισῶν κατὰ τὸ εἰωθὸς ὡς
τῷ ἀκατίῳ οἱ Ἀθηναῖοι (ἐγίγνετο γὰρ ἀπὸ ξυνθήματος τὸ

20 τὸ Reiske : τὸν codd.

τοιοῦτον) ἰδόντες ἔθεον δρόμῳ ἐκ τῆς ἐνέδρας, βουλόμενοι
φθάσαι πρὶν ξυγκλῃσθῆναι πάλιν τὰς πύλας καὶ ἕως ἔτι ἡ
ἅμαξα ἐν αὐταῖς ἦν, κώλυμα οὖσα προσθεῖναι· καὶ αὐτοῖς
ἅμα καὶ οἱ ξυμπράσσοντες Μεγαρῆς τοὺς κατὰ τὰς πύλας
5 φύλακας κτείνουσιν. καὶ πρῶτον μὲν οἱ περὶ τὸν Δημοσθένη 5
Πλαταιῆς τε καὶ περίπολοι ἐσέδραμον οὗ νῦν τὸ τροπαῖόν
ἐστι, καὶ εὐθὺς ἐντὸς τῶν πυλῶν (ᾔσθοντο γὰρ οἱ ἐγγύτατα
Πελοποννήσιοι) μαχόμενοι τοὺς προσβοηθοῦντας οἱ Πλα-
ταιῆς ἐκράτησαν καὶ τοῖς τῶν Ἀθηναίων ὁπλίταις ἐπιφερο-
68 μένοις βεβαίους τὰς πύλας παρέσχον· ἔπειτα δὲ καὶ τῶν 10
Ἀθηναίων ἤδη ὁ αἰεὶ ἐντὸς γιγνόμενος ἐχώρει ἐπὶ τὸ τεῖχος.
2 καὶ οἱ Πελοποννήσιοι φρουροὶ τὸ μὲν πρῶτον ἀντίσχοντες
ἠμύνοντο ὀλίγοι, καὶ ἀπέθανόν τινες αὐτῶν, οἱ δὲ πλείους
ἐς φυγὴν κατέστησαν, φοβηθέντες ἐν νυκτί τε πολεμίων
προσπεπτωκότων καὶ τῶν προδιδόντων Μεγαρέων ἀντιμαχο- 15
μένων, νομίσαντες τοὺς ἅπαντας σφᾶς Μεγαρέας προδεδω-
3 κέναι. ξυνέπεσε γὰρ καὶ τὸν τῶν Ἀθηναίων κήρυκα ἀφ'
ἑαυτοῦ γνώμης κηρύξαι τὸν βουλόμενον ἰέναι Μεγαρέων
μετὰ Ἀθηναίων θησόμενον τὰ ὅπλα. οἱ δ' ὡς ἤκουσαν,
οὐκέτι ἀνέμενον, ἀλλὰ τῷ ὄντι νομίσαντες κοινῇ πολεμεῖσθαι 20
4 κατέφυγον ἐς τὴν Νίσαιαν. ἅμα δὲ ἕῳ ἑαλωκότων ἤδη τῶν
τειχῶν καὶ τῶν ἐν τῇ πόλει Μεγαρέων θορυβουμένων οἱ
πρὸς τοὺς Ἀθηναίους πράξαντες καὶ ἄλλο μετ' αὐτῶν πλῆθος,
ὃ ξυνῄδει, ἔφασαν χρῆναι ἀνοίγειν τὰς πύλας καὶ ἐπεξιέναι
5 ἐς μάχην. ξυνέκειτο δὲ αὐτοῖς τῶν πυλῶν ἀνοιχθεισῶν 25
ἐσπίπτειν τοὺς Ἀθηναίους, αὐτοὶ δὲ διάδηλοι ἔμελλον
ἔσεσθαι (λίπα γὰρ ἀλείψεσθαι), ὅπως μὴ ἀδικῶνται. ἀσφά-
λεια δὲ αὐτοῖς μᾶλλον ἐγίγνετο τῆς ἀνοίξεως· καὶ γὰρ
οἱ ἀπὸ τῆς Ἐλευσῖνος κατὰ τὸ ξυγκείμενον τετρακισχίλιοι
ὁπλῖται τῶν Ἀθηναίων καὶ ἱππῆς ἑξακόσιοι [οἳ] τὴν νύκτα 30
6 πορευόμενοι παρῆσαν. ἀληλιμμένων δὲ αὐτῶν καὶ ὄντων

4 τὰς F¹ G M¹: om. cett.   11 ἐχώρει G M: χωρεῖ cett.
12 ἀντίσχοντες Naber: ἀντισχόντες codd.   13 ἠμύναντο A B E F M
23 ἄλλο recc.: ἄλλοι codd.   30 οἳ om. recc.

ἤδη περὶ τὰς πύλας καταγορεύει τις ξυνειδὼς τοῖς ἑτέροις
τὸ ἐπιβούλευμα. καὶ οἱ ξυστραφέντες ἁθρόοι ἦλθον καὶ οὐκ
ἔφασαν χρῆναι οὔτε ἐπεξιέναι (οὐδὲ γὰρ πρότερόν πω τοῦτο
ἰσχύοντες μᾶλλον τολμῆσαι) οὔτε ἐς κίνδυνον φανερὸν τὴν
5 πόλιν καταγαγεῖν· εἴ τε μὴ πείσεταί τις, αὐτοῦ τὴν μάχην
ἔσεσθαι. ἐδήλουν δὲ οὐδὲν ὅτι ἴσασι τὰ πρασσόμενα, ἀλλὰ
ὡς τὰ βέλτιστα βουλεύοντες ἰσχυρίζοντο, καὶ ἅμα περὶ τὰς
πύλας παρέμενον φυλάσσοντες, ὥστε οὐκ ἐγένετο τοῖς ἐπι-
βουλεύουσι πρᾶξαι ὃ ἔμελλον. γνόντες δὲ οἱ τῶν Ἀθηναίων 69
10 στρατηγοὶ ὅτι ἐναντίωμά τι ἐγένετο καὶ τὴν πόλιν βίᾳ οὐχ
οἷοί τε ἔσονται λαβεῖν, τὴν Νίσαιαν εὐθὺς περιετείχιζον,
νομίζοντες, εἰ πρὶν ἐπιβοηθῆσαί τινας ἐξέλοιεν, θᾶσσον ἂν καὶ
τὰ Μέγαρα προσχωρῆσαι (παρεγένετο δὲ σίδηρός τε ἐκ τῶν 2
Ἀθηνῶν ταχὺ καὶ λιθουργοὶ καὶ τἆλλα ἐπιτήδεια)· ἀρξά-
15 μενοι δ' ἀπὸ τοῦ τείχους ὃ εἶχον καὶ διοικοδομήσαντες τὸ
πρὸς Μεγαρέας, ἀπ' ἐκείνου ἑκατέρωθεν ἐς θάλασσαν τῆς
Νισαίας τάφρον τε καὶ τείχη διελομένη ἡ στρατιά, ἔκ τε τοῦ
προαστείου λίθοις καὶ πλίνθοις χρώμενοι, καὶ κόπτοντες τὰ
δένδρα καὶ ὕλην ἀπεσταύρουν εἴ πῃ δέοιτό τι· καὶ αἱ οἰκίαι
20 τοῦ προαστείου ἐπάλξεις λαμβάνουσαι αὐταὶ ὑπῆρχον ἔρυμα.
καὶ ταύτην μὲν τὴν ἡμέραν ὅλην εἰργάζοντο· τῇ δὲ ὑστεραίᾳ 3
περὶ δείλην τὸ τεῖχος ὅσον οὐκ ἀπετετέλεστο, καὶ οἱ ἐν τῇ
Νισαίᾳ δείσαντες, σίτου τε ἀπορίᾳ (ἐφ' ἡμέραν γὰρ ἐκ τῆς ἄνω
πόλεως ἐχρῶντο) καὶ τοὺς Πελοποννησίους οὐ νομίζοντες ταχὺ
25 ἐπιβοηθήσειν, τούς τε Μεγαρέας πολεμίους ἡγούμενοι, ξυνέ-
βησαν τοῖς Ἀθηναίοις ῥητοῦ μὲν ἕκαστον ἀργυρίου ἀπολυθῆναι
ὅπλα παραδόντας, τοῖς δὲ Λακεδαιμονίοις, τῷ τε ἄρχοντι καὶ
εἴ τις ἄλλος ἐνῆν, χρῆσθαι Ἀθηναίους ὅτι ἂν βούλωνται.
ἐπὶ τούτοις ὁμολογήσαντες ἐξῆλθον, καὶ οἱ Ἀθηναῖοι τὰ 4
30 μακρὰ τείχη ἀπορρήξαντες ἀπὸ τῆς τῶν Μεγαρέων πόλεως
καὶ τὴν Νίσαιαν παραλαβόντες τἆλλα παρεσκευάζοντο.

70 Βρασίδας δὲ ὁ Τέλλιδος Λακεδαιμόνιος κατὰ τοῦτον τὸν
χρόνον ἐτύγχανε περὶ Σικυῶνα καὶ Κόρινθον ὤν, ἐπὶ Θρᾴκης
στρατείαν παρασκευαζόμενος. καὶ ὡς ᾔσθετο τῶν τειχῶν
τὴν ἅλωσιν, δείσας περί τε τοῖς ἐν τῇ Νισαίᾳ Πελοποννη-
σίοις καὶ μὴ τὰ Μέγαρα ληφθῇ, πέμπει ἔς τε τοὺς Βοιωτοὺς 5
κελεύων κατὰ τάχος στρατιᾷ ἀπαντῆσαι ἐπὶ Τριποδίσκον
(ἔστι δὲ κώμη τῆς Μεγαρίδος ὄνομα τοῦτο ἔχουσα ὑπὸ τῷ
ὄρει τῇ Γερανείᾳ), καὶ αὐτὸς ἔχων ἦλθεν ἑπτακοσίους μὲν
καὶ δισχιλίους Κορινθίων ὁπλίτας, Φλειασίων δὲ τετρα-
κοσίους, Σικυωνίων δὲ ἑξακοσίους, καὶ τοὺς μεθ᾽ αὑτοῦ ὅσοι 10
ἤδη ξυνειλεγμένοι ἦσαν, οἰόμενος τὴν Νίσαιαν ἔτι καταλή-
2 ψεσθαι ἀνάλωτον. ὡς δὲ ἐπύθετο (ἔτυχε γὰρ νυκτὸς ἐπὶ
τὸν Τριποδίσκον ἐξελθών), ἀπολέξας τριακοσίους τοῦ στρατοῦ,
πρὶν ἔκπυστος γενέσθαι, προσῆλθε τῇ τῶν Μεγαρέων πόλει
λαθὼν τοὺς Ἀθηναίους ὄντας περὶ τὴν θάλασσαν, βουλό- 15
μενος μὲν τῷ λόγῳ καὶ ἅμα, εἰ δύναιτο, ἔργῳ τῆς Νισαίας
πειρᾶσαι, τὸ δὲ μέγιστον, τὴν τῶν Μεγαρέων πόλιν ἐσελθὼν
βεβαιώσασθαι. καὶ ἠξίου δέξασθαι σφᾶς, λέγων ἐν ἐλπίδι
71 εἶναι ἀναλαβεῖν Νίσαιαν. αἱ δὲ τῶν Μεγαρέων στάσεις
φοβούμεναι, οἱ μὲν μὴ τοὺς φεύγοντας σφίσιν ἐσαγαγὼν 20
αὐτοὺς ἐκβάλῃ, οἱ δὲ μὴ αὐτὸ τοῦτο ὁ δῆμος δείσας ἐπίθηται
σφίσι καὶ ἡ πόλις ἐν μάχῃ καθ᾽ αὑτὴν οὖσα ἐγγὺς ἐφε-
δρευόντων Ἀθηναίων ἀπόληται, οὐκ ἐδέξαντο, ἀλλ᾽ ἀμφο-
2 τέροις ἐδόκει ἡσυχάσασι τὸ μέλλον περιιδεῖν. ἤλπιζον γὰρ
καὶ μάχην ἑκάτεροι ἔσεσθαι τῶν τε Ἀθηναίων καὶ τῶν 25
προσβοηθησάντων, καὶ οὕτω σφίσιν ἀσφαλεστέρως ἔχειν,
οἷς τις εἴη εὔνους, κρατήσασι προσχωρῆσαι· ὁ δὲ Βρασίδας
ὡς οὐκ ἔπειθεν, ἀνεχώρησε πάλιν ἐς τὸ ἄλλο στράτευμα.

72 Ἅμα δὲ τῇ ἕῳ οἱ Βοιωτοὶ παρῆσαν, διανενοημένοι μὲν
καὶ πρὶν Βρασίδαν πέμψαι βοηθεῖν ἐπὶ τὰ Μέγαρα, ὡς οὐκ 30
ἀλλοτρίου ὄντος τοῦ κινδύνου, καὶ ἤδη ὄντες πανστρατιᾷ

Πλαταιᾶσιν· ἐπειδὴ δὲ καὶ ἦλθεν ὁ ἄγγελος, πολλῷ μᾶλλον
ἐρρώσθησαν, καὶ ἀποστείλαντες διακοσίους καὶ δισχιλίους
ὁπλίτας καὶ ἱππέας ἑξακοσίους τοῖς πλέοσιν ἀπῆλθον πάλιν.
παρόντος δὲ ἤδη ξύμπαντος τοῦ στρατεύματος, ὁπλιτῶν οὐκ 2
5 ἔλασσον ἑξακισχιλίων, καὶ τῶν Ἀθηναίων τῶν μὲν ὁπλιτῶν
περί τε τὴν Νίσαιαν ὄντων καὶ τὴν θάλασσαν ἐν τάξει, τῶν
δὲ ψιλῶν ἀνὰ τὸ πεδίον ἐσκεδασμένων, οἱ ἱππῆς οἱ τῶν
Βοιωτῶν ἀπροσδοκήτοις ἐπιπεσόντες τοῖς ψιλοῖς ἔτρεψαν
ἐπὶ τὴν θάλασσαν (ἐν γὰρ τῷ πρὸ τοῦ οὐδεμία βοήθειά πω
10 τοῖς Μεγαρεῦσιν οὐδαμόθεν ἐπῆλθεν)· ἀντεπεξελάσαντες δὲ 3
καὶ οἱ τῶν Ἀθηναίων ἐς χεῖρας ἦσαν, καὶ ἐγένετο ἱππο-
μαχία ἐπὶ πολύ, ἐν ᾗ ἀξιοῦσιν ἑκάτεροι οὐχ ἥσσους
γενέσθαι. τὸν μὲν γὰρ ἵππαρχον τῶν Βοιωτῶν καὶ ἄλλους 4
τινὰς οὐ πολλοὺς πρὸς αὐτὴν τὴν Νίσαιαν προσελάσαντας
15 οἱ Ἀθηναῖοι [καὶ] ἀποκτείναντες ἐσκύλευσαν, καὶ τῶν τε
νεκρῶν τούτων κρατήσαντες ὑποσπόνδους ἀπέδοσαν καὶ
τροπαῖον ἔστησαν· οὐ μέντοι ἔν γε τῷ παντὶ ἔργῳ βεβαίως
οὐδέτεροι τελευτήσαντες ἀπεκρίθησαν, ἀλλ᾽ οἱ μὲν Βοιωτοὶ
πρὸς τοὺς ἑαυτῶν, οἱ δὲ ἐπὶ τὴν Νίσαιαν.

20 Μετὰ δὲ τοῦτο Βρασίδας καὶ τὸ στράτευμα ἐχώρουν 73
ἐγγυτέρω τῆς θαλάσσης καὶ τῆς τῶν Μεγαρέων πόλεως,
καὶ καταλαβόντες χωρίον ἐπιτήδειον παραταξάμενοι ἡσύ-
χαζον, οἰόμενοι σφίσιν ἐπιέναι τοὺς Ἀθηναίους καὶ τοὺς
Μεγαρέας ἐπιστάμενοι περιορωμένους ὁποτέρων ἡ νίκη
25 ἔσται. καλῶς δὲ ἐνόμιζον σφίσιν ἀμφότερα ἔχειν, ἅμα μὲν 2
τὸ μὴ ἐπιχειρεῖν προτέρους μηδὲ μάχης καὶ κινδύνου ἑκόντας
ἄρξαι, ἐπειδή γε ἐν φανερῷ ἔδειξαν ἕτοιμοι ὄντες ἀμύνεσθαι,
καὶ αὐτοῖς ὥσπερ ἀκονιτὶ τὴν νίκην δικαίως ἂν τίθεσθαι, ἐν
τῷ αὐτῷ δὲ καὶ πρὸς τοὺς Μεγαρέας ὀρθῶς ξυμβαίνειν·
30 εἰ μὲν γὰρ μὴ ὤφθησαν ἐλθόντες, οὐκ ἂν ἐν τύχῃ γίγνεσθαι 3
σφίσιν, ἀλλὰ σαφῶς ἂν ὥσπερ ἡσσηθέντων στερηθῆναι

---

6 τε om. A B   14 προσελάσαντας Aem. Portus (*provectos* Valla):
προσελάσαντες codd.   15 καὶ secl. Aem. Portus   28 ἂν τίθεσθαι
F¹ g M : ἀντιθέσθαι cett. : ἀνατίθεσθαι Krüger

εὐθὺς τῆς πόλεως· νῦν δὲ κἂν τυχεῖν αὐτοὺς Ἀθηναίους μὴ
βουληθέντας ἀγωνίζεσθαι, ὥστε ἀμαχητὶ ἂν περιγενέσθαι
4 αὐτοῖς ὧν ἕνεκα ἦλθον. ὅπερ καὶ ἐγένετο. οἱ γὰρ Μεγαρῆς,
ὡς οἱ Ἀθηναῖοι ἐτάξαντο μὲν παρὰ τὰ μακρὰ τείχη ἐξελ-
θόντες, ἡσύχαζον δὲ καὶ αὐτοὶ μὴ ἐπιόντων, λογιζόμενοι 5
καὶ οἱ ἐκείνων στρατηγοὶ μὴ ἀντίπαλον εἶναι σφίσι τὸν
κίνδυνον, ἐπειδὴ καὶ τὰ πλείω αὐτοῖς προυκεχωρήκει, ἄρξασι
μάχης πρὸς πλέονας αὐτῶν ἢ λαβεῖν νικήσαντας Μέγαρα
ἢ σφαλέντας τῷ βελτίστῳ τοῦ ὁπλιτικοῦ βλαφθῆναι, τοῖς
δὲ ξυμπάσης τῆς δυνάμεως καὶ τῶν παρόντων μέρος ἕκαστον 10
κινδυνεύειν εἰκότως ἐθέλειν τολμᾶν, χρόνον δὲ ἐπισχόντες
καὶ ὡς οὐδὲν ἀφ' ἑκατέρων ἐπεχειρεῖτο, ἀπῆλθον πρότερον
οἱ Ἀθηναῖοι ἐς τὴν Νίσαιαν καὶ αὖθις οἱ Πελοποννήσιοι
ὅθενπερ ὡρμήθησαν. οὕτω δὴ τῷ μὲν Βρασίδᾳ αὐτῷ καὶ
τοῖς ἀπὸ τῶν πόλεων ἄρχουσιν οἱ τῶν φευγόντων φίλοι 15
Μεγαρῆς, ὡς ἐπικρατήσαντι καὶ τῶν Ἀθηναίων οὐκέτι
ἐθελησάντων μάχεσθαι, θαρσοῦντες μᾶλλον ἀνοίγουσί τε
τὰς πύλας καὶ δεξάμενοι καταπεπληγμένων ἤδη τῶν πρὸς τοὺς
74 Ἀθηναίους πραξάντων ἐς λόγους ἔρχονται. καὶ ὕστερον ὁ
μὲν διαλυθέντων τῶν ξυμμάχων κατὰ πόλεις ἐπανελθὼν καὶ 20
αὐτὸς ἐς τὴν Κόρινθον τὴν ἐπὶ Θρᾴκης στρατείαν παρε-
2 σκεύαζεν, ἵναπερ καὶ τὸ πρῶτον ὥρμητο· οἱ δὲ ἐν τῇ πόλει
Μεγαρῆς, ἀποχωρησάντων καὶ τῶν Ἀθηναίων ἐπ' οἴκου,
ὅσοι μὲν τῶν πραγμάτων πρὸς τοὺς Ἀθηναίους μάλιστα
μετέσχον, εἰδότες ὅτι ὤφθησαν εὐθὺς ὑπεξῆλθον, οἱ δὲ 25
ἄλλοι κοινολογησάμενοι τοῖς τῶν φευγόντων φίλοις κατά-
γουσι τοὺς ἐκ Πηγῶν, ὁρκώσαντες πίστεσι μεγάλαις μηδὲν
3 μνησικακήσειν, βουλεύσειν δὲ τῇ πόλει τὰ ἄριστα. οἱ δὲ
ἐπειδὴ ἐν ταῖς ἀρχαῖς ἐγένοντο καὶ ἐξέτασιν ὅπλων ἐποιή-
σαντο, διαστήσαντες τοὺς λόχους ἐξελέξαντο τῶν τε ἐχθρῶν 30
καὶ οἳ ἐδόκουν μάλιστα ξυμπρᾶξαι τὰ πρὸς τοὺς Ἀθηναίους
ἄνδρας ὡς ἑκατόν, καὶ τούτων πέρι ἀναγκάσαντες τὸν δῆμον

2 ἀμαχεὶ ABEFM   24 post πραγμάτων add. τῶν Herwerden

ψῆφον φανερὰν διενεγκεῖν, ὡς κατεγνώσθησαν, ἔκτειναν,
καὶ ἐς ὀλιγαρχίαν τὰ μάλιστα κατέστησαν τὴν πόλιν. καὶ 4
πλεῖστον δὴ χρόνον αὕτη ὑπ' ἐλαχίστων γενομένη ἐκ
στάσεως μετάστασις ξυνέμεινεν.

5   Τοῦ δ' αὐτοῦ θέρους τῆς Ἀντάνδρου ὑπὸ τῶν Μυτιλη- 75
ναίων, ὥσπερ διενοοῦντο, μελλούσης κατασκευάζεσθαι, οἱ
τῶν ἀργυρολόγων νεῶν Ἀθηναίων στρατηγοὶ Δημόδοκος
καὶ Ἀριστείδης, ὄντες περὶ Ἑλλήσποντον (ὁ γὰρ τρίτος
αὐτῶν Λάμαχος δέκα ναυσὶν ἐς τὸν Πόντον ἐσεπεπλεύκει)
10 ὡς ᾐσθάνοντο τὴν παρασκευὴν τοῦ χωρίου καὶ ἐδόκει αὐτοῖς
δεινὸν εἶναι μὴ ὥσπερ τὰ Ἄναια ἐπὶ τῇ Σάμῳ γένηται,
ἔνθα οἱ φεύγοντες τῶν Σαμίων καταστάντες τούς τε Πελο-
ποννησίους ὠφέλουν ἐς τὰ ναυτικὰ κυβερνήτας πέμποντες
καὶ τοὺς ἐν τῇ πόλει Σαμίους ἐς ταραχὴν καθίστασαν καὶ
15 τοὺς ἐξιόντας ἐδέχοντο· οὕτω δὴ ξυναγείραντες ἀπὸ τῶν
ξυμμάχων στρατιὰν καὶ πλεύσαντες, μάχῃ τε νικήσαντες
τοὺς ἐκ τῆς Ἀντάνδρου ἐπεξελθόντας, ἀναλαμβάνουσι τὸ
χωρίον πάλιν. καὶ οὐ πολὺ ὕστερον ἐς τὸν Πόντον ἐσπλεύ- 2
σας Λάμαχος, ἐν τῇ Ἡρακλεώτιδι ὁρμίσας ἐς τὸν Κάλητα
20 ποταμὸν ἀπόλλυσι τὰς ναῦς ὕδατος ἄνωθεν γενομένου καὶ
κατελθόντος αἰφνιδίου τοῦ ῥεύματος· αὐτὸς δὲ καὶ ἡ στρατιὰ
πεζῇ διὰ Βιθυνῶν Θρᾳκῶν, οἵ εἰσι πέραν ἐν τῇ Ἀσίᾳ,
ἀφικνεῖται ἐς Καλχηδόνα τὴν ἐπὶ τῷ στόματι τοῦ Πόντου
Μεγαρέων ἀποικίαν.

25   Ἐν δὲ τῷ αὐτῷ θέρει καὶ Δημοσθένης Ἀθηναίων στρα- 76
τηγὸς τεσσαράκοντα ναυσὶν ἀφικνεῖται ἐς Ναύπακτον, εὐθὺς
μετὰ τὴν ἐκ τῆς Μεγαρίδος ἀναχώρησιν. τῷ γὰρ Ἱππο- 2
κράτει καὶ ἐκείνῳ τὰ Βοιώτια πράγματα ἀπό τινων ἀνδρῶν
ἐν ταῖς πόλεσιν ἐπράσσετο, βουλομένων μεταστῆσαι τὸν
30 κόσμον καὶ ἐς δημοκρατίαν ὥσπερ οἱ Ἀθηναῖοι τρέψαι·
καὶ Πτοιοδώρου μάλιστ' ἀνδρὸς φυγάδος ἐκ Θηβῶν ἐσηγου-

3 γενομένη] νεμομένη C G γρ. M   7 νεῶν Ἀθηναίων Jones:
Ἀθηναῖοι νεῶν Ε : Ἀθηναίων cett.   19 ὁρμήσας A B E F M   Κάλητα
Palmerius : Κάληκα codd.   21 δὲ Classen : τε codd.   23 Καλχη-
δόνα Spanheim : Χαλκηδόνα codd.

3 μένου τάδε αὐτοῖς παρεσκευάσθη. Σίφας μὲν ἔμελλόν τινες
προδώσειν (αἱ δὲ Σῖφαί εἰσι τῆς Θεσπικῆς γῆς ἐν τῷ
Κρισαίῳ κόλπῳ ἐπιθαλασσίδιοι)· Χαιρώνειαν δέ, ἣ ἐς
Ὀρχομενὸν τὸν Μινύειον πρότερον καλούμενον, νῦν δὲ
Βοιώτιον, ξυντελεῖ, ἄλλοι ἐξ Ὀρχομενοῦ ἐνεδίδοσαν, καὶ οἱ 5
Ὀρχομενίων φυγάδες ξυνέπρασσον τὰ μάλιστα καὶ ἄνδρας
ἐμισθοῦντο ἐκ Πελοποννήσου (ἔστι δὲ ἡ Χαιρώνεια ἔσχατον
τῆς Βοιωτίας πρὸς τῇ Φανοτίδι τῆς Φωκίδος), καὶ Φωκέων
4 μετεῖχόν τινες. τοὺς δὲ Ἀθηναίους ἔδει Δήλιον καταλαβεῖν
τὸ ἐν τῇ Ταναγραίᾳ πρὸς Εὔβοιαν τετραμμένον Ἀπόλλωνος 10
ἱερόν, ἅμα δὲ ταῦτα ἐν ἡμέρᾳ ῥητῇ γίγνεσθαι, ὅπως μὴ
ξυμβοηθήσωσιν ἐπὶ τὸ Δήλιον οἱ Βοιωτοὶ ἀθρόοι, ἀλλ᾽ ἐπὶ
5 τὰ σφέτερα αὐτῶν ἕκαστοι κινούμενα. καὶ εἰ κατορθοῖτο ἡ
πεῖρα καὶ τὸ Δήλιον τειχισθείη, ῥᾳδίως ἤλπιζον, εἰ καὶ μὴ
παραυτίκα νεωτερίζοιτό τι τῶν κατὰ τὰς πολιτείας τοῖς 15
Βοιωτοῖς, ἐχομένων τούτων τῶν χωρίων καὶ λῃστευομένης
τῆς γῆς καὶ οὔσης ἑκάστοις διὰ βραχέος ἀποστροφῆς, οὐ
μενεῖν κατὰ χώραν τὰ πράγματα, ἀλλὰ χρόνῳ τῶν Ἀθηναίων
μὲν προσιόντων τοῖς ἀφεστηκόσι, τοῖς δὲ οὐκ οὔσης ἀθρόας
τῆς δυνάμεως, καταστήσειν αὐτὰ ἐς τὸ ἐπιτήδειον.   20

77 Ἡ μὲν οὖν ἐπιβουλὴ τοιαύτη παρεσκευάζετο, ὁ δὲ Ἱπ-
ποκράτης αὐτὸς μὲν ἐκ τῆς πόλεως δύναμιν ἔχων, ὁπότε
καιρὸς εἴη, ἔμελλε στρατεύειν ἐς τοὺς Βοιωτούς, τὸν δὲ
Δημοσθένη προαπέστειλε ταῖς τεσσαράκοντα ναυσὶν ἐς τὴν
Ναύπακτον, ὅπως ἐξ ἐκείνων τῶν χωρίων στρατὸν ξυλλέξας 25
Ἀκαρνάνων τε καὶ τῶν ἄλλων ξυμμάχων πλέοι ἐπὶ τὰς
Σίφας ὡς προδοθησομένας· ἡμέρα δ᾽ αὐτοῖς εἴρητο ἧ ἔδει
2 ἅμα ταῦτα πράσσειν. καὶ ὁ μὲν Δημοσθένης ἀφικόμενος,
Οἰνιάδας δὲ ὑπό τε Ἀκαρνάνων πάντων κατηναγκασμένους
καταλαβὼν ἐς τὴν Ἀθηναίων ξυμμαχίαν καὶ αὐτὸς ἀναστή- 30
σας τὸ ξυμμαχικὸν τὸ ἐκείνῃ πᾶν, ἐπὶ Σαλύνθιον καὶ

Ἀγραίους στρατεύσας πρῶτον καὶ προσποιησάμενος τἆλλα
ἡτοιμάζετο ὡς ἐπὶ τὰς Σίφας, ὅταν δέῃ, ἀπαντησόμενος.

Βρασίδας δὲ κατὰ τὸν αὐτὸν χρόνον τοῦ θέρους πορευό- 78
μενος ἑπτακοσίοις καὶ χιλίοις ὁπλίταις ἐς τὰ ἐπὶ Θρᾴκης
5 ἐπειδὴ ἐγένετο ἐν Ἡρακλείᾳ τῇ ἐν Τραχῖνι καί, προπέμ-
ψαντος αὐτοῦ ἄγγελον ἐς Φάρσαλον παρὰ τοὺς ἐπιτηδείους,
ἀξιοῦντος διάγειν ἑαυτὸν καὶ τὴν στρατιάν, ἦλθον ἐς
Μελίτειαν τῆς Ἀχαΐας Πάναιρός τε καὶ Δῶρος καὶ Ἱπ-
πολοχίδας καὶ Τορύλαος καὶ Στρόφακος πρόξενος ὢν Χαλ-
10 κιδέων, τότε δὴ ἐπορεύετο. ἦγον δὲ καὶ ἄλλοι Θεσσαλῶν 2
αὐτὸν καὶ ἐκ Λαρίσης Νικονίδας Περδίκκᾳ ἐπιτήδειος ὤν.
τὴν γὰρ Θεσσαλίαν ἄλλως τε οὐκ εὔπορον ἦν διιέναι ἄνευ
ἀγωγοῦ καὶ μετὰ ὅπλων γε δή, καὶ τοῖς πᾶσί γε ὁμοίως
Ἕλλησιν ὕποπτον καθειστήκει τὴν τῶν πέλας μὴ πείσαντας
15 διιέναι· τοῖς τε Ἀθηναίοις αἰεί ποτε τὸ πλῆθος τῶν Θεσ-
σαλῶν εὔνουν ὑπῆρχεν. ὥστε εἰ μὴ δυναστείᾳ μᾶλλον ἢ 3
ἰσονομίᾳ ἐχρῶντο τὸ ἐγχώριον οἱ Θεσσαλοί, οὐκ ἄν ποτε
προῆλθεν, ἐπεὶ καὶ τότε πορευομένῳ αὐτῷ ἀπαντήσαντες
ἄλλοι τῶν τἀναντία τούτοις βουλομένων ἐπὶ τῷ Ἐνιπεῖ
20 ποταμῷ ἐκώλυον καὶ ἀδικεῖν ἔφασαν ἄνευ τοῦ πάντων
κοινοῦ πορευόμενον. οἱ δὲ ἄγοντες οὔτε ἀκόντων ἔφασαν 4
διάξειν, αἰφνίδιόν τε παραγενόμενον ξένοι ὄντες κομίζειν.
ἔλεγε δὲ καὶ αὐτὸς ὁ Βρασίδας τῇ Θεσσαλῶν γῇ καὶ
αὐτοῖς φίλος ὢν ἰέναι καὶ Ἀθηναίοις πολεμίοις οὖσι καὶ
25 οὐκ ἐκείνοις ὅπλα ἐπιφέρειν, Θεσσαλοῖς τε οὐκ εἰδέναι καὶ
Λακεδαιμονίοις ἔχθραν οὖσαν ὥστε τῇ ἀλλήλων γῇ μὴ
χρῆσθαι, νῦν τε ἀκόντων ἐκείνων οὐκ ἂν προελθεῖν (οὐδὲ
γὰρ ἂν δύνασθαι), οὐ μέντοι ἀξιοῦν γε εἴργεσθαι. καὶ οἱ 5
μὲν ἀκούσαντες ταῦτα ἀπῆλθον, ὁ δὲ κελευόντων τῶν
30 ἀγωγῶν, πρίν τι πλέον ξυστῆναι τὸ κωλῦσον, ἐχώρει οὐδὲν
ἐπισχὼν δρόμῳ. καὶ ταύτῃ μὲν τῇ ἡμέρᾳ, ᾗ ἐκ τῆς

---

1 τἆλλα] πολλὰ A B F   2 post c. 77 τῶν ἐς ιγ τέλος τοῦ σ ἀρχὴ τοῦ
ζ C M in marg.   11 Νικωνίδας Krüger   17 τὸ ἐγχώριον] τῷ
ἐπιχωρίῳ Dion. Hal.   27 τε] δὲ B   30 πρίν f M : πλήν cett.

Μελιτείας ἀφώρμησεν, ἐς Φάρσαλόν τε ἐτέλεσε καὶ ἐστρα-
τοπεδεύσατο ἐπὶ τῷ Ἀπιδανῷ ποταμῷ, ἐκεῖθεν δὲ ἐς Φάκιον,
6 καὶ ἐξ αὐτοῦ ἐς Περραιβίαν. ἀπὸ δὲ τούτου ἤδη οἱ μὲν
τῶν Θεσσαλῶν ἀγωγοὶ πάλιν ἀπῆλθον, οἱ δὲ Περραιβοὶ
αὐτόν, ὑπήκοοι ὄντες Θεσσαλῶν, κατέστησαν ἐς Δῖον τῆς 5
Περδίκκου ἀρχῆς, ὃ ὑπὸ τῷ Ὀλύμπῳ Μακεδονίας πρὸς
79 Θεσσαλοὺς πόλισμα κεῖται. τούτῳ τῷ τρόπῳ Βρασίδας
Θεσσαλίαν φθάσας διέδραμε πρίν τινα κωλύειν παρασκευά-
σασθαι, καὶ ἀφίκετο ὡς Περδίκκαν καὶ ἐς τὴν Χαλκιδικήν.
2 ἐκ γὰρ τῆς Πελοποννήσου, ὡς τὰ τῶν Ἀθηναίων ηὐτύχει, 10
δείσαντες οἵ τε ἐπὶ Θρᾴκης ἀφεστῶτες Ἀθηναίων καὶ Περ-
δίκκας ἐξήγαγον τὸν στρατόν, οἱ μὲν Χαλκιδῆς νομίζοντες
ἐπὶ σφᾶς πρῶτον ὁρμήσειν τοὺς Ἀθηναίους (καὶ ἅμα αἱ
πλησιόχωροι πόλεις αὐτῶν αἱ οὐκ ἀφεστηκυῖαι ξυνεπῆγον
κρύφα), Περδίκκας δὲ πολέμιος μὲν οὐκ ὢν ἐκ τοῦ φανεροῦ, 15
φοβούμενος δὲ καὶ αὐτὸς τὰ παλαιὰ διάφορα τῶν Ἀθηναίων
καὶ μάλιστα βουλόμενος Ἀρραβαῖον τὸν Λυγκηστῶν βασιλέα
παραστήσασθαι.

3   Ξυνέβη δὲ αὐτοῖς, ὥστε ῥᾷον ἐκ τῆς Πελοποννήσου στρα-
τὸν ἐξαγαγεῖν, ἡ τῶν Λακεδαιμονίων ἐν τῷ παρόντι κακο- 20
80 πραγία. τῶν γὰρ Ἀθηναίων ἐγκειμένων τῇ Πελοποννήσῳ
καὶ οὐχ ἥκιστα τῇ ἐκείνων γῇ ἤλπιζον ἀποτρέψειν αὐτοὺς
μάλιστα, εἰ ἀντιπαραλυποῖεν πέμψαντες ἐπὶ τοὺς ξυμμάχους
αὐτῶν στρατιάν, ἄλλως τε καὶ ἑτοίμων ὄντων τρέφειν τε καὶ
2 ἐπὶ ἀποστάσει σφᾶς ἐπικαλουμένων. καὶ ἅμα τῶν Εἱλώτων 25
βουλομένοις ἦν ἐπὶ προφάσει ἐκπέμψαι, μή τι πρὸς τὰ
3 παρόντα τῆς Πύλου ἐχομένης νεωτερίσωσιν· ἐπεὶ καὶ τόδε
ἔπραξαν φοβούμενοι αὐτῶν τὴν σκαιότητα καὶ τὸ πλῆθος
(αἰεὶ γὰρ τὰ πολλὰ Λακεδαιμονίοις πρὸς τοὺς Εἵλωτας τῆς
φυλακῆς πέρι μάλιστα καθεστήκει)· προεῖπον αὐτῶν ὅσοι 30
ἀξιοῦσιν ἐν τοῖς πολέμοις γεγενῆσθαι σφίσιν ἄριστοι,

     22 ἀποτρέψειν G : ἀποτρέψαι C G¹ M : ἀποστρέψαι cett.   28 σκαιό-
τητα B suprascr. A : νεότητα cett. (post rasuram F)   31 πολέμοις
recc. : πολεμίοις codd.

κρίνεσθαι, ὡς ἐλευθερώσοντες, πεῖραν ποιούμενοι καὶ ἡγού-
μενοι τούτους σφίσιν ὑπὸ φρονήματος, οἵπερ καὶ ἠξίωσαν
πρῶτος ἕκαστος ἐλευθεροῦσθαι, μάλιστα ἂν καὶ ἐπιθέσθαι.
καὶ προκρίναντες ἐς δισχιλίους, οἱ μὲν ἐστεφανώσαντό τε 4
5 καὶ τὰ ἱερὰ περιῆλθον ὡς ἠλευθερωμένοι, οἱ δὲ οὐ πολλῷ
ὕστερον ἠφάνισάν τε αὐτοὺς καὶ οὐδεὶς ᾔσθετο ὅτῳ τρόπῳ
ἕκαστος διεφθάρη. καὶ τότε προθύμως τῷ Βρασίδᾳ αὐτῶν 5
ξυνέπεμψαν ἑπτακοσίους ὁπλίτας, τοὺς δ' ἄλλους ἐκ τῆς
Πελοποννήσου μισθῷ πείσας ἐξήγαγεν. αὐτόν τε Βρασίδαν 81
10 βουλόμενον μάλιστα Λακεδαιμόνιοι ἀπέστειλαν (προυθυμή-
θησαν δὲ καὶ οἱ Χαλκιδῆς), ἄνδρα ἔν τε τῇ Σπάρτῃ δοκοῦντα
δραστήριον εἶναι ἐς τὰ πάντα καὶ ἐπειδὴ ἐξῆλθε πλείστου
ἄξιον Λακεδαιμονίοις γενόμενον. τό τε γὰρ παραυτίκα ἑαυτὸν 2
παρασχὼν δίκαιον καὶ μέτριον ἐς τὰς πόλεις ἀπέστησε τὰ
15 πολλά, τὰ δὲ προδοσίᾳ εἷλε τῶν χωρίων, ὥστε τοῖς Λακεδαι-
μονίοις γίγνεσθαι ξυμβαίνειν τε βουλομένοις, ὅπερ ἐποίησαν,
ἀνταπόδοσιν καὶ ἀποδοχὴν χωρίων καὶ τοῦ πολέμου ἀπὸ τῆς
Πελοποννήσου λώφησιν· ἔς τε τὸν χρόνῳ ὕστερον μετὰ τὰ
ἐκ Σικελίας πόλεμον ἡ τότε Βρασίδου ἀρετὴ καὶ ξύνεσις, τῶν
20 μὲν πείρᾳ αἰσθομένων, τῶν δὲ ἀκοῇ νομισάντων, μάλιστα
ἐπιθυμίαν ἐνεποίει τοῖς Ἀθηναίων ξυμμάχοις ἐς τοὺς Λακε-
δαιμονίους. πρῶτος γὰρ ἐξελθὼν καὶ δόξας εἶναι κατὰ πάντα 3
ἀγαθὸς ἐλπίδα ἐγκατέλιπε βέβαιον ὡς καὶ οἱ ἄλλοι τοιοῦτοί
εἰσιν.
25   Τότε δ' οὖν ἀφικομένου αὐτοῦ ἐς τὰ ἐπὶ Θρᾴκης οἱ 82
Ἀθηναῖοι πυθόμενοι τόν τε Περδίκκαν πολέμιον ποιοῦνται,
νομίσαντες αἴτιον εἶναι τῆς παρόδου, καὶ τῶν ταύτῃ ξυμμάχων
φυλακὴν πλέονα κατεστήσαντο. Περδίκκης δὲ Βρασίδαν καὶ 83
τὴν στρατιὰν εὐθὺς λαβὼν μετὰ τῆς ἑαυτοῦ δυνάμεως στρα-
30 τεύει ἐπὶ Ἀρραβαῖον τὸν Βρομεροῦ Λυγκηστῶν Μακεδόνων
βασιλέα ὅμορον ὄντα, διαφορᾶς τε αὐτῷ οὔσης καὶ βουλό-
μενος καταστρέψασθαι. ἐπεὶ δὲ ἐγένετο τῷ στρατῷ μετὰ 2

10 προυθύμησαν ΑΒΕΓΜ

τοῦ Βρασίδου ἐπὶ τῇ ἐσβολῇ τῆς Λύγκου, Βρασίδας λόγοις
ἔφη βούλεσθαι πρῶτον ἐλθὼν πρὸ πολέμου Ἀρραβαῖον ξύμ-
3 μαχον Λακεδαιμονίων, ἢν δύνηται, ποιῆσαι. καὶ γάρ τι
καὶ Ἀρραβαῖος ἐπεκηρυκεύετο, ἑτοῖμος ὢν Βρασίδᾳ μέσῳ
δικαστῇ ἐπιτρέπειν· καὶ οἱ Χαλκιδέων πρέσβεις ξυμπαρόντες 5
ἐδίδασκον αὐτὸν μὴ ὑπεξελεῖν τῷ Περδίκκᾳ τὰ δεινά, ἵνα
4 προθυμοτέρῳ ἔχοιεν καὶ ἐς τὰ ἑαυτῶν χρῆσθαι. ἅμα δέ τι
καὶ εἰρήκεσαν τοιοῦτον οἱ παρὰ τοῦ Περδίκκου ἐν τῇ Λακε-
δαίμονι, ὡς πολλὰ αὐτοῖς τῶν περὶ αὐτὸν χωρίων ξύμμαχα
ποιήσοι, ὥστε ἐκ τοῦ τοιούτου κοινῇ μᾶλλον ὁ Βρασίδας 10
5 τὰ τοῦ Ἀρραβαίου ἠξίου πράσσειν. Περδίκκας δὲ οὔτε
δικαστὴν ἔφη Βρασίδαν τῶν σφετέρων διαφορῶν ἀγαγεῖν,
μᾶλλον δὲ καθαιρέτην ὧν ἂν αὐτὸς ἀποφαίνῃ πολεμίων,
ἀδικήσειν τε εἰ αὐτοῦ τρέφοντος τὸ ἥμισυ τοῦ στρατοῦ
6 ξυνέσται Ἀρραβαίῳ. ὁ δὲ ἄκοντος καὶ ἐκ διαφορᾶς ξυγ- 15
γίγνεται, καὶ πεισθεὶς τοῖς λόγοις ἀπήγαγε τὴν στρατιὰν
πρὶν ἐσβαλεῖν ἐς τὴν χώραν. Περδίκκας δὲ μετὰ τοῦτο
τρίτον μέρος ἀνθ᾽ ἡμίσεος τῆς τροφῆς ἐδίδου, νομίζων ἀδι-
κεῖσθαι.

84 Ἐν δὲ τῷ αὐτῷ θέρει εὐθὺς ὁ Βρασίδας ἔχων καὶ Χαλκι- 20
δέας ἐπὶ Ἄκανθον τὴν Ἀνδρίων ἀποικίαν ὀλίγον πρὸ τρυγήτου
2 ἐστράτευσεν. οἱ δὲ περὶ τοῦ δέχεσθαι αὐτὸν κατ᾽ ἀλλήλους
ἐστασίαζον, οἵ τε μετὰ τῶν Χαλκιδέων ξυνεπάγοντες καὶ ὁ
δῆμος. ὅμως δὲ διὰ τοῦ καρποῦ τὸ δέος ἔτι ἔξω ὄντος
πεισθὲν τὸ πλῆθος ὑπὸ τοῦ Βρασίδου δέξασθαί τε αὐτὸν 25
μόνον καὶ ἀκούσαντας βουλεύσασθαι, δέχεται· καὶ καταστὰς
ἐπὶ τὸ πλῆθος (ἦν δὲ οὐδὲ ἀδύνατος, ὡς Λακεδαιμόνιος,
εἰπεῖν) ἔλεγε τοιάδε.

85 ‘Ἡ μὲν ἔκπεμψίς μου καὶ τῆς στρατιᾶς ὑπὸ Λακεδαι-
μονίων, ὦ Ἀκάνθιοι, γεγένηται τὴν αἰτίαν ἐπαληθεύουσα ἢν 30
ἀρχόμενοι τοῦ πολέμου προείπομεν, Ἀθηναίοις ἐλευθεροῦντες
2 τὴν Ἑλλάδα πολεμήσειν· εἰ δὲ χρόνῳ ἐπήλθομεν, σφαλέντες

26 ἀκούσαντες recc.

τῆς ἀπὸ τοῦ ἐκεῖ πολέμου δόξης, ἣ διὰ τάχους αὐτοὶ ἄνευ
τοῦ ὑμετέρου κινδύνου ἠλπίσαμεν Ἀθηναίους καθαιρήσειν,
μηδεὶς μεμφθῇ· νῦν γάρ, ὅτε παρέσχεν, ἀφιγμένοι καὶ μετὰ
ὑμῶν πειρασόμεθα κατεργάζεσθαι αὐτούς. θαυμάζω δὲ τῇ 3
5 τε ἀποκλήσει μου τῶν πυλῶν, καὶ εἰ μὴ ἀσμένοις ὑμῖν
ἀφῖγμαι. ἡμεῖς μὲν γὰρ οἱ Λακεδαιμόνιοι οἰόμενοί τε παρὰ 4
ξυμμάχους, καὶ πρὶν ἔργῳ ἀφικέσθαι, τῇ γοῦν γνώμῃ ἥξειν
καὶ βουλομένοις ἔσεσθαι, κίνδυνον [τε] τοσόνδε ἀνερρίψαμεν
διὰ τῆς ἀλλοτρίας πολλῶν ἡμερῶν ὁδὸν ἰόντες καὶ πᾶν τὸ
10 πρόθυμον παρεχόμενοι· ὑμεῖς δὲ εἴ τι ἄλλο ἐν νῷ ἔχετε ἢ 5
εἰ ἐναντιώσεσθε τῇ τε ὑμετέρᾳ αὐτῶν ἐλευθερίᾳ καὶ τῶν
ἄλλων Ἑλλήνων, δεινὸν ἂν εἴη. καὶ γὰρ οὐ μόνον ὅτι 6
αὐτοὶ ἀνθίστασθε, ἀλλὰ καὶ οἷς ἂν ἐπίω, ἧσσόν τις ἐμοὶ
πρόσεισι, δυσχερὲς ποιούμενοι εἰ ἐπὶ οὓς πρῶτον ἦλθον
15 ὑμᾶς, καὶ πόλιν ἀξιόχρεων παρεχομένους καὶ ξύνεσιν δοκοῦν-
τας ἔχειν, μὴ ἐδέξασθε· καὶ τὴν αἰτίαν οὐχ ἕξω πιστὴν
ἀποδεικνύναι, ἀλλ' ἢ ἄδικον τὴν ἐλευθερίαν ἐπιφέρειν ἢ
ἀσθενὴς καὶ ἀδύνατος τιμωρῆσαι τὰ πρὸς Ἀθηναίους, ἢν
ἐπίωσιν, ἀφῖχθαι. καίτοι στρατιᾷ γε τῇδ' ἣν νῦν [ἐγὼ] ἔχω 7
20 ἐπὶ Νίσαιαν ἐμοῦ βοηθήσαντος οὐκ ἠθέλησαν Ἀθηναῖοι
πλέονες ὄντες προσμεῖξαι, ὥστε οὐκ εἰκὸς νηίτῃ γε αὐτοὺς
τῷ ἐν Νισαίᾳ στρατῷ ἴσον πλῆθος ἐφ' ὑμᾶς ἀποστεῖλαι.
αὐτός τε οὐκ ἐπὶ κακῷ, ἐπ' ἐλευθερώσει δὲ τῶν Ἑλλήνων 86
παρελήλυθα, ὅρκοις τε Λακεδαιμονίων καταλαβὼν τὰ τέλη
25 τοῖς μεγίστοις ἦ μὴν οὓς ἂν ἔγωγε προσαγάγωμαι ξυμμάχους
ἔσεσθαι αὐτονόμους, καὶ ἅμα οὐχ ἵνα ξυμμάχους ὑμᾶς ἔχωμεν
ἢ βίᾳ ἢ ἀπάτῃ προσλαβόντες, ἀλλὰ τοὐναντίον ὑμῖν δεδου-
λωμένοις ὑπὸ Ἀθηναίων ξυμμαχήσοντες. οὔκουν ἀξιῶ οὔτ' 2
αὐτὸς ὑποπτεύεσθαι, πίστεις γε διδοὺς τὰς μεγίστας, οὐδὲ
30 τιμωρὸς ἀδύνατος νομισθῆναι, προσχωρεῖν τε ὑμᾶς θαρσή-
σαντας. καὶ εἴ τις ἰδίᾳ τινὰ δεδιὼς ἄρα, μὴ ἐγώ τισι 3

8 τε secl. Poppo   12 οὐ μόνον] οὐχ Stahl   19 ἐγὼ om. C G,
post ἔχω habet M   22 ἐν Νισαίᾳ] ἐκεῖ E   29 γε Reiske : τε
codd.   οὐδὲ Stahl : οὔτε codd.

προσθῶ τὴν πόλιν, ἀπρόθυμός ἐστι, πάντων μάλιστα πιστευ-
4 σάτω.   οὐ γὰρ ξυστασιάσων ἥκω, οὐδὲ ἂν σαφῆ τὴν ἐλευ-
θερίαν νομίζω ἐπιφέρειν, εἰ τὸ πάτριον παρεὶς τὸ πλέον τοῖς
5 ὀλίγοις ἢ τὸ ἔλασσον τοῖς πᾶσι δουλώσαιμι.   χαλεπωτέρα
γὰρ ἂν τῆς ἀλλοφύλου ἀρχῆς εἴη, καὶ ἡμῖν τοῖς Λακεδαι- 5
μονίοις οὐκ ἂν ἀντὶ πόνων χάρις καθίσταιτο, ἀντὶ δὲ τιμῆς
καὶ δόξης αἰτία μᾶλλον· οἷς τε τοὺς Ἀθηναίους ἐγκλήμασι
καταπολεμοῦμεν, αὐτοὶ ἂν φαινοίμεθα ἐχθίονα ἢ ὁ μὴ ὑπο-
6 δείξας ἀρετὴν κατακτώμενοι.   ἀπάτη γὰρ εὐπρεπεῖ αἴσχιον
τοῖς γε ἐν ἀξιώματι πλεονεκτῆσαι ἢ βίᾳ ἐμφανεῖ· τὸ μὲν 10
γὰρ ἰσχύος δικαιώσει, ἣν ἡ τύχη ἔδωκεν, ἐπέρχεται, τὸ δὲ
87 γνώμης ἀδίκου ἐπιβουλῇ.   οὕτω πολλὴν περιωπὴν τῶν ἡμῖν
ἐς τὰ μέγιστα διαφόρων ποιούμεθα, καὶ οὐκ ἂν μείζω πρὸς
τοῖς ὅρκοις βεβαίωσιν λάβοιτε ἢ οἷς τὰ ἔργα ἐκ τῶν λόγων
ἀναθρούμενα δόκησιν ἀναγκαίαν παρέχεται ὡς καὶ ξυμφέρει 15
ὁμοίως ὡς εἶπον.

2   'Εἰ δ' ἐμοῦ ταῦτα προϊσχομένου ἀδύνατοι μὲν φήσετε
εἶναι, εὖνοι δ' ὄντες ἀξιώσετε μὴ κακούμενοι διωθεῖσθαι καὶ
τὴν ἐλευθερίαν μὴ ἀκίνδυνον ὑμῖν φαίνεσθαι, δίκαιόν τε
εἶναι, οἷς καὶ δυνατὸν δέχεσθαι αὐτήν, τούτοις καὶ ἐπι- 20
φέρειν, ἄκοντα δὲ μηδένα προσαναγκάζειν, μάρτυρας μὲν
θεοὺς καὶ ἥρως τοὺς ἐγχωρίους ποιήσομαι ὡς ἐπ' ἀγαθῷ
ἥκων οὐ πείθω, γῆν δὲ τὴν ὑμετέραν δῃῶν πειράσομαι βιά-
3 ζεσθαι, καὶ οὐκ ἀδικεῖν ἔτι νομιῶ, προσεῖναι δέ τί μοι καὶ
κατὰ δύο ἀνάγκας τὸ εὔλογον, τῶν μὲν Λακεδαιμονίων, ὅπως 25
μὴ τῷ ὑμετέρῳ εὔνῳ, εἰ μὴ προσαχθήσεσθε, τοῖς ἀπὸ ὑμῶν
χρήμασι φερομένοις παρ' Ἀθηναίους βλάπτωνται, οἱ δὲ
Ἕλληνες ἵνα μὴ κωλύωνται ὑφ' ὑμῶν δουλείας ἀπαλ-
4 λαγῆναι.   οὐ γὰρ δὴ εἰκότως γ' ἂν τάδε πράσσοιμεν, οὐδὲ
ὀφείλομεν οἱ Λακεδαιμόνιοι μὴ κοινοῦ τινος ἀγαθοῦ αἰτίᾳ 30

---

2 ἂν σαφῆ Bauer (fort. legit Schol.) : ἀσαφῆ codd. : ἀσφαλῆ recc.
et γρ. f   8 φαινοίμεθα recc. : φαινόμεθα C : φαινώμεθα cett.
9 post αἴσχιον add. τι Stobaeus et Apostolius   10 γε g cum Stob.
et Apostol. : τε codd.   12 ὑμῖν Stahl   19 ἡμῖν A B E F M

τοὺς μὴ βουλομένους ἐλευθεροῦν· οὐδ' αὖ ἀρχῆς ἐφιέμεθα, 5
παῦσαι δὲ μᾶλλον ἑτέρους σπεύδοντες τοὺς πλείους ἂν
ἀδικοῖμεν, εἰ ξύμπασιν αὐτονομίαν ἐπιφέροντες ὑμᾶς τοὺς
ἐναντιουμένους περιίδοιμεν. πρὸς ταῦτα βουλεύεσθε εὖ, καὶ 6
5 ἀγωνίσασθε τοῖς τε Ἕλλησιν ἄρξαι πρῶτοι ἐλευθερίας καὶ
ἀίδιον δόξαν καταθέσθαι, καὶ αὐτοὶ τά τε ἴδια μὴ βλαφθῆναι
καὶ ξυμπάσῃ τῇ πόλει τὸ κάλλιστον ὄνομα περιθεῖναι.'

Ὁ μὲν Βρασίδας τοσαῦτα εἶπεν. οἱ δὲ Ἀκάνθιοι, πολλῶν 88
λεχθέντων πρότερον ἐπ' ἀμφότερα, κρύφα διαψηφισάμενοι,
10 διά τε τὸ ἐπαγωγὰ εἰπεῖν τὸν Βρασίδαν καὶ περὶ τοῦ καρποῦ
φόβῳ ἔγνωσαν οἱ πλείους ἀφίστασθαι Ἀθηναίων, καὶ πιστώ-
σαντες αὐτὸν τοῖς ὅρκοις οὓς τὰ τέλη τῶν Λακεδαιμονίων
ὀμόσαντα αὐτὸν ἐξέπεμψαν, ἦ μὴν ἔσεσθαι ξυμμάχους αὐτο-
νόμους οὓς ἂν προσαγάγηται, οὕτω δέχονται τὸν στρατόν.
15 καὶ οὐ πολὺ ὕστερον καὶ Στάγιρος Ἀνδρίων ἀποικία ξυν- 2
απέστη.   ταῦτα μὲν οὖν ἐν τῷ θέρει τούτῳ ἐγένετο.

Τοῦ δ' ἐπιγιγνομένου χειμῶνος εὐθὺς ἀρχομένου, ὡς τῷ 89
Ἱπποκράτει καὶ Δημοσθένει στρατηγοῖς οὖσιν Ἀθηναίων τὰ
ἐν τοῖς Βοιωτοῖς ἐνεδίδοτο καὶ ἔδει τὸν μὲν Δημοσθένη
20 ταῖς ναυσὶν ἐς τὰς Σίφας ἀπαντῆσαι, τὸν δ' ἐπὶ τὸ Δήλιον,
γενομένης διαμαρτίας τῶν ἡμερῶν ἐς ἃς ἔδει ἀμφοτέρους
στρατεύειν, ὁ μὲν Δημοσθένης πρότερον πλεύσας πρὸς τὰς
Σίφας καὶ ἔχων ἐν ταῖς ναυσὶν Ἀκαρνᾶνας καὶ τῶν ἐκεῖ
πολλοὺς ξυμμάχων, ἄπρακτος γίγνεται μηνυθέντος τοῦ ἐπι-
25 βουλεύματος ὑπὸ Νικομάχου ἀνδρὸς Φωκέως ἐκ Φανοτέως,
ὃς Λακεδαιμονίοις εἶπεν, ἐκεῖνοι δὲ Βοιωτοῖς· καὶ βοηθείας 2
γενομένης πάντων Βοιωτῶν (οὐ γάρ πω Ἱπποκράτης παρε-
λύπει ἐν τῇ γῇ ὤν) προκαταλαμβάνονται αἵ τε Σῖφαι καὶ ἡ
Χαιρώνεια. ὡς δὲ ᾔσθοντο οἱ πράσσοντες τὸ ἁμάρτημα,
30 οὐδὲν ἐκίνησαν τῶν ἐν ταῖς πόλεσιν. ὁ δὲ Ἱπποκράτης 90
ἀναστήσας Ἀθηναίους πανδημεί, αὐτούς καὶ τοὺς μετοίκους

---

2 παῦσα[ι . . . 6 κα[ὶ Π⁶   πλείους] πλείστους Π⁶ : πλείονας Μ
4 βο]υλεύεσθαι . . . ἀγωνίσ]ασθαι Π⁶   5 πρῶτον Π⁶ recc.   6 ἀίδιον]
ἀίμνηστον Π⁶   15 πολλῷ A B E F M

καὶ ξένων ὅσοι παρῆσαν ὕστερος ἀφικνεῖται ἐπὶ τὸ Δήλιον,
ἤδη τῶν Βοιωτῶν ἀνακεχωρηκότων ἀπὸ τῶν Σιφῶν· καὶ
καθίσας τὸν στρατὸν Δήλιον ἐτείχιζε τοιῷδε τρόπῳ [τὸ
2 ἱερὸν τοῦ Ἀπόλλωνος]. τάφρον μὲν κύκλῳ περὶ τὸ ἱερὸν
καὶ τὸν νεὼν ἔσκαπτον, ἐκ δὲ τοῦ ὀρύγματος ἀνέβαλλον 5
ἀντὶ τείχους τὸν χοῦν, καὶ σταυροὺς παρακαταπηγνύντες,
ἄμπελον κόπτοντες τὴν περὶ τὸ ἱερὸν ἐσέβαλλον καὶ λίθους
ἅμα καὶ πλίνθον ἐκ τῶν οἰκοπέδων τῶν ἐγγὺς καθαιροῦντες,
καὶ παντὶ τρόπῳ ἐμετεώριζον τὸ ἔρυμα. πύργους τε ξυλίνους
κατέστησαν ᾗ καιρὸς ἦν καὶ τοῦ ἱεροῦ οἰκοδόμημα οὐδὲν 10
3 ὑπῆρχεν· ᾗπερ γὰρ ἦν στοὰ κατεπεπτώκει. ἡμέρᾳ δὲ
ἀρξάμενοι τρίτῃ ὡς οἴκοθεν ὥρμησαν ταύτην τε εἰργάζοντο
4 καὶ τὴν τετάρτην καὶ τῆς πέμπτης μέχρι ἀρίστου. ἔπειτα,
ὡς τὰ πλεῖστα ἀπετετέλεστο, τὸ μὲν στρατόπεδον προαπε-
χώρησεν ἀπὸ τοῦ Δηλίου οἷον δέκα σταδίους ὡς ἐπ᾽ οἴκου 15
πορευόμενον, καὶ οἱ μὲν ψιλοὶ οἱ πλεῖστοι εὐθὺς ἐχώρουν,
οἱ δ᾽ ὁπλῖται θέμενοι τὰ ὅπλα ἡσύχαζον· Ἱπποκράτης δὲ
ὑπομένων ἔτι καθίστατο φυλακάς τε καὶ τὰ περὶ τὸ προτεί-
χισμα, ὅσα ἦν ὑπόλοιπα, ὡς χρῆν ἐπιτελέσαι.

91   Οἱ δὲ Βοιωτοὶ ἐν ταῖς ἡμέραις ταύταις ξυνελέγοντο ἐς 20
τὴν Τάναγραν· καὶ ἐπειδὴ ἀπὸ πασῶν τῶν πόλεων παρῆσαν
καὶ ᾐσθάνοντο τοὺς Ἀθηναίους προχωροῦντας ἐπ᾽ οἴκου, τῶν
ἄλλων βοιωταρχῶν, οἵ εἰσιν ἔνδεκα, οὐ ξυνεπαινούντων
μάχεσθαι, ἐπειδὴ οὐκ ἐν τῇ Βοιωτίᾳ ἔτι εἰσί (μάλιστα γὰρ
ἐν μεθορίοις τῆς Ὠρωπίας οἱ Ἀθηναῖοι ἦσαν, ὅτε ἔθεντο 25
τὰ ὅπλα), Παγώνδας ὁ Αἰολάδου βοιωταρχῶν ἐκ Θηβῶν
μετ᾽ Ἀριανθίδου τοῦ Λυσιμαχίδου καὶ ἡγεμονίας οὔσης αὐτοῦ
βουλόμενος τὴν μάχην ποιῆσαι καὶ νομίζων ἄμεινον εἶναι
κινδυνεῦσαι, προσκαλῶν ἑκάστους κατὰ λόχους, ὅπως μὴ
ἁθρόοι ἐκλίποιεν τὰ ὅπλα, ἔπειθε τοὺς Βοιωτοὺς ἰέναι ἐπὶ 30
τοὺς Ἀθηναίους καὶ τὸν ἀγῶνα ποιεῖσθαι, λέγων τοιάδε.

92   ᾽Χρῆν μέν, ὦ ἄνδρες Βοιωτοί, μηδ᾽ ἐς ἐπίνοιάν τινα

ἡμῶν ἐλθεῖν τῶν ἀρχόντων ὡς οὐκ εἰκὸς Ἀθηναίοις, ἢν
ἄρα μὴ ἐν τῇ Βοιωτίᾳ ἔτι καταλάβωμεν αὐτούς, διὰ μάχης
ἐλθεῖν. τὴν γὰρ Βοιωτίαν ἐκ τῆς ὁμόρου ἐλθόντες τεῖχος
ἐνοικοδομησάμενοι μέλλουσι φθείρειν, καὶ εἰσὶ δήπου πολέμιοι
5 ἐν ᾧ τε ἂν χωρίῳ καταληφθῶσι καὶ ὅθεν ἐπελθόντες πολέμια
ἔδρασαν. νυνὶ δ᾽ εἴ τῳ καὶ ἀσφαλέστερον ἔδοξεν εἶναι, 2
μεταγνώτω. οὐ γὰρ τὸ προμηθές, οἷς ἂν ἄλλος ἐπίῃ, περὶ
τῆς σφετέρας ὁμοίως ἐνδέχεται λογισμὸν καὶ ὅστις τὰ μὲν
ἑαυτοῦ ἔχει, τοῦ πλέονος δὲ ὀρεγόμενος ἑκών τινι ἐπέρχεται.
10 πάτριόν τε ὑμῖν στρατὸν ἀλλόφυλον ἐπελθόντα καὶ ἐν τῇ 3
οἰκείᾳ καὶ ἐν τῇ τῶν πέλας ὁμοίως ἀμύνεσθαι. Ἀθηναίους
δὲ καὶ προσέτι ὁμόρους ὄντας πολλῷ μάλιστα δεῖ. πρός 4
τε γὰρ τοὺς ἀστυγείτονας πᾶσι τὸ ἀντίπαλον καὶ ἐλεύθερον
καθίσταται, καὶ πρὸς τούτους γε δή, οἳ καὶ μὴ τοὺς ἐγγύς,
15 ἀλλὰ καὶ τοὺς ἄπωθεν πειρῶνται δουλοῦσθαι, πῶς οὐ χρὴ
καὶ ἐπὶ τὸ ἔσχατον ἀγῶνος ἐλθεῖν (παράδειγμα δὲ ἔχομεν
τούς τε ἀντιπέρας Εὐβοέας καὶ τῆς ἄλλης Ἑλλάδος τὸ
πολὺ ὡς αὐτοῖς διάκειται), καὶ γνῶναι ὅτι τοῖς μὲν ἄλλοις
οἱ πλησιόχωροι περὶ γῆς ὅρων τὰς μάχας ποιοῦνται, ἡμῖν δὲ
20 ἐς πᾶσαν, ἢν νικηθῶμεν, εἷς ὅρος οὐκ ἀντίλεκτος παγήσεται;
ἐσελθόντες γὰρ βίᾳ τὰ ἡμέτερα ἕξουσιν. τοσούτῳ ἐπι- 5
κινδυνοτέραν ἑτέρων τὴν παροίκησιν τῶνδε ἔχομεν. εἰώθασί
τε οἱ ἰσχύος που θράσει τοῖς πέλας, ὥσπερ Ἀθηναῖοι νῦν,
ἐπιόντες τὸν μὲν ἡσυχάζοντα καὶ ἐν τῇ ἑαυτοῦ μόνον
25 ἀμυννόμενον ἀδεέστερον ἐπιστρατεύειν, τὸν δὲ ἔξω ὅρων
προαπαντῶντα καί, ἢν καιρὸς ᾖ, πολέμου ἄρχοντα ἧσσον
ἑτοίμως κατέχειν. πεῖραν δὲ ἔχομεν ἡμεῖς αὐτοῦ ἐς τούσδε· 6
νικήσαντες γὰρ ἐν Κορωνείᾳ αὐτούς, ὅτε τὴν γῆν ἡμῶν
στασιαζόντων κατέσχον, πολλὴν ἄδειαν τῇ Βοιωτίᾳ μέχρι
30 τοῦδε κατεστήσαμεν. ὧν χρὴ μνησθέντας ἡμᾶς τούς τε 7
πρεσβυτέρους ὁμοιωθῆναι τοῖς πρὶν ἔργοις, τούς τε νεωτέ-
ρους πατέρων τῶν τότε ἀγαθῶν γενομένων παῖδας πειρᾶσθαι

14 τούτους Duker : τούτοις codd.   25 ἀμυννόμενον (G)

μὴ αἰσχῦναι τὰς προσηκούσας ἀρετάς, πιστεύσαντας δὲ τῷ
θεῷ πρὸς ἡμῶν ἔσεσθαι, οὗ τὸ ἱερὸν ἀνόμως τειχίσαντες
νέμονται, καὶ τοῖς ἱεροῖς ἃ ἡμῖν θυσαμένοις καλὰ φαίνεται,
ὁμόσε χωρῆσαι τοῖσδε καὶ δεῖξαι ὅτι ὧν μὲν ἐφίενται πρὸς
τοὺς μὴ ἀμυνομένους ἐπιόντες κτάσθων, οἷς δὲ γενναῖον τήν 5
τε αὑτῶν ἀεὶ ἐλευθεροῦν μάχῃ καὶ τὴν ἄλλων μὴ δουλοῦσθαι
ἀδίκως, ἀνανταγώνιστοι ἀπ' αὐτῶν οὐκ ἀπίασιν.'

93   Τοιαῦτα ὁ Παγώνδας τοῖς Βοιωτοῖς παραινέσας ἔπεισεν
ἰέναι ἐπὶ τοὺς Ἀθηναίους. καὶ κατὰ τάχος ἀναστήσας ἦγε
τὸν στρατόν (ἤδη γὰρ καὶ τῆς ἡμέρας ὀψὲ ἦν), καὶ ἐπειδὴ 10
προσέμειξεν ἐγγὺς τοῦ στρατεύματος αὐτῶν, ἐς χωρίον
καθίσας ὅθεν λόφου ὄντος μεταξὺ οὐκ ἐθεώρουν ἀλλήλους,
2 ἔτασσέ τε καὶ παρεσκευάζετο ὡς ἐς μάχην. τῷ δὲ Ἱππο-
κράτει ὄντι περὶ τὸ Δήλιον ὡς αὐτῷ ἠγγέλθη ὅτι Βοιωτοὶ
ἐπέρχονται, πέμπει ἐς τὸ στράτευμα κελεύων ἐς τάξιν καθι- 15
στασθαι, καὶ αὐτὸς οὐ πολλῷ ὕστερον ἐπῆλθε, καταλιπὼν
ὡς τριακοσίους ἱππέας περὶ τὸ Δήλιον, ὅπως φύλακές τε
ἅμα εἶεν, εἴ τις ἐπίοι αὐτῷ, καὶ τοῖς Βοιωτοῖς καιρὸν
3 φυλάξαντες ἐπιγένοιντο ἐν τῇ μάχῃ. Βοιωτοὶ δὲ πρὸς
τούτους ἀντικατέστησαν τοὺς ἀμυνουμένους, καὶ ἐπειδὴ 20
καλῶς αὐτοῖς εἶχεν, ὑπερεφάνησαν τοῦ λόφου καὶ ἔθεντο
τὰ ὅπλα τεταγμένοι ὥσπερ ἔμελλον, ὁπλῖται ἑπτακισχίλιοι
μάλιστα καὶ ψιλοὶ ὑπὲρ μυρίους, ἱππῆς δὲ χίλιοι καὶ πελ-
4 τασταὶ πεντακόσιοι. εἶχον δὲ δεξιὸν μὲν κέρας Θηβαῖοι
καὶ οἱ ξύμμοροι αὐτοῖς· μέσοι δὲ Ἁλιάρτιοι καὶ Κορωναῖοι 25
καὶ Κωπαιῆς καὶ οἱ ἄλλοι οἱ περὶ τὴν λίμνην· τὸ δὲ
εὐώνυμον εἶχον Θεσπιῆς καὶ Ταναγραῖοι καὶ Ὀρχομένιοι.
ἐπὶ δὲ τῷ κέρᾳ ἑκατέρῳ οἱ ἱππῆς καὶ ψιλοὶ ἦσαν. ἐπ'
ἀσπίδας δὲ πέντε μὲν καὶ εἴκοσι Θηβαῖοι ἐτάξαντο, οἱ δὲ
5 ἄλλοι ὡς ἕκαστοι ἔτυχον. αὕτη μὲν Βοιωτῶν παρασκευὴ 30
94 καὶ διάκοσμος ἦν· Ἀθηναῖοι δὲ οἱ μὲν ὁπλῖται ἐπὶ ὀκτὼ

---

5 ἀμυνουμένους recc.   6 αὐτῶν C : αὑτῶν cett.   7 ἀναγώνιστοι
C E G (corr. G¹)   10 ἐπειδὴ G¹ : ἐπεὶ δὲ cett.   20 ἀμυνουμένους
recc.: ἀμυνομένους codd.   23 δὲ Bekker : τε codd.

πᾶν τὸ στρατόπεδον ἐτάξαντο ὄντες πλήθει ἰσοπαλεῖς τοῖς
ἐναντίοις, ἱππῆς δὲ ἐφ' ἑκατέρῳ τῷ κέρᾳ. ψιλοὶ δὲ ἐκ
παρασκευῆς μὲν ὡπλισμένοι οὔτε τότε παρῆσαν οὔτε ἐ-
γένοντο τῇ πόλει· οἵπερ δὲ ξυνεσέβαλον ὄντες πολλαπλάσιοι
5 τῶν ἐναντίων, ἄοπλοί τε πολλοὶ ἠκολούθησαν, ἅτε παν-
στρατιᾶς ξένων τῶν παρόντων καὶ ἀστῶν γενομένης, καὶ
ὡς τὸ πρῶτον ὥρμησαν ἐπ' οἴκου, οὐ παρεγένοντο ὅτι μὴ
ὀλίγοι.   καθεστώτων δὲ ἐς τὴν τάξιν καὶ ἤδη μελλόντων 2
ξυνιέναι, Ἱπποκράτης ὁ στρατηγὸς ἐπιπαριὼν τὸ στρατόπεδον
10 τῶν Ἀθηναίων παρεκελεύετό τε καὶ ἔλεγε τοιάδε.

   ''Ὦ Ἀθηναῖοι, δι' ὀλίγου μὲν ἡ παραίνεσις γίγνεται, τὸ 95
ἴσον δὲ πρός γε τοὺς ἀγαθοὺς ἄνδρας δύναται καὶ ὑπόμνησιν
μᾶλλον ἔχει ἢ ἐπικέλευσιν.   παραστῇ δὲ μηδενὶ ὑμῶν ὡς 2
ἐν τῇ ἀλλοτρίᾳ οὐ προσῆκον τοσόνδε κίνδυνον ἀναρριπτοῦμεν.
15 ἐν γὰρ τῇ τούτων ὑπὲρ τῆς ἡμετέρας ὁ ἀγὼν ἔσται· καὶ ἢν
νικήσωμεν, οὐ μή ποτε ὑμῖν Πελοποννήσιοι ἐς τὴν χώραν
ἄνευ τῆς τῶνδε ἵππου ἐσβάλωσιν, ἐν δὲ μιᾷ μάχῃ τήνδε τε
προσκτᾶσθε καὶ ἐκείνην μᾶλλον ἐλευθεροῦτε.   χωρήσατε 3
οὖν ἀξίως ἐς αὐτοὺς τῆς τε πόλεως, ἣν ἕκαστος πατρίδα
20 ἔχων πρώτην ἐν τοῖς Ἕλλησιν ἀγάλλεται, καὶ τῶν πατέρων,
οἳ τούσδε μάχῃ κρατοῦντες μετὰ Μυρωνίδου ἐν Οἰνοφύτοις
τὴν Βοιωτίαν ποτὲ ἔσχον.'

   Τοιαῦτα τοῦ Ἱπποκράτους παρακελευομένου καὶ μέχρι 96
μὲν μέσου τοῦ στρατοπέδου ἐπελθόντος, τὸ δὲ πλέον οὐκέτι
25 φθάσαντος, οἱ Βοιωτοί, παρακελευσαμένου καὶ σφίσιν ὡς
διὰ ταχέων καὶ ἐνταῦθα Παγώνδου, παιανίσαντες ἐπῇσαν
ἀπὸ τοῦ λόφου.   ἀντεπῇσαν δὲ καὶ οἱ Ἀθηναῖοι καὶ προσ-
έμειξαν δρόμῳ.   καὶ ἑκατέρων τῶν στρατοπέδων τὰ ἔσχατα 2
οὐκ ἦλθεν ἐς χεῖρας, ἀλλὰ τὸ αὐτὸ ἔπαθεν· ῥύακες γὰρ
30 ἐκώλυσαν.   τὸ δὲ ἄλλο καρτερᾷ μάχῃ καὶ ὠθισμῷ ἀσπίδων
ξυνειστήκει.   καὶ τὸ μὲν εὐώνυμον τῶν Βοιωτῶν καὶ μέχρι 3

μέσου ἡσσᾶτο ὑπὸ τῶν Ἀθηναίων, καὶ ἐπίεσαν τούς τε
ἄλλους ταύτῃ καὶ οὐχ ἥκιστα τοὺς Θεσπιᾶς. ὑποχωρη-
σάντων γὰρ αὐτοῖς τῶν παρατεταγμένων, καὶ κυκλωθέντων
ἐν ὀλίγῳ, οἵπερ διεφθάρησαν Θεσπιῶν, ἐν χερσὶν ἀμυνό-
μενοι κατεκόπησαν· καί τινες καὶ τῶν Ἀθηναίων διὰ τὴν 5
κύκλωσιν ταραχθέντες ἠγνόησάν τε καὶ ἀπέκτειναν ἀλλή-
4 λους. τὸ μὲν οὖν ταύτῃ ἡσσᾶτο τῶν Βοιωτῶν καὶ πρὸς τὸ
μαχόμενον κατέφυγε, τὸ δὲ δεξιόν, ᾗ οἱ Θηβαῖοι ἦσαν,
ἐκράτει τῶν Ἀθηναίων, καὶ ὠσάμενοι κατὰ βραχὺ τὸ πρῶτον
5 ἐπηκολούθουν. καὶ ξυνέβη, Παγώνδου περιπέμψαντος δύο 10
τέλη τῶν ἱππέων ἐκ τοῦ ἀφανοῦς περὶ τὸν λόφον, ὡς ἐπόνει
τὸ εὐώνυμον αὐτῶν, καὶ ὑπερφανέντων αἰφνιδίως, τὸ νικῶν
τῶν Ἀθηναίων κέρας, νομίσαν ἄλλο στράτευμα ἐπιέναι,
6 ἐς φόβον καταστῆναι· καὶ ἀμφοτέρωθεν ἤδη, ὑπό τε τοῦ
τοιούτου καὶ ὑπὸ τῶν Θηβαίων ἐφεπομένων καὶ παραρρη- 15
γνύντων, φυγὴ καθειστήκει παντὸς τοῦ στρατοῦ τῶν Ἀθη-
7 ναίων. καὶ οἱ μὲν πρὸς τὸ Δήλιόν τε καὶ τὴν θάλασσαν
ὥρμησαν, οἱ δὲ ἐπὶ τοῦ Ὠρωποῦ, ἄλλοι δὲ πρὸς Πάρνηθα
τὸ ὄρος, οἱ δὲ ὡς ἕκαστοί τινα εἶχον ἐλπίδα σωτηρίας.
8 Βοιωτοὶ δὲ ἐφεπόμενοι ἔκτεινον, καὶ μάλιστα οἱ ἱππῆς οἵ 20
τε αὐτῶν καὶ οἱ Λοκροὶ βεβοηθηκότες ἄρτι τῆς τροπῆς
γιγνομένης· νυκτὸς δὲ ἐπιλαβούσης τὸ ἔργον ῥᾷον τὸ
9 πλῆθος τῶν φευγόντων διεσώθη. καὶ τῇ ὑστεραίᾳ οἵ τε
ἐκ τοῦ Ὠρωποῦ καὶ οἱ ἐκ τοῦ Δηλίου φυλακὴν ἐγκατα-
λιπόντες (εἶχον γὰρ αὐτὸ ὅμως ἔτι) ἀπεκομίσθησαν κατὰ 25
97 θάλασσαν ἐπ' οἴκου.   καὶ οἱ Βοιωτοὶ τροπαῖον στήσαντες
καὶ τοὺς ἑαυτῶν ἀνελόμενοι νεκροὺς τούς τε τῶν πολεμίων
σκυλεύσαντες καὶ φυλακὴν καταλιπόντες ἀνεχώρησαν ἐς
τὴν Τάναγραν, καὶ τῷ Δηλίῳ ἐπεβούλευον ὡς προσβα-
λοῦντες.
                                                      30
2 Ἐκ δὲ τῶν Ἀθηναίων κῆρυξ πορευόμενος ἐπὶ τοὺς νεκροὺς
ἀπαντᾷ κήρυκι Βοιωτῷ, ὃς αὐτὸν ἀποστρέψας καὶ εἰπὼν ὅτι
οὐδὲν πράξει πρὶν ἂν αὐτὸς ἀναχωρήσῃ πάλιν, καταστὰς ἐπὶ

τοὺς Ἀθηναίους ἔλεγε τὰ παρὰ τῶν Βοιωτῶν, ὅτι οὐ δικαίως
δράσειαν παραβαίνοντες τὰ νόμιμα τῶν Ἑλλήνων· πᾶσι 3
γὰρ εἶναι καθεστηκὸς ἰόντας ἐπὶ τὴν ἀλλήλων ἱερῶν τῶν
ἐνόντων ἀπέχεσθαι, Ἀθηναίους δὲ Δήλιον τειχίσαντας ἐνοι-
5 κεῖν, καὶ ὅσα ἄνθρωποι ἐν βεβήλῳ δρῶσι πάντα γίγνεσθαι
αὐτόθι, ὕδωρ τε ὃ ἦν ἄψαυστον σφίσι πλὴν πρὸς τὰ ἱερὰ
χέρνιβι χρῆσθαι, ἀνασπάσαντας ὑδρεύεσθαι· ὥστε ὑπέρ τε 4
τοῦ θεοῦ καὶ ἑαυτῶν Βοιωτούς, ἐπικαλουμένους τοὺς ὁμωχέτας
δαίμονας καὶ τὸν Ἀπόλλω, προαγορεύειν αὐτοὺς ἐκ τοῦ ἱεροῦ
10 ἀπιόντας ἀποφέρεσθαι τὰ σφέτερα αὐτῶν. τοσαῦτα τοῦ 98
κήρυκος εἰπόντος οἱ Ἀθηναῖοι πέμψαντες παρὰ τοὺς Βοιω-
τοὺς ἑαυτῶν κήρυκα τοῦ μὲν ἱεροῦ οὔτε ἀδικῆσαι ἔφασαν
οὐδὲν οὔτε τοῦ λοιποῦ ἑκόντες βλάψειν· οὐδὲ γὰρ τὴν
ἀρχὴν ἐσελθεῖν ἐπὶ τούτῳ, ἀλλ᾽ ἵνα ἐξ αὐτοῦ τοὺς ἀδι-
15 κοῦντας μᾶλλον σφᾶς ἀμύνωνται. τὸν δὲ νόμον τοῖς 2
Ἕλλησιν εἶναι, ὧν ἂν ᾖ τὸ κράτος τῆς γῆς ἑκάστης ἤν
τε πλέονος ἤν τε βραχυτέρας, τούτων καὶ τὰ ἱερὰ αἰεὶ
γίγνεσθαι, τρόποις θεραπευόμενα οἷς ἂν πρὸς τοῖς εἰωθόσι
καὶ δύνωνται. καὶ γὰρ Βοιωτοὺς καὶ τοὺς πολλοὺς τῶν 3
20 ἄλλων, ὅσοι ἐξαναστήσαντές τινα βίᾳ νέμονται γῆν, ἀλλο-
τρίοις ἱεροῖς τὸ πρῶτον ἐπελθόντας οἰκεῖα νῦν κεκτῆσθαι.
καὶ αὐτοί, εἰ μὲν ἐπὶ πλέον δυνηθῆναι τῆς ἐκείνων κρατῆσαι, 4
τοῦτ᾽ ἂν ἔχειν· νῦν δὲ ἐν ᾧ μέρει εἰσίν, ἑκόντες εἶναι ὡς ἐκ
σφετέρου οὐκ ἀπιέναι. ὕδωρ τε ἐν τῇ ἀνάγκῃ κινῆσαι, ἣν 5
25 οὐκ αὐτοὶ ὕβρει προσθέσθαι, ἀλλ᾽ ἐκείνους προτέρους ἐπὶ
τὴν σφετέραν ἐλθόντας ἀμυνόμενοι βιάζεσθαι χρῆσθαι. πᾶν 6
δ᾽ εἰκὸς εἶναι τὸ πολέμῳ καὶ δεινῷ τινι κατειργόμενον
ξύγγνωμόν τι γίγνεσθαι καὶ πρὸς τοῦ θεοῦ. καὶ γὰρ
τῶν ἀκουσίων ἁμαρτημάτων καταφυγὴν εἶναι τοὺς βωμούς,
30 παρανομίαν τε ἐπὶ τοῖς μὴ ἀνάγκῃ κακοῖς ὀνομασθῆναι καὶ
οὐκ ἐπὶ τοῖς ἀπὸ τῶν ξυμφορῶν τι τολμήσασιν. τούς τε 7

1 τοὺς om. A B F   14 ἵνα om. A B E F (corr. F¹)   15 ἀμύ-
νονται A B E F (corr. F¹)   18 πρὸς τοῖς] πρὸ τοῦ Stahl   27 τὸ f:
τῷ codd.   κατειργομένῳ Reiske

νεκροὺς πολὺ μειζόνως ἐκείνους ἀντὶ ἱερῶν ἀξιοῦντας ἀπο-
διδόναι ἀσεβεῖν ἢ τοὺς μὴ ἐθέλοντας ἱεροῖς τὰ πρέποντα
8 κομίζεσθαι. σαφῶς τε ἐκέλευον σφίσιν εἰπεῖν μὴ ἀπιοῦσιν
ἐκ τῆς Βοιωτῶν γῆς (οὐ γὰρ ἐν τῇ ἐκείνων ἔτι εἶναι, ἐν ᾗ
δὲ δορὶ ἐκτήσαντο), ἀλλὰ κατὰ τὰ πάτρια τοὺς νεκροὺς 5
99 σπένδουσιν ἀναιρεῖσθαι. οἱ δὲ Βοιωτοὶ ἀπεκρίναντο, εἰ μὲν
ἐν τῇ Βοιωτίᾳ εἰσίν, ἀπιόντας ἐκ τῆς ἑαυτῶν ἀποφέρεσθαι
τὰ σφέτερα, εἰ δὲ ἐν τῇ ἐκείνων, αὐτοὺς γιγνώσκειν τὸ
ποιητέον, νομίζοντες, τὴν μὲν Ὠρωπίαν, ἐν ᾗ τοὺς νεκροὺς
ἐν μεθορίοις τῆς μάχης γενομένης κεῖσθαι ξυνέβη, Ἀθηναίων 10
κατὰ τὸ ὑπήκοον εἶναι, καὶ οὐκ ἂν αὐτοὺς βίᾳ σφῶν κρατῆσαι
αὐτῶν· οὐδ᾽ αὖ ἐσπένδοντο δῆθεν ὑπὲρ τῆς ἐκείνων· τὸ δὲ
'ἐκ τῆς ἑαυτῶν' εὐπρεπὲς εἶναι ἀποκρίνασθαι 'ἀπιόντας
καὶ ἀπολαβεῖν ἃ ἀπαιτοῦσιν.' ὁ δὲ κῆρυξ τῶν Ἀθηναίων
ἀκούσας ἀπῆλθεν ἄπρακτος.   15

100   Καὶ οἱ Βοιωτοὶ εὐθὺς μεταπεμψάμενοι ἔκ τε τοῦ Μηλιῶ
κόλπου ἀκοντιστὰς καὶ σφενδονήτας, καὶ βεβοηθηκότων αὐ-
τοῖς μετὰ τὴν μάχην Κορινθίων τε δισχιλίων ὁπλιτῶν καὶ
τῶν ἐκ Νισαίας ἐξεληλυθότων Πελοποννησίων φρουρῶν καὶ
Μεγαρέων ἅμα, ἐστράτευσαν ἐπὶ τὸ Δήλιον καὶ προσέβαλον 20
τῷ τειχίσματι, ἄλλῳ τε τρόπῳ πειράσαντες καὶ μηχανὴν
2 προσήγαγον, ἥπερ εἷλεν αὐτό, τοιάνδε. κεραίαν μεγάλην
δίχα πρίσαντες ἐκοίλαναν ἅπασαν καὶ ξυνήρμοσαν πάλιν
ἀκριβῶς ὥσπερ αὐλόν, καὶ ἐπ᾽ ἄκραν λέβητά τε ἤρτησαν
ἁλύσεσι καὶ ἀκροφύσιον ἀπὸ τῆς κεραίας σιδηροῦν ἐς αὐτὸν 25
νεῦον καθεῖτο, καὶ ἐσεσιδήρωτο ἐπὶ μέγα καὶ τοῦ ἄλλου
3 ξύλου. προσῆγον δὲ ἐκ πολλοῦ ἁμάξαις τῷ τείχει, ᾗ
μάλιστα τῇ ἀμπέλῳ καὶ τοῖς ξύλοις ᾠκοδόμητο· καὶ ὁπότε
εἴη ἐγγύς, φύσας μεγάλας ἐσθέντες ἐς τὸ πρὸς ἑαυτῶν
4 ἄκρον τῆς κεραίας ἐφύσων. ἡ δὲ πνοὴ ἰοῦσα στεγανῶς 30
ἐς τὸν λέβητα, ἔχοντα ἄνθρακάς τε ἡμμένους καὶ θεῖον καὶ
πίσσαν, φλόγα ἐποίει μεγάλην καὶ ἧψε τοῦ τείχους, ὥστε

2 post τὰ add. μὴ Schol.

μηδένα ἔτι ἐπ' αὐτοῦ μεῖναι, ἀλλὰ ἀπολιπόντας ἐς φυγὴν
καταστῆναι καὶ τὸ τείχισμα τούτῳ τῷ τρόπῳ ἁλῶναι. τῶν 5
δὲ φρουρῶν οἱ μὲν ἀπέθανον, διακόσιοι δὲ ἐλήφθησαν· τῶν
δὲ ἄλλων τὸ πλῆθος ἐς τὰς ναῦς ἐσβὰν ἀπεκομίσθη ἐπ'
5 οἴκου. τοῦ δὲ Δηλίου ἑπτακαιδεκάτῃ ἡμέρᾳ ληφθέντος 101
μετὰ τὴν μάχην καὶ τοῦ ἀπὸ τῶν Ἀθηναίων κήρυκος οὐδὲν
ἐπισταμένου τῶν γεγενημένων ἐλθόντος οὐ πολὺ ὕστερον
αὖθις περὶ τῶν νεκρῶν, ἀπέδοσαν οἱ Βοιωτοὶ καὶ οὐκέτι
ταὐτὰ ἀπεκρίναντο. ἀπέθανον δὲ Βοιωτῶν μὲν ἐν τῇ μάχῃ 2
10 ὀλίγῳ ἐλάσσους πεντακοσίων, Ἀθηναίων δὲ ὀλίγῳ ἐλάσσους
χιλίων καὶ Ἱπποκράτης ὁ στρατηγός, ψιλῶν δὲ καὶ σκευοφόρων
πολὺς ἀριθμός.

Μετὰ δὲ τὴν μάχην ταύτην καὶ ὁ Δημοσθένης ὀλίγῳ 3
ὕστερον, ὡς αὐτῷ τότε πλεύσαντι τὰ περὶ τὰς Σίφας τῆς
15 προδοσίας πέρι οὐ προυχώρησεν, ἔχων τὸν στρατὸν ἐπὶ
τῶν νεῶν τῶν τε Ἀκαρνάνων καὶ Ἀγραίων καὶ Ἀθηναίων
τετρακοσίους ὁπλίτας, ἀπόβασιν ἐποιήσατο ἐς τὴν Σικυ-
ωνίαν. καὶ πρὶν πάσας τὰς ναῦς καταπλεῦσαι βοηθήσαντες 4
οἱ Σικυώνιοι τοὺς ἀποβεβηκότας ἔτρεψαν καὶ κατεδίωξαν ἐς
20 τὰς ναῦς, καὶ τοὺς μὲν ἀπέκτειναν, τοὺς δὲ ζῶντας ἔλαβον.
τροπαῖον δὲ στήσαντες τοὺς νεκροὺς ὑποσπόνδους ἀπέδοσαν.

Ἀπέθανε δὲ καὶ Σιτάλκης Ὀδρυσῶν βασιλεὺς ὑπὸ τὰς 5
αὐτὰς ἡμέρας τοῖς ἐπὶ Δηλίῳ, στρατεύσας ἐπὶ Τριβαλλοὺς
καὶ νικηθεὶς μάχῃ. Σεύθης δὲ ὁ Σπαραδόκου ἀδελφιδοῦς
25 ὢν αὐτοῦ ἐβασίλευσεν Ὀδρυσῶν τε καὶ τῆς ἄλλης Θρᾴκης
ἧσπερ καὶ ἐκεῖνος.

Τοῦ δ' αὐτοῦ χειμῶνος Βρασίδας ἔχων τοὺς ἐπὶ Θρᾴκης 102
ξυμμάχους ἐστράτευσεν ἐς Ἀμφίπολιν τὴν ἐπὶ Στρυμόνι
ποταμῷ Ἀθηναίων ἀποικίαν. τὸ δὲ χωρίον τοῦτο ἐφ' οὗ 2
30 νῦν ἡ πόλις ἐστὶν ἐπείρασε μὲν πρότερον καὶ Ἀρισταγόρας
ὁ Μιλήσιος φεύγων βασιλέα Δαρεῖον κατοικίσαι, ἀλλὰ ὑπὸ
Ἠδώνων ἐξεκρούσθη, ἔπειτα δὲ καὶ οἱ Ἀθηναῖοι ἔτεσι δύο

4 ἐμβὰν ἀπεκομίσθησαν Μ   5 ἑβδόμῃ καὶ δεκάτῃ Krüger

καὶ τριάκοντα ὕστερον, ἐποίκους μυρίους σφῶν τε αὐτῶν
καὶ τῶν ἄλλων τὸν βουλόμενον πέμψαντες, οἳ διεφθάρησαν
3 ἐν Δραβήσκῳ ὑπὸ Θρᾳκῶν. καὶ αὖθις ἑνὸς δέοντι τριακοστῷ
ἔτει ἐλθόντες οἱ Ἀθηναῖοι, Ἄγνωνος τοῦ Νικίου οἰκιστοῦ
ἐκπεμφθέντος, Ἠδῶνας ἐξελάσαντες ἔκτισαν τὸ χωρίον 5
τοῦτο, ὅπερ πρότερον Ἐννέα ὁδοὶ ἐκαλοῦντο. ὡρμῶντο
δὲ ἐκ τῆς Ἠιόνος, ἣν αὐτοὶ εἶχον ἐμπόριον ἐπὶ τῷ στόματι
τοῦ ποταμοῦ ἐπιθαλάσσιον, πέντε καὶ εἴκοσι σταδίους ἀπέχον
ἀπὸ τῆς νῦν πόλεως, ἣν Ἀμφίπολιν Ἄγνων ὠνόμασεν, ὅτι
ἐπ' ἀμφότερα περιρρέοντος τοῦ Στρυμόνος [διὰ τὸ περιέχειν 10
αὐτὴν] τείχει μακρῷ ἀπολαβὼν ἐκ ποταμοῦ ἐς ποταμὸν
περιφανῆ ἐς θάλασσάν τε καὶ τὴν ἤπειρον ᾤκισεν.

103   Ἐπὶ ταύτην οὖν ὁ Βρασίδας ἄρας ἐξ Ἀρνῶν τῆς Χαλκι-
δικῆς ἐπορεύετο τῷ στρατῷ. καὶ ἀφικόμενος περὶ δείλην
ἐπὶ τὸν Αὐλῶνα καὶ Βορμίσκον, ᾗ ἡ Βόλβη λίμνη ἐξίησιν 15
ἐς θάλασσαν, καὶ δειπνοποιησάμενος ἐχώρει τὴν νύκτα.
2 χειμὼν δὲ ἦν καὶ ὑπένειφεν· ᾗ καὶ μᾶλλον ὥρμησε, βουλό-
μενος λαθεῖν τοὺς ἐν τῇ Ἀμφιπόλει πλὴν τῶν προδιδόντων.
3 ἦσαν γὰρ Ἀργιλίων τε ἐν αὐτῇ οἰκήτορες (εἰσὶ δὲ οἱ
Ἀργίλιοι Ἀνδρίων ἄποικοι) καὶ ἄλλοι οἳ ξυνέπρασσον 20
ταῦτα, οἱ μὲν Περδίκκᾳ πειθόμενοι, οἱ δὲ Χαλκιδεῦσιν.
4 μάλιστα δὲ οἱ Ἀργίλιοι, ἐγγύς τε προσοικοῦντες καὶ αἰεί
ποτε τοῖς Ἀθηναίοις ὄντες ὕποπτοι καὶ ἐπιβουλεύοντες τῷ
χωρίῳ, ἐπειδὴ παρέτυχεν ὁ καιρὸς καὶ Βρασίδας ἦλθεν,
ἔπραξάν τε ἐκ πλέονος πρὸς τοὺς ἐμπολιτεύοντας σφῶν 25
ἐκεῖ ὅπως ἐνδοθήσεται ἡ πόλις, καὶ τότε δεξάμενοι αὐτὸν
τῇ πόλει καὶ ἀποστάντες τῶν Ἀθηναίων ἐκείνῃ τῇ νυκτὶ
κατέστησαν τὸν στρατὸν πρὸ ἕω ἐπὶ τὴν γέφυραν τοῦ
5 ποταμοῦ. ἀπέχει δὲ τὸ πόλισμα πλέον τῆς διαβάσεως,
καὶ οὐ καθεῖτο τείχη ὥσπερ νῦν, φυλακὴ δέ τις βραχεῖα 30
καθειστήκει· ἣν βιασάμενος ῥᾳδίως ὁ Βρασίδας, ἅμα μὲν

---

10 διὰ τὸ περιέχειν αὐτὴν secl. Dobree   15 Βορμίσκον Stahl : Βρο-
μίσκον vel Βρωμίσκον codd.   28 προ εωι (sic) E : πρόσω cett.

τῆς προδοσίας οὔσης, ἅμα δὲ καὶ χειμῶνος ὄντος καὶ
ἀπροσδοκήτοις προσπεσών, διέβη τὴν γέφυραν, καὶ τὰ ἔξω
τῶν Ἀμφιπολιτῶν οἰκούντων κατὰ πᾶν τὸ χωρίον εὐθὺς
εἶχεν. τῆς δὲ διαβάσεως αὐτοῦ ἄφνω τοῖς ἐν τῇ πόλει   104
5 γεγενημένης, καὶ τῶν ἔξω πολλῶν μὲν ἁλισκομένων, τῶν
δὲ καὶ καταφευγόντων ἐς τὸ τεῖχος, οἱ Ἀμφιπολῖται ἐς
θόρυβον μέγαν κατέστησαν, ἄλλως τε καὶ ἀλλήλοις ὕποπτοι
ὄντες. καὶ λέγεται Βρασίδαν, εἰ ἠθέλησε μὴ ἐφ᾽ ἁρπαγὴν   2
τῷ στρατῷ τραπέσθαι, ἀλλ᾽ εὐθὺς χωρῆσαι πρὸς τὴν πόλιν,
10 δοκεῖν ἂν ἑλεῖν. νῦν δὲ ὁ μὲν ἱδρύσας τὸν στρατόν, ἐπεὶ   3
τὰ ἔξω ἐπέδραμε καὶ οὐδὲν αὐτῷ ἀπὸ τῶν ἔνδον ὡς προσ-
εδέχετο ἀπέβαινεν, ἡσύχαζεν· οἱ δὲ ἐναντίοι τοῖς προδιδοῦσι,   4
κρατοῦντες τῷ πλήθει ὥστε μὴ αὐτίκα τὰς πύλας ἀνοίγεσθαι,
πέμπουσι μετὰ Εὐκλέους τοῦ στρατηγοῦ, ὃς ἐκ τῶν Ἀθηνῶν
15 παρῆν αὐτοῖς φύλαξ τοῦ χωρίου, ἐπὶ τὸν ἕτερον στρατηγὸν
τῶν ἐπὶ Θρᾴκης, Θουκυδίδην τὸν Ὀλόρου, ὃς τάδε ξυνέγραψεν,
ὄντα περὶ Θάσον (ἔστι δὲ ἡ νῆσος Παρίων ἀποικία, ἀπέχουσα
τῆς Ἀμφιπόλεως ἡμίσεος ἡμέρας μάλιστα πλοῦν), κελεύοντες
σφίσι βοηθεῖν. καὶ ὁ μὲν ἀκούσας κατὰ τάχος ἑπτὰ ναυσὶν   5
20 αἳ ἔτυχον παροῦσαι ἔπλει, καὶ ἐβούλετο φθάσαι μάλιστα μὲν
οὖν τὴν Ἀμφίπολιν, πρίν τι ἐνδοῦναι, εἰ δὲ μή, τὴν Ἠιόνα
προκαταλαβών.

Ἐν τούτῳ δὲ ὁ Βρασίδας δεδιὼς καὶ τὴν ἀπὸ τῆς Θάσου   105
τῶν νεῶν βοήθειαν καὶ πυνθανόμενος τὸν Θουκυδίδην κτῆσίν
25 τε ἔχειν τῶν χρυσείων μετάλλων ἐργασίας ἐν τῇ περὶ ταῦτα
Θρᾴκῃ καὶ ἀπ᾽ αὐτοῦ δύνασθαι ἐν τοῖς πρώτοις τῶν ἠπειρωτῶν,
ἠπείγετο προκατασχεῖν, εἰ δύναιτο, τὴν πόλιν, μὴ ἀφικνου-
μένου αὐτοῦ τὸ πλῆθος τῶν Ἀμφιπολιτῶν, ἐλπίσαν ἐκ θα-
λάσσης ξυμμαχικὸν καὶ ἀπὸ τῆς Θρᾴκης ἀγείραντα αὐτὸν
30 περιποιήσειν σφᾶς, οὐκέτι προσχωροίη. καὶ τὴν ξύμβασιν   2

2 ἀπροσδοκήτοις Jones : ἀπροσδόκητος codd.   9 τρέπεσθαι C G
10 ἐπεὶ C¹ F : ἐπὶ cett.   11 post καὶ add. ὡς c G   14 Ἀθηνῶν
Bekker : Ἀθηναίων codd.   16 τῶν] τὸν C G [M]   30 προσχωροῖ
(sic) G M : προχωροίη E : προχωροῖ cett.

μετρίαν ἐποιεῖτο, κήρυγμα τόδε ἀνειπών, Ἀμφιπολιτῶν καὶ
Ἀθηναίων τῶν ἐνόντων τὸν μὲν βουλόμενον ἐπὶ τοῖς ἑαυτοῦ
τῆς ἴσης καὶ ὁμοίας μετέχοντα μένειν, τὸν δὲ μὴ ἐθέλοντα
106 ἀπιέναι τὰ ἑαυτοῦ ἐκφερόμενον πέντε ἡμερῶν. οἱ δὲ πολλοὶ
ἀκούσαντες ἀλλοιότεροι ἐγένοντο τὰς γνώμας, ἄλλως τε καὶ 5
βραχὺ μὲν Ἀθηναίων ἐμπολιτεῦον, τὸ δὲ πλέον ξύμμεικτον,
καὶ τῶν ἔξω ληφθέντων συχνοῖς οἰκεῖοι ἔνδον ἦσαν· καὶ τὸ
κήρυγμα πρὸς τὸν φόβον δίκαιον εἶναι ὑπελάμβανον, οἱ μὲν
Ἀθηναῖοι διὰ τὸ ἄσμενοι ἂν ἐξελθεῖν, ἡγούμενοι οὐκ ἐν
ὁμοίῳ σφίσι τὰ δεινὰ εἶναι καὶ ἅμα οὐ προσδεχόμενοι 10
βοήθειαν ἐν τάχει, ὁ δὲ ἄλλος ὅμιλος πόλεώς τε ἐν τῷ
ἴσῳ οὐ στερισκόμενοι καὶ κινδύνου παρὰ δόξαν ἀφιέμενοι.
2 ὥστε τῶν πρασσόντων τῷ Βρασίδᾳ ἤδη καὶ ἐκ τοῦ φανεροῦ
διαδικαιούντων αὐτά, ἐπειδὴ καὶ τὸ πλῆθος ἑώρων τετραμμένον
καὶ τοῦ παρόντος Ἀθηναίων στρατηγοῦ οὐκέτι ἀκροώμενον, 15
3 ἐγένετο ἡ ὁμολογία καὶ προσεδέξαντο ἐφ' οἷς ἐκήρυξεν. καὶ
οἱ μὲν τὴν πόλιν τοιούτῳ τρόπῳ παρέδοσαν, ὁ δὲ Θουκυδίδης
καὶ αἱ νῆες ταύτῃ τῇ ἡμέρᾳ ὀψὲ κατέπλεον ἐς τὴν Ἠιόνα.
4 καὶ τὴν μὲν Ἀμφίπολιν Βρασίδας ἄρτι εἶχε, τὴν δὲ Ἠιόνα
παρὰ νύκτα ἐγένετο λαβεῖν· εἰ γὰρ μὴ ἐβοήθησαν αἱ νῆες 20
διὰ τάχους, ἅμα ἕῳ ἂν εἴχετο.

107 Μετὰ δὲ τοῦτο ὁ μὲν τὰ ἐν τῇ Ἠιόνι καθίστατο, ὅπως
καὶ τὸ αὐτίκα, ἢν ἐπίῃ ὁ Βρασίδας, καὶ τὸ ἔπειτα ἀσφαλῶς
ἕξει, δεξάμενος τοὺς ἐθελήσαντας ἐπιχωρῆσαι ἄνωθεν κατὰ
2 τὰς σπονδάς· ὁ δὲ πρὸς μὲν τὴν Ἠιόνα κατά τε τὸν ποταμὸν 25
πολλοῖς πλοίοις ἄφνω καταπλεύσας, εἴ πως τὴν προύχουσαν
ἄκραν ἀπὸ τοῦ τείχους λαβὼν κρατοίη τοῦ ἔσπλου, καὶ κατὰ
γῆν ἀποπειράσας ἅμα, ἀμφοτέρωθεν ἀπεκρούσθη, τὰ δὲ περὶ
3 τὴν Ἀμφίπολιν ἐξηρτύετο. καὶ Μύρκινός τε αὐτῷ προσ-
εχώρησεν Ἠδωνικὴ πόλις, Πιττακοῦ τοῦ Ἠδώνων βασιλέως 30
ἀποθανόντος ὑπὸ τῶν Γοάξιος παίδων καὶ Βραυροῦς τῆς

---

6 Ἀθηναῖον Dobree　　7 συχνοῖς E: συχνοὶ cett.　　8 ὑπελάμ-
βανον G M: ἐλάμβανον cett.　　10 σφίσιν εἶναι τὰ δεινὰ A B E F M

γυναικὸς αὐτοῦ, καὶ Γαληψὸς οὐ πολλῷ ὕστερον καὶ Οἰσύμη·
εἰσὶ δὲ αὗται Θασίων ἀποικίαι. παρὼν δὲ καὶ Περδίκκας
εὐθὺς μετὰ τὴν ἅλωσιν ξυγκαθίστη ταῦτα.

Ἐχομένης δὲ τῆς Ἀμφιπόλεως οἱ Ἀθηναῖοι ἐς μέγα δέος 108
5 κατέστησαν, ἄλλως τε καὶ ὅτι ἡ πόλις αὐτοῖς ἦν ὠφέλιμος
ξύλων τε ναυπηγησίμων πομπῇ καὶ χρημάτων προσόδῳ, καὶ
ὅτι μέχρι μὲν τοῦ Στρυμόνος ἦν πάροδος Θεσσαλῶν διαγόντων
ἐπὶ τοὺς ξυμμάχους σφῶν τοῖς Λακεδαιμονίοις, τῆς δὲ γε-
φύρας μὴ κρατούντων, ἄνωθεν μὲν μεγάλης οὔσης ἐπὶ πολὺ
10 λίμνης τοῦ ποταμοῦ, τὰ δὲ πρὸς Ἠιόνα τριήρεσι τηρουμένων,
οὐκ ἂν δύνασθαι προελθεῖν· τότε δὲ ῥᾴδια ἤδη [ἐνόμιζεν]
γεγενῆσθαι. καὶ τοὺς ξυμμάχους ἐφοβοῦντο μὴ ἀποστῶσιν.
ὁ γὰρ Βρασίδας ἔν τε τοῖς ἄλλοις μέτριον ἑαυτὸν παρεῖχε, 2
καὶ ἐν τοῖς λόγοις πανταχοῦ ἐδήλου ὡς ἐλευθερώσων τὴν
15 Ἑλλάδα ἐκπεμφθείη. καὶ αἱ πόλεις πυνθανόμεναι αἱ τῶν 3
Ἀθηναίων ὑπήκοοι τῆς τε Ἀμφιπόλεως τὴν ἅλωσιν καὶ ἃ
παρέχεται, τήν τε ἐκείνου πρᾳότητα, μάλιστα δὴ ἐπήρθησαν
ἐς τὸ νεωτερίζειν, καὶ ἐπεκηρυκεύοντο πρὸς αὐτὸν κρύφα,
ἐπιπαριέναι τε κελεύοντες καὶ βουλόμενοι αὐτοὶ ἕκαστοι
20 πρῶτοι ἀποστῆναι. καὶ γὰρ καὶ ἄδεια ἐφαίνετο αὐτοῖς, 4
ἐψευσμένοις μὲν τῆς Ἀθηναίων δυνάμεως ἐπὶ τοσοῦτον ὅση
ὕστερον διεφάνη, τὸ δὲ πλέον βουλήσει κρίνοντες ἀσαφεῖ ἢ
προνοίᾳ ἀσφαλεῖ, εἰωθότες οἱ ἄνθρωποι οὗ μὲν ἐπιθυμοῦσιν
ἐλπίδι ἀπερισκέπτῳ διδόναι, ὃ δὲ μὴ προσίενται λογισμῷ
25 αὐτοκράτορι διωθεῖσθαι. ἅμα δὲ τῶν Ἀθηναίων ἐν τοῖς 5
Βοιωτοῖς νεωστὶ πεπληγμένων καὶ τοῦ Βρασίδου ἐφολκὰ
καὶ οὐ τὰ ὄντα λέγοντος, ὡς αὐτῷ ἐπὶ Νίσαιαν τῇ ἑαυτοῦ
μόνῃ στρατιᾷ οὐκ ἠθέλησαν οἱ Ἀθηναῖοι ξυμβαλεῖν, ἐθάρ-
σουν καὶ ἐπίστευον μηδένα ἂν ἐπὶ σφᾶς βοηθῆσαι. τὸ 6

1 Γαληψὸς Steph. Byz. : Γαψηλὸς codd.   5 ἦν αὐτοῖς C E F ⟨G⟩ M
10 τηρουμένου Hude   11 προελθεῖν ⟨G⟩ : προσελθεῖν cett.   ῥᾴδια
vulgo : ῥᾳδία codd.   ἐνόμιζεν secl. Kistemaker : ἐνόμιζον recc.   13
αὐτὸν C G   21 ἐψευσμένοι E : ἐψευσμένης A B   28 post στρατιᾷ
add. βοηθήσαντι Linwood

δὲ μέγιστον, διὰ τὸ ἡδονὴν ἔχον ἐν τῷ αὐτίκα καὶ ὅτι·
τὸ πρῶτον Λακεδαιμονίων ὀργώντων ἔμελλον πειράσεσθαι,
κινδυνεύειν παντὶ τρόπῳ ἑτοῖμοι ἦσαν. ὧν αἰσθανόμενοι
οἱ μὲν Ἀθηναῖοι φυλακάς, ὡς ἐξ ὀλίγου καὶ ἐν χειμῶνι,
διέπεμπον ἐς τὰς πόλεις, ὁ δὲ ἐς τὴν Λακεδαίμονα ἐφι- 5
έμενος στρατιάν τε προσαποστέλλειν ἐκέλευε καὶ αὐτὸς ἐν
7 τῷ Στρυμόνι ναυπηγίαν τριήρων παρεσκευάζετο. οἱ δὲ
Λακεδαιμόνιοι τὰ μὲν καὶ φθόνῳ ἀπὸ τῶν πρώτων ἀνδρῶν
οὐχ ὑπηρέτησαν αὐτῷ, τὰ δὲ καὶ βουλόμενοι μᾶλλον τούς
τε ἄνδρας τοὺς ἐκ τῆς νήσου κομίσασθαι καὶ τὸν πόλεμον 10
καταλῦσαι.

109   Τοῦ δ' αὐτοῦ χειμῶνος Μεγαρῆς τε τὰ μακρὰ τείχη,
ἃ σφῶν οἱ Ἀθηναῖοι εἶχον, κατέσκαψαν ἑλόντες ἐς ἔδαφος,
καὶ Βρασίδας μετὰ τὴν Ἀμφιπόλεως ἅλωσιν ἔχων τοὺς
2 ξυμμάχους στρατεύει ἐπὶ τὴν Ἀκτὴν καλουμένην. ἔστι δὲ 15
ἀπὸ τοῦ βασιλέως διορύγματος ἔσω προὔχουσα, καὶ ὁ Ἄθως
3 αὐτῆς ὄρος ὑψηλὸν τελευτᾷ ἐς τὸ Αἰγαῖον πέλαγος. πόλεις
δὲ ἔχει Σάνην μὲν Ἀνδρίων ἀποικίαν παρ' αὐτὴν τὴν διώρυχα,
ἐς τὸ πρὸς Εὔβοιαν πέλαγος τετραμμένην, τὰς δὲ ἄλλας
Θυσσὸν καὶ Κλεωνὰς καὶ Ἀκροθῴους καὶ Ὀλόφυξον καὶ 20
4 Δῖον· αἳ οἰκοῦνται ξυμμείκτοις ἔθνεσι βαρβάρων διγλώσσων,
καί τι καὶ Χαλκιδικὸν ἔνι βραχύ, τὸ δὲ πλεῖστον Πελασγικόν,
τῶν καὶ Λῆμνόν ποτε καὶ Ἀθήνας Τυρσηνῶν οἰκησάντων,
καὶ Βισαλτικὸν καὶ Κρηστωνικὸν καὶ Ἠδῶνες· κατὰ δὲ
5 μικρὰ πολίσματα οἰκοῦσιν. καὶ οἱ μὲν πλείους προσ- 25
εχώρησαν τῷ Βρασίδᾳ, Σάνη δὲ καὶ Δῖον ἀντέστη, καὶ αὐτῶν
110 τὴν χώραν ἐμμείνας τῷ στρατῷ ἐδῄου. ὡς δ' οὐκ ἐσήκουον,
εὐθὺς στρατεύει ἐπὶ Τορώνην τὴν Χαλκιδικήν, κατεχομένην
ὑπὸ Ἀθηναίων· καὶ αὐτὸν ἄνδρες ὀλίγοι ἐπήγοντο, ἑτοῖμοι
ὄντες τὴν πόλιν παραδοῦναι. καὶ ἀφικόμενος νυκτὸς ἔτι 30
καὶ περὶ ὄρθρον τῷ στρατῷ ἐκαθέζετο πρὸς τὸ Διοσκόρειον,

ὃ ἀπέχει τῆς πόλεως τρεῖς μάλιστα σταδίους. τὴν μὲν 2
οὖν ἄλλην πόλιν τῶν Τορωναίων καὶ τοὺς Ἀθηναίους τοὺς
ἐμφρουροῦντας ἔλαθεν· οἱ δὲ πράσσοντες αὐτῷ εἰδότες ὅτι
ἥξοι, καὶ προελθόντες τινὲς αὐτῶν λάθρᾳ ὀλίγοι, ἐτήρουν τὴν
5 πρόσοδον, καὶ ὡς ᾔσθοντο παρόντα, ἐσκομίζουσι παρ' αὐτοὺς
ἐγχειρίδια ἔχοντας ἄνδρας ψιλοὺς ἑπτά (τοσοῦτοι γὰρ μόνοι
ἀνδρῶν εἴκοσι τὸ πρῶτον ταχθέντων οὐ κατέδεισαν ἐσελθεῖν·
ἦρχε δὲ αὐτῶν Λυσίστρατος Ὀλύνθιος), οἳ διαδύντες διὰ τοῦ
πρὸς τὸ πέλαγος τείχους καὶ λαθόντες τούς τε ἐπὶ τοῦ
10 ἀνωτάτω φυλακτηρίου φρουρούς, οὔσης τῆς πόλεως πρὸς
λόφον, ἀναβάντες διέφθειραν καὶ τὴν κατὰ Καναστραῖον
πυλίδα διῄρουν. ὁ δὲ Βρασίδας τῷ μὲν ἄλλῳ στρατῷ III
ἡσύχαζεν ὀλίγον προελθών, ἑκατὸν δὲ πελταστὰς προπέμπει,
ὅπως, ὁπότε πύλαι τινὲς ἀνοιχθεῖεν καὶ τὸ σημεῖον ἀρθείη ὃ
15 ξυνέκειτο, πρῶτοι ἐσδράμοιεν. καὶ οἱ μὲν χρόνου ἐγγιγνο- 2
μένου καὶ θαυμάζοντες κατὰ μικρὸν ἔτυχον ἐγγὺς τῆς πόλεως
προσελθόντες· οἱ δὲ τῶν Τορωναίων ἔνδοθεν παρασκευ-
άζοντες μετὰ τῶν ἐσεληλυθότων, ὡς αὐτοῖς ἥ τε πυλὶς
διῄρητο καὶ αἱ κατὰ τὴν ἀγορὰν πύλαι τοῦ μοχλοῦ διακο-
20 πέντος ἀνεῴγοντο, πρῶτον μὲν κατὰ τὴν πυλίδα τινὰς περι-
αγαγόντες ἐσεκόμισαν, ὅπως κατὰ νώτου καὶ ἀμφοτέρωθεν
τοὺς ἐν τῇ πόλει οὐδὲν εἰδότας ἐξαπίνης φοβήσειαν, ἔπειτα
τὸ σημεῖόν τε τοῦ πυρός, ὡς εἴρητο, ἀνέσχον, καὶ διὰ τῶν
κατὰ τὴν ἀγορὰν πυλῶν τοὺς λοιποὺς ἤδη τῶν πελταστῶν
25 ἐσεδέχοντο. καὶ ὁ Βρασίδας ἰδὼν τὸ ξύνθημα ἔθει δρόμῳ, 112
ἀναστήσας τὸν στρατὸν ἐμβοήσαντάς τε ἀθρόον καὶ ἔκπληξιν
πολλὴν τοῖς ἐν τῇ πόλει παρασχόντας. καὶ οἱ μὲν κατὰ 2
τὰς πύλας εὐθὺς ἐσέπιπτον, οἱ δὲ κατὰ δοκοὺς τετραγώνους,
αἳ ἔτυχον τῷ τείχει πεπτωκότι καὶ οἰκοδομουμένῳ πρὸς λίθων
30 ἀνολκὴν προσκείμεναι. Βρασίδας μὲν οὖν καὶ τὸ πλῆθος 3

4 προσελθόντες C E F¹ G M   10 ἀνωτάτω M : ἀνωτάτου B suprascr.
G : ἀνώτατα cett.   21 ἐσεκόμισαν recc. : ἐσεκομίσαντο E : ἐξεκό-
μισαν cett.   26 ἐμβοήσαντά A B E F M suprascr. G   27 παρα-
σχόντας c G : παρασχόντα cett.

εὐθὺς ἄνω καὶ ἐπὶ τὰ μετέωρα τῆς πόλεως ἐτράπετο, βουλό-
μενος κατ᾽ ἄκρας καὶ βεβαίως ἑλεῖν αὐτήν· ὁ δὲ ἄλλος
ὅμιλος κατὰ πάντα ὁμοίως ἐσκεδάννυντο.

113　Τῶν δὲ Τορωναίων γιγνομένης τῆς ἁλώσεως τὸ μὲν πολὺ
οὐδὲν εἰδὸς ἐθορυβεῖτο, οἱ δὲ πράσσοντες καὶ οἷς ταῦτα 5
2　ἤρεσκε μετὰ τῶν ἐσελθόντων εὐθὺς ἦσαν.　οἱ δὲ Ἀθηναῖοι
(ἔτυχον γὰρ ἐν τῇ ἀγορᾷ ὁπλῖται καθεύδοντες ὡς πεντήκοντα)
ἐπειδὴ ᾔσθοντο, οἱ μέν τινες ὀλίγοι διαφθείρονται ἐν χερσὶν
αὐτῶν, τῶν δὲ λοιπῶν οἱ μὲν πεζῇ, οἱ δὲ ἐς τὰς ναῦς, αἳ
ἐφρούρουν δύο, καταφυγόντες διασῴζονται ἐς τὴν Λήκυθον 10
τὸ φρούριον, ὃ εἶχον αὐτοὶ καταλαβόντες, ἄκρον τῆς πόλεως
3　ἐς τὴν θάλασσαν ἀπειλημμένον ἐν στενῷ ἰσθμῷ.　κατέ-
φυγον δὲ καὶ τῶν Τορωναίων ἐς αὐτοὺς ὅσοι ἦσαν σφίσιν
114　ἐπιτήδειοι.　γεγενημένης δὲ ἡμέρας ἤδη καὶ βεβαίως τῆς
πόλεως ἐχομένης ὁ Βρασίδας τοῖς μὲν μετὰ τῶν Ἀθηναίων 15
Τορωναίοις καταπεφευγόσι κήρυγμα ἐποιήσατο τὸν βουλό-
μενον ἐπὶ τὰ ἑαυτοῦ ἐξελθόντα ἀδεῶς πολιτεύειν, τοῖς δὲ
Ἀθηναίοις κήρυκα προσπέμψας ἐξιέναι ἐκέλευεν ἐκ τῆς
Ληκύθου ὑποσπόνδους καὶ τὰ ἑαυτῶν ἔχοντας ὡς οὔσης
2　Χαλκιδέων.　οἱ δὲ ἐκλείψειν μὲν οὐκ ἔφασαν, σπείσασθαι 20
δὲ σφίσιν ἐκέλευον ἡμέραν τοὺς νεκροὺς ἀνελέσθαι.　ὁ δὲ
ἐσπείσατο δύο.　ἐν ταύταις δὲ αὐτός τε τὰς ἐγγὺς οἰκίας
3　ἐκρατύνατο καὶ Ἀθηναῖοι τὰ σφέτερα.　καὶ ξύλλογον τῶν
Τορωναίων ποιήσας ἔλεξε τοῖς ἐν τῇ Ἀκάνθῳ παραπλήσια,
ὅτι οὐ δίκαιον εἴη οὔτε τοὺς πράξαντας πρὸς αὐτὸν τὴν 25
λῆψιν τῆς πόλεως χείρους οὐδὲ προδότας ἡγεῖσθαι (οὐ γὰρ
ἐπὶ δουλείᾳ οὐδὲ χρήμασι πεισθέντας δρᾶσαι τοῦτο, ἀλλ᾽
ἐπὶ ἀγαθῷ καὶ ἐλευθερίᾳ τῆς πόλεως) οὔτε τοὺς μὴ μετα-
σχόντας οἴεσθαι μὴ τῶν αὐτῶν τεύξεσθαι· ἀφῖχθαι γὰρ οὐ
4　διαφθερῶν οὔτε πόλιν οὔτε ἰδιώτην οὐδένα.　τὸ δὲ κήρυγμα 30
ποιήσασθαι τούτου ἕνεκα τοῖς παρ᾽ Ἀθηναίους καταπεφευ-

γόσιν, ὡς ἡγούμενος οὐδὲν χείρους τῇ ἐκείνων φιλίᾳ· οὐδ'
ἂν σφῶν πειρασαμένους αὐτοὺς [τῶν Λακεδαιμονίων] δοκεῖν
ἧσσον, ἀλλὰ πολλῷ μᾶλλον, ὅσῳ δικαιότερα πράσσουσιν,
εὔνους ἂν σφίσι γενέσθαι, ἀπειρίᾳ δὲ νῦν πεφοβῆσθαι. τούς 5
5 τε πάντας παρασκευάζεσθαι ἐκέλευεν ὡς βεβαίους τε ἐσο-
μένους ξυμμάχους καὶ τὸ ἀπὸ τοῦδε ἤδη ὅτι ἂν ἁμαρτάνωσιν
αἰτίαν ἕξοντας· τὰ δὲ πρότερα οὐ σφεῖς ἀδικεῖσθαι, ἀλλ'
ἐκείνους μᾶλλον ὑπ' ἄλλων κρεισσόνων, καὶ ξυγγνώμην
εἶναι εἴ τι ἠναντιοῦντο. καὶ ὁ μὲν τοιαῦτα εἰπὼν καὶ παρα- 115
10 θαρσύνας διελθουσῶν τῶν σπονδῶν τὰς προσβολὰς ἐποιεῖτο
τῇ Ληκύθῳ· οἱ δὲ Ἀθηναῖοι ἠμύνοντό τε ἐκ φαύλου τειχί-
σματος καὶ ἀπ' οἰκιῶν ἐπάλξεις ἐχουσῶν, καὶ μίαν μὲν 2
ἡμέραν ἀπεκρούσαντο· τῇ δ' ὑστεραίᾳ μηχανῆς μελλούσης
προσάξεσθαι αὐτοῖς ἀπὸ τῶν ἐναντίων, ἀφ' ἧς πῦρ ἐνήσειν
15 διενοοῦντο ἐς τὰ ξύλινα παραφράγματα, καὶ προσιόντος ἤδη
τοῦ στρατεύματος, ᾗ ᾤοντο μάλιστα αὐτοὺς προσκομιεῖν τὴν
μηχανὴν καὶ ἦν ἐπιμαχώτατον, πύργον ξύλινον ἐπ' οἴκημα
ἀντέστησαν, καὶ ὕδατος ἀμφορέας πολλοὺς καὶ πίθους ἀνεφό-
ρησαν καὶ λίθους μεγάλους, ἄνθρωποί τε πολλοὶ ἀνέβησαν.
20 τὸ δὲ οἴκημα λαβὸν μεῖζον ἄχθος ἐξαπίνης κατερράγη καὶ 3
ψόφου πολλοῦ γενομένου τοὺς μὲν ἐγγὺς καὶ ὁρῶντας τῶν
Ἀθηναίων ἐλύπησε μᾶλλον ἢ ἐφόβησεν, οἱ δὲ ἄπωθεν,
καὶ μάλιστα οἱ διὰ πλείστου, νομίσαντες ταύτῃ ἑαλωκέναι
ἤδη τὸ χωρίον, φυγῇ ἐς τὴν θάλασσαν καὶ τὰς ναῦς ὥρμησαν.
25 καὶ ὁ Βρασίδας ὡς ᾔσθετο αὐτοὺς ἀπολείποντάς τε τὰς 116
ἐπάλξεις καὶ τὸ γιγνόμενον ὁρῶν, ἐπιφερόμενος τῷ στρατῷ
εὐθὺς τὸ τείχισμα λαμβάνει, καὶ ὅσους ἐγκατέλαβε δι-
έφθειρεν. καὶ οἱ μὲν Ἀθηναῖοι τοῖς τε πλοίοις καὶ ταῖς 2
ναυσὶ τούτῳ τῷ τρόπῳ ἐκλιπόντες τὸ χωρίον ἐς Παλλήνην
30 διεκομίσθησαν· ὁ δὲ Βρασίδας (ἔστι γὰρ ἐν τῇ Ληκύθῳ
Ἀθηνᾶς ἱερόν, καὶ ἔτυχε κηρύξας, ὅτε ἔμελλε προσβαλεῖν,

τῷ ἐπιβάντι πρώτῳ τοῦ τείχους τριάκοντα μνᾶς ἀργυρίου
δώσειν) νομίσας ἄλλῳ τινὶ τρόπῳ ἢ ἀνθρωπείῳ τὴν ἅλωσιν
γενέσθαι, τάς τε τριάκοντα μνᾶς τῇ θεῷ ἀπέδωκεν ἐς τὸ
ἱερὸν καὶ τὴν Λήκυθον καθελὼν καὶ ἀνασκευάσας τέμενος
3 ἀνῆκεν ἅπαν. καὶ ὁ μὲν τὸ λοιπὸν τοῦ χειμῶνος ἅ τε εἶχε 5
τῶν χωρίων καθίστατο καὶ τοῖς ἄλλοις ἐπεβούλευεν· καὶ
τοῦ χειμῶνος διελθόντος ὄγδοον ἔτος ἐτελεύτα τῷ πολέμῳ.

117 Λακεδαιμόνιοι δὲ καὶ Ἀθηναῖοι ἅμα ἦρι τοῦ ἐπιγιγνομένου
θέρους εὐθὺς ἐκεχειρίαν ἐποιήσαντο ἐνιαύσιον, νομίσαντες
Ἀθηναῖοι μὲν οὐκ ἂν ἔτι τὸν Βρασίδαν σφῶν προσαπο- 10
στῆσαι οὐδὲν πρὶν παρασκευάσαιντο καθ’ ἡσυχίαν, καὶ ἅμα,
εἰ καλῶς σφίσιν ἔχοι, καὶ ξυμβῆναι τὰ πλείω, Λακεδαι-
μόνιοι δὲ ταῦτα τοὺς Ἀθηναίους ἡγούμενοι ἅπερ ἐδέδισαν
φοβεῖσθαι, καὶ γενομένης ἀνοκωχῆς κακῶν καὶ ταλαιπωρίας
μᾶλλον ἐπιθυμήσειν αὐτοὺς πειρασαμένους ξυναλλαγῆναί τε 15
καὶ τοὺς ἄνδρας σφίσιν ἀποδόντας σπονδὰς ποιήσασθαι καὶ
2 ἐς τὸν πλείω χρόνον. τοὺς γὰρ δὴ ἄνδρας περὶ πλέονος
ἐποιοῦντο κομίσασθαι, ὡς ἔτι Βρασίδας ηὐτύχει· καὶ ἔμελλον
ἐπὶ μεῖζον χωρήσαντος αὐτοῦ καὶ ἀντίπαλα καταστήσαντος
τῶν μὲν στέρεσθαι, τοῖς δ’ ἐκ τοῦ ἴσου ἀμυνόμενοι κινδυ- 20
3 νεύσειν καὶ κρατήσειν. γίγνεται οὖν ἐκεχειρία αὐτοῖς τε καὶ
τοῖς ξυμμάχοις ἥδε.

118 ‘Περὶ μὲν τοῦ ἱεροῦ καὶ τοῦ μαντείου τοῦ Ἀπόλλωνος
τοῦ Πυθίου δοκεῖ ἡμῖν χρῆσθαι τὸν βουλόμενον ἀδόλως
2 καὶ ἀδεῶς κατὰ τοὺς πατρίους νόμους. τοῖς μὲν Λακε- 25
δαιμονίοις ταῦτα δοκεῖ καὶ τοῖς ξυμμάχοις τοῖς παροῦσιν·
Βοιωτοὺς δὲ καὶ Φωκέας πείσειν φασὶν ἐς δύναμιν προσ-
3 κηρυκευόμενοι. περὶ δὲ τῶν χρημάτων τῶν τοῦ θεοῦ ἐπι-
μέλεσθαι ὅπως τοὺς ἀδικοῦντας ἐξευρήσομεν, ὀρθῶς καὶ

12 καὶ] κἂν Krüger   13 τε A B C F   ἐδεδίεσαν (sic) f M :
ἔδεισαν cett.   18 ὡς ἔτι] ἕως ὅτ’ ὁ (sic) Schol. Ar. Pac. 479   20 fort.
στερ⟨ήσ⟩εσθαι scribendum   κινδυνεύειν A B E F   25 καὶ ἀδεῶς
F¹ G M : om. cett.   28 alterum τῶν om. A B E F M   29 ἐξευρή-
σωμεν C F M

δικαίως τοῖς πατρίοις νόμοις χρώμενοι καὶ ὑμεῖς καὶ ἡμεῖς
καὶ τῶν ἄλλων οἱ βουλόμενοι, τοῖς πατρίοις νόμοις χρώμενοι
πάντες. περὶ μὲν οὖν τούτων ἔδοξε Λακεδαιμονίοις καὶ τοῖς 4
ἄλλοις ξυμμάχοις κατὰ ταῦτα· τάδε δὲ ἔδοξε Λακεδαιμονίοις
5 καὶ τοῖς ἄλλοις ξυμμάχοις ἐὰν σπονδὰς ποιῶνται οἱ Ἀθη-
ναῖοι, ἐπὶ τῆς αὐτῶν μένειν ἑκατέρους ἔχοντας ἅπερ νῦν
ἔχομεν, τοὺς μὲν ἐν τῷ Κορυφασίῳ ἐντὸς τῆς Βουφράδος καὶ
τοῦ Τομέως μένοντας, τοὺς δὲ ἐν Κυθήροις μὴ ἐπιμισγο-
μένους ἐς τὴν ξυμμαχίαν, μήτε ἡμᾶς πρὸς αὐτοὺς μήτε αὐτοὺς
10 πρὸς ἡμᾶς, τοὺς δ᾽ ἐν Νισαίᾳ καὶ Μινώᾳ μὴ ὑπερβαίνοντας
τὴν ὁδὸν τὴν ἀπὸ τῶν πυλῶν τῶν παρὰ τοῦ Νίσου ἐπὶ τὸ
Ποσειδώνιον, ἀπὸ δὲ τοῦ Ποσειδωνίου εὐθὺς ἐπὶ τὴν γέφυραν
τὴν ἐς Μινῴαν (μηδὲ Μεγαρέας καὶ τοὺς ξυμμάχους ὑπερ-
βαίνειν τὴν ὁδὸν ταύτην) καὶ τὴν νῆσον, ἥνπερ ἔλαβον οἱ
15 Ἀθηναῖοι, ἔχοντας, μηδὲ ἐπιμισγομένους μηδετέρους μηδε-
τέρωσε, καὶ τὰ ἐν Τροιζῆνι, ὅσαπερ νῦν ἔχουσι, καθ᾽ ἃ
ξυνέθεντο πρὸς Ἀθηναίους· καὶ τῇ θαλάσσῃ χρωμένους, ὅσα 5
ἂν κατὰ τὴν ἑαυτῶν καὶ κατὰ τὴν ξυμμαχίαν, Λακεδαιμονίους
καὶ τοὺς ξυμμάχους πλεῖν μὴ μακρᾷ νηΐ, ἄλλῳ δὲ κωπήρει
20 πλοίῳ, ἐς πεντακόσια τάλαντα ἄγοντι μέτρα. κήρυκι δὲ καὶ 6
πρεσβείᾳ καὶ ἀκολούθοις, ὁπόσοις ἂν δοκῇ, περὶ καταλύσεως
τοῦ πολέμου καὶ δικῶν ἐς Πελοπόννησον καὶ Ἀθήναζε
σπονδὰς εἶναι ἰοῦσι καὶ ἀπιοῦσι καὶ κατὰ γῆν καὶ κατὰ
θάλασσαν. τοὺς δὲ αὐτομόλους μὴ δέχεσθαι ἐν τούτῳ τῷ 7
25 χρόνῳ, μήτε ἐλεύθερον μήτε δοῦλον, μήτε ὑμᾶς μήτε ἡμᾶς.
δίκας τε διδόναι ὑμᾶς τε ἡμῖν καὶ ἡμᾶς ὑμῖν κατὰ τὰ πάτρια, 8
τὰ ἀμφίλογα δίκῃ διαλύοντας ἄνευ πολέμου. τοῖς μὲν Λακε- 9
δαιμονίοις καὶ τοῖς ξυμμάχοις ταῦτα δοκεῖ· εἰ δέ τι ὑμῖν
εἴτε κάλλιον εἴτε δικαιότερον τούτων δοκεῖ εἶναι, ἰόντες ἐς
30 Λακεδαίμονα διδάσκετε· οὐδενὸς γὰρ ἀποστήσονται, ὅσα ἂν

4 ἄλλοις F¹ G M : om. cett.   κατὰ ταῦτα . . . ξυμμάχοις F¹ (om.
ἄλλοις) M (om. δὲ) : om. cett.   11 ἀπὸ τοῦ Νισαίου f M   τοῦ] τὸ
Dobree   15 μηδὲ Poppo : μήτε codd.   16 καθ᾽ ἃ Kirchhoff :
καὶ οἷα codd.   21 ἂν recc. : ἐὰν codd.

δίκαια λέγητε, οὔτε οἱ Λακεδαιμόνιοι οὔτε οἱ ξύμμαχοι.
10 οἱ δὲ ἰόντες τέλος ἔχοντες ἰόντων, ᾗπερ καὶ ὑμεῖς ἡμᾶς
κελεύετε.   αἱ δὲ σπονδαὶ ἐνιαυτὸν ἔσονται.

11   ῎Εδοξεν τῷ δήμῳ. ᾿Ακαμαντὶς ἐπρυτάνευε, Φαίνιππος
ἐγραμμάτευε, Νικιάδης ἐπεστάτει. Λάχης εἶπε, τύχῃ ἀγαθῇ 5
τῇ ᾿Αθηναίων, ποιεῖσθαι τὴν ἐκεχειρίαν καθ᾿ ἃ ξυγχωροῦσι
Λακεδαιμόνιοι καὶ οἱ ξύμμαχοι αὐτῶν καὶ ὡμολόγησαν ἐν
12 τῷ δήμῳ· τὴν ⟨δ᾿⟩ ἐκεχειρίαν εἶναι ἐνιαυτόν, ἄρχειν δὲ
τήνδε τὴν ἡμέραν, τετράδα ἐπὶ δέκα τοῦ ᾿Ελαφηβολιῶνος
13 μηνός. ἐν τούτῳ τῷ χρόνῳ ἰόντας ὡς ἀλλήλους πρέσβεις 10
καὶ κήρυκας ποιεῖσθαι τοὺς λόγους, καθ᾿ ὅτι ἔσται ἡ κατά-
14 λυσις τοῦ πολέμου. ἐκκλησίαν δὲ ποιήσαντας τοὺς στρατη-
γοὺς καὶ τοὺς πρυτάνεις πρῶτον περὶ τῆς εἰρήνης . . . βου-
λεύσασθαι ᾿Αθηναίους καθ᾿ ὅτι ἂν ἐσίῃ ἡ πρεσβεία περὶ
τῆς καταλύσεως τοῦ πολέμου. σπείσασθαι δὲ αὐτίκα μάλα 15
τὰς πρεσβείας ἐν τῷ δήμῳ τὰς παρούσας ἢ μὴν ἐμμενεῖν ἐν
ταῖς σπονδαῖς τὸν ἐνιαυτόν.

119   Ταῦτα ξυνέθεντο Λακεδαιμόνιοι [καὶ ὤμοσαν] καὶ οἱ
ξύμμαχοι ᾿Αθηναίοις καὶ τοῖς ξυμμάχοις μηνὸς ἐν Λακε-
2 δαίμονι Γεραστίου δωδεκάτῃ. ξυνετίθεντο δὲ καὶ ἐσπένδοντο 20
Λακεδαιμονίων μὲν οἶδε· Ταῦρος ᾿Εχετιμίδα, ᾿Αθήναιος
Περικλείδα, Φιλοχαρίδας ᾿Ερυξιλαΐδα· Κορινθίων δὲ Αἰνέας
᾿Ωκύτου, Εὐφαμίδας ᾿Αριστωνύμου· Σικυωνίων δὲ Δαμότιμος
Ναυκράτους, ᾿Ονάσιμος Μεγακλέους· Μεγαρέων δὲ Νίκασος
Κεκάλου, Μενεκράτης ᾿Αμφιδώρου· ᾿Επιδαυρίων δὲ ᾿Αμφίας 25
Εὐπαιίδα· ᾿Αθηναίων δὲ οἱ στρατηγοὶ Νικόστρατος Διειτρέ-
φους, Νικίας Νικηράτου, Αὐτοκλῆς Τολμαίου᾿.

3   ῾Η μὲν δὴ ἐκεχειρία αὕτη ἐγένετο, καὶ ξυνῇσαν ἐν αὐτῇ
περὶ τῶν μειζόνων σπονδῶν διὰ παντὸς ἐς λόγους.

---

8 δ᾿ add Kirchhoff   13 lacunam statuit Kirchhoff   14 ἂν ἐσίῃ]
εἶσιν Kirchhoff   18 καὶ ὤμοσαν secl. Kirchhoff   ὤμοσαν] ὡμολό-
γησαν (sic) E   post ὤμοσαν add. Λακεδαιμόνιοι F¹ G M   22 ᾿Ερυξι-
λαΐδα Valckenaer : ᾿Ερυξιδαΐδα (vel similia) codd.   Αἰνέας E (G): ᾿Ενέας
vel ᾿Εννέας cett.

Περὶ δὲ τὰς ἡμέρας ταύτας αἷς ἐπήρχοντο Σκιώνη ἐν **120**
τῇ Παλλήνῃ πόλις ἀπέστη ἀπ' Ἀθηναίων πρὸς Βρασίδαν.
φασὶ δὲ οἱ Σκιωναῖοι Πελληνῆς μὲν εἶναι ἐκ Πελοποννήσου,
πλέοντας δ' ἀπὸ Τροίας σφῶν τοὺς πρώτους κατενεχθῆναι
5 ἐς τὸ χωρίον τοῦτο τῷ χειμῶνι ᾧ ἐχρήσαντο Ἀχαιοί, καὶ
αὐτοῦ οἰκῆσαι. ἀποστᾶσι δ' αὐτοῖς ὁ Βρασίδας διέπλευσε 2
νυκτὸς ἐς τὴν Σκιώνην, τριήρει μὲν φιλίᾳ προπλεούσῃ, αὐτὸς
δὲ ἐν κελητίῳ ἄπωθεν ἐφεπόμενος, ὅπως, εἰ μέν τινι τοῦ
κέλητος μείζονι πλοίῳ περιτυγχάνοι, ἡ τριήρης ἀμύνοι αὐτῷ,
10 ἀντιπάλου δὲ ἄλλης τριήρους ἐπιγενομένης οὐ πρὸς τὸ
ἔλασσον νομίζων τρέψεσθαι, ἀλλ' ἐπὶ τὴν ναῦν, καὶ ἐν τούτῳ
αὐτὸν διασώσειν. περαιωθεὶς δὲ καὶ ξύλλογον ποιήσας τῶν 3
Σκιωναίων ἔλεγεν ἅ τε ἐν τῇ Ἀκάνθῳ καὶ Τορώνῃ, καὶ
προσέτι φάσκων ἀξιωτάτους αὐτοὺς εἶναι ἐπαίνου, οἵτινες
15 τῆς Παλλήνης ἐν τῷ ἰσθμῷ ἀπειλημμένης ὑπὸ Ἀθηναίων
Ποτείδαιαν ἐχόντων καὶ ὄντες οὐδὲν ἄλλο ἢ νησιῶται αὐτ-
επάγγελτοι ἐχώρησαν πρὸς τὴν ἐλευθερίαν καὶ οὐκ ἀνέμειναν
ἀτολμίᾳ ἀνάγκην σφίσι προσγενέσθαι περὶ τοῦ φανερῶς
οἰκείου ἀγαθοῦ· σημεῖόν τ' εἶναι τοῦ καὶ ἄλλο τι ἂν αὐτοὺς
20 τῶν μεγίστων ἀνδρείως ὑπομεῖναι· εἴ τε θήσεται κατὰ νοῦν·
τὰ πράγματα, πιστοτάτους τε τῇ ἀληθείᾳ ἡγήσεσθαι αὐτοὺς
Λακεδαιμονίων φίλους καὶ τἆλλα τιμήσειν. καὶ οἱ μὲν **121**
Σκιωναῖοι ἐπήρθησάν τε τοῖς λόγοις καὶ θαρσήσαντες πάντες
ὁμοίως, καὶ οἷς πρότερον μὴ ἤρεσκε τὰ πρασσόμενα, τόν τε
25 πόλεμον διενοοῦντο προθύμως οἴσειν καὶ τὸν Βρασίδαν τά
τ' ἄλλα καλῶς ἐδέξαντο καὶ δημοσίᾳ μὲν χρυσῷ στεφάνῳ
ἀνέδησαν ὡς ἐλευθεροῦντα τὴν Ἑλλάδα, ἰδίᾳ δὲ ἐταινίουν
τε καὶ προσήρχοντο ὥσπερ ἀθλητῇ. ὁ δὲ τό τε παραυτίκα 2
φυλακήν τινα αὐτοῖς ἐγκαταλιπὼν διέβη πάλιν καὶ ὕστερον
30 οὐ πολλῷ στρατιὰν πλείω ἐπεραίωσε, βουλόμενος μετ' αὐτῶν

---

2 Παλλήνῃ Ε : Πελλήνῃ cett.   9 ἀμύνῃ ABEFM   αὐτῷ fg : αὐτῇ
codd.   11 τρέψεσθαι g : τρέψασθαι codd.   12 αὐτὸν g : αὐτὸν codd.
15 Παλλήνης Ε : Πελλήνης cett.   post ὑπὸ add. τῶν ABF   20 εἴ
τε θήσεται Jones : εἴ τε τεθήσεται Krüger : εἰ τεθήσεται codd.

τῆς τε Μένδης καὶ τῆς Ποτειδαίας ἀποπειρᾶσαι, ἡγούμενος
καὶ τοὺς Ἀθηναίους βοηθῆσαι ἂν ὡς ἐς νῆσον καὶ βουλό-
μενος φθάσαι· καί τι αὐτῷ καὶ ἐπράσσετο ἐς τὰς πόλεις
ταύτας προδοσίας πέρι.

122 Καὶ ὁ μὲν ἔμελλεν ἐγχειρήσειν ταῖς πόλεσι ταύταις, ἐν 5
τούτῳ δὲ τριήρει οἱ τὴν ἐκεχειρίαν περιαγγέλλοντες ἀφι-
κνοῦνται παρ' αὐτόν, Ἀθηναίων μὲν Ἀριστώνυμος, Λακε-
2 δαιμονίων δὲ Ἀθήναιος. καὶ ἡ μὲν στρατιὰ πάλιν διέβη
ἐς Τορώνην, οἱ δὲ τῷ Βρασίδᾳ ἀνήγγελλον τὴν ξυνθήκην,
καὶ ἐδέξαντο πάντες οἱ ἐπὶ Θράκης ξύμμαχοι Λακεδαι- 10
3 μονίων τὰ πεπραγμένα. Ἀριστώνυμος δὲ τοῖς μὲν ἄλλοις
κατῄνει, Σκιωναίους δὲ αἰσθόμενος ἐκ λογισμοῦ τῶν ἡμερῶν
ὅτι ὕστερον ἀφεστήκοιεν, οὐκ ἔφη ἐνσπόνδους ἔσεσθαι.
Βρασίδας δὲ ἀντέλεγε πολλά, ὡς πρότερον, καὶ οὐκ ἀφίει
4 τὴν πόλιν. ὡς δ' ἀπήγγελλεν ἐς τὰς Ἀθήνας ὁ Ἀριστώ- 15
νυμος περὶ αὐτῶν, οἱ Ἀθηναῖοι εὐθὺς ἕτοιμοι ἦσαν στρατεύειν
ἐπὶ τὴν Σκιώνην. οἱ δὲ Λακεδαιμόνιοι πρέσβεις πέμψαντες
παραβήσεσθαι ἔφασαν αὐτοὺς τὰς σπονδάς, καὶ τῆς πόλεως
ἀντεποιοῦντο Βρασίδᾳ πιστεύοντες, δίκῃ τε ἕτοιμοι ἦσαν
5 περὶ αὐτῆς κρίνεσθαι. οἱ δὲ δίκῃ μὲν οὐκ ἤθελον κινδυ- 20
νεύειν, στρατεύειν δὲ ὡς τάχιστα, ὀργὴν ποιούμενοι εἰ καὶ
οἱ ἐν ταῖς νήσοις ἤδη ὄντες ἀξιοῦσι σφῶν ἀφίστασθαι, τῇ
6 κατὰ γῆν Λακεδαιμονίων ἰσχύι ἀνωφελεῖ πιστεύοντες. εἶχε
δὲ καὶ ἡ ἀλήθεια περὶ τῆς ἀποστάσεως μᾶλλον ᾗ οἱ Ἀθη-
ναῖοι ἐδικαίουν· δύο γὰρ ἡμέραις ὕστερον ἀπέστησαν οἱ 25
Σκιωναῖοι. ψήφισμά τ' εὐθὺς ἐποιήσαντο, Κλέωνος γνώμῃ
πεισθέντες, Σκιωναίους ἐξελεῖν τε καὶ ἀποκτεῖναι. καὶ
τἆλλα ἡσυχάζοντες ἐς τοῦτο παρεσκευάζοντο.

123 Ἐν τούτῳ δὲ Μένδη ἀφίσταται αὐτῶν, πόλις ἐν τῇ Παλ-
λήνῃ, Ἐρετριῶν ἀποικία. καὶ αὐτοὺς ἐδέξατο ὁ Βρασίδας, 30
οὐ νομίζων ἀδικεῖν, ὅτι ἐν τῇ ἐκεχειρίᾳ φανερῶς προσ-

---

9 τῷ Βρασίδᾳ secl. Stahl   15 ἀπήγγειλεν A B F M   24 ᾗ
recc.: ἢ vel ᾗ codd.

εχώρησαν· ἔστι γὰρ ἃ καὶ αὐτὸς ἐνεκάλει τοῖς 'Αθηναίοις
παραβαίνειν τὰς σπονδάς. δι' ὃ καὶ οἱ Μενδαῖοι μᾶλλον 2
ἐτόλμησαν, τήν τε τοῦ Βρασίδου γνώμην ὁρῶντες ἑτοίμην,
τεκμαιρόμενοι καὶ ἀπὸ τῆς Σκιώνης ὅτι οὐ προυδίδου, καὶ
5 ἅμα τῶν πρασσόντων σφίσιν ὀλίγων τε ὄντων καὶ ὡς τότε
ἐμέλλησαν οὐκέτι ἀνέντων, ἀλλὰ περὶ σφίσιν αὐτοῖς φοβου-
μένων τὸ κατάδηλον καὶ καταβιασαμένων παρὰ γνώμην τοὺς
πολλούς. οἱ δὲ 'Αθηναῖοι εὐθὺς πυθόμενοι, πολλῷ ἔτι 3
μᾶλλον ὀργισθέντες παρεσκευάζοντο ἐπ' ἀμφοτέρας τὰς
10 πόλεις. καὶ Βρασίδας προσδεχόμενος τὸν ἐπίπλουν αὐτῶν 4
ὑπεκκομίζει ἐς Ὄλυνθον τὴν Χαλκιδικὴν παῖδας καὶ γυναῖκας
τῶν Σκιωναίων καὶ Μενδαίων, καὶ τῶν Πελοποννησίων
αὐτοῖς πεντακοσίους ὁπλίτας διέπεμψε καὶ πελταστὰς τρια-
κοσίους Χαλκιδέων, ἄρχοντά τε τῶν ἁπάντων Πολυδαμίδαν.
15 καὶ οἱ μὲν τὰ περὶ σφᾶς αὐτούς, ὡς ἐν τάχει παρεσομένων
τῶν 'Αθηναίων, κοινῇ ηὐτρεπίζοντο.

Βρασίδας δὲ καὶ Περδίκκας ἐν τούτῳ στρατεύουσιν ἅμα 124
ἐπὶ 'Αρραβαῖον τὸ δεύτερον ἐς Λύγκον. καὶ ἦγον ὁ μὲν
ὧν ἐκράτει Μακεδόνων τὴν δύναμιν καὶ τῶν ἐνοικούντων
20 Ἑλλήνων ὁπλίτας, ὁ δὲ πρὸς τοῖς αὐτοῦ περιλοίποις τῶν
Πελοποννησίων Χαλκιδέας καὶ 'Ακανθίους καὶ τῶν ἄλλων
κατὰ δύναμιν ἑκάστων. ξύμπαν δὲ τὸ ὁπλιτικὸν τῶν
Ἑλλήνων τρισχίλιοι μάλιστα, ἱππῆς δ' οἱ πάντες ἠκολού-
θουν Μακεδόνων ξὺν Χαλκιδεῦσιν ὀλίγου ἐς χιλίους, καὶ
25 ἄλλος ὅμιλος τῶν βαρβάρων πολύς. ἐσβαλόντες δὲ ἐς τὴν 2
'Αρραβαίου καὶ εὑρόντες ἀντεστρατοπεδευμένους αὐτοῖς τοὺς
Λυγκηστὰς ἀντεκαθέζοντο καὶ αὐτοί. καὶ ἐχόντων τῶν μὲν 3
πεζῶν λόφον ἑκατέρωθεν, πεδίου δὲ τοῦ μέσου ὄντος, οἱ
ἱππῆς ἐς αὐτὸ καταδραμόντες ἱππομάχησαν πρῶτα ἀμφοτέρων,
30 ἔπειτα δὲ καὶ ὁ Βρασίδας καὶ ὁ Περδίκκας, προελθόντων
προτέρων ἀπὸ τοῦ λόφου μετὰ τῶν ἱππέων τῶν Λυγκηστῶν

24 ὀλίγου Priscianus : ὀλίγῳ codd.   26 αὐτοῖς Bekker (tentavit
Poppo) : αὐτοῖς codd.   31 πρότερον A B E F M

ὁπλιτῶν καὶ ἑτοίμων ὄντων μάχεσθαι, ἀντεπαγαγόντες καὶ
αὐτοὶ ξυνέβαλον καὶ ἔτρεψαν τοὺς Λυγκηστάς, καὶ πολλοὺς
μὲν διέφθειραν, οἱ δὲ λοιποὶ διαφυγόντες πρὸς τὰ μετέωρα
4 ἡσύχαζον. μετὰ δὲ τοῦτο τροπαῖον στήσαντες δύο μὲν ἢ
τρεῖς ἡμέρας ἐπέσχον, τοὺς Ἰλλυριοὺς μένοντες, οἳ ἔτυχον 5
τῷ Περδίκκᾳ μισθοῦ μέλλοντες ἥξειν· ἔπειτα ὁ Περδίκκας
ἐβούλετο προϊέναι ἐπὶ τὰς τοῦ Ἀρραβαίου κώμας καὶ μὴ
καθῆσθαι, Βρασίδας δὲ τῆς τε Μένδης περιορώμενος, μὴ τῶν
Ἀθηναίων πρότερον ἐπιπλευσάντων τι πάθῃ, καὶ ἅμα τῶν
Ἰλλυριῶν οὐ παρόντων, οὐ πρόθυμος ἦν, ἀλλὰ ἀναχωρεῖν 10
125 μᾶλλον. καὶ ἐν τούτῳ διαφερομένων αὐτῶν ἠγγέλθη ὅτι οἱ
Ἰλλυριοὶ μετ᾽ Ἀρραβαίου προδόντες Περδίκκαν γεγένηνται·
ὥστε ἤδη ἀμφοτέροις μὲν δοκοῦν ἀναχωρεῖν διὰ τὸ δέος
αὐτῶν ὄντων ἀνθρώπων μαχίμων, κυρωθὲν δὲ οὐδὲν ἐκ τῆς
διαφορᾶς ὁπηνίκα χρὴ ὁρμᾶσθαι, νυκτός τε ἐπιγενομένης, οἱ 15
μὲν Μακεδόνες καὶ τὸ πλῆθος τῶν βαρβάρων εὐθὺς φοβη-
θέντες, ὅπερ φιλεῖ μεγάλα στρατόπεδα ἀσαφῶς ἐκπλήγνυ-
σθαι, καὶ νομίσαντες πολλαπλασίους μὲν ἢ ἦλθον ἐπιέναι,
ὅσον δὲ οὔπω παρεῖναι, κατέστησαν ἐς αἰφνίδιον φυγὴν
ἐχώρουν ἐπ᾽ οἴκου, καὶ τὸν Περδίκκαν τὸ πρῶτον οὐκ αἰσθα- 20
νόμενον, ὡς ἔγνω, ἠνάγκασαν πρὶν τὸν Βρασίδαν ἰδεῖν (ἄπωθεν
2 γὰρ πολὺ ἀλλήλων ἐστρατοπεδεύοντο) προαπελθεῖν. Βρασίδας
δὲ ἅμα τῇ ἕῳ ὡς εἶδε τοὺς Μακεδόνας προκεχωρηκότας τούς
τε Ἰλλυριοὺς καὶ τὸν Ἀρραβαῖον μέλλοντας ἐπιέναι, ξυνα-
γαγὼν καὶ αὐτὸς ἐς τετράγωνον τάξιν τοὺς ὁπλίτας καὶ τὸν 25
3 ψιλὸν ὅμιλον ἐς μέσον λαβὼν διενοεῖτο ἀναχωρεῖν. ἐκδρό-
μους δέ, εἴ πῃ προσβάλλοιεν αὐτοῖς, ἔταξε τοὺς νεωτάτους,
καὶ αὐτὸς λογάδας ἔχων τριακοσίους τελευταῖος γνώμην εἶχεν
ὑποχωρῶν τοῖς τῶν ἐναντίων πρώτοις προσκεισομένοις ἀνθ-
4 ιστάμενος ἀμύνεσθαι. καὶ πρὶν τοὺς πολεμίους ἐγγὺς εἶναι, 30
ὡς διὰ ταχέων παρεκελεύσατο τοῖς στρατιώταις τοιάδε.

3 διαφυγόντες recc. : διαφεύγοντες codd.   11 ὅτι καὶ οἱ A C E F G M
17 ἀσαφῶς f g M . σαφῶς cett.

‘Εἰ μὲν μὴ ὑπώπτευον, ἄνδρες Πελοποννήσιοι, ὑμᾶς τῷ 126
τε μεμονῶσθαι καὶ ὅτι βάρβαροι οἱ ἐπιόντες καὶ πολλοὶ
ἔκπληξιν ἔχειν, οὐκ ἂν ὁμοίως διδαχὴν ἅμα τῇ παρακελεύσει
ἐποιούμην· νῦν δὲ πρὸς μὲν τὴν ἀπόλειψιν τῶν ἡμετέρων
5 καὶ τὸ πλῆθος τῶν ἐναντίων βραχεῖ ὑπομνήματι καὶ παραι-
νέσει τὰ μέγιστα πειράσομαι πείθειν. ἀγαθοῖς γὰρ εἶναι 2
ὑμῖν προσήκει τὰ πολέμια οὐ διὰ ξυμμάχων παρουσίαν
ἑκάστοτε, ἀλλὰ δι’ οἰκείαν ἀρετήν, καὶ μηδὲν πλῆθος πεφο-
βῆσθαι ἑτέρων, οἵ γε μηδὲ ἀπὸ πολιτειῶν τοιούτων ἥκετε,
10 ἐν αἷς οὐ πολλοὶ ὀλίγων ἄρχουσιν, ἀλλὰ πλεόνων
μᾶλλον ἐλάσσους, οὐκ ἄλλῳ τινὶ κτησάμενοι τὴν δυναστείαν
ἢ τῷ μαχόμενοι κρατεῖν. βαρβάρους δὲ οὓς νῦν ἀπειρίᾳ 3
δέδιτε μαθεῖν χρή, ἐξ ὧν τε προηγώνισθε τοῖς Μακεδόσιν
αὐτῶν καὶ ἀφ’ ὧν ἐγὼ εἰκάζω τε καὶ ἄλλων ἀκοῇ ἐπίσταμαι,
15 οὐ δεινοὺς ἐσομένους. καὶ γὰρ ὅσα μὲν τῷ ὄντι ἀσθενῆ 4
ὄντα τῶν πολεμίων δόκησιν ἔχει ἰσχύος, διδαχὴ ἀληθὴς
προσγενομένη περὶ αὐτῶν ἐθάρσυνε μᾶλλον τοὺς ἀμυνομέ-
νους· οἷς δὲ βεβαίως τι πρόσεστιν ἀγαθόν, μὴ προειδώς
τις ἂν αὐτοῖς τολμηρότερον προσφέροιτο. οὗτοι δὲ τὴν 5
20 μέλλησιν μὲν ἔχουσι τοῖς ἀπείροις φοβεράν· καὶ γὰρ πλήθει
ὄψεως δεινοὶ καὶ βοῆς μεγέθει ἀφόρητοι, ἥ τε διὰ κενῆς
ἐπανάσεισις τῶν ὅπλων ἔχει τινὰ δήλωσιν ἀπειλῆς. προσ-
μεῖξαι δὲ τοῖς ὑπομένουσιν αὐτὰ οὐχ ὁμοῖοι· οὔτε γὰρ
τάξιν ἔχοντες αἰσχυνθεῖεν ἂν λιπεῖν τινα χώραν βιαζόμενοι
25 ἥ τε φυγὴ καὶ ἡ ἔφοδος αὐτῶν ἴσην ἔχουσα δόξαν τοῦ
καλοῦ ἀνεξέλεγκτον καὶ τὸ ἀνδρεῖον ἔχει (αὐτοκράτωρ δὲ
μάχη μάλιστ’ ἂν καὶ πρόφασιν τοῦ σῴζεσθαί τινι πρε-
πόντως πορίσειε), τοῦ τε ἐς χεῖρας ἐλθεῖν πιστότερον τὸ
ἐκφοβῆσαι ὑμᾶς ἀκινδύνως ἡγοῦνται· ἐκείνῳ γὰρ ἂν πρὸ
30 τούτου ἐχρῶντο. σαφῶς τε πᾶν τὸ προϋπάρχον δεινὸν ἀπ’ 6
αὐτῶν ὁρᾶτε ἔργῳ μὲν βραχὺ ὄν, ὄψει δὲ καὶ ἀκοῇ κατα-

10 οὓ] οἱ Stephanus   14 εἰκάζω Μ: εἰκάζων cett.   29 ἐκφοβῆσαι
Torstrik: ἐκφοβῆσειν codd.

σπέρχον. ὁ ὑπομείναντες ἐπιφερόμενον καί, ὅταν καιρὸς ᾖ,
κόσμῳ καὶ τάξει αὖθις ὑπαγαγόντες, ἔς τε τὸ ἀσφαλὲς
θᾶσσον ἀφίξεσθε καὶ γνώσεσθε τὸ λοιπὸν ὅτι οἱ τοιοῦτοι
ὄχλοι τοῖς μὲν τὴν πρώτην ἔφοδον δεξαμένοις ἄπωθεν ἀπει-
λαῖς τὸ ἀνδρεῖον μελλήσει ἐπικομποῦσιν, οἳ δ' ἂν εἴξωσιν 5
αὐτοῖς, κατὰ πόδας τὸ εὔψυχον ἐν τῷ ἀσφαλεῖ ὀξεῖς
ἐνδείκνυνται.'

127   Τοιαῦτα ὁ Βρασίδας παραινέσας ὑπῆγε τὸ στράτευμα.
οἱ δὲ βάρβαροι ἰδόντες πολλῇ βοῇ καὶ θορύβῳ προσέκειντο,
νομίσαντες φεύγειν τε αὐτὸν καὶ καταλαβόντες διαφθερεῖν. 10
2 καὶ ὡς αὐτοῖς αἵ τε ἐκδρομαὶ ὅπη προσπίπτοιεν ἀπήντων
καὶ αὐτὸς ἔχων τοὺς λογάδας ἐπικειμένους ὑφίστατο, τῇ τε
πρώτῃ ὁρμῇ παρὰ γνώμην ἀντέστησαν καὶ τὸ λοιπὸν ἐπι-
φερομένους μὲν δεχόμενοι ἠμύνοντο, ἡσυχαζόντων δὲ αὐτοὶ
ὑπεχώρουν, τότε δὴ τῶν μετὰ τοῦ Βρασίδου Ἑλλήνων ἐν τῇ 15
εὐρυχωρίᾳ οἱ πολλοὶ τῶν βαρβάρων ἀπέσχοντο, μέρος δέ τι
καταλιπόντες αὐτοῖς ἐπακολουθοῦν προσβάλλειν, οἱ λοιποὶ
χωρήσαντες δρόμῳ ἐπί τε τοὺς φεύγοντας τῶν Μακεδόνων
οἷς ἐντύχοιεν ἔκτεινον καὶ τὴν ἐσβολήν, ἥ ἐστι μεταξὺ δυοῖν
λόφοιν στενὴ ἐς τὴν Ἀρραβαίου, φθάσαντες προκατέλαβον, 20
εἰδότες οὐκ οὖσαν ἄλλην τῷ Βρασίδᾳ ἀναχώρησιν. καὶ
προσιόντος αὐτοῦ ἐς αὐτὸ ἤδη τὸ ἄπορον τῆς ὁδοῦ κυκλοῦνται
128 ὡς ἀποληψόμενοι. ὁ δὲ γνοὺς προεῖπε τοῖς μεθ' αὑτοῦ
τριακοσίοις, ὃν ᾤετο μᾶλλον ἂν ἑλεῖν τῶν λόφων, χωρή-
σαντας πρὸς αὐτὸν δρόμῳ, ὡς τάχιστα ἕκαστος δύναται, 25
ἄνευ τάξεως, πειρᾶσαι ἀπ' αὐτοῦ ἐκκροῦσαι τοὺς ἤδη ἐπόντας
βαρβάρους, πρὶν καὶ τὴν πλέονα κύκλωσιν σφῶν αὐτόσε
2 προσμεῖξαι. καὶ οἱ μὲν προσπεσόντες ἐκράτησάν τε τῶν ἐπὶ
τοῦ λόφου, καὶ ἡ πλείων ἤδη στρατιὰ τῶν Ἑλλήνων ῥᾷον
πρὸς αὐτὸν ἐπορεύοντο· οἱ γὰρ βάρβαροι καὶ ἐφοβήθησαν, 30
τῆς τροπῆς αὐτοῖς ἐνταῦθα γενομένης σφῶν ἀπὸ τοῦ μετεώρου,

10 διαφθερεῖν Cobet : διαφθείρειν codd.   23 μετ' αὐτοῦ A B E F G¹ M
26 ἐπόντας Poppo : ἐπιόντας codd.

καὶ ἐς τὸ πλέον οὐκέτ' ἐπηκολούθουν, νομίζοντες καὶ ἐν με-
θορίοις εἶναι αὐτοὺς ἤδη καὶ διαπεφευγέναι. Βρασίδας δὲ 3
ὡς ἀντελάβετο τῶν μετεώρων, κατὰ ἀσφάλειαν μᾶλλον ἰὼν
αὐθημερὸν ἀφικνεῖται ἐς Ἄρνισαν πρῶτον τῆς Περδίκκου
5 ἀρχῆς. καὶ αὐτοὶ ὀργιζόμενοι οἱ στρατιῶται τῇ προανα- 4
χωρήσει τῶν Μακεδόνων, ὅσοις ἐνέτυχον κατὰ τὴν ὁδὸν
ζεύγεσιν αὐτῶν βοεικοῖς ἢ εἴ τινι σκεύει ἐκπεπτωκότι, οἷα
ἐν νυκτερινῇ καὶ φοβερᾷ ἀναχωρήσει εἰκὸς ἦν ξυμβῆναι,
τὰ μὲν ὑπολύοντες κατέκοπτον, τῶν δὲ οἰκείωσιν ἐποιοῦντο.
10 ἀπὸ τούτου τε πρῶτον Περδίκκας Βρασίδαν τε πολέμιον 5
ἐνόμισε καὶ ἐς τὸ λοιπὸν Πελοποννησίων τῇ μὲν γνώμῃ
δι' Ἀθηναίους οὐ ξύνηθες μῖσος εἶχε, τῶν δὲ ἀναγκαίων
ξυμφόρων διαναστὰς ἔπρασσεν ὅτῳ τρόπῳ τάχιστα τοῖς μὲν
ξυμβήσεται, τῶν δὲ ἀπαλλάξεται.
15   Βρασίδας δὲ ἀναχωρήσας ἐκ Μακεδονίας ἐς Τορώνην 129
καταλαμβάνει Ἀθηναίους Μένδην ἤδη ἔχοντας, καὶ αὐτοῦ
ἡσυχάζων ἐς μὲν τὴν Παλλήνην ἀδύνατος ἤδη ἐνόμιζεν
εἶναι διαβὰς τιμωρεῖν, τὴν δὲ Τορώνην ἐν φυλακῇ εἶχεν.
ὑπὸ γὰρ τὸν αὐτὸν χρόνον τοῖς ἐν τῇ Λύγκῳ ἐξέπλευσαν 2
20 ἐπί τε τὴν Μένδην καὶ τὴν Σκιώνην οἱ Ἀθηναῖοι, ὥσπερ
παρεσκευάζοντο, ναυσὶ μὲν πεντήκοντα, ὧν ἦσαν δέκα Χῖαι,
ὁπλίταις δὲ χιλίοις ἑαυτῶν καὶ τοξόταις ἑξακοσίοις καὶ
Θρᾳξὶ μισθωτοῖς χιλίοις καὶ ἄλλοις τῶν αὐτόθεν ξυμμάχων
πελτασταῖς· ἐστρατήγει δὲ Νικίας ὁ Νικηράτου καὶ Νικό-
25 στρατος ὁ Διειτρέφους. ἄραντες δὲ ἐκ Ποτειδαίας ταῖς 3
ναυσὶ καὶ σχόντες κατὰ τὸ Ποσειδώνιον ἐχώρουν ἐς τοὺς
Μενδαίους. οἱ δὲ αὐτοί τε καὶ Σκιωναίων τριακόσιοι
βεβοηθηκότες Πελοποννησίων τε οἱ ἐπίκουροι, ξύμπαντες
[δὲ] ἑπτακόσιοι ὁπλῖται, καὶ Πολυδαμίδας ὁ ἄρχων αὐτῶν,
30 ἔτυχον ἐξεστρατοπεδευμένοι ἔξω τῆς πόλεως ἐπὶ λόφου
καρτεροῦ. καὶ αὐτοῖς Νικίας μὲν Μεθωναίους τε ἔχων 4

12 τῷ δὲ ἀναγκαίῳ ξυμφόρῳ διαστὰς Madvig   18 δὲ c F¹ G M : om.
cett.   29 δὲ secl. Krüger

εἴκοσι καὶ ἑκατὸν ψιλοὺς καὶ λογάδας τῶν Ἀθηναίων
ὁπλιτῶν ἑξήκοντα καὶ τοὺς τοξότας ἅπαντας κατὰ ἀτραπόν
τινα τοῦ λόφου πειρώμενος προσβῆναι καὶ τραυματιζόμενος
ὑπ᾽ αὐτῶν οὐκ ἐδυνήθη βιάσασθαι· Νικόστρατος δὲ ἄλλῃ
ἐφόδῳ ἐκ πλέονος παντὶ τῷ ἄλλῳ στρατοπέδῳ ἐπιὼν τῷ 5
λόφῳ ὄντι δυσπροσβάτῳ καὶ πάνυ ἐθορυβήθη, καὶ ἐς ὀλίγον
5 ἀφίκετο πᾶν τὸ στράτευμα τῶν Ἀθηναίων νικηθῆναι. καὶ
ταύτῃ μὲν τῇ ἡμέρᾳ, ὡς οὐκ ἐνέδοσαν οἱ Μενδαῖοι καὶ οἱ
ξύμμαχοι, οἱ Ἀθηναῖοι ἀναχωρήσαντες ἐστρατοπεδεύσαντο,
καὶ οἱ Μενδαῖοι νυκτὸς ἐπελθούσης ἐς τὴν πόλιν ἀπῆλθον. 10
130 τῇ δ᾽ ὑστεραίᾳ οἱ μὲν Ἀθηναῖοι περιπλεύσαντες ἐς τὸ πρὸς
Σκιώνης τό τε προάστειον εἷλον καὶ τὴν ἡμέραν ἅπασαν
ἐδῄουν τὴν γῆν οὐδενὸς ἐπεξιόντος (ἦν γάρ τι καὶ στα-
σιασμοῦ ἐν τῇ πόλει), οἱ δὲ τριακόσιοι τῶν Σκιωναίων τῆς
2 ἐπιούσης νυκτὸς ἀπεχώρησαν ἐπ᾽ οἴκου. καὶ τῇ ἐπιγιγνομένῃ 15
ἡμέρᾳ Νικίας μὲν τῷ ἡμίσει τοῦ στρατοῦ προϊὼν ἅμα ἐς τὰ
μεθόρια τῶν Σκιωναίων τὴν γῆν ἐδῄου, Νικόστρατος δὲ τοῖς
λοιποῖς κατὰ τὰς ἄνω πύλας, ᾗ ἐπὶ Ποτειδαίας ἔρχονται,
3 προσεκάθητο τῇ πόλει. ὁ δὲ Πολυδαμίδας (ἔτυχε γὰρ ταύτῃ
τοῖς Μενδαίοις καὶ ἐπικούροις ἐντὸς τοῦ τείχους τὰ ὅπλα 20
κείμενα) διατάσσει τε ὡς ἐς μάχην καὶ παρῄνει τοῖς Μεν-
4 δαίοις ἐπεξιέναι. καί τινος αὐτῷ τῶν ἀπὸ τοῦ δήμου
ἀντειπόντος κατὰ τὸ στασιωτικὸν ὅτι οὐκ ἐπέξεισιν οὐδὲ
δέοιτο πολεμεῖν, καὶ ὡς ἀντεῖπεν ἐπισπασθέντος τε τῇ χειρὶ
ὑπ᾽ αὐτοῦ καὶ θορυβηθέντος, ὁ δῆμος εὐθὺς ἀναλαβὼν τὰ 25
ὅπλα περιοργὴς ἐχώρει ἐπί τε Πελοποννησίους καὶ τοὺς
5 τὰ ἐναντία σφίσι μετ᾽ αὐτῶν πράξαντας. καὶ προσπεσόντες
τρέπουσιν ἅμα μὲν μάχῃ αἰφνιδίῳ, ἅμα δὲ τοῖς Ἀθηναίοις
τῶν πυλῶν ἀνοιγομένων φοβηθέντων· ᾠήθησαν γὰρ ἀπὸ
6 προειρημένου τινὸς αὐτοῖς τὴν ἐπιχείρησιν γενέσθαι. καὶ 30
οἱ μὲν ἐς τὴν ἀκρόπολιν, ὅσοι μὴ αὐτίκα διεφθάρησαν,
κατέφυγον, ἥπερ καὶ τὸ πρότερον αὐτοὶ εἶχον· οἱ δὲ Ἀθη-

ναῖοι (ἤδη γὰρ καὶ ὁ Νικίας ἐπαναστρέψας πρὸς τῇ πόλει
ἦν) ἐσπεσόντες ἐς τὴν Μένδην πόλιν, ἅτε οὐκ ἀπὸ ξυμ-
βάσεως ἀνοιχθεῖσαν, ἁπάσῃ τῇ στρατιᾷ ὡς κατὰ κράτος
ἑλόντες διήρπασαν, καὶ μόλις οἱ στρατηγοὶ κατέσχον ὥστε
5 μὴ καὶ τοὺς ἀνθρώπους διαφθείρεσθαι. καὶ τοὺς μὲν Μεν- 7
δαίους μετὰ ταῦτα πολιτεύειν ἐκέλευον ὥσπερ εἰώθεσαν,
αὐτοὺς κρίναντας ἐν σφίσιν αὐτοῖς εἴ τινας ἡγοῦνται αἰτίους
εἶναι τῆς ἀποστάσεως· τοὺς δ' ἐν τῇ ἀκροπόλει ἀπετείχισαν
ἑκατέρωθεν τείχει ἐς θάλασσαν καὶ φυλακὴν ἐπικαθίσταντο.
10 ἐπειδὴ δὲ τὰ περὶ τὴν Μένδην κατέσχον, ἐπὶ τὴν Σκιώνην
ἐχώρουν. οἱ δὲ ἀντεπεξελθόντες αὐτοὶ καὶ Πελοποννήσιοι 131
ἱδρύθησαν ἐπὶ λόφου καρτεροῦ πρὸ τῆς πόλεως, ὃν εἰ μὴ
ἕλοιεν οἱ ἐναντίοι, οὐκ ἐγίγνετο σφῶν περιτείχισις. προσ- 2
βαλόντες δ' αὐτῷ κατὰ κράτος οἱ Ἀθηναῖοι καὶ μάχῃ
15 ἐκκρούσαντες τοὺς ἐπόντας ἐστρατοπεδεύσαντό τε καὶ ἐς
τὸν περιτειχισμὸν τροπαῖον στήσαντες παρεσκευάζοντο. καὶ 3
αὐτῶν οὐ πολὺ ὕστερον ἤδη ἐν ἔργῳ ὄντων οἱ ἐκ τῆς ἀκρο-
πόλεως ἐν τῇ Μένδῃ πολιορκούμενοι ἐπίκουροι βιασάμενοι
παρὰ θάλασσαν τὴν φυλακὴν νυκτὸς ἀφικνοῦνται, καὶ δια-
20 φυγόντες οἱ πλεῖστοι τὸ ἐπὶ τῇ Σκιώνῃ στρατόπεδον ἐσῆλθον
ἐς αὐτήν.

Περιτειχιζομένης δὲ τῆς Σκιώνης Περδίκκας τοῖς τῶν 132
Ἀθηναίων στρατηγοῖς ἐπικηρυκευσάμενος ὁμολογίαν ποι-
εῖται πρὸς τοὺς Ἀθηναίους διὰ τὴν τοῦ Βρασίδου ἔχθραν
25 περὶ τῆς ἐκ τῆς Λύγκου ἀναχωρήσεως, εὐθὺς τότε ἀρξάμενος
πράσσειν. καὶ (ἐτύγχανε γὰρ τότε Ἰσχαγόρας ὁ Λακεδαι- 2
μόνιος στρατιὰν μέλλων πεζῇ πορεύσειν ὡς Βρασίδαν) ὁ [δὲ]
Περδίκκας, ἅμα μὲν κελεύοντος τοῦ Νικίου, ἐπειδὴ ξυνε-
βεβήκει, ἔνδηλόν τι ποιεῖν τοῖς Ἀθηναίοις βεβαιότητος πέρι,
30 ἅμα δ' αὐτὸς οὐκέτι βουλόμενος Πελοποννησίους ἐς τὴν
αὑτοῦ ἀφικνεῖσθαι, παρασκευάσας τοὺς ἐν Θεσσαλίᾳ ξένους,

2 Μένδην secl. Dobree   7 κρίναντας F¹G : κρίναντες cett.   9 ἐπικαθί-
σταντο Poppo (ἐπεκ- recc.) : ἐπεκαθίσαντο codd.   15 ἐπόντας Dobree :
ἐπιόντας codd.   19 διαφεύγοντες ABEFM   27 δὲ secl. Dobree

χρώμενος αἰεὶ τοῖς πρώτοις, διεκώλυσε τὸ στράτευμα καὶ τὴν
3 παρασκευήν, ὥστε μηδὲ πειρᾶσθαι Θεσσαλῶν. Ἰσχαγόρας
μέντοι καὶ Ἀμεινίας καὶ Ἀριστεὺς αὐτοί τε ὡς Βρασίδαν
ἀφίκοντο, ἐπιδεῖν πεμψάντων Λακεδαιμονίων τὰ πράγματα,
καὶ τῶν ἡβώντων αὐτῶν παρανόμως ἄνδρας ἐξῆγον ἐκ 5
Σπάρτης, ὥστε τῶν πόλεων ἄρχοντας καθιστάναι καὶ μὴ τοῖς
ἐντυχοῦσιν ἐπιτρέπειν. καὶ Κλεαρίδαν μὲν τὸν Κλεωνύμου
καθίστησιν ἐν Ἀμφιπόλει, Πασιτελίδαν δὲ τὸν Ἡγησάνδρου
ἐν Τορώνῃ.

133   Ἐν δὲ τῷ αὐτῷ θέρει Θηβαῖοι Θεσπιῶν τεῖχος περιεῖλον 10
ἐπικαλέσαντες ἀττικισμόν, βουλόμενοι μὲν καὶ αἰεί, παρε-
σχηκὸς δὲ ῥᾷον ἐπειδὴ καὶ ἐν τῇ πρὸς Ἀθηναίους μάχῃ ὅτι
2 ἦν αὐτῶν ἄνθος ἀπωλώλει. καὶ ὁ νεὼς τῆς Ἥρας τοῦ
αὐτοῦ θέρους ἐν Ἄργει κατεκαύθη, Χρυσίδος τῆς ἱερείας
λύχνον τινὰ θείσης ἡμμένον πρὸς τὰ στέμματα καὶ ἐπι- 15
καταδαρθούσης, ὥστε ἔλαθεν ἀφθέντα πάντα καὶ κατα-
3 φλεχθέντα. καὶ ἡ Χρυσὶς μὲν εὐθὺς τῆς νυκτὸς δείσασα
τοὺς Ἀργείους ἐς Φλειοῦντα φεύγει· οἱ δὲ ἄλλην ἱέρειαν
ἐκ τοῦ νόμου τοῦ προκειμένου κατεστήσαντο Φαεινίδα ὄνομα.
ἔτη δὲ ἡ Χρυσὶς τοῦ πολέμου τοῦδε ἐπέλαβεν ὀκτὼ καὶ 20
4 ἔνατον ἐκ μέσου, ὅτε ἐπεφεύγει. καὶ ἡ Σκιώνη τοῦ θέρους
ἤδη τελευτῶντος περιετετείχιστό τε παντελῶς, καὶ οἱ Ἀθη-
ναῖοι ἐπ᾽ αὐτῇ φυλακὴν καταλιπόντες ἀνεχώρησαν τῷ ἄλλῳ
στρατῷ.

134   Ἐν δὲ τῷ ἐπιόντι χειμῶνι τὰ μὲν Ἀθηναίων καὶ Λακε- 25
δαιμονίων ἡσύχαζε διὰ τὴν ἐκεχειρίαν, Μαντινῆς δὲ καὶ
Τεγεᾶται καὶ οἱ ξύμμαχοι ἑκατέρων ξυνέβαλον ἐν Λαοδοκείῳ
τῆς Ὀρεσθίδος, καὶ νίκη ἀμφιδήριτος ἐγένετο· κέρας γὰρ
ἑκάτεροι τρέψαντες τὸ καθ᾽ αὑτοὺς τροπαῖά τε ἀμφότεροι
2 ἔστησαν καὶ σκῦλα ἐς Δελφοὺς ἀπέπεμψαν. διαφθαρέντων 30

---

5 αὐτῷ Stahl   8 Πασιτελίδαν Dobree : Ἐπιτελίδαν codd.
11 παρεσχηκὸς Krüger : παρεστηκὸς codd.   13 ἀπωλώλει] διε-
φθάρη Μ   20 ἡ Β : om. cett.   27 Λαοδοκείῳ Bursian : Λαοδικίῳ
codd.

μέντοι πολλῶν ἑκατέροις καὶ ἀγχωμάλου τῆς μάχης γενο-
μένης καὶ ἀφελομένης νυκτὸς τὸ ἔργον οἱ Τεγεᾶται μὲν
ἐπηυλίσαντό τε καὶ εὐθὺς ἔστησαν τροπαῖον, Μαντινῆς δὲ
ἀπεχώρησάν τε ἐς Βουκολιῶνα καὶ ὕστερον ἀντέστησαν.

5   Ἀπεπείρασε δὲ τοῦ αὐτοῦ χειμῶνος καὶ ὁ Βρασίδας 135
τελευτῶντος καὶ πρὸς ἔαρ ἤδη Ποτειδαίας. προσελθὼν
γὰρ νυκτὸς καὶ κλίμακα προσθεὶς μέχρι μὲν τούτου ἔλαθεν·
τοῦ γὰρ κώδωνος παρενεχθέντος οὕτως ἐς τὸ διάκενον, πρὶν
ἐπανελθεῖν τὸν παραδιδόντα αὐτόν, ἡ πρόσθεσις ἐγένετο·
10 ἔπειτα μέντοι εὐθὺς αἰσθομένων, πρὶν προσβῆναι, ἀπήγαγε
πάλιν κατὰ τάχος τὴν στρατιὰν καὶ οὐκ ἀνέμεινεν ἡμέραν
γενέσθαι. καὶ ὁ χειμὼν ἐτελεύτα, καὶ ἔνατον ἔτος τῷ 2
πολέμῳ ἐτελεύτα τῷδε ὃν Θουκυδίδης ξυνέγραψεν.

In fine libri quarti τῶν ἐς ιγ τέλος τῆς ζ C